개정판

신국제무역법규

강호경 | 임목삼 공저

도서출판 두남

머리말

국제무역거래는 이국(異國)에 위치하고 있는 수출업자와 수입업자가 체결한 매매계약을 근거로 하여 수출업자는 수입업자에게 계약물품을 인도하고, 수입업자는 수출업자에게 약정한 대금을 지급하게 된다. 즉, 계약이행을 위하여 당사자가 선택할 수 있는 계약조건 가운데 가장 비중 있는 분야가 국제무역계약과 대금결제이고, 본서는 이를 심도 있게 논의하였다.

국제무역거래가 시발된 고대로부터 매매당사자의 지대한 관심은 매매계약에 일치한 물품을 확보하는 것과 그에 따른 대금의 정확한 수수였다. 이는 이국에 위치한 당사자만으로 해결할 수 있는 문제가 아니고, 거래당사자가 신뢰할 수 있는 제3자의 개입과 통일된 국제관습에 의하여 완성될 수 있다.

국제무역거래에 대한 관습은 고정된 것이 아니라 국내외 실무환경의 변화에 따라 끊임없이 변화되는 특성을 가지고 있기 때문에, 이에 대한 폭넓은 이해가 필요하며 거래여건에 따라 최적의 선택을 내릴 수 있는 능력이 요구된다.

본서는 국제무역법규를 이해하기 쉽게 집필한 기본서로 다음과 같이 집필방향을 설정하였다. 우선, 국제거래와 관련된 무역법규가 여러 분야에 다양하지만, 무역학을 연구하는 대학의 학생이나 현장의 실무자가 반드시 이해해야 한다고 생각되는 무역법규인 국제물품매매에 관한 협약(비엔나협약)과 정형거래조건의 해석에 관한 국제규칙(인코텀즈® 2010), 화환신용장에 관한 통일규칙 및 관례(제6차 개정 신용장통일규칙)를 연구대상으로 한정하였다.

본서는 국제무역법규에 관한 기본서로서 다음과 같은 점을 염두에 두고 집필하였다.

첫째, 국제무역법규는 계약의 법리와 아울러 정통한 상관습에 관한 폭넓은 연구를 필요로 하기 때문에 법학과 상학적인 입장에서 체계적인 해설에 역점을 두었다.

둘째, 본서에서 다루는 무역법규는 국내법규인 대외무역법, 외국환거래법, 관세법 등의 무역관계법과는 달리 국제법규이기 때문에 법규의 조문이 모두 영문으로 되어있고, 해석 또한 우리나라의 상관행의 입장을 수용할 수 없기 때문에 외국의 문헌을 비중 있게 다루어 법규의 조항을 번역하고 알기 쉽게 해석하였다.

본서는 기본적으로 대학의 학생들을 대상으로 한 한 학기 분량의 강의를 목적으로 하여 주요 무역관습을 심도 있게 연구하여 저술하였으나 천학비재(淺學非才)하여 내용이 부실하고 불비한 점이 많으리라 생각되므로 학계와 재계, 그리고 독자의 고견을 최대한 수용하여 수정·보완 할 것을 약속드린다.

본서는 기본적으로 대학의 학생들을 대상으로 한 한 학기 분량의 강의를 주요목적으로 한, 개론서 내지 입문서의 성격을 가지고 있다.

본서를 저술함에 있어 수많은 교수님들의 옥고를 배우고 익혔으며, 대한상공회의소·한국무역협회의 발간물을 인용하였음을 밝혀두는 바이다.

본서를 세심하게 감수하여주신 김정회 교수님께 심심한 감사의 말씀을 드리고, 아울러 어려운 출판환경에도 불구하고 미흡한 원고를 기꺼이 출간해 주신 도서출판 두남의 전두표 사장님과 교정과 편집을 해 주신 임직원 여러분께 깊은 감사의 말씀을 드린다.

2014년 1월

저자 씀

차 례

제1장 국제무역법규의 개관

제 1 절 국제무역법규의 의의

I 국제무역관련 국제규범의 이해

1. 국제무역의 개념

국제무역(International Trade)은 국제상거래(International Business Transaction) 가운데 물품(goods)[1] 등[2]의 수출·수입을 말한다.

국제무역은 거래대상에 따라 유형무역(visible trade)과 무형무역(invisible trade)으로 나눌 수 있다. 전자는 주로 물품거래를 말하며 후자는 서비스나 기술무역 등을 말한다. 기술무역은 특허권·의장권·저작권 등 지적재산권(Intellectual Property Right)을 말한다.

국제무역거래는 상이한 국가에 위치한 관계당사자들 간의 계약이라고 하는 법률행위에 의하여 자유롭게 이루어진다. 따라서 당사자들은 무역거래를 이행할 때 공통적으로 이해하고 있는 국제법규에 기초한 법률행위를 하여야 불필요한 분쟁을 사전에 예방할 수 있고 원만한 거래관계를 유지할 수 있다.

---

1) 본서에서는 'goods'를 물품이라고 번역한다. 그 이유는 무역거래의 기본법인 대외무역법에서 '물품'이란 용어를 사용하기 때문이다.

2) 대외무역법에는 '물품'에 '전자적 형태의 무체물'을 합하여 '물품 등'이라 표현하고 있다.(대외무역법 제2조 1항)

2. 국제무역의 특징

무역은 동일한 국내에서 거래되는 단순한 상행위에 불과한 국내거래와는 달리 격지간 · 국가간 거래이기 때문에 여러 가지 특징을 갖고 있다.

그 특징을 살펴보면 다음과 같다.

첫째, 무역은 격지자간의 거래이기 때문에 이를 이행하기 위해서는 후속적인 계약이 필요하다. 즉, 물품의 인도를 위하여 운송계약(contract of carriage)이, 대금의 지급을 위하여 지급계약(contract of payment)이 각각 운송인과 은행을 상대로 체결되어야 한다.

둘째, 무역은 이국간 · 격지자간 거래이기 때문에 이행과정에 여러 가지 위험이 존재한다.

무엇보다도 격지자간의 거래에서는 물품의 인도와 대금의 지급이 동시에 이루어지는 동시이행조건(concurrent condition)이 아니기 때문에 수출상은 대금을 받지 않고 물품을 선적하거나 수입상은 물품을 수령하지 않고 대금을 지급하여야 하므로 수출상과 수입상은 위험을 부담하게 된다. 이때 수출상이 부담하는 위험이 신용위험(credit condition)이나, 이러한 위험들은 신용장(Letter of Credit)제도를 통하여 해결할 수 있다.

다음은 물품의 운송 중에 발생할 가능성이 있는 위험을 운송위험(transportation risk)이라 하는데 이러한 위험은 주로 해상보험(marine insurance)제도를 통하여 해결된다.

또한 이국간 거래에서 사용되는 통화가 외화인 경우 환위험으로 인한 환위험(foreign exchange risk)이 발생할 수 있다. 이러한 위험은 선물환시장(forward exchange market)에서 헷징 등의 방법으로 해결할 수 있다.

셋째, 무역은 법과 제도가 다른 국가에 거주하는 자들의 거래이기 때문에 거래관습 또는 관행(usage or practice)이 매우 중요시된다. 물론 당사자 간의 계약에서 중요한 조건들을 명시하겠지만 이는 한계성이 있기 때문에 명시되지 않는 문제는 대부분 거래관습에 따라 해석되고 보충된다. 따라서 표준화된 매매관습인 INCOTERMS나 신용장관습인 신용장통일규칙 및 각종 표준계약서 등에 관한 이해가 필요하다.

넷째, 거래 당사국 간에 사용되는 언어가 다른 경우가 대부분이기 때문에 당사자 간의 통신과 계약서 작성에 국제공용어인 영어가 주로 사용된다. 따라서 무역영어를 익혀야 업무를 원만하게 수행할 수 있다.

마지막으로 무역거래는 서류거래이다. 따라서 계약에 일치되는 물품과 함께 서류를 제공하므로 매도인의 인도의무가 완료된다.

Ⅱ 무역과 국제규범

1. 국제무역

1) 수출절차

수출상과 수입상은 각각 거래처가 물색되면 신용조회(credit inquiry)의 결과에 따라 상대방에게 거래제의(business proposal)를 하게 된다. 이때 제의를 받은 상대방이 거래할 의사가 있으면 거래문의(trade inquiry)를 하면서 견본·상품목록 및 청약(offer)을 요청한다. 동시에 자신의 신용조회처(reference)를 통보한다. 신용조회를 통하여 상대방의 신용이 확인되면 청약(offer) 전에 양당사자 간 거래의 기초가 되는 일반거래조건협정서(Agreement on General Terms and Condition of Business)를 교환해 둔다.

수출상은 수입상의 요청에 따라 서신, 전보, 팩시밀리 또는 e-mail 등의 방법으로 수입상 앞으로 청약한다. offer는 수출상이 계약을 체결하겠다는 확정적 의사표시이므로 수입상이 이에 동의하면 이는 승낙(acceptance)이 되어 당사자의 의사일치가 확인되므로 매매계약(Sales Contract)이 성립된다. 만약 수입상이 수출상의 청약을 무조건 동의하지 않고 조건부 동의를 하거나 수정을 첨부한 동의를 하면 이는 승낙으로 간주되지 않고 반대청약(counter offer)가이 되어 계약이 성립되지 않고 최초의 청약자에게 발송되며 그의 의사에 따라 계약성립 여부가 결정된다. 청약과 승낙으로 계약이 성립되면 양당사자는 필요할 경우 별도의 계약서를 작성한다.

다음은 수출계약의 이행과정이다.

① 매매계약이 성립되면 계약서의 지급조건(terms of payment)에 따라 L/C 베이스인 경우에는, 수입상의 요청에 의하여 L/C가 개설되어 수출상에게 보내진다. 그렇지만 지급조건이 non-L/C 베이스인 D/A계약서에 의한 거래의 경우에는 D/A계약서를 작성하여 한부씩 보유한다. L/C를 수취한 수출상은 L/C상의 내용이 계약내용과 일치하는지를 점검하고 만약 불일치가 발견되면 수입상에게 조건변경(amendment)를 요구하여야 한다.

② 무역자유화가 가속화되므로 대부분의 물품이 수출승인(export licence ; E/L)을 받지 않고 수출할 수 있으나 아직도 수출입공고나 통합공고 등에서 수출승인이 제한을 받고 있다면 추천기관의 추천을 받은 후 수출승인을 신청하여야 한다. 원래 승인권자는 산업자원부 장관이지만 공고에 의하여 그 권한을 협회나 조합 등의 단체에 위임하고 있다.

③ 수출승인을 받는 물품을 생산하기 위하여 자금과 자재가 필요하다. 수출상이 수출상품의 제조 · 가공 · 매입 등에 소요되는 자금을 수출지원금융제도에 따라 거래은행으로부터 융자받을 수 있고 무역어음의 할인을 통하여 필요한 자금을 조달할 수도 있다. 또한 수입금융을 이용하여 필요한 원자재를 해외로부터 조달할 수 있다. 이러한 수입금융, 즉 무역금융의 금리는 금융기관의 일반자금 대출금리보다 다소 낮은 수준이며, 금리뿐만 아니라 자금이용가능성 면에서도 우대되고 있다.[3)]

수출물품을 확보하는 방법은 수출상이 자신의 공장에서 직접생산하는 방식과 다른 제조업자로부터 완제품을 구매하는 방식이 있다. 전자의 경우 필요한 원자재를 국내에서 조달할 수도 있고 이를 해외에서 수입할 수도 있다.

원자재나 완제품을 국내에서 조달할 경우 자신의 거래은행을 통하여 공급업자를 수익자로 한 내국신용장(Local L/C)을 이용하거나, 외국환은행의 장이 내국신용장에 준하여 발급하는 구매승인서를 이용한다.

만약 수출상이 필요한 원자재를 해외에서 조달할 경우 필요한 소요량을 계산하여 수입신용장을 개설하므로 해외로부터 외화획득용 원자재의 확

3) 외국환은행이 무역금융의 융자취급액에 대하여는 이의 일정비율에 해당하는 금액을 중앙은행인 한국은행이 재할인율로 자동 지원하고 있다.

보가 가능하다.

④ 수출상은 신용장이나 D/A계약서 등에서 정해진 선적기일내에 물품의 선적이 이루어져야 하므로 물품의 운송을 위하여 운송회사와 운송계약을 체결하여야 한다. 실제로 운송계약은 수출상이 선사에 선복요청서(shipping request ; S/R)를 제출하고 인수확약서(booking note ; B/N)를 교부하면 운송계약이 성립되고 나중에 발행되는 선화증권(bill of lading ; B/L)은 운송계약성립의 추정적 증거(prima facie evidence)가 된다.
운송계약의 체결당사자는 통상 매매계약의 정형거래조건(trade terms)에 따라 결정된다.

FCA나 FOB조건에서는 수입상이 운송계약을 체결하고 CIF나 CIP조건에서는 수출상이 운송계약을 체결한다. 그렇지만 오늘날은 화환어음(documentary draft)으로 대금을 결제하는 것이 일반적이므로 FCA나 FOB조건에서도 수출상이 운송계약의 당사자가 되어 해상·항공·복합운송 등 운송계약을 체결하고 선화증권·항공화물·운송장·복합운송서류 등 운송서류를 발급받아 환어음을 첨부하여 수출대금을 회수한다.

⑤ 물품이 수출상으로부터 수입상에게 인도되기 위해서는 통상 운송과정을 거쳐야 하고 운송 중에 생길지도 모를 위험을 커버하기 위하여 해상적하보험(marine cargo insurance) 제도가 이용된다. 보험계약의 체결과 보험료의 부담자는 통상 매매계약의 정형거래조건에 따라 결정된다. CIF조건과 CIP조건은 수출상이 수입상을 위하여 보험계약을 체결하고 보험료를 부담하지만 FOB나 FCA조건에서는 수출상이 보험계약의 체결의무가 없다. 이들 조건에서는 통상 수입상이 자신의 위험부담을 커버하기 위하여 자신의 비용으로 보험계약을 체결한다. 보험계약체결의 증빙서류로는 해상보험증권(Marine Insurance Policy)이나 보험증명서(Certificate of Insurance)가 발급된다.

⑥ 수출상은 확보한 물품을 자신의 공장이나 창고 등 현물검사를 받을 수 있는 곳에 이를 장치한 후 세관에 수출신고(export declaration)를 하여야 한다. 수출신고는 특수한 경우를 제외하고 전자문서(EDI)로 작성된 신고자료를 통관시스템에 전송하므로[4] 이행된다. 수출신고는 화주, 관세사, 통

관법인 또는 관세사 법인의 명의로 하여야 한다.

수출시에는 수입시와 달리 관세사 등을 채용하지 않고서도 수출상이 수출통관업무를 수행할 수 있는데 이를 자가통관이라 한다.

수출신고가 접수되면 세관은 서류심사와 물품검사를 거쳐 수출신고필증을 교부한다.

⑦ 수출통관을 끝낸 화물은 내륙운송을 거쳐 선적항에 정박 중인 선박까지 운송되어 본선에 적재된다. 본선에 적재된 화물에 대하여 본선수령증(mate's receipt ; M/R)이 발급되면 수출상은 선사에 이와 상환으로 선적선화증권(On Board B/L)을 교부받는다.

만약 화물이 컨테이너에 적입된 경우 FCL화물의 경우에는 CY에서, LCL화물의 경우에는 CFS에서 각각 CY Operator 또는 CFS Operator에게 인도되고 부두수령증(Dock Receipt ; D/R)을 교부받아 이와 상환으로 수취선화증권(Received B/L) 또는 복합운송서류(Multimodal Transport Document ; MTD)를 교부받는다.

⑧ 수출상의 수출대금은 물품이 수입지에 도착하여 수입상이 이를 확인한 후에 지급된다면 수출거래의 안정성이 확립되기 어렵다.

L/C 베이스인 경우 수출상은 선적하고 바로 거래은행과 체결한 외국환거래약정에 따라 환어음(bill of exchange 또는 draft)과 L/C상에 명기된 선적서류를 준비하여 자신의 거래은행에 화환어음(documentary bill of exchange)의 매입(negotiation)을 의뢰함으로써 수출대금을 회수한다.

D/A 계약서 베이스인 경우에는 환어음과 선적서류를 준비하여 거래은행을 통하여 추심(collection)을 의뢰하거나 추심전 매입도 가능하다. 추심전 매입의 경우에는 매입은행이 수입상의 신용위험을 부담하게 되므로 이러한 위험을 담보하기 위하여 한국무역보험공사의 수출보험(Export Insurance)을 이용한다.

여기서 환어음은 수출상이 수입상에게 자신의 채권액을 지명인 또는 소

---

4) 수출상이 관세사에게 수출통관 의뢰 → 관세사의 수출신고(KTNET 시스템의 관세청 사서함) → 관세사에게 수출신고 오류통보 → 수출검사(우범화물 선별기준) → 수출신고수리(관세사에게 통보)

지인에게 일정한 기일 및 장소에서 무조건 지급할 것을 위탁하는 유가증권이며, 선적서류(shipping document)에는 운송서류(Transport Document), 보험서류(Insurance Document), 상업송장(Commercial Invoice), 원산지증명서(Certificate of Origin) 등이 포함된다.

수출상이 물품을 선적하고 수출대금을 수령하면 수입상과의 계약관계는 종료된다.

2) 수입절차

수출상이 결정되면 상대방의 신용상태를 조사하고 조사결과 신용상태가 양호하다면 거래의 기초가 되는 합의사항인 일반거래조건협정서(Agreement on General Terms and Conditions of Business)를 교환한다.

양 당사자 간 일반거래협정서가 교환되고 나면 수입상의 요청에 따라 수출상은 청약하고 수입상이 이를 승낙함으로써 매매계약이 체결된다. 이 매매계약이 수출상의 입장에서 보면 수출계약이 되고 수입상의 입장에서 보면 수입계약이 된다. 일반적으로 수출상이 selling offer를 보내지만 매수인이 보낸 buying offer나 counter offer에 매도인이 acceptance하므로 계약이 성립되는 경우도 많다.

다음은 수입계약의 이행과정이다.

① 수입승인(import licence; I/L)은 수출입공고나 수출입별도공고 등에 의하여 수입이 제한되는 물품을 수입이 가능하도록 하는 절차이다. 즉, 수입물품이 수출입공고 등에서 수입이 제한되는 경우에 당해 제한조치에 합당한 수입요령에 따라 주무부처장 또는 조합으로부터 수입추천을 받음과 동시에 수입승인을 받아야 한다. 그리고 동 수입품목이 통합공고에 의한 요건확인품목인 때에는 세관에 수입신고하기 전까지 해당 개별법의 소관부처로부터 요건확인 등을 받아야 한다. 수입승인의 유효기간은 원칙적으로 1년이나 물품의 제조가공 기간, 물품의 선적 및 도착기간 등을 감안하여 20년 범위 안에서 따로 결정할 수 있다.

② 수입승인기관의 수입승인을 받은 수입상은 수입승인서를 첨부하여 거래

은행에 신용장개설을 의뢰한다. 은행은 신용장을 개설하면 수출상이 발행한 어음에 대해 지급책임이 있기 때문에 신용장개설의뢰인(Applicant)인 수입상과 수입신용장개설약정의 체결 시 수입물품을 양도담보로 제공받음과 동시에 추가적인 담보를 확보한다.

신용장은 매매계약서 및 수입승인서상의 조건과 일치되도록 개설되어야 하며, 개설된 신용장은 개설은행(issuing bank)에 의하여 전신(cable) 또는 우편(mail)을 통하여 통지은행(advising bank)에 송부된다. 최근에는 전기통신(tele-communication)으로 개설되는 신용장 가운데 SWIFT[5](Society for World-wide International Financial Telecommunication)에 의한 개설이 가장 많다.

③ L/C 개설을 통하여 주문이 확정되면 수출상은 물품을 생산하거나 조달하여 이를 수입상 앞으로 발송하게 된다.

물품의 운송과 운송 중 위험을 커버하기 위하여 필요한 운송계약과 해상적하보험계약의 체결당사자는 일반적으로 매매계약 시 선택되는 정형거래조건에 따라 결정된다.

FCA나 FOB와 같은 F-Group에서는 수입상이 운송계약과 필요한 경우 해상적하보험계약을 체결한다. 실무적으로는 수출상이 수출대금을 화환어음의 할인매각방식으로 회수한 경우 B/L을 포함한 선적서류의 첨부가 불가피하기 때문에 비록 F-Group에서도 매도인이 운송계약의 당사자가 된다. 또한 당사자 간 채택한 정형거래조건이 CIF나 CIP인 경우에는 수출상이 수입상을 위하여 보험계약을 체결하므로 이때 수입상은 자신이 원하는 담보조건을 매매계약 체결 시 합의하여야 한다.

④ 신용장을 수령한 수출상은 물품을 선적 또는 인도완료 후 신용장에서 요구하는 서류와 환어음을 발행하여 거래은행에 이를 매입의뢰 한다. 거래은행인 매입은행은 제시된 서류가 신용장의 조건을 충족하였는지를 검토

5) SWIFT는 '세계은행간 금융전산망'으로 세계 각국에 있는 회원은행 상호간에 온라인망으로 연결하여 국제간의 자금결제 및 메시지 교환을 보다 신속하고 안전하게 처리하기 위한 국제은행업무의 자동화를 의미하며, 1973년에 설립된 비영리 협동조합으로 그 본부를 벨기에에 두고 있다.

한 후 충족되었다면 매입한 후 이를 수입국의 개설은행 앞으로 송부한다. 서류를 접수한 개설은행은 이를 심사한 후 신용장조건과 일치가 확인되면 개설의뢰인인 수입상에게 선적서류의 도착을 통지한다. 개설의뢰인은 수입대금을 결제한 후 선적서류를 인도받아 수입통관절차를 이행한다.

⑤ 물품이 수입항에 도착하면 수입상은 이를 하역하여 보세구역에 장치한 후 세관에 수입통관을 위한 수입신고를 한다. 수입상이 관세 등을 은행에 납부하면 수입신고필증이 교부된다. 수입상은 수입신고필증으로 물품을 수령하므로 수입절차가 종료된다.

한편, 수입상이 수령한 물품이 계약과 일치하지 않으면 수입상은 상대방의 계약위반으로 자신의 침해된 권리를 회복하고자 할 것이다. 이러한 구제의 조치가 Claim이다.

클레임이 제기되면 이를 해결하려는 노력이 뒤따르게 된다. 즉, 화해, 조정, 중재 또는 소송 등의 여러 가지 방법이 있다.

2. 국제무역과 무역법규의 관계

무역거래에서 가장 중요한 부분은 매매당사자간 체결된 매매계약과 이를 이행하기 위한 운송계약이자 보험계약이고 지급계약이다.

무역관련계약은 국내의 무역관련법규(대외무역법 · 외국환거래법 · 관세법)나 국제적인 거래관습이나 법규(INCOTERMS, UCP, Hague Rules, Hamburg Rules, Warsaw Convention, UNCTAD/ICC Rules, CMI 규칙, M.I.A., UNCITRAL Model Law)에 준거하고, 필요에 따라서 국제거래법 또는 특정국의 상사법이 적용되기도 한다.

무역은 국제거래관습에 초점을 두고 있고 국제거래법이나 상사법은 실정법에 초점을 두고 있다. WTO 협정문이나 EU법 등 국제공법도 무역과 매우 긴밀한 관계가 있는데, 이들의 다자간 협정을 통하여 국제적 통일규범이 확립되어야 각국내의 기업들이 이러한 통일된 규범에 따라 계약을 체결할 수 있게 된다.

국제무역법규를 이러한 무역거래의 진행과정에 따라 크게 다섯 가지 영역으로 구분하여 보면, 무역계약법규 · 무역결제법규 · 국제운송법규 · 해상보험법규 · 상사중재법규 등으로 집약된다.

본서에서는 이 가운데 무역계약법규와 무역결제법규의 일부만을 심층연구하였다.

무역계약법규는 매매계약에 관련된 국제규칙이나 협약 및 이에 대한 법이론의 기초를 제공하는 준거법규를 말한다. 우선, 무역계약의 성립과 매매에 관한 준거법 채택의 불확실성을 제거하고자 유엔국제무역법위원회(UNCITRAL)에서 제정 · 공표한 "국제물품매매계약에 관한 유엔협약"(United Nation Convention on Contracts for the International Sale of Goods : Vienna Convention)을 소개한다. 비엔나 협약은 오랫동안 국제관행으로 맺어진 매매계약에 관한 국제관습법을 성문화한 것이며 우리나라는 국회의 비준을 통하여 2005년 3월부터 그 효력을 인정하고 있다. 다음으로 국제상업회의소가 제정하여 7번째로 개정한 "정형거래조건해석에 관한 국제규칙"(INCOTERMS® 2010)을 소개한다. 무역계약은 정형화된 거래조건에 따라서 체결된다. 인코텀즈는 오래전부터 상인들로부터 전해져온 매매관습을 국제상업회의소가 통일하여 공표한 것으로 오늘날 모든 무역관습의 기초를 이루고 있다.

마지막으로 매매대금결제에 관련된 국제규칙이나 주요 국가의 준거법규로서, ICC가 최근 개정한 "신용장통일규칙 2007"(Uniform Customs and Practice for Documentary Credit, 2007 Revision)을 소개한다.

제 2 절 국제무역법규의 특성

I 무역에 관한 준거법

1. 준거법의 의의

넓은 의미에서 특정의 법률행위에 대하여 적용되는 실체법을 준거법이라고 할 수 있으나, 좁은 의미에서는 국외적 법률관계가 적용되는 실체법을 법률관계의 준거법이라고 하여 국제적인 사적 법률행위에 적용한다. 상이한 국가에 속하는 매도인과 매수인간에 물품을 매매하는 국제물품매매계약은 원칙적으로 당사자 간의 합의에 의하여 결정된다. 그러나 거래의 모든 내용을 모두 계약에 반영하는 것은 불가능하기 때문에 계약에 명시적으로 반영되지 않은 부분은 당해계약에 적용될 준거법에 따라서 해석하게 된다.

이러한 준거법은 국제거래에서 거래 당사자 간의 권리와 의무에 관련되는 경우에 그 거래계약의 해석과 규율에 직접 적용되기 때문에 어떤 법이 준거법이 되는가는 당사자들에게 매우 중요하다. 이때의 준거법은 특정국의 국내법일 수도 있고 국제적인 통일법일 수도 있다.

결국 선택된 준거법은 그 법의 국내법 여부와 관계없이 국제무역거래법으로서의 지위를 갖게 된다.

2. 준거법의 결정기준

1) 계약자유의 원칙

국제무역계약은 언어, 풍습, 법제도 등이 서로 다른 환경에서 이루어지기 때문에 획일적인 법규에 의한 통제가 불합리하다는 점에서 당사자 간의 합의를 가장 우선하는 계약자유(freedom of contract)의 원칙 또는 당사자자치(autonomy of parties)의 원칙이 존중되고 있다.[6)]

계약자유의 원칙이란 첫째, 계약의 내용을 어떻게 정할 것인지(내용결정의 자유), 둘째, 계약의 형식은 어떻게 할 것인지(형식의 자유), 셋째, 당사자가 계약을 체결할 것인지의 여부(체결의 자유), 넷째, 누구와 계약을 체결 할 것인지(상대방 선택의 자유)를 의미한다.[7)]

당사자자치의 원칙은 처음에는 학자들이나 내국법원에서 개발된 이론이지만 점차 모든 법계, 즉 영미법계, 대륙법계, 사회주의 법계 내의 각국의 국제사법

6) 서정두, 『국제무역계약』, 삼영사, 2001, p.65.

7) Jan Ramberg, *International Commercial Transactions*, Kluwer Law International, 2000, p.17.

원칙에서 널리 인정되었으며,8) 판례9)에서도 잘 확립되어 있다.10)

당사자자치란 거래관계의 내용과 그에 적용할 법을 계약당사자가 합의하여 자유로이 정할 수 있도록 허용하는 것을 말하며, 계약자유의 원칙의 한 유형이다. 당사자자치는 계약에 적용될 실질법이나 그러한 실질법의 선택기준을 정하는 법, 즉, 국제사법 중 어느 국제사법에 따를지를 당사자가 정하는 저촉법적 당사자자치와 계약의 내용자체를 당사자가 자유로이 선정하는 실질법적 당사자자치, 그리고 당사자 간에 분쟁이 발생한 경우 어떠한 방식으로 어느 곳에서 해결할지를 정하는 소송상의 당사자자치로 구분된다. 국제계약은 국내계약에 비하여 거래당사자가 계약의 내용과 그에 적용될 법 그리고 분쟁의 해결방법까지 모두 당사자 간의 합의에 의하여 정할 수 있도록 하는 당사자자치 원칙의 적용이 보다 절실히 요구되는 분야이다.

무역계약은 당사자들이 합의하고자 하는 바대로 거의 모든 사항들을 약정할 수 있으며, 또한 권리의 분배도 자유로이 규정할 수 있다. 당사자 간의 약정사항은 무역계약에 있어서 장차 분쟁이 발생하였을 때에도 우선적인 규범력을 갖는다.11)

물론 계약자유의 원칙 또는 당사자자치의 원칙이 무한정 인정되는 것은 아니다. 계약자유의 원칙은 자유경쟁의 기회를 보장함으로써 자본주의 경제의 급격한 발전을 가져왔으나, 다른 한편으로는 경제적 불평등의 심화로 경제적 강자와 약자의 현저한 대립을 초래하였다. 이런 상태에서 계약자유의 원칙은 오히려 가진 자가 경제적으로 우월한 지위를 이용하여 갖지 못한 자를 지배하는 수단으로 악용되기도 했다. 따라서 경제적 강자의 지위남용을 막고 계약의 공정을 실현하기 위하여 계약자유의 원칙을 수정, 제한하게 되었다.

우리나라의 현행법상 계약자유의 원칙에 대한 제한은 첫째, 계약체결 자유의 제한이다. 즉, 국민의 일상생활에 필요불가결한 수도・전기・가스 등의 재화를

---

8) Julian D.M. Lew, *Applicable Law in International Commercial Arbitration*, Aspen Publishers Inc, 1998, p.75.

9) *Whitworth Street Estate(Manchester) Ltd. v. James Miller and Partners Ltd.*(1970) A.C. 583. 603.

10) 오원석, "국제상사중재에서 준거법의 결정", 「무역상무연구」, 제29권, 2006, p.41.

11) F. Enderlein and D. Maskow, *International Sales Law*, Oceana Pub., 1992, p.99.

공급하거나 우편 · 통신 · 운송 등을 담당하는 공익적 독점기업은 정당한 이유 없이 급부제공을 거절하지 못한다고 하고 있다. 둘째, 일정한 재화에 대해 국가가 특별한 방법으로 유통을 제한 · 감독 · 통제하는 수가 있다. 즉, 계약이 유효하게 하기 위하여 국가의 허가나 신고, 증명을 필요로 하게 해 계약체결의 자유를 규제하는 경우이다. 셋째 계약방식의 자유에 대한 제한이다. 오늘날에는 계약의 목적이 다양하고 내용이 복잡하기 때문에 당사자에게 신중을 기하게 하거나 또는 법률관계의 명확을 기하고 증거를 보전하기 위한 계약의 방식이 요구되는 수가 있다.

2) 국제사법에 의한 준거법의 결정

계약당사자들은 자신들의 계약내용에 적용될 준거법을 합의하여 직접 정하거나, 준거법을 지정하지 않더라도 계약의 내용과 관련하여 분쟁이 발생했을 때 분쟁해결의 기준이 될 준거법을 정할 수 있는 간접규범으로 어느 국가의 국제사법을 합의로 지정하기도 하며, 분쟁시 어느 특정국가의 재판관할권(jurisdiction)에 복속하도록 합의함으로써 재판관할권을 가진 국가의 재판기관이 자신의 국제사법규정에 따라 준거법을 선택하여 분쟁해결에 적용하도록 하고 있다.

대부분의 국제계약에는 당사자자치의 원칙에 따라 적용될 법 또는 재판관할권에 대한 합의조항이 포함된다. 적용법규나 재판관할권에 대한 합의가 없는 계약에 대해 분쟁이 발생되면 법정지국의 국제사법규정에 따라 준거법을 정하게 된다.[12)]

국제사법[13)] 제25조에 의하면, 계약은 당사자가 명시적 또는 묵시적으로 선택한 준거법에 의한다고 하고 있어 준거법 선택에 있어 당사자 자치의 원칙을 인정하고 있다.

여기서 묵시적으로 선택되는 준거법의 범위는 '그 밖의 모든 사정'으로부터

12) 경희대학교 국제법무대학원, 『국제법무학 개론』, 동림사, 2000, p.38.

13) 국제사법은 2001년 과거의 *涉外私法*을 개정한 것으로, 이 법은 대한민국에서 외국적 요소가 있는 법률관계에 관하여 국제재판관할에 관한 원칙과 준거법을 정하기 위하여 제정된 법률이다.

합리적으로 인정될 수 있는 경우를 의미한다. 예컨대, 특정한 표준계약서의 사용, 재판관할합의 및 중재계약, 계속적 거래관계에 있는 당사자의 종전계약의 준거법, 당사자의 국적, 상거소(常居所) 등이 고려될 수 있는 경우이다.[14)]

그러나 당사자가 준거법을 선택하지 아니한 경우에 계약은 그 계약과 가장 밀접한 관련이 있는 국가의 법에 의한다(국제사법 제26조). 여기서 "…가장 밀접한 관련…"이란 준거법의 결정을 용이하게 하기 위하여 과거의 행위지법 원칙을 개정한 개념이다.

따라서 계약을 포함한 법률행위의 방식은 행위의 준거법, 즉 당사자가 선택한 법 또는 계약과 가장 밀접한 관련이 있는 국가의 법에 따른다.

국제사법은 제17조 제3항에서 법률행위의 성립을 더욱 용이하게 하기 위하여 상이한 국가에 소재하는 당사자 간에 체결된 계약의 경우 관련 국가 중 어느 한 국가의 법 요건을 충족하면 방식상 유효한 것으로 하고 있고, 대리인에 의한 법률행위의 경우에 대리인이 있는 국가를 기준으로 이 행위지법을 정한다고 제17조 제4항에서 규정하고 있다.

Ⅱ 국제무역법규의 법원

국제무역법규는 국가 간의 무역거래에 관련한 동서고금의 모든 법체제가 그 법원이 될 것이다. 국제사법재판소의 규정 제38조에 따르면, 국제사법상의 분쟁을 재판함에 있어서 첫째, 일반적인 국제협약으로서 분쟁국이 명시적으로 승인한 규칙 둘째, 법률로 인정된 일반관행의 증거로서 국제관습 셋째, 문명국이 승인한 법률의 일반원칙 넷째, 법규결정의 보조수단인 판례 및 저명한 국제법학자의 학설 등을 적용하도록 하고 있다.

따라서 국제법의 한 분야로서 국제무역법규의 법원은 국제협약이나 조약, 국제관습과 거래규칙, 문명국 법률의 일반원칙, 국제판례나 판정 또는 저명한 국제법학자의 학설 등에서 찾아야 한다. 이 중에서도 특히 국제협약과 관습 및 문명국가의 법률의 일반원칙은 오늘날 국제무역법규의 대표적인 법원으로 인

14) 최준선, 『국제거래법』, 법문사, 2005, p.58.

용되고 있다.

첫째, 국제협약(international convention)은 그 명칭에 관계없이 국제법 주체인 국가와 국가 간에 일정한 법률효과를 발생시키기 위하여 문서로 교환되는 명시적인 협의결정을 말한다. 협약의 의미로 사용되는 명칭에는 조약(treaty), 협정(agreement), 규약(status), 의정서(protocol), 합의각서(memorandum), 헌장(charter) 등이 있다.

협약에 속하는 무역법규에는 "국제물품매매에 관한 유엔협약"(Vienna Convention), "독립적 보증서와 보증신용장에 관한 유엔 협약", "국제환어음과 약속어음에 관한 협약", "선화증권에 관한 법규의 통일을 위한 국제협약"(Hague Rules), "해상화물운송에 관한 유엔 협약"(Hamburg Rules), "국제항공운송에 관한 일부규칙의 통일을 위한 협약"(Warsaw Convention), "외국중재판정의 승인과 집행에 관한 유엔 협약"(New York Convention) 등이 있다.

둘째, 국제관습은 국가와 국가 간에 묵시적으로 합의되고 하나의 법률이나 규칙으로 인정되는 일반적인 관행으로서, 여기에는 임의법규도 있고 강행법규도 있다. 국제관습은 그것을 묵시적으로 승인한 국가나 해당되는 당사자에 한하여 유효하게 된다. 협약 제9조는 국제관행과 관습의 효력에 관하여 "(1) 당사자는 그들이 합의한 모든 관행과 당사자 간에서 확립되어 있는 관습에 구속된다. (2) 별도의 합의가 없는 한, 당사자가 알았거나 또는 당연히 알았어야 하는 관행으로서 국제무역에 해당되는 특정무역에 관련된 종류의 계약당사자에게 널리 알려져 있고 통상적으로 준수되고 있는 관행은 당사자가 이를 그들의 계약 또는 계약성립에 묵시적으로 적용하는 것으로 본다."라는 규정을 두고 있다.

국제관습은 ICC나 기타의 관련된 국제민간기구에 의하여 통일규칙으로 입법화된 경우가 많으며, 이것은 비록 강행법규가 아닐지라도 실제의 국제거래에서는 준거법규로 널리 활용되고 있다. 이미 입법화된 국제무역관습에는 "정형거래조건해석에 관한 국제규칙"(INCOTERMS), "국제상사계약에 관한 UNIDROIT 원칙", "신용장통일규칙"(UCP, eUCP), "은행간 신용장 대금보상 통일규칙"(URR), "신용장 국제표준은행관습"(ISBP), "추심에 관한 통일규칙"(URC), "복합운송서류에 관한 UNCTAD/ICC 규칙", "해상화물운송장에 관한 CMI 통일규칙", 런던보험시장의 "협회적하약관"(ICC), "협회기간약관"(ITC-Hulls),

“요크-앤트워프 규칙”(YAR), “유엔국제무역법위원회의 중재규칙”, “국제상업회의소의 임의적인 조정규칙과 중재규칙” 등이 있다.

셋째, 문명국가의 법률에서 규정하는 일반원칙도 국제무역법규의 법원으로서 자주 인용되고 있다. 예컨대 물품매매에 관한 영국의 “물품매매법”(SGA), 미국의 “통일상법전”(UCC), 환어음에 관한 영국의 “환어음법”(BEA), 해상보험에 관한 영국의 “해상보험법”(MIA) 등이 그것이다. 그 밖에 법률의 제정 및 해석을 위하여 국제기구에서 마련한 모델법으로는 “유엔국제무역법위원회의 표준전자상거래법”, “유엔국제무역법위원회의 표준국제상사중재법” 등이 있다.

제2장 국제물품매매에 관한 유엔협약 (비엔나협약)

제 1 절 국제물품매매에 관한 유엔협약의 개요

1. 비엔나협약의 의의

무역매매법규를 통일하기 위한 목적으로 유엔 국제무역법위원회(UNCITRAL)에 의하여 입안되어 62개의 국가와 8개의 국제기구가 참석한 1980년 비엔나 외교회의(Diplomatic Conference)에서 채택된 후, 1988년 1월 1일부터 발효된 국제물품매매계약에 관한 유엔 협약(United Nations Convention on Contracts for the International Sale of oods)이다. 국제물품매매계약에 관하여 국제적으로 통일된 관습을 성문화함으로써 무역거래의 법률적 장벽을 제거하는데 공헌하며, 국제무역의 발전을 증진시키기 위한 협약이다.

비엔나협약에는 계약의 성립, 물품매매의 총칙, 매도인의 의무(물품인도와 서류교부, 물품의 계약 일치성과 제3자 청구권, 매도인의 계약위반에 대한 구제방법), 매수인의 의무(대금지급, 인도수령, 매수인의 계약위반에 대한 구제방법), 위험이전, 매도인과 매수인의 의무에 대한 공통규정(이행기전의 계약위반과 분할이행계약, 손해배상, 이자, 면책, 계약해제의 효과, 물품의 보존) 등에 관한 규정을 설정하고 있다.

2. 비엔나협약의 적용범위

1) 비엔나협약의 적용내용

이 협약은 매매계약의 성립과 매매계약에서 발생하는 매도인과 매수인의 권리와 의무만을 규율한다. 특히 본 협약에서 별도의 명시적인 규정이 있는 경우를 제외하고, 본 협약은 (a) 계약이나 그 어떠한 조항 또는 어떠한 관행의 유효성과 (b) 계약이 매각된 물품의 소유권에 미치는 효과에 관해서는 관계하지 않는다고 규정하고 있다(동협약 제4조).

2) 비엔나협약의 적용요건

비엔나협약 제1조에서는 국제매매, 즉 당사자의 영업소가 서로 다른 국가에 소재하는 당사자 간의 물품매매계약에 적용된다고 규정하고 있다. 그리고 이 협약 제6조에서는 당사자는 본 협약을 배제하거나 또는 본 협약 제12조에 의하여 본 협약의 어느 규정의 적용을 배제하거나 또는 그 효과를 변경할 수 있다고 규정하고 있다.

따라서 이를 요약하면 다음 4가지 요건을 갖추어야 적용된다. 즉, 거래당사자는 서로 상이한 국가에 영업소 내지 일상의 거주지를 가지고 있을 것, 계약관계의 국제성이 가시적일 것, 거래당사자의 본거지가 있는 국가가 체약국일 것, 협약의 적용배제에 관한 당사자 간의 합의가 없을 것 등이다.

비체약국이라면 국제사법의 규칙에 따라 다음의 요건을 갖추면 확대·적용 가능하다.

① 계약당사자는 상이한 국가에 영업소가 소재하여야 한다. 당사가 간에 계약 또는 밝힌 정보로부터 명확히 명시되어 있어야 하며, 둘 이상의 영업소를 가지고 있다면 그 계약 및 이행에 밀접한 영업소를 기준으로 하고, 영업소가 하나도 없다면 상이한 국가에 일상의 거주지를 갖고 있어야 한다.

② 법정지의 국제사법의 규정이 어느 체약국의 법률을 지정하고 있어야 한다. 법정지법의 국제(섭외)사법이 어느 체약국의 법률을 준거법으로 지정

한 경우에 한하여 이 협약이 간접적으로 적용하다.

③ 법정지의 국가가 비엔나협약 제95조에 의한 유보를 하지 않았어야 한다. 체약국은 체약국과의 거래에 있어서 본 협약 적용배제에 관한 유보조항을 둘 수 있다.

3) 비엔나협약의 적용제외

당사자는 협약의 적용을 배제하거나 이 협약의 일부 규정에 관한 효력을 감퇴하거나 변경할 수 있고, 특수한 대상의 매매15) · 가공무역 및 서비스 매매 · 계약의 유효성 및 소유권이전 · 제조물책임에 대하여는 협약의 적용을 배제토록 하고 있다.

3. 비엔나협약의 특징

1) 헤이그협약과 비엔나협약

비엔나협약의 전신인 헤이그협약은 체약국에 관련 없는 국제매매에도 적용하여 적용범위가 광범위하다는 비판을 받아왔으나, 비엔나협약은 당사자의 영업소가 모두 체약국내에 있거나 또는 국제사법에 의하여 어느 체약국의 법률이 적용되는 국제매매에만 적용(제1조 1항)된다.

또한 헤이그협약은 계약의 위반형태를 인도의 시기 및 장소 등에 따라 세분하고 그 구제방법도 상이하게 규정함으로써 이러한 분류에 속하지 아니한 계약위반에 대하여는 오히려 복잡한 문제가 야기된다는 비판이 있었으나, 반면 비엔나협약은 계약위반의 유형을 세분하지 아니하고 단순히 매도인의 계약위반과 매수인의 계약위반으로 구분하고 이에 따른 상대방의 구제방법을 규정하고 있다.

---

15) 비엔나협약에서는 ① 가정용 또는 가사용과 같은 소비자의 비상업적 구매행위 ② 경매, 강제집행 · 기타 법률에 의한 매매, 주식 · 지분 · 투자증권 · 유통증권·통화 등의 매매 ③ 선박 · 부선 · 수상익선 · 항공기 등의 매매 ④ 전력의 매매 등을 적용대상에서 제외하고 있다.

그리고 헤이그협약은 자동해제를 많이 규정한 데 반하여, 비엔나협약은 이러한 자동해제를 인정하지 않고, 본질적인 계약위반에 해당하는 경우에만 한하도록 규정하고 있다.

따라서 이 협약은 그 해석에 있어서 협약의 국제적 성격과 적용상의 통일성 증진을 위한 필요성뿐만 아니라 헤이그협약과 달리 국제무역상의 신의성실(good faith and diligence)의 준수에 대한 고려를 강조하고 있다.

2) 해석의 원칙

우선 비엔나협약의 주요의 해석에 있어서는 협약의 국제적 성격 및 그 적용상의 통일성 증진을 위한 필요성 및 국제무역에서 신의성실의 준수에 대한 고려가 있어야 한다(비엔나협약 제7조 1항).

둘째, 이 협약에서 명시적으로 해결되지 아니하는 문제는 본 협약이 기초하고 있는 일반원칙에 따라 해결하고, 그러한 원칙이 없을 경우에는 국제사법의 원칙에 의하여 적용되는 법률에 따라 이를 해결한다.

그리고 동 협약 제6조에서는 당사자들의 합의가 협약규정에 우선함을 규정(당사자자치의 원칙)하고 있으므로, 당사자들은 새로운 합의에 의하여 새로운 변화에 대처하는 것이 가능하다. 또한 계약에 명시된 규정이 없는 경우에는 당사자들이 합의한 관행과 당사자들 간에 확립된 관습에 구속된다(비엔나협약 제9조 제1항). 나아가 당사자들은 국제거래에서 그 당해거래에 관련된 종류의 계약을 하는 자에게 널리 알려져 있고 또한 통상적으로 준수되고 있는 관행은 당사자가 그들 간의 계약 또는 계약성립에 묵시적으로 적용하는 것으로 본다(「비엔나협약 제9조 제2항).

제 2 절 비엔나협약의 주요내용

1. 계약당사자의 권리와 의무

매매계약의 핵심은 계약당사자의 권리와 의무이다. 우리나라 민법(제568조)은 매도인의 의무와 매수인의 의무를 한 개의 조문에 일괄하여 규정하고 있는데 반하여 비엔나협약은 매도인의 의무를 제3편 제2장에, 그리고 매수인의 의무를 제3장에 나누어 매우 상세하게 규정하고 있다. 즉, 우리 민법은 매도인의 의무로서는 소유권이전을, 매수인의 의무로서는 대금지급을 명시한데 반하여 비엔나협약은 매도인의 의무에 소유권이전의무 이외에 물품인도의무, 서류인도의무, 물품의 계약적합성의무를 규정하고, 매수인의 의무에는 대금지급의무 이외에 인도수령의무, 물품검사·통지의무를 규정하고 있다. 또한 물품인도의무에 부수되는 의무로는 물품특정의무, 운송주선의무, 부보에 필요한 정보제공의무를 규정하고 있다.

[매매당사자의 의무비교]

	비엔나협약	우리나라 민법·상법
매도인의 의무[16]	소유권 이전의무 물품인도 의무+부수적 의무 서류인도의무	소유권이전의무
	계약적합의무	하자담보책임
매수인의 의무	대금지급의무	대금지급의무
	인도수령의무	(해석상 인정)
	물품검사·통지의무	물품검사·통지의무(상법)

이와 같이 비엔나협약은 당사자의 의무를 우리나라 민법에 비하여 매우 상세히 규정하고 있다. 그러나 우리나라 민법의 해석상으로도 매도인의 물품·서류인도의무를 소유권이전의무에 포함되는 것으로 해석될 수 있다. 또한 매도인

16) 매도인의 부수적 의무 : 물품특정의무, 운송주선의무, 부보에 필요한 정보제공의무

의 계약적합의무는 하자담보책임으로 해결되고 있다.

매수인의 인도수령의무는 우리나라 민법의 해석상으로도 인정될 수 있는 것이며 물품검사 및 통지의무도 상사거래에서 인정되고 있다. 결국 비엔나협약과 우리나라 민법이나 상법의 규정과는 큰 차이가 있는 것이 아니며, 다만 비엔나협약이 이들 각 의무를 각각 별개의 독립된 의무로 규정하고 있을 뿐이다.

한편, 비엔나협약은 제3편 제5장에 매도인과 매수인의 공통된 의무로서 손해경감의무(mitigation of damage)(제77조), 계약해제로 인한 대금반환의무(restitution of benefits received)에서 이자지급의무(제84조), 면책사유(exemptions), 통지의무(제79조), 매수인의 수령지체로 인한 물품보관의무(seller's duty to preserve goods) 등을 규정하고 있다. 그러나 이들 규정은 일방 당사자의 계약위반 시 상대방이 계약해제나 손해배상청구 등에 부수되는 의무일 뿐 매매계약의 직접적인 효과로서 인정되는 의무는 아니다.

계약당사자의 의무와 관련하여 비엔나협약과 정형거래조건과의 관계를 이해하여야 한다. 동법 제9조 제1항에는 당사자들은 당사자 자신들이 동의한 관행과 당사자들이 자신들 사이에서 확립된 관습에 구속된다고 규정하여 거래관습이나 관행에 법적 효력을 부여하고 있다. 따라서 FOB나 CIF조건과 같은 거래관습은 당사자가 동의했거나 확립된 관습으로 인정되어, 또한 해당거래에 관련된 종류의 계약을 하는 자에게 널리 알려져 있고 또한 통상적으로 준수되고 있는 관행으로 인정되어 비록 비엔나협약이 준거법으로 적용될 경우에도 묵시계약으로 우선 적용된다.

따라서 비엔나협약은 당사자 간 명시적 합의나 거래관습이 없는 경우에 적용되어 보충법적 기능을 한다.[17)]

매매당사자간의 매매계약에서 선택되는 정형거래조건은 INCOTERMS에 따르며 매 조건마다 10가지씩 당사자간의 대칭적 의무가 규정되어 있다. 매매계약내용의 최우선 순위는 당사자간의 명시조항이며, 다음이 묵시조항인 거래

17) 비엔나협약 제7조 제(2)항 ; “Questions concerning matters governed by this Convention which are not expressly settled in it are to be settled in conformity with the general principles on which it is based or, in the absence of such principles, in conformity with the law applicable by virtue of the rules of private international law.”

관습 또는 관행, 마지막으로 준거법이 적용된다. 따라서 INCOTERMS의 당사자의 의무와 비엔나협약상의 의무가 상충될 때는 INCOTERMS가 우선한다.

1) 매도인의 의무

비엔나협약(제30조)에서는 매도인은 계약과 동법에 의하여 요구되는 바에 따라 물품을 인도하고, 물품에 관련된 서류를 교부하며, 또한 물품의 소유권을 이전하여야 한다.

이 조항에 따르면 매도인의 주된 의무는 소유권이전의무, 물품인도의무, 서류인도의무 및 계약적합성의무로 나눌 수 있다.

협약 제3편 물품매매는 5개의 장으로 구성되어 비교적 상세하게 설명되어 있다. 제1장은 협약 제25조에서 제29조까지로 계약의 본질적 위반의 정의, 계약해제의 행사방법, 제3편의 계약상 의무이행과 관련된 통지의 효력발생시기, 특정이행의 적용예외, 계약의 변경 또는 종료의 방식 등을 규정하고 있다. 제2장은 우선 협약 제30조에서 제44조까지로 매도인의 의무로서 물품의 소유권이전의무와 인도의무, 서류인도의무, 물품의 계약적합의무 등을 규정하고 있고, 제3장은 제53조에서 제65조까지로 매수인의 의무로서 대금지급의무, 물품의 인도수령의무, 검사 및 통지의무 및 매수인의 계약위반에 대한 구제 등을 규정하고 있다. 제4장은 협약 제66조에서 제70조까지로 위험의 이전에 대해 규정하고 있으며, 마지막 제5장은 협약 제71조에서 제88조까지로 매도인과 매수인의 의무에 공통된 의무 등을 규정하고 있다.

협약 제3편 제2장은 3개의 절로 나누어져 있는 바, 제1절은 매도인의 기본의무로 매도인은 계약과 이 협약이 정하는 바에 따라 물품을 인도하고 관련된 모든 서류를 교부하며, 아울러 물품의 소유권을 이전할 의무를 부담한다. 제2절에서 매도인은 계약에서 정한 수량, 품질 및 종류에 일치하고, 계약에서 정한 방법으로 물품을 인도할 의무를 부담한다. 제3절은 매도인의 계약위반에 대한 구제를 규정하고 있다.

(1) 소유권이전의무

소유권이전의무는 매도인의 가장 기본적이고 핵심적인 의무이다. 그렇지만 소유권의 이전에 관하여는 각국마다 법이론과 법체계가 다양하고 소유권의 이전방법도 상이한 것이 현실이다.

더구나 국제거래는 물품의 인도와 대금의 지급이 동시에 이루어지지 않으며, 물품의 인도도 직접인도가 아닌 운송인에 의한 간접인도방식을 취하고 있다.

또한 대금의 지급도 통상 은행을 통한 간접적 방법으로 이루어진다. 따라서 매매당사자간에 소유권의 이전시기를 규명하려면 물품인도와 대금지급시 개입되는 운송인과 은행의 법적지위가 규명되어야 한다.

따라서 국제거래에서는 '소유권'이라는 개념 대신 위험의 이전과 연계된 '인도'의 개념을 사용하고 있다.

이러한 여러 가지 정황으로 보아 국제적으로 소유권이전방식을 통일하고 소유권의 이전의무를 통일적으로 규정하기는 어려워서 비엔나협약은 소유권이전의무를 선언적으로 규정하고 있을 뿐이다.

비엔나협약 제4조 a항은 계약이 매각된 물품의 소유권에 미치는 효과에 대하여는 관계하지 않는다고 규정하여 매도인과 매수인의 권리 · 의무만 규율한다는 것을 명시하고 있다. 즉 국내법에 따라 소유권 개념을 기초로 해결되는 문제, 즉 위험의 이전 등의 문제들은 본법의 관련조항에 의하여 규율된다.[18)]

유의할 것은 협약 제30조는 물품의 소유권이전의무와는 별개로 독립된 물품인도의무와 서류인도의무를 규정하고 있다. 물품의 소유권이전이 각국에 따라 다른 법체계와 이론을 가지고 있기 때문에 물품의 소유권이 다른 방식을 통하여 매수인에게 이전된 경우라 하더라도 매도인은 여전히 계약과 이 협약에 따라 물품인도의무를 부담한다. 즉 협약은 구체적인 소유권 이전의무의 내용에 대하여는 어떠한 규정을 두고 있지 아니하며, 오히려 매매된 물품의 소유권에 관한 계약의 효력에 대하여는 이 협약을 적용하지 아니한다고 규정하고 있다(제4조 b호). 따라서 매도인의 소유권이전의 방법과 내용은 법정지의 국제사법

---

18) J. O. Honnold, *Documentary History of the Uniform Law for International Sales*, Deventer/Boston, Kluwer, 1989, p.407.

규칙에 따른 준거법에 따라야 한다. 그러나 대부분 국가의 법제에서는 물품의 현실적 인도나 물품인도청구권이 표창된 서류의 인도로써 물품의 소유권이 이전하는 방식을 취하고 있기 때문에 실제에 있어서는 소유권이전의무는 물품인도의무나 서류인도의무의 이행과 동시에 이행되는 경우가 많다.[19)]

(2) 물품인도의무

매도인은 계약과 협약이 정하는 바에 따라 물품을 인도할 의무를 부담한다(제30조). 위에서 본 바와 같이 매도인의 물품인도의무는 소유권이전의무와는 별개인 것과 마찬가지로 매도인의 물품인도의무와 계약적합의무도 별개이다. 즉 협약상 매도인이 계약내용에 적합하지 않는 물품을 인도한 때에도 일응 물품인도의무를 다한 것으로 되며, 다만 협약 제46조 제2항 및 제3항에 따라 매수인은 매도인에게 대체물의 인도를 청구하거나 물품하자치유를 청구할 수 있다. 이처럼 물품의 수량이나 품질 등이 계약의 내용에 적합하지 않는 경우에 이는 물품인도의무의 위반이 아니고 계약적합의무의 위반이다.[20)]

① 물품인도시기

비엔나협약은 매도인이 물품을 인도할 시기에 관하여 3가지 경우로 나누어 규정하고 있다(제33조).

첫째, 인도기일이 계약에 의하여 지정되어 있거나 확정될 수 있는 경우에는 그 기일이 인도시기이다(제33조 a호). 이 기일은 당사자간의 합의로 변경할 수 있으며(제29조), 통상의 관습에 의하여 결정할 수 있는 경우에는 그 기일에 인도하여야 한다(제9조).

둘째, 인도기간이 계약에 의하여 지정되어 있거나 확정될 수 있는 경우에는 매도인은 그 기간 내의 어느 시기에도 자신이 선택한 일자가 인도시기이다(제33조 b호). 다만 매수인이 인도시기를 선택하도록 명시되어 있는 경우에는 그러하지 아니하다(제33조 b호). 이처럼 협약은 인도시기를 기간으로 정한 경우

---

19) 서정두, 『국제무역계약』, 삼영사, 2005, p.717.

20) 이기수 · 신창섭, 『국제거래법』, 세창출판사, 2005, p.63.

에 별도의 특약이 없으면 인도시기의 선택권을 매도인에게 부여하고 있다. 이는 매도인이 물품의 조달·생산·포장·주선 등 많은 절차를 부담하고 있으므로 구체적인 인도시기를 정함에 있어서 매도인에게 선택권을 부여하는 것이 형평에 맞을 뿐만 아니라 사정변경의 여지가 많은 국제매매의 특성을 반영한 것이다.[21] 인도기간과 관련된 사례에 의하면, 예컨대 계약조항에 12월말까지 (until: end December)로 되어 있으면 계약완료일부터 12월 31일까지 물품을 인도하면 계약에 합치되지만, 12월 31일 이후에 인도하면 계약위반이 된다.[22] 계약조항에 인도가 2013-2014 유효(effected in 1993- 1994)하다고 한다면, 2013년 1월 1일부터 2014년 12월 31일 사이에 인도가 이루어졌다면 시기적절한 이행이라고 본다.[23]

셋째, 그 밖의 경우, 즉 인도시기가 계약에서 지정되어 있지 않거나 계약의 해석, 관습 등에 의해서도 이를 결정할 수 없는 경우에는 매도인은 계약체결 후 합리적인 기간 내에 물품을 인도하여야 한다(제33조 제c호)[24]. 여기서 합리적인 기간은 물품의 종류, 거래형태, 상관습 등에 따라 결정되어진다. 예컨대 송장수령 및 첫 번째 할부금 수령 후 2주 뒤에 불도저 한 대를 인도하였다면 합리적인 기간 내에 인도한 것으로 본다.[25] 또한 계약이 1월에 체결되고 인도를 4월, 인도기일은 유보함(April, delivery date remains reserved)로 정하였다면, 명확한 인도기일이 정하여지지 않았기 때문에 합리적인 기간이 적용될 수 있다.[26] 이 사건에서 매수인이 3월 15일까지 인도받는 것에 이익이 있음을 명확히 밝힌 경우임으로 4월 11일전에 합리적인 기간이 끝나는 것으로 보았다.

---

21) Honnold, op. cit., p.263; 이기수·신창섭, 전게서, p. 66; 서정두, 전게서, p.718.

22) ICC Court of Arbitration, case No.8786 of January 1997, 출처 <http://cisgw3.law.pace.edu/cases/978786i1.html>.

23) ICC Court of Arbitration, case No.9117 of January 1997, 출처 <http://cisgw3.law.pace.edu/cases/989117i1.html>.

24) 우리나라 민법은 "채무이행의 기한이 없는 경우에는 채무자는 이행청구를 받은 때로부터 지체책임이 있다"라고 규정하고 있다(제387조 제3항).

25) CLOUT case No.219 [SWITZERLAND Tribunal Cantonal[Appellate Court] Valais 28 October 1997, 출처 <http://cisgw3.law.pace.edu/cases/971028s1.html>].

26) CLOUT case No.362 [GERMANY Oberlandesgericht[Appellate Court] Naumburg 27 April 1999, 출처 <http://cisgw3.law.pace.edu/cases/990427g1.html>].

② 물품인도장소

매매당사자간의 계약에서 매도인의 인도장소가 구체적으로 확정되어 있거나 확정되어 있지 않더라도 인도장소에 대한 명확한 상관습이 존재하는 경우(예컨대, Incoterms)에는 인도장소에 관한 협약 제31조는 적용되지 않는다. 이처럼 계약상·상관습상으로 인도장소가 없는 경우에는 제31조는 보충규정으로 다음과 같이 규정하고 있다.

가. 계약내용에 물품의 운송조건이 포함된 경우

협약 제31조 제a항에서 매도인과 매수인간에 여러 운송인이 포함되어 있는 경우에는 매도인이 제1운송인에게 물품을 인도함으로써 매수인에 대한 물품인도의무를 다한 것으로 본다. 따라서 매도인이 물품을 목적지에서 인도하거나 물품을 매수인이 처분할 수 있는 상태에 둘 필요없이 제1운송인에게 물품을 인도한 장소가 인도장소가 된다. 동 조항의 취지는 이른바 복합운송의 경우와 같이 매도인이 해상운송인에게 물품을 인도할 때 물품인도의무를 다한 것으로 본다면 매도인에게 지나치게 과도한 의무를 부과하는 것이 되며, 오히려 제1운송인을 인도장소로 봄으로써 매도인과 매수인의 이익균형을 맞출 수 있다는 점이다.[27] 여기서 제1운송인이란 당사자가 직영하는 운송수단이나 운송인의 자격이 없는 운송주선인을 제외한 운송업체의 창고나 터미널, 공항 등 운송설비에 상관없이 어느 장소에서나 최초로 운송을 약정하는 자를 말한다.[28] 이와 관련된 사례를 보면, 독일인인 매도인이 프랑스인인 매수인에게 아몬드빵을 인도하기로 되어 있었지만, 매수인이 프랑스법정에 손해배상을 청구하였다. 이에 매도인은 독일법정에 손해배상의무가 없음을 선언하는 소송을 제기하였다. 독일고등법원은 매매당사자사이의 여러 통신증거 특히 무관세, 무세금, 매수인영업소까지의 무위험인도(duty unpaid, untaxed, delivery being free to the door of the place of the buyer's business) 등의 조건이 포함되어 있는 매매가격 등을 검토하여 다음과 같이 판결하였다: 매매당사자는 위 매매가격의 조건으로 이행장소를 변경하려고 하지 않았고 오히려 수송비

27) 이기수·신창섭, 전게서, p.64.

28) 서정두, 전게서, p.717; 최준선, 『국제거래법』, 삼영사, 2005, p.132.

용 및 위험부담을 변경하려고 하였다. 따라서 동 법정은 독일의 관할을 인정하였고, 무관세, 무세금, 매수인영업소까지의 무위험인도의 용어를 협약 제31조에 따라 최초운송인 혹은 매도인의 영업소에게 물품을 인도하는 것으로 해석하였다.

나. 계약내용에 물품의 운송조건이 포함되지 않는 경우

협약 제31조 b호에서 매도인과 매수인간에 운송조건이 포함되어 있지 않고 물품이 특정물의 경우에는 계약체결 시 그 물품이 존재하는 장소가 인도장소가 된다. 이 때 당사자가 계약체결 시 그 물품이 특정장소에 있다는 사실을 알고 있었어야 한다. 또한 이 원칙은 물품이 특정한 재고품에서 인출되는 불특정물이거나 특정장소에서 제조 또는 생산되는 경우에는 계약체결 시 그 물품이 존재하는 장소, 제조 또는 생산되는 장소가 인도장소가 된다. 이때에도 당사자가 계약체결 시 그 물품이 특정장소에 있거나, 특정장소에서 제조 또는 생산된다는 사실을 알고 있었어야 한다. 이때 그 특정장소에서 물품을 인도한다는 것은 구체적으로 그 장소에서 물품을 매수인의 처분 하에 두는 것(placing the goods at the buyer's disposal)을 말한다. 매수인이 처분할 수 있는 상태에 둔다는 것은 매수인의 점유취득이 가능한 상태에 두는 것을 의미하며, 매도인이 점유이전행위 자체를 할 필요는 없고, 물품을 특정하고 포장하는 등 인도에 필요한 준비를 마친 후 매수인에게 통지하는 방법 등을 통하여 물품을 매수인이 처분하는 것을 가능하게 하는 것으로 충분하다.[29]

한편 협약 제31조 c호에서 매도인과 매수인간에 운송조건이 포함되어 있지 않고 또한 매도인이 특정장소에서 물품인도의무가 없는 경우에는 계약체결 시 매도인의 영업소가 인도장소가 된다. 이 인도장소에서 매수인이 처분할 수 있는 상태에 두었을 때 매도인은 인도의무를 다한 것으로 본다. 그러나 협약 제31조 b호 및 c호는 국제매매에서 드문 경우에 적용되며 대체로 매도인과 매수인이 비교적 가까이 위치해 있어 매수인이 직접 트럭 등 운송수단으로 물품이 있는 장소나 매도인의 영업소로 가는 경우에 적용된다.[30] 그리고 매매당사자

29) 임홍근 · 이태희, 『국제물품매매계약에 관한 UN협약상의 제문제』, 삼지원, 1991, p.115.

30) Honnold, *Uniform Law for International sales under the 1980 United Nations Convention*, Third edition, Kluwer Law International, 1999, p.256.

중 누구든 협약 제31조에서 정하는 장소 이외에서 물품인도를 하기로 했다고 주장한다면 주장하는 자가 그러한 사실을 입증해야 한다.[31]

③ 물품인도에 수반되는 의무

협약은 매도인의 물품인도의무에 수반되는 의무로서 물품특정의무, 운송주선의무, 부보에 필요한 정보제공의무 등을 규정하고 있다(제32조). 물론 매도인의 이러한 부수의무 역시 당사자간 별도의 합의 혹은 관행이 있는 경우에는 그러한 합의 혹은 관행에 따른다.

협약 제32조를 구체적으로 살펴보면 다음과 같다. 첫째, 매도인이 물품을 운송인에게 인도함에 있어서 물품이 하인, 선적서류 그 밖의 방법에 의하여 계약에 명백하게 특정되어 있지 않은 경우에는, 매도인은 물품을 특정한 후 탁송통지서를 작성하여 이를 매수인에게 송부하여야 한다(제32조 제1항). 둘째, 매도인이 물품의 운송주선을 해야 하는 경우에는 매도인은 상황에 맞는 적절한 운송수단을 선택하여 통상적인 조건으로 지정된 장소까지 운송계약을 체결하여야 한다(제32조 제2항). 실무적으로 운송특약부 FOB계약이나 CIF 및 CFR 계약에서 매도인은 운송수배의무가 있다.[32] 이와 관련된 사례에 의하면 매도인은 별도의 합의가 없으면 특정 운송수단을 사용해야 하는 의무는 없다. 이 사건에서 매수인이 트럭에 의한 물품운송을 하기로 했다는 입증을 못했기 때문에 법원은 운송수단의 선택권을 매도인에게 부여하였다. 셋째, 매도인이 운송보험에 부보할 의무가 없더라도 매수인의 요구가 있으면 매수인이 부보하는데 필요한 모든 가능한 정보를 제공하여야 한다(제32조 제3항).

(3) 서류인도의무

매도인은 계약과 협약에 따라 물품에 관련된 서류를 인도할 의무를 부담한다(제30조). 이때 매도인은 계약에서 정한 시기, 장소 및 방식에 따라 서류를 인도하여야 한다(제34조). 즉 매도인의 서류인도의무의 구체적인 내용은 전적

31) CLOUT case No.360 [GERMANY Amtsgericht[Lower Court] Duisburg 13 April 2000, 출처 <http:/ /cisgw3.law.pace.edu/cases/000413g1.html>].

32) Honnold, ibid, p.261.

으로 당사자의 자치에 따른다. 특히 매매계약서에 Incoterms의 조건을 수용하는 경우에는 어떤 서류가 인도될 지는 계약서에서 보통 정해져 있다. 한편 매도인이 계약에서 정한 시기 이전에 서류를 인도한 경우에는 매도인은 매수인에게 불합리한 불편 또는 비용을 초래하지 아니하는 한 계약에서 정한 시기까지 서류상의 하자를 치유할 수 있다.(제34조) 이는 인도기일 이전의 하자있는 물품을 보완할 수 있는 협약 제37조가 서류의 인도에까지 확대된 것이다.[33] 이와 관련된 사례를 보면, FOB 계약하에서 매도인은 매수인에게 물품의 양과 가치를 표시한 송장을 제공할 의무가 있다고 한다. 또한 당사자사이의 관행 및 관습에 따라 어떤 서류가 인도될 지가 정해질 수 있다. 만일 서류인도시 필요한 장소, 시기 및 방식에 관한 당사자의 합의, 거래관행 혹은 관습이 없는 경우에는 매도인은 관련서류를 물품이 목적지에 도착할 때 매수인이 운송인으로부터 물품인도를 받을 수 있도록, 물품이 목적지국의 세관을 통과할 수 있도록 그리고 운송인 및 보험회사에게 청구권을 행사할 수 있도록 하는 장소에서 그리고 그러한 방식으로 전달하도록 해야 한다.[34]

(4) 계약적합성 의무

비엔나협약은 매도인에게 계약적합의무를 부여하고 있다. 이 의무의 내용은 2가지로 나누어진다. 즉, 매도인은 물질적 측면에서 수량, 종류, 포장 등이 계약과 그 물품의 사용목적에 적합한 물품을 인도하여야 할 뿐만 아니라(제35조) 권리적인 측면에서 아무런 하자 없는 물품을 인도하여야 한다(제41조).

① 물품의 계약적합성 의무

물품의 계약적합성은 3가지 측면 즉, 수량적합성, 품질적합성, 그리고 포장적합성 등에서 검토할 수 있다.

첫째, 매도인은 계약성에서 정한 수량만큼을 인도하여야 한다는 것이 수량적합성이다. Bulk Cargo인 경우에는 수량의 과부족이 불가피하므로 과부적허용

33) Honnold, op. cit., p.265.

34) Commentary on the Draft Convention on Contracts for the International Sale of Goods to article 32, p.31.

조항(more or less Clause ; M/L Clause)이나 개산수량(예, about, approximate 등)을 표시하여야 과부족을 용인 받을 수 있다. 그렇지 않다고 해도 5%의 과부족은 용인되고 있다.

둘째, 매도인은 계약서에서 명시적으로 요구되는 품질과 명세의 물품을 인도하여야 한다(제35조 제1항). 계약에서 품질을 명시적으로 정하지 아니한 경우에는, 또한 당사자가 계약에서 달리 합의한 바가 없는 경우에는 매도인은 (ⅰ) 통상사용목적에 적합한 물품, (ii) 특별사용목적에 적합한 물품, 또는 (iii) 견본 또는 모형과 일치하는 물품을 인도하여야 한다(제35조 제2항).

매도인이 이러한 품질적합의무도 매수인이 계약체결 시에 물품의 부적합을 알았거나 모를 리가 없었을 경우(could not have been unaware of)에는 매도인은 매수인에게 이러한 계약적합의무를 지지 않는다(제35조 제3항).

셋째, 매도인은 계약에 정해진 방법으로 포장하여야 한다. 포장방법에 관하여 합의가 없는 경우에는 동일한 물품에 통상 사용되는 방법으로 포장하여야 하며 그러한 방법이 없는 경우에는 물품의 보존과 보호에 적당한 방법으로(in a manner adequate) 포장하여야 한다(제35조 제2항 d.호).

② 계약적합성여부의 판단시기

매도인의 계약에 적합한 물품인도의무 내지 책임은 물품의 계약부적합의 발생시점에 따라 달라질 수 있다. 협약 제36조는 매도인은 위험이 매수인에게 이전하는 시점에 존재하는 부적합에 대한 책임을 지며, 비록 그 부적합이 그 시점 이후에 밝혀지더라도 마찬가지이며, 예외적으로 보증위반을 포함한 매도인의 의무위반에 기인한 경우에는 그 부적합이 위 시점 이후에 발생하더라도 책임을 진다고 규정하고 있다.

매도인은 원칙적으로 물품에 대한 위험이전당시를 기준으로 물품과 계약과의 불일치에 대하여만 책임을 진다. 즉, 계약적합성 판단 시기는 위험이전 시이다. 국제거래는 소유권개념에서 이탈하여 '인도'라는 개념을 사용하고 있다. '인도'가 위험이전과 연계되어 있으므로 바로 인도시가 적합성여부의 판단시기이다.

위험이전 시기는 특히 운송 중인 물품과 관련되어 문제된다. 운송중 물품의 위험을 매수인이 부담하는 조건의 계약이었다면 선적 이후에 발생한 물품의 손상으로 계약에 부적합하게 되었다고 하더라도 매도인은 이에 대한 책임을 지지 않는다. 물론 물품의 계약부적합의 발생시점이 확인될 수 없는 경우라면 이는 입증책임의 문제로 귀속하게 된다. 협약은 입증책임에 관한 명시적 규정을 두고 있지 않다. 한편 매수인이 물품을 수령한 경우에는, 매수인은 제39조에 따라 물품의 부적합을 주장하여야 하고, 이에 대하여 매도인이 위험이전 시에 물품이 계약이 적합하였다는 것을 입증하게 될 것이다.[35)]

위험이전당시에 불일치가 존재하는 한 그 사실이 위험이전 이후에 발견되는 경우에도 매도인은 이에 따른 책임을 부담한다(제36조 제1항). 또한 위험이전 이후에 불일치가 발생한 경우라도 그것이 매도인의 의무위반에 기인한 경우에는 매도인은 이에 대한 책임을 져야 한다.

③ 부적합의 보완

매도인이 약정된 기일 전에 물품을 인도한 경우 매도인은 인도기일까지 부적합을 보완(cure)할 수 있다. 다만 이 경우 매수인에게 불합리한 불편이나 비용을 유발해서는 안된다. 물론 매수인은 본법에 규정된 바의 손해배상을 청구할 권리를 갖는다(제37조).

(2) 권리의 계약적합성 의무

매도인은 산업재산권(industrial property right) 또는 기타의 지적재산권(intellectual property right)에 기초한 제3자의 권리 또는 청구권으로부터 자유로운 물품을 인도할 의무가 있다(제41조 제1항). 여기서 '권리'(right)라 함은 종국적인 구속력을 갖는 법적으로 확정된 제3자의 청구권을 말하며, 클레임이란 진행중인 사건에서 제3자가 제기한 것으로 아직 해결·확정되지 아니한 것을 말한다. 매도인은 제3자가 제거한 클레임이 유효한 경우 권리적 측면에서 계약적합의무를 위반하게 된다. 왜냐하면 제3자의 클레임 제기는 매수인에게 소송으로 인한 비용과 시간을 낭비하게 하므로 매수인이 계획된 대로 물품수

35) 甲斐道太郎、石田喜久夫、田中英司 편, 国際統一売買法 (I)、法律文化社, 2000, p.280.

령을 지연시키기 때문이다.

이러한 지적재산권을 근거로 한 권리 또는 청구권의 정당성 여부는 당사자 쌍방이 계약 시에 물품을 어느 국가에 전매하거나 달리 사용할 것을 예상한 경우에는 당해 물품을 전매 또는 사용하게 될 국가의 법률을 기준으로, 그리고 기타의 경우에는 매수인의 영업소 소재지 국가의 법률을 기준으로 판단한다(제42조 제1항 a, b호).

2) 매수인의 의무

매수인의 가장 대표적 의무가 물품대금지급의무이다. 비엔나협약은 매수인의 대금지급의무(제53조~제59조)와 인도수령의무(제60조)를 규정하고 있다. 이 외에도 매수인은 물품을 검사하고 하자를 통보하여야 한다(제38조, 제39조, 제43조), 이러한 매수인의 의무는 우리나라 민·상법상의 매수인의 의무와 유사하나 비엔나협약은 이를 구체적으로 명시한 점이 특징이다.

(1) 대금지급의무

비엔나협약은 대금지급의무와 관련하여 대금의 결정방법, 지급시기, 및 지급장소 등을 규정하고 대금지급방법에 관하여는 구체적인 규정은 없으나 매수인에게 대금지급을 위한 조치를 취하도록 규정하여(제54조) L/C 개설 등 필요한 조치를 취하도록 하고 있다.[36]

① 대금의 결정

물품대금은 당사자 간의 합의에 의하여 결정된다. 그러나 계약은 유효하게 성립하였으나 계약상 명시적 또는 묵시적으로 대금을 약정하지 아니하거나 대금결정조항을 두지 않는 경우가 있을 수 있다. 이 경우 반대의 의사표시가 없는 한 당사자들은 계약체결 시에 당해거래와 유사한 상황 하에서 매매되는 물품에 일반적으로 부과되는 대금(price generally charged)을 묵시적으로 물품매

36) Honnold, op, cit., p.407.

매대금으로 간주한다(제55조).

물품이 중량에 의하여 대금을 결정하도록 정하여진 경우, 대금산정의 기준이 되는 중량의 의미가 분명하지 아니하면 순중량에 의하여 대금을 결정한다.

② 대금지급시기

매수인의 대금지급시기는 계약에서 결정된다. 즉, 지급시기는 선지급(advance payment), 동시지급(concurrent payment), 후지급 또는 연지급(deferred payment) 등으로 나누어지며 L/C베이스인 경우 동시지급은 Sight L/C, 후지급은 Usance L/C를 사용한다.

그렇지만 지급시기에 관한 약정이 없는 경우에는 매수인은 물품이나 물품의 처분을 지배하는 서류를 매수인의 처분 하에 두는 때에 대금을 지급하여야 한다(제58조 제1항).

계약에 물품의 운송이 포함된 경우에는 대금지급과 상환으로 물품이나 이를 지배하는 서류를 인도한다는 조건으로 물품을 발송할 수 있다(제58조 제2항). 이 경우에는 대금이 지급될 때까지 매도인은 물품의 처분을 유보할 수 있다.

만약 당사자 간 합의한 물품의 인도 또는 대금지급절차가 매수인이 물품검사 기회를 가지는 것과 양립할 수 있는 경우에는 매수인이 물품의 검사기회를 가질 때까지 대금지급을 거절할 수 있다(제58조 제3항).

③ 대금지급장소

대금지급은 당사자가 약속한 장소가 있으면 그 장소에서, 그러한 장소가 없는 경우에는 원칙적으로 매도인의 영업소에서 지급되어야 한다(제57조 제1항 a호).

계약체결 후 매도인이 자신의 영업소를 변경하여 그로 인하여 증가되는 대금지급비용은 매도인이 부담하여야 한다(제57조 제2항). 대금지급장소에 관하여는 우리나라 민법이나 상법이 비엔나협약의 내용과 거의 일치한다.[37]

---

37) 우리나라 민법에서는 대금지급장소에 관하여 특약과 관습이 없는 경우에는 특참채무의 원칙상 매도인의 주소에서 지급하여야 하고, 영업에 관한 채무변제도 매도인의 영

(2) 인도수령의무

매수인은 계약과 비엔나협약이 정하는 바에 따라 물품의 인도를 수령하여야 한다(제53조). 이러한 수령의무에는 매도인이 물품인도를 가능하게 하기 위하여 합리적으로 요구되는 조치를 수행할 의무를 포함한다(제60조). 즉, FOB 조건에서 매수인은 매도인의 본선인도를 가능하게 하기 위하여 본선을 수배하고 이를 매도인에게 통지하여야 하는데 이를 이행하지 않았거나 자신이 지명한 본선이 도착하지 않거나 본선이 도착하였다해도 화물을 수령하지 않으면 이에 따른 위험과 비용을 매수인이 부담하여야 한다.[38]

(3) 물품검사 · 통지의무

매수인은 물품의 부족이나 하자를 발견한 경우에 이에 대한 매도인의 책임을 묻기 위하여 수령한 물품을 지체없이 검사하고(제38조 제1항), 검사결과를 지체 없이 통지할 의무를 이행하여야 한다(제39조 제1항).

물품검사와 통지의무를 매수인이 매도인에 대한 의무가 아니라 자신의 권리를 유지하기 위한 의무로 우리나라 상법에서 정한 매수인의 검사 · 통지의무와 그 성질 및 내용이 같다.[39]

① 물품검사의무

매수인은 당해 사정에 비추어 실행가능한 짧은 기간 내[40](within as short pe-

업소에서 하여야 한다(민법 제467조 제2항). 또한 일반거래의 사정과 당사자의 의사를 추측하여 매매물품의 인도와 동시에 대금을 지급하여야 하는 경우에는 그 인도장소에서 대금을 지급하여야 한다(민법 제586조).

38) 매수인의 의무 제5항 및 6항.

39) 상인간의 매매에서 매수인이 목적물을 수령한 때에는 지체없이 이를 검사하여야 하며, 하자 또는 수량부족을 발견한 때에는 즉시 매도인에게 그 통지를 발송하지 아니하면 이로 인한 계약해제, 대금감액 또는 손해배상을 청구하지 못한다. 그러나 하자를 즉시 발견할 수 없을 때에는 6월내에 발견하여 통지하면 된다(상법 제69조 제1항).

40) "지체없이"(우리나라 상법 제69조), "합리적인 기간이 경과되기 이전에"(before the lapse of reasonable time)(SGA 제35조), "합리적인 기간내"(within a reasonable time)(UCC §2-606)등의 표현과 상호교환적으로 사용된다.

riod as is practicable in the circumstances)에 물품을 검사하거나 또는 물품이 검사되도록 하여야 한다(제38조 제1항). 계약상 물품이 운송을 포함하는 경우에는 운송 중 검사가 어렵기 때문에 물품이 목적지에 도착한 이후까지 연기할 수 있다(제38조 제2항). 특히 운송중 매수인이 검사를 수행할 합리적 기회를 갖지 못한 채 매수인에 의하여 물품의 목적지를 변경하거나 재발송된 경우, 매도인이 재발송 또는 목적지의 변경을 알았거나 알 수 있었을 경우에 한하여, 매수인은 물품이 새로운 목적지에 도착할 때까지 검사를 연기할 수 있다(제38조 제3항).

검사장소는 원칙적으로 인도장소에서 이루어져야 한다. 그렇지만 물품의 운송이 예정되어 있는 경우에는 그 목적지에서, 그리고 물품의 목적지를 변경하거나 전송될 경우에는 새로운 도착지가 검사장소가 된다.

물품의 검사방법에 관하여 별도의 약정이 없는 경우에는 매수인은 해당거래의 관행적 방법으로 검사하면 된다.

② 통지의무

매수인은 매도인에게 물품부적합의 책임을 묻기 위한 전제로서 물품의 부적합을 발견하였거나 발견할 수 있었을 때로부터 합리적인 기간내에 부적합의 내용을 상세하게 통지하여야 한다(제39조 제1항).

통지의 범위는 물품의 부적합이지만, 여기에는 물품의 수량, 품질, 명세, 포장과 권리상의 부적합도 포함된다. 서류의 부적합에 대하여는 명문규정이 없지만 매도인의 서류제공의무를 감안할 때 서류의 하자도 포함되는 것으로 보아야 한다.

비엔나협약에서 검사기간은 실행가능한 짧은 기간내로 규정하면서 통지는 합리적인 기간내로 규정하고 있다.[41] 여기서 "합리적 기간을 결정하는데 고려되는 요소는 물품의 변질가능성, 견본채취의 공평성 또는 검사의 필요성 및 매

41) 우리나라 상법은 비엔나협약과는 달리, 하자통지기간을 구체적으로 명시하여, 즉시 발견할 수 있는 하자의 경우에는 매수인이 물품을 수령한 즉시 통지할 것을 규정하고, 즉시 발견할 수 없는 하자의 경우에는 물품수령 후 6개월 이내에 통지할 것을 규정하고 있다(상법 제69조).

도인에 의한 보완가능성 등이 포함된다.42)

그렇지만 어떠한 경우에도 물품이 매수인에게 실제로 인도된 날로부터 늦어도 2년 이내에 통지하지 아니하면 매수인은 물품불일치를 주장할 권리를 상실한다(제39조 제2항). 여기서 2년은 매수인의 권리행사기간으로 제척기간이다. 그러나 제척기간에 관한 본법의 규정은 강행규정이 아니므로 특약으로 이를 줄이거나 늘일 수 있다.

비엔나협약의 2년의 제척기간은 권리부적합의 경우 적용되지 아니한다.

③ 통지방법

매수인의 물품부적합 통지의무의 이행에는 특별한 형식이 요구되지 않으므로 상황에 따라 적절한 방법으로(by means appropriate in the circumstance)하면 된다(제27조). 다만 통지 시에는 불일치의 내용을 명세하여 통지하여야 한다(제39조 제1항).

매수인은 비엔나협약에 규정된 기간 내에 정하여진 방법으로 매도인에게 통지하지 않는 경우 불일치에 관련된 청구권을 상실한다(제39조 제1항). 부적합에 관련된 청구권으로는 손해배상청구권(제74조~제77조), 계약해제권(제51조 제2항), 대금감액청구권(제50조) 및 하자보완청구권(제46조) 등이 있다. 상대방의 계약위반에 관한 통지의 경우 발신주의원칙이 적용되어 통지가 지연되거나 도달하지 않는 경우에도 통지의무를 이행한 것으로 본다(제27조). 또한 매도인이 물품의 부적합을 알았거나 모를 리가 없었고 또한 매도인이 매수인에게 고지하지 않았던 사실과 관련이 있는 경우에는 매도인은 매수인의 물품검사·통지에 관한 비엔나협약 제38조와 제39조의 규정을 원용할 수 없다(제40조). 즉, 매도인은 매수인의 통지의무 태만의 효과를 주장할 수 없다.

42) Honnold, op. cit., p.336.

2. 계약위반과 권리구제

1) 계약위반

우리 민법은 채무불이행에 관한 일반규정주의를 유지하면서도(제390조) 이행지체, 이행불능과 채권자지체라는 채무불이행의 유형을 규정하는 데 반하여, 협약은 이를 계약위반(breach of contract)의 문제로서 일원적으로 처리한다. 협약은 다만 본질적 계약위반(제25조)과 그 밖의 계약위반을 구별하여 양자의 효과에 차이를 둔다.

매수인은 매도인의 의무불이행이 있으면 협약 제46조-제52조에서 정한 권리를 행사할 수 있고, 제74조-제77조에서 정한 손해배상을 청구할 수 있다(제45조 제1항). 매수인의 손해배상청구권은 매수인이 다른 구제를 구하는 권리를 행사함으로써 상실되지 아니한다(제45조 제2항). 이처럼 제45조, 특히 제1항은 매수인의 구제수단을 규정한 다른 조항들을 언급하는 데 그치는 '기술적 규정'(記述的 規定, narrative provision)이지만, 수범자에게 협약의 체계에 대한 이해를 돕는 지침의 역할을 한다. 그러나 제45조가 매수인의 구제수단을 망라적으로 규정한 것은 아니며, 그 밖에도 제71조-제73조 또는 제84조 제1항은 다른 구제수단을 규정한다.

(1) 전부계약위반

영미법에서는 무역계약이 성립된 이후 일방 당사자가 계약에서 약속한 사항의 전부 또는 일부를 정당한 이유 없이 이행하지 않는 행위, 즉 계약내용의 불이행을 계약위반이라 하는 바, 그러한 계약위반의 유형으로는 이행거절(renunciation), 이행불능(impossibility of performance), 이행지체(failure of performance) 등으로 구분한다. 한편 우리나라 민법에서는 채무자가 그의 책임있는 사유에 의하여 채무의 내용에 따른 의무이행을 하지 않는 것을 채무불이행이라 하며, 이는 성질상 이행지체, 이행불능, 불완전이행 등 세 가지를 포함하고 있다.

① **이행거절** : 계약의 이행기일이 도래하기 전에 일방의 당사자가 자기의 의무를 이행할 의사가 없음을 사전에 표시하는 것으로 사전적 계약위반(anticipatory breach)에 해당한다.

② **이행불능** : 계약상의 의무를 이행하는 것이 더 이상 불가능하게 되는 것으로, 여기에는 계약성립의 당초부터 불능인 원시적 불능(existing impossibility)과 계약의 성립시기에는 가능하였지만 그 후에 불능으로 된 후발적 불능(subsequent or supervening impossibility)이 있다. 원시적 불능인 경우에는 처음부터 효력이 발생하지 아니하므로 어느 당사자도 계약상의 의무를 부담하지 않는다. 따라서 계약위반이 되는 것은 후발적 불능 중에서 계약의무자의 책임 있는 사유에 의한 불능에 한한다.

③ **이행지체** : 계약상 이행기내 일방의 당사자(계약의무가)가 자신의 책임 있는 사유로 계약내용을 전혀 이행하지 않는 것을 의미한다.

④ **불완전이행** : 채무자가 채무이행으로 이행행위를 하였으나, 그 것이 계약내용에 따른 완전한 이행이 아니라 하자있는 불완전한 이행이기 때문에 채권자에게 손해가 발생한 경우이다. 예컨대 위약품의 혼재, 수량부족, 불량품의 혼합 등이 이에 속한다.

(2) 일부계약위반

계약의 일부위반의 경우에는 그 위반부분이 본질적인(중대한) 위반인가, 경미한 위반 가에 따라 그 효과가 다르다.

① **본질적인(중대한) 계약위반의 개념** : 본질적인(중대한) 계약위반의 개념에 대해 우선 의무이행의 초기 단계부터 계약을 위반하였다면 이는 본질적인 위반이 된다. 그리고 계약위반이 고의(wilful)로 인한 것인가 과실(negligent)로 인한 것인가, 아니면 선의이행의 결과인가를 구별하여 고의적인 계약위반은 본질적인 위반이 된다.

② **비엔나협약상의 본질적인(중대한) 계약위반** : 일방의 당사자가 범한 계약위반이 그 계약에 있어서 그 상대방이 기대할 권리가 있는 바를 실질적으로 박탈하는 정도의 손해를 초래하는 경우이다. 다만 위반당사자가 그러한

결과를 예견하지 못하였고 또한 동일한 부류의 합리적인 자도 동일한 사정 하에서 그러한 결과를 예견하지 못하였을 경우에는 그러하지 아니하다.

③ **본질적인(중대한) 계약위반의 실무상 고려** : 계약당자가 준거법으로 본 협약을 채택하는 경우 본질적인 위반(fundamental breach)에 관하여 무엇이 실질적인 권리를 박탈하게 되는지 계약서에 구체적으로 명시하는 것이 바람직하다. 그럼으로써 계약당사자간에 계약위반으로 야기될 수 있는 잠재적인 문제를 예방할 수 있다. 구체적으로 어떠한 상황이 당사자가 계약을 해제하기를 원할 만큼 계약상의 기대이익을 실질적으로 박탈하는가를 규정할 필요가 있다.

그리고 계약위반에 따른 관련 손해는 계약위반당사자가 예견하였거나 예견했어야 하는데, 그 기준시점이 언제인가 즉 계약체결 시인지, 계약위반 시 아니면 계약체결 후 이행전인가는 별도의 규정이 없으므로 이에 관하여 명시적으로 규정할 필요가 있다. 예견성의 기준이 되는 합리적인 자가 구체적으로 누구인가도 규정할 필요가 있다.

2) 계약해제의 요건 및 효과

계약이 해제되면 계약당사자는 계약의 구속으로부터 해방되어 미 이행된 부분은 이행의무가 면제된다. 이미 이행한 부분은 상호 반환하는 원상회복의무를 부담하게 된다. 그리고 원상회복 이후에도 계약의 해제사유에 기인한 손해가 남아 있을 경우에는 이의 손해배상청구가 가능하다. 우리나라 민법에서는 계약이 소급적으로 소멸된다는 규정을 두고 있다.

(1) 계약해제의 요건

협약은 계약위반이 성립하기 위한 요건으로서 고의 또는 과실, 즉 귀책사유(또는 과책)의 존재를 요구하지 않는 무과실책임주의(또는 엄격책임주의, 고의·과실불문주의)를 취한다. 즉 협약(제45조 제1항)에 따라 매수인이 매도인의 계약위반에 대한 구제수단을 행사하기 위하여는 매도인이 의무를 이행하지 않으면 족하고 그에 대해 매도인에게 고의·과실이 있을 것을 요구하지 않는다.[43] 이는 영미법의 원칙과 유사하고, 독일이나 우리나라의 원칙적인 태도인 과실책임주의(fault principle)와 대비된다. 따라서 협약상 당사자는 귀책사유가 없더라도 계약위반이 있는 경우 책임을 지나, 계약위반이 어느 당사자의 통제를 벗어난 장애로 인한 것인 경우 손해배상책임을 면한다(제79조). 다만, 이는 계약체결 시에 그 장애를 고려하거나, 또는 그 장애나 그로 인한 결과를 회피 또는 극복하는 것이 합리적으로 기대될 수 없었음을 입증한 경우에 한한다. 하지만 그 경우에도 손해배상책임만이 면제된다. 즉 장애가 있더라도 계약이행청구, 대금감액과 계약해제 등의 다른 구제수단은 여전히 허용된다. 그 밖에도 계약위반이 채권자의 행위에 기인하는 경우 채무자는 면책된다(제80조). 후자는 모든 구제수단, 즉 손해배상뿐만 아니라 이행청구, 대금감액과 계약해제에도 미친다.

(2) 계약해제의 효과

협약은 계약위반의 경우 당사자가 가지는 구제수단(remedy)에 관하여 통일적인 그리고 양당사자에게 동일하게 적용되는 기본모형을 기초로 하고, 예외적으로 일정한 계약위반의 유형에 대해 부가적이고 특별한 법률효과를 규정한다. 즉 협약은 매도인의 의무(제30조-제44조)와 매수인의 의무(제53조-제60조)를 규정하고, 각각에 이어 계약위반의 경우에 상대방이 가지는 구제수단, 즉 매도인의 계약위반 시 매수인의 구제수단(이행청구, 대체물인도청구, 부적합 보완청구(하자보수청구), 부가기간의 설정, 계약해제 및 대금감액권)과, 매수인의 계약위반 시 매도인의 구제수단(이행청구, 부가기간의 설정 및 계약해제)을 각각 규정하고, 매도인과 매수인에게 공통된 구제수단으로 손해배상(제74조-제77조)을 규정한다. 또한 이행기전의 계약위반에 대한 구제수단을 인정한다. 대체물인도청구, 부적합 보완청구(하자보수청구)와 대금감액권은 매수인만이 가지는 구제수단이다. 구제수단의 조문체계는 다음과 같다.

---

43) 매수인의 계약위반에 대한 매도인의 구제수단을 정한 협약 제61조 제1항도 동일하다.

제2장 매도인의 의무(제30조—제52조)

제1절 물품의 인도와 서류의 교부 / 제2절 물품의 적합성과 제3자의 권리주장

제3절 매도인의 계약위반에 대한 구제(제45조—제52조)

[이행청구, 대체물인도청구, 부적합보완청구(하자보수청구), 손해배상청구, 부가기간의 설정, 계약해제, 대금감액권]

제3장 매수인의 의무(제53조—제65조)

제1절 대금의 지급 / 제2절 인도의 수령

제3절 매수인의 계약위반에 대한 구제(제61조—제65조)

[이행청구, 손해배상청구, 부가기간의 설정, 계약해제]

제5장 매도인과 매수인의 의무에 공통되는 규정(제71조—제88조)

제1절 이행기전의 계약위반과 분할인도계약(제71조—제73조)

제2절 손해배상액(제74조—제77조) / 제3절 이자(제78조)

제4절 면책(제79조—제80조) / 제5절 해제의 효력(제81조—제84조)

제6절 물품의 보관(제85조—제88조)

(3) 원상회복의무

계약의 전부 또는 일부를 이행한 당사자는 상대방에게 자신이 그 계약에 의하여 이미 제공 또는 지급한 것의 반환, 즉 원상회복을 청구할 수 있으며 쌍방이 부담하는 원상회복의무는 동시이행 관계에 있다. 반환범위는 매도인은 물품대금과 수령한 날부터 이자를 반환하여야 하고, 매수인은 수령한 물품의 점유로 인하여 얻게 되는 모든 이익이나 사용대가를 반환하여야 한다.

(4) 손해배상의무

일방당사자가 계약해제를 하더라도 그 상대방에 대하여 가지는 손해배상청구권에는 영향을 미치지 아니한다. 손해배상범위도 원상회복의무의 이행으로

보전되지 아니하는 손해, 이행이익에까지 미친다. 그러나 불이행당사자가 면책되는 경우에는 계약해제는 가능하나 손해배상청구는 할 수 없다.

3) 계약해제권

당해계약이 성립하기 이전의 상태로 복귀하는 것이다. 영미법에서 계약이후의 이행거절은 조건위반, 중간조건의 충분한 본질적인(중대한) 위반, 의무이행의 거절이나 이행기전 위반을 구성할 정도의 이행준비결여 등의 원인이 존재하여야 한다.

계약해제의 조건은 피해당사자로 하여금 손해배상청구뿐만 아니라 계약해제권까지 부여하여야 한다. 계약위반이 충분히 본질적이지 아니한 한, 계약해제에 이르지 않는다.

한편, 계약해제의 사유가 계약해제권을 행사하기 전에 소멸한 경우에는 해제권도 소멸된다. 예컨대 당초 본질적인 계약위반이었으나, 상황변경으로 본질적인 계약위반으로 볼 수 없게 된 때, 최고기간 경과하였으나 해제의시표시를 하기 전에 상대방이 이행 한 때, 계약부적합이 본질적인 계약위반에 해당하였으나 계약해제 전에 그 부적합을 보완한 경우, 단독 합의하에 해제권을 포기한 경우 등이다.

3. 계약당사자의 계약위반에 대한 권리구제

대륙법계에서는 계약에서 약속되었던 급부내용을 그대로 이행하는 것이 채권자에게 유리하며 계약의 본래의 취지에도 부합한다는 이유로 현실적인 이행강제방식을 원칙적으로 하되 예외적으로 손해배상에 의한 권리구제방식을 채택하고 있다.

한편 영미법계에서는 계약위반이 있는 경우에는 손해배상을 원칙으로 하며, 예외적으로 현실적 강제이행을 인정하고 있다.

계약위반에 대한 상대방의 권리구제수단으로는 매도인의 계약위반에 대한 매수인의 권리구제수단과 매수인의 계약위반에 대한 매도인의 권리구제수단

등 두 가지로 크게 나눌 수 있다.

비엔나협약에 의하면 전자로서는 ①계약대로의 이행청구(특정이행의 청구) ②이행의 추가기간설정 ③하자보완청구 ④대체품인도청구 ⑤감액청구 ⑥계약해제 ⑦손해배상청구 등을 들 수 있고, 후자로서는 ①계약대로의 이행청구 ②이행의 추가기간설정 ③계약해제 ④손해배상청구 ⑤물품명세확정 등을 들 수 있다.

1) 매도인의 계약위반과 매수인의 권리구제

비엔나협약은 매도인이 계약을 위반했을 때 매수인에게 부여할 권리구제의 방법으로 ①계약대로의 이행(이른바 특정이행)을 청구하는 권리(제46조 제1항), ②대체품의 인도청구권(제46조 제2항), ③하자보완청구권(제46조 제3항), ④추가기간지정권(제47조), ⑤계약해제권(제49조), ⑥대금감액청구권(제50조), ⑦손해배상청구권 등 7가지를 선택적 또는 경우에 따라서는 중복적으로 허용한다.[44]

매도인의 계약위반이 본질적위반(fundamental breach)이 되면 매수인은 계약해제나 대체물인도청구권을 행사할 수 있지만 그렇지 않을 경우 매수인은 대금감액청권이나 하자보완청구권을 행사하게 된다.

위의 여러 가지 구제수단 가운데 손해배상청구권은 다른 구제수단과 중복하여 행사할 수 있다(제45조 제2항).[45] 따라서 매수인은 매도인에게 특정이행을 요구함과 동시에 이행의 지연이나 그 이행과정에서의 결함 등으로 발생한 손해를 배상해 주도록 요구할 수 있고 계약을 해제하면서 계약위반으로 발생한 손해배상을 함께 요구할 수 있다.

---

44) 이에 대하여 우리나라 민법상 매수인의 구제방법을 보면, ① 대금감액청구권(다만, 권리일부의 하자, 물건의 수량부족 또는 일부멸실의 경우)(민법 제572조 제1항, 제574조), ② 계약해제권(다만, 목적을 달성할 수 없는 하자의 경우)(민법 제547조, 제580조, 제581조), ③ 손해배상청구권(다만, 종류매매의 하자의 경우에는 손해배상청구권 또는 완전물급부청구권의 택일)(민법 제581조) 등이 있다.

45) (2) The buyer is not deprived of any sight be may have to claim damages by exercising his rights to other remedies.

한편 비엔나협약은 법원이나 중재법정이 계약을 위반한 매도인에게 이행을 위한 유예기간을 허용할 수 없도록 정하였다(제45조 제3항, 제61조 제3항). 유예기간의 허용은 국제무역의 성격에 비추어 적절치 않을 뿐 아니라 특정국가의 법원이 자국민에게 편파적인 결정을 할 소지가 있기 때문이다.

(1) 계약이행청구권

협약 상 어느 당사자가 의무를 이행하지 아니한 경우 상대방은 의무의 이행을 청구할 수 있다(제46조 제1항, 제62조). 협약이 제46조와 제62조에서 이행청구권을 맨 먼저 규정한 사실은 계약의 구속력은 가능한 보호되어야 한다는 대륙법계의 원칙을 따른 것이다. 다만 매수인 또는 매도인이 이행청구와 양립하지 아니하는 구제를 구한 경우에는 이행청구권을 행사할 수 없다(제46조 제1항, 제62조). 예컨대 매수인이 매도인의 본질적 계약위반을 이유로 계약을 해제한 경우 그 결과 매도인은 손해배상의무를 제외하고 계약상의 의무를 면하게 되므로(제81조 제1항) 매수인이 매도인에게 계약에 따라 물품의 인도를 요구하는 것은 허용되지 않는다. 또한 본래의 이행이 객관적으로 불가능한 경우 매수인의 이행청구권은 소멸한다고 보는데, 채무자가 사실상 불가능한 것을 이행할 수는 없기 때문이다.

국내법상 유사한 국내사건에 대하여 특정이행을 명하는 판결을 하지 않을 국가에서는 이행청구권이 제한되므로(제28조), 특정이행을 명하는 판결을 받을 수 있는지는 법정지에 따라 좌우된다.

상황에 따라서는 신의칙에 의하여 이행의 강제가 제한될 수도 있다는 견해가 있다. 예컨대 계약당사자가 많은 시간경과 후 비로소 이행의 강제를 청구하는 경우 이를 허용함으로써 상대방의 비용으로 투기를 하는 것이 되는 때에는 신의칙에 따라 이행청구가 제한된다는 것이다. 예컨대 시장가격 급등 후 매수인이 손해배상을 청구하는 대신 물품의 강제인도를 요구하거나, 또는 반대로 가격의 폭락 후 매도인이 손해배상을 청구하는 대신 대금지급을 청구하는 경우를 든다.[46]

46) Honnold, op. cit., p.285; 이기수 · 신창섭, 전게서, pp.90～91.

그러나 국제물품매매계약의 현실에서 특정이행이 구제수단으로서 가지는 의미와 효용은 제한적이다. 예컨대 매도인이 의무를 이행할 의사가 없는 경우, 매수인으로서는 계약의 이행을 강제하는 것보다는 계약을 해제하고 다른 곳에서 대체물품을 구입한 뒤 그러고도 손해가 있으면 매도인에 대하여 손해배상책임을 묻는 것이 효율적일 수 있기 때문이다. 강제이행을 실현하는 것은, 특히 국제거래의 경우 많은 비용, 시간과 노력을 필요로 한다.

(2) 추가기간 지정권

매수인은 매도인의 의무이행을 위하여 합리적인 추가기간을 지정할 수 있다(제47조 제1항).[47] 매수인은 매도인으로부터 그와 같이 지정된 기간 내에 이행을 하지 않겠다는 통지를 받지 않는 한 그 기간 중에는 계약위반에 대한 어떤 구제수단도 사용할 수 없다(제47조 제2항).

그렇지만 매수인은 이행지연에 대한 손해배상청구권을 행사할 수 있다.

추가기간지정의 의미는 매도인이 그 기간 내에 물품을 인도하지 아니하면 매수인으로 하여금 계약을 해제할 수 있도록 하는데 있다. 이러한 추가기간의 지정에 따른 계약해제는 인도불이행의 경우에만 적용된다(제49조 제1항 b호).

매수인이 추가이행기간을 지정한 경우 그 기간이 경과하거나, 기간중이라도 매도인으로부터 추가기간 내에 계약을 이행하지 않겠다는 통지를 받으면 계약을 해제할 수 있다.

(3) 물품하자에 대한 구제권

① 대체물품인도청구권

국제매매의 경우, 특히 물품의 국제적인 운송을 수반하는 경우 대체물인도청구는 매도인에게 커다란 부담이 되므로 협약은 물품부적합의 경우 일정한 요

---

47) 추가기간의 지정은 우리나라 민법의 "이행최고"와 유사하다. 민법 제544조에 "당사자 일방이 그 채무를 이행하지 아니한 때에는 상대방은 상당한 기간을 정하여 그 이행을 최고하고 그 기간 내에 이행하지 아니한 때에는 계약을 해제할 수 있다"고 규정하고 있다.

건 하에서만 매수인의 대체물인도청구를 허용한다. 그 요건은 첫째, 계약부적합이 본질적 계약위반을 구성할 것과, 둘째, 대체물인도청구가 부적합통지와 동시에 또는 그 후 합리적인 기간 내에 행하여져야 한다는 것이다(제46조 제2항). 이는 협약이 국제물품매매계약의 특성을 고려하여 대체물의 운송과 물품의 반송 등으로부터 발생하는 운송비용 등의 부담으로부터 매도인을 보호하기 위한 조치이다.[48)]

대체물인도청구의 요건에 관하여 협약은 계약부적합이 본질적 계약위반일 것을 요구하는 데 반하여 우리 민법은 이런 제한을 두지 않는다. 한편 우리 민법(제581조 제2항)은 종류매매(또는 불특정물매매. 이하 양자를 호환적으로 사용한다)의 경우에 한하여 대체물인도를 허용하나, 협약은 문면상으로는 이런 제한을 두지 않는다. 논리적으로 대체물인도청구는 종류매매의 경우 구제수단이고, 특정물매매의 경우 원칙적으로 불가능하지만, 특정물매매에서 매도인이 이종물(異種物)을 인도한 때에는 매수인은 대체물, 즉 계약에서 정해진 특정물의 인도를 요구할 수 있다.

대체물인도청구의 경우에도 특정이행에 관한 제28조가 적용되는지는 논란이 있다. 즉 대체물인도청구의 경우에도 영미법계 국가는 국내법상 유사한 국내사건에 대하여 특정이행을 명하는 판결을 하지 않는다면 특정이행을 명하는 판결을 하지 않을 수 있다는 견해와, 제46조 제2항은 제28조를 제한하는 특별법으로 보아야 한다는 견해가 나뉘고 있다.[49)]

매도인이 수정보완권[50)]을 행사하고자 하는 데 반하여 매수인이 대체물인도청구권을 행사하려는 경우 양자의 우열이 문제될 수 있다.[51)] 제48조 제1항은 제49조를 따를 것을 조건으로라고만 규정할 뿐이고 제46조 제2항을 언급하지

---

48) 그러나 매수인이 물품의 수령 상태와 실질적으로 동일한 상태로 물품을 반환할 수 없는 경우 매수인은 원칙적으로 대체물인도청구권을 상실한다(제82조 제1항). 다만 제82조 제2항의 예외사유가 있는 경우에는 매수인이 동일한 상태로 물품을 반환을 할 수 없더라도 매수인은 여전히 대체물인도청구권을 가진다.

49) Honnold, op. cit., p.285.

50) 수정보완(追完, subsequent completion)민법에서 법률상 필요한 요건을 갖추지 못하여 효력이 없던 법률 행위가 뒤에 그 요건을 모두 갖추어 유효하게 .

51) 이는 매도인의 수정보완권과 매수인의 계약해제권의 관한 논의와 유사하다.

않으므로 논란의 여지가 있다. 이 경우 매수인에게 우선권을 인정하는 견해와, 매도인에게 우선권을 인정하는 견해[52]가 나뉜다.

대체물인도시 인도의무의 이행지에 관하여 협약은 아무런 규정을 두지 않는다. 매도인의 계약위반으로 인하여 매수인이 추가적인 부담을 할 것은 아니므로 부적합한 물품의 계약에 따른 소재지(즉 목적지)에서 인도해야 할 것이나, 다만 당사자 간에 합의가 있으면 그에 따를 것이다.[53]

물품의 반환과 대체물의 인도의 경우에는 동시이행의 원칙이 적용되지 않는다. 계약해제시 양당사자의 반환의무 간의 동시이행을 규정하는 제81조 제2항의 반대해석으로부터 그런 결론을 도출할 수 있다. 실제로 물품의 반환과 인도를 실행하는 것은 매우 어렵고, 또한 매도인으로서는 대체물이 매수인에게 도착하기 전에라도 매수인의 구내에 있는 물품을 처분할 필요가 있다. 물품의 반환을 위한 운송의 수배와 비용은 매도인이 처리할 사항이다.

② 하자보완청구권

물품의 부적합이 본질적 계약위반에 이르지 않는 경우 대체물인도청구는 허용되지 않으며 매수인은 단지 부적합 보완청구(하자보수청구)만을 할 수 있을 뿐이다. 매수인이 부적합 보완청구를 하기 위한 요건은 다음의 두 가지이다(제46조 제3항).

첫째, 모든 상황을 고려하여 부적합 보완청구가 불합리하지 않을 것과, 둘째, 부적합 보완청구가 부적합통지와 동시에 또는 그 후 합리적인 기간 내에 행해져야 한다. 둘째의 요건은 위 대체물인도청구의 경우와 동일하다. 첫째의 요건은, 예컨대 부적합 보완(하자보수)이 비경제적인 경우, 즉 하자보수비용이 대체물의 인도비용보다 훨씬 크거나, 하자보수비용이 하자보수로 인하여 매수인이 얻을 이익에 비해 과도하게 큰 경우, 또는 매수인은 쉽게 보수할 수 있는 위치에 있는 데 반하여 매도인의 보수시설이 먼 외국에 있거나 기타 사정으로 인하

---

52) C.M. Bianca & M.J. Bonell (eds.), *Commentary on the International Sales Law, The 1980 Vienna Sales Convention*, 1987, Art. 48 para. 3.1; 사동천, "국제물품매매법(CISG)상 구제수단간의 우열 — PICC, PECL, 기타 몇몇 국내법과의 비교를 겸하여", 국제거래법연구 제13집, 2004, p.35.

53) 이 경우 협약(제31조)에 따라 결정되는 원래의 물품 인도장소로 보는 견해도 있다.

여 보수에 어려움이 있는 경우 또는 매도인이 생산자도 아니고 또한 제3자로 하여금 손쉽게 하자보수를 맡길 수 있는 처지에 있지 않은 경우 등을 들 수 있다.

③ 대금감액청구권

협약은 물품이 계약에 부적합한 경우 매수인에게 대금감액권을 부여한다. 즉 물품이 계약에 부적합한 경우, 대금의 지급 여부에 관계없이 매수인은 현실로 인도된 물품이 인도 시에 가지고 있던 가액이 계약에 적합한 물품이 그때에 가지고 있었을 가액에 대하여 가지는 비율에 따라 대금을 감액할 수 있다(제50조 1문). 대금감액은 계약에 부적합한 물품이 인도된 사정을 고려하여 마치 그것이 처음부터 계약의 목적물이었던 것처럼 그의 가치에 상응하게 대금을 감액하는 것이므로 손해배상이나 계약의 일부 해제가 아니라 계약내용의 조정(또는 적응)이다. 다만 협약 상 매수인의 구제수단으로 귀책사유를 요하지 않는 손해배상청구권이 있으므로 대금감액의 실제적 효용은 그만큼 제한되나, 매도인이 협약 제79조에 따라 손해배상책임을 면하는 경우 효용이 크다.

가. 대금감액의 요건

매수인이 대금을 감액할 수 있기 위하여는 다음의 요건이 구비되어야 한다.

첫째, 매도인이 물품을 인도하였으나 물품이 계약에 부적합하여야 한다. 예컨대 품질부적합, 수량부족, 포장부적합과 이종물(異種物)의 인도가 그에 해당한다. 제50조는 물품이 계약에 부적합한 경우에 라고 하여 물품부적합의 경우에만 적용되는 것처럼 보이지만, 권리부적합의 경우에도 매수인의 대금감액권을 인정해야 할 것이다.

둘째, 매도인의 수정보완권이 매수인의 대금감액권보다 우선한다고 본다면, 매수인이 대금감액권을 행사하기 위하여는 매도인이 수정보완권을 행사하지 않았어야 한다. 즉 매도인이 수정보완권을 행사하여 부적합을 치유하거나, 매수인이 동 조항에 따라 매도인의 이행의 수령을 거절한 경우에는 매수인은 대금을 감액할 수 없다(제50조 2문).

제50조 2문은 매도인이 제37조나 제48조에 따라 의무의 불이행을 치유하는

경우라고 규정하나, 이는 매도인이 실제로 수정보완을 한 경우뿐만 아니라, 매도인이 제48조에 따른 수정보완권을 가지는 경우, 즉 불합리하게 지체하지 아니하고 매수인에게 불합리한 불편 또는 매수인의 선급비용을 매도인으로부터 상환받는 것에 대한 불안을 초래하지 아니하고 수정보완권을 할 수 있는 경우 합리적인 기간 동안에는 매수인은 대금감액권을 행사할 수 없다.

셋째, 대금감액을 하기 위하여는 매수인은 매도인에게 협약에 따라 부적합한 성질을 특정하여 통지하여야 한다. 그렇지 않으면 매수인은 물품 또는 권리에 따른 책임을 물을 권리를 원칙적으로 상실하기 때문이다(제38조와 제39조).[54] 그러나 계약부적합이 본질적 계약위반일 필요는 없고, 매수인의 대금지급 여부는 관계없다. 즉, 매수인은 대금지급 후에도 대금감액권을 행사하고 매도인에게 감액된 금액의 반환을 청구할 수 있다.

넷째, 매수인이 대금감액의 의사를 표시하여야 한다.

나. 감액된 대금의 산정

매수인이 대금의 감액을 주장하면, 현실로 인도된 물품이 인도 시에 가지고 있던 가액(value)이, 계약에 적합한 물품이 그 때 가지고 있었을 가액에 대하여 가지는 비율에 따라 대금이 감액된다. 매수인이 대금감액권을 행사하면 대금은 아래와 같이 감액된다.

감액 후 대금 = 계약대금(약정대금) × (인도된 물품의 가액/계약에 적합한 물품의 가액)

이처럼 대금감액은 절대적 방법이 아니라 비례적, 상대적 방법으로 이루어진다. 이 경우 현실로 인도된 물품의 가액과 계약에 적합한 물품의 가액은, 제50조가 명시하듯이 계약체결시가 아니라 실제인도시를 기준으로 산정된다. 인도시의 가액이 대부분의 경우 더 단순하고 현실적이기 때문이다. 여기에서 인도라 함은 제31조에 의한 매도인의 인도의무의 이행으로 이해된다. 다만 운송을 수반하는 매매와 운송물의 경우 위에 따르면 매도인이 매수인에게 전달하기 위하여 물품을 제1운송인에게 교부하는 때 인도가 있는 것으로 보아야 하나,

---

54) 물론 매수인이 정하여진 통지를 하지 못한 데에 합리적인 이유가 있는 경우에는 제50조에 따른 대금감액권은 인정된다(제44조).

독일 다수설은 그 경우(운송중 물품의 매매의 경우도) 물품은 목적지에서 이용되고, 그곳에서 매수인에게 물품의 경제적 가치가 결정된다는 이유로 물품이 목적지에 도착한 때를 기준으로 한다.

협약은 산정기준이 되는 장소를 명시하지 않으나 인도장소를 기준으로 해야 할 것이고, 다만 운송을 포함하는 매매 또는 운송중의 매매의 경우에는 기준시점에서와 같이 목적지를 기준으로 할 것이다.[55] 인도된 물품이 전혀 가치가 없는 경우에도 대금감액이 가능하다. 이 경우 대금은 0이 될 것이다.

다. 대금감액권 행사의 효과

실무상 우리 민법(제572조 제1항)의 표현을 따라 '대금감액청구권'이라고 부르기도 하지만, 매수인이 대금감액을 주장함으로써 즉시 대금이 감액되므로 이는 청구권이 아니라 형성권이라는 점을 고려할 때 '대금감액권'이라는 표현이 적절하다. 따라서 매수인은 상계의 의사표시를 할 필요가 없다. 대금감액의 의사표시는 특별한 방식을 요하지 않고, 이는 발신에 의하여 효력을 발생한다(제27조).

라. 다른 구제수단과의 관계

대금감액은 실질은 손해배상과 유사하지만 요건에 차이가 있는데, 손해의 증명이 어려운 경우 대금감액권을 행사할 실익이 있다.[56] 또한, 상계가능성에서도 제한을 받지 않는 점에서 실익이 있고, 매도인이 제79조에 따라 면책되는 경우 매수인은 손해배상을 청구할 수는 없지만 대금감액을 할 수 있다는 점에 실익이 있다. 대금감액권을 행사한 매수인은 계약의 이행요구 또는 해제와 같이 그와 양립되지 않는 구제수단을 행사할 수 없음은 당연하나, 대금감액권은 손해배상채권과는 독립한 별개의 구제수단이므로 매수인은 양자 중 선택할 수 있고, 매수인은 대금감액권을 행사한 뒤에도 감액의 범위를 넘는 결과적 손해나 감정비용 등의 손해가 있다면 손해배상을 청구할 수 있다. 특히 물품의 가액이 하락하는 시장에서는 매수인으로서는 대금감액권을 행사하는 것이 유리하다.

---

55) 최흥섭, 『국제물품매매계약에 관한 유엔협약 해설』, 법무부, 2005, p.127.
56) 이기수 · 신창섭, 전게서, p.99.

④ 일부 인도 및 일부 불일치

매도인이 물품의 일부만 인도하거나, 인도된 물품 중 일부가 계약내용과 일치하지 아니하는 경우에는 매수인의 권리구제에 관한 제46조 내지 제50조의 규정이 적용될 수 있다(제51조 제1항). 즉 매수인에게는 3가지 선택권이 주어진다.

첫째, 매도인에게 대체물의 인도를 요구하거나(제46조 제2항), 둘째, 하자있는 부분에 대한 계약을 해제하거나(제49조 제1항 a호), 셋째, 하자있는 물품을 수령한 다음 그 대금의 감액을 청구할 수 있다(제50조). 물론 이러한 구제방법과 병행하여 손해배상을 청구할 수 있다(제74조). 물론 일부인도 · 일부불일치가 계약의 본질적 위반을 구성하면 매수인은 계약을 해제할 수 있다(제51조 제2항).

⑤ 조기인도 및 수량초과인도

매도인이 약정한 기일 이전에 물품을 인도할 경우 매수인은 물품을 수령하거나 거절할 수 있다(제52조 제1항). 매수인이 거절할 경우 매도인은 계약상 약정된 날짜에 그 물품을 다시 제공할 수 있다. 매수인이 조기인도된 물품을 수령한 경우에는 매도인을 위하여 이를 보관하는 등 합리적인 조치를 취한 다음 이에 수반되는 비용 등의 손해배상을 청구할 수 있다(제86조).

또한 매수인은 매도인이 계약에 약정된 수량보다 많은 수량을 인도할 경우 초과된 양의 인도를 수령하거나 거절할 수 있다. 매수인이 초과된 수량의 전부 또는 일부의 인도를 수령하는 경우에는 매수인은 계약상의 비율에 따라 대금을 지급하여야 한다(제52조 제2항).

가. 조기인도

매도인이 계약 또는 협약이 정한 인도 시기 전에 물품을 인도하는 것은 계약위반이 된다. 따라서 매수인은 협약 제39조에 따라 매도인에게 부적합통지를 하고 이를 거절할 수 있다(제52조 제1항). 반면에 매수인은 사전인도를 수령할 수도 있다(제1항). 매수인이 아무런 이의 없이 사전인도를 수령하는 것은 상황에 따라서는 계약의 변경에 동의한 것이 될 수 있다. 이는 당사자의 진정한 의사에 따라 결정할 사항이다. 원칙적으로 매수인이 사전인도를 수령하더라도 매수인의 지위가 더 불리하게 되어서는 아니 되므로 매수인이 물품의 검사 및 부적합통지를 사전에 해야 하는 것은 아니다.[57] 물론 계약의 변경에 동의한 것이 되는 때에는 그러하지 아니하다. 문제는 대금지급이 물품의 인도에 연결되어 있는 때에, 매수인이 사전인도를 수령하는 경우 조기에 대금을 지급해야 하는가 인데, 대금지급은 계약에 따른 인도를 전제로 하는 것이라는 이유로 이를 부정하는 견해가 유력하다. 물론 매수인이 사전인도를 수령함으로써 계약의 변경에 동의한 것이 되는 때에는 조기에 대금을 지급해야 할 것이다. 매수인이 사전인도를 거절하거나 수령하는가에 관계없이 사전인도로 인하여 매수인은 손해(예컨대 추가비용)가 있는 경우 배상을 청구할 수 있다. 다만 매수인이 계약의 변경에 동의한 것이 되는 때에는 그러하지 아니하다.

나. 수량초과인도

매매계약을 체결한 뒤 물품의 시장가격이 하락한 경우 매도인은 계약이 정한 양을 초과하여 물품을 인도하고 싶은 유혹을 받을 수 있다. 이러한 초과인도는 계약위반이 된다. 따라서 매수인은 협약 제39조에 따라 매도인에게 부적합통지를 하고 이를 거절할 수 있다(제52조 제2항 제1문). 그러나 초과 부분이 경미하거나 초과가 관행이나 당사자들이 확립한 관례에 반하지 않거나 또는 매도인이 인도와 상환으로 대금 전액의 지급을 요구하지 않는다면 매수인은 수량 초과가 있더라도 물품을 수령해야 한다. 거절의 통지는 제46조 제2항 및 제3항과 마찬가지로 제39조에 따른 부적합통지와 함께 또는 그 후 합리적인 기간 내에 하여야 할 것이다. 여기에서 알 수 있듯이, 물품의 수령과 단순한 점유취득은 구별된다.

반면에 매수인은 초과분을 수령할 수도 있다(제52조 제2항 1문). 그 경우 초과분을 포함한 전부가 계약의 목적물이 된다. 즉 초과분을 수령한 경우 그에 따라 매매계약이 변경되고, 매도인이 초과인도를 함으로써 계약을 위반한 효과는 소급적으로 치유된다. 매수인이 초과분의 전부 또는 일부를 수령한 경우에는 그에 대한 대금을 지급하여야 하는데, 그 경우 기준은 시장가격이 아니라

---

57) 최흥섭, 전게서, p.130.

계약에서 정한 대금이다(제52조 제2항 2문). 따라서 물품의 시장가격이 하락한 경우 매수인으로서는 초과분을 거절하거나 협상을 통하여 그에게 유리한 가격을 합의하도록 노력할 필요가 있다. 매수인은 초과인도를 거절하거나 수령하는가에 관계없이 손해가 있으면 배상을 청구할 수 있지만, 매수인이 계약변경에 동의한 때에는 그러하지 아니하다. 초과인도는 통상 본질적 계약위반이 되지 않지만, 예외적으로 초과분을 포함하는 물품 전체에 대하여 하나의 선화증권이 발행되었기 때문에 매수인이 초과부분에 대한 수령을 거절하는 것이 사실상 불가능한 경우 초과인도가 본질적 계약위반이 될 수도 있다.

(4) 매수인의 계약해제권

계약이 일단 유효하게 성립하면 당사자는 계약에 구속되고 임의로 이를 해제할 수 없다. 그러나 일방당사자의 본질적 계약위반이 있는 경우처럼 당사자 간의 신뢰관계가 훼손된 경우에까지 상대방을 계속하여 계약에 구속되도록 하는 것은 부당하므로, 협약은 일정한 요건 하에 당사자에게 계약 해제권을 부여한다. 당사자는 계약을 해제함으로써 이행 여부가 불확실한 계약의 구속으로부터 벗어나고, 대체거래를 통하여 계약의 목적을 달성할 수 있으며, 그리고도 손해가 있으면 손해배상을 청구할 수 있다. 이처럼 계약의 해제란 유효하게 성립한 계약의 효력을 일방당사자가 의사표시에 의하여 소멸하게 하는 것을 말한다.

주의할 것은, 협약이 규율하는 해제는 계약위반을 근거로 하는 해제이므로, 당사자가 그 밖의 사유에 의하여 계약해제권을 부여하는 '약정해제'와는 구별된다. 협약이 적용되는 매매계약의 경우에도 계약자유의 원칙에 따라 약정해제가 가능함은 물론이다. 나아가 일방적 의사표시에 의한 해제가 아니라 당사자 간의 계약인 '해제계약'도 허용된다.

제49조는 매수인의 계약해제, 특히 해제의 요건에 관하여 규정한다. 해제의 의사표시에 관하여는 제3편 총칙의 제26조와 제27조가 규율하고, 해제의 효과에 관하여는 매도인과 매수인의 의무에 공통되는 조항인 제3편 제5절(제81조-제84조)이 규정한다. 협약은 해제와 해지를 구별하지 않고 'declare the contract avoided' 또는 'avoid'라고 하는데, 여기에서는 협약의 국문본을 따라 일단 이

를 '해제'라고 번역한다. 다만 해제와 해지를 포괄하는 개념으로서 '해약' 또는 '계약의 해소'라는 용어를 사용하는 방안도 고려할 수 있을 것이다.[58)]

① 계약해제의 요건

매수인이 협약에 따라 매도인에게 통지함으로써 계약을 해제할 수 있는 것은 다음 두 가지의 경우이다. 즉 첫째, 매도인의 의무불이행이 본질적 계약위반이 되는 경우와, 둘째, 인도 불이행의 경우, 매도인이 매수인이 정한 부가기간 내에 물품을 인도하지 아니하거나, 그 기간 내에 인도하지 아니하겠다고 선언한 경우이다(제49조 제1항).

본질적 계약위반이 있는 경우 의사표시에 의한 계약해제는 영미법계의 해제를, 위 둘째의 부가기간의 설정에 따른 계약해제는 독일법의 태도를 따른 것이다.[59)] 그 밖에도 협약은 이행기전의 계약위반에 관하여 규정하고, 분할인도계약의 해제에 관한 특칙을 두고 있다(제71조~제73조).

② 계약해제의 행사기간

원칙적으로 매수인의 해제권 행사에는 기간의 제한은 없으므로 매도인이 물품을 인도하지 않아 매수인의 해제권이 발생한 경우 매수인은 언제든지 계약을 해제할 수 있다. 협약이 달리 규정하지 않은 한 해제권의 행사기간은 국제사법에 의해 지정된 국내법에 의할 사항이다.[60)] 그러나 매도인이 물품을 인도한 경우 협약은 해제권의 행사 기간을 제한하는데(제49조 제2항), 이는 매도인이 핵심적인 의무를 이행하였음에도 불구하고 매수인이 물품의 가격변동을 이용하여 투기할 가능성을 배제하기 위한 것이다. 즉 매도인이 물품을 인도한 경우에는, 매수인은 다음의 기간 내에 계약을 해제하지 아니하는 한 계약해제권을 상실한다(제49조 제2항).

첫째, 인도지체의 경우이다. 이때에는 매수인이 계약을 해제할 수 있음에도

---

58) 영국계약법에는 우리 민법과 달리 계약의 해제를 표현하는 통일된 법률용어가 존재하지 않으며, 대체로 'rescission' 또는 'termination' 등의 용어가 사용된다.

59) 임홍근 · 이태희, 전게서, p.327.

60) 최홍섭, 전게서, p.124.

불구하고 인도가 이루어진 것을 안 후 합리적인 기간 내에 해제하지 않으면 매수인은 해제권을 상실한다(제49조 제2항 a호). 인도가 이루어졌다는 것은 물품이 제31조에 따라 운송인에게 교부되거나 매수인의 처분에 맡겨진 것을 의미하는 것이지 매수인이 물품의 점유를 취득하였음을 의미하는 것은 아니다.

둘째, 물품이 인도되었지만, 인도지체 이외의 위반(예컨대 물품의 계약부적합)으로 인하여 매수인이 계약을 해제할 수 있음에도 불구하고 ① 매수인이 그 위반을 알았거나 또는 알 수 있었던 때, ② 매도인이 의무를 이행하지 않아 제47조 제1항에 따라 매수인이 매도인의 의무이행을 위하여 정한 부가기간이 경과한 때 또는 매도인이 그 부가기간 내에 의무를 이행하지 아니하겠다고 선언한 때, 또는 ③ 매도인이 제48조 제2항에 따라 수정보완하겠다고 기간을 정하였으나 그 기간이 경과한 때 또는 매수인이 이행을 수령하지 아니하겠다고 선언한 때로부터 합리적인 기간[61] 내에 해제권을 행사하지 않으면 매수인은 해제권을 상실한다(제49조 제2항 b호). 물론 물품의 계약부적합을 이유로 매수인이 계약을 해제하자면, 원칙적으로 매수인은 물품의 부적합을 발견하였거나 발견할 수 있었던 때로부터 합리적인 기간 내에 매도인에게 그 부적합한 성질을 특정하여 통지하여야 한다(협약 제39조 제1항).

제49조 제2항에 대하여는 이는 너무 복잡하고 지나치게 상세하다는 비판이 있는데, 이 견해는 매수인이 계약위반을 알았거나 알았어야 하는 때로부터 합리적인 기간 내에 행사해야 한다고 규정하는 것이 더 적절할 것이라고 한다.

문면상 위 기간의 경과로 인하여 매수인은 해제권을 상실한다. 즉 위 기간은 제척기간이므로 기간의 중단이나 정지는 허용되지 않는다.[62] 매수인이 해제권을 상실하였더라도 계약위반에 관한 다른 구제수단, 예컨대 손해배상이나 대금감액은 여전히 주장할 수 있다.

반면에 협약은 매도인이 물품을 인도하지 않은 경우 매수인이 계약을 해제할 수 있는 시기를 제한하지는 않는다. 그 경우 어느 정도에 이르러야 본질적 계약위반이 되는지에 관한 불확실성 때문에 매수인으로서는 계약해제시기를

61) 여기의 합리적인 기간이 부적합통지를 해야 하는 제39조의 합리적인 기간보다 장기라는 견해와 양자는 동일하다는 견해가 있다.

62) 최흥섭, 전게서, p.125.

확정하는 데 어려움이 있는 점을 고려하여, 매수인에게 물품의 인도를 기다려 물품을 수령할지 아니면 계약을 해제함으로써 물품을 거절할지를 결정할 수 있도록 하기 위한 것이다.

② 계약해제의 효과

계약이 해제되면 손해배상의무를 제외하고 당사자는 계약상의 의무를 면하고, 이미 계약을 이행한 당사자는 상대방에게 이행한 것의 반환을 청구할 수 있으나, 해제는 계약상의 분쟁해결조항 또는 해제의 결과 발생하는 당사자의 권리의무를 규율하는 그 밖의 계약조항에 영향을 미치지 아니한다(제81조 제1항). 즉 협약 상 계약의 해제는 소급효가 없고 단지 장래를 향하여 당사자에게 청산의무를 부과할 뿐이다.

2) 매수인의 의무위반과 매도인의 구제

매수인은 약정된 대금을 지급하고 계약에 따라 인도된 물품을 수령할 의무가 있다. 매수인이 이러한 의무를 이행하지 아니하는 경우에 매도인은 손해배상청구권, 이행청구권 및 계약해제권을 갖는다. 이 가운데 손해배상청구권은 다른 구제수단과 양립할 수 있다.

협약 제61조~제65조는 매수인이 계약을 위반한 경우 매도인이 가지는 구제수단을 규정하고 있다. 매수인이 의무를 이행하지 아니하는 경우에 매도인은 제62조-제65조에서 정한 권리의 행사와 제74조-제77조에서 정한 손해배상을 청구할 수 있다(제61조 제1항). 매수인의 의무위반에 대하여 매수인에게 귀책사유가 있는지는 불문한다. 매수인의 의무는 반드시 협약상의 그것에 한정되지 않고 당사자들의 합의에 기한 의무도 포함된다.

서로 모순되지 않는 한 매도인은 원칙적으로 모든 권리를 경합적으로 행사할 수 있다. 특히 문제되는 것은 계약을 해제한 경우 손해배상청구를 할 수 있는지 여부인데, 협약(제61조 제2항)은 매도인의 손해배상청구권은 다른 구제를 구하는 권리를 행사함으로써 상실되지 아니한다고 명시한다. 매도인이 계약위반에 대한 구제를 구하는 경우에 법원 또는 중재판정부는 매수인에게 유예기간을 부여할 수 없다(제61조 제3항). 이도 매수인의 구제수단(제45조 제3항 참조)에 대응한다. 매도인은 그 밖에도 매도인과 매수인에게 공통되는 사항을 정한 협약 제71조~제73조와 제78조가 정한 구제수단(이행정지, 이행기전 계약위반을 이유로 하는 계약해제, 이자청구)을 행사할 수 있다.

(1) 이행청구권

매도인은 매수인에게 대금지급, 인도수령 또는 기타 매수인의 의무이행을 청구할 수 있다(비엔나협약 제62조). 대금지급의무는 물품수령을 하지 않았음에도 그 대금을 지급하도록 강제할 수 있다. 매도인이 이행청구하려면 계약해제권의 행사 등과 같은 이와 양립하지 않는 구제방법을 행사하지 않았어야 한다. 그러나 손해배상청구는 이행청구권과 양립가능하기 때문에 매도인은 이행청구와 더불어 손해배상도 청구가능 하다. 매도인이 계약을 해제하는 경우(매수인이 물품수령을 거부하거나 대금지급을 하지 아니할 경우), 매도인은 물품을 재매각하고 계약 당시의 가액과 그 처분 당시의 가액과의 차액을 배상받고 추가적인 손해가 있는 경우 그 손해를 배상받을 수 있다.

매도인의 이행청구권은 특정이행을 제한한 협약 제28조에 의하여 제한될 수도 있다. 단, 매도인이 매수인에 대하여 단순히 대금지급만을 청구하는 경우와 매수인의 물품수령을 청구하는 경우를 구별할 필요가 있다. 전자의 경우, 매수인이 물품을 수령하였으나 대금을 지급하지 않았을 때 매도인이 물품대금지급청구가 특정이행청구에 해당하는지는 논란이 있다. 영미에서는 매매대금의 지급을 구하는 경우에는 대부분 지급청구를 할 수 있다고 보고 있으나, 대금지급청구를 특정이행으로 본다면 논란의 여지가 있다. 반면에 후자의 경우, 매수인이 물품을 수령하지 않거나 수령을 거절하였을 때 매도인이 매수인으로 하여금 물품의 수령과 대금지급을 강제하고자 한다면, 매수인이 매도인을 상대로 물품의 인도를 청구하는 경우와 마찬가지로 제28조가 적용된다.[63]

---

63) 이기수 · 신창섭, 전게서, pp.109~110.

(2) 추가이행기간 지정권

매도인은 매수인의 의무이행을 위하여 합리적인 부가기간을 정할 수 있다(제63조 제1항). 이는 매도인이 의무를 이행하지 않은 경우 매수인이 부가기간을 설정할 수 있도록 규정한 협약 제47조에 대한 규정이다. 즉 매수인의 계약위반이 본질적 계약위반에 해당하지 않는 경우 원칙적으로 매도인은 계약을 해제할 수 없지만, 부가기간을 설정함으로써 그 기간을 도과한 경우 계약을 해제할 수 있게 된다. 다만 매도인이 물품인도의무를 이행하지 않은 경우에만 부가기간의 설정에 기한 계약해제가 가능한 것과 마찬가지로 매도인의 부가기간 설정은 매수인이 그의 의무의 핵심인 대금지급 또는 물품수령 의무를 이행하지 아니하거나 그 기간 내에 그러한 의무를 이행하지 아니하겠다고 선언한 경우에 한정된다(제64조 제1항 b호).

매도인이 그와 같이 부가기간을 정한 경우 원칙적으로 매도인은 그 기간 중에는 계약위반에 대한 구제를 구할 수 없지만 매도인은 이행지체에 대한 손해배상을 청구할 권리를 상실하지 아니한다(제63조 제2항). 즉 매도인은 부가기간 중에는 계약을 해제할 수는 없다. 그러나 부가기간중이더라도 매도인이 매수인으로부터 부가기간 내에 이행을 하지 아니하겠다는 통지를 수령한 경우에는 계약위반에 대한 구제를 구할 수 있다(제63조 제2항). 조문상 명백한 바와 같이 이행을 하지 않겠다는 매수인의 통지는 도달하여야 효력이 있다. 이 점에서 제3편의 통지에 관한 일반원칙과는 다르다.

협약은, 매도인이 부가기간을 통지함에 있어 그 기간 후의 이행을 거절될 것을 기재할 것을 요구하지 않으나, 부가기간이 확정된 최종기한을 설정하는 것이라는 의미가 표시되어야 한다.

(3) 계약해제권

매수인이 대금을 지급하지 않는 경우 매도인으로서는 매매계약을 해제함으로써 물품의 인도의무를 면하고, 이행여부가 불확실한 계약의 구속으로부터 벗어나서 대체거래를 통하여 계약의 목적을 달성할 수 있으며, 그리고도 손해가 있으면 손해배상을 청구할 수 있다.

매도인은 ① 매수인의 의무불이행이 본질적 계약위반인 경우와 ② 지정한 추가기간 내 매수인이 대금지급 도는 물품수령의무를 이행하지 아니하거나, 지정된 기간 내 이행을 하지 않겠다는 선언을 한 경우에는 계약을 해제할 수 있다(제64조 제1항).

매도인이 매수인의 계약위반을 이유로 계약을 해제하기 위하여는 계약 또는 협약 상 매수인의 의무불이행이 본질적 계약위반이 되거나(제64조 제1항 a호), 매수인이 제63조 제1항에 따라 매도인이 정한 부가기간 내에 대금지급 또는 물품수령 의무를 이행하지 아니하거나, 그 기간 내에 그러한 의무를 이행하지 아니하겠다고 선언하여야 한다(제64조 제1항 b호). 본질적 계약위반의 존부는 제25조에 정의된 본질적 위반의 개념에 따라 판단할 사항이다.

매수인이 종국적으로 대금을 지급하지 않는 경우 본질적 계약위반이 된다. 한편 매수인이 계약에 따라 적기에 신용장이 개설되도록 하지 않은 경우에 관하여는 신용장 개설의 지체가 항상 본질적 계약위반이 되는 것은 아니고 당해 사안의 구체적이 사정을 고려하여 판단할 사항인데, 신용장의 개설지체가 그 후의 거래의 진행을 위하여 필요한 신뢰의 기초를 파괴하는 경우 본질적 계약위반이 될 수 있다.

그러나 매수인이 대금을 지급한 경우. 매도인은 ① 매수인이 계약이행을 지체하였거나 매도인이 매수인의 이행사실을 이미 알고 있는 경우에는 계약을 해제할 수 없다. 또한 ② 이행지체 이외의 계약위반인 경우 매도인이 위반을 알았거나 알았어야 한 때, 또는 매도인이 지정한 추가 기간이 종료한 때 또는 매수인이 그러한 추가기간 내의 의무이행거절을 선언한 때로부터 합리적인 시간 내에 해제하지 않는 한 계약해제권은 상실된다(제64조 제2항).

(4) 물품명세확정권

계약상 매수인이 물품의 형식·규격 등 기타 특징에 대하여 확정하기로 되어 있는 경우 매수인이 합의한 기일 또는 매도인으로부터 요구받은 후 상당한 기간이내 그러한 물품명세를 확정을 하지 아니할 경우에는 매도인이 매수인의 요구사항을 고려하여 스스로 물품명세를 확정할 수 있는 권리를 의미한다(동

협약 제65조 제1항). 매수인이 누락된 물품명세의 제공을 거절함으로써 그의 의무로부터 이탈하는 것을 방지하기 위한 규정이다.

이 경우에는 매도인은 매수인에게 이에 관한 세부사항을 통지하여야 하며, 또 매수인이 이와 상이한 물품명세를 확정할 수 있는 상당기간을 지정할 수 있도록 규정함으로써 양당사자의 이해의 균형을 도모한다. 매수인이 그러한 통지를 받은 후 매도인이 지정한 기간 내에 이와 상이한 물품명세를 확정을 하지 않은 경우에는 매도인이 확정한 물품명세는 구속력을 갖는다(동협약 제65조 제2항).

3) 계약당사자에 공통적인 권리구제

계약위반은 아니지만 계약위반에 임박한 상황인 이행기전의 계약위반(anticipatory breach)과 분할이행계약(instalment contracts)에서 상대방이 행사할 수 있는 구제로 이행정지(suspension of performance)와 계약해제가 있다(제71조~제73조).

또한 손해배상청구 시 손해액의 산정에 관한 규칙(제74조~제77조), 지체된 금액의 이자에 관한 조항(제78조), 면책(제79조~제80조), 그리고 계약해제의 효과(제81조~제88조) 등이 있다. 이들 가운데 본서에서는 이행기전의 계약위반, 손해배상, 이자 및 면책에 관해서만 설명하고자 한다.

(1) 이행기전의 계약위반

당사자 일방의 의무불이행이 명확하게 된 경우에도 상대방만이 이행을 하여야 한다면 형평의 원칙에 맞지 않는다. 따라서 당사자 일방은 계약체결 후 상대방의 이행능력 또는 신용상의 중대한 결함, 또는 계약의 이행준비나 이행상의 행위로 인하여 그 의무의 중요부분을 불이행할 것이 명백하게 된 경우에는 자신의 의무이행을 정지할(suspend) 수 있다(제71조 제1항). 이 조항은 영미법상의 이행기전의 계약위반(anticipatory breach of contract)의 법리를 수용한 것이다.[64)]

그렇지만 비엔나협약은 이행의 정지가 상대방이 그 의무의 중요한 부분을 이행하지 않으려고 함이 명백하게 되었을 때만 허용된다. 즉, 불이행의 가능성이 크다는 사실을 보여주는 객관적 정황증거가 있는 경우에만 인정된다.

일방당사자의 불이행의 가능성이 명백해지기 전에 이미 물품을 발송한 매도인은 선화증권 등과 같이 물품의 점유권을 부여하는 증서를 매수인이 소지하고 있더라도 매수인에게 물품이 인도되지 못하도록 방지할 수 있다(제71조 제2항). 그러나 현실적으로 매수인이 이에 물품의 권리를 나타내는 선화증권을 제3자에게 양도한 경우에는 이를 정지시킨다는 것은 사실상 불가능한 일이 될 것이다. 따라서 운송도중 물품의 인도중지에 관한 규정은 매매당사자 상호간의 물품에 대한 권리에만 적용되고 제3자의 권리를 해하지 못한다.

이행을 정지하는 당사자는 물품발송 전후를 불문하고 상대방에게 즉시 정지에 관한 통지를 하여야 한다. 그리고 상대방이 적당한 이행의 보장을 제공한 경우에는 이행을 계속하여야 한다(제71조 제3항).

통지를 받은 당사자로부터 적절한 보장(adequate assurance)이 없으면 통지당사자는 계약을 곧 해제하고 손해배상을 청구할 수 있다(제72조). 이를 이행기전의 계약해제(avoidance prior to the date for performance)라 한다.

(2) 손해배상청구권

손해배상책임조항은 매매당사자의 공통된 의무조항이다. 이 구제방법은 다른 구제방법과 병행하여 행사할 수 있다. 비엔나협약은 이에 관하여 4개 조항을 두고 있다. 먼저 제74조는 손해액산정의 일반원칙을 규정하고 있다. 제75조와 제76조는 계약이 해제된 경우의 손해액의 산정기준을 규정하고 있으며 제77조는 손해경감의무를 규정하고 있다.

---

64) 우리나라 민법은 "채무이행의 확정한 기간이 있는 경우에는 채무자는 기한이 도래한 때로부터 지체책임이 있다"고 규정하고(제387조), 동시에 "기한은 채무자의 이익을 위한 것으로 추정한다"고 규정하므로써(제153조 제1항) 이행기전의 계약위반제도를 인정하지 아니한다.

① 손해액산정의 일반원칙

당사자의 계약위반으로 인한 손해는 이익의 상실을 포함하여, 위반의 결과 상대방이 입은 손해액 총액과 동일하다(제74조 제1항). 즉, 비엔나협약상의 손해배상의무는 계약위반자가 계약을 이행하였더라면 얻을 수 있었던 이익까지를 당연히 배상하여야 한다.[65)]

그런데 계약위반으로 입은 손해는 경우에 따라서는 예상을 넘어 극심할 수도 있다. 이러한 경우를 대비하여 비엔나협약은 그러한 손해는 위반당사자가 알았거나 알았어야만 하는 사실을 기초로 하여 계약체결 당시 그가 계약위반의 가능한 결과로 '예상하였거나 예상하였어야만 하는'(foresaw or ought to foreseen at the time of the conclusion of the contract) 손실액을 초과할 수 없다고 규정하고 있다.[66)] 결국 비엔나협약상의 손해배상의 일반원칙은 우리나라 민법과 유사하다고 할 수 있다.

② 계약해제의 경우 손해액산정

비엔나협약상 피해당사자는 계약해제와 동시에 자신이 입은 손해를 배상청구할 수 있다. 이 경우 손해액의 산정방법은 피해당사자가 대체거래(substitute transaction)를 한 경우와 그렇지 않는 경우를 나누어 규정하고 있다.[67)]

계약이 해제되고 해제 후 합리적인 방법과 시간 내에 매수인이 대체물품을 매입하거나 매도인이 재매각한 경우 손해배상청구 당사자는 제74조에 의하여 배상받을 수 있는 손해뿐만 아니라 계약상의 가액과 대체거래가액의 차액을 배상받을 수 있다(제75조).

'대체거래가격'을 정함에 있어 피해당사자가 계약위반으로 인하여 지출하지 아니하여도 되게 된 비용은 손해액에서 공제할 수 있다. 그러나 대체거래를 함

---

65) 우리나라 민법은 상대방의 채무불이행으로 인한 손해배상도 통상의 손해를 한도로 배상함을 원칙으로 한다(제393조 제1항).

66) 우리나라 민법이 특별한 사정으로 인한 손해는 채무자가 그 사정을 알았거나 알 수 있었을 때에 한하여 배상책임이 있다(제393조 제2항)고 정한 것과 같은 취지이다.

67) 우리나라 민법은 계약위반의 결과 계약을 해제하든 아니하든 손해배상에 적용되는 법규는 민법 제393조인데 비엔나협약은 계약이 해제된 경우의 손해배상액의 산정에 관하여 특칙을 두고 있다.

으로써 수송비용 등 기타비용이 증가하였다면 이는 계약위반으로 인하여 발생한 손해이기 때문에 당연히 배상을 청구할 수 있다.

한편 피해당사자가 대체거래를 아니하였거나 대체거래를 하였더라도 그것이 상당기간 내에 합리적인 방법으로 행하여진 것이라고 인정되지 않거나, 계약을 해제한 당사자가 수회 같은 거래를 하는 것이 해제된 계약의 대체거래에 해당하는지의 여부를 판단할 수 없는 등의 경우에는 손해액은 물품의 시가(current price)에 의하여 결정된다.

시가의 기준시점은 물품이 인도되는 시점 또는 그 이전에 피해당사자가 매매계약을 해제한 경우에는 손해액은 계약해제시의 시가에 의하여 결정된다(제76조 제1항).

또한 시가의 기준장소에 관하여는 '물품이 인도되어야 하는 장소의 일반적인 가격'(the price prevailing at the place where delivery of the goods should have been made…)으로 한다(제76조 제2항). 물품이 공공시장에서 거래되는 때에는 그 시장가격에 의하여, 그러한 공공시장이 없는 때에는 거래관행에 의하여 시가를 결정하게 된다. 또 대체지의 가격을 기준으로 하는 경우에 비엔나협약은 물품의 수송비용을 적절히 참작하도록 하고 있다(제76조 제2항).

계약해제의 경우에도 피해당사자가 계약위반자로부터 배상받을 수 있는 손해에는 계약이 이행되었더라면 피해당사자가 얻을 수 있었던 이익, 즉, 기대이익을 포함한다. 제75조와 제76조는 공히 제74조로부터 회복이 가능한 추가 손해(any further damages recoverable under article 74)를 회복할 수 있음을 규정하고 있다.

③ 손해경감의무

계약위반을 주장하는 당사자는 그 위반으로 인하여 발생하는 이익의 상실을 포함한 손실의 감소를 위하여 상황에 따라 합리적인 조치를 취하여야 한다(제77조). 이것은 피해당사자의 손해경감의무이다. 피해당사자가 손해의 경감을 위하여 노력하는 것은 비엔나협약의 일반원칙(general principle)이다.

매매계약에서 구체적으로 행하여지는 손해경감조치는 재매입이나 재매각을 들 수 있다. 피해당사자가 손해경감의무를 다하지 않는 경우 위반당사자는 감소될 수 있는 손해액만큼의 감액을 청구할 수 있다(제77조). 이로써 피해당사자의 손해경감의무는 계약위반자의 손해배상액의 범위를 제한하는 역할을 한다.

(3) 손해배상책임의 면책

당사자의 계약불이행으로 인하여 피해를 입었음에도 불구하고 상대방이 손해배상을 받을 수 없는 경우가 있다. 이것이 바로 면책(exemption)이다.

매매당사자간의 계약에서 손해배상책임이 면제되는 경우는 다음과 같다.

첫째, 계약에 면책조항(exemption clause)이나 책임부인조항(disclaim clause)을 삽입하는 경우이다. 이러한 조항들의 유효성은 국내법에 따르지만 대부분의 국가에서 이들이 공서량속에 위반될 정도로 부당하지 않는 한 그 효력을 인정하고 있다.

둘째, 상대방의 계약불이행이 자신의 작위・부작위로 인한 경우에는 상대방의 불이행을 주장할 수 없다(제80조).

셋째, 당사자 쌍방에 그 책임을 돌릴 수 없는 사정에 의하여 이행이 불가능하게 된 경우가 있다. 이에 관하여는 영미법계와 대륙법계 사이에 개념 및 효과에 차이가 있으나 여기에 적용되는 법리는 이행불능(impossibility), 불가항력(force majeure), 천재지변(Act of God), 계약목적달성불능(frustration) 등의 명칭으로 분류되고 있다.

① 장애의 범위

면책은 양당사자가 모두 주장할 수 있으며 또한 모든 의무에 적용된다. 장애는 우선 의무불이행이 자신의 통제를 벗어난 장애(impediment beyond his control)에 기인하였다는 점과 계약체결당시에 그 장애를 고려하는 것이 합리적으로 기대할 수 없었다는 점, 그리고 계약이 체결된 이후에 그 장애나 그 장애의 결과를 회피하거나 극복하는 것이 합리적으로 기대될 수 없다는 것을 입증하는 경우에는 계약상의 의무가 면제된다(비엔나협약 제79조).

우리나라 민법도 채무자의 고의나 과실 없이 이행할 수 없게 된 때에는 손해배상을 청구할 수 없도록 규정하고 있어 협약과 유사하다고 할 수 있다. 그러나 고의나 과실이 반드시 협약의 불가항력적인 장애와 동일한 것은 아니다.

② 장애의 효과

비엔나협약 제79조 제3항에 의하면 불이행당사자는 장애가 존속하는 기간 동안 손해배상책임으로부터 면제된다. 그러나 그 장애가 제거되면 그 계약 하에서의 양당사자의 의무가 부활된다.

그리고 어느 일부분에 관하여 의무불이행이 있는 경우에는 매수인은 이러한 인도 분이 상호 의존관계로 인하여 당사자쌍방이 의도한 목적대로 사용될 수 없다면 이미 행하여진 인도분 또는 장래의 인도분에 대해서도 계약해제를 선언할 수 있다.

③ 장애의 통지의무

이행장애가 발생한 경우에는 장애의 발생사실과 그것이 자신의 이행능력에 미치는 효과에 대하여 상대방에게 통지하여야 한다. 위반당사자가 장애에 대해 알았거나 또는 알았어야 했던 때로부터 상당한 기간 내에 상대방이 그러한 통지를 접수하지 못한 경우, 위반당사자는 상대방이 통지를 접수하지 못한 사유로 입은 손해에 대하여 책임을 진다.

제 3 절 비엔나 협약의 축조해설

1. 협약의 개요

THE STATES PARTIES TO THIS CONVENTION,

BEARING IN MIND the broad objectives in the resolutions adopted by the sixth special session of the General Assembly of the United Nations on the establishment of a New International Economic Order,

CONSIDERING that the development of international trade on the basis of equality and mutual benefit is an important element in promoting friendly relations among States,

BEING OF THE OPINION that the adoption of uniform rules which govern contracts for the international sale of goods and take into account the different social, economic and legal systems would contribute to the removal of legal barriers in international trade and promote the development of international trade,

HAVE AGREED as follows:

본 협약의 당사국은 신국제경제질서의 확립에 관하여 국제연합 총회 제6차 특별회기에서 채택된 결의안의 광범위한 제목적을 유념하고, 평등과 상호이익에 바탕을 둔 국제거래의 발전이 국가 간의 우호관계를 증진시키는데 중요한 요소라 생각하며, 국제물품매매계약을 규율하고 상이한 사회적, 경제적 및 법적 제도를 고려하는 통일법의 채택이 국제거래에서 법적 장벽을 제거하는데 기여하고 또한 국제거래의 발전을 증진시키리라는 견해 하에서, 다음과 같이 합의하였다.

2. 적용범위 및 총칙

1) 적용범위

Article 1. (1) This Convention applies to contracts of sale of goods between parties whose places of business are in different States:

(a) when the States are Contracting States; or

(b) when the rules of private international law lead to the application of the law of a Contracting State.

(2) The fact that the parties have their places of business in different States is to be disregarded whenever this fact does not appear either from the

contract or from any dealings between, or from information disclosed by, the parties at any time before or at the conclusion of the contract.

(3) Neither the nationality of the parties nor the civil or commercial character of the parties or of the contract is to be taken into consideration in determining the application of this Convention.

제1조 (적용가능성에 관한 기본원칙) (1) 본 협약은 다음과 같은 경우에 영업소가 상이한 국가에 있는 당사자 간의 물품매매계약에 적용된다.

(a) 당해국가가 모두 체약국인 경우, 또는

(b) 국제사법의 규칙에 따라 어느 체약국의 법을 적용하게 되는 경우.

(2) 당사자가 상이한 국가에 그 영업소를 가지고 있다는 사실이 계약으로부터 또는, 계약체결전이나 또는 계약체결 시에, 당사자 간에 이루어진 어떠한 거래로부터 또는 당사자에 의하여 밝혀진 정보로부터 드러나지 아니한 경우에는 이를 무시한다.

(3) 당사자의 국적과 당사자 또는 계약의 민사적 또는 상사적 성격은 본 협약의 적용을 결정함에 있어 고려되지 아니한다.

주의사항 본 협약은 다음 두 가지의 요건이 충족되어야만 적용된다.

첫째, 매매가 국제적이어야 한다. 즉, 매도인과 매수인은 상이한 국가에 자신들의 영업소를 가지고 있어야 하고, 둘째, 매매는 본 협약에 가입하고 있는 국가 중에서 어느 일국 또는 그 이상의 국가와 소정의 관계가 있어야 한다.

협약 제1조는 협약의 적용여부를 결정하는 2가지 문제, 즉, 어떤 경우에 매매가 국제적(international)인지, 그리고 협약이 적용되기 위하여 매매와 체약국 사이에는 어떤 관계가 있어야 하는지를 다룬다.

매도인과 매수인은 서로 다른 국가에 영업소를 두고 있어야 한다. 협약의 전신인 1964년 협약에서도 같은 기준이 사용되었으나 거기에는 매매계약이 국제운송을 포함(involve)하는가? 청약과 승낙을 구성하는 행위가 어디에서 행하여졌는가? 하는 등의 기준이 추가되어 있었다. UNCITRAL에서도 이에 대한 논의가 있었고, 결국 이러한 추가적인 기준은 예측가능한 해답을 주지 못하는 반면에 당사자의 영업소가 있는 장소가 보다 확실한 기준이라 할 수 있다.

Article 2. This Convention does not apply to sales:

(a) of goods bought for personal, family or household use, unless the seller, at any time before or at the conclusion of the contract, neither knew nor ought to have known that the goods were bought for any such use;

(b) by auction;

(c) on execution or otherwise by authority of law;

(d) of stocks, shares, investment securities, negotiable instruments or money;

(e) of ships, vessels, hovercraft or aircraft;

(f) of electricity.

제2조 (제외되는 매매) 본 협약은 다음의 매매에는 적용되지 아니한다.

(a) 개인용, 가족용 또는 가사용으로 구입되는 물품의 매매. 다만 매도인이, 계약체결전이나 또는 계약체결 시에, 물품이 그러한 용도로 구입된 사실을 알지 못하였고 또한 알았어야 하지도 않았던 경우에는 그러하지 아니하다.

(b) 경매에 의한 매매,

(c) 강제집행 또는 기타 법률의 수권에 의한 매매,

(d) 주식, 지분, 투자증권, 유통증권 또는 통화의 매매,

(e) 선박, 부선, 수상익선, 또는 항공기의 매매,

(f) 전기의 매매.

주의사항 제2조는 여섯 가지의 특정한 범주를 본 협약에서 배제하고 있다. 앞의 세 가지((a)항-(c)항)는 거래의 성질에 기초한 것이고, 나머지 세 가지((d)항-(f)항)는 물품의 성질에 기초한 것이다.

대부분의 소비자는 자신의 거주 지역에 있는 가게에서 구매한다. 이러한 구매는 국제매매(제1조)가 아니므로 협약이 적용되지 않는다. 그러나 소비자가 때로는 인접한 국경의 저편에서 혹은 해외여행 중에 물품을 구입하기도 하고, 혹은 해외우편 주문점에 주문하기도 한다. 이러한 거래들 중에는 매수인이 외국인임을 매도인이 알고 있을 것이므로 거래가 협약의 국제성요건을 충족하는 경우도 있을 것이다.

UNCITRAL은 소비자를 보호할 수 있는 국제적 입법과 판례법의 개발에 유의하였고, 그리하여 협약이 소비자보호 법규를 침해해서는 안 된다고 합의되었다. 협약이 각국의 강행법규나 공공정책(public policy, 혹은 공서)을 시행하는 법규에 우선하지 않는다는 취지의 규정을 두는 것도 고려하였으나, 이들 개념이 국가마다 상이하다는 것을 알게 되었다. 이에 소비자의 구매를 협약의 적용범위에서 구체적으로 제외하는 것이 가장 명확할 것이다.

개인용, 가족용 또는 가정용으로 구입된 물품이라는 법문은 구매 시의 매수인의 목적을 지칭하는 표현이다. (미국 UCC 제9-109조의 유사한 정의에서는 물품이 매수인에 의하여 위의 목적으로 사용되는(are used) 경우를 추가적으로 포함시키고 있다. UNCITRAL에서는 사용되다(is used)라는 문구가 삭제되었고, 따라서 협약의 적용여부는 구매 후에 매수인이 취하는 행동에 좌우되지 않는다.) 물품의 성격은 중요하지 않다. 영업용사무실에 사용할 가구의 국제매매에도 협약이 적용되며, 이는 그러한 형태의 가구가 주로 소비자에 의하여 구입되더라도 마찬가지다.

1. 제외되는 거래와 물품

(1) 개인용, 가족용 또는 가사용의 구매

대부분의 소비자는 자신의 거주 지역에서 구매한다. 이러한 구매는 모두 본 협약의 적용에서 제외된다. 왜냐하면 이들은 국제매매가 아니기 때문이다(제1조).

개인용, 가족용 또는 가사용으로 구입되는 물품이라는 표현은 구매 시의 매수인의 구매목적을 지칭한다. 따라서 구매 후에 매수인이 취하는 행동에 따라 본 협약의 적용여부가 달라지지는 않는다. 또한 물품의 성질이 결정적인 것도 아니다. 영업용사무실에 사용되는 가구의 매매에도, 이것이 국제매매인 경우에는 본 협약이 적용된다. 비록 이러한 유형의 가구가 주로 소비자에 의하여 구입되고 있더라도 역시 마찬가지이다.

(2) 경매에 의한 매매

경매에 의한 매매를 제외한 것은 여러 가지 점들을 고려한 결과이다. 경매에 의한 매매는 계약의 성립과 관련하여 특수한 문제를 발생시킨다. 매도인은 가장 높은 금액을 제시하는 입찰자에게 낙찰되기 전에는 누가 매수인인지 그리하여 과연 본 협약이 적용되는지 알 수가 없다.

(3) 강제집행 또는 기타 법률의 수권에 의한 매매

강제집행이나 기타 강제적 매매는 여타의 거래와는 본질적으로 다르다. 이러한 강제적인 매매의 방식이나 효과에 대해서는 특별한 법리가 적용된다.

제외의 범위를 정함에 있어 고려되어야 할 점은 다음과 같다. 예를 들어, 매수인이 대금을 지급하지 않는 경우에, 매도인은 계약을 해제하고 물품을 재매각할 수 있다. 또한 매도인이 중대한 하자가 있는 물품을 인도하는 경우에는 매수인도 이와 유사한 권리를 가진다(제49조, 제64조, 제75조, 제81조, 제88조). 그러나 매도인이 물품을 처분하기 위해서 행하는 매매거래(재매각)는 비록 본 협약이 인정하는 권리의 행사이지만, 제2조 (c)항이 의미하는 강제집행 또는 기타 법률의 수권에 의한 매매가 아니라고 보아야 한다. 다시 말해서, 본 협약에서 제외되지 않는다. 채무불이행시에 담보권자가 경매(auction)가 아닌 사적인 매매(private sale)를 통하여 담보물을 처분하는 경우에도 동일하다.

(4) 주식, 지분, 투자증권 또는 통화의 매매

(d)항에 열거되어 있는 무체동산(無體動産)의 제외는 다름 아닌 물품이 곧 유체동산을 지칭함을 의미한다. 유통증권(negotiable instruments)을 제외한다고 할 때, 이는 화폐의 지급을 요구하는 증권을 말한다. 창고증권이나 선화증권과 같이 물품의 인도를 지배하는 서류는, 물품의 인도를 위하여 사용된 경우에는, 본 협약의 적용을 받는다(제30조, 제34조, 제58조 (1)항).

(5) 선박, 부선, 수상익선 또는 항공기의 매매

선박이 제외되어 있는 결과 범선(sailboat)이나 노 젓는 배(rowboat)와 같은 소형 유람선까지도 제외되는가? UNCITRAL에서는 대형선박과 소형선박을 구별하는 기준을 찾기가 어렵고 또한 이렇게 구별하고자 할 때 법원이 어려움을 겪게될 것이기 때문에 제2조 (d)항을 예외 없이 문자 그대로 이해하여야 할 것이라고 제안했다. 즉 소형유람선의 매매도 본 협약의 적용범위에 속하지 않는다는 것이다.

선용품(예를 들어, 원료, 식량 등)이나 항해에 필요한 장비의 구입은, 비록 이것이 국내적으로는 해사법의 적용을 받는다고 하더라도, 본 협약상의 기타의 요건(제1조)을 만족하는 경우에는 본 협약의 적용을 받는다. 항공기의 경우에는 대형 또는 소형의 구별 없이 본 협약이 적용되지 않는다고 보아야 한다.

(6) 전기의 매매는 무형재이기 때문에 제외된다.

2. 물품의 매매

(1) 물품

본 협약 제1조는 본 협약이 물품매매계약에 적용된다고 규정하고 있다. 본 협약에서 물품(goods)을 정의하고 있지는 않다. 그러나, 제2조에 규정된 몇몇의 제외품목과 기타 다른 규정들을 보면 물품의 기본개념을 정립하는데 필요한 지침을 알 수 있다.

본 협약의 적용을 받는 물품은 반드시 유형(tangible) · 유체(corporeal)의 동산이어야 하며, 주식이나 지분, 투자증권 나아가 금전채권이나 금전채무를 표창하는 유가증권과 같은 무형의 권리는 물품이 아니다. 제3조 (2)항에서는 당사자의 의무의 압도적인 부분이 노동력 또는 기타 서비스의 공급에 있는 계약을 제외하고 있다. 제2조 (f)항에서는 전기도 제외하고 있다. 그러나 가스(gas)의 매매에는 본 협약이 적용된다. 컴퓨터소프트웨어를 어떻게 분류할 것인지는 논란거리이다. 소프트웨어에 따라서는 고도의 컴팩트북이나 축음반과의 구별이 어려워 보인다. 애매한 경우에는 본 협약의 적용여부를 계약서에 명시하는 것이 좋다.

하지만 본 협약이 컴퓨터하드웨어의 매매에 적용된다는 점은 의심의 여지가 없다. 물품이 유형 · 유체의 동산만을 지칭한다는 결론은 특허권, 저작권, 상표권 및 know-how 등은 본 협약에 의하여 규율되지 않음을 의미한다.

물품이라는 용어가 유체의 동산을 가리킨다는 점은 본 협약의 다른 많은 조항들을 통해서도 분명히 알 수 있다. 토지(부동산)의 매매는 제외된다.

교량이나 건물 또는 다른 항구적인 구조물의 건축계약은 물품매매계약이 아니다. 반면에, 본 협약은 이동성 구조물(mobile building)의 국제매매에 대해서는 적용된다. 이는 비록 매수인이 자신의 토지에 항구적으로 부착하기를 결정했다고 하더라도 역시 마찬가지다.

(2) 물품의 교환

국내법에 따라서는 물품의 교환을 매매에서 제외한다. 가령, 영국 물품매매법(SGA : Sale of Goods Act)은 금전적 대가를 받는 재산권의 이전에만 적용된다.

본 협약은 '대금'에 관하여 어떠한 제한을 두고 있지 않다. 제53조는 매수인은 … 물품의 대금을 지급하여야한다 라고 규정하고 있다. 이는, 당사자들이 자신들의 필요를 충족시키기 위하여 거래의 형태를 결정할 수 있는 자유와 더불어 물품의 교환도, 당사자들이 원하지 않는 한, 제외되지 않음을 의미한다(제6조). 반면에, 주로 수지의 균형만이 관심의 초점이 되는 대응거래약정(counter-trade arrangements)은 매매계약이 아니다.

(3) 장래의 주문과 인도를 위한 기본협정(Framework Agreement)

공급업자(S)와 배포업자(D)가 기본협정(framework agreement)을 체결한다. 이 협정이 S가 D에게 물품을 주문하고 인도하는 데에는 적용된다. 그러나, 이에 의하면, D는 물품의 수량을 명시하여 주문할 필요가 없으며 또한 S도 물품의 수량을 명시하여 인도할 필요가 없다.

일반협정은, 그 자체만으로는, 제1조에서 말하는 매매계약이 되지 않으며 따라서 본 협약의 적용을 받지 않는다. 이는 제14조에서 규정하는 청약의 확정성 요건을 갖추지 못했기 때문이다. 그러나 차후에 주문과 이에 대한 승낙이 있게 되면, 이러한 기본협정도 거래의 세부적 조건을 제공할 수 있으며, 본 협약의 조항을 보충하거나 혹은 변경시킬 수 있다(제6조 참조).

가맹점(franchise)이나 판매대리점(dealership)을 설립하는 약정이나 관습은 너무 다양하다. 판매대리인은 종종 가맹점계약을 준비하는 과정에서 발생한 손해에 대해서 소송을 제기한다. 이러한 소송에서는 아직 계약으로 성숙되지 못한 협상과정에서 지출된 비용이 문제가 된다. 가맹점계약에 들어가는 계약종료약관(termination clauses)이 너무 가혹하여 정당성기준에 위배된다고 볼 수 있는 경우에도 문제가 발생한다. 계약의 유효성에 관한 문제는 본 협약 제4조 (a)항에 의하여 국내법에 위임되어 있기 때문이다.

(4) 대체물에 들어있는 미분리(未分離) 지분

석유나 곡물과 같은 종류의 물품을 효율적으로 취급하기 위해서는 매매에 필요한 기본단위 이상의 수량으로 저장 또는 선적할 필요가 있다. 유조선이나 산화물선 등에 대해서는, 운송인이 누구인지를 막론하고, 이러한 물품(산화물)의 단위가 통일되어 있다(예를 들어, bushel 또는 barrel). 따라서 이러한 매매계약은 단순히 종류물의 수량이 아니라 산화물의 전체내용물 중에서 그 계약상의 물품이 차지하는 수량 또는 지분의 형태로 체결된다.

이러한 거래는 분명히 본 협약 제1조에 해당하는 물품매매계약이며 본 협약상 어떤 조항도 이를 제외하지 않는다. 따라서 합의된 품질 또는 수량의 물품을 인도하지 못하거나 또는 물품을 수령하고서도 대금을 지급하지 못하는 경우, 본 협약의 적용을 받는다.

Article 3. (1) Contracts for the supply of goods to be manufactured or produced are to be considered sales unless the party who orders the goods undertakes to supply a substantial part of the materials necessary for such manufacture or production.

(2) This Convention does not apply to contracts in which the preponderant part of the obligations of the party who furnishes the goods consists in the supply of labour or other services.

제3조 (제조될 물품 및 서비스) (1) 물품을 제조 또는 생산하여 이를 공급하는 계약은 매매로 본다. 다만 물품을 주문하는 당사자가 그 제조 또는 생산에 필요한 재료의 실질적인 부분을 공급하기로 약정한 경우에는 그러하지 아니하다.

(2) 본 협약은 물품을 공급하는 당사자의 의무의 압도적인 부분이 노동력 또는 기타 서비스의 공급에 있는 계약에는 적용되지 아니한다.

주의사항 제3조 (1)항은 제조 또는 생산될 물품을 공급하는 계약에 본 협약이 적용가능한지를 다루며, (2)항은 노동력 또는 기타 서비스의 제공을 포함하는 매매계약을 다루고 있다.

현대적인 매매법은 물품의 제조나 생산을 요구하는 거래를 반드시 포함해야 한다. 이는 매매법의 필수적인 전제이다. 본 협약이 완제품을 수령할 당사자가 제조 또는 생산에 필요한 재료의 전부나 일부를 공급해 주고 있는 계약에까지 확대적용 되는지 살펴본다.

1. 제조될 물품

갑(소유자)은 완제품이 아닌 직물(회색직물)을 소유하고 있다. 갑은 을(수급자)과 계약을 체결했다. 계약에 의하면, 을은 직물을 표백 및 염색한 다음 이를 갑에게 돌려주어야 한다.

본 협약 제3조 (1)항에 의하여, 이 계약은 용역계약인 바, 따라서 본 협약의 적용범위 내에 들지 않는다. 왜냐하면 물품을 주문하는 당사자가 물품의 제조 또는 생산에 필요한 재료의 실질적인 부분을 공급하기로 약정했기 때문이다.

물품을 주문하는 당사자 측에서 생산이나 제조에 필요한 원료의 실질적인 부분을 제공할 의무를 부담하는 계약은 결국 계약의 주된 목적이 상대방의 노동력이나 서비스를 공급받는 데 있다. 따라서 이는 용역계약으로 보아야 하며 물품매매계약으로 볼 수 없다.

갑(구매자)과 을(제조자)이 스테인레스강을 공급하는 계약을 체결했고 갑은 을에게 필수재료인 크로늄을 제공하기로 합의했다. 갑이 을에게 제공하는 크로늄의 가액은 스테인레스강을 제조하는데 필요한 재료의 총가액의 15%이다.

크로늄이 스테인레스강의 생산에 필요하다는 사실만으로는 이 거래가 본 협약에서 제외되지는 않는다. 구매자가 스테인레스강의 생산에 필요한 재료의 실질적인 부분(substantial part of the materials)을 공급하는 경우에만 제외된다. 중량 또는 부피면에서 크로늄이 실질적인 부분이 아니었다고 생각할 수도 있다. 오직 가액(value)만을 기초로 해야 한다. 제3조 (2)항에서는 압도적인 부분(preponderant part)이라는 기준을 사용하고 있다. 실질적인 부분은 압도적인 부분 보다 적을 것이다. 법원은 15%가 실질적이라고 판결할 수도 있다. 이러한 정도의 문제(question of degree)에 대한 평가를 예측하기는 쉽지 않다. 이러한 국제거래의 당사자는 본 협약의 적용여부를 계약에서 명시적으로 해결하는 것이 좋다.

2. 복합거래

(1) 물품과 서비스

갑(공급자)과 을(구매자)이 국제계약을 체결하여, 갑이 제조기계를 인도하여 을의 공장에 설치해 주고 또한 기계를 작동하는 기술자를 1년간 제공해 주기로 약정했다. 기계의 가액은 1,000,000달러였고 기술자를 제공하는 가액은 200,000 달러였다.

위의 계약은 제3조 (2)항에 의하여 본 협약에서 제외되지는 않는다. 왜냐하면 노동력 또는 기타 서비스의 공급이 물품을 공급하는 당사자의 의무의 압도적인 부분을 차지하지는 않고 있기 때문이다. 그러나 만약 계약에서 서비스의 가격으로 100만 달러 이상을 요구하는 경우에는 결과가 반대로 될 것이다.

제3조 (2)항은 당사자들이 단일한 계약에서 물품과 서비스를 모두 취급하는 때에만 적용된다. 단일계약이 두 가지 측면을 가지고 있고 또한 이들 사이에 현저한 관련(significant relationship)이 있다면, 본 협약은 계약의 전반에 걸쳐 적용되어야 한다. 만약 이것이 불가능한 경우에는, 계약은 두 개의 독립된 계약으로 보아야 하고 또한 본 협약은 물품에 관련된 계약에만 적용되어야 할 것이다.

(2) 생산설비 및 완제품인도계약

이동이 불가능한 건물의 건축은 물품의 매매가 아니다. 공장건설계약에서 매수인이 토지와 건물을 제공하도록 요구하는 경우에도, 어떤 장비는 건물의 항구적인 일부가 되는 반면 어떤 장비는 그렇지 않다. 완제품인도계약(Turn-key contract)에서도 공장을 가동하는데 필요한 know-how나 서비스의 제공이 포함되는 수가 있다. 이러한 부류의 계약이 본 협약에 적용되는지의 판단기준은 매우 모호하다.

이러한 복잡한 계약에서는 당사자들은 되도록이면 적용될 법률을 지정해야 한다(제6조 참조).

(3) 유추(類推)적용

법원은 종종 본 협약의 적용범위에 속하지 않는 문제를 해결하는 데에도 본 협약의 조항이 유용함을 알게 된다. 국내법 하에서도 어떠한 법리적 문제의 해결을 위하여 그 해법을 전문화된 성문법에서 차용하는 방식이 널리 이용되어 왔다.

물론, 법원이 본 협약의 범위밖에 있는 거래에 대하여 본 협약을 적용할 국제적인 의무는 없다. 본 협약이 차용(유추적용)될 수 있는지 여부는 국내의 법이론상의 원칙과 국내거래를 위하여 고안된 국내법이 본 협약만큼이나 국제거래에 적합한지 여부의 판단에 달려 있다.

Article 4. This Convention governs only the formation of the contract of sale and the rights and obligations of the seller and the buyer arising from such a contract. In particular, except as otherwise expressly provided in this Convention, it is not concerned with:

(a) the validity of the contract or of any of its provisions or of any usage;

(b) the effect which the contract may have on the property in the goods sold.

제4조 (적용사항과 비적용사항) 본 협약은 단지 매매계약의 성립과 매매계약에서 발생하는 매도인과 매수인의 권리와 의무만을 규율한다. 특히, 본 협약에서 별도의 명시적인 규정이 있는 경우를 제외하고는, 본 협약은 다음의 사항에는 관계되지 아니한다.

(a) 계약이나 그 어떠한 조항 또는 어떠한 관행의 유효성,

(b) 계약이 매각된 물품의 소유권에 미치는 효과.

주의사항 제1조 내지 제3조는 본 협약이 적용되는 거래(transaction)를 명시하고 있는데 반하여 제4조는 본 협약이 적용되는 사항(issue)을 규정하고 있다. 제4조에 의하면, 본 협약은 (i) 계약의 성립(제2편)과 (ii) 그러한 계약으로부터 발생하는 매도인과 매수인의 권리와 의무(제3편)만을 규율한다. 한편 제4조 (a)항 및 (b)항에서는 두 가지 사항을 구체적으로 제외하고 있다.

1. 계약에서 발생하는 의무

본 협약은 … 매매계약에서 발생하는 매도인과 매수인의 권리와 의무만을 규

율한다는 제4조의 규정에는 일반적인 표현이 사용되어 있다. 구체적인 내용은 본 조 (a)항 및 (b)항과 제5조(사람의 사망과 상해에 대한 책임)와 같이 특정한 사항(issue)을 제외하는 조항에 의하여 보충된다.

국내법이 본 협약을 대체하는 법으로서의 효력을 가지는지 여부는 정말로 어려운 문제이다.

본 협약은 소비자의 구매행위(제2조 (a)항)와 나아가 물품에 의하여 야기되는 사람의 사망 또는 상해에 대한 매도인의 책임(제5조)을 제외하고 있다. 그러나 이 분야의 법리가 발전함에 따라, 국가에 따라서는, 매도인의 과실을 묻지 않고서도, 소매상이나 판매대리점으로 부터 구입한 물품의 하자로 인하여 야기된 경제적 손실에 대하여 제조업자가 직접 책임을 지게 되었다

제조업자(수입상과 같은 대규모의 판매대리업자도 마찬가지이다)에 따라서는 판매인(dealer)에게 제조업자의 보증서(guarantee)나 담보보증서(warranty)를 제공하고, 매매 시에 이를 매수인에게 제시하도록 지시한다. 그 목적은 첫째, 매수인이 이름 있는 제조업자의 보증을 받게 된다는 확신을 가지게 함으로써 판매를 촉진하기 위함이며, 둘째로, 제조업자의 책임을 제한하기 위함이다.

제조업자가 매수인에게 제공하는 보증서가, 제조업자와 매수인 사이에 계약관계를 성립시킨다는 점은 분명하다. 다만, 어려운 문제는, 제조업자가 과연 제4조에서 말하는 매도인인가 하는 점이다.

제조업자는 가맹점계약을 통하여 현지 판매인의 행위를 통제하기도 하고 나아가 대중매체를 통하여 유망한 매수인들에게 광고를 행하기도 한다. 이러한 경우에는, 매매에서 주도적인 역할은 제조업자가 담당하게 된다.

물론, 이러한 사실만으로 제조업자가 매도인이 되는 것은 아니다. 매매계약은 매수인이 실제로 판매인(dealer)과 거래관계를 설정하느냐에 달려있다.

공급자(supplier)가 매매계약에 참여했다는 점은 조금 더 알기 쉽다. 즉, 제조업자가 직접 매수인과 접촉하여 그로 하여금 현지 판매인으로부터 자신(제조업자)의 물품을 사도록 설득하는 경우와 동일하다.

본 협약을 해외의 공급자에게까지 확장시키고자 하는 시도는 국내의 판매인이 재정적으로 파탄한 경우와 같은 특별한 상황에 국한시키는 것이 좋다.

결국 본 협약은 매수인이 제조업자나 격지의 공급자를 상대로 제기하는 클레임에 관한 한, 별로 큰 역할을 할 것 같지는 않다. 해외에 있는 공급자와의 법적

관계는 앞으로도 점차 연구되어야 할 분야이다.

2. 제외되는 사항

(1) 계약의 유효성

제4조 (a)항에서는 계약이나 그 어떠한 조항 또는 어떠한 관행의 유효성에 관한 사항(issue)을 제외하고 있다. 일례로서, 국내법은 헤로인과 같은 특별한 물품의 매매를 금하고 나아가 이러한 불법적인 매매계약을 무효로 하고 있다.

① 사기에 대한 구제

본 협약은 사기를 당하고서 계약을 체결하게 된 자에게 부여되는 국내법상의 특별한 권리와 구제에 간여하지 않는다. 사기에 대한 구제권을 발생시키는 행위(원인행위) 그 자체는 계약체결행위의 결과와 분리될 수 있는 것이다. 비록 국내법에서 사기에 의한 계약을 아예 무효(invalid)로 보지는 않고 오히려 취소할 수 있는(voidable) 것으로 취급하며 또한 선의의 피기망자에게 계약을 취소할 수 있는 선택권을 주고 있다 하더라도, 이러한 권리가 본 협약에 의하여 방해받지는 않는다.

② 행위능력과 대리인의 권한

당사자가 계약을 체결할 수 있는 능력(행위능력)과 관련하여, 본 협약은 정신이상이나 미성년 또는 기타 다른 행위무능력의 효과에 관한 국내규칙을 대체하지 않는다. 이는 매우 어려운 문제들인 바, 본 협약에서는 다루지 않는다. 국제매매에 있어서 보다 중요한 문제는 타인을 대표하는 어떤 자의 법적 권한(대리권)이다. 본 협약은 대리문제와 수권문제에 내재하는 복잡한 문제에 관하여 규정하고 있지 않다. 타인을 위하여 행동할 수 있는 권한(대리권)의 문제는 적용가능한 국내법에 일임되어 있다.

(2) 계약이 물품의 소유권에 미치는 효과

제4조는 (b)항에서는 본 협약은 계약이 매각된 물품의 소유권에 미치는 효과에 대해서는 관계되지 아니 한다고 규정하고 있다. 이는 본 협약은 매매계약에서 기인하는 매도인과 매수인의 권리와 의무만을 규율한다는 제4조의 일반원칙의 일례를 조문화한 것이다.

본 협약 제41조와 제42조에서는 제3자의 클레임으로부터 자유로운 물품을 인도해야 한다는 매수인에 대한 매도인의 의무를 다루고 있다. 반면에, 본 협약은 매수인에 대한 매매가 제3자의 소유권을 침해하는지 여부는 다루지 않는다. 이러한 문제는 적용 가능한 국내법에 위임할 수밖에 없었다.

Article 5. This Convention does not apply to the liability of the seller for death or personal injury caused by the goods to any person.

제5조 (사망 등에 대한 책임의 배제) 본 협약은 물품에 의하여 야기되는 사람의 사망 또는 상해에 대한 매도인의 책임에 대해서는 적용되지 아니한다.

주의사항 국제매매계약에 대한 보호를 강화하기 위해서는 본 협약의 적용범위를 제한함으로써 각국의 소비자보호법규와 충돌되지 않도록 할 필요가 있다. 본 협약 제2조에서도 (a) 개인용, 가족용 또는 가사용으로 구입되는 매매에는 … 본 협약이 적용되지 않는다고 규정하고 있으므로 제5조의 목적도 이와 유사하다. 이러한 유형의 제외는 다음과 같은 상황에서 의미가 있다.

첫째, 제2조 (a)항 하에서는 물품이 비록 개인용, 가족용 또는 가사용으로 구입되었다고 하더라도 매도인이 이를 알지 못하였고 또한 알았어야 하지도 않았던 경우에는 본 협약이 적용된다. 그러나 제5조에 의하면 사람의 사망이나 상해에 대한 매수인 또는 제3자의 클레임은 본 협약의 적용범위에 속하지 않으며 따라서 이에 대해서는 국내법이 적용된다.

둘째, 개인용, 가족용 또는 가사용으로 구입되지 않은 물품이 사람의 사망이나 상해에 대한 청구권을 유발할 수 있다. 이러한 경우, 제4조에 의하여 국내법에 위임된다. 제4조에 의하면, 본 협약은 단지 … 매매계약에서 발생하는 매도인과 매수인의 권리와 의무만을 규율한다. 따라서, 특수한 경우를 제외하고, 매도인이 아닌 제3자를 상대로 하는 매수인의 소송에 대해서는 본 협약이 적용되지 않으며 따라서 본 협약은 결국 이러한 소송을 허용하는 국내법(예를 들어, 제조물책임법)을 침해하지 않는다. 제5조도 사람의 사망 또는 상해에 대한 책임에 관한 국내법을 존속시킨다.

Article 6. The parties may exclude the application of this Convention or, subject to article 12, derogate from or vary the effect of any of its provisions.

제6조 (계약에 의한 배제 또는 변경) 당사자는 본 협약의 적용을 배제하거나, 또는 제12조를 제외하고는, 본 협약의 어떠한 규정의 효력을 감퇴시키거나 또는 변경시킬 수 있다.

주의사항 제6조에서 가장 중요한 문구(文句)는 당사자들은 합의로써 본 협약상의 조항의 효력을 변경시킬 수 있다는 것이다. 이는 계약의 성립(제2편)에도 적용된다. 청약자는 청약의 주인이며(제14조-17조), 피청약자는 승낙의 주인(제18조(1)항)이다. 당사자들은 합의로써 장래의 계약을 체결하기 위한 규칙을 정할 수 있다. 매도인과 매수인의 의무에 관한 모든 조항들과 계약위반에 관한 구제조항들(제3편)도 합의로써 변경시킬 수 있다. 제6조는 당사자자치(parties' freedom)에 대한 유일한 예외를 인정하고 있다. 본 협약은 본 협약상의 조항을 변경시킬 수 있는 당사자자치의 범위가 넓다는 점을 강조하고 있다.

1. 적용배제 또는 변경

(1) 본 협약의 배제와 국내법의 지정

당사자가 어떤 특정한 국내법을 지정함이 없이 단지 본 협약이 적용되지 않는다라고 합의하더라도, 국제사법을 통하여 적용 가능한 국내법의 지정이 가능하다.

(2) 묵시적인 배제 또는 변경

UNCITRAL에서는 적용배제가 반드시 명시적 또는 묵시적이어야 한다고 규정하는 것을 거부했다. 따라서, 본 협약의 배제(또는 변경)문제에 대해서도 일반적인 계약해석원칙이 적용된다.

계약에서 ICC의 Incoterms와 같은 정형거래조건을 계약조건으로 삼고 있다고 해서 이것이 곧 본 협약의 적용을 배제하는 것으로 해석되어서는 곤란하다.

이는 정형거래조건이 국내법을 배제하지 않는 것과 마찬가지다. 정형거래조건은 계약위반의 효과를 규정하지는 않는다. 따라서 정형거래조건과 본 협약(국내법도 마찬가지이다)은 상호보완적이다. 정형거래조건은 본 협약이 수행할 수 없는 기능을 또한 본 협약은 정형거래조건이 수행하지 못하는 기능을 각각 수행한다.

2. 본 협약적용 합의의 유효성

(1) 본 협약에서 구체적으로 제외된 거래 또는 사항

제2조 (a)항의 소비자구매와 제5조의 사람의 사망 또는 상해를 구체적으로 제외한 것은 본 협약상의 규정과 국내법상의 보호규정 사이의 관계를 고려하였기 때문이다. 본 협약은 (본 협약의) 적용범위를 확대하는 계약의 효력을 다루고 있지 않다. 결국, 본 협약의 적용가능성은 전적으로 당사자간의 계약에 달려 있다. 본 협약의 규정들은 보호적인 국내법규에 별다른 영향을 미치지 않는다.

제2조 (d)항, (e)항 및 (f)항(투자증권, 선박, 전기 등)과 제3조(매수인의 재료공급 및 서비스계약)는 그 거래의 특수성으로 보아 이러한 거래에 본 협약을 적용하는 것이 과연 적절한지 여부에 의문이 제기되어 제외된 것이다. 그러나 당사자들에게도 그 적절성여부를 결정할 능력이 있다. 당사자의 선택의 자유를 부정할 이유가 없다. 당사자가 선택하면 본 협약이 적용된다.

(2) 동일국에 소재하는 당사자

영업소가 동일국에 소재하는 매도인과 매수인간의 계약에서도 매도인으로 하여금 국제적인 거래를 통하여 물품을 조달하도록 요구할 수 있으며 혹은 매수인이 국제거래를 통하여 물품을 전매(轉賣)하도록 예정할 수 있다. 이러한 연속거래(chain transaction)에서는 당사자들 간의 의무의 통일이 모든 당사자에게 중요하다. 연속거래를 본 협약에서 수용하지 아니한 것은 이러한 확장적 영역을 명확하게 정의하기가 불가능하였기 때문이다. 그러나 당사자들이 본 협약을 그들의 계약에 적용하기로 합의하는 경우에는 이러한 불명확성이 문제되지 않는다.

(3) 강행적 국내법규

당사자 간의 합의를 통하여 본 협약의 적용이 가능하게 된 경우에도 강행적인 국내법규는 그대로 적용된다.

2) 총칙

Article 7. (1) In the interpretation of this Convention, regard is to be had to its international character and to the need to promote uniformity in its application and the observance of good faith in international trade.

(2) Questions concerning matters governed by this Convention which are not expressly settled in it are to be settled in conformity with the general principles on which it is based or, in the absence of such principles, in conformity with the law applicable by virtue of the rules of private international law.

제7조 (협약의 해석원칙) (1) 본 협약의 해석에 있어서는, 협약의 국제적인 성격과 또한 그 적용상의 통일성 및 국제거래에 있어 신의의 준수를 증진할 필요성을 고려하여야 한다.

(2) 본 협약에 의하여 규율되는 사항에 관한 문제로서 본 협약에서 명시적으로 해결되지 아니하는 문제는 본 협약이 기초하고 있는 일반원칙에 따라서 해결되어야 하며, 만약 그러한 원칙이 없는 경우에는, 국제사법의 규칙에 의하여 적용되는 법에 따라 해결되어야 한다.

주의사항 제7조는 국제적인 통일법인 본 협약이 독특하고도 어려운 기능을 수행한다는 사실을 감안한 것이다. 제(1)항에서는 본 협약이 본 협약의 특별한 성격과 목적을 세심하게 고려하여 해석되어야 한다는 점을 강조한다. 제(2)항은 본 협약이 새로운 환경에 잘 적응하고 발전할 수 있도록 고안되어 있다.

Article 8. (1) For the purposes of this Convention statements made by and other conduct of a party are to be interpreted according to his intent where the other party knew or could not have been unaware what that intent was.

(2) If the preceding paragraph is not applicable, statements made by and other conduct of a party are to be interpreted according to the understanding that a reasonable person of the same kind as the other party would have had in the same circumstances.

(3) In determining the intent of a party or the understanding a reasonable person would have had, due consideration is to be given to all relevant circumstances of the case including the negotiations, any practices which the parties have established between themselves, usages and any subsequent conduct of the parties.

제8조 (당사자 진술 또는 기타 행위의 해석) (1) 본 협약의 적용에 있어, 당사자의 진술 또는 기타의 행위는 상대방이 그 의도가 무엇이었는지를 알았거나 또는 모를 수 없었던 경우에는 그 당사자의 의도에 따라 해석되어야 한다.

(2) 전항의 규정이 적용될 수 없는 경우에는, 당사자의 진술 또는 기타의 행위는 상대방과 같은 부류의 합리적인 자가 동일한 사정 하에서 이해했었을 바에 따라 해석되어야 한다.

(3) 당사자의 의도 또는 합리적인 자가 이해했었을 바를 확정함에 있어서, 교섭, 당사자들이 자신들 사이에서 확립한 관습, 관행 및 기타 당사자의 후속하는 모든 행위를 포함하여 관련된 일체의 사정을 충분히 고려하여야 한다.

주의사항 제7조에서는 본 협약의 해석을 다루었다. 본 조에서는 당사자의 진술이나 행위를 어떻게 해석할 것인지를 다룬다. 제6조에서는 당사자자치를 명시적으로 인정하고 있는 바, 이는 원칙적으로 당사자들의 의사를 그대로 인정해 주겠다는 뜻이다. 이러한 의사는 외부로 드러나는 당사자의 진술 또는 행위를 통하여 알 수 있다. 그러나 이러한 진술이나 행위만으로는 그 의사를 확정하기 어려운 경우에, 본 조는 당사자 간의 교섭행위, 당사자들이 자신들 사이에서 확립한 관습, 거래관행 및 이행과정 등 일체의 관련사항을 고려해야 하며, 최종적으로는 합리적인 자가 이해하는 바를 기준으로 삼도록 규정하고 있다.

계약이 체결되는 환경의 범위는 소규모의 일상적인 구매를 위한 간단한 전화나 혹은 텔렉스통신에서부터 대규모의 복잡한 거래를 위하여 협상되는 상세한 계약서에 이르기까지 매우 광범위하다. 제8조는 이러한 다양한 형태의 계약에 적용되고 또한 적절하지만, 특히 상세한 협의도 없이 체결되는 계약에 대해서 특별한 의미를 가진다.

제8조는 폭넓게 적용될 수 있으며 그리하여 당사자의 진술 또는 기타의 행위에도 적용이 가능한 바, 따라서 계약체결 후의 통신이나 행위에 대해서도 역시 적용된다.

1. 주관적 의도와 객관적 의도

계약의 의미(meaning)에 대하여 다툼이 있는 경우에, 자신의 마음의 상태를 주장하는 당사자는, 계약체결당시에 자신의 마음속에 과연 무엇이 들어 있었는지에 관한 한, 믿을만한 증인이 될 수 없다. 따라서 순수한 주관적 접근방식은, 비록 상대방에 의하여 자신이 가지게 된 기대를 신뢰하는 것이 합리적이라 하더라도, 이러한 기대에 대한 신뢰를 보호하지 못한다.

법계에 따라서는 주관론(subjective theory) 또는 상호의사이론(mutual intent theory)을 고수하면서도 이러한 접근방식을 제한하여 규정된 범주에 대해서만 이를 인정한다. 나아가, 청자(hearer)가 애매한 사실을 알았거나 또는 알았어야 했던 경우에는, 화자(speaker)를 보호하는 구제방안을 마련하고 있다.

제8조 (1)항은 주관적 접근방식에 기초하고 있다. 즉, 계약의 해석은 화자의 의도에 기초해야 한다. 다만, 상대방이 당사자의 의도를 알았거나 또는 모를 수 없었던 경우에만 그러하다. 그러나 양 당사자의 의도(혹은 의사)가 일치하는지 여부를 입증하기는 현실적으로 매우 어려우며 따라서 (특히, 당사자들이 분쟁

에 개입되어 있는 경우), 대부분의 해석문제는 객관적 접근방식을 따르고 있는 제(2)항에 의하여 해결된다.

제8조 (2)항은, 통신을 함에 있어, 상대방과 동일한 입장에 놓여있는 합리적인 자에게 명확한 정도로 통신해야 한다는 의무를 부과한다. 또한 이 의무는 통신을 준비하는 자 혹은 계약을 초안하는 자에게 주어진다. 이 조항은 의혹은 초안작성자에게 불리하게 해결되어야한다는 고전적 원칙(contra proferentem; 문서작성자 불이익원칙)에 그 뿌리를 두고 있다. 그러나 이러한 원칙의 적용은 국제매매에서는 특별한 의미를 지닌다. 당사자들이 상이한 언어와 법적 환경하에 있는 경우에는, 어떠한 제안을 하는 자가 명확하지 않은 표현이나 혹은 문서작성자에게는 의미가 명확하지만 이를 읽는 자에게는 다른 의미로서 명확한 의미를 가지는 표현을 사용하지 못하도록 해야 한다.

제8조 (2)항은 청자 혹은 독자가 개인적으로 그 자신만이 이해하는 바에 대해서 구속력을 부여하지 않는 반면에 상대방과 같은 부류의 합리적인 자가 이해하는 바에 대해서는 구속력을 인정한다.

국제거래에서는, 불가피하게도, 지역이 서로 다르며 또한 기업의 형태도 서로 다른 상황 하에서 표현양식과 기대양식 사이에서 표출되는 불일치가 광범위하다는 점에 비추어 볼 때, 제8조 (2)항에 의하여 진술의 애매성은 그 진술을 행한 당사자에게 불리하게 해결되어야 한다. 비록 제8조 (2)항에 대한 이러한 해석은 논쟁의 여지가 있지만, 적어도, 제안이나 기타의 진술을 작성하는 당사자는 상대방과 같은 부류의 합리적인 자가 이를 이해함에 있어 다르게 이해하지 않도록 조심하는 것이 현명하다.

2. 계약의 성립

이 분야에서 가장 유명한 사건이 보통법 하에서 발생했다. 125포대의 수랏산 면화를 ex Peerless from Bombay조건으로 매매하는 계약이 체결되었고 물품은 리버풀에 도착되어야 했다. 당사자들은 몰랐지만, 봄베이에서 리버풀로 항해하는 Peerless라는 이름의 선박은 두 척이었다. A(매도인이자 동시에 화자)는 12월에 도착한 Peerless호의 선상에 있는 면화를 소유하고 있었던 바, 이를 B(매수인)에게 청약할 의도를 가지고 있었다. 그러나 매수인은 2개월 먼저 도착한 Peerless호를 마음에 두고 있었다. 12월에 그 면화가 도착했을 때, 매수인은 물품의 수령을 거절했다. 그리하여 매도인은 계약위반에 대한 손해배상청구의 소를 제기했다. 법원은 매수인에게 승소판결을 내렸다. 그 이유는 당사자들 사이에서 오해(misunderstanding)가 있었기 때문에 계약이 체결이 되지 않았다는 것이었다.

Peerless사건의 사실에 기초한 몇 가지 예시에서는 제8조의 적용가능성을 설명해 줄 수 있다.

사례 A는 봄베이에 있고 B는 런던에 있다. 1월 1일에, A는 B에게 다음과 같은 전보를 보냈다. 봄베이에서 다음에 출항하는 Peerless호에 선적할 1000포의 수랏산 면화를 청약한다. 가격은 포대당 150달러이다. B는 공표되어 있는 출항일정표를 조회한 결과 Peerless라는 이름을 가진 선박을 발견했다. 이 Peerless호는 통상적으로 석탄을 운반하는 선박이었고 봄베이를 출항하여 2월 1일에 런던에 도착할 예정이었다. 그런데 Peerless라는 이름을 가진 선박이 한 척이 더 있었다. 이 Peerless호는 일반화물선이었으며 봄베이를 출항하여 5월 1일에 런던에 도착할 예정이었다. B는 청약을 승낙 한다는 전보를 보냈다. 매도인(A)은 그 면화를 일반화물선인 Peerless호에 선적했고 예정된 대로 5월 1일에 도착했다. B는 그 면화를 거절했다. 거절이유는 B 자신은 면화가 먼저 출항하는 Peerless호로 도착되기를 기대했었다는 것이었다.

이러한 경우에, 법원은, A는 자신이 실제로 면화를 선적했던 Peerless호를 언급하고 있었다는 점을 B가 알았거나 또는 모를 수 없었다고 결론내릴 수 있다. 이렇게 가정한다면, 제8조 (1)항은 A가 이해하고 있었던 바에 따라 B를 청약에 구속되도록 한다. 원래의 Peerless사건의 결과와는 달리, 이 예시에서는 계약이 체결되었고 따라서 매수인(B)은 5월에 도착하는 면화를 인수해야 할 계약상의 의무가 있다.

사례 A는 봄베이에 있고 B는 런던에 있으며, A는 B에게 전보를 보내어 상기의 예제와 같은 내용으로 청약했고 B는 이를 승낙했다. 봄베이에서 이용 가능한 출항일정표에는 일반화물선인 Peerless호가 한 척이 있었다. 이 Peerless호는 5월중으로 리버풀에 도착할 예정이었다. 그런데 런던에서 이용 가능한 공표된 출항일정표에도 Peerless라는 이름을 가진 일반화물선이 한 척이 있었다. 이 Peerless호는 봄베이에서 이용 가능한 출항일정표에 나와 있는 Peerless호와는 다른 선박이었으며 2월중으로 도착할 예정이었다. B가 청약을 승낙한 것은 화물이 2월중에 도착하기를 기대하는 것이 합리적이기 때문이었다. A는 Peerless호에 선적했고 결국 5월중에 도착했다. B는 물품을 거절했다. 거절이유는 자신은 2월 중에 도착하리라 기대했던 바, 화물이 늦게 도착했다는 것이었다.

사실관계가 이러하다면, 법원은 B와 같은 부류의 그리고 그와 동일한 사정에 있는 합리적인 자라면 A의 청약은 2월중에 도착하는 Peerless호를 지칭하고 있다고 이해했을 것이라고 결론 내릴 수 있다. 이렇게 가정한다면, 제8조 (2)항에 의하여 청약자(A)는 B가 이해한 바에 따라 청약에 구속된다는, 즉, 2월중에 도착하는 Peerless호에 선적했어야 했다는 주장이 가능하다. 이 견해에 따르면, 진술을 행하는 당사자는 상대방의 입장에 있는 어떤 합리적인 자가 이해할 수 있는 방법으로 통신해야 할 의무를 부담한다. 즉, 오해의 위험은 화자가 부담한다.

만약 B가, 청약을 승낙 한다는 자신의 회신은, 하나의 전술인 바, 따라서 이는 제8조 (2)항에 따라, A가 그 회신을 합리적으로 이해하는 바에 따라 해석되어져야 했다고 주장한다고 가정해 보자. 이러한 접근방식 하에서는, 양 당사자가 어느 쪽의 과실도 없이 합의에 대하여 기본적인 오해를 했다. 따라서 계약은 체결되지 않았다. 그러나 이러한 접근방식은 애매한 진술을 표시한 당사자와 그러한 진술로 인하여 오도된 당사자를 구별하고 있는 제8조 (2)항을 무시하는 것이다. 일방이 애매한 청약을 하고 상대방이 그 의미를 오해한 상태에서 이를 승낙하며 또한 이 때 이렇게 오해하게 된 것이 합리적인 경우에는, 제8조 (2)항의 이러한 구별이 중요하다. 이러한 문제에 대처하기 위하여, 제8조 (2)항은 A는 B가 A의 청약을 합리적으로 이해한 바에 따라 계약에 구속된다는 결론을 내리도록 한다.

사례 A는 봄베이에 있고 B는 런던에 있으며 A는 B에게 <ex8a>와 같은 내용으로 청약했다. A의 의도는 봄베이를 출항하여 5월중으로 리버풀에 도착할 예정인 Peerless호에 선적하는 것이었다. 공표된 출항일정표는 런던과 봄베이에서 모두 이용 가능했으며 여기에는 Peerless라는 이름의 일반화물선이 두 척이 있었다. 이 두 선박은 모두 봄베이에서 출항할 예정이었지만 하나는 2월중으로, 다른 하나는 5월중으로 리버풀에 도착할 예정이었다. A와 B의 입장에 있는 사람이라면 거의 모두가 이러한 출항일정표를 조회했을 것이었지만, A도 B도 출항일정표를 조회하지 않았다. B는 2월중으로 도착할 예정인 Peerless호에 대해서 소문으로 들은 바가 있다. B가 소문으로 들은 이 선박이 A가 의도했던 선박이라고 가정하자. B는 청약을 승낙했다. 그러나 B는 5월중에 도착한 면화를 거절했다.

이러한 사실관계에서는, 법원은, 제8조 (2)항에 따라, B의 입장에 있는 합리적인 자라면 A의 청약이 애매했으며 따라서 B가 A의 청약을 이해한 바에 따라 A가 청약에 구속되는 것은 아니라는 것을 알았을 것이라고 결론내릴 수 있다. 물품의 도착시기가 양 당사자 모두에게 중요했다는 가정 하에서 본다면, 양자가 통신문을 교환할 때 이미 기본적인 오해가 있었고 또한 피청약자(B)는 A의 청약에 동의하지 않았다(승낙요건에 대해서는 제18조 참조). 따라서 원래의 Peerless사건과 마찬가지로, 양자 사이에는 계약이 존재하지 않았다. B는 A가 5월에 제공하는 물품을 수령할 의무가 없으며, 또한, A도 2월중에 도착하도록 물품을 선적할 의무가 없다.

3. 주위의 사정을 고려한 해석

제8조 (3)항은, 제(2)항과는 달리, 양 당사자 모두에 의하여 작성된 합의서에 구현되어 있는 진술내용에 적용되는 해석규칙을 규정한다. 제(3)항은 관련 자료에 접근을 방해하는 법기술적인 규칙을 횡단한다. 즉, (ⅰ) 교섭 , (ii) 당사자들 사이에서 확립된 관습(제9조 (1)항), (iii) 거래관행(제9조 (2)항) 및 (iv) 당사자의 후속하는 모든 행위 등을 포함하여, 관련된 일체의 사정을 충분히 고려하도록 요구한다.

(1) 구두증거배제원칙의 배제

보통법에 익숙한 법률가들은 제8조 (3)항과 구두증거배제원칙(Parol Evidence Rules)간의 관계에 흥미를 느낄 것이다. 이 원칙은 당사자들에 의하여 의도된 당사자 간의 합의의 최종적인 표현으로서 동시적인 혹은 후속적인 서면과 모순되는 합의를 (이것이 구두이거나 아니거나를 불문하고) 고려하지 못하도록 금지하는데 사용되어 왔다. 나아가 이 원칙은 또한 어떤 서면이 합의의 조건(terms of agreement)에 관한 완전하고도 배타적인 진술로서 의도되었다면 이러한 서면과 관련해서는 사전합의(prior agreement)도 금지한다.

제8조에서 구두증거배제원칙이라는 표현을 직접 사용하고 있지는 않다. 그러나 제8조 (3)항에서는 관련된 일체의 사정을 충분히 고려하도록 규정하고 있는 바, 이는 법원으로 하여금 다른 합의의 관련성을 고려하지 못하도록 금지하는 어떤 국내법상의 원칙을 배제하는데 적절하다고 생각된다.

제8조 (3)항은 법원이 당사자 간의 적절한 증거를 고려하지 못하도록 할 수도 있는 국내법상의 규정으로부터 법원을 해방시켜 준다. 이와 같이, 해석에 대한 유연성이 증대된 것은 구두증거배제원칙이 현대적인 상거래의 경영에 장애요소가 되어 왔다는 견해가 점점 증가하고 있는 사실과도 일맥상통한다.[68]

(2) 합의에 후속하는 행위

제8조 (3)항은 합의에 후속하는 행위(subsequent conduct)도 충분히 고려할 수 있도록 허용한다. 왜냐하면, 후속행위를 통해서도 당사자의 의도나 기대를 밝혀낼 수 있기 때문이다.

Article 9. (1) The parties are bound by any usage to which they have agreed and by any practices which they have established between themselves.

(2) The parties are considered, unless otherwise agreed, to have impliedly made applicable to their contract or its formation a usage of which the parties knew or ought to have known and which in international trade is widely known to, and regularly observed by, parties to contracts of the type involved in the particular trade concerned.

---

68) 영국법률위원회(English Law Commission)는 "구두증거배제원칙"의 폐지를 권고했다. 이 원칙과 유사한 조항이 프랑스 민법전에 규정되어 있으나, 이는 상거래에는 적용되지 않는다. 그러나 독일법에는 이에 상응하는 규정이 없다.

제9조 (관행과 관습의 구속력) (1) 당사자들은 당사자자신들이 동의한 관행과 당사자들이 자신들 사이에서 확립한 관습에 구속된다.

(2) 별도의 합의가 없는 한, 당사자가 알았거나 또는 알았어야 했던 관행으로서 국제거래에서 그 당해거래에 관련된 종류의 계약을 하는 자에게 널리 알려져 있고 또한 통상적으로 준수되고 있는 관행은 당사자가 이를 그들의 계약 또는 계약의 성립에 묵시적으로 적용하는 것으로 본다.

주의사항 국제거래에서는 물품과 거래가 너무나 다양하기 때문에, 장차 새로이 등장할 거래유형은 물론 현존하는 특별한 거래유형을 모두 다 법률로 규정하기는 불가능하다.

이러한 거래유형들 중에서 많은 부분은 계약서에 반영된다. 그러나 당사자들의 능력에는 한계가 있으며 따라서 가능한 모든 문제를 예상하여 그에 대한 해결방법을 계약서에 모두 명시하기는 현실적으로 불가능하다. 또한, 많은 경우에 상거래는 신속하게 이루어져야 하고 나아가 형식에만 얽매여서도 안 된다. 상세한 계약서류를 준비할 시간적인 여유가 있는 경우에도, 가능한 문제를 모두 예상하여 해결하고자 할 때 의견의 일치를 보지 못하고 결국에는 계약을 체결하지 못하게 되기도 한다. 경험 있는 당사자들은 굳이 말할 필요도 없는 것에 대해서는 주로 관습이나 관행에 의존한다.

이러한 이유로, 거래관행이나 관습에 법적인 효력을 부여하는 것이 본 협약의 가장 중요한 특징들 중의 하나가 되고 있다.

제9조는 세 가지 상황을 다룬다. 첫째, 당사자들이 등의한 관행(제9조 (1)항), 둘째, 당사자들이 자신들 사이에서 확립한 관습(제9조 (1)항), 셋째, 제9조 (2)항에 규정된 기준에 기초하여 계약의 일부로 되는 관헝이 그것이다.

1. 당사자가 동의한 관행

① 동의의 기준

계약조항에서 정형거래조건(FOB, CIF 등)은 ICC의 Incoterms에 준거한다는 계약조항은 특정한 관행이 명시적으로 계약에 적용되도록 하는 분명하고도 평범한 동의의 실체이다. 준거조항에 관한 명시가 없더라도, 만약 법원이 본 협약

제8조의 해석원칙에 따라 당사자의 의도를 인정할 수 있다고 판단하는 경우에는 물론 관행이 적용될 수 있다.

② 정형거래조건에 관한 동의

Incoterms와 같이 국제적인 기구(ICC)에서 내린 정형거래조건의 기본적인 정의는, 국제적인 이해의 차원에서는, 국내사법기관이 사용하는 용어보다 더 나은 지침이 된다. 널리 인정되고 있는 상거래의 정의에 대한 기본적인 규정을 존중해야 한다는 점은, 굳이 관행에 관한 규정(제9조)을 적용하지 않더라도, 계약의 해석에 관한 재치 있는 접근방법에 의해서도 역시 지지된다.

그러나 일부 정형거래조건에는 그 당해거래에 관련된 종류의 계약을 하는 자에게 널리 알려져 있지도 또한 통상적으로 준수되고 있지 않은 의무가 상세하게 규정되어 있기도 하다. 이러한 정형거래조건의 경우에는, 제9조 (1)항에 의하여, 그 정형거래조건을 계약서에 명시적으로 삽입함으로써, (예를 들어, Sale CIF Buyer's Port, Incoterms® 2010) 또는, 제9조 (2)항에 의하여, 당사자가 이러한 일련의 정형거래조건을 통상적으로 사용하고 적용하는 거래인 때에 한하여 구속력을 가지게 된다.

2. 당사자들 사이에서 확립된 관습

매도인과 매수인에 의하여 확립된 행위양식(pattern of conduct)은 계약으로서의 효력을 가지는 기대를 만들어 낼 수 있다. 제9조 (1)항에 의하면, 당사자는 당사자들이 자신들 사이에서 확립한 관습에 구속된다.

관습이란 어떤 행위가 계속될 것이라는 기대를 가지게 하는 행위의 과정에 의하여 확립된다. 제8조 (2)항에는 당사자(A)의 행위는 상대방(B)과 같은 부류의 합리적인 자가 동일한 사정 하에서 이해했었을 바에 따라 해석되어야 한다고 규정되어 있다. 제9조 (1)항에 따르면, 이전의 거래에서 A의 행위는 B에게 어떤 기대를 만들어 낼 수 있으며 그리하여 장래의 거래에서 A를 구속할 수도 있다.

요컨대, 제9조 (1)항에서는, 당사자가 확립한 관습을 언급하고 있는 바, 이는 행위를 근거로 기대가 구속력을 가지게 되는 상황을 의미한다.

3. 구속력 있는 거래관행

관행(usage)이나 이와 유사한 법적 개념들이 제9조에서 말하는 거래관행과는 본질적으로 다른 환경에서 사용되어 왔다. 관습[69](custom)이나 관습법(customary law)은 당사자의 의도를 고려함이 없이도 하나의 법원으로 적용되어 왔다. 이러한 경우에는, 관습(custom)은 엄격하게 한정된다. 즉, 다수의 사람들을 구속하기 위해서는, 관습은 반드시 오랜 동안 확립되어 왔거나 혹은 옛것(ancient)이어야 한다.

관행은 그 당해 거래에 관련된 종류의 계약을 하는 자에게 널리 알려져 있고 또한 통상적으로 준수되고 있어야 한다는 요건에 추가하여 당사자가 알았거나 또는 알았어야 했던 경우에만 구속력을 가진다.

예컨대, 비록 당사자들이 계약서를 작성하면서 실제로 정형거래조건의 사용에 동의하는 계약조항을 두지 않았다고 하더라도, 제9조 (1)항에 의하여 정형거래조건은 당사자들을 구속할 수 있다. 그러나 그 정형거래조건이 통상적으로 준수됨으로써 제9조 (2)항의 요건을 충족하는 경우에 한한다. 정형거래조건이나 계약서식에 들어 있는 보다 구체적인 사항이 범세계적으로 어떠한 법적 효력을 가지는지 여부에 대해서는 보다 광범위한 국제관습의 동일화를 기다리는 수밖에 없다.

본 협약은, 객관적인 기준에서, 관행이 당사자의 계약상의 기대의 일부가 되는 경우에만 그 효력을 인정한다. 제9조 (2)항에 의하면, 관행은 반드시 당사자가 이를 알았거나 알았어야 했다는 결론을 정당화할 수 있을 만큼 오랜 기간동안 통상적으로 준수되어 왔어야 한다.

또한 관행은 국제거래에서 그러한 거래를 하는 자에게 널리 알려져 있고 또한 통상적으로 준수되고 있는 것이어야 한다. 비록 지역적인 기원을 가지는 관행(예를 들어, 코프라나 대아의 포장에 관한 지역적인 관습 또는 북극지방의 기후에 의하여 부과되는 인도일자)이라 하더라도, 만약 그것이 이러한 상황을 포함하는 국제거래의 당사자들에게 널리 알려져 있고 또한 통상적으로 준수되고 있는 것이라면 적용이 가능하다.

적용가능한 관습이나 관행은 계약과 동일한 효력을 가진다. 제9조 (1)항에 의하여, 당사자들이 확립한 관습은 계약의 일부가 되며, 제9조 (2)항에 의하여, 당

---

69) 본 협약 제9조상의 “practices”도 “관습”으로 번역되고 있음에 유의하여야 한다..

사자들은, 별도의 합의가 없는 한, 특정한 기준을 충족시키는 관행을 자신들의 계약 … 에 묵시적으로 적용하는 것으로 본다. 여기에는 하나의 제한이 있다. 즉, 관습 또는 관행과 동일한 내용의 계약조항이 적용가능한 국내법 하에서 무효가 되는 경우, 이러한 관습이나 관행도 역시 무효가 된다.

본 협약 제9조 (2)항은 어떠한 관행이 계약의 일부가 될 수 있으며 그리하여 본 협약의 조항보다 우선 적용되는 상황을 규율하는 것이다.

Article 10. For the purposes of this Convention:

(a) if a party has more than one place of business, the place of business is that which has the closest relationship to the contract and its performance, having regard to the circumstances known to or contemplated by the parties at any time before or at the conclusion of the contract;

(b) if a party does not have a place of business, reference is to be made to his habitual residence.

제10조 (영업소의 정의) 본 협약의 적용에 있어,

(a) 당사자가 둘 이상의 영업소를 가지고 있는 경우에, 영업소라 함은, 계약체결전이나 계약체결 시에 당사자들에게 알려져 있었거나 또는 당사자들에 의하여 예기되었던 사정을 고려하여, 계약 및 그 이행과 가장 밀접한 관련이 있는 영업소를 말한다.

(b) 당사자가 영업소를 가지고 있지 아니한 경우에는, 당사자의 일상적인 거소를 영업소로 본다.

1. 복수의 영업소

본 협약은 여러 조항(제1조, 제12조, 제20조 (2)항, 제24조, 제31조 (c)항, 제

42조 (1)항 (b)호, 제57조 (1)항 (a)호, 제69조 (2)항 및 제96조)에서 당사자의 영업소(place of business)를 언급하고 있다. 기업에 따라서는 하나의 본점과 다수의 지점을 가지고 있으며, 이 때에는, 상기의 규정들을 적용함에 있어 복수의 영업소 가운데 어느 하나를 선택할 필요가 있다. 본 협약은 매도인과 매수인이 상이한 국가에 영업소를 가지고 있을 때에만 적용된다. 영업소가 출장대리인(travelling agent)이 협상을 수행하는 호텔방이나 기타 다른 일시적인 장소에 까지 확대 해석되지는 않는다고 보아야 한다.

제10조 (a)항은 계약 및 그 이행과 가장 밀접한 관계가 있는 영업소를 지칭하고 있다. 영업소는 영업소가 지속적인 영업행위를 하는 장소를 지칭한다.

2. 영업소가 없는 경우

제10조 (b)항에는 당사자가 영업소를 가지고 있지 아니한 경우에는, 당사자의 일상적인 거소(habitual residence)를 영업소로 본다고 규정하고 있다. (b)항은 영업소가 없는 경우, 법률공백을 피하기 위한 규정이다.

Article 11. A contract of sale need not be concluded in or evidenced by writing and is not subject to any other requirement as to form. It may be proved by any means, including witnesses.

제11조 (계약의 형식) 매매계약은 서면에 의하여 체결 또는 입증될 필요가 없으며, 또한 형식에 관한 어떠한 다른 요건에도 구속되지 아니한다. 매매계약은 증인을 포함하여 여하한 방법에 의해서도 입증될 수 있다.

주의사항 제11조는 다른 규제정책(regulatory program)의 집행을 위하여 계약을 서면으로 작성하도록 요구하는 규정을 무효화하지는 아니한다. 즉, 본 협약은 단지 매매계약에서 발생하는 매도인과 매수인의 권리와 의무만을 규율하는 것이다. 따라서 본 협약은 어떤 규제정책을 회피하거나 위반한 바에 대한 벌칙을 부과하는 데에는 관여하지 않는다. 제11조는 단지, 국내법상의 형식에 관한 요건에 기초한 당사자들 상호간의 계약강제에 대한 장애를 제거할 뿐이다.

또한 제11조는 당사자들 스스로가 형식요건을 부과하는 것까지 금지하지는 않는다. 예를 들어, 청약자가 승낙이 반드시 서면일 것을 요구한다면 이 경우에 구두승낙은 청약에 대한 동의가 아니다(제18조 및 제19조). 제29조에 의하면, 서면으로 계약하는 당사자는 합의에 의한 [계약의] 변경 또는 종료도 서면에 의할 것을 요구할 수 있다. 체약국은 제96조에 따른 선언(유보)으로써 제11조로부터 자국의 형식요건을 보호할 수 있다.

Article 12. Any provision of article 11, article 29 or Part Ⅱ of this Convention that allows a contract of sale or its modification or termination by agreement or any offer, acceptance or other indication of intention to be made in any form other than in writing does not apply where any party has his place of business in a Contracting State which has made a declaration under article 96 of this Convention. The parties may not derogate from or vary the effect of this article.

제12조 (국내법상의 형식요건) 매매계약 또는 합의에 의한 계약의 변경이나 해제, 또는 청약, 승낙 또는 기타의 의사표시를 서면 이외의 형식으로 행할 수 있도록 허용하는 본 협약 제11조, 제29조 또는 제2편의 규정은 당사자가 본 협약 제96조에 따른 선언을 행한 체약국에 그 영업소를 가지고 있는 경우에는 적용되지 아니한다. 당사자는 본조의 효력을 감퇴 또는 변경시킬 수 없다.

주의사항 러시아는 법률로써 외국과의 국제계약의 체결에 대해서 엄격한 형식요건을 부과하고 있다. 그러나 대부분의 국가들은 형식요건이 현대의 상관습과는 어울리지 않는다고 생각한다. 그리하여, 본 협약 제4편(최종규정) 제96조에서는 국내법상 매매계약이 서면으로 체결 또는 입증되도록 요구하고 있는 체약국은 제11조가 계약당사자가 그 체약국에 영업소를 가지고 있는 경우에는 적용되지 아니 한다는 선언을 할 수 있도록 허용했다. 제12조는 제96조에 의한 선언의 효력을 조문화한 것이다.

제11조가 적용되지 아니하는 경우, 계약당사자가 처한 상황은 본 협약이 제정되기 이전과 동일하다. 즉, 법원이 국제사법에 따라 이 문제에 적용 가능한 법 즉, 준거법이 선언국의 법이라고 인정하는 경우에만 그 선언국의 형식요건이 적용되어야 한다. 예를 들어, 러시아는 제96조상의 선언국이고 미국은 그렇지 않다면, 이들 양국이 관련되는 거래에서 러시아와 미국 가운데 어느 국가의 형식요건이 적용될지는 국제사법에 달려 있다.

Article 13. For the purposes of this Convention writing includes telegram and telex.

제13조 (서면의 정의) 본 협약의 적용에 있어, 서면은 전보와 텔렉스를 포함한다.

주의사항 본 협약은 통지(notice), 요구(request) 또는 선언(declaration)과 관련해서는 어떠한 형식요건도 부과하지 않고 있다. 이러한 모든 통신(communication)은 구두로 또는 다른 수단을 통해서도 할 수 있다.

본 협약은 제21조 (2)항(연착된 승낙을 담고 있는 서신 또는 기타의 서면)과 제29조 (2)항(서면화된 합의 또는 계약변경을 요구하는 서면계약)에서, 서면(writing)을 언급하고 있다.

본 협약의 몇몇 조항에서 서면을 언급하고 있지만, 서명(signature)이나 다른 어떤 유효한 부호(validating mark; 예를 들어, 인장) 또는 표시(sign)까지 요구하고 있지는 않다. 따라서 전보나 텔렉스에 의한 통신과 관련해서, 서명에 관한 문제는 발생하지 않는다.

FAX나 EDI와 같은 전자식 통신수단이 발전하더라도 전보와 텔렉스에 비해 심각한 입증문제가 발생하지는 않는다. 이러한 통신수단도 제13조의 서면의 정의에 포함되어야 한다. EDI와 같은 통신은 국내의 사기방지법상의 서명요건을 충족시킬 수 있는지 여부가 문제될 수 있다. 그러나, 본 협약 하에서는 이러한 문제가 발생하지 않는다. 왜냐하면, 제21조 (2)항과 제29조 (2)항의 서면이 서명을 요구하지는 않기 때문이다.

2. 계약의 성립

Article 14. (1) A proposal for concluding a contract addressed to one or more specific persons constitutes an offer if it is sufficiently definite and indicates the intention of the offeror to be bound in case of acceptance. A proposal is sufficiently definite if it indicates the goods and expressly or implicitly fixes or makes provision for determining the quantity and the price.

(2) A proposal other than one addressed to one or more specific persons is to be considered merely as an invitation to make offers, unless the contrary is clearly indicated by the person making the proposal.

제14조 (청약의 기준) (1) 1인 또는 그 이상의 특정인에 대한 계약체결의 제의는 그것이 충분히 확정적이고 또한 승낙이 있는 경우에 이에 구속된다는 청약자의 의사를 표명하고 있는 경우에는 청약이 된다. 어떠한 제의가 물품을 표시하고 또한 명시적 또는 묵시적으로 그 수량과 대금을 정하고 있거나 또는 이를 정하는 규정을 두고 있는 경우에는 이 제의는 충분히 확정적이다.

(2) 1인 또는 그 이상의 특정인에 대한 제의 이외의 어떠한 제의는, 그 제의를 행한 자가 반대의 의사를 명확히 표명하지 아니하는 한, 단지 청약의 유인으로 본다.

주의사항 본 협약 하에서, 청약의 기본적인 기준은 어느 일방이 승낙이 있는 경우에 이에 구속된다고 … 의사를 상대방에게 표시했느냐 여부이다. 이러한 기준을 적용함에 있어 두 가지의 부수적인 요소 즉, 피청약자의 수와 제의의 확정성(definiteness)을 고려할 필요가 있다.

1. 구속받을 의사의 표시

상대방이 구속받을 의사를 가지고 있는지 아니면 단지 협상개시의 의도만 가지고 있는지 의심되는 경우, 일방은 보통 전화 또는 전보를 통하여 문제를 신속하게 해결할 수 있다.

당사자들이 어떻게 이해하고 있는지(parties' understanding)는 개별거래마다 별도로 판단해야 할 사실의 문제(question of fact)이다.

(1) **불특정 다수인에 대한 청약**(public offer)

만약 다수인에 대한 제의가 청약으로 해석된다면 현실적인 문제점과 위험을 야기할 수 있다. 예를 들어, 매도인은 종종 물품에 대한 설명과 가격이 기재된 카탈로그를 배포한다. 이러한 카탈로그를 준비, 인쇄 및 배포하는데 수개월이 걸릴 수도 있다. 그 동안에 물품에 따라서는 수요의 폭주, 원료의 부족 또는 기타 생산상의 문제로 인하여 물품의 공급이 불가능해질 수도 있고 혹은 원가가 인상됨으로써 가격의 재조정이 불가피할 수도 있다. 만약 이러한 주문이 청약에 대한 승낙이라면 그 결과는 매도인에게는 파멸이요 매수인에게는 횡재가 된다.

제14조 (2)항에는 이러한 현실적인 고려가 반영되어 있다. 즉, 1인 또는 그 이상의 특정인에 대한 제의가 아니라면, 이는 청약이 아니며 청약의 유인(invitation to offer)에 불과하다.

(2) **특정인**(specific persons)

1인 또는 그 이상의 특정인에 대한 제의라 하더라도, 본 조 제(1)항의 기본적인 기준 즉, 승낙이 있는 경우에 이에 구속된다는 청약자의 의사를 표명하지 않은 한 청약이 아니다. 가령, 매도인은 500명의 유망한 매수인에게 카탈로그를 우송한다. 이 때 매도인은 카탈로그를 우송하면서 가능한 널리 보급되기를 바라고 있다. 이러한 우편은 제(2)항을 적용하여 청약의 유인(誘引)으로 보아야 한다. 즉, 승낙이 있는 경우에 구속 받겠다는 의사는 명확히 표명되어야 한다(제14조 (2)항).

2. 청약의 확정성

(1) 물품의 지정과 수량

① 매도인에 의한 물품의 명세

제14조 (1)항에는 어떠한 제의가 물품을 표시하고 … 있는 경우에는 이 제의는 충분히 확정적이다라고 규정되어 있다. 만약 어떤 제의에서 매수인이 차후에 물품의 형태, 용적 또는 기타의 특징을 명세할 것이다라고 기술하고 있는 경우에도 본 협약 제65조에 의거하여 만약 매수인이 물품명세를 확정하지 않는다면, 매도인은 … 자신에게 알려진 매수인의 요구조건에 따라 스스로 물품명세를 확정할 수 있다.

결국, 청약에서 물품의 명세를 표시하고 있지 않더라도, 매수인이 차후에 이를 결정할 것이라는 사정이 있다면, 물품을 표시하고 있다고 보아야 한다.

② 수량

제14조 (1)항에 의하면, 어떠한 제의가 … 명시(明示)적 또는 묵시(默示)적으로 그 수량 … 을 정하고 있거나 또는 이를 정하는 조항을 두고 있는 경우에는 충분히 확정적이다. 장기계약(長期契約)에서는 종종 매수인이 요구하는 수량을 공급하거나 또는 매도인이 생산하는 수량을 매수하도록 요구한다. 제14조 (1)항을 근거로 해서, 매도인의 생산량이나 매수인의 수요량이 밝혀지기 전에는 수량이 확정되지 않는다는 이유로 이러한 거래를 무효라고 해석해서는 곤란하다.

이를 해결하는 수단이 계약의 해석을 규율하는 제8조와 신의의 준수(遵守)를 증진할 수 있도록 본 협약을 해석하게 하는 제7조 (1)항의 규정이다.

(2) 대금

① 묵시적 대금

매매계약에는, 보통, 대금이 명시된다. 장기계약에서는, 원가의 변동을 기초로, 최초의 대금을 차후에 재조정할 수 있도록 해주는 신축조항(escalation clause)이 들어간다. 당사자가 대금을 명시적으로 정하고 있지 않더라도 일련의 통신과정에서 대금이 묵시적으로 정해지는 상황의 예를 든다면 다음과 같다.

사례 매도인이 카탈로그를 배포했다. 이 카탈로그에는 각종 유형의 물품이 설명되어 있었으며 또한 가격도 나열되어 있었다. 매수인이 매도인에게 텔렉스를 보내어 물품을 선적하도록 요구했다. 그 텔렉스에는 매도인이 배포한 카탈로그에 들어있는 모델의 번호만이 지정되어 있었고 가격이 명시되어 있지 않았다.

이 예시에서 매도인의 카탈로그에 따른 매수인의 주문은 계약을 유효하게 성립시키지 못한다. 제14조 (1)항에 의하여, 매도인의 카탈로그는 특정인에 대한 것이 아니며 따라서 청약으로 해석될 수 없고, 단지 청약의 유인에 불과하다(제14조 (2)항). 그러나 매수인의 주문은 매도인의 카탈로그에 기재되어 있던 대금을 묵시적으로 언급하는 청약이었다.

매도인은 보통 대금(가격)이 명시되어 있는 자신의 주문승낙서(Order Acknowledgement Form)를 이용하여 매수인의 주문에 응한다. 만약 이 대금이 매도인의 카탈로그에 기재되어 있던 금액과 같다면 계약이 성립된다.

② 대금을 정하지 않은 계약

협상을 거친 후, 매도인과 매수인은 매매계약에 서명했다. 이 계약에 의하면, 매도인은 합의서에 명세된 규격과 수량에 따라 물품을 제조하여 선적해야 한다. 합의서에는 대금이 정해져 있지 않았으며, 그 대신 다음과 같이 기재되어 있었다. 우리는 본 합의서에 구속받고자 하며, 대금을 정하지 않고 있거나 또는 다른 방법으로 대금을 확정하지도 않은 경우에는 우리가 유효한 계약을 체결할 수 없도록 하고 있는 1980년 U.N.협약 제14조 (1)항의 함축적인 의미를 감퇴시키고자 한다. 매도인은 물품을 제조하여 인도하였고 매수인은 이를 인수하여 사용하였다. 그 후에 양 당사자는 대금에 관하여 합의할 수 없었다.

매도인은 물품을 반환받고자 본 협약 제55조의 적용을 주장한다. 매수인은, 제14조의 요건과는 달리, 합의서에는 명시적 또는 묵시적으로 대금을 정하고 있지도 않았고 또한 대금을 정하는 규정도 없었으며 따라서 계약이라는 것이 아예 없었다고 항변(抗辯)했다.

위의 예시에서 당사자들은 청약과 승낙을 교환하지 않았다. 그 대신 그들은, 비록 대금이 확정되지 않았더라도 계약에 구속(拘束)될 의도가 있다고 명시한 매매계약서에 서명했다.

본 협약은 청약와 승낙이라는 2박자공식을 따르지 않고서도 계약이 체결될 수 있다는 점을 인정한다. 제18조 (3)항에서는 계약은 행위를 수행함으로써(by performing an act) 체결될 수도 있다고 규정하고 있으며, 나아가, 제8조 (3)항에서는 (계약조건을 포함하여) 당사자의 진술(statement)은 거래관행과 당사자간의 관습을 포함하는 것으로 해석되어야 하며, 또한 기타 당사자의 후속되는 행위를 고려하여 해석되어야 한다고 규정하고 있다.

제14조 (1)항은 대금을 명시하지도 또한 대금을 정하는 규정을 두지도 않은 통신은 청약이 아니며 따라서 승낙 한다(I accept)고 회신하더라도 계약이 성립되지 않는다고 규정한다. 그러나 제14조 (1)항은 당사자들이 스스로 구속받고자 하는 의사가 표명된 명시적 합의나 또는 행위(예를 들어 물품의 선적, 수령 및 사용)로써 계약을 체결하는 것까지 금하지는 않는다.

Article 15. (1) An offer becomes effective when it reaches the offeree.

(2) An offer, even if it is irrevocable, may be withdrawn if the withdrawal reaches the offeree before or at the same time as the offer.

제15조 (청약의 효력발생시기와 사전철회)

(1) 청약은 피청약자에게 도달한 때 그 효력이 발생한다.

(2) 청약은, 이것이 취소불능하더라도, 그 철회의 의사표시가 청약의 도달전에 또는 그와 동시에 피청약자에게 도달하는 경우에는 철회될 수 있다.

주의사항 6월 1일에 매도인은 매수인에게 우편으로 서신을 발송했다. 이 서신은 특정한 물품을 명시된 가격으로 판매하겠다는 청약이었다. 또한 서신에는 이 청약은 7월 1일까지 유효하며 또한 취소불능이다라고 기재되어 있었다. 매도인이 매수인에게 보내는 서신의 배달에는 일주일이 소요된다. 매수인이 매도인의 6월 1일자 서신을 수령하기 이전인 6월 6일에, 매도인은 매수인에게 전화를 걸어 본인이 6월 1일에 발송한 서신을 무시하라. 본인은 그 서신에 들어있는 청약을 철회하기로 했다라고 말했다. 매수인은 매도인의 서신을 받은 즉시 본인은 6월 1일자 귀하의 청약을 승낙 한다라고 회신했다.

위의 예시에서, 6월 6일 현재, 청약은 아직 피청약자에게 도달하지 않았으며 따라서 아직 효력이 발생하지 않았다. 7월 1일까지는 청약의 취소(取消)가 불가능하다는 표시도 그 청약이 피청약자에게 도달한 이후에야 비로소 구속력을 가지게 될 것이다(제16조 (2)항). 그러나, 청약은 아예 효력을 발생하지 못했다. 왜냐하면 청약에 앞서 철회(撤回)의 의사표시가 먼저 피청약자에게 도달했기 때문이다.

제18조 (2)항에서는, 승낙과 관련하여, 이와 평행한 규정을 두고 있다. 즉, 승낙은 그 효력이 발생하기 전에 또는 그와 동시에 철회의 의사표시가 청약자에게 도달하는 때에는 철회될 수 있다(제22조).

Article 16. (1) Until a contract is concluded an offer may be revoked if the revocation reaches the offeree before he has dispatched an acceptance.

(2) However, an offer cannot be revoked:

(a) if it indicates, whether by stating a fixed time for acceptance or otherwise, that it is irrevocable; or

(b) if it was reasonable for the offeree to rely on the offer as being irrevocable and the offeree has acted in reliance on the offer.

제16조 (1) 계약이 체결되기까지는 청약은 취소될 수 있다. 다만 취소의 의사표시가 피청약자가 승낙을 발송하기 전에 피청약자에게 도달하여야 한다.

(2) 그러나, 다음의 경우에는 청약은 취소될 수 없다.

(a) 청약에서 승낙을 위한 지정된 기간을 명시하거나 또는 기타의 방법으로 그것이 취소불능임을 표시하고 있는 경우, 또는

(b) 피청약자가 청약을 취소불능이라고 신뢰하는 것이 합리적이고, 또한 피청약자가 그 청약을 신뢰하여 행동한 경우.

주의사항 앞의 제15조는 청약이 피청약자에게 도달하기 이전에는 청약자가 청약을 철회할 수 있는 권한을 부여하는 조항이다. 본 조에서는 청약이 피청약자

에게 도달하여 효력이 발생한 이후에 청약을 취소할 수 있는 권한을 다룬다.

비록 청약의 취소를 인정하는 것이 본 조 (1)항의 원칙이지만, (2)항에 의하여 예외가 인정된다.

1. 승낙전의 청약취소

(1) 청약의 취소가능성

만약 제16조에 단지 제(1)항만 있다면, 이(제16조)는 청약이 승낙되기 전에는 그 취소가 가능하다는 전통적인 보통법(Common Law)의 입장과 유사하다. 비록 피청약자가 승낙을 위한 일정한 기간(승낙기간)을 누릴 수 있도록 청약자가 약속했다 하더라도, 전통적인 보통법상의 접근방식에 의하면, 이러한 약속은 그것이 약인(consideration)으로 뒷받침되지 않는 한, 취소가 가능하다. 여기서 약인(約因)이란 청약을 유효하게 유지시키겠다는 청약자의 약속의 대가로써 피청약자가 지급하거나 이행하는 금전 또는 피청약자의 다른 어떤 물건 또는 행위를 말한다. 그러나 보통법에서도 청약을 취소할 수도 있는데, 이를 우편함규칙(post-box rule)이라고 한다. post-box rule 또는 mail-box rule은 전통적인 보통법상의 원칙으로서 승낙의 발송시에, 즉 승낙서를 우편함에 투입하는 시점에 청약자는 청약의 취소권을 상실하고 또한 피청약자는 승낙의 철회권을 상실한다는 원칙이다. 또한 승낙이 전달되는 동안에 분실 또는 지연될 위험도 청약자에게 이전(이전)한다. 그러나 이 원칙은 우편이 아닌 전자통신시대에는 그 중요성이 줄어들고 있다.

제1항에 의거, 취소의 의사표시는 피청약자가 승낙을 발송하기 전에 피청약자에게 도달해야 한다. 청약이 정당하게 승낙되지 않는다면 청약의 효력은 소멸한다(제18조 (2)항 참조). 청약을 전달한 후에도 청약자는 상대방이 이를 승낙하기 전에는 아무 때나 아무런 책임을 지지 않고서도 자유롭게 취소할 수 있다.

2. 취소가능성에 대한 제한

제16조의 핵심은 제(2)항이다. 제(2)항은 제(1)항의 규정을 제한하고 있다. 즉 제(2)항은 청약의 취소권을 제한하기 위한 조항이다. 제한의 근거는 첫째, 청약이 취소불능이라는 청약자의 약속 또는 기타의 표시와 둘째, 청약을 신뢰한 피청약자의 행동이다. 이 두 가지 중에서 어느 하나에 해당하면 청약의 취소는

불가능하다.

Article 17. An offer, even if it is irrevocable, is terminated when a rejection reaches the offeror.

제17조 (청약의 거절) 청약은, 비록 그것이 취소불능이더라도, 거절의 의사표시가 청약자에게 도달한 때에는 그 효력을 상실한다.

1. 명백한 거절

5월 1일에 매도인은 매수인에게 청약서를 전달했다. 청약서에는 본인은 6월 1일까지 본 청약을 유효한 상태로 둡니다라고 기재되어 있었다. 5월 7일, 매수인은 매도인에게 가격이 너무 높아 귀하의 청약을 승낙할 수 없습니다고 회답했다. 그러나 5월 10일에 매수인은 매도인에게 귀하의 5월 1일자 청약을 승낙합니다라고 통보했다. 이에 매도인은 즉시 매수인에게 이미 거절이 있었기 때문에 이러한 승낙은 무효라고 통지했다. 그러나 매수인은 매도인이 청약을 6월 1일까지 유효한 상태로 둔다고 약속했기 때문에 자신의 승낙이 유효해야 한다고 했다.

위에서 매수인의 5월 7일자의 거절로 인하여 청약은 효력을 상실했다. 즉 계약은 존재하지 않았다. 청약에 대한 거절은 청약을 종료시킨다. 즉, 거절은 청약을 실효(失效)케 한다. 청약이 거절되면 청약자는 피청약자가 마음을 바꿀 것이라고 기대할 이유가 없다.

2. 청약을 변경하는 승낙

하지만 명백한 승낙도 거절도 아닌 피청약자의 애매한 응답으로 인하여 어려운 문제가 발생한다. 청약을 변경하는 내용이 들어있는 승낙이 과연 실제로 승낙인지 아니면 청약의 거절인지의 여부는 제19조에 규정되어 있다

5월 1일에 매도인은 위와 같은 확정청약(firm offer)을 전달했다. 5월 7일에 매수인은 본인은, 동봉된 구매주문서(purchase order)에 명시된 바대로, 귀사의

청약을 승낙한다고 통보했다. 이 구매주문서에는 당사자들이 당해 계약에서 발생하는 분쟁에 대한 중재판정에 구속되는데 동의한다는 조항이 들어 있었다. 매도인의 청약서에는 중재조항이 들어 있지 않았다. 5월 8일에 매도인은 매수인의 제의를 승낙할 수 없으며 또한 청약은 종료되었다고 통보했다. 5월 10일에 매수인은 본인은 귀사의 5월 1일자 청약을 무조건 승낙한다고 통보했다. 이에 매도인은 즉시 본인이 5월 8일에 통지한 바와 같이 본인의 청약은 이미 종료되었다고 응답했다.

5월 7일자의 매수인의 통지는 비록 승낙을 의도하고 있었지만 추가적인 조건이 들어 있었기 때문에 청약의 거절이다. 매도인은 청약을 종료시킬 수 있다.

3. 거절의 의사표시보다 먼저 도착한 승낙

5월 1일에 매도인은 1번과 같은 청약을 전달했다. 5월 7일에 매수인은 이를 거절하는 서신을 우편으로 발송했다. 그러나 5월 8일에, 이 서신이 매도인에게 도달하기 전에, 매수인은 전화(혹은 텔렉스)로 다음과 같이 매도인에게 통지했다. 본인의 5월 7일자 서신을 무시하시오. 본인은 귀사의 청약을 승낙합니다. 이에 대해 매도인은 5월 7일자 매수인의 서신이 청약을 종료시켰다고 주장했다.

제17조에는 청약은 거절의 의사표시가 청약자에게 도달한 때에는 그 효력을 상실한다고 규정되어 있다. 마찬가지로, 제18조 (2)항에는 승낙은 동의의 의사표시가 청약자에게 도달하는 순간에 효력을 발생한다고 규정되어 있다. 위의 예시에서, 거절의 의사표시보다도 승낙이 먼저 청약자에게 도달했다. 따라서 계약은 성립했다.

Article 18. (1) A statement made by or other conduct of the offeree indicating assent to an offer is an acceptance. Silence or inactivity does not in itself amount to acceptance.

(2) An acceptance of an offer becomes effective at the moment the indication of assent reaches the offeror. An acceptance is not effective if the indication of assent does not reach the offeror within the time he

has fixed or, if no time is fixed, within a reasonable time, due account being taken of the circumstances of the transaction, including the rapidity of the means of communication employed by the offeror. An oral offer must be accepted immediately unless the circumstances indicate otherwise.

(3) However, if, by virtue of the offer or as a result of practices which the parties have established between themselves or of usage, the offeree may indicate assent by performing an act, such as one relating to the dispatch of the goods or payment of the price, without notice to the offeror, the acceptance is effective at the moment the act is performed, provided that the act is performed within the period of time laid down in the preceding paragraph.

제18조 (승낙의 시기 및 방법) (1) 청약에 대한 동의를 표시하는 피청약자의 진술 또는 기타의 행위는 승낙이 된다. 침묵 또는 무위는 그 자체로는 승낙이 되지 아니한다.

(2) 청약에 대한 승낙은 그 동의의 의사표시가 청약자에게 도달하는 순간에 그 효력이 발생한다. 승낙은, 동의의 의사표시가 청약자가 지정한 기간 내에 도달하지 아니하거나 또는, 기간이 지정되지 아니한 경우에는, 청약자가 사용한 통신수단의 신속성을 포함한 거래의 사정을 충분히 고려하여 합리적인 기간 내에 도달하지 아니하는 경우에는, 그 효력이 발생하지 아니한다. 구두의 청약은 별도의 사정이 없는 한 즉시 승낙되어야 한다.

(3) 그러나, 청약을 통하여 또는 당사자들이 그들 사이에서 확립한 관습이나 또는 관행의 결과로 인하여, 청약자에게 아무런 통지없이, 피청약자가 물품의 발송이나 대금의 지급에 관한 행위와 같은 행위를 수행함으로써 동의를 표시할 수 있는 경우에는, 승낙은 그 행위가 수행되는 순간에 그 효력을 발생한다. 다만 그 행위는 전항에 규정된 기간 내에 수행되어야 한다.

1. 승낙의 기준

제(1)항에 따르면, 승낙은 동의를 표시하는 피청약자의 진술이나 기타 행위를 통하여 이를 행한다. 동의를과 표시하는이라는 문구는 계약의 성립과 관련하여 등장하는 두 가지의 중요한 문제 즉, 통신(communication)과 합의(agreement)를 집약하는 표현이다.

제18조 (2)항은 승낙이 효력을 발생하는 시점을 정하고 있다. 효력을 발생하는이라는 문구는, 제(2)항에서, 승낙이 너무 지연된 경우에 계약이 성립하지 않게 되는지 여부를 규정할 때에도 사용되는 개념이다.

2. 동의의 표시와 통신

본 협약은 동의와 관련하여 표시하는(indicating)이라는 미묘한 용어를 사용하고 있다. 진술하는(stating)과 같은 보다 강력한 단어는 적절하지 않다. 왜냐하면, 동의는 진술뿐만 아니라 기타의 행위를 통해서도 표시할 수 있기 때문이다. 즉, 표현방식을 제한하지는 않지만, 어떠한 형태로든지 동의를 전달하는 통신(communication)은 반드시 있어야 한다. 이, 제(1)항에 의하여 침묵(沈黙) 또는 무위(無爲)(silence or inactivity)는 승낙이 되지 못한다. 또한 제(2)항에 의하여 동의의 의사표시는 청약자에게 도달해야 한다.

3. 승낙의 기간제한

제18조 (2)항에서는 피청약자의 동의의 의사표시가 청약자에게 도달하지 않는 한 그리고 도달하기 전에는 승낙이 효력을 발생하지 않으며, 또한 이러한 통신은, 본 협약에 규정된 바에 따라, 제한된 기간 내에 완수되어야 한다고 규정하고 있다.

또한 제(2)항에서는 구두청약은 별도의 사정이 없는 한 즉시 승낙되어야 한다고 규정하고 있다.

승낙의 효력발생시기에 관한 두 개의 경쟁적인 이론 즉, 발신주의 이론(dispatch theory)(혹은 우편함이론)과 수령주의 이론(receipt theory; 이는 도달주의이론)이 존재한다.

4. 행위에 의한 동의

6월 1일에 매수인은 매도인에게 아래와 같은 내용을 전달했다. 하기 물품의 선적을 서두르기 바란다. 6월 2일에 매도인은 물품을 선적했다. 다음날 아침(6월 3일), 매도인은 물품이 운송중임을 매수인에게 알리는 텔렉스를 초안했다. 매도인이 텔렉스를 발송하기 전에, 매수인은 매도인에게 전화를 걸어 6월 1일에 주문한 물품을 선적하지 말라고 통보했다. 매도인은 물품이 이미 선적되었기 때문에 주문을 취소하기에는 너무 늦었다고 대답했다. 선적을 알리는 매도인의 텔렉스는 6월 3일에 매수인에게 도달했고 물품은 6월 20일에 도착했다. 매수인은 계약이 체결되지 않았다는 이유로 물품을 거절했다.

위의 예시에서, 계약은 성립했으며 따라서 매수인은 매도인에 대하여 계약위반에 대한 책임을 져야 한다. 선적을 서두르기 바란다라는 매수인의 지시는 제18조 (3)항의 적용을 가능하게 한다. 즉 청약을 통하여 … 피청약자는 물품의 발송에 관한 행위를 수행함으로써 동의를 표시할 수 있다. 즉각적인 선적을 요청한 것으로 보아, 피청약자가 청약을 취소불능이라고 신뢰하는 것이 합리적이었고 또한 피청약자는 물품을 선적함으로써 청약을 신뢰하여 행동했다.

사례 6월 1일에 매도인은 매수인으로부터 5월 28일자로 기재되어 있는 서신을 받았다. 이 서신은 카탈로그에 명시된 대금으로 특정한 물품을 선적하도록 요청하는 것이었다. 매도인은 매수인의 청약에 회신하지 않았다. 그러나 6월 2일에 물품을 발송했다. 정상적인 인도기간은 2주일이었고 물품은 정상적으로 6월 16일에 매수인이 거주하는 도시에 도착했다. 바로 그날에, 운송인은 물품의 도착사실을 매수인에게 통지했다. 이 때 매수인은 매도인과 운송인에게 매도인이 자신의 청약을 승낙하지 않았기 때문에 물품을 수령하지 않겠다고 통지했다. 또한, 그 동안에 자신은 대체물품을 이미 구입했다고 부언했다.

매도인은 제18조 (3)항을 원용하면, 매도인은 물품을 발송하는 행위를 수행함으로써 동의를 표시했으며 따라서 계약이 성립되었다고 주장할 것이고, 매수인은 동의의 의사표시가 청약자에게 도달하는 때에만 승낙이 효력을 발생한다고 주장할 것이다.

제18조 (2)항은 승낙은, 동의의 의사표시가 청약자가 지정한 기간 내에 도달

하지 아니하거나 또는 기간이 지정되지 아니한 경우에는 … 거래의 사정을 충분히 고려한 합리적인 기간 내에 도달하지 아니하는 경우에는, 그 효력이 발생하지 아니 한다고 규정하고 있다.

특별한 사정이 없다면, 위의 예시에서 매수인은 물품을 거절할 수 있다. 매수인의 선적요청은 선적 후 즉시 전화나 텔렉스를 통하여 통지할 수 있도록 허락하는 것이지, 매수인의 주문이나 기타 상황을 염두에 두더라도 2주일이라는 통지의 지연을 허용하는 것으로 해석할 수 없다. 매도인이 물품을 발송했는지 여부를 매수인이 알아야만 매수인은 다른 곳에서 물품을 주문할지 여부를 결정할 수 있다는 점을 매도인은 인식했어야 했다.

따라서 제18조 (3)항은 승낙은 통신을 필요로 한다는 본 협약의 정신을 그대로 유지하고 있다.

Article 19. (1) A reply to an offer which purports to be an acceptance but contains additions, limitations or other modifications is a rejection of the offer and constitutes a counter-offer.

(2) However, a reply to an offer which purports to be an acceptance but contains additional or different terms which do not materially alter the terms of the offer constitutes an acceptance, unless the offeror, without undue delay, objects orally to the discrepancy or dispatches a notice to that effect. If he does not so object, the terms of the contract are the terms of the offer with the modifications contained in the acceptance.

(3) Additional or different terms relating, among other things, to the price, payment, quality and quantity of the goods, place and time of delivery, extent of one party's liability to the other or the settlement of disputes are considered to alter the terms of the offer materially.

제19조 (청약을 변경하는 승낙) (1) 승낙을 의도하고는 있으나 추가, 제한 또는 기타의 변경을 담고 있는 청약에 대한 응답은 청약의 거절이자 또한 대응청약이 된다.

(2) 그러나, 승낙을 의도하고 있고 또한 청약의 조건을 실질적으로 변경하지 아니하는 추가적 또는 상이한 조건을 담고 있는 청약에 대한 응답은 승낙이 된다. 다만 청약자가, 부당하게 지체함이 없이, 그 상위를 구두로 반대하거나 또는 그러한 취지의 통지를 발송하는 경우에는 그러하지 아니하다. 청약자가 이렇게 반대하지 아니하는 한, 청약상의 조건과 더불어 승낙에 들어 있는 변경사항이 추가되어 계약조건이 된다.

(3) 특히, 대금이나 대금지급, 물품의 품질 및 수량, 인도의 장소 및 시기, 당사자의 상대방에 대한 책임의 범위 또는 분쟁의 해결에 관한 추가적 또는 상이한 조건은 청약상의 조건을 실질적으로 변경하는 것으로 본다.

주의사항 제19조는 청약에 대한 어떤 응답이 승낙을 의도하고 있기는 하지만 청약의 내용에 하나 또는 그 이상의 내용을 추가하거나 또는 청약의 내용과는 양립하지 않는 내용이 들어 있는 상황에 관하여 규정하고 있다. 실제 상거래에서 사용되는 대표적인 수단이 사전에 인쇄된 구매주문서(Purchase Order Form) 또는 매도주문서(Sales Order Form)와 주문승낙서(Acknowledgment of Order Form)이다. 이러한 서식들의 전면은 공란으로 되어 있으며, 매도인이나 매수인은 여기에 물품과 수량, 금액 기타 개별적인 거래의 조건을 명기한다. 또한 전면에는, 추가적인 조건(additional terms and conditions)은 본 서식의 이면에 기재되어 있다는 문구가 인쇄되어 있다.

매도인이 마련하는 서식의 이면에 등장하는 부수적인 조건들은 주로 공급문제나 생산문제에 직면하는 경우 책임을 제한하는 조항과 물품의 하자에 대한 책임을 제한하는 조항 특히, 결과적 손해에 대한 책임을 제한하는 조항 등이다.

일상적인 거래에서는 이러한 서식들이 서로 교환되며, 서식의 이면에 상이한 조항이 들어 있더라도 이는 별다른 주목을 받지 못하고서 물품이 공급된다. 이러한 서식의 사용에 관한 조사에서 어떤 사업가는 만약 매도인과 매수인이 서로 상대방의 서식의 이면을 읽어야 한다면 아마도 영업이 중단되고 말 것이라고 답한 바 있다.

이러한 방식을 사용하는 경우, O가 R에게 청약하고 R이 이를 거절하면 아무런 문제가 생기지 않는다. 문제는 R의 회신이 모호한 경우에 발생한다. 즉 회신이 승낙을 의도하면서도 청약에 어떤 조건을 추가하거나 또는 청약과는 다른 하나 또는 그 이상의 조건을 추가하는 경우가 문제이다. 각자의 서식에 인쇄되어 있는 조건이 서로 상이함에도 불구하고, 이에 대한 아무런 반대도 없이, 주문서와 주문승낙서가 교환되는 경우 문제가 발생한다.

대부분의 문제는, 물품이 인도된 이후에 매수인이 물품의 하자로 인하여 후속매수인의 불만이나 클레임이 제기되었다고 주장하는 경우나 또는 원료나 기계의 하자로 인하여 조업이 중단되거나 혹은 기타 다른 결과적 손해가 발생했다고 주장하는 경우에 구체화된다. 문제의 원천은 매도인의 서식에 들어있는, 하자있는 물품의 대체나 수리에 대한 책임을 제한하는 조항이다. 나아가, 분쟁을 중재로써 해결한다는 약관(중재약관)이 어느 일방의 서식에만 들어있는 경우에도 논쟁이 발생할 수 있다. 이러한 서식의 분쟁에 대한 해결은 쉽지 않다. 그러나 실제 상거래에서는 서식전쟁(battle of form)에서 비롯되는 문제들이 자주 발생하지는 않는다.

Article 20. (1) A period of time for acceptance fixed by the offeror in a telegram or a letter begins to run from the moment the telegram is handed in for dispatch or from the date shown on the letter or, if no such date is shown, from the date shown on the envelope. A period of time for acceptance fixed by the offeror by telephone, telex or other means of instantaneous communication, begins to run from the moment that the offer reaches the offeree.

(2) Official holidays or non-business days occurring during the period for acceptance are included in calculating the period. However, if a notice of acceptance cannot be delivered at the address of the offeror on the last day of the period because that day falls on an official holiday or a non-business day at the place of business of the offeror, the period is extended until the first business day which follows.

제20조 (승낙기간의 해석) (1) 전보 또는 서신에서 청약자가 지정하는 승낙

을 위한 기간은 그 전보가 발신을 위하여 교부되는 순간부터 또는 서신상에 표시된 일자로부터, 또는 그러한 일자가 표시되지 아니한 경우에는, 봉투에 표시된 일자로부터 기산된다. 전화나 텔렉스 또는 기타의 동시적 통신수단을 통하여 청약자가 지정하는 승낙을 위한 기간은 청약이 피청약자에게 도달하는 순간부터 기산된다.

(2) 승낙을 위한 기간이 진행하는 중의 공휴일 또는 비영업일은 그 기간을 계산하는데 산입된다. 그러나 그 기간의 말일이 청약자의 영업소에서는 공휴일 또는 비영업일에 해당하기 때문에 승낙의 통지가 그 기간의 말일에 청약자의 주소지에서 전달될 수 없는 경우에는, 승낙을 위한 기간은 이에 이어지는 최초의 영업일까지 연장된다.

주의사항 제18조 (2)항은 동의의 의사표시가 청약자가 지정한 기간 내에 청약자에게 도달하지 아니하는 경우에는 승낙은 효력이 없다고 규정하고 있다. 만약 매도인이 청약을 하면서, 예를 들어, 15일과 같이 승낙 위한 일정한 기간(승낙기간)을 표현하면서 기간의 기산점을 명시하지 않고 있거나 또는 공휴일의 효력을 다루지 않고 있다면 이러한 승낙기간을 정하는 문구는 모호할 수 있다. 제20조 (1)항은 이러한 경우에 그 정해진 기간의 기산점을 정하기 위하여 필요하다.

제20조는 단지 청약자의 진술을 해석하는 지침에 불과하다. 제18조 (2)항에 따라 청약자는 승낙을 위한 기간을 지정할 수 있다. 즉, 본 청약이 귀사에 도달한 후 10일 이내에 귀사는 이를 승낙할 수 있다는 청약상의 문구는 제20조 (1)항의 해석규칙에 우선한다.

Article 21. (1) A late acceptance is nevertheless effective as an acceptance if without delay the offeror orally so informs the offeree or dispatches a notice to that effect.

(2) If a letter or other writing containing a late acceptance shows that it has been sent in such circumstances that if its transmission had been normal it would have reached the offeror in due time, the late acceptance is effective as an acceptance unless, without delay, the offeror orally informs the offeree that he considers his offer as having lapsed or dispatches a notice to that effect.

제21조 (연착된 승낙) (1) 연착된 승낙은 그럼에도 불구하고 청약자가 지체없이 그것이 승낙으로서 유효하다는 취지를 피청약자에게 구두로 알리거나 또는 그러한 취지의 통지를 발송하는 경우에는 승낙으로서 유효하다.

(2) 연착된 승낙을 담고 있는 서신 또는 기타의 서면으로 보아 그 전달이 정상적이었다면 그것이 제때에 청약자에게 도달할 수 있었다는 사정하에서 발송되었음이 나타나는 경우에는, 그 연착된 승낙은 승낙으로서 유효하다. 다만 청약자가, 지체없이, 피청약자에게 그는 자신의 청약이 실효했다고 본다는 취지를 구두로 알리거나 또는 그러한 취지의 통지를 발송하는 경우에는 그러하지 아니하다.

주의사항 제21조는, 제20조와 마찬가지로, 승낙은 동의의 의사표시가 청약자가 지정한 기간 내에 도달하지 아니하거나 또는, 어떠한 기간도 지정되지 아니한 경우에는 … 상당한 기간 내에 도달하지 아니한 경우에는, 그 효력이 발생하지 아니한다는 제18조 (2)항의 기본원칙을 확대하며 또한 보완한다.

제21조에서는 다음 두 가지 문제가 생길 수 있다.

첫째, 동의를 표시하는 피청약자의 응답이 청약자가 지정한 기간 내에 도달하지 아니하는 경우에, 연착된 응답이 청약자에게 도달하는 때 청약자가 피청약자에게 통지함으로써 이를 유효하게 할 수 있는가?

둘째, 평상시에는 기간 내에 도달했을 응답이 전달과정에서 지연된 경우에, 청약자는 반드시 승낙기간이 경과하여 청약이 실효했다는 점을 피청약자에게 통지해야 하는가이다. 이러한 문제들에 대한 해답은 제21조에서 찾을 수 있다.

사례 6월 1일에 매도인은 매수인에게 귀사의 승낙은 6월 30일까지 당사에 도달해야 한다고 명시된 청약을 우편으로 발송했다. 매도인과 매수인 사이에서 우편은 보통 5일이 걸린다. 6월 29일에 매수인은 청약에 대한 승낙을 표시하는 서신을 우편으로 발송했다. 그 서신은 7월 4일에 정상적으로 매도인에게 도달했다. 7월 4일에 매도인은 다음과 같은 전보를 매수인에게 발송했다. 6월 29일자의 귀사의 서신은 너무 늦게 발송되어 당사의 청약에서 정한 6월 30일까지 당사에 도달하지 못했으나 당사는 그것을 승낙으로 간주한다.

위의 예시에서 비록 매수인이 즉시 계약체결에 반대한다고 하더라도 또한 비록 매수인이 6월 30일에 승낙을 철회하는 서신을 발송했다 하더라도 당사자들은 계약에 구속된다. 매수인의 승낙이 우송 중이었던 5일 동안에 매수인의 계약상의 이해에 영향을 미치는 가격수준이나 기타 다른 요인들이 바뀔 수도 있다. 이러한 변화에 따른 부담은 매수인이 진다. 매수인은 도달하는데 5일이 소요되는 통신수단을 선택했으며 또한 전달속도가 더 빠른 통신수단인 전화나 전보를 이용하여 승낙을 철회할 수 있었지만 이러한 기회를 이용하지 않았기 때문이다.

Article 22. An acceptance may be withdrawn if the withdrawal reaches the offeror before or at the same time as the acceptance would have become effective.

제22조 (승낙의 철회) 승낙은 그 효력이 발생하기 전에 또는 그와 동시에 철회의 의사표시가 청약자에게 도달하는 경우에는 철회된다.

주의사항 제15조 (2)항에 따르면 청약은, 비록 그것이 취소불능 하더라도, 그 철회의 의사표시가 청약의 도달전 또는 그와 동시에 피청약자에게 도달하는 경우에는 철회된다. 제22조는 이러한 접근방식을 승낙의 경우에 적용하고 있다.

승낙이 효력을 발생하는 시기는, 제18조 (2)항에 규정된 바와 같이, 동의의 의사표시가 청약자에게 도달하는 순간이다. 제15조에서 논의된 내용은 역시 제22조에도 적용된다. 실제로 이들 조항들은 두 번째 통신이 첫 번째 통신보다 먼저 도달하게 함으로써 이(첫 번째 통신)를 철회 또는 변경할 수 있다는 일반적 원칙을 구체적으로 적용하고 있을 뿐이다.

Article 23. A contract is concluded at the moment when an acceptance of an offer becomes effective in accordance with the provisions of this Convention.

제23조 (계약의 성립시기) 계약은 청약에 대한 승낙이 본 협약의 규정에 따라 효력을 발생하는 순간에 성립된다.

주의사항 승낙이 효력을 발생하는 시기를 규정함에 있어 제18조 (2)항은 승낙이 효력을 발생하는 순간에 계약이 체결된다는 점을 묵시하고 있다. 이는 본 조(제23조)에 의해서 명확해진다.

Article 24. For the purposes of this Part of the Convention, an offer, declaration of acceptance or any other indication of intention reaches the addressee when it is made orally to him or delivered by any other means to him personally, to his place of business or mailing address or, if he does not have a place of business or mailing address, to his habitual residence.

제24조 (도달의 정의) 본 협약 제Ⅱ편의 적용에 있어, 청약, 승낙의 선언 또는 기타의 의사표시는 그것이 수신인에게 구두로 전해지거나, 또는 기타 다른 방법으로 직접 수신인에게, 그의 영업소 또는 우편송부처에 또는, 수신인이 영업소나 우편송부처가 없는 경우에는, 그 일상적인 거소에 전달되는 때에 수신인에게 도달한다.

주의사항 제24조에 따르면, 통신은 그것이 수신인의 영업소 또는 우편송부처에 전달되었을 때 그(수신인)에게 도달(到達)한다. 물론 적절한 장소에 전달되어야 한다. 즉, 개인의 우편함에 배달하거나 혹은 수신인에게 고용되어 있는 자로서 수령권한이 있는 자에게 점유를 이전해야 한다. 단순히 편지나 전보를 현관의 계단이나 어떤 다른 잘 보이지 않는 장소에 두는 것은 수신인의 영업소에 전달하는 것이 아니다.

제3편 제27조는 통지나 기타 다른 통신은 적절하게 발송되었을 때 효력을 발생한다는 일반원칙을 규정한 것이며, 이는 제3편에 적용된다. 그러나 여기에도 예외는 있다. 제47조 (2)항과 제48조 (4)항, 제63조 (2)항, 제65조 (1)항 및 (2)항 그리고 제79조 (4)항에서는 통신이 도달해야 그 효력을 발생한다.

제24조의 도달의 정의 즉 통신이 언제 수신인에게 도달하는지의 규정은 제2편에만 적용된다.

도달이라 함은 상대방의 지배권 내에 들어가 사회통념상 일반적으로 통지할 수 있는 상태가 생겼다고 인정되는 것을 말한다.[70] 의사표시는 보통 상대방의 주소지나 또는 지정된 장소에 송부하거나 혹은 상대방이 사실상 수령하는 경우에는 도달의 효력이 있다.

상대방이 의사표시의 수령을 거절하거나 수령을 곤란 또는 불능케 하는 경우와 수령을 지체하도록 하는 경우에도, 정당한 이유가 없는 한, 도달은 있었던 것으로 보아야 한다.

---

70) 우편이 수신함에 투입된 때, 텔렉스 메시지가 수신기에 투시된 때, 동거하는 친족・가족이나 고용인이 수령한 때에는 비록 상대방이 여러 가지 이유나 사정으로 펼쳐보지 않아 요지하지 않더라도 도달한 것으로서 효력이 생긴다.

3. 물품의 매매

1) 총칙

Article 24. A breach of contract committed by one of the parties is fundamental if it results in such detriment to the other party as substantially to deprive him of what he is entitled to expect under the contract, unless the party in breach did not foresee and a reasonable person of the same kind in the same circumstances would not have foreseen such a result.

제24조 (본질적 계약위반의 정의) 당사자의 일방이 범한 계약위반은 그것이 그 계약 하에서 상대방이 기대할 권리가 있는 바를 실질적으로 박탈하는 정도의 손해를 초래하는 경우에는 본질적이다. 다만 위반당사자가 그러한 결과를 예견하지 못하였고 또한 동일한 부류의 합리적인 자도 동일한 사정 하에서 그러한 결과를 예견하지 못하였을 경우에는 그러하지 아니하다.

주의사항 일방이 계약을 위반하면 상대방은 자신이 입은 손해를 회복할 권리를 가진다. 미국의 국내법(UCC)에서는 이러한 구제가 거절(rejection), 인수의 취소(revocation of acceptance), 해제(avoidance), 종료(termination) 또는 취소(cancellation) 등으로 불린다.[71] 본 협약에서는 어느 일방이 상대방의 계약위반을 이유로 계약을 이행하지 않을 수 있는 특권을 계약의 해제(avoidance of the contract)라 한다(제49조 및 제64조).

본 협약에서 모든 계약위반에 항상 해제가 적용되지는 않는다. 당사자는 상대방이 본질적 계약위반(fundamental breach)을 유발한 경우에만 계약을 해제할 수 있다.

71) UCC 제2-601조, 제2-608조 및 제2-612조.

1. 본질적 계약위반과 계약의 해제

본 협약은 다양한 상황에서 본질적 계약위반이라는 용어를 사용하고 있지만[72] 이 용어는 매도인이나 매수인이 계약을 해제함으로써 더 이상의 계약상의 의무(예를 들어, 물품인수의무, 대금지급의무 또는 물품인도의무 등)를 지지 않을 수 있는 근거를 규정하는 제49조 (1)항 (a)호와 제64조 (1)항 (a)호에서 가장 중요한 역할을 한다.

제49조는 매도인의 인도가 지체되거나 혹은 물품이 어떤 측면에서 계약과 불일치할 때, 매수인이 물품의 인수를 거절할 수 있는 상황을 다룬다. 이와 대칭되는 권리로서, 매수인이 그의 의무를 이행하지 못하는 경우에 매도인의 계약해제권은 제64조에 규정되어 있다.

계약의 해제는 제71조의 이행정지권과 구별되어야 한다. 해제는, 계약위반에 대한 손해배상청구권과는 별도로 앞으로 진행될 당사자의 권리와 의무를 종료시킨다(제45조 (1)항 (a)호, 제61조 (1)항 (b)호와 특히 제81조 (1)항). 따라서 해제의 근거를 결정함에 있어, 논쟁의 핵심은 어떤 사소(些少)한 측면에서 이행상의 하자를 야기한 당사자가 책임을 면할 수 있는지 여부가 아니다. 계약의 위반은 항상, 비록 그것이 아무리 사소하다 하더라도, 손해의 배상을 필요로 한다(제74조).

본 협약 제25조의 정의는 계약위반으로 인한 손해(detriment)의 정도를 기준으로 삼고 있다. 즉, 계약위반이 그 계약 하에서 상대방이 기대할 권리가 있는 바를 실질적으로 박탈하는 정도인가 하는 점이 기준이 된다. 상대방에게 초래된 손해(detriment to other party)라는 점을 강조하는 것이 계약의 실질적인 이행(substantial performance)이라는 표현보다는 정확하다. 시간적 또는 물리적 기준(예를 들어, 하루, 밀리미터)은 아무런 의미도 가지지 못한다.

제25조상의 본질적 계약위반의 정의는 두 가지 요소를 가지고 있다.

첫째, 권리를 침해당한 당사자(A)에게 유발된 손해[73]는 반드시 그 계약 하에서 A가 기대할 권리가 있는 바를 실질적으로 박탈해야 한다. 둘째, A가 입은

72) 제25조는 이행의 일부에 하자가 있는 경우 계약전체의 해제(제51조 (2)항), 이행기전의 계약해제(제72조), 분할이행계약의 해제(제73조), 이행청구권의 제한(제46조 (2)항) 및 위험의 이전(제70조)에도 영향을 준다.

73) 여기서 "손해"(detriment)라는 용어를 사용한 초안자들의 의도는 "금전상의 손해나 또는 결과적 손해"(monetary injury or harm, or consequential harm)를 의미한다.

손해는 A에게 특유한 다양한 상황에 의하여 영향을 받을 수도 있기 때문에, 관련손해는 계약위반자(F)가 예견했거나 예견했었어야 했던 것에 국한된다.

사례 S는 B에게 쌀 100포대를 선적해 주기로 합의했다. B의 주문서는 인쇄된 양식이었으며 거기에는 새 포대가 명기되어 있었다. S가 선적준비를 할 때 그의 수중에는 튼튼한 중고포대밖에 없었고, S는 그것이 새 포대와 별 차이가 없으며 약간의 가격할인으로 B가 수령하리라고 믿었다. 그러나 S가 쌀을 포대에 담기 전에, B는 S에게 다음과 같이 텔렉스를 보냈다. 새 포대의 사용을 강조하는 쌀의 전매계약을 체결했다. 비록 튼튼한 중고포대는 보통 가격의 할인으로 수리가 가능하지만 이번 선적분에 대해서는 새 포대의 사용이 매우 중요하다. S는 다음과 같이 회신했다. 특별히 고급 중고포대로 선적하겠다. B는 선적을 거절했으며 나아가 그러한 선적은 전매수인이 이를 거절할 위험이 있기 때문에 계약을 해제한다고 통보했다.

계약체결 시에 매도인은 매수인에게 초래되는 손해가 실질적인 것임을 예견할 수 없었다는 가정 하에서, 추후의 정보가 고려되어야만 하는가?

제25조는 이 문제에 대하여 대답하지 않는다. 제25조는 권리를 침해당한 A가 계약 하에서 기대할 권리가 있는 바를 박탈하는 정도의 손해를 기준으로 삼았다. 그러나 계약위반자(F)가 예견했거나 예견할 수 있었던 손해를 기초로 하는 시점이 계약체결 시인지 계약위반 시인지 규정하지 않았다.

위의 예시에서, 매도인이 계약체결 후에 그러나 선적 전에 받은 정보는 매도인이 계약을 위반하면 매수인이 계약 하에서 기대할 권리가 있는 바를 실질적으로 박탈한다는 점을 예견할 수 있는 사유가 매도인에게 제공되었다. 그 결과 제25조 및 제49조 (1)항 (a)호에 따른 매수인의 계약해제는 정당했다고 결론내릴 수 있다. 그러나 상대방의 이행에 영향을 미치기에 시기적으로 너무 늦은 정보는 제25조의 범위를 벗어나는 것이라 생각된다. 요컨대, 위의 예시에서 매도인은 본질적인 위반을 범하였다고 볼 수는 없으므로 매수인의 계약해제는 합당치 않다.

계약위반자(F)가 피해당사자(A)에게 발생한 손해를 예견했는지 또는 예견할 수 있었는지 여부의 입증책임이 누구에게 있느냐 하는 문제가 있다. 제25조에 들어있는 단서조항(unless …절)을 살펴보면 계약위반자에게 입증책임이 있음을 알 수 있다. 이는 계약위반자가 자신의 예견가능성을 입증함에 있어 보다 유리한 입장에 있기 때문이다.

2. 특정한 상황과 본질적 계약위반

(1) 보완제의의 효과

본 협약은 매도인이 하자있는 물품을 대체 또는 수리함으로써 불일치한 인도를 보완(cure)할 수 있도록 허용한다(제37조 및 제48조). 이들 조항과 본질적 계약위반과의 관계를 살펴본다.

사례 계약서에 명시된 인도일자인 6월 1일에 매도인은 고가의 대형기계를 매수인에게 인도했다. 6월 15일에 매수인이 기계를 작동시켰을 때 기계의 필수적인 부품 하나가 제대로 기능을 하지 않아 기계가 작동하지 않았다. 매수인은 이를 매도인에게 통지했으며 매도인은 즉시 하자있는 부품을 교체해 주겠다고 제의했다. 비록 기계의 교체에 필요한 기간은 짧았고 따라서 매수인이 기계를 이용하고자 하는 계획에는 별다른 차질이 없었음에도 불구하고, 매수인은 매도인에게 하자있는 부품의 교체를 허용하지 않았다. 매수인은 기계의 작동을 방해한 하자가 제25조상의 본질적 계약위반이었다고 주장하면서 제49조 (1)항 (a)호에 따라 계약을 해제한다고 선언하고 나아가 매도인은 기계를 수거하고 대금을 반환하여야 한다(제81조)고 요구했다.

위의 예시에서, 하자있는 부품의 교체제의가 없는 경우에, 매수인이 매도인의 계약위반은 분명히 본질적이었으며 따라서 해제는 정당하다. 그러나 하자있는 부품을 신속히 교체하는 경우에는, 비록 약정된 인도일자가 지난 이후에도 매수인에 대한 실질적인 손해는 방지가 가능하다고 가정할 때, 계약위반은 본질적이지 않으며 따라서 계약은 해제될 수 없다. 따라서 계약위반이, 해제의 목적상, 본질적인지 여부는 보완제의(offer to cure)가 정당한지 여부에 비추어 판단해야 한다.

(2) 대금상환과 대금조정

매도인과 매수인이 계약을 체결했다. 계약에 의하면, 매도인은 1등급 품질의 설탕 1,000포대를 인도해야 한다. 그 대금은 미화 2만 달러(포대당 미화 20달러)였다. 인도 시에 물품을 검사해 본 결과 970포대의 설탕은 계약과 일치했으나 30포대의 설탕에는 하자가 있었고 사용이 불가능한 것으로 밝혀졌다. 다른 설탕은 매수인의 시장에서 입수가 가능했다. 하자가 발견되었을 때, 매도인은 30포대에 대해서는 대금을 청구하지 않겠다고 제의했다. 그러나 매도인은 미화 2만달러 전액의 지급이 없다면 어떤 설탕도 인도할 수 없다고 고집했다.

위의 예시들은 일방이 계약 하에서 기대할 권리가 있는 바를 얼마나 실질적으로 박탈당했는지에 관한 문제는 단지 물품만 보고서는 답할 수 없다는 점을 보여주고 있다. 앞서의 예시에서 매수인이 박탈당한 것은 매우 작은 것이다. 물품을 제공하면서 대금의 조정도 아울러 제의하는 경우라면, 이러한 물품의 제공은 본질적 계약위반이 되지 않을 것이다. 위의 예시와 같이 대금조정이 없는 물품제공은 본질적 계약위반에 해당한다.

(3) 본질적 계약위반 조항이 영향을 미치는 조항

제25조는 계약해제의 기초로서 본질적 계약위반을 사용하고 있는 조항들(제49조 및 제64조)과 관련된다.

또한 본질적 계약위반은 특별한 상황에 따른 계약해제를 다루는 데에도 이용된다. 이행의 일부에 하자가 있는 경우 계약전체의 해제(제51조 (2)항), 이행기전의 계약해제(제72조), 분할이행계약의 해제(제73조) 등이 그것이다. 나아가 본질적 계약위반이라는 개념은 특정이행을 통한 구제를 제한하는 데에도 사용된다(제46조 (2)항). 매수인은 물품의 불일치로 인하여 본질적 계약위반이 되는 경우에만 대체품의 인도를 요구할 수 있다. 또한, 본질적 계약위반을 이유로 한 계약해제는 위험의 이전, 즉 운송중의 재난에 대한 책임에 대해서도 영향을 미친다.

3. 본질적 계약위반과 실무상의 적용

Babiak 교수는 본 협약상의 본질적 계약위반에 따르는 문제를 피하기 위하여 계약체결 시에 필요한 지침을 제시하고 있다.[74] 즉 당사자가 준거법으로서 본 협약을 선택하는 경우 본질적 계약위반에 관한 다음의 문제를 계약서에 구체적으로 명시하는 것이 좋다고 권고한다.

첫째, 구체적으로 어떠한 상황이 당사자가 계약을 해제하기를 원할 만큼 계약상의 기대이익을 실질적으로 박탈하는가?

둘째, 계약위반에 따른 손해를 예측해야 하는 기준시점이 언제인가 즉 계약체결 시인지, 계약위반 시인지 아니면 계약체결 후-이행전인가?

셋째, 예측성의 기준이 되는 합리적인 자(reasonable person)가 구체적으로 누구인가?

이러한 사항들을 계약서에 명시함으로써 당사자들 사이에서 계약위반으로 인하여 야기될 수 있는 잠재적인 문제를 예방할 수 있다.

Article 26. A declaration of avoidance of the contract is effective only if made by notice to the other party.

제26조 (계약해제의 통지) 계약해제의 선언은 상대방에 대한 통지로써 행하여진 경우에만 효력이 있다.

주의사항 제26조 하에서 유효한 해제선언이 되기 위해서는 통지의 내용이 어떠해야 하는지 살펴본다. 제39조 (1)항에 따르면, 물품이 계약과 일치하지 않는다는 점을 이용하기를 원하는 매수인은 불일치한 내역을 명세하여 매도인에게 통지해야 한다. 제39조에 따라 불일치를 명세하여 통지하는 것만으로는 제26조상의 계약해제의 선언이 되지 않는다. 불일치를 명세하여 통지한 매수인은 여전히 물품을 보유하면서도 나아가 대금의 감액을 요구하거나 또는 부족분을 보상받기 위한 다른 손해배상을 청구할 수도 있다. 계약의 해제는 이와는 다른 극단적인 구제수단이다.

하자있는 물품이 제공 또는 인도된 경우에 있어, 매수인의 계약해제는 자신은 물품을 인수 또는 보유하지 않는 대신에 매도인이 물품을 처분할 책임을 부담한다. 제26조 하에서 매수인의 해제선언이 유효하기 위해서는 매수인은 반드

74) A. Babiak, *Defining Fundamental Breach under the United Nations Convention on Contracts for the International Sale of Goods*, 6 Temp. Int'l & Comp. L. J. 113, 1992.

시 자신은 물품을 인수 또는 보유하지 않을 것임을 매도인에게 알려야 한다. 반대로, 해제를 선언하는 매도인은 매수인에게 반드시 자신은 물품을 인도하지 않을 것임을 알려야 하며, 물품이 이미 인도된 경우에는, 물품의 반환을 요구한다는 점도 알려야 한다(제81조 (2)항 및 제84조).

제26조상의 통지는 제27조에 따라 적절하게 발송되었다면 그 효력을 발생한다. 이 경우 전달위험은 계약위반자가 부담한다. 제26조는 통지가 서면으로 행해져야 한다고 요구하지 않으나 분쟁을 피하기 위해서는 구두선언을 확인하는 신속한 서면확인이 바람직하다.

Article 27. Unless otherwise expressly provided in this Part of the Convention, if any notice, request or other communication is given or made by a party in accordance with this Part and by means appropriate in the circumstances, a delay or error in the transmission of the communication or its failure to arrive does not deprive that party of the right to rely on the communication.

제27조 (통신상의 지연 또는 오류) 본 협약 본편에서 다른 명시적인 규정이 없는 한, 어떠한 통지나 요청 또는 기타의 통신이 본편에 따라 또한 상황에 적절한 방법으로 당사자에 의하여 보내진 또는 행하여진 경우에는, 통신의 전달에 있어서의 지연이나 오류 또는 불착이 있더라도 당사자는 그 통신에 의존할 권리를 박탈당하지 아니한다.

주의사항 제26조에 따라 해제권의 행사가 통지로써 실행될 때나 또한 여타의 경우에도 통신은 중요한 법률효과를 초래한다(제39조 (1)항 및 제43조). 제27조는 통지가 발송되었으나 전달과정에서 재난으로 인하여 통신이 지연되거나 잘못 전달 되거나 분실되는 경우에 발생하는 문제를 다루고 있다.

피청약자의 승낙이 약정된 기간 내에 청약자에게 도달하지 않는다면, 승낙은 효력이 없게 된다. 이는 전달위험(risk of transmission)을 발신인에게 부담시키기 때문이다.(제18조).

제27조는 단지 제3편에 따라 행해지는 통지의 통신(communication of notice)에 대해서만 적용된다. 이러한 통신은 계약의 성립(제2편)에 관한 통신과는 다른 문제를 야기하기 때문이다. 예를 들어, 물품에 하자가 있다는 매수인의 통지가 전달과정에서 재난이 발생하는 경우, 도달주의 하에서는, 무고한 당사자가 불일치에 의존할 권리를 박탈당할 수 있기 때문이다.

제 27조에서는 통상적인(usual)이란 용어 대신에 적절한(appropriate)이란 용어를 사용하고 있다. 이는 발신인에게 통신매체의 선택권을 보다 넓게 해주는 것이다.

하지만 발신과 동시에 통지의 효력이 발생하는 이러한 원칙에는 몇 가지 특정한 예외가 있다(제47조 (2)항, 제48조 (4)항, 제63조 (2)항, 제65조 (1)항 및 (2)항, 제79조 (4)항)). 이들 조항들은 거의가 계약을 위반한 당사자가 보내는 통신에 관한 것이다. 도달주의(혹은 수령주의)는 전달과정에서 사고가 발생하더라도 자신의 권리를 침해당한 자가 전달에 따른 위험을 부담하지 않도록 한다.

Article 28. If, in accordance with the provisions of this Convention, one party is entitled to require performance of any obligation by the other party, a court is not bound to enter a judgement for specific performance unless the court would do so under its own law in respect of similar contracts of sale not governed by this Convention.

제28조 (이행청구와 국내법) 본 협약의 규정에 따라, 당사자의 일방이 상대방에 의한 의무의 이행을 요구할 권리가 있더라도, 법원이 자국의 국내법 하에서 본 협약에 의하여 규율되지 아니하는 유사한 매매계약과 관련하여 특정이행을 명하는 판결을 내리게 될 경우가 아닌 한 그 법원은 특정이행을 명하는 판결을 내릴 의무가 없다.

주의사항 제28조는, 기본적으로 그 전제로서, 상대방(C)에 대한 어느 일방(D)의 부담 의무와 D의 계약위반에 대한 C의 구제를 구분한다. 본 협약 자체도 이러한 구분에 따라 제정되어 있다.

매수인에 대한 매도인의 의무는 제2장 제1절과 제2절(제31조-제44조)에 규정되어 있다. 매도인의 의무위반에 대한 매수인의 구제는 제3절(제45조-제52조)에 규정되어 있다.

이와 동일한 구조로, 매도인에 대한 매수인의 의무는 제3장 제1절과 제2절(제53조-제60조)에 그리고 매수인의 의무위반 대한 매도인의 구제는 제3절(제61조-제65조)에 규정되어 있다.

구제에 관한 보충규칙은 제5장(제71조-제84조)에서 규정하고 있으며 이는 양 당사자에게 공통적으로 적용된다.

위의 조항들을 검토해 보면 C에 대한 D의 의무를 규정하는 것이 D가 계약을 이행하지 못했을 때 C의 구제를 규정하는 것보다 훨씬 간단함을 알 수 있다. 대부분의 경우, D가 자신의 계약을 이행하는 데에는 오직 한가지의 정당한 방법이 있다. 반면에, D의 계약위반은 각종의 다양한 상황 하에서 발생하며 C에게 발생하는 손해의 정도도 또한 매우 다양하다. 따라서 상호대체적인 구제조항들이 필요하다. 계약의 해제(제25조, 제49조, 제64조, 제72조), 손해배상(제50조, 제74조-제78조) 및 사법적 이행청구(제28조, 제46조, 제62조) 등이 그것이다.

1. 이행청구와 본 협약의 기본원칙

(1) 강제이행

본 협약의 구제체계는 계약위반자는 자신의 의무를 이행하도록 강요당한다는 일반원칙을 포함하고 있다. 매도인이 계약상의 의무에서 이탈할 때(제45조(1)항), 매수인은 매도인에게 그의 의무를 이행하도록 요구할 수 있다(제46조(1)항). 마찬가지로 매수인이 그의 의무를 이행하지 않을 때에, 매도인은 대금의 지급, 인도의 수령 또는 다른 의무의 이행을 요구할 수 있다(제62조).

본 협약은 법원이 구제의 강제를 위하여 사용할 수 있는 수단을 구체적으로 규정하고 있지 않다. 예를 들어, 손해배상청구를 인정하는 구제조항(제74조-제78조)에서도, 금전판결(money judgement)을 집행하기 위하여 피고의 재산의 압류나 강제매각 등과 같은 구체적인 방법을 규정하고 있지 않다.

마찬가지로 본 협약은 법원이 계약의 이행을 요구하기 위하여 어떤 수단을 사용해야 하는지도 규정하지 않는다. 이러한 모든 문제는 법정지의 일반적인 소송 또는 강제집행절차에 위임되어 있다.

(2) 예외와 제한

제46조 (1)항에서 매수인은 매도인에게 그 의무를 이행을 청구할 수 있다고 규정하면서도 곧 이어 이러한 일반원칙의 예외를 마련하고 있다. 즉 계약과 일치하지 않는 물품이 인도되었을 때, 매수인은 그 불일치로 인하여 본질적 계약 위반이 되는 경우에 한하여 대체품의 인도를 청구할 수 있으며(제46조 (2)항), 또한 매수인은 모든 사정으로 보아 불합리하지 아니하는 한 매도인에게 물품의 수리를 청구할 수 있다(제46조 (3)항).

반면에, 매도인이 매수인에게 그의 의무를 이행하도록 청구할 수 있는 제62조의 규정에는 어떠한 예외도 마련되어 있지 않다. 매도인이 매수인에게 대금의 지급을 청구할 수 있는 권리가 손해배상(제45조 (1)항 (b)호, 제61조 (1)항 (b)호)과 같은 금전판결의 강제와는 다른 구제조치를 필요로 하는지는 분명하지 않다.

양 당사자에게 공히 적용될 수 있는 예외는 제85조와 제86조 및 제88조와 관련된다. 이들 조항들은 물품을 처분하는 부담을, 상황에 따라, 보다 유리한 입장에서 물품을 처분할 수 있는 자에게 지우고 있다. 이는 물품을 처분함으로써 계약위반자의 의무가 오히려 가벼워지는 경우라 하더라도 역시 마찬가지다. 예를 들어, 매수인이 물품인도의 수령을 지체(delay in taking delivery)하는 경우에, 매도인은 물품을 보존하기 위한 조치를 취해야 할 뿐 아니라(제85조), 물품이 급속하게 변질되기 쉬운 경우나 혹은 물품을 보존하는데 불합리한 비용이 지출되는 경우에, 매도인은 그 물품을 매각하기 위한 합리적인 조치를 취해야 한다(제88조 (2)항). 실제적인 효과로서 이들 조항들은 제62조의 매도인의 대금지급청구권을 제한한다. 왜냐하면, 손해배상청구와는 대조적으로, 매수인으로 하여금 물품을 점유하도록 강요하는 것이 대금의 회수라는 구제의 중요한 특징이기 때문이다.

제77조에 의하면 계약위반을 주장하는 당사자는 손해를 경감하기 위해서 그 상황 하에서 합리적인 조치를 취해야 한다. 이러한 제77조에 의해서도 강제이행청구권이 축소된다.

(3) 이행청구의 결과

매수인이 물품을 수령하고도 대금을 지급하지 않는 경우에, 매도인의 매수인에 대한 대금지급 청구(제62조)와 계약위반에 대한 손해의 회복(제61조 (b)항, 제74조, 제78조) 사이에는 실제적인 차이가 없다. 그러나 매수인이 물품을 수령하지 않은 경우에는, 매수인에게 대금의 전액을 청구한다는 것은 사실상 매수인이 거래를 계속하도록 강요하는 것이다. 이 때, 매수인에게는 엄청난 비용이 발생하지만 매도인에게도 이에 상응하는 이익이 없는 경우가 있다.

사례 매도인은 매수인과 계약을 체결하여 표준 커피탁자 50개를 매수인에게 선적해 주기로 약정했다. 매도인은 스톡홀름에 소재하는 가구제조업자이며 매수인은 부에노스아이레스에 소재하는 가구도매상이다. 매도인이 탁자를 선적하기 전에, 매수인은 자신의 고객이 이러한 품목을 좋아하지 않는다는 것을 알게 되었다. 매수인은 이러한 사실을 매도인에게 텔렉스로 통보하고 선적의 취소를 요청했다. 나아가 거래에서 발생한 손해를 모두 보상하겠다고 제의했다. 이에 대해 매도인은 주문대로 선적하며 또한 약정대금의 지급을 청구 한다고 회신했다.

이 같은 경우에서 매도인의 태도는 정상적이라고 생각되지 않는다. 왜냐하면, 제조업자인 매도인은 정기적으로 이러한 품목을 대량으로 판매해 왔으며 이를 매수인보다 효과적으로 재매각할 수 있는 입장에 있었기 때문이다. 더구나, 거래를 계속한다는 것은 곧 물품이 필요하지 않은 지역으로 이를 선적해 보낸다는 것을 의미하며 또한 이는 막대한 비용을 필요로 한다.

2. 국내법의 우선

본 협약 하에서는 영미의 보통법에 비해 이행청구권이 보다 광범위하게 인정된다.

제28조에 의하면, 이행청구에 대한 국내법의 규정이 본 협약의 규정보다 우선할 수 있다. 본 협약의 적용범위를 벗어나는 문제는 통상 국제사법에 의하여 선택되는 국가의 국내법의 적용을 받는다(제4조 및 제7조 (2)항). 그러나 제28조에 의하면, 법원은 본 협약에 규율되지 않는 유사한 매매계약에 적용되는 자국의 국내법(court's own law)을 적용해야 한다.

법원은 이행청구에 관한 법정지의 국내법을 적용해야 하는가 아니면 국제사법에 의하여 지정되는 법을 적용해야 하는지 살펴본다.

초안을 준비한 특별위원회(Special Committee)는 법정지법(lex fori) 즉, 특정이행이 청구되는 국가의 유효한 국내법을 준거법으로 삼았다. 이는 법원이 자국의 국내법 하에서 무엇을 할 것인가에 관한 판단의 기준으로서, 제28조는 법문(法文)이 제시하는 바와 같이 법정지의 국내법을 지정했음을 보여주는 것이다.

제28조에서는 법원은 자국의 국내법 하에서 … 특정이행을 명하는 판결을 하게 될 경우가 아닌 한 … 특정이행을 명하는 판결을 내릴 의무가 없다고 규정하고 있다. 여기서 의무가 없다(is not bound)라는 문구가, 법원이 자국의 국내법 하에서 특정이행을 명하지 않는 경우에, 특정이행을 명할 것인가 아니면 본 협약이 규정하는 다른 구제 즉 제74조의 손해배상과 같은 구제를 명할 것인가 여부는 법원의 재량임을 의미한다. 따라서 제28조가 효과를 가지기 위해서는 계약서상의 법정지 선택조항이 결정적인 역할을 한다.

Article 29. (1) A contract may be modified or terminated by the mere agreement of the parties.

(2) A contract in writing which contains a provision requiring any modification or termination by agreement to be in writing may not be otherwise modified or terminated by agreement. However, a party may be precluded by his conduct from asserting such a provision to the extent that the other party has relied on that conduct.

제29조 (계약의 변경과 서면요건) (1) 계약은 당사자쌍방의 단순한 합의에 의하여 변경 또는 종료될 수 있다.

(2) 합의에 의한 변경 또는 종료를 서면으로 하여야 함을 요구하는 규정을 담고 있는 서면계약은 다른 방법으로는 합의에 의하여 변경 또는 종료될 수 없다. 그러나 당사자는 자신의 행위에 의하여 상대방이 그 행위를 신뢰한 범위까지는 그러한 규정을 주장하지 못한다.

1. 단순한 합의에 의한 계약의 변경 또는 종료

제(1)항은 보통법상의 전통적인 약인(約因)이론에서 비롯되는 문제를 다룬다. 보통법 하에서는 계약을 변경하는 합의로 인하여 어느 일방의 의무가 단순히 증가 혹은 감소하는 경우, 이러한 합의는, 약인에 의하여 즉 새로운 약속과의 교환으로 주어지는 어떤 행위나 약속에 의하여 뒷받침되지 않는 한 효력이 없다. 이러한 전통적인 원칙(약인이론)은 수정되어야 할 필요성이 제기되어 제1항이 생기게 되었다.

2. 계약에 의한 계약변경의 제한

계약이 서면으로 체결되었다고 해서 구두에 의한 계약의 변경이 금지되는 것은 아니다(제11조 및 제29조 (2)항). 그러나 때때로 계약서에는 서면에 의해서만 계약을 변경할 수 있다고 규정된다. 제29조 (2)항은 이러한 사인에 의한 사기방지법(private Statute of Frauds)에 효력을 부여한다.

당사자들은 제6조에 의하여 본 협약 상 어느 조항의 효력도 변경할 수 있다. 그러므로 당사자들은 서면합의에 의하여 제29조의 범위를 확대할 수 있다.

사례 매도인과 매수인은 서면으로 계약을 체결했다. 계약서에 의하면 매도인은, 매수인이 제공하는 또한 계약서에 규정되어 있는 명세에 따라, 제품 10,000단위를 제조해야 한다. 계약서에는 본 계약은 양 당사자의 서명된 서면에 의해서만 변경 된다고 규정되어 있었다. 매도인이 생산을 시작하기 전에 당사자들이 전화로 명세의 변경에 합의했다. 매도인은 새로운 명세에 따라 2,000단위를 생산했다. 매수인은 이를 거절했다. 그 이유는 계약서상의 명세와 일치하지 않는다는 것이었다.

제29조 (2)항에 의하면, 계약조항으로 인하여, 명세의 변경에 관한 구두합의는 그 자체로는 계약을 변경하는 효력이 없었다. 그러나 매수인의 구두동의는 행위를 구성하는 것으로 볼 수 있다. 매도인이 구두합의에 따라 2,000단위를 생산했다는 점을 볼 때, 매도인의 신뢰가 인정된다. 그러나 매도인이 신뢰한 범위

까지만 매수인은 계약조항을 원용할 수 없다. 그러므로 매수인은 그 이상의 생산에 대해서는 원래의 명세를 주장할 수 있다.

계약을 변경하는 합의는 반드시 서면이어야 한다고 당사자들이 약정하고서도, 당사자 간의 신뢰가 두터운 경우에는, 이러한 약정이 무시되는 경우가 더러 있다. 예를 들어, 의장도안의 변경은 반드시 서면에 의한다고 계약서에 명시하고서도 고객을 놓치지 않으려고 급히 구두로서 규격이나 색채 등의 변경을 요청하고 또한 상대방이 이를 감수했던 관행이 있었을 수 있다. 이러한 사정이 있는 경우에는 새삼스럽게 당사자 간의 최초의 서면합의의 유효성을 다시 주장할 수는 없다. 이는 영미법상 행위에 의한 금반언(estoppel by conduct)의 원칙을 적용한 결과이다. 행위에 의한 금반언의 원칙은 계약서상의 명시적인 규정에도 불구하고 사실상 행해진 행위에 대해서는 이를 신뢰한 상대방을 보호하자는 취지이므로 거래 시 이 점을 충분히 고려해야 한다. 만약 이러한 원칙의 적용을 원치 않는다면 이를 배제하는 특별규정을 계약서에 명시해야 한다.

2) 매도인의 의무

Article 30. The seller must deliver the goods, hand over any documents relating to them and transfer the property in the goods, as required by the contract and this Convention.

제30조 (매도인의 의무의 총괄) 매도인은 계약과 본 협약에 의하여 요구되는 바에 따라 물품을 인도하고, 물품에 관련된 서류를 교부하며, 또한 물품의 소유권을 이전하여야 한다.

주의사항 본 협약은 당사자의 계약에 중심적인 역할을 부여하고 있다. 이 조항은 도입조항으로서, 본 협약이 계약에 부여하는 이러한 역할을 명시적으로 규정한데 그 의의가 있다.

영미법상 매매란 매도인이 대금이라는 대가(consideration)를 받고서 물품의 소유권을 매수인에게 이전하거나 이전하기로 합의하는 것을 말한다. 따라서 매매계약에서 본질적으로 매도인에게 세 가지의 의무이행을 요구한다.

첫째, 매도인은 매수인에게 물품의 점유권을 이전해야 한다. 이는 곧 물품의 인도를 의미한다.

둘째, 매도인은 매수인에게 소유권(property or ownership)을 이전해야 한다.

셋째, 매도인은 매수인에게 물품의 위험을 이전해야 한다.

본 협약에서는 물품의 인도와 서류의 교부(제31조-제34조) 및 위험의 이전(제66조-제70조)에 대해서는 상세한 규정을 두고 있으나, 본 협약이 소유권주의에서 탈피하고 있으므로 물품의 인도시기와 위험의 이전시기를 소유권의 이전과는 무관하게 규정하고 있다.

국제거래에서는 물품의 인도와 대금의 지급이 동시에 일어나지 않으며 또한 물품의 인도에도 제3자인 운송인이 개입되고, 대금의 지급에도 제3자인 은행이 개입된다. 인도에도 현물인도와 서류인도가 있기 때문에 소유권의 이전시기를 논하는 것은 쉬운 일이 아니며 그 실익도 없다.

(1) 물품의 인도 및 서류의 교부

Article 31. If the seller is not bound to deliver the goods at any other particular place, his obligation to deliver consists:

(a) if the contract of sale involves carriage of the goods - in handing the goods over to the first carrier for transmission to the buyer.

(b) if, in cases not within the proceeding subparagraph, the contract relates to specific goods, or unidentified goods to be drawn from a specific stock or to be manufactured or produced, and at the time of the conclusion of the contract the parties knew that the goods were at, or were to be manufactured or produced at, a particular place - in placing the goods at the buyer's disposal at that place;

(c) in other cases - in placing the goods at the buyer's disposal at the place where the seller had his place of business at the time of the conclusion of the contract.

제31조 (물품인도장소) 매도인이 물품을 다른 특정한 장소에서 인도할 의무가 없는 경우에는, 그의 인도의무는 다음과 같다.

(a) 매매계약이 물품의 운송을 포함하는 경우 - 매수인에게 송부하기 위하여 물품을 최초운송인에게 인도한다.

(b) 전항의 규정에 해당되지 아니하는 경우로서 계약이 특정한 물품에 관련되어 있거나 또는 특정한 재고로부터 인출되어질 또는 제조 또는 생산되어질 불특정물에 관련되어 있으며, 또한 당사자쌍방이 계약체결 시에 그 물품이 특정한 장소에 있었다는 것을 또는 특정한 장소에서 제조 또는 생산될 것을 알고 있었던 경우 - 물품을 그 장소에서 매수인의 처분 하에 둔다.

(c) 기타의 경우 - 물품을 매도인이 계약체결 시에 영업소를 가지고 있었던 장소에서 매수인의 처분 하에 둔다.

주의사항 계약에서 매도인이 물품을 인도해야 할 장소를 명시하고 있지 않는 경우, 본 조에 의하여 그 답을 알 수 있다.

1. 구체적인 상황과 물품인도장소

(1) 운송을 포함하는 매매계약

모든 매매는 물품의 이동을 수반한다. 제31조 (a)항은 운송을 포함하는 계약에만 적용될 수 있다. 이는 매수인에게 송부하기 위하여 매도인으로부터 물품을 인도받은 운송인에 의한 운송을 의미한다. 이러한 문구는 매매당사자에 의하여 직접 운영되는 트럭과 같은 운송수단은 운송인에 포함되지 않음을 의미한다.

보통 계약서에는 운송인의 이용이 언급된다. 이러한 거래에는 제31조 (a)항이 적용되며, 이 때 매도인은 물품을 매수인에게 송부할 목적으로 최초운송인(first carrier)에게 물품을 인도함으로써 인도와 관련한 그의 의무를 완수한다. 특히 복합운송의 경우에는 복수의 운송인에 의하여 순차적으로 운송되기 때문에 매수인에게 송부할 목적으로 물품을 제1운송인에게 인도함으로써 매도인은 자신의 인도의무를 이행한다.

매도인이 운송인을 통하여 물품을 발송하는 경우 계약의 이행에 관한 규칙은 위험의 이전에 관한 본 협약상의 규칙과 서로 밀접하게 연관된다. 따라서 제67조 (1)항에는 매매계약이 물품의 운송을 포함하고 또한 매도인이 특정한 장소에서 이를 인도하여야 할 의무가 없는 경우에는, 위험은 매매계약에 따라 매수인에게 송부되기 위해서 물품이 최초운송인에게 인도되는 때에 매수인에게 이전 한다고 규정하고 있다.

판례에서는 CIF나 CFR조건하에서 매도인이 도착지까지의 운임을 지급하기로 확약하는 경우에조차도, 매도인은 물품이 선박에 선적되는 때에 그의 인도의무를 완수함과 동시에 또한 위험을 매수인에게 이전해 주었다고 본다. 또한 Incoterms는, 비록 매도인이 CPT조건 하에서 운송비(carriage)의 지급을 약속했다 하더라도, 매도인은 최초운송인의 관리 하에 물품을 인도했을 때 자신의 인도의무를 완수하고 또한 위험을 이전 한다라고 규정함으로써, 현대적인 운송관습을 반영하고 있다. 이는 FCA조건의 경우에도 마찬가지다. 이들은 모두 현실을 고려한 것이다. 운송 중에 발생한 물품의 손상은 보통 물품이 도착하여 개봉될 때 발견된다. 도착지에서는 물품을 구조하고 또한 운송인이나 보험자를 상대로 클레임을 제기함에 있어 매도인 보다는 매수인이 보다 유리한 입장에 있다. 특히 국제운송에서는 더욱 그러하다.

⑵ 운송을 포함하지 않는 매매

제31조의 ⒝항과 ⒞항은 운송을 포함하지 않고 또한 매도인이 특정한 장소에서 물품을 인도할 의무도 없는 매매에 적용된다. 이는 국제매매에서 매우 드문 경우이다. 이들 조항은 매도인과 매수인이 서로 비교적 가까이 있기 때문에 매수인이 직접 트럭을 운행하여 물품이 있는 장소나 혹은 매도인의 영업소로 오는 것이 편리한 경우에 적용될 수 있다. Incoterms상의 여러 정형거래조건 가운데 EXW조건이 여기에 해당한다. 계약에서 매수인이 물품의 수령을 위하여 지정된 장소까지 오도록 요구하는 경우, 매도인은 물품을 매수인의 처분 하에 둠으로(placing the goods at the buyer's disposal) 인도에 관한 계약상의 의무를 완수한다. 다만 매도인이 그의 계약상 의무를 완수했다는 사실이 반드시 물품의 위험이 매수인에게 이전했음을 의미하지는 않는다. 계약이 운송을 포함

하지 않는 경우에, 위험은 매수인이 물품을 수령할 때로부터 또는 물품을 수령하지 않음으로써 계약위반을 범하게 된 때로부터 매수인에게 이전한다(제69조).

2. 장소 및 시기에 관한 일반원칙의 역할

매도인이 인도에 관한 그의 계약적 의무를 이행했는지를 규정함에 있어 제31조는 적절한 역할을 해내고 있다. 대부분의 경우, 시간과 장소에 관한 문제는 하나의 문제로 귀착된다.

인도장소에 관한 규정은, 계약에서 침묵하고 있을 때, 수출승인이나 수출세와 같은 문제에 대한 책임을 할당하는데 유용하다. 예를 들어, 계약에서 매도인은 물품을 자신의 영업소에서 매수인의 처분 하에 두도록 규정하고 있다면 제31조 (b)항에 의하여, 매도인은 자신의 공장이나 창고에서 인도의무를 완수한다. 물품을 수거하고 수출을 위한 제반조치를 실행할 의무는 매수인이 부담한다.

Incoterms도 이와 유사한 접근방식을 반영하고 있는 바, EXW조건에 따르면 매수인은, 자신의 위험과 비용으로, 수출승인이나 수입승인 또는 기타의 공공인가를 취득하고 물품의 수출과 수입을 위한 세관절차를 수행하여야 한다(B2). 반면에, DDP조건에서는 매도인이 매수인의 국가에서 물품을 인도해야 하기 때문에 매도인이 이러한 비용을 부담해야 한다.

현대의 운송절차는 운송인이 물품을 수취하자마자 신속하게 운송하도록 요구한다. 이러한 절차가 수출통관에 관한 책임을 매도인에게 부여하는 관습을 낳았다. 그리하여 INOCTERMS는 FCA조건에서, 지정된 지점이 수출국의 내륙에 있을지라도, 매도인은 자신의 위험과 비용으로 수출승인이나 또는 기타의 공공인가를 취득하고 수출에 필요한 모든 통관절차를 수행하여야 한다(A2)고 규정하고 있다.

요컨대, 인도라는 개념만으로는 수출승인이나 수출세에 대한 책임이 누구에게 있느냐 하는 의문을 제거하지는 못한다. 따라서 당사자들은 계약에서 Incoterms를 준거로 하고 여기에 사용된 정형거래조건에 관한 해석을 따르는 것이 좋다.

Article 32. (1) If the seller, in accordance with the contract or this Convention, hands the goods over to a carrier and if the goods are not clearly identified to the contract by markings on the goods, by shipping documents or otherwise, the seller must give the buyer notice of the consignment specifying the goods.

(2) If the seller is bound to arrange for carriage of the goods, he must make such contracts as are necessary for carriage to the place fixed by means of transportation appropriate in the circumstances and according to the usual terms for such transportation.

(3) If the seller is not bound to effect insurance in respect of the carriage of the goods, he must, at the buyer's request, provide him with all available information necessary to enable him to effect such insurance.

제32조 (운송의 수배) (1) 매도인이, 계약 또는 본 협약에 따라, 운송인에게 물품을 인도하는 경우에 있어, 그 물품이 물품상의 화인에 의하여 또는 선적서류 또는 기타의 방법에 의하여 그 계약에 명확하게 특정되어 있지 아니한 경우에는, 매도인은 물품을 특정하는 탁송통지서를 매수인에게 송부하여야 한다.

(2) 매도인이 물품의 운송을 수배하여야 하는 경우에는, 매도인은 사정에 따라 적절한 운송수단에 의하여 또한 그러한 운송을 위한 통상적인 조건으로 지정된 장소까지의 운송에 필요한 계약을 체결하여야 한다.

(3) 매도인이 물품의 운송과 관련하여 부보하여야 할 의무가 없는 경우에는, 매도인은, 매수인의 요청에 따라, 매수인이 그렇게 부보할 수 있도록 하는데 필요한 모든 입수가능한 정보를 매수인에게 제공하여야 한다.

주의사항 국제매매에서는, 통상적으로, 매도인은 매수인에게 물품을 송부하기 위하여 이를 최초운송인에게 인도함으로써 그의 인도의무를 완수한다. 만약 당사자

간에 어떤 합의(당사자 사이의 관습과 관행을 포함)가 있으면 이것이 가장 중요하다. 그러나 운송의 수배에 관한 합의가 없는 경우에는 제32조가 적용된다.

1. 선적과 물품의 특정

계약체결 시에는 보통 공급될 물품이 구체적으로 특정되지 않는 바, 매도인은 그때까지 합의된 ·품질과 성질에 일치하는 물품을 공급할 수 있다.

제32조 (1)항은 이와는 다른 문제 즉 물품을 선적하는 매도인의 매수인에 대한 필요한 정보제공의무를 다루고 있다. 특히 매도인이 신용장에 명시된 서류를 제시하고 대금을 지급받는 경우에는, 종종 계약서에서 매도인이 보험계약을 체결하고 대금 지급 시에 보험증권이나 보험증명서를 양도하도록 규정한다. 그러나 경우에 따라서는, 매수인이 운송중인 물품을 부보할 필요가 있을 수도 있다. 이때에는, 비록 포괄보험을 통하여 매수인이 위험을 담보하는 경우이긴 하지만 그 매수인은 어떠한 물품이 운송되어 오고 있는지를 분명히 알아야 한다.

통상적으로, 특정은 운송인이 발행하는 서류 - 화물탁송장 또는 선화증권 - 에 매수인을 지정함으로써 이루어진다. 즉, 선적서류의 점유를 통하여 물품의 인도를 통제하는 경우에(예를 들어, 선적서류가 지시식 또는 유통성 선화증권인 경우), 선적서류에는 운송인이 화물의 도착을 통지해 주어야 할 자로서 notify party 난에 매수인을 기재한다. 또한, 비록 선적서류를 통하여 매수인과 물품이 연결되지 않는다 하더라도, 물품에 화주를 입증할 수 있는 표식을 직접 표시함으로써 특정이 가능하다. 만약 물품이 이러한 방법들 중의 어느 하나를 통하여 분명히 특정되지 않는 경우에는 제32조 (1)항에 따라 매도인은 물품을 특정하는 탁송통지서를 매수인에게 송부하여야 한다.

2. 운송의 수배

제(2)항은 매도인이 물품의 운송을 수배하여야 하는 경우에 적용된다. 운임율이 증가될 위험이나 선복(선복)의 이용이 불가능할 위험에 대해서는 이를 비록 매수인이 부담하는 경우에도, 계약에서는 매도인이 선적을 수배하도록 요구할 수 있다. 실무적으로는 운송특약부 FOB계약이나 CIF 및 CFR계약에서 매도인은 운송수배의무가 있다. 제32조 (2)항은 단지 적절한 운송계약을 체결해야 한다는 매도인의 의무를 조문화(조문화)한 것에 불과하다. 그러나 이러한 의무를 이행하지 못하면 이는 계약위반이다. 이에 따른 구제는 위반의 심각성에 달려있다.

Article 33. The seller must deliver the goods:

(a) if a date is fixed by or determinable from the contract, on that date;

(b) if a period of time is fixed by or determinable from the contract, at any time within that period unless circumstances indicate that the buyer is to choose a date; or

(c) in any other case, within a reasonable time after the conclusion of the contract.

제33조 (인도시기) 매도인은 다음의 시기에 물품을 인도하여야 한다.

(a) 기일이 계약에 의하여 지정되어 있거나 또는 결정될 수 있는 경우에는, 그 기일에,

(b) 기간이 계약에 의하여 지정되어 있거나 또는 결정될 수 있는 경우에는, 매수인이 기일을 선택할 것이라는 사정이 나타나 있지 않은 한, 그 기간 내의 어떠한 시기에, 또는

(c) 기타의 모든 경우에는, 계약체결 후 합리적인 기간 내에.

주의사항 (a)항의 규정은 제6조와 제30조상의 일반원칙을 다시 한 번 강조한 것이다. 본 협약상의 대부분의 조항들은 당사자의 의무가 계약과 일치해야 한다고 장황하게 되풀이하여 규정하지 않는다. 그러나 일부 조항들에서는 대개는 계약으로 다룰 수 있는 사항들을 상세하게 규정하고 있다. 이는 계약의 역할이 지배적이라는 점을 강조하는 것이며 또한 타당하다고 생각된다(제34조, 제35조 (1)항, 제41조).

(b)항은, 매도인과 매수인이 계약에서 누가 정확한 인도시기를 선택할 것인지를 약정하지 않은 경우에 적용된다. 만약 매도인이 기일을 선택할 수 있다고 한다면 이는 보다 복잡한 매도인의 의무 즉, 물품의 인도를 위해서 매도인이 물품을 조달 또는 생산하고 또한 포장하며 기타 다른 계약을 체결해야 한다.

Article 34. If the seller is bound to hand over documents relating to the goods, he must hand them over at the time and place and in the form required by the contract. If the seller has handed over documents before that time, he may, up to that time, cure any lack of conformity in the documents, if the exercise of this right does not cause the buyer unreasonable inconvenience or unreasonable expense. However, the buyer retains any right to claim damages as provided for in this convention.

제34조 (물품에 관한 서류) 매도인이 물품에 관한 서류를 교부하여야 할 의무가 있는 경우에는, 매도인은 계약에서 요구되는 시기와 장소 및 형식에 따라 서류를 교부하여야 한다. 매도인이 계약에서 요구된 시기 이전에 서류를 교부한 경우에는, 매도인은, 그 시기까지는, 서류상의 모든 결함을 보완할 수 있다. 다만 이러한 권리의 행사가 매수인에게 불합리한 불편이나 불합리한 비용을 야기하지 아니하여야 한다. 그러나 매수인은 본 협약에서 규정된 바에 따라 손해배상을 청구할 권리를 보유한다.

주의사항 매도인이 대금후불조건으로 물품을 인도해 줄 만큼 매수인에 대해 잘 알지는 못하는 경우에는, 유통성 또는 지시식 선화증권과 같은 물품의 인도를 상징하는 서류를 이용하여 대금과 물품이 교환되도록 약정할 수 있다(제58조 참조).

이와 같은 서류를 통한 물품과 서류의 교환은 무역관습에 관한 표준규칙이나 국내법에 의해서도 인정되는 바이다.

매도인이 대금후불조건으로 물품을 인도하는 경우에도 계약(관습과 관행을 포함)에서 보험증권이나 상업송장과 같은 서류의 인도를 추가적으로 요구할 수 있다.

제34조 제1문은 매도인이 서류교부가 있는 경우에 그 시기와 장소 및 형식에 따라야 함을 규정한 것이다. 제34조의 물품의 인도에 하자가 있는 경우에 이를 보완할 수 있는 매도인의 권리는 서류의 인도에 까지 확대된다는 점을 규정한 것이다 인도기일전에 하자있는 인도를 제공한 매도인은 누락분을 인도하거나,

수량의 부족을 보충하거나, 대체품을 인도하거나 또는 물품의 불일치를 시정할 수 있다(제37조). 이러한 표현들이 서류에 까지 확대된다고 추정하는 것은 어렵다고 보고 조문화한 것이다.

한편 참고로 신용장거래에서도 개설은행은, 개설의뢰인과 교섭하는 방식이 아닌 방법으로 즉 수익자와 직접 교섭함으로써, 지정된 서류심사기간 이내에 불일치한 서류의 하자의 보완을 요구할 수 있다.

(2) 물품의 불일치와 제3자의 클레임

Article 35. (1) The seller must deliver goods which are of the quantity, quality and description required by the contract and which are contained or packaged in the manner required by the contract.

(2) Except where the parties have agreed otherwise, the goods do not conform with the contract unless they:

(a) are fit for the purpose for which goods of the same description would ordinarily be used;

(b) are fit for any particular purpose expressly or impliedly made known to the seller at the time of the conclusion of the contract, except where the circumstances show that the buyer did not rely, or that it was unreasonable for him to rely, on the seller's skill and judgement;

(c) possess the qualities of goods which the seller has held out to the buyer as a sample or model;

(d) are contained or packaged in the manner usual for such goods or, where there is no such manner, in a manner adequate to preserve and protect the goods.

(3) The seller is not liable under subparagraphs (a) to (d) of the preceding paragraph for any lack of conformity of the goods if at the time of the conclusion of the contract the buyer knew or could not have been unaware of such lack of conformity.

제35조 (물품의 일치성) (1) 매도인은 계약에서 요구되는 수량, 품질 및 명세에 일치하고 또한 계약에서 요구되는 방법으로 용기에 담기거나 또는 포장된 물품을 인도하여야 한다.

(2) 당사자가 달리 합의한 경우를 제외하고, 물품이 다음과 같지 아니하다면, 그 물품은 계약과 일치하지 아니하다.

(a) 물품이 이와 동일한 명세의 물품이 통상적으로 사용되는 목적에 적합할 것.

(b) 물품이 계약체결 시에 명시적 또는 묵시적으로 매도인에게 알려져 있는 어떠한 특정한 목적에 적합할 것. 다만, 사정으로 보아 매수인이 매도인의 기량과 판단을 신뢰하지 않았거나 또는 이를 신뢰함이 불합리했던 경우에는 그러하지 아니하다.

(c) 물품이 매도인이 견본 또는 모형으로서 매수인에게 제시한 물품의 품질을 보유할 것.

(d) 물품이 그러한 물품에 대해서는 통상적인 방법으로, 또는 그러한 방법이 없는 경우에는, 그 물품을 보존하고 보호하는데 적절한 방법으로 용기에 담기거나 또는 포장되어 있을 것.

(3) 매수인이 계약체결 시에 물품의 불일치를 알고 있었거나 또는 모를 수가 없었던 경우에는, 매도인은 물품의 불일치에 대하여 전항 (a)호 내지 (d)호에 따른 책임을 지지 아니한다.

1. 품질에 관한 규정의 역할

대부분의 매매분쟁은 물품이 계약에 일치하는지에 대한 의견불일치로 인하여 발생하게 된다. 대부분의 경우, 이러한 분쟁은 단지 물품의 상태가 어떠했는가?라는 사실의 문제를 제기한다. 그러나 단지 물품을 구체적인 계약조건에 비추어 봄으로써 품질에 관한 분쟁을 해결할 수는 없다. 왜냐하면 주문이 정기적이거나 신속한 선적이 요구되는 경우에, 당사자들은 거래와 관련되는 기본적인 기대사항을 계약서에 명시하려는 시도조차 하지 않는다.

물론 당사자들은 이러한 사항들은 너무나 분명하기 때문에 굳이 말할 필요가 없다고 생각할 수 있다. 따라서 법원이나 입법자는, 계약당사자들이 계약조항에 작성하여야 할 사항을 일반적인 용어로 규정하고자 노력해야 한다.

국내법은 이 문제를 각기 다른 방식으로 다룬다. 미국법에서는 품질에 관한 매도인의 의무를 담보(warranty)라 부르며, 이를 명시적 담보(express warranty)(UCC 제2-313조)와 판매적격품질에 관한 묵시담보(implied warranty of merchantable quality)(UCC제 2-314조) 및 특정목적적합성에 관한 묵시담보(implied warranty of fitness for a particular purpose)(UCC 제2-315조)로 나누어 다루고 있다.

영국 물품매매법은, 일반적으로, 당사자들의 명시적 약정을 일반계약법에 위임하지만, 품질과 적합성에 대해서는 제14조에서 묵시적 조건(conditions)과 담보(warranties)를 설정한다. 다른 법계는 다른 개념을 사용하고 있다. 프랑스식 모형에 기초한 법들은 품질문제를 잠재적 하자(vices cachés)와 외관상의 하자(vices apparents)를 구별하는 방식으로 이를 가볍게 다루고 있다.

2. 본 협약의 규정

(1) 계약에서 추정되는 묵시적 사항

제(1)항은 당사자들은 계약에 따라야 한다는 점을 강조하고 있다. 제35조 (2)항 (a)호는 물품의 명세에 내재하는 어떤 기대에 법적인 효력을 부여한 것이다.

① 통상적 목적과 특정목적

제⑵항 (a)호는 품질에 관한 매도인의 책임을 정하기 위하여 개발된 가장 명료한 생각을 구현한 것이다. 상거래법은 품질의 기준을 규정하지 않는다. 즉, 상거래법은 소비자에게 전매하기 위한 새 자동차의 매매뿐만 아니라 폐차하기 위한 자동차의 매매도 또한 수용한다. 당사자들은 직접 계약서에 상세하게 명시함으로써 품질에 관한 문제를 해결하는 것이 보통이지만, 일상적인 거래에서 당사자들은 이를 불필요하다고 생각하며 또한 말할 필요도 없는 것으로 생각한다. 이러한 상황에서는, 계약을 해석함에 있어 그 매매를 통하여 달성하고자 하는 기대에 비추어 계약명세(contract description)의 의미를 찾아야 한다.

모든 물품은 사용을 위하여 구매된다. 원료는 가공을 위하여 구매되며, 기계는 생산을 위하여 구매되고, 상품은 사용이나 전매를 위하여 구매된다. 이러한 물품에 대하여 입법자가 직접 상세하고도 법 기술적인 물품명세를 개발하여 법규화할 수는 없다. 따라서 (2)항 (a)호는 동일한 명세의 물품이 통상적으로 사용되는 목적에 적합한지 여부를 묻고 있다.

⑵항 (a)호는 매도인의 영업소에서 통용되고 있는 것을 기준으로 삼고 있는지 아니면 매수인이 물품을 사용하고자 하는 장소에서 통용되고 있는 것을 기준으로 삼고 있는지에 관하여 학자들의 의견이 일치되지 않고 있다.

특정 목적의 적합성에 관해서는 다음의 예시로 살펴본다.

사례 매수인은 드릴 제조업자인 매도인에게 다음과 같이 서신을 보냈다. (크기를 정해주면서) 탄소강판에 구멍을 뚫을 수 있는 드릴 한 세트를 선적해 주시오. 매도인은 매수인이 지정한 크기의 드릴 한 세트를 매수인에게 선적해 보냈다. 그 드릴은 보통의 강철에 구멍을 뚫기에는 만족스러웠으나 탄소강은 뚫기에는 충분하게 견고하지 못했다.

위의 예시에서, 제(2)항 (b)호의 범주에 속하는 대부분의 매매에서와 마찬가지로, 드릴의 선적으로 인하여, 선적된 그 드릴은 매수인의 주문서에 명세되어 있는 기준을 만족시킬 것이라는 이해(understanding)의 성립이 인정된다(제8조 (2)항 및 제8조 (3)항)고 결론내릴 수 있다. 즉 제35조 ⑴항은 이러한 이해를 바탕으로 하는 물품의 일치를 요구하는 것이다.

제(2)항 (b)호의 구조로 보아 매도인은 계약체결 시에 매수인의 특정목적(特定目的)을 알고 있었고 또한 물품이 그 목적에 적합하지 않았다는 점을 매수인이 입증하는 경우에, 법원은 사건을 추정적 사건(prima facie case; 반증이 없는 한 소(訴)가 제기된 바대로 판결을 내릴 수 있는 증거를 일단은 갖추고 있음이 인정되는 사건)이라고 결론내릴 수 있다. 이 때, 매도인은 매수인이 자신의 기량이나 판단을 신뢰하지 않았거나 또는 신뢰하는 것이 불합리했다는 것을 입증할 책임을 진다. 위의 사례에서 매도인은 매수인의 신뢰가 없었음을 입증하기가 어렵다. 드릴 제조업자인 매도인은 매수인보다 드릴의 절단력을 더 잘 알았을 것이고, 또한 매수인은 매도인이 탄소강을 절단할 수 있는 드릴을 선택하거나 아니면 그러한 드릴을 가지고 있지 않다고 자신에게 통지해줄 것이라고 신뢰했다. 결국 제35조 (2)항 (b)호의 요지는 매도인이 명시된 목적에 적합한 물품을 선택하여 제공하리라는 점에 대한 매수인의 신뢰가 이미 알려져 있다고 보아야 한다.

② 견본 또는 모형으로 제시된 물품

매도인이 물품을 매수인에게 견본 또는 모형으로서 제시한 경우, 매도인은 물품이 그러한 견본이나 모형에 일치할 것이라는 이해(understanding)를 성립시킨 것이다(제8조). 따라서 제35조 (2)항 (c)호는 (1)항에 의하여 그 효과가 부여되는 계약적 이해(contractual understanding)를 조문화한 것이다. 이는 (2)항 (b)호보다는 훨씬 분명하다.

③ 포장

매도인의 변호사들은 물품의 품질에 관한 매도인의 의무(묵시적 담보)가 용기(container) 또는 포장(package)에 까지 확대되지는 않는다고 주장하기로 한다.

매도인의 계약적 의무가 포장에까지 확대되는가는 제35조 (2)항 (d)호에 의한다. 즉, 물품은 그러한 물품에 대한 통상적인 방법으로 용기에 담기거나 포장되어야한다. 통상적이라는 기준을 사용하고 있기 때문에 합리적인 기대에 효과를 부여하며, 또한 제35조 (2)항 (a)의 접근방식(통상적인 사용)이나 계약의 일반적인 해석원칙(제8조 (3)항 및 제9조 (2)항)과도 조화된다.

그러나 이러한 문구가 산화물이나 신형자동차와 같이 포장 자체가 통상적이지 않은 경우에 까지 포장을 요구하는 것으로 해석되어서는 안 된다. 또한 포장은 전례 없는 충격이나 위험을 견디어 낼 수 있어야 한다는 것도 아니다. 포장의 보호수준은 그 물품과 위험도가 비슷한 물품에 대한 통상적인 보호를 의미한다.

(2) 계약체결시의 물품상태

구체적인 특정물(identified goods)인 물품을 매수인이 직접 검사한 후에 구매하기로 합의하는 매매가, 제(3)항의 범주에 들어가는 가장 명백한 사안이다.

제(3)항은 매수인이 계약체결 시에 물품의 상태를 모를 수 없었던 경우에 적용된다.

당사자가 알았어야 했던 사실은 당사자가 조사 또는 문의해 보아야 하는 경우에, 실제로 조사 또는 문의를 행함으로써 밝혀질 수 있는 사실을 포함한다. 그러나 모를 수 없었던 사실에 기초하는 의무는 조사의무를 부과하지 않는다. 즉, 이는 볼 수 있는 눈을 가진 사람의 눈앞에 있는 사실이다. 당사자가 알고 있는 사실을 기준으로 삼는 조항과 당사자가 모를 수 없었던 사실을 기준으로 삼는 조항 사이에 실제적인 차이는 별로 없다.

사례 매도인이 다음과 같이 청약했다. 본인은 1등급품질의 마닐라삼을 200포 구입했다. 이 삼은 현재 싱가폴에서 리버풀로 운송 중에 있다. 본인은 이 삼을 ex ship Liverpool 조건으로 포당 100파운드의 가격에 매도하고자 청약한다. 매수인은 이를 승낙하고 약정된 대금을 지급했다. 삼이 리버풀에 도착했다. 그런데 싱가폴에서 선적되기 전에 이미 물에 의해 크게 손상당했었고 그리하여 매도인이 이 삼을 구입하기 전에 이미 1등급이 아닌 6등급이었으며 또한 마닐라삼의 통상적 용도로는 부적합했음이 그 후에 밝혀졌다. 매도인은 이 마닐라삼의 상태가 좋지 않았던 점을 몰랐고 또한 알 수도 없었다.

이 같은 경우, 매도인은 삼이 1등급의 품질이라는 진술을 했다. 그러나 이는 비록 선의였지만 중요한 허위진술이었다. 이 진술은 매수인과의 계약의 일부라고 보아야 한다. 또한 이 진술은 제35조 (1)항 및 (2)항 (a)호에 따라 매도인의 계약의 일부로서 법적인 효력이 주어지는 명세(description)였다. 실제로 그러한 진술은 제35조에 규정된 품질에 관한 매도인의 의무의 다른 측면과의 분리가 불가능하다.

Article 36. (1) The seller is liable in accordance with the contract and this Convention for any lack of conformity which exists at the time when the risk passes to the buyer, even though the lack of conformity becomes apparent only after that time.

(2) The seller is also liable for any lack of conformity which occurs after the time indicated in the preceding paragraph and which is due to a breach of any of his obligations, including a breach of any guarantee that for a period of time the goods will remain fit for their ordinary purpose or for some particular purpose or will retain specified qualities or characteristics.

제36조 (물품의 손상과 일치성에 미치는 효과) (1) 매도인은 위험이 매수인에게 이전하는 시점에 존재하는 불일치에 대하여 계약 및 본 협약에 따른 책임을 지며, 이는 비록 그 불일치가 그 시점 이후에 밝혀지더라도 마찬가지다.

(2) 매도인은 또한 불일치가 전항 소정의 시점 이후에 발생하더라도 그것이 그의 의무위반에 기인하는 경우에는 이에 대한 책임을 지며, 그의 의무위반에는 일정한 기간 동안 그 물품이 그 물품의 통상적인 목적 또는 어떠한 특정한 목적에 적합하게 유지될 것이라는 보증이나 또는 특정한 품질 또는 특질을 보유할 것이라는 보증의 위반이 포함된다.

주의사항

1. 위험이전시의 계약일치성

운송 중에 손상으로 인하여 물품이 양호하지 못한 상태로 도착하였다면 물품이 계약과 불일치한 것인지 제36조 (1)항의 일반원칙을 다음의 예시로 살펴본다.

사례 매매계약에 의하면 매도인(시애틀에 있다)이 매수인에게 1등급품질의 백맥분을 FOB Seattle조건으로 선적하기로 되어 있었다. FOB조건에 의하면, 특약이 없는 한 제67조 (1)항의 규정과 마찬가지로, 운송중인 물품의 멸실(손상)위험은 매수인이 부담한다. 매도인은 계약과 일치하는 백맥분을 선적했으나 운송도중에 해수에 의하여 손상되었고 그리하여 매수인(봄베이에 있다)에게 도착했을 때에는 1등급이 아닌 4등급이었다. 매수인은 물품이 계약에서 정한 품질과 일치하지 않는다고 주장했다.

제36조 (1)항에 의하여, 위험이 매수인에게 이전하는 시점에 물품이 계약과 일치했기 때문에 매도인은 계약을 준수했다. 반면에, 계약에 의하여 매도인이 운송중의 위험을 부담했다면(예를 들어, 봄베이항 착선인도조건(Delivered Ex Ship Bombay)), 물품의 불일치에 근거한 매수인의 클레임은 정당했을 것이다.

물품이 이와 동일한 명세의 물품이 통상적으로 사용되는 목적에 적합해야 한다는 제35조 (2)항 (a)호의 요건을 만족하지 못하는 경우를 포함하여, 잠재적인 하자가 차후에 드러난 경우에도 매수인은 보호된다.

2. 계약적 보증의 효과

제36조 (2)항은 어떤 보증은 인도이후 까지도 연장되는 확약을 포함한다는 사실을 반영한 것이다. 예를 들어, 인도된 물품을 일정한 기간 동안 수리해 주기로 약정하는 계약이나 일정한 기간 동안은 물품이 정상적으로 작동할 것이라는 보증(예를 들어, 2년간, 10,000마일, 기타)이 있다. 이러한 보증 하에서는 위험이 이전할 때 불일치가 있었다는 점을 매수인이 입증할 필요는 없다.

그러나 제(2)항의 효과는 계약에 달려있다. 매도인의 보증이 매수인이 물품을 보호·관리하지도 못한 경우까지 매수인을 보호해 주리라고 기대할 수는 없다. 따라서 보증은 재료나 기술상의 결함으로 인한 불이행에 대해서만 적용된다.

Article 37. If the seller has delivered goods before the date for delivery, he may, up to that date, deliver any missing part or make up any deficiency in the quantity of the goods delivered, or deliver goods in replacement of any non-conforming goods delivered or remedy any lack of conformity in the goods delivered, provided that the exercise of this right does not cause the buyer unreasonable inconvenience or unreasonable expense. However, the buyer retains any right to claim damages as provided for in this Convention.

제37조 (인도기일전의 보완권) 매도인이 인도기일 이전에 물품을 인도한 경우에는, 매수인에게 불합리한 불편이나 불합리한 비용을 야기하지 아니하는 한, 매도인은 그 기일까지는 인도된 물품의 누락분을 인도하거나 수량의 부족을 보충하거나, 또는 인도된 불일치한 물품에 갈음하는 물품을 인도하거나, 또는 인도된 물품의 불일치를 시정할 수 있다. 그러나 매수인은 본 협약에서 규정된 바의 손해배상을 청구할 권리를 보유한다.

주의사항 계약의 파괴는 고통과 경제적인 낭비를 수반한다. 매도인이 매수인의 특별한 요구를 충족시키기 위하여 복잡한 기계를 제조했으나 기계에 치유가 가능한 하자가 있다면 이 경우 매수인은 계약을 해제할 수 있는지 살펴본다.

제25조를 해설하면서, 대부분의 경우에, 계약의 해제(제49조, 제51조, 제64조)는 본질적 계약위반을 근거로 해야 한다는 점을 보았다. 또한 이행 중에 하자를 보완함으로써 해제를 예방할 수도 있다.

본 협약에는 두 개의 보완조항이 있다. 제37조는 인도기일까지 보완을 허용한다. 그리고 제48조는, 제한된 상황 하에서, 인도일 이후에도 보완을 허용한다.

1. 보완이 가능한 불일치의 유형

(1) 서류의 불일치와 물품의 불일치

제34조는 제37조와 유사하며 매도인에게 서류상의 불일치를 보완할 수 있는 권리를 부여한다. 제37조는 물품에 존재하는 각종 유형의 불일치에 적용된다. 예를 들어, 매도인은, 기계의 누락된 부분을 포함하여, 누락된 물품(missing goods)을 공급할 수 있다. 불일치한 물품은 이를 교체(replacement)함으로써 또는 하자있는 부분을 수리하여 불일치를 시정(구제)(remedying)함으로써 보완할 수 있다.

보완(cure)이 매수인에게 불합리한 불편이나 비용을 유발하는 경우에는 이러한 조치들 중에서 어느 것도 이용할 수 없다. 예를 들어, 매도인의 수리작업으로 인하여 매수인의 조립작업이 심하게 방해받는 경우에는 매수인은 기계수리의 제의를 거절할 수 있다. 이러한 상황에서는 기계의 신속한 대체만이 허용된다.

매매계약에는 가끔, 예를 들어, 6월중과 같이 매도인이 인도할 수 있는 기간이 정해진다. 매도인이 6월 10일에 인도하는 경우, 제37조 하에서, 매수인에게 불합리한 불편이나 비용을 야기하지 않는다면 6월 20일에도 보완이 허용된다. 이 경우에는 인도기일은 6월 30일이다.

제48조는 보다 엄격하며, 손해배상책임을 전제로, 인도일 이후의 보완을 규율한다. 따라서 제48조는 6월 30일 이후에 보완하는 것을 말한다.

(2) 유추적인 상황과 보완

제34조, 제37조 또는 제48조에 명시된 상황 외에도 보완이 유용할 수 있는 추가적인 상황이 더 있다. 제41조와 관련하여, 제3자가 물품의 소유자로서의 이익을 요구하는 경우가 있다. 또한 제42조하에서 특허권, 저작권 또는 상표권과 같은 지적재산권에 기초한 제3자의 클레임으로부터 발생할 수 있다. 매수인이 이러한 클레임에 관하여 통지할 때(제43조 (2)항), 매도인은 특허권자나 상표권자와 화해하거나 혹은 근거 없는 클레임을 제기한데 대한 지급금지명령(injunction)을 확보함으로써 또는 자신이 제공한 유치권이나 기타의 담보권을 만족시켜 줌으로써 그 문제를 신속하게 해결할 수 있다.

2. 보완이 해제에 미치는 효과

(1) 본질적 계약위반에 대한 계약해제

'불합리한 불편이나 비용에 관한 규정'은 인도기일전의 하자보완권에 대한 유일한 제한이다. 매도인의 보완권은 만약 보완이 없다면 본질적 계약위반에 해당하게 될 중대한 결함 또는 하자에까지 확대된다. 따라서 매도인이 보완하지 않을 것이 확실하지 않은 한, 매수인은 인도기일이 경과하기 전에는 계약을 해제할 수 없다.

본 조에 따른 매도인의 보완권은 이행기전의 계약위반을 이유로 하는 계약해제권(제72조)을 제한한다. 왜냐하면, 제72조에는 이행기전에 어느 일방이 본질적 계약위반을 범할 것이 분명할 때에만 계약의 해제를 인정하기 때문이다.

⑵ 약간 불완전한 보완

계약에 의하면, 매도인은 6월 1일 이내에 1등급 품질의 정제백설탕 100포를 인도해야만 했다. 매수인은 설탕 중개상이다. 5월 15일에 매도인은 설탕 100포를 매수인에게 인도했다. 그런데 이 설탕에는 불순물이 들어 있었고 따라서 재매각이 불가능했다. 매수인은 이를 즉시 매도인에게 통지했다. 그리하여 5월 25일에 매도인은 100포를 새로이 인도 제공하여 10일전(5월 15일)에 인도했었던 100포를 교환해 주려고 했다. 두 번째로 인도된 설탕은 99포가 계약에 일치하는 것이었고 단지 1포만이 2등급으로서 15%를 할인함으로써 매수인이 재매각할 수 있는 것이었다. 매수인은 5월 25일에 제공된 설탕전부를 거절했다. 거절이유는 설탕이 계약과 완전히 일치하지는 않는다는 것이었다.

단지 한 포대의 불일치는 본질적 계약위반이 아니라는 가정 하에서, 만약 그것이 최초의 변제제공이었다면 매수인이 선적물품 전체를 거절할 수는 없었을 것이다(제51조 ⑵항). 반면에, 만약 5월 25일의 두 번째의 인도가 최초의 변제제공으로서 거절될 수도 있었다면, 물품이 보완의 하나로서 인도되었을 때에도 매수인이 이를 거절할 수 있다. 제37조는 보완이 완전해야 하는지 여부에 대하여 분명한 대답을 주지 않고 있다.

그러나 보완이 매수인에게 불합리한 불편이나 비용을 유발하지 않는 한, 모든(any) 부족이나 불일치를 보완할 수 있도록 허용하고 있는 제37조의 압도적인 표현과 매수인의 손해배상청구권을 존속시킨 제37조의 마지막 문장으로 보아 두 번째의 변제제공이 완전할 필요는 없음을 알 수 있다. 5월 15일자의 인도를 수령할 때의 불편과 5월 15일자의 선적을 5월 20일자의 인도와 교환할 때의 불편 및 2등급 품질의 설탕 한 포대를 처분(또는 거절)해야 하는 부담 등은 보완이 매수인에게 불합리한 불편이나 비용을 유발하는지 여부를 판단하는 기준이 될 수 있다. 그러나 만약 두 번째의 인도에 이러한 제한이 적용되지 않는다면, 제37조는 매도인이 상기의 예제에 기술된 두 번째의 인도를 행할 수 있도록 허용한다고 생각된다. 물론 매수인은 교환 중에 발생한 비용과 한 포대의 설탕의 불일치 때문에 발생한 비용을 회복할 수 있다.

Article 38. (1) The buyer must examine the goods, or cause them to be examined, within as short a period as is practicable in the circumstances.

(2) If the contract involves carriage of the goods, examination may be deferred until after the goods have arrived at their destination.

(3) If the goods are redirected in transit or redispatched by the buyer without a reasonable opportunity for examination by him and at the time of the conclusion of the contract the seller knew or ought to have known of the possibility of such redirection or redispatch, examination may be deferred until after the goods have arrived at the new destination.

제38조 (물품검사시기) (1) 매수인은 그 사정에 비추어 실행가능한 한 짧은 기간 내에 물품을 검사하거나 또는 물품이 검사되어지도록 하여야 한다.

(2) 계약이 물품의 운송을 포함하는 경우에는, 검사는 물품이 목적지에 도착한 이후까지 연기될 수 있다.

(3) 물품이 매수인에 의한 검사를 위한 합리적인 기회도 없이 매수인에 의하여 운송 중에 목적지가 변경되거나 또는 전송되고, 또한 계약체결 시에 매도인이 그러한 변경이나 전송의 가능성을 알았거나 또는 알았어야 했던 경우에는, 검사는 물품이 새로운 목적지에 도착한 이후까지 연기될 수 있다.

1. 검사시기의 의의

매수인이 물품의 수량부족 또는 하자를 발견한 경우에 있어 이에 대한 매도인의 책임을 묻기 위해서는 매수인은 두 가지의 의무 즉, 수령한 물품을 지체 없이 검사할 의무(제38조 (1)항)와 나아가 검사결과 발견한 수량부족 또는 하자를 지체 없이 매도인에게 통지할 의무(제39조 (1)항)를 다해야 한다. 이것이 오늘날 국제거래의 관행이다.

제38조는 매수인이 얼마나 신속하게 물품을 검사해야 하는지를 규정한다. 이 규정은 타 조항들에 의하여 그 법적인 효과가 주어진다. 즉 제39조 (1)항은

매수인이 불일치를 발견했어야 했던 때로부터 상당한 기간 내에 그 불일치를 매도인에게 통지하지 못한다면 매수인은 권리를 상실하도록 규정하고 있다. 또한 제49조 (2)항 (b)호는 매수인은 매도인의 계약위반을 알았거나 알았어야 했던 때로부터 합리적인 기간이 지난 후에는 계약해제권을 상실하도록 규정하고 있다.

이러한 조항들 하에서 본 조는 매우 중요하다. 왜냐하면, 본 조는 매수인이 하자를 발견했어야 했던 시기를 정하고 있기 때문이다.

2. 검사시기

(1) 전송

만약 운송중 목적지의 변경이나 또는 전송으로 인하여 운송으로 소비되는 기간이 늘어나고 또한 매도인이 이러한 가능성을 알았거나 알았어야 했다면, 그 기간 동안 만큼은 검사 시기를 연기시켜 준다.

(2) 사정에 비추어 실행가능한 검사

제38조는 모두 (1)항에 규정된 기준에 따른다. 즉, 검사는 반드시 그 사정에 비추어 실행 가능한 짧은 기간내에 행해져야 한다. 이러한 기준은 시기적절한 검사의 중요성을 강조하기 위한 것으로서 이는 제39조가 요구하는 하자에 대한 적절한 통지를 위하여 필요한 사전단계이다. 적절한 통지는 매도인으로 하여금 견본을 취하거나 또는 물품의 상태에 관한 증거를 보존하기 위한 기타의 조치를 취할 수 있도록 하는데 필요하다.

사례 매매계약에 의하면 매도인은 500갤론의 크롤린을 캔으로 밀봉된 금속 컨테이너에 적입하여 매수인에게 인도해야만 했다. 만약 밀봉이 개봉되면, 크롤린은 신속히 사용되어야 한다. 그렇지 않으면 증발해 버린다. 6월 1일에 계약물품이 매수인에게 인도되었다. 매수인은 캔의 수를 세어보지도 내용물을 시험해보지도 않고서 컨테이너를 자신의 창고에 보관했다. 9월 1일에 매수인은 화공공정에 그 크롤린을 사용하기 위해 컨테이너를 개봉했다. 이 때 크롤린이 400갤론 밖에 되지 않으며 또한 200갤론은 계약과 일치하지 않음을 발견하고는 이를 즉시 매도인에게 통지했다.

이러한 상황에서는, 비록 매수인이 소정의 기간내에 캔의 개수를 점검하지는 못했으나 내용물에 대해서는 사정에 비추어 실행 가능한 조기에 검사하였어야 한다.

제38조 (1)항에 규정된 실행 가능성에 대한 일반적 기준은 계약이 운송을 포함하는 경우에도 그대로 적용된다(제38조 (2)항). 계약이 운송을 포함하고 있는 거래의 경우에 있어 물품의 위험이 통상 물품이 최초운송인에게 인도될 때 이전한다는 사실과 물품검사시기는 상호 무관하다.

제38조 (2)항은, 반대의 약정이 없는 한(제6조), 물품이 목적지에 도착한 이후까지 물품검사를 연기시키고 있다.

Article 39. (1) The buyer loses the right to rely on a lack of conformity of the goods if he does not give notice to the seller specifying the nature of the lack of conformity within a reasonable time after he has discovered it or ought to have discovered it.

(2) In any event, the buyer loses the right to rely on a lack of conformity of the goods if he does not give the seller notice thereof at the latest within a period of two years from the date on which the goods were actually handed over to the buyer, unless this time-limit is inconsistent with a contractual period of guarantee.

제39조 (불일치의 통지) (1) 매수인이 물품의 불일치를 발견하였거나 또는 발견하였어야 했던 때로부터 합리적인 기간 내에 매도인에게 불일치의 내용을 명세하여 통지하지 아니하는 경우에는, 매수인은 물품의 불일치를 원용할 권리를 상실한다.

(2) 어떠한 경우에도, 물품이 매수인에게 실제로 인도된 날로부터 늦어도 2년 이내에 매수인이 매도인에게 그에 따른 통지를 아니하는 경우에는, 매수인은 물품의 불일치를 원용할 권리를 상실한다. 다만 이러한 기간의 제한이 계약상의 보증기간과 양립하지 아니하는 경우에는 그러하지 아니하다.

주의사항 제1항은 하자통지의무에 관한 규정이다. 검사의무와 하자통지의무의 규정은 매수인에게 대하여 매우 엄격하게 적용되고 있다.

Article 40. The seller is not entitled to rely on the provisions of article 38 and 39 if the the lack of conformity relates to facts of which he knew or could not have been unaware and which he did not disclose to the buyer.

제40조 (매도인의 악의) 물품의 불일치가 매도인이 알았거나 또는 모를 수가 없었고 또한 매도인이 매수인에게 고지하지 아니했던 사실과 관련되어 있는 경우에는 매도인은 제38조 및 제39조의 규정을 원용할 권리가 없다.

주의사항 매도인이 무품의 하자나 부적합 사실을 알고 있으면서 이것을 매수인에게 알리지 않았을 경우에는 제38조 및 제39조의 규정을 주장할 권리를 상실한다.

Article 41. The seller must deliver goods which are free from any right or claim of a third party, unless the buyer agreed to take the goods subject to that right or claim. However, if such right or claim is based on industrial property, the seller's obligation is governed by Article 42.

제41조 (물품에 대한 제3자의 클레임) 매수인이 제3자의 권리 또는 클레임이 부착된 물품을 인수하기로 동의하지 않은 한, 매도인은 제3자의 권리 또는 클레임으로부터 자유로운 물품을 인도하여야 한다. 그러나, 그러한 권리 또는 클레임이 공업소유권 또는 기타의 지적재산권에 기초하는 경우에는, 매도인의 의무는 제42조에 의하여 규율된다

주의사항 매매의 목적인 권리에 하자가 있는 경우에, 별도의 규정이 없으면, 매도인은 제3자의 권리 또는 청구권과 관련 없는 물품을 인도할 의무가 있다.

Article 42. (1) The seller must deliver goods which are free from any right or claim of a third party based on industrial property or other intellectual property, of which at the time of the conclusion of the contract the seller knew or could not have been unaware, provided that the right or claim is based on industrial property or other intellectual property:

(a) under the law of the State where the goods will be resold or otherwise used, if it was comtemplated by the parties at the time of the conclusion of the contract that the goods would be resold or otherwise used in that State; or

(b) in any other case, under the law of the State where the buyer has his place of business.

(2) The obligation of the seller under the preceding paragraph does not extend to cases where:

(a) at the time of the conclusion of the contract the buyer knew or could not have been unaware of the right or claim; or

(b) the right or claim results from the seller's compliance with technical drawings, designs, fomula or other such specifications furnished by the buyer.

제42조 (지적재산권 등에 기초한 제3자의 클레임) (1) 매도인은, 계약체결시에 자신이 알았거나 또는 모를 수가 없었던, 산업재산권 또는 기타의 지적재산권에 기초한 제3자의 권리 또는 클레임으로부터 자유로운 물품을 인도하여야 한다. 다만 이러한 권리 또는 클레임은 다음과 같은 국가의 법에 의한 산업재산권 또는 기타의 지적재산권에 기초하여야 한다.

(a) 물품이 어느 국가에서 전매되거나 또는 기타의 방법으로 사용될 것임을 당사자쌍방이 계약체결 시에 예상한 경우에는, 그 물품이 전매되거나 또는 기타의 방법으로 사용될 그 국가의 법, 또는

(b) 기타의 모든 경우에는, 매수인이 그의 영업소를 가지고 있는 국가의 법.

(2) 전항에 따른 매도인의 의무는 다음의 경우에는 적용되지 아니한다.

(a) 계약체결 시에 매수인이 이러한 권리 또는 클레임을 알았거나 또는 모를 수가 없었던 경우, 또는

(b) 이러한 권리 또는 클레임이 매수인에 의하여 제공된 기술적 설계, 디자인, 공식 또는 기타의 명세를 매도인이 따른 결과로 발생한 경우.

1. 다국적 상황과 제3자 클레임

국제거래에서 특허권, 저작권 및 상표권에 관한 클레임은 상당히 복잡한 문제를 야기할 수 있다.

제42조는 타인의 산업재산권 등의 지적재산권을 침해하는 물품을 인도한데 대하여 제41조의 일반원칙을 적용하는 경우에 반드시 필요한 제한규정이다.

국제거래에서는 산업재산권이나 기타 지적재산권에 기초하는 클레임이 제기되는 환경이 지리적으로 또한 법적으로 다양하기 때문에 문제가 더욱 복잡해진다.

첫째, 매수인은 물품을 매도인의 국가(S국)에서 사용 또는 전매하고자 제의하고 또한 매도인의 국가에 등록된 특허권을 근거로 침해주장이 제기된다.

둘째, 매수인은 물품을 매수인의 국가(B국)에서 사용 또는 전매하고자 제의하고 또한 매수인의 국가에 등록된 특허권 하에서 침해주장이 인정된다.

셋째, 매수인은 물품을 제3국(T국)에서 사용 또는 전매하고자 제의하고 또한 제3국에 등록된 특허권 하에서 침해주장이 인정된다.

넷째, 이상 세 경우는 물품이 사용 또는 전매되는 국가에 등록된 특허권에 기초하여 침해주장이 제기되는 상황과 관련되어 있다. 그러나 위의 두 번째 상황에서 권리 주장인이 원용하는 특허권이 처음에는 매도인국(S국)이나 혹은 제3국(T국)에 이미 등록되어 있음에도 불구하고, 특허권을 근거로 하는 클레임은

국제사법이나 혹은 특허권의 국제적인 승인을 위하여 제정된 조약에 따라 매수인의 국가에서 인정되는 수가 있다.75)

2. 매도인의 책임

제42조 (2)항에 따르면, 매수인은 단지 매도인이 계약체결 시에 알았거나 또는 모를 수가 없었던 권리나 클레임과 관련해서만 보호된다. 즉 매도인의 책임이 제한되는 것이다. 즉, 모를 수가 없었다(could not have been unaware)라는 표현은, 묵시적으로 조회의무(duty to inquire)까지 내포하는 알았어야 했다(ought to have known)는 표현과는 대조적으로, 실제적인 인식(actual knowledge)에 가까운 기준을 정하는 것이다.

물품의 하자에 대한 매도인의 책임(제35조)과 어떠한 재산권을 주장하는 제3자의 클레임에 대한 매도인의 책임(제41조)에는 본 조(제42조)에 상응하는 이러한 제한이 없다. 즉 이들 조항에서는 물품의 하자나 제3자의 클레임을 매도인이 인식하고 있었는지 여부와는 무관하다.

제42조가 제(1)항 (a)호에 따르면, 만약 물품이 특정한 국가에서 전매되거나 또는 기타의 방법으로 사용되리라는 것을 당사자들이 예상했었다면, 매도인은 그 국가의 법에 따라 인정되는 권리나 클레임에 대해서만 책임을 진다.

제(2)항에서 추가적인 제한을 가하고 있으나 이는 중요성이 적다. 제(2)항 (a)호는, 매수인이 권리나 클레임을 알았거나 또는 모를 수가 없었던 경우에는 매수인에 대한 보호를 부인한다는 점에서, 제35조 (3)항과 유사하다.

매수인이 명세(specification)를 제공하는 경우에 매도인의 책임을 면제시키는 제(2)항 (b)호는 적용범위가 좁다.

합리적인 기간(reasonable length)에 관한 성문법조항만으로는 국제매매에서 발생할 수 있는 모든 법 환경에서 제기되는 각종 형태의 산업재산권과 지적재산권에 근거한 클레임을 적절하게 다루기가 거의 불가능하다. 특허권, 저작권 또는 상표권을 주장하는 클레임이 예상가능한 상황이라면, 당사자들이 문제에 대한 구체적인 해답을 계약서에 명시하는 것이 좋다.

제42조에서는, 제41조와 마찬가지로, 매수인은 제3자의 권리 또는 클레임으

75) International Convention for the Protection of Industrial Property(Paris 1883) and Lisbon Revision of 1958(파리협약); World Intellectual Property Organzation(WIPO) (1969).

로부터 자유로운 물품을 받을 권리가 있다고 규정하고 있다. 따라서 매수인은 정당한 클레임은 물론이고 논쟁중인 클레임으로부터도 역시 보호된다. 이와 유사한 문제들이 특허권이나 다른 유형의 지적재산권에 기초한 제3자의 클레임으로 인하여 발생한다.

매수인이 제3자의 클레임으로부터 보호받기 위해서는 매수인은 자신의 권리를 입증해야 한다. 이 때 매도인이 매수인을 위해서 매수인을 대신하여 클레임을 방어해야 할 필요성이 있을 수도 있다.

제3자의 클레임의 가능성이 있는 중요한 거래에서는, 매수인은, 매도인이 클레임을 방어해야 할 책임은 물론 더 나아가 제3자의 클레임이 제기되는 경우에 매도인이 제공해야 할 보호내용을 분명하게 명시하는 계약조항을 요구해야 한다.

Article 43. (1) The buyer loses the right to rely on the provisions of article 41 or article 42 if he does not give notice to the seller specifying the nature of the right or claim of the third party within a reasonable time after he has become aware or ought to have become aware of the right or claim.

(2) The seller is not entitled to rely on the provisions of the preceding paragraph if he knew of the right or claim of the third party and the nature of it.

제43조 (제3자의 클레임에 관한 통지) (1) 매수인이 제3자의 권리 또는 클레임을 알았거나 또는 알았어야 했던 때로부터 합리적인 기간 내에 그 제3자의 권리 또는 클레임의 내용을 명세하여 통지하지 아니한 경우에는, 매수인은 제41조 또는 제42조의 규정을 원용할 권리를 상실한다.

(2) 매도인이 제3자의 권리 또는 클레임 및 그 내용을 알고 있었던 경우에는, 매도인은 전항의 규정을 원용할 권리가 없다.

주의사항 제39조는 매수인으로 하여금 물품의 불일치를 매도인에게 통지하도록 요구한다. 제43조에 의하면, 매수인은 제41조와 제42조에 따라 매도인에게 책임이 있는 제3자의 클레임을 매도인에게 통지해야 한다.

제(1)항의 통지요건은 제39조 (1)항의 합리적인 기간요건과 비교된다. 즉, 제39조 (2)항에서 정한 2년의 제척기간에 상당하는 어떤 기간의 제한이 명시되어 있지 않다.

제(2)항은 매도인이 그러한 권리나 클레임을 알고 있었던 경우에는 통지요건을 면제한다. 이 조항은 제40조에 상응하는 조항이지만, 본 조항에는 또는 모를 수가 없었고 또한 매도인이 매수인에게 고지하지 아니했던 … 이란 문구가 빠져 있다는 차이가 있다. 제41조는 소유권에 관한 제3자의 클레임이 부착된 물품을 인수하기로 동의한 매수인에 대한 보호를 부인하며, 나아가, 제42조 (2)항 (a)호는 매수인이 권리나 클레임을 알았거나 또는 모를 수가 없었던 경우, 지적재산권에 기초한 제3자의 클레임과 관련한 보호를 부인한다.

Article 44. Notwithstanding the provisions of paragraph (1) of article 39 and paragraph (1) of article 43, the buyer may reduce the price in accordance with article 50 or claim damages, except for loss of profit, if he has a reasonable excuse for his failure to give the required notice.

제44조 (불통지의 정당사유) 제39조 (1)항 및 제43조 (1)항의 규정에도 불구하고, 매수인은 요구된 통지를 하지 못한데 대한 정당한 사유가 있는 경우에는 제50조에 따라 대금을 감액하거나 또는, 이익의 손실을 제외한, 손해배상을 청구할 수 있다.

1. 통지 유형과 조항

본 협약에서 매수인이 매도인에게 계약위반을 통지해야 하는 상황은 다음의 두 가지다. 첫째, 제39조, 제40조 및 제44조는 물품의 불일치에 대한 매수인의 통지의무를 설정(또한 제한)한다. 둘째, 제43조는 매수인으로 하여금 물품에 대한 제3자의 클레임을 매도인에게 통지하도록 요구한다.(이러한 클레임에 대한 매수인의 보호는 제41조와 제42조에 규정되어 있다.)

먼저 매수인이 물품의 불일치를 통지를 하도록 요구하는 제39조, 제40조 및 제44조를 검토한다. 이어서 제3자의 클레임에 대한 매수인의 보호를 규정한 제41조 및 제42조를 검토하고, 마지막으로 매수인이 이러한 클레임을 매도인에게 통지하도록 요구하는 제43조를 검토한다.

(1) 제39조, 제40조, 제44조의 일체성

앞의 제38조의 해설에서 매수인이 물품을 검사해야 하는 기간은 매수인의 불일치에 대한 통지의무(이는 제39조, 제40조 및 제44조에 의하여 규율된다)와 밀접한 관련이 있다는 것을 알았다. 제39조는 통지시기와 이를 준수하지 못한 결과에 대한 일반원칙을 규정한다. 제40조와 제44조는 제39조의 일반원칙에 대한 특별한 예외를 규정하고 있다.

(2) 통지요건과 법적절차(소송)의 제한

지연에 관련된 두 가지 유형의 규칙을 구별할 필요가 있다. 즉 제39조, 제40조 및 제44조와 같이 상대방에게 적절하게 통지하도록 요구하는 규칙과 소제기를 위한 기간의 제한 즉, 제소기한을 정하는 규칙이 그것이다. 두 번째 유형의 규칙은 매매협약에는 들어 있지 않으며 국제물품매매에 있어 제소제한기간에 관한 협약(Convention on the Limitation Period in the International Sale of Goods)(1974년과 1984년의 개정의정서)에서 이를 규정하고 있다.[76)]

2. 매도인의 통지수령의 필요성

예를 들어, 매수인이 물품을 수령하여, 아무런 반대도 없이, 이를 보유하고 나아가 사용 또는 전매한 후에 물품에 하자가 있다는 이유로 대금 지급을 거절하거나 또는 손해배상을 청구하는 경우 만약 매도인이 물품이 사용된 후에나 또는 물품이 변질될 수 있는 기간이 지난 이후에 이와 같은 손해배상이 청구된 사실을 알게 된다면, 매도인은 매수인의 청구가 정당한지를 확인하기 어렵게

---

76) 여기의 제소제한기간은, 매도인이 매수인에게 물품을 인도한 날로부터 또는 매수인이 이행의 제공을 거부한 날로부터 기산하여, 일반적으로 4년으로 규정하고 있다. 이는 영국의 6년(영국출소기한법 제2조), 미국의 4년(UCC §2-725), 그리고 한국의 경우 수량부족의 경우 1년(민법제574조), 목적물의 하자의 경우 6개월(민법 제582조)과 비교할 필요가 있다.

된다. 매도인의 의무는 위험이 매수인에게 이전할 때(제36조 (1)항), 즉 매도인이 물품을 선적할 때 혹은 매수인이 이를 수령할 때, 계약과 일치하는 물품을 공급하는 것이다(제66조 - 제70조 참조). 만약 매수인이 매도인에게 신속하게 통지한다면 매도인은 물품을 검사 또는 시험함으로써 그러한 청구가 정당한지를 확인할 수 있다. 더구나 검사결과 물품의 하자가 드러나는 경우에는, 매도인은 자신의 하자보완권을 행사할 수도 있다[77](제37조 및 제48조).

3. 통지의 내용과 시기

(1) 불일치(lack of conformity)

매수인은 매도인에게 불일치를 통지해야 한다. '불일치' 개념은 제35조가 정의하고 있으며 여기에는 수량, 품질, 명세 및 포장 등이 포함된다.

이러한 통지요건이 선화증권, 검사확인서 또는 상업송장상의 오기와 같은 서류상의 하자에도 적용되는지 살펴본다. 제39조는 물품의 불일치를 다룬다. 그러나 본 협약은 물품이 때로는 서류를 통하여 인도된다는 가정 하에서 초안되었다. 이러한 인도에서는 정확한 서류의 제공이 매도인의 물품인도의무의 일부가 된다(제34조). 더구나 매도인에게 서류상의 하자를 보완할 수 있도록 허용한 제34조는 매도인이 하자에 대하여 통지받지 못한 경우에는 별 의미가 없다.

제39조 (1)항은 매수인이 불일치의 내용을 명세하여(specifying the nature of the lack of conformity) 통지하도록 규정하고 있다. 통지에서 언급해야 할 내용에 관한 문제는 통지가 수행하는 기능을 고려하여 판단할 문제이다.

통지의 주된 기능은 매도인이 물품의 상태에 관한 증거를 획득하고 보존하며 또한 결함을 보완할 수 있는 기회를 부여하는 것이다(제37조 및 48조). 단지 물품에 하자가 있다는 사실만을 언급하는 통지는 상기의 목적을 위하여 매도인이 필요로 하는 모든 정보를 제공하지 못하며 또한, 제39조 (1)항이 요구하는 바와는 달리, 불일치의 내용을 명세하지 않는 것이 된다.

콩기름 캔을 요구하는 계약에서, 매수인이 캔 속에는 무기질유나 어유 또는 계약서에 명시된 것과는 다른 액체가 들어있다는 사실을 발견했다고 가정해 보

77) 제39조, 제40조 및 제44조의 통지요건은 매수인이 물품을 보유하거나 전매하는 경우에 특히 중요하다. 만약에 매수인이 물품을 거절하는 경우(계약을 해제하는 경우) 해제에 적용되는 특별한 규정들에 의하여 해제권은 "합리적인 기간"내에 행사되어야 한다(제26조 및 제49조).

자. 이 경우에도 매수인은, 제39조에 따라서, 물품의 불일치를 매도인에게 통지해야 하는가?

국내법이 불일치한 물품(non-conformity goods)과 상이한 물품(different goods)을 구별하는 경우에만 이러한 문제가 발생한다. 본 협약은 이러한 구별을 하지 않고 있다. 제35조는 넓은 의미에서 불일치의 문제를 다루고 있다. 즉 쟁점은 매도인의 인도가 계약과 일치하는가 여부이다.

요컨대, 계약에서 요구되는 명세와 완전히 다른 물품의 인도는 물품의 일치성에 관한 제35조의 위반이며, 따라서 이는 계약위반에 대하여 매수인에게 주어지는 구제권(제45조-제52조)의 행사를 위한 사전요건의 하나로서 매수인은 매도인에게 물품의 불일치를 통지하도록 규정한 제39조의 요건을 적용하도록 한다.

(2) 통지시기

① 합리적 기간

제39조 (1)항은 매수인이 불일치를 발견했거나 발견해야 했던 때로부터 합리적인 기간내에 통지하도록 요구한다. 제38조는 매수인이 물품을 검사해야 하는 시기를 정하고 있다. 따라서 이는 매수인이 불일치를 발견해야 했던 시기를 결정하는데 유용하다. 물론 매수인은 통상적인 검사를 통하여 밝혀질 수 있는 하자만을 발견할 의무를 진다. 통상적으로, 컨테이너의 개수와 검사가능한 물품의 외관상태를 알 수는 있으나 그 당시에는 봉인된 컨테이너의 내용물과 기계의 내부적 작동을 알 수가 없다. 매수인이 불일치를 발견했거나 또는 발견했어야 했던 시점 이후에 통지를 위한 합리적인 기간을 결정하는 데에는 광범위한 요소가 영향을 미친다. 통지의 신속성을 고려하는데 필요한 사항에는 물품의 변질가능성, 견본채취의 공평성 또는 검사의 필요성 및 매도인에 의한 보완의 가능성 등이 포함된다.

② 2년의 제한

제39조 (2)항은 어떠한 경우에도(in any event)라는 문구로 시작하고 있다. 따라서 통지는 반드시 2년 이내에 이루어져야 한다. 이는 비록 2년이 지난 후에 하자가 발견되더라도 또한 추후의 통지가 제39조 (1)항과 제44조의 일반적 기준을 만족하고 있더라도 역시 마찬가지다.

제(2)항의 말미에는 하나의 예외가 규정되어 있다. 이는 2년의 기간제한이 계약상의 보증기간과 양립하지 아니하는 경우를 대비한 것으로서, 계약이 2년이나 그 이상의 기간 동안 이행을 보증하는 경우에 생길 수 있는 문제를 해결한다(제36조 (2)항 참조). 제(2)항의 기간은 물품이 매수인에게 실제로 인도된 날로부터 기산된다. 이러한 표현은 물품이 운송 중에 있는 동안 기간이 단축되는 것을 방지하기 위한 것이다.

4. 불통지의 결과

(1) 기본원칙 – 39조

제39조는 만약 매수인이 정해진 기간 내에 매도인에게 통지하지 못하면 매수인은 불일치를 원용할 권리를 상실 한다고 규정하고 있다. 이 문구만을 본다면, 모든 구제, 즉 손해배상청구(제45조 (1)항 (b)호 및 제74조-제77조), 이행청구(제46조), 계약해제(제49조) 및 대금감액(제50조) 등을 모두 금하고 있는 것으로 보여 진다.

(2) 예외

① 매도인의 악의 - 제40조

그러나 제40조는 불일치가 매도인이 알았거나 또는 모를 수가 없었던 사실에 관련될 때는 매수인에게 통지요건을 면제한다.[78)]

② 불통지의 정당사유 - 제44조

제44조는 매수인이 필요한 통지를 하지 못한 데 대하여 정당한 사유가 있는 경우에는, 비록 매수인이 제39조 (1)항에 따라 합리적인 기간 내에 통지하지 못했더라도, 매수인을 보호한다. 이러한 정당사유는 제39조 (1)항의 요건을 준수하지 못한 경우에 한하며 제39조 (2)항의 2년의 제척기간에는 영향을 주지 않는다.

정당한 사유라는 표현은 사안마다 이를 개별적으로 고려하여 판단해야 한다는 것을 의미한다. 제44조의 정당한 사유라는 규정에도 불구하고 매수인의 모든 구제권이 존속되지는 않는다. 단지 대금감액청구권(제50조)과 이익의 상실을 제외한 손해배상액청구권(제74조)만이 존속된다. 따라서 합리적인 기간내에 통지하지 못한 매수인은(제39조 (1)항) 이행청구권(제46조)이나 계약해제권(제

78) 그 이유는 형평을 구하는 자는 스스로 형평을 찾아야 한다(He who seeks equity must do equity)는 법언의 정신을 반영한 것으로 볼 수 있다.

49조 및 제73조)을 행사할 수 없으며 위험의 이전시기를 늦추기 위한 근거로서 불일치를 원용할 수도 없다(제70조). 이러한 경우에 매수인이 계약을 해제할 수 없도록 한 것은 매수인이 매도인의 비용으로 투기하지 못하도록 방지하기 위한 것이다. 즉 시장가격이 하락한 이후에 계약위반을 주장하여 계약을 해제하는 것을 막기 위함이다.

5. 법적조치에 대한 기간제한

법적인 관점에서 통지요건과 구별되는 것으로 법적인 조치를 취할 수 있는 기간에 대한 제한이 있다. 기간제한 또는 시효(prescription)에 관한 국내의 규정들은 법적조치를 제한하는 기간의 측면에서 매우 다양하다. 이러한 문제점을 해결하기 위하여 UNCITRAL은 일찍이 통일적인 규칙을 마련하고자 결정했고 그 결과 1974년에 뉴욕에서 국제물품매매에서 있어 제소기간제한에 관한 협약이 제정되었다. 이 협약은, 필요한 최소 비준국인 10개국[79]이 여기에 가입함으로써, 1988년 8월 1일 발효하였다.

1974년 협약은 4년이라는 일반적인 제한기간을 규정하고 있으며, 1974년 협약(제1-1조)이 1980년 본 협약 제39조 또는 제43조에서 부과하는 제한과 같은 통지에 대한 기간제한에는 영향을 주지 않는다. 따라서 통지에 관한 이러한 요건을 준수하지 못한 매수인은, 비록 법적조치를 취할 수 있는 제소제한기간이 만료되지 않았더라도, 물품의 하자나 제3자의 클레임에 관한 본 협약 제35조, 제41조 및 제42조의 조항을 원용할 권리를 상실하게 된다. 반대로, 신속하게 매도인에게 통지한 매수인이라 할지라도 1974년 협약에서 규정한 4년의 기간이 만료된 후에는 소송절차 또는 중재절차를 취할 수 없다.

---

79) 1974년 제소기간제한에 관한 협약을 채택한 최초의 10개국은 아르헨티나, 체코슬로바키아, 도미니카 공화국, 이집트, 가나, 헝가리, 멕시코, 노르웨이, 유고슬라비아 및 잠비아 등이다.

(3) 매도인의 계약위반에 대한 구제

Article 45. (1) If the seller fails to perform any of his obligations under the contract or this Convention, the buyer may:

(a) exercise the rights provided in articles 46 to 52;

(b) claim damages as provided in articles 74 to 77.

(2) The buyer is not deprived of any right he may have to claim damages by exercising his right to other remedies.

(3) No period of grace may be granted to the seller by a court or arbitral tribunal when the buyer resorts to a remedy for breach of contract.

제45조 (매수인의 구제권의 총괄) (1) 매도인이 계약 또는 본 협약에 따른 어떠한 의무를 이행하지 아니하는 경우에는, 매수인은

(a) 제46조 내지 제52조에 규정된 권리를 행사할 수 있고,

(b) 제74조 내지 제77조에서 규정된 바의 손해배상을 청구할 수 있다.

(2) 매수인은 다른 구제를 구하는 권리를 행사함으로써 손해배상을 청구할 수 있는 권리를 박탈당하지 아니한다.

(3) 매수인이 계약위반에 대한 구제를 구하는 경우에, 법원 또는 중재법정은 매도인에게 어떠한 유예기간도 허여하여서는 아니 된다.

1. 구제의 범위

제45조 (1)항 (a)호는 본 절에 등장하는 매수인의 구제에 관심을 가지도록 주의를 촉구한다. 반면에 (1)항 (b)호는 양 당사자에게 공통적으로 적용되는 손해배상청구권을 이용할 수 있도록 허용한다.

제(1)항은 본 협약의 구제조항에 관한 색인으로서도 유용하지만 사실은 그 이상의 기능을 수행한다. 즉 서두에서 매도인이 계약과 본 협약에 따른 어떠한 의무를 이행하지 아니하는 경우에는 … 매수인은 이에 대한 법적 대응수단을

가지게 된다는 점을 선언하고 있다. 일부 조항에서 그 조항이 계약위반 시에 이용될 수 있다고 명시하고 있지 않다. 예를 들어, 제74조 내지 제77조는 손해액이 어떻게 산정되어야 하는가를 규정하면서도, 명시적으로, 손해는 배상되어야 한다라고 규정하고 있지는 않다. 또한 제45조는 계약위반에 대한 구제와 관련하여 그 접근방식이 통일되어 있다는 점과 구제의 힘이 강력하다는 점을 강조한다.

이러한 접근방식은 제(1)항 (b)호에 의해서도 강조된다. (b)호에서는 분명한 원칙를 천명한다. 즉, 매도인이 계약 또는 본 협약에 따른 어떠한 의무를 이행하지 아니하는 경우에는, 매수인은 … 손해배상을 청구할 수 있다. 이러한 법문구를 통하여, 본 협약은 계약을 이행하지 못한 자에게 과실이 없는 한 그에게는 손해배상책임이 없다는 견해(과실책임주의)를 배척하고 있음을 알 수 있다.

2. 손해배상청구권의 상실

국내법에서는 어느 하나의 구제권을 행사하면 다른 구제권의 행사가 금지되는지의 문제가 통일되어 있지 않다. 영미 보통법에 있어 초기의 판례법이나 제정법에서는 매수인이 계약을 해제(rescind the contract)하는 경우에, 즉 매도인으로 하여금 하자있는 물품을 환취해 가도록 요구하는 경우에는 매수인의 손해배상청구권을 부인했다. 이러한 접근방식이 사소한 이유를 근거로 해제권을 행사하지 못하도록 하는 데에는 유용했다. 그러나 매도인의 계약위반이 중대한 경우에는, 매수인은 손해배상청구권을 상실하든지 아니면 중대한 하자가 있는 물품을 처분할 부담을 지든지, 이들 양자 가운데 어느 하나를 선택해야 했다.

본 협약의 접근방식은 제45조 (2)항에 명시되어 있다. 즉, 매수인은 다른 구제를 구하는 권리를 행사함으로써 손해배상을 청구할 수 있는 권리를 박탈당하지 아니한다. 따라서 매도인에게 이행을 청구하는 매수인은(제46조) 이행상의 지연이나 기타 다른 하자로부터 기인하는 손해를 보상받을 수 있다(제74조).

마찬가지로 계약을 해제하는 매수인(제49조)도 역시 매도인의 계약위반의 결과로 입은 손해에 대한 배상을 청구할 수 있다.[80)]

---

80) 계약을 해제하더라도 손해배상청구권이 보존된다는 일반원칙은 손해배상액산정규정(제75조 및 제76조)에 의해 다시 한 번 강화된다. 매도인의 손해배상청구권은 제61조 ⑵항에 의하여 보호된다. 반면에, 이행청구권(제46조 및 제62조) 및 계약해제권(제49

3. 유예기간

제45조 (3)항과 이에 대응하는 제61조 (3)항은 계약위반자로 하여금 이행을 위한 유예기간(period of grace)을 법원에 청구하지 못하도록 금지한다. 법원이 개입하여 유예기간을 부여하는 제도는, 국내법에 따라서는 이를 이용할 수 있기도 하지만, 국제거래에서는 실용성이 없기 때문에 거절되었다.

본 협약에서는 중대하지 않은 이유로 인한 계약의 해제를 방지하고, 계약을 보호하기 위하여 하자를 보완할 수 있는 기회를 제공하고 있으며(제34조, 제37조, 제48조) 또한 계약의 해제를 규율하는 규정들(제49조, 제64조)을 두고 있다.

Article 46. (1) The buyer may require performance by the seller of his obligations unless the buyer has resorted to a remedy which is inconsistent with this requirement.

(2) If the goods do not conform with the contract, the buyer may require delivery of substitute goods only if the lack of conformity constitutes a fundamental breach of contract and a request for substitute goods is made either in conjunction with notice given under article 39 or within a reasonable time thereafter.

(3) If the goods do not conform with the contract, the buyer may require the seller to remedy the lack of conformity by repair, unless this is unreasonable having regard to all the circumstances. A request for repair must be made either in conjunction with notice given under article 39 or within a reasonable time thereafter.

제46조 (매수인의 이행청구권) (1) 매수인은 매도인에게 그 의무의 이행을 청구할 수 있다. 다만 매수인이 이러한 청구와 양립하지 아니하는 구제를 구한 경우에는 그러하지 아니하다.

조 및 제62조)은 이들 구제와 모순되는 행위에 의하여 상실되는 수가 있다.

(2) 물품이 계약과 일치하지 아니하는 경우에는, 매수인은 대체품의 인도를 청구할 수 있다. 다만 불일치로 인하여 본질적 계약위반이 되고 또한 대체품의 청구가 제39조하에서 행하여지는 통지와 연계하여 또는 그 후 합리적인 기간 내에 행하여지는 경우에 한한다.

(3) 물품이 계약과 일치하지 아니하는 경우에는, 매수인은, 모든 사정으로 보아 불합리하지 아니하는 한, 매도인에 대하여 수리에 의한 불일치의 시정을 청구할 수 있다. 수리청구는 제39조 하에서 행하여지는 통지와 연계하여 또는 그 후 합리적인 기간 내에 행하여져야 한다.

1. 이행청구권에 관한 일반원칙

국내법은 이행청구(requiring performance)[81]에 관하여 법의 운용이 다르다. 제46조 (1)항은 매수인이 매도인에게 그 의무의 이행을 청구할 수 있다는 일반원칙을 천명한 것이다. 이에 상응하는 매도인의 구제(제3장 제3절)는 제62조로서, 여기에는 매도인은 매수인에게 대금의 지급을 청구할 수 있다고 규정되어 있다. 이들 두 조항은 대륙법의 법리에 뿌리를 두고 있는 원칙, 즉 권리를 침해당한 당사자는 상대방에게 그의 계약상의 의무를 이행하도록 요구할 수 있다는 원칙을 반영한 것이다.

매수인이 매도인에게 그의 의무를 이행하도록 청구할 수 있다는 제(1)항은 각종의 상황 하에서 적용이 가능하다. 가장 일반적인 예는 매도인이 물품을 조달 또는 생산하지 못하여 계약에서 정한 장소(제31조)와 일자(제33조)에 물품을 인도하지 못하는 때이다. 또한 제46조 (1)항 및 (2)항에 명시된 제한을 별도로 한다면, 매수인은 매도인에게 계약과 일치하는 물품의 인도를 청구할 수 있다. 제46조 (1)항에 의하면, 매수인은 제41조 및 제42조에 따라 제3자의 권리나 클레임으로부터 자유로운 물품을 인도해야 한다는 의무의 이행을 매도인에게 청구할 수 있다.

81) 보통법상의 용어로는 이를 "특정이행"(specific performance)이라 한다.

2. 법정지법의 우선적용 - 제28조

제28조는 비록 당사자의 일방이 상대방에 의한 의무의 이행을 요구할 권리가 있다는 것이 본 협약의 일반원칙이라 하더라도, 법원은 자국의 국내법 하에서 본 협약에 의하여 규율되지 아니하는 유사한 매매계약을 고려해 볼 때 특정이행을 명하는 판결을 내리게 될 경우가 아닌 한 … 특정이행을 명하는 판결을 내릴 의무가 없다고 규정한다.

보통법이 매도인에 대한 (특정)이행의 청구를 제한하고 있다고 하지만 이는 과장된 것이다. 보통법 법원은 매수인이 물품을 손쉽게 획득할 수 있는 경우에는 대개 매도인의 물품인도를 강제하지 않는다. 예를 들어 밀이나 면화 등과 같은 표준적인 원료의 경우, 물품의 구입에 따른 추가적인 비용만이 매수인의 유일한 손해가 된다. 이는 쉽게 확정할 수 있고 또한 손해배상을 허용함으로써 손쉽게 보상될 수 있다. 그러나 물품의 품귀현상이나 독특한 특성으로 인하여 대체품을 쉽게 구할 수 없는 경우에는 매수인의 손해액을 쉽게 산정할 수가 없으며 손해배상의 허용만으로는 매수인의 손해가 충분히 보상되지 않는다.

다른 예는 장기계약(long-term contract)에서의 매도인의 이행거절이다. 이러한 경우에는 매수인의 손해를 확정하기가 어렵다. 이와 같이 손해배상만으로는 매수인이 충분히 보상되지 않는 경우에는 특정 이행청구소송에 대한 법원의 반응이 호의적일 것이라 기대할 수 있다.

3. 강제이행과 제한

(1) 양립하지 아니하는 구제

제46조 (1)항은 매수인이 이러한 청구와 양립하지 아니하는 구제를 구한 경우에는 이행청구권을 부정하고 있다. 예를 들어, 매수인이 제49조 (1)항 하에 따라 계약의 해제를 선언함으로써 물품의 인수를 거절하는 입장을 취한 경우에는, 매수인은 인도를 강제할 권리를 상실한다. 이러한 구제수단들이 양립할 수 없다는 점은 제81조를 보면 명백하다. 즉, 계약의 해제는, 정당한 손해배상의무를 제외하고는, 당사자 쌍방을 모두 계약상의 의무로부터 해방시킨다.

계약의 해제와 이행청구가 양립할 수 없다는 점은 매수인이 계약의 해제를 선언(예를 들어, 본인은 계약을 해제하니 물품을 선적하지 마시오)한 이후에 이행을 요구(예를 들어, 물품을 선적하시오)하는 경우이다.

매수인이 이러한 청구와 양립하지 아니하는 구제를 구한 경우에는 이행을 청구할 수 없다는 제46조 (1)항의 규정은 매도인이 매수인의 해제선언을 신뢰하여 생산을 중지한다거나 물품을 재매각한다거나 혹은 선복 예약을 취소할 수도 있다는 가능성을 염두에 둔 것이다.

심각한 하자가 있는 물품을 수령한 매수인이 제49조 (1)항 (a)호에 따라 계약의 해제를 선언하고 이와 동시에 제46조 (2)항에 따라 매도인에게 대체품의 인도를 요구할 수 있는지 살펴본다. 구제권이 서로 양립하지 않는지를 확정하기 위해서는 구체적인 상황 하에서 그 구제권이 가지는 영향력을 상호 비교해 보아야 한다. 계약의 해제와 대체품의 청구는 모두 물품의 반환을 필요로 한다. 제82조 (1)항은 만약 매수인이 물품을 반환할 수 없는 경우에는 매수인은 계약의 해제를 선언하거나 또는 매도인에게 대체품의 인도를 요구할 권리를 상실한다고 규정하고 있다. 이들 구제들은 다른 면에서는 즉 통지요건(제46조 (2)항, 제49조 (2)항 (b)호)과 손해액의 회복(제45조, 제74조, 제81조 (1)항) 등과 관련한 측면에 있어서는 서로 일치한다.

즉, 이들 두 구제권은 그들이 동시에 행사되더라도, 양립하지 아니하는 구제를 금지하는 제46조 (2)항의 규정에 위배되지 않는다. 왜냐하면, 대체품을 청구한다는 것은 제46조 (2)항이 인정하는 매수인의 권리, 즉 매도인으로 하여금 하자있는 물품을 수거해 가도록 청구할 수 있는 매수인의 권리를 행사하는 것이기 때문이다. 만약 매수인이 제49조 (1)항 (a)호에 따라 계약의 해제를 선언하고 그 후에 제46조 (1)항 또는 제46조 (2)항에 따라 이행을 청구하는 경우에도 비양립성은 인정된다.

(2) 대체품인도의 강제

매도인이 계약과 일치하지 않는 물품을 제공하는 경우에 제46조 (2)항은 특정이행의 범위를 한정한다. 불일치가 중요하지 않은 경우에는 제2의 인도를 강요하는 것은 곧 매도인에게는 불필요한 부담을 지우는 것이 된다. 따라서 이러한 구제는 불일치로 인하여 본질적 계약위반이 되는 경우 … 에 한하여 이용이 가능하다.

매도인은 매수인에게 물품을 인도했으나 물품에 중대한 하자가 있었다. - 즉 그러한 하자는 제25조의 본질적 계약위반에 해당했다. 매수인은 다음과 같은 텔렉스를 보냈다. [하자를 지적하면서] 이와 같이 하자가 중대하므로 물품을 거절한다. 계약에 일치하는 물품을 즉시 인도해 줄 것을 요구한다. 매도인은 다음과 같이 회신했다. 귀사가 물품을 거절했기 때문에 계약이 해제되었다. 따라서 이제 우리는, 모두, 계약상의 의무에서 해방되었다(CISG 제81조).

해제는 … 당사자쌍방을 모두 계약상의 의무로부터 해방시킨다는 제81조에 근거한 매도인의 주장은 물론 타당하지 않다. 왜냐하면 매도인은 제46조 (2)항이 해제에 관한 81조의 일반원칙에 대한 특별하고도 범위가 협소한 예외조항이라는 점을 인식하지 못했기 때문이다. 따라서 두 조항은 모두 효력을 가져야 한다. 그런데 매도인의 주장은 제46조 (2)항을 무효화시킨다.

즉, 매수인은 제46조 (2)항에 따라서 본질적 계약위반을 이유로 물품을 거절하고 나아가 대체품을 요구할 수 있다.

계약에 의하면 매도인은 X형의 기계 100대를 선적해야 했다. 매도인이 100대의 기계를 선적하여 보냈으나 도착 후에 이를 검사한 결과 10대에 하자가 있음이 밝혀졌다. 하자는 매우 심각했고 그리하여 만약 100대의 기계에 모두 이러한 하자가 있었더라면 본질적 계약위반이 될 정도의 것이었다. 즉 매수인은 물품의 전부를 다 거절할 수도 있었다(제25조 및 제49조 (1)항 (a)호). 그러나 단지 기계 10대에만 이러한 하자가 있었고 이때문에 매수인이 나머지 90대를 사용하거나 상업용으로 매각하는 데는 지장이 있는 것은 아니었다. 제46조 (2)항 하에서 매수인은, 적절한 통지를 통하여, 매도인에게 (i) 하자있는 기계 10대에 대한 대체품으로서 계약과 일치하는 기계 10대를 인도해 달라고 요구할 수 있는가? 아니면 (ii) 계약과 일치하는 기계 100대를 새로이 인도해 달라고 요구할 수 있는가?

제51조에는 … 인도된 물품의 일부만이 계약과 일치하는 경우에는, … 불일치한 부분에 관련하여 제46조 내지 제50조의 규정을 적용 한다고 규정하고 있다. 따라서 첫 번째 질문에 대한 대답은 그렇다이다. 즉, 제46조 (2)항과 제51조 (1)항에 의하여, 매수인은 매도인에게 하자있는 단위에 대한 대체품으로서 계약과 일치하는 10대의 기계를 요구할 수 있다.

그러나 제51조 (2)항에 의하여, 두 번째 질문에 관한 대답은 아마도 아니오가 될 것이다. 만약 계약과 일치하는 단위와 불일치하는 단위를 분리하여 별도로 다루는 것이 가능하고 또한 10대에 하자가 있더라도 이것이 계약 전체에 대한 본질적 계약위반이 아닌 경우에는, 매수인은 매도인에게 새로운 기계(계약과 일치하는 100대)의 인도를 요구할 수 없다.

(3) 수리

제46조 (3)항에 의하면, 매수인이 매도인에 대하여 수리에 의한 불일치의 시정을 청구할 수 있는 권리는 제(2)항의 대체품의 인도를 청구할 수 있는 매수인의 권리보다 약간 강력하다. 불일치가 중대하지 않은 경우에는, 상품의 새로운 선적이나 새로운 기계로의 대체와 같은 대체품인도청구가 운송비용을 유발시키며 이는 매도인에게는 불합리한 부담이 된다. 이러한 경우에는 물품의 수리가 보다 효율적이다. 이는 간단한 기계적인 조작이나 하자있는 부품의 교환으로써 물품의 수리가 가능할 수도 있기 때문이다. 즉 매수인은 본질적 계약위반이 아닌 경우에도 매도인에게 수리를 요구할 수 있다. 그러나 수리청구가 모든 사정으로 보아 불합리한 경우에는, 이를 요구할 수 없다.

4. 이행청구에 관한 특별규정과 국내법 – 제28조

제46조 (2)항은 특정한 상황에서 매수인은 매도인에게 대체품의 인도를 청구할 수 있다고 규정하고 제46조 (3)항은 매수인이 매도인에게 하자있는 물품의 수리를 청구할 수 있는 상황을 규정하고 있다. 제28조에 의하여 인정되는 법정지의 국내법이 제46조 (2)항 및 (3)항에 보다 우선하는가? 제46조 (2)항과 (3)항은 매도인에게 계약과 일치하는 물품을 공급해야 할 그의 의무를 위반한 바를 시정하는 조치를 취하도록 요구하는 조항이기 때문에 이들 구제는 상대방에게 그 의무의 이행을 청구하는 구제가 되며 따라서 제28조의 범주에 속한다.

법정지의 국내법이 제46조 (2)항이나 (3)항에 명시된 조건이 충족된 경우에도 매도인에게 대체품의 인도청구나 또는 물품의 수리청구를 허용하지 않는다고 하면 법원은 제28조를 근거로 본 협약을 대신하여 국내법을 적용할 수 있는가?

제28조만을 따로 본다면 국내법이 우선하는 것처럼 보인다. 그러나 이러한 결론은 이러한 경우를 보다 정확하게 규율하는 제46조 (2)항과 (3)항의 구체성이나 특성을 간과한 것이다. UNCITRAL이나 외교회의에서 이 문제를 다루었고 그리하여 제28조를 무제한적으로 해석할 수 있도록 결정했다는 증거가 없다. 즉 제46조 (2)항과 (3)항은 제28조의 일반규정을 제한하는 특별규정이라고 보아야 한다.

이행청구에 관한 본 협약상의 규정의 중요성은 과장되어 평가되기 쉽다. 실제로 매수인에게는 하자있는 물품의 대체나 수리(제46조 (2)항 및 (3)항)를 강제할 필요성이 거의 없다. 대체나 수리는, 매도인이 신의를 준수하고 손해배상책임을 줄이며 나아가 계약의 해제와 같은 극단적인 구제를 피하기 위한 기회로써 추구하는 것이다.

매도인이 계약의 이행을 원치 않는 경우에는 이행의 강제가 대체품의 구매만큼 신속하지도 않으며 또한 효과적이지도 않다. 강제이행의 확보에 따르는 시간의 지연 때문에 국내거래에서 조차도 이러한 구제(특정이행청구)는 실용적이지 못한 것으로 평가된다.

Article 47. (1) The buyer may fix an additional period of time of reasonable length for performance by the seller of his obligations.

(2) Unless the buyer has received notice from the seller that he will not perform within the period so fixed, the buyer may not, during that period, resort to any remedy for breach of contract. However, the buyer is not deprived thereby of any right he may have to claim damages for delay in performance.

제47조 (이행을 위한 추가기간의 지정) (1) 매수인은 매도인에 의한 의무의 이행을 위한 합리적인 기간의 추가기간을 지정할 수 있다.

(2) 매수인이 매도인으로부터 이렇게 지정된 추가기간 내에 이행하지 아니하겠다는 통지를 수령하지 아니하는 한, 매수인은, 그 기간 중에는, 계약위반에 대한 어떠한 구제도 구할 수 없다. 그러나 매수인은 이로 인하여 이행지연에 대한 손해배상을 청구할 수 있는 권리를 박탈당하지 아니한다.

1. 계약해제조항과의 관계

제49조는 계약해제의 근거로서 두 가지를 규정하고 있다. 첫째, 매도인이 본질적 계약위반을 범하는 경우와 둘째, 매도인이 제47조 (1)항에 따라 미리 매수인이 지정한 추가기간 내에 물품을 인도하지 못하는 경우가 그것이다.

2. 해제를 위한 사전단계로서의 통지

(1) 제한적인 권리(불인도에 대해서만 인정되는 권리)

제47조에서 제(1)항만을 따로 분리하여 보면, 이는 매수인이 최종적인 추가기간을 지정함으로서 매도인으로 하여금 그 기간 내에 그의 의무를 이행하도록 요구할 수 있는 권한을 부여하는 것처럼 보인다.

그러나 제47조의 위력은 제49조 (1)항 (b)호에 규정된 내용이다. 즉, 불인도(non-delivery)의 경우에는, 매도인이 제47조 (1)항에 따라 매수인이 미리 지정한 추가기간 내에 물품을 인도하지 아니하는 경우에 매수인은 계약의 해제를 선언할 수 있다. 따라서 통지-해제(notice-avoidance)의 절차는 불인도에만 적용된다.

예를 들어, 가격이 폭락한 이후에 자신의 계약상의 의무를 벗어버리고자 하는 매수인은, 비록 양 당사자 간의 거리로 보아 매도인이 매수인의 통지내용을 준수하기가 현실적으로 불가능함에도 불구하고, 물품의 사소한 하자를 명시하고 이를 시정하기 위한 특정한 시간을 매도인에게 주겠다고 통지할 수도 있다. 그러한 오해를 방지하기 위하여 통지-해제조항인 제49조 (1)항 (b)호의 문두에 불인도의 경우에는(in case of non-delivery)이라는 문구를 추가했다.

(2) 통지의 내용

계약에 의하면 매도인은 6월 1일까지 매수인에게 복잡한 도장기계를 제작하여 인도해야 한다. 매도인은 인도기일을 지키지 못했다. 6월 2일에 매수인은 다음과 같은 전보를 매도인에 보냈다. 우리는 기계를 몹시 기다린다. 7월 1일 까지는 기계가 도착할 수 있기를 희망한다. 매도인은 7월 3일에 기계를 인도했다. 매수인은 기계를 거절하고 나아가 계약을 해제했다. 이유는 6월 2일자 전보에서 정한 7월 1일의 인도기일을 지키지 못했다는 것이었다. 매수인은 인도가 6

월 1일에서 7월 3일로 지연된 것이 본질적 계약위반이 된다(제25조)는 점을 입증하려 하지는 않았고 전적으로 제47조 (1)항 및 제49조 (1)항 (b)호가 규정하는 통지-해제규칙만을 해제의 이유로 삼았다.

위의 예시에서, 비록 매수인이 6월 2일에 통지를 보냈지만 이와 같은 통지는 이행을 위한 추가기간을 지정하는 것으로 볼 수는 없다. 따라서 제49조 (1)항 (b)호에 따른 해제의 기초가 되지 않는다. 이러한 통지는 더 이상 늦어서는 안된다는 의미의 경고가 아니다. 최종적인 기간이 정해졌다는 점을 분명히 밝히지 않고서 단지 이행을 독촉하는 통신은 제47조 (1)항 하에서 유효한 통지가 되지 못한다. 즉 추가적인 기간이 인도기일의 최종적인 시간적 한계를 정하는 길임을 분명히 밝혀야 한다. 예를 들어, 당사가 인도를 수령할 수 있는 최종일자는 7월 1일이다.(The last date when we can accept delivery will be July 1.)

다른 예를 들어 매수인이 매도인에게 귀사의 인도가 지체되고 있다. 만약 물품이 신속하게 도착하지 않으면 당사는 물품을 거절하고 계약을 해제할 수밖에 없다.라고 통지한 경우 이러한 통지는 기간을 지정하고 있지 않기 때문에 제47조 (1)항을 충족시키지 못한다.

제47조 (1)항에 일치하는 통지가 되려면 반드시 합리적인 기간의 추가기간을 지정해야 한다. 통지-해제절차의 목적은 계약해제권과 관련한 불확실성을 줄이는 것이다. 이러한 통지-해제절차의 목적을 살리기 위해서는 합리적인 기간을 확정함에 있어 매도인이 내린 판단을 존중해야 한다. 만약 매도인이 매수인이 지정한 기간을 준수하지 못한다면 매수인은 계약해제권을 가지게 된다(제49조 (1)항 (a)호)

3. 통지(해제의 역할)

이행지체가 있을 때 상대방이 이행거절권을 가지게 되는지 여부에 대해서는, 국내법에서도, 아직 분명하고 통일적인 규칙이 개발되어 있지 않다. 이는 rescission(합의해제), repudiation(이행거절), cancellation(취소), avoidance (해제)등 여러 가지 방법으로 표현되고 있다. 때로는 시간이 과연 계약의 본질인지 여부(whether time is of the essence)의 관점에서 이 문제를 다루기도 한다.

4. 이행요구와 인수의무

제47조 (2)항은 당사자는 자신이 요청한 이행을 거절할 수 없다는 원칙을 반영하고 있다. 어느 일방이 이행을 요청한다는 것은 곧 상대방은 이를 신뢰해도 좋다는 기대를 부여하는 것이다.

또한, 제(2)항에 의하면, 비록 매수인이 매도인에게 지정된 기간 내에 계약을 이행하도록 요구했더라도, 매도인은 이행의 지연(late performance)으로 인한 손해에 대한 책임을 면할 수 없다. 여기에는, 지연으로 인하여, 통지를 통해 지정한 추가기간 동안에 발생한 손해도 포함된다.

Article 48. (1) Subject to article 49, the seller may, even after the date for delivery, remedy at his own expense any failure to perform his obligations, if he can do so without unreasonable delay and without causing the buyer unreasonable inconvenience or uncertainty of reimbursement by the seller of expenses advanced by the buyer. However, the buyer retains any right to claim damages as provided for in this Convention.

(2) If the seller requests the buyer to make known whether he will accept performance and the buyer does not comply with the request within a reasonable time, the seller may perform within the time indicated in his request. The buyer may not, during that period of time, resort to any remedy which is inconsistent with performance by the seller.

(3) A notice by the seller that he will perform within a specified period of time is assumed to include a request, under the preceding paragraph, that the buyer make known his decision.

(4) A request or notice by the seller under paragraph (2) or (3) of this article is not effective unless received by the buyer.

제48조 (인도기일이후의 보완) (1) 제49조의 경우를 제외하고, 매도인은 인도기일 이후에도, 불합리하게 지체하지 아니하고 또한 매수인에게 불합

리한 불편을 주거나 또는 매수인이 선지급한 비용을 매도인으로부터 보상받는데 대한 불안을 야기하지 아니하는 경우에는, 자신의 비용으로 그 의무의 불이행을 보완할 수 있다. 그러나 매수인은 본 협약에 규정된 바의 손해배상을 청구할 권리를 보유한다.

(2) 매도인이 매수인에게 그 이행을 인수할지 여부를 알려주도록 요구하였으나 매수인이 합리적인 기간 내에 그 요구에 응하지 아니하는 경우에는, 매도인은 자신의 요구에서 제시한 기간 내에 이행할 수 있다. 매수인은, 그 기간 중에는, 매도인의 이행과 양립하지 아니하는 구제를 구할 수 없다.

(3) 특정한 기간 내에 이행하겠다는 매도인의 통지는 매수인이 그의 결정을 알려주어야 한다는 전항의 요구를 포함하는 것으로 추정한다.

(4) 본조 제(2)항 또는 제(3)항에 따른 매도인의 요구 또는 통지는 매수인에 의하여 수령되지 아니하는 한 그 효력이 발생하지 아니한다.

1. 협력을 위한 도구

매매거래는 극단적인 표현을 들자면, 살인적인 무기를 가지고 싸우는 결투로 볼 수도 있고 협력과 양보를 필요로 하는 관계라고 볼 수도 있다. 물론 후자가 상거래에 종사하는 사람들의 태도이다. 이러한 접근방식이 본 협약의 일부 조항에 반영되어 있다.

본 협약에서 하자있는 이행의 보완을 다루는 조항은 두 개가 있다. 제37조는 매도인에게 인도기일까지 그 이행상의 하자를 보완할 수 있는 권리를 부여한다. 그러나 제48조는 매도인에게 인도기일 이후에 이행상의 하자를 보완할 수 있는 권리를 보다 제한적으로 부여한다.

2. 보완과 인도지체

본 조 제(1)항은 매도인은 인도기일 이후에도, 자신의 의무의 모든 불이행을 보완할 수 있다고 규정한다.

이러한 표현은 충분히 포괄적이기 때문에 여기에는 서류의 하자까지 포함될 수 있다. 만약 매도인이 본질적 계약위반에 이를 만큼 지체한 후에 또는 제47조에 따라 매수인이 지정한 기간이 경과한 이후에 인도를 제공한다면, 매수인은 제49조 (1)항에 따라 계약의 해제를 선언할 수 있다.

반면에 만약 매도인의 인도지체가 본질적 계약위반도 아니고 또한 추가기간이 경과하지도 않은 경우에는 매수인은 물품의 인도를 인수해야 하며, 이때에는 보완이 필요 없다.

요컨대, 제(1)항은 이미 제공된 물품의 하자나 부족을 보완할 수 있는 권리를 규정한 것이다. 즉 매도인은 하자있는 물품을 일치하는 물품으로 대체하거나 하자있는 부품을 수리함으로써 이를 보완할 수 있다.

3. 보완과 본질적 계약위반을 이유로 한 해제

매도인이 매수인에게 기계를 인도했다. 매수인이 기계를 시험할 때, 기계부품 하나에 하자가 있어 기계전체가 작동되지 않았다. 대체부품은 매도인만이 가지고 있었다. 매수인은 기계가 작동되지 않는다고 매도인에게 통지했다. 매도인은 즉시 하자있는 부품을 교환해 주겠다고 제의했다. 그러나 매수인은 이런 제의를 거절하고 계약의 해제를 선언했다. 매도인이 부품을 교체하는 데에는 시간이 필요했으나 이것이 매수인에게 중요하지는 않았다. 매수인의 주장은 기계가 작동하지 않으며 따라서 이는 본질적 계약위반이 되고(제25조) 따라서 자신은 계약해제권을 가진다는 것이었다(제49조 (1)항 (a)호).

위와 같이 보완이 가능한 경우에, 만약 매수인은 매도인이 하자를 보완할 기회를 가지기도 전에 매수인이 서둘러 계약해제 선언한다면, 이때에는 매도인의 보완권이 보호되어야 한다. 계약위반이 본질적인지 여부는 모든 상황을 종합적으로 고려하여 판단해야 한다. 따라서 보완이 가능하고 또한 보완제의가 예상되는 경우에는, 과연 매도인이 보완해줄 것인가라는 질문에 대한 대답을 알기 전에는 그 위반이 본질적이라고 단정할 수 없다. 매수인은 보완계획에 관한 신속한 정보제공을 매도인에게 요구할 수 있다(제47조 (a)항 및 제49조 (1)항 (b)호).

하자의 보완이 가능한 경우에, 매도인은 유익한 거래관계를 유지하기 위하여 적극적으로 보완해 주고자 할 것이며 또한 계약의 해제로 인하여 야기되는 손해를 극소화하려 할 것이다.

4. 해명요구

현대의 매매는 협력을 필요로 하는 계약관계이다. 따라서 당사자간에는 통신의 개방이 요구되며 그리하여 당사자는 상대방에게서 무엇을 기대할 것인지를 알게 된다. 실제의 상거래에서 이는 당연한 것으로 간주되고 있으며 제48조의 ⑵항~⑷항은 이러한 기대에 법적인 효력을 부여하고 있다.

(1) 수리로써 보완하겠다는 제의

매도인은 매수인에게 기계를 인도했고 매수인은 기계가 작동되지 않는다고 매도인에게 통지했다. 이에 대한 회신으로 매도인은 다음과 같은 전보를 보냈다. 우리 기술자가 일주일 이내로 도착하여 기계가 작동되도록 조치할 것이다. 이에 대해서 매수인은 아무런 회신을 보내지 않았다. 기계를 수리하기 위한 기술자가 매도인이 전보에서 정한 기간 내에 도착했다. 그런데 매수인은 이를 인정하지 않았다. 이유는 기계를 수리하기에는 하자가 너무 심각하다는 것이었다.

위의 예시에서, 매수인은 기술자가 기계를 수리할 수 있도록 허락하지 않았으므로 이는 부당하다. 매도인의 통지는 제48조 ⑵항 및 ⑶항을 충족했다. 비록 매도인이 통지하면서 매수인이 이행을 인수할 것인지 여부를 알려주도록 명시적으로 요구하지는 않았지만(제48조 ⑵항), 이행 하겠다는 매도인의 통지는 제⑶항에 의하여 매수인이 그의 결정을 알려주어야 한다는 요구를 포함하는 것으로 추정된다. 따라서 매도인은 자신의 요구에서 제시한 기간 내에 이행할 수 있다.

매수인이 합리적인 기간 내에 매도인의 요구에 응하지 아니하는 경우에 매도인은 자신의 요구에서 제시한 기간 내에 이행할 수 있다는 제⑵항의 규정은 제⑴항에 명시되어 있는 보완이 필요한 상황에 국한되지 않는다. 예를 들어, 만약 매도인이 2주내에 하자를 보완하겠다고 제의하는 경우, 회신을 보내지 않은 매수인은 2주일 이내의 보완이 제⑴항의 불합리한 지체로서 금지된다고 주장할 수 없다. 여기서도 본 협약은 당사자들 사이에서의 통신의무를 인정하고 있다.

(2) 늦게라도 인도하겠다는 제의

계약에 의하면 매도인은 6월 1일에 기계를 매수인에게 인도해야만 했다. 매도인은 일정에 차질이 발생하여, 5월 31일에 다음과 같은 전보를 매수인에게 보냈다. 6월 10일 이전에 기계를 인도할 수 없어 유감이다. 6월 10일에 인도하겠다. 그 날의 인도를 인수하겠는가? 이에 대해 매수인은 아무런 회신도 보내지 않았다. 매도인이 6월 10일에 기계를 인도했다. 매수인은 이를 거절하고 계약의 해제를 선언했다. 이유는 물품인도가 늦었기 때문에 본질적 계약위반이 된다는 것이었다.

위의 예시에서 5월 31일자의 매도인의 문의는 제48조 (2)항에 의하여 허용된 것이었다. 즉, 매도인은 전보에서 매수인이 이행을 인수할 것인지 여부를 알려 주도록 요구했다. 매도인은 기계를 완성하여 이를 매수인에게 운송해 주는데 필요한 자금을 투자하기 전에 이러한 정보가 필요했던 것이다. 매수인에게는 이에 응답할 의무가 있었다. 그러나 매수인은 응답하지 않았으며 그 결과 매도인은 자신의 요구에서 제시한 기간 내에 이행할 수 있다. 요컨대, 매도인이 5월 31일자의 통신문에서 인도가 지연될 것임을 명시했기 때문에, 매수인은 계약을 해제할 수도 있었던 권리를 상실했다. 물론 매도인은 손해에 대한 배상책임을 져야한다(제48조 (1)항).

(3) 통지를 수령하지 못한 경우

제27조는 당사자가 상황에 적절한 방법으로(by means appropriate in the circumstances) 통지를 발송했다면 그의 통지의무를 다한 것이 된다는 일반원칙을 규정하고 있다. 이러한 원칙 하에서는 지연위험이나 불착위험은 수신인에게 있다. 그러나 제48조 (4)항은 제(2)항 및 (3)항의 통신에 대해서는 이러한 원칙을 역전시킨다. 즉 통지를 발송한 자가 계약을 위반한 것이 된다. 계약을 준수하지 못한 매도인은 매수인에게 그가 수령하지도 못한 문의에 대한 회신의무를 부과할 수 없다. 반면에, 만약 권리를 침해당한 매수인이 매도인의 보완제의에 반대하는 의사표시를 발송했으나 그 통신이 도달하지 않는 경우에는, 제27조에 의하여, 이러한 불착이 발생하더라도 당사자(매수인)는 그 통신에 의존할 권리를 박탈당하지 아니한다.

결국 제48조 (4)항이 마련하고 있는 발신 주의에 대한 예외는 계약을 위반한 당사자인 매도인에 대해서만 적용된다.

Article 49. (1) The buyer may declare the contract avoided:

(a) if the failure by the seller to perform any of his obligations under the contract or this Convention amounts to a fundamental breach of contract; or

(b) in case of non-delivery, if the seller does not deliver the goods within the additional period of time fixed by the buyer in accordance with paragraph (1) of article 47 or declares that he will not deliver within the period so fixed.

(2) However, in cases where the seller has delivered the goods, the buyer loses the right to declare the contract avoided unless he does so:

(a) in respect of late delivery, within a reasonable time after he has become aware that delivery has been made;

(b) in respect of any breach other than late delivery, within a reasonable time:

(i) after he knew or ought to have known of the breach;

(ii) after the expiration of any additional period of time fixed by the buyer in accordance with paragraph (1) of article 47, or after the seller has declared that he will not perform his obligations within such an additional period; or

(iii) after the expiration of any additional period of time indicated by the seller in accordance with paragraph (2) of article 48, or after the buyer has declared that he will not accept performance.

제49조 (매수인의 계약해제권) (1) 매수인은 다음의 경우에 계약의 해제를 선언할 수 있다.

(a) 계약 또는 본 협약에 따른 매도인의 어떠한 의무의 불이행이 본질적 계약위반에 이르게 되는 경우, 또는

(b) 불인도의 경우에는, 매도인이 제47조 (1)항에 따라 매수인이 지정한 추가기간 내에 물품을 인도하지 아니하거나 또는 매도인이 그 지정된 기간 내에 인도하지 아니하겠다고 선언하는 경우.

(2) 그러나, 매도인이 물품을 이미 인도한 경우에는, 매수인은 다음의 시기에 계약의 해제를 선언하지 아니하는 한 해제를 선언할 권리를 상실한다.

(a) 지연된 인도와 관련해서는, 매수인이 인도가 이루어진 사실을 알게 된 때로부터 합리적인 기간 내,

(b) 지연된 인도 이외의 모든 위반과 관련해서는, 다음의 때로부터 합리적인 기간 내.

(i) 매수인이 그 위반을 알았거나 또는 알았어야 했던 때,

(ii) 제47조 (1)항에 따라 매수인이 지정한 추가기간이 경과한 때, 또는 매도인이 그러한 추가기간 내에 의무를 이행하지 아니하겠다고 선언한 때, 또는

(iii) 제48조 (2)항에 따라 매도인이 제시한 추가기간이 경과한 때, 또는 매수인이 이행을 인수하지 아니하겠다고 선언한 때.

1. 계약해제와 본 협약의 규정

(1) 해제사유

제49조 (1)항은 매수인이 계약을 해제할 수 있는 두 가지의 근거를 명시하고 있다.

첫째, 매도인의 어떠한 의무의 불이행이 본질적 계약위반에 이르게 되는 경우.

둘째, 불인도의 경우, 매도인이 제47조의 최고통지에 의하여 지정된 추가기간 내에 물품을 인도하지 아니하는 경우이다.

권리를 침해당한 당사자는 자신의 계약상의 의무의 면제를 법원에 신청할 필

요가 없다. 해제는 상대방에 대한 통지를 통하여 행해지는 선언에 의하여 효력을 발생한다(제26조).

① 본질적 계약위반과 해제

일방(A)의 계약위반으로 인하여 상대방(B)이 기대할 권리가 있는 바를 실질적으로 박탈할 정도의 손해(손해)를 B에게 주게 되는 경우, 이러한 계약위반은 본질적이다. 이러한 법문이 채택된 것은 국제계약은 보통 복잡하며 또한 당사자들에게 중요하기 때문에 손해배상(제74조)으로써 손쉽게 조정될 수 있는 사소한 계약위반에 대해서는 해제를 허용해서는 안 된다는 결론에 기초한 것이다. 사소한 이유로 계약을 해제하지 못하도록 하기 위해서는 필연적으로 손해의 정도를 기초로 삼는 기준이 필요하다.

② 물품의 일부에 대한 해제

제51조 (1)항은 매도인이 물품의 일부만을 인도하거나 또는 인도된 물품의 일부만이 계약과 일치하는 경우에는 부족 또는 불일치한 부분과 관련하여 제46조 내지 제50조의 규정을 적용한다고 규정한다.

사례 1,000대의 컴퓨터를 매매하는 계약에서, 980대는 계약에 일치했으나 나머지 20대에는 중대한 하자가 있었다. 비록 20대의 컴퓨터에는 이렇게 하자가 있었지만, 나머지 컴퓨터에도 이와 유사한 문제가 발생할 염려는 없었다. 또한 대금결제조건이나 매수인의 필요에 따라 컴퓨터를 사용 또는 전매한다는 사정이나 또는 기타의 요인들을 보더라도, 1,000대의 컴퓨터 전부가 하나의 단위로 취급되어야 하는 것은 아니었다. 따라서 우리는 20대의 컴퓨터에 하자가 있었더라도, 이것이 계약전체에 대한 본질적 계약위반이 되는 것은 아니다(제25조 및 제51조 (2)항)라고 가정할 수 있다.

이러한 상황에서는 20대의 컴퓨터에 대해서만 계약을 해제할 수 있다(제51조 (1)항). 물론 손해도 배상받을 수 있다(제45조, 제74조~제76조, 제81조 (1)항). 하자있는 컴퓨터에 관한 한 그 위반은 본질적이었으며, 제46조 (2)항에 따라 매수인은 하자있는 컴퓨터를 대체하는 대체품의 인도를 요구할 수 있다. 또한 매수인은 매도인에 의한 의무의 이행을 위한 합리적인 기간의 추가기간을 지정할 수도 있다.

③ 최고통지에서 지정한 기간 내의 불인도

이는 계약을 해제할 수 있는 두 번째 근거인 바, 매수인이 매도인에 의한 의무의 이행을 위한 합리적인 기간의 추가기간을 지정할 수 있도록 허용하는 제47조 (1)항에서 이미 검토했다.

최고통지는, 만약 인도의 지연이 그 통지에서 지정한 추가기간을 넘기는 경우에는, 본질적 계약위반이 되었다는 점을 입증하지 않고서도 계약을 해제할 수 있는 기초를 제공한다. 매도인이 매수인의 최고통지를 준수하지 못한 것이 해제의 기초가 된다. 매도인이 합리적인 기간의 최종적인 추가기간을 지정한다면, 이는 기간을 계약의 본질로 삼는 것이다. 예를 들어 물품가격이 급격하게 변동하는 경우와 같이, 인도의 지연이 본질적 계약위반에 해당하도록 작용하는 경우에는, 매수인은 매도인에게 추가기간을 통지하지 않고서도 제(1)항 (a)호에 따라 계약을 해제할 수 있다.

2. 해제에 대한 기간제한

해제는 물품의 관리 및 재처분책임과 관련하여 실질적인 중요성을 지닌다. 물품이 목적지인 가까운 항구나 철도역에 도착했다는 것을 매수인이 알고서 계약해제를 제의하는 경우 만약 매수인이 해제의 선언을 지체한다면, 체선료 및 창고료가 발생할 것이고, 물품이 불필요한 위험과 손해에 노출될 것이며 물품의 가격이 하락할 수도 있다.

다른 한편, 매수인이 물품을 수령한 후 물품의 불일치를 이유로(제35조, 제49조 (1)항 (a)호) 계약의 해제를 제의한다고 가정하면 매수인에 의한 해제선언의 지체는 매도인에 의한 물품의 수리 또는 재처분의 기회를 지연시키며 그리하여 위험과 비용을 증대시킬 것이다.

(1) 불인도

제49조 (2)항에 의하면, 해제기간은 오직 매도인이 물품을 이미 인도한 경우에만 개시된다. 지연된 인도를 기다리는 매수인은 그러한 지연이 본질적 계약위반에 이르게 되기에 충분한 시점을 추정하고, 이에 따라 계약이 해제되었다고 매도인에게 통지하려 애쓸 필요가 없다. 인도가 이루어진 것을 알고 난 이후에 매수인은 물품을 수령할 것인지 아니면 (그 지연이 본질적 계약위반이거나

또는 매도인이 제47조 (1)항의 최고통지를 준수하지 못했다면) 해제를 선언함으로써 물품을 거절할 것인지 여부를 결정할 수 있다.

인도의 지연으로 인하여 본질적 계약위반에 이르게 된다면, 매수인은 즉시 해제를 선언할 수 있다(제49조 (1)항 (a)호). 그러나 만약 매수인이 매도인의 계약위반이 본질적인지의 여부를 확신하지 못하고 있거나, 또는 매도인에게 물품을 인도할 수 있는 마지막 기회를 부여하고자 한다면 제47조 (1)항에 따라 최고통지를 보낼 수 있다. 만약 매도인이 매수인의 통지에서 정한 합리적인 추가기간 내에 인도하지 못한다면 매수인은 제49조 (1)항 (b)호에 따라 즉시 해제를 선언할 수 있다.

자신의 인도가 늦어지리라는 것을 알고 있는 매도인은 포장이나 선적을 위하여 자금을 투자해야 할 것인지 여부를 알 필요가 있다. 제48조 (2)항 및 (3)항에 의하면, 매수인은 지정된 기간 내에 이행을 인수할 것인지 여부를 알려 주도록 요청하는 매도인의 요구에 응해야 한다. 만약 매수인의 응답이 없다면, 매도인은 자신의 요구에서 제시한 기간 내에 이행할 수 있다.

(2) 불일치한 물품의 인도

제49조 (2)항 (b)호는 지연된 인도 이외의 모든 계약위반에 적용되는 바, 전통적으로, 계약과 불일치한 물품이 도착한 경우에 적용된다. 계약해제는 매수인이 그 위반을 알았거나 또는 알았어야 했던 때로부터 합리적인 기간 내에 선언되어야 한다는 것이 기본원칙이다. 해제를 선언할 수 있는 합리적인 기간은 물품이 변질되기 쉽다거나 또는 가격변동에 민감하다는 등과 같은 다양한 상황에 따라 결정된다.

제49조의 나머지는 당사자들 사이에 어떤 중요한 통신의 효과를 규정한 것이다. 제47조 (1)항에 따라, 매수인이 매도인에게 통지를 보내면서, 비록 물품에 하자가 있지만 1개월 이내에 매도인으로 하여금 교체 또는 수리에 의하여 하자를 보완할 수 있도록 허용한다고 통지하였다면, 그 1개월이 경과되기 전에는 매수인이 계약을 해제할 수 있는 기간이 개시되지 않는다.

(3) 매도인의 하자인지의 효과

매수인의 계약해제권과 관련하여 두 가지 상황에서 통지요건이 부과된다.

첫째, 제39조 (1)항은 매수인이 소정의 기간 내에 불일치를 매도인에게 통지하지 않는 경우에는 매수인은 물품의 불일치를 원용할 권리를 상실한다고 규정하고 있다.

둘째, 제43조 (1)항은 매수인이 소정의 기간 내에 제3자의 클레임을 매도인에게 통지하지 않는 경우에는, 매수인은 제3자의 클레임으로부터 자신을 보호해 주는 제41조 또는 제42조의 규정을 원용할 권리를 상실한다고 규정하고 있다. 매수인의 실질적인 권리를 무효화하는 이들 두 조항에는 예외가 있다. 그 중 하나가 만약 매수인이 통지해야 할 하자를 매도인이 이미 알고 있었다면 매도인은 이 조항들을 원용할 수 없다는 것이다.[82)]

매도인은 물품의 하자에 대한 클레임을 알아야 할 필요가 있다. 그래야만 그는 증거가 소멸되기 전에 사실을 확인하기 위하여 견본을 채취하거나 혹은 물품을 검사할 수 있기 때문이다. 또한 매도인은 하자보완권을 행사할 수 있기 위하여 클레임에 관한 신속한 통지를 받아야 할 필요가 있다(제37조, 제48조).

그러나 제40조와 제43조 (2)항은 매도인이 이미 알고 있는 사실을 통지하지 않았다는 이유로 매수인의 모든 실질적인 권리의 상실이라는 단호한 제제를 매수인에게 적용한다는 것은 너무 가혹할 수도 있다.

매수인으로 하여금 계약을 해제한다는 그의 결정을 합리적인 기간내에 통지하도록 요구하는 데에는 이유가 있다. 매수인이 해제를 선언하면서 이를 부당하게 지체한다면, 물품의 관리와 반환에 불필요한 비용과 위험이 초래되며, 경기변동의 영향을 심하게 받는 물품의 경우에는 매수인이 매도인의 위험으로 투기를 할 수 있는 기회를 가지게 되기 때문이다.

하자의 통지에 관한 규정은 계약을 해제할 수 있는 기간에 관한 규정과 다르다. 해제를 선언함에 있어 비록 매도인이 합리적인 기간이 지나도록 까지 관망하고 있었더라도 매수인은 손해배상청구권과 같은 다른 구제권을 박탈당하지 않는다(제45조 (2)항, 제81조 (1)항).

그러나 하자와 관련하여 필요한 통지를 하지 못한 매수인은, 정당한 사유가 없는 한(제40조, 제43조 (2)항, 제44조), 모든 실체적인 권리 및 절차적인 권리를 상실한다.

즉, 물품의 하자에 대한 매도인의 인지가 제49조 (2)항에 규정된 합리적인 기간이라는 해제기간의 제한을 없앤다고 결론내리기는 어렵다.

---

82) 물품의 불일치를 통지해야 하는 제39조의 요건에 대한 예외는 제40조에 규정되어 있으며, 제3자의 클레임을 통지해야 하는 제43조 (1)항의 요건에 대한 예외는 제43조 (2)항에 규정되어 있다.

3. 면책과 계약해제

제49조에 의하면 당사자의 계약해제권은 상대방이 계약 … 에 따른 … 의무를 이행하지 못한 바에 근거한다. 해제는 계약위반에 대한 손해배상책임의 존재여부에 따라 달라지지 않는다. 제79조는, 불가항력과 같은 특정한 상황 하에서, 어느 일방이 자신의 의무를 이행하지 못하더라도 손해배상책임을 면한다고 규정하고 본 조의 규정은 어느 당사자에 대해서도 본 협약에 따른 손해배상청구권 이외의 모든 권리의 행사를 방해하지 아니 한다고 덧붙이고 있다. 즉, 비록 당사자가 손해배상책임에서 면책되더라도 상대방의 계약해제권에는 영향을 주지 않는다. 사실 제79조에 따라, 어느 일방이 불이행에 대한 손해배상책임을 면하는 경우, 적절한 구제는 보통 계약의 해제일 것이다.

Article 50. If the goods do not conform with the contract and whether or not the price has already been paid, the buyer may reduce the price in the same proportion as the value that the goods actually delivered had at the time of the delivery bears to the value that conforming goods would have had at that time. However, if the seller remedies any failure to perform his obligations in accordance with article 37 or article 48 or if the buyer refuses to accept performance by the seller in accordance with those articles, the buyer may not reduce the price.

제50조 (대금의 감액) 물품이 계약과 일치하지 아니하는 경우에 대금이 이미 지급되었는지 여부에 관계없이, 매수인은 실제로 인도된 물품이 인도 시에 가지고 있던 가액이 계약에 일치하는 물품이 그 당시에 가지고 있었을 가액에 대하여 가지는 비율에 따라 대금을 감액할 수 있다. 그러나 매도인이 제37조 또는 제48조에 따라 그 의무의 어떠한 불이행을 보완하거나 또는 매수인이 그러한 조항들에 따라 매도인의 이행의 인수를 거절하는 경우에는, 매수인은 대금을 감액할 수 없다.

주의사항 본 조의 역할은 특수한 상황 하에서 매도인이 손해배상책임으로부터 면책되는 경우에, 불일치한 물품에 대하여 매수인이 매도인에게 얼마를 지급해야 하는가를 결정하는 것이다.

4월 1일에 매도인은 100,000달러의 1등급 에담치즈를 매수인에게 매도하기로 계약했다. 인도기일은 6월 1일 까지 이며 계약조건은 매수인국가에 있는 어느 항구에서의 착선인도조건(Ex Ship)이다 (Ex Ship 조건에 의하면 매도인이 운송중의 위험을 부담한다.). 매수인은 식품가공업자이다. 매도인은 계약과 일치하는 치즈를 발송했다. 발송시점이나 운송계약조건을 볼 때, 통상적인의 경우였다면, 물품은 제때에 그리고 안전하게 도착할 수 있었다. 그런데 예기치 못한 전쟁상황이 발생하여 운하를 통과할 때 선박이 2달 동안 억류되고 말았다. 선박에 장치된 냉각장치가 정상적으로 작동했지만, 운하지역의 기온이 너무 높았기 때문에 이를 감당하기에는 역부족이었다. 드디어 8월 1일에 선박이 도착했지만 치즈에는 곰팡이가 생겨서 그리하여 기껏해야 4등급 밖에 되지 않았다. 다행히도 조금 손질한다면 치즈를 사용할 수는 있었다. 1등급 에담치즈의 가격은 계약체결 당시와 동일했다. 그러나 곰팡이가 낀 치즈의 가격은 계약가격인 100,000달러의 1/5인 20,000달러였다. 매수인이 식품을 가공하는데 이 치즈가 필요했고 따라서 매수인은 이 치즈를 받아들이기로 결정했다. 그런데 치즈가 늦게 도착했으며 또한 치즈의 가공준비를 위한 시간이 추가적으로 더 필요했기 때문에, 매수인의 식품가공공장이 일시적으로 조업을 중단하게 되었고 그리하여 15,000달러의 손해가 발생했다.

1. 매도인의 손해배상책임의 면책

제79조는 일방의 의무의 불이행이 자신의 통제를 벗어난 장해에 기인할 때는 그는 손해배상책임을 면한다고 규정하고 있다. (미국의 국내법에서는 impossibility, force majeure 또는 Act of Goods 등을 면책의 근거로 삼고 있다.)

예기치 못한 전쟁상황이 매도인의 손해배상책임을 면책시켜주는 장해(impediment)가 된다고 가정할 수 있다. 매수인은 계약을 해제할 수 있었다(제25조, 제49조 (1)항), 제79조 (5)항). 그러나 매수인은 치즈를 수령하기로 결정했다. 매수인은 매도인에게 얼마를 지급해야 하는지 살펴본다.

2. 대금감액공식

위의 사례에서, 물품은 계약과 일치하지 않았다. 비록 매수인이 손해를 배상받을 수는 없다고 하더라도 그는 실제로 인도된 물품이 인도 시에 가지고 있던 가액이 계약에 일치하는 물품이 그 당시에 가지고 있었을 가액에 대하여 가지는 비율에 따라 대금을 감액할 수 있다. 매수인에게 인도된 4등급의 치즈는 계약에 일치하는 물품가액의 1/5이었다. 매수인은 대금의 1/5 즉, 20,000달러를 매도인에게 지급해야 한다.

위의 사례에서 전쟁상황으로 인하여 치즈가 품귀하게 되었고 그리하여 치즈의 가격이, 4월과 8월 사이에, 등급을 불문하고, 모두 2배가 되었다는 점만 다르다. 따라서 4등급 치즈는 40,000달러에 그리고 1등급 치즈는 200,000달러에 매각에 될 수 있었다.

제50조에 의하면, 매수인은 대금(100,000)을 소정의 비율만큼 감액할 수 있다. 실제로 인도된 4등급 치즈는 계약에 일치하는 물품이 그 당시에 가지고 있었을 가액의 1/5의 가치를 가지고 있었기 때문에, 매수인은 100,000달러의 1/5인 20,000달러를 지급해야 한다.

실제로 40,000달러의 가치가 있는 치즈에 대하여 20,000달러만을 지급한다는 것은 매수인에게 횡재를 안겨주는 것처럼 보일 수도 있다. 그러나 이러한 매수인의 이익은 계약이 이행되었더라면 매수인이 받게 되었을 보호의 비율을 반영하는 것이다. 만약 선박이 억류되지 않았더라면 매수인은 그 가치가 200,000달러까지 증가된 치즈를 수령하고도 이에 대하여 단지 100,000달러만을 지급했을 것이다.

위의 두 사례에서, 매도인은 장해로 인하여 이행을 방해받았기 때문에 손해배상책임을 면하게 된다. 따라서 매수인은 조업중단비용과 기타의 결과적 손해를 부담해야 한다.

처음의 사례를 기초로 하여 8월 1일 까지, 치즈의 시장가격이, 등급을 불문하고, 오히려 1/2로 하락했다는 점만 다르다. 즉 8월 1일에, 4등급 치즈는 10,000달러에 그리고 1등급 치즈는 50,000달러에 매각에 될 수 있었다.

만약 매수인이 치즈를 인수한다면, 그는 제50조에 따라 실제로 인도된 물품이 인도시에 가지고 있던 가액(10,000달러)이 계약에 일치하는 물품이 그 당시에 가지고 있었을 가액(50,000달러)에 대하여 가지는 비율에 따라 대금을 감액할 수 있다. 비율 1/5에 따라, 매수인은 곰팡이가 서린 치즈의 대금으로 20,000

달러를 매도인에게 지급해야 할 것이다. 그러나 이 경우 매수인은, 만약 8월 1일에 통용되고 있는 가격수준으로 대체품을 구입할 수 있다면 계약을 해제(곰팡이가 서린 치즈를 거절)할 것이다.

위의 세 사례에서는 1등급의 치즈를 인도할 수 없었던 것은 장해로 인하여 인도가 방해를 받았기 때문이다. 따라서 제79조에 의하여 매도인은 계약위반에 대한 손해배상책임을 면하게 되었다고 가정하고 있다.

마지막 사례와 같은 경우에, 매수인은 물품을 인수하지 않으려 할 것인 바, 따라서 제50조의 대금감액공식을 이용이 불가능하다. 그러나 만약 매수인이 물품을 인수한다면, 경우에 따라서는, 제50조의 대금감액이 제74조의 손해배상보다 불일치에 대하여 보다 많은 보상을 해줄 것이다. 즉, 매수인은 100,000달러를 20,000달러로 즉, 80,000달러를 감액할 수 있었다. 제74조하에서는 낮은 가격수준에서 계약과 일치하는 물품의 가액(50,000달러)과 실제로 수령한 물품의 가액(10,000달러)의 차액인 40,000달러가 매수인이 청구할 수 있는 손해배상액이 되며, 이는 제50조에 따른 80,000달러의 대금감액 보다 불리한 것이다. 그러나, 만약 매수인이 조업중단과 같은 결과적 손해를 입었다면 결국 그는 제74조에 따른 손해배상을 청구하는 것이 보다 더 유리하게 된다.

Article 51. (1) If the seller delivers only a part of the goods or if only a part of the goods delivered is in conformity with the contract, articles 46 to 50 apply in respect of the part which is missing or which does not conform.

(2) The buyer may declare the contract avoided in its entirety only if the failure to make delivery completely or in conformity with the contract amounts to a fundamental breach of the contract.

제51조 (일부물품의 불일치) (1) 매도인이 물품의 일부만을 인도하거나, 또는 인도된 물품의 일부만이 계약과 일치하는 경우에는, 부족 또는 불일치한 부분과 관련하여 제46조 내지 제50조의 규정을 적용한다.

(2) 인도가 완전하게 또는 계약에 일치하게 이행되지 아니한 것이 본질적 계약위반에 해당하는 경우에 한하여, 매수인은 계약전체의 해제를 선언할 수 있다.

주의사항 매매계약에 의하면, 매도인은 100곤포의 면화를 인도해야 한다. 인도당시에 100곤포 중에서 10곤포에 매우 심각한 하자가 있어 사용이 불가능한 것으로 밝혀졌다.

위의 예시에는 두 가지의 서로 구별되는 문제가 있다.

첫째, 매수인은 10곤포는 거절하고 나머지를 인수할 수 있는지 즉, 법적인 표현으로, 매수인은 일부에 대해서만 계약을 해제할 수 있는지

둘째, 매수인은 단지 10곤포에만 하자가 있는 경우에도, 매수인은 100곤포의 인도를 거절(계약전체를 해제)할 수 있는지 문제가 발생한다.

제51조 (1)항은 매수인은 하자있는 물품만을 즉, 물품의 일부만을 거절할 수 있는지 여부를 다룬다. 제(2)항은 두 번째 질문, 즉 물품의 일부에만 하자가 있는 경우에도, 매수인이 물품전체를 거절할 수 있는지 여부를 다룬다.

해제와 같은 지나치게 추상적인 개념은 오히려 방해가 된다. 상인들은 통상적으로 계약의 해제라는 관점에서 생각하지 않는다. 그들은 특정한 물품을 가지고 무엇을 할 수 있는지를 생각한다. 해제라는 개념은 오해하기 쉽다. 즉, 해제는 계약을 파괴하지 않는다. 다시 말해서, 당사자의 계약위반으로 인하여 계약이 해제되더라도, 그 당사자는 손해를 입은 상대방에게 손해배상 해야 한다는 계약상의 책임을 여전히 부담한다.

1. 불일치한 부분에 적용되는 구제

위의 사례에서 제기된 첫 번째 문제는 10개의 하자있는 곤포에 대하여 매수인이 과연 무엇을 할 수 있는가 하는 것이다. 제51조 (1)항은 제46조 내지 제50조에 규정된 일체의 구제수단이 계약에 일치하지 않는 물품의 일부에 대하여 적용될 수 있다고 규정하고 있다. 따라서 제51조 (1)항은 다음과 같은 선택권을 매수인에게 부여한다.

첫째, 매수인은 매도인에게 대체품의 인도를 요구할 수 있다(제46조 (2)항).

둘째, 매수인은 하자있는 단위에 대하여 계약을 해제할 수 있다(제49조 (1)항 (a)호).

셋째, 매수인은 하자있는 물품을 인수하고 대금을 감액하거나(제50조) 또는 손해배상을 청구할 수 있다.

물론 제51조 (1)항은 10개의 하자있는 곤포와 관련하여 매도인에게 제48조에 따른 보완권을 보장해 준다.

100개 곤포를 인도해야 하는 이 계약에서, 매도인이 계약과 일치하는 90개의 곤포만을 인도했다고 가정해 보자. 만약 매수인이 곤포 10개의 인도를 위하여 합리적인 기간의 추가기간을 지정했으나(제47조 (1)항) 매도인이 이를 지키지 못하는 경우 또는 10개의 부족분을 인도함에 있어 지연으로 인하여 본질적 계약위반이 되는 경우에는, 매수인은 10개의 곤포에 대하여 계약의 해제를 선언할 수 있다(제49조 (1)항 (a)호 및 (b)호).

2. 계약전체의 해제

제51조 (2)항의 목적 가운데 하나는 제(1)항이 매수인으로 하여금 불일치한 물품을 가려내어 별도로 취급하도록 강요하는 것은 아니라는 점을 명확히 하기 위함이다. 만약 일부에 관한 계약위반으로 인하여 실질적인 손해가 발생함으로써 계약전체에 대한 본질적 계약위반이 되는 경우에 매수인은 계약전체를 해제할 수 있다.

제(2)항은 오직 본질적 계약위반을 근거로 계약전체를 해제할 수 있다는 점을 추가하고 있다. 앞의 사례에서 매도인이 단지 90개의 곤포만을 인도하자 매수인은 추가기간 내에 부족분을 인도해줄 것을 최고했고 이 때 매도인이 이를 지키지 못했다고 가정해 보면, 매수인은 부족분에 대하여 계약해제권을 가지게 된다. 따라서 매수인은 그 위반이 본질적이었다는 점을 입증할 필요가 없다(제49조 (1)항 (b)호). 그러나 계약전체를 해제함에 있어 매수인은 그 근거를 최고통지를 준수하지 못한 바를 기초로 삼지 않을 수도 있다. 그러나 이 때에는 매수인은 그 위반이 계약전체에 대하여 본질적이었다는 점을 입증해야 한다(제49조 (1)항 (a)호 및 제51조 (2)항).

즉, 매수인의 계약전체에 대한 해제권과 관련하여, 제51조 (2)항에 따르면, 매도인의 계약위반이 계약전체에 관점에서 본질적인 경우에만 매수인은 계약전체의 해제를 선언할 수 있다. 여기에 영향을 끼치는 요소들은 다음과 같다.

첫째, 10개의 하자있는 곤포를 대체함으로써 하자를 보완해 주겠다는 매도인의 시기적절한 제의(제37조, 제48조).

둘째, 10개의 하자있는 곤포(불일치한 부분)와 관련하여 매수인이 구제권을 행사함에 있어 불일치한 부분에 대해서만 즉, 전체가 아닌 부분에 대해서만 권리행사가 가능한지 여부.

셋째, 10개의 곤포에 대한 별도의 계약해제가 불가능한 경우에는, 선적품 전부를 인수하고 10개의 하자있는 곤포를 재처분하는 것이(하자있는 부분에 대한 손해배상청구는 별개로 한다) 그 계약 하에서 매수인이 기대할 권리가 있는 바를 실질적으로 박탈하는지 여부.

매도인이 물품인도와 상환으로 대금전액을 요구하는 경우에는, 매수인은 아마도 계약전체를 해제해야 할 필요가 있을 것이다. 그러나 만약 매도인이 곤포 10개의 가치의 감소분과 계약위반으로 인한 기타의 손해를 보상하기에 충분한 금액만큼 감액해 주겠다고 제의하는 경우에는, 매수인의 계약해제의 필요성은 감소될 것이다.

Article 52. (1) If the seller delivers the goods before the date fixed, the buyer may take delivery or refuse to take delivery.

(2) If the seller delivers a quantity of goods greater than that provided for in the contract, the buyer may take delivery or refuse to take delivery of the excess quantity. If the buyer takes delivery of all or part of the excess quantity, he must pay for it at the contract rate.

제52조 (조기인도 및 수량초과인도) (1) 매도인이 지정된 기일 전에 물품을 인도하는 경우에는, 매수인은 인도를 수령하거나 또는 이를 수령거절할 수 있다.

(2) 매도인이 계약에서 정해진 수량보다 많은 양의 물품을 인도하는 경우에, 매수인은 초과된 수량의 인도를 수령하거나 또는 이를 수령거절할 수 있다. 매수인이 초과된 수량의 전부 또는 일부의 인도를 수령하는 경우에는, 매수인은 계약의 비율에 따라 그 대금을 지급하여야 한다.

주의사항 본 조 제(1)항은 심각한 어려움을 유발하지 않는 상황 즉, 열성적인 매도인이 물품을 너무 빨리 인도하는 경우를 다룬다. 제(2)항은 수량을 초과하여 인도하는 경우에 초래되는 보다 복잡한 결과를 다룬다.

1. 조기인도

제(1)항의 적용에는 계약의 해석이 요구된다. 만약 계약에 의하여 늦어도 6월 1일까지 인도해야 하는 경우, 5월 20일의 인도가 반드시 지정된 기일 전에 행해진 인도는 아니다.

인도를 수령거절할 수 있는 매수인의 선택권은, 실제로 인도된 일자가 계약과 일치하지 않는 경우에만 적용된다. 즉 계약에서 5월 25일에서 6월 1일 사이에 인도하도록 허용하였는 바, 5월 20일에 인도하는 경우가 그것이다.

조기인도를 거절할 수 있는 매수인의 선택권은 어떤 불편 또는 본질적 계약위반의 입증으로 뒷받침될 필요가 없다. 그러나 매수인이 조기인도의 수령을 불합리하게 거절함으로써 별다른 이익을 얻을 수는 없을 것이다. 제52조 (1)항이 매수인에게 부여하는 선택권은 계약해제권이 아니라 조기인도에 대한 수령거절권이다. 즉 매도인은 계약에서 허용되는 일자에 물품을 다시 제공할 수 있다. 마찬가지로 매도인도 제37조에 따라 인도기일까지 인도상의 하자를 보완할 수 있다.

2. 수량초과인도

계약이 체결된 이후에 시장가격이 하락하는 경우에, 매도인은 계약가격이 높다는 점을 이용하여 계약에서 정한 수량보다 더 많은 수량을 인도하고 싶은 유혹을 받게 된다. 만약 매수인이 초과된 수량의 전부 또는 일부의 인도를 수령하는 경우에는, 매수인은 다른 약정이 없는 한, 계약의 비율에 따라 그 대금을 지급하여야 한다. 제(2)항에 따르면, 매수인은 초과된 수량의 인도를 수령거절할 수 있다. 만약 매도인이 물품을 제공하더라도, 이 때 매수인이 계약서에 명시된 수량을 인수하고 나머지는 거절할 수 있는 기회가 주어지지 않는 경우에는 문제가 발생할 수 있다.

위의 사례에 의하면, 매도인은 포대당 50달러의 가격에 1,000포대의 설탕을 즉 총 50,000달러의 설탕을 선적해야 했다. 그런데 매도인은 수량을 초과하여,

1,200포대의 설탕을 선적했다. 설탕전체에 대해서 단일한 유통성선화증권이 발급되었다. 매도인은 (환취결은행을 통하여) 1,200포대 전체에 대한 대금인 60,000달러의 일람출급어음과 상환으로 선화증권을 제공했다.

이러한 상황 하에서, 매도인이 계약에서 요구된 금액보다 더 많은 금액을 요구하는 바, 이는 아마도 본질적 계약위반에 해당할 것이다. 60,000달러를 대금으로 지급하고 그 후에 초과된 200포대를 거절하면서 10,000달러의 반환을 청구한다면, 매수인은 매도인의 재정적 능력에 관한 위험과 소송에 따른 부담이나 지연 등과 관련한 위험을 겪게 될 수도 있다.

반면에, 매수인은 초과된 수량이 경미하거나 또는 수량의 초과가 당사자들이 확립한 관습이나 혹은 거래관행(제9조)과 모순되지 않거나(제9조) 또는 매도인이 대금전액의 지급을 요구하지 않는 경우에는, 매수인은 수량이 초과되었더라도 인도의 제공을 인수해야 한다.

3) 매수인의 의무

Article 53. The buyer must pay the price for the goods and take delivery of them as required by the contract and this Convention.

제53조 (매수인의 의무의 총괄) 매수인은 계약 및 본 협약에 의하여 요구되는 바에 따라 물품의 대금을 지급하고 물품의 인도를 수령하여야 한다.

(1) 대금의 지급

Article 54. The buyer's obligation to pay the price includes taking such steps and complying with such formalities as may be required under the contract or any laws and regulations to enable payment to be made.

제54조 (대금지급을 위한 조치) 매수인의 대금지급의무는 지급을 가능하게

하기 위하여 계약이나 또는 관련법규 하에서 요구되는 그러한 조치를 취하고 또한 그러한 절차를 준수하는 것을 포함한다.

주의 사항 본 협약은, 국제매매의 이행에는 있어 당사자 상호간의 협력이 요구된다는 사실을 감안하고 있다. 각 당사자는 상대방의 조치에 상응하는 조치를 취해야 한다. 본 조는 대금의 시기적절한 지급을 위하여 요구되는 매수인의 사전조치의 중요성을 반영하고 있다. 예를 들어, 신용장의 개설신청이나 매도인에게 대금을 송부하는데 필요한 정부허가의 신청 등이 그것이다.

제54조는 매수인의 대금지급의무의 일부이다. 이러한 표현(대금지급의무)은 중요하다. 제63조 (1)항에 따르면, 매도인은 매수인에 의한 의무의 이행을 위하여 합리적인 기간의 추가기간을 지정할 수 있다. 이는 매수인의 최고통지(제47조 (1)항)에 상응하게 매도인에게 인정되는 권리이다. 제64조 (1)항 (b)호에 의하여, 만약 매수인이 매도인의 통지에 의하여 지정된 추가기간 내에 대금지급의무를 이행하지 않는다면 매도인은 계약의 해제를 선언할 수 있다. 따라서 만약 매도인이 적절한 통지로써 매수인으로 하여금 특정일자까지 신용장의 개설과 같은 대금지급에 필요한 조치를 취하도록 최종적인 추가기간을 지정하고(제54조), 이러한 추가기간 내 매수인이 자신의 의무를 이행하지 못하여 매도인이 계약을 해제할 경우에는, 매수인의 불이행이 본질적 계약위반이었다는 증거에 기초할 필요가 없다(제25조 및 제64조 (1)항 (a)호).

뿐만 아니라, 지급을 가능하게 하기 위하여 요구되는 여러 조치들 가운데 어느 하나를 취하지 못하면(제54조), 그 자체가 계약위반이 된다(제53조 및 제54조). 만약 매도인이 이러한 계약위반이 본질적 계약위반에 해당한다고 입증한다면, 그는 추가기간을 지정하는 최고통지 없이도 계약의 해제를 선언할 수 있다(제25조 및 제64조 (1)항 (a)호).

제71조는 상대방이 … 그의 의무의 실질적인 부분을 이행하지 아니할 것이 명백하게 된 경우에는, 당사자가 이행을 정지할 수 있도록 허용하고 있다. 이러한 허용은 상대방이 아직 계약위반을 범하지 않은 경우에도 역시 적용된다. 따라서 이행정지의 근거는 우회적으로 확대되어 있다. 제71조에 따르면, 매수인의 이행능력 … 의 중대한 결함도, 상황에 따라서는, 매도인이 그의 이행을 정지할 수 있는 근거가 된다.

이와는 반대로 매수인이 제54조에서 요구되는 사전조치중의 어느 하나를 취하지 않는 것도 계약위반이다. 이 경우 매도인은 제71조의 이행정지규정을 원용할 필요는 없으며, 계약위반에 대한 구제, 즉 최고-해제구제(제63조 (1)항 및 제64조 (1)항 (b)호)와 본질적 계약위반을 이유로 하는 계약해제(제25조, 제64조 (1)항 (a)호)를 이용할 수 있다. 이들 구제는 (예를 들어, 물품의 생산, 집하 또는 포장 등) 인도를 위한 준비단계에서 발생하는 비용을 예방할 수 있도록 해준다.

결국 제54조는 국제물품매매계약에서 대금의 지급을 가능하게 하기 위하여 매수인이 신용장이나 기타 필요한 은행보증서의 발행을 자신의 거래은행에 의뢰한다든지 혹은 정부나 기타 기관에 대하여 수입허가 및 외화사용허가 등 필요한 절차를 필함으로써 외국환의 취득, 보유 및 사용이 항상 가능한 상태에 놓여지도록 하고, 지급기일의 도래와 동시에 채무의 이행에 하등의 지장이 없도록 조치할 것을 규정한 것이다.

Article 55. Where a contract has been validly concluded but does not expressly or implicitly fix or make provision for determining the price, the parties are considered, in the absence of any indication to the contrary, to have impliedly made reference to the price generally charged at the time of the conclusion of the contract for such goods sold under comparable circumstances in the trade concerned.

제55조 (대금불확정계약) 계약이 유효하게 성립하였으나, 그 대금을 명시적 또는 묵시적으로 정하지 아니하거나 또는 이를 정하기 위한 규정을 두지 아니한 경우에는, 당사자는, 어떠한 반대의 표시가 없는 한, 계약성립시에 당해거래와 유사한 상황 하에서 매매되는 그러한 물품에 대하여 일반적으로 징구되는 대금을 묵시적으로 원용한 것으로 본다.

주의사항 물품의 인도와 물품의 인수는 종종 계약서식 상호간에 실질적인 상위한 내용이 들어있는 계약서식이 교환된 이후에 이루어진다. 거래가 이행된 이후에는 계약이 존재했는가?가 아니라 계약의 조건이 어떠했는가?하는 점이 문제가 된다. 반면에, 계약성립의 유일한 기초(증거)가 통신의 교환인 경우에는 계약성립에 관한 규정이 엄격하다.

6월 1일에 매수인은 매도인에게 다음과 같은 텔렉스를 보냈다. 1등급 면화 1,000포대를 선적해줄 수 있는가? 매도인은 청약을 승낙한다. 면화는 포대당 110달러이며 7월 1일에 선적하겠다라고 회신했다. 그러자 매수인은 본사가 보낸 텔렉스는 문의에 불과한 것이었다. 귀사의 조건에 동의하지 않는다라고 응답했다. 그러자 또 매도인은 귀사의 청약은 이미 승낙되어졌고 귀사는 계약에 구속된다라고 회신했다.

당사자는 모두 계약에 구속되지 않는다. 제14조 (1)항에 따라, 매수인의 제의는 청약으로 해석되지 않는다. 그 제의는, 명시적 또는 묵시적으로 대금을 정하는 규정을 두고 있지 않았기 때문에, 충분히 확정적이지 않았다.

Article 56. If the price is fixed according to the weight of the goods, in case of doubt it is to be determined by the net weight.

제56조 (순중량에 의한 대금결정) 대금이 물품의 중량에 따라 정해지는 경우에, 의심이 있을 때에는, 그 대금은 순중량에 의하여 결정된다.

Article 57. (1) If the buyer is not bound to pay the price at any other particular place, he must pay it to the seller:

(a) at the seller's place of business; or

(b) if the payment is to be made against the handing over of the goods or of documents, at the place where the handing over takes place.

(2) The seller must bear any increase in the expenses incidental to payment which is caused by a change in his place of business subsequent to the conclusion of the contract.

제57조 (대금지급장소) (1) 매수인이 다른 어떤 특정한 장소에서 대금을 지급하여야 할 의무가 없는 경우에는, 매수인은 다음과 같은 장소에서 매도인에게 이를 지급하여야 한다.

(a) 매도인의 영업소, 또는

(b) 대금이 물품 또는 서류의 인도와의 상환으로 지급되어야 하는 경우에는, 그 인도가 행하여지는 장소.

(2) 매도인은 계약성립 후 그의 영업소의 변경으로 인하여 발생하는 대금지급에 부수하는 비용의 모든 증가액을 부담하여야 한다.

주의사항 본 조는 대금지급방식을 다루는 세 조항 가운데 첫째 항이다. 대금지급방식에는 지급장소(제57조)와 지급시기(제58조 및 제59조)가 포함된다.

1. 대금지급장소의 중요성

많은 국가에서 정부의 허가(혹은 승인)도 없이 자금을 외국으로 유출하기는 불가능하다. 당사자들은 대개 이러한 문제점을 잘 알고 있으며, 계약에서 대금지급장소와 지급통화를 명시한다. 물론 본 협약도 당사자들 사이에서 확립된 관습을 포함하여(제6조, 제9조 (1)항) 당사자 간의 합의를 존중한다. 계약에서 어떤 답을 제시하지 않고 있는 경우에만 본 조항이 적용된다.

제(1)항 (a)호에서는 대금지급장소로서 매도인의 영업소가 지정되어 있는 바, 이는 상황에 따라서는, 매수인의 영업소에서 지급되는 대금이 매도인에게 가치가 별로 없을 수도 있다는 사실을 감안한 선택이다. 매수인은 사용 가능한 물품을 받을 권리가 있다(제35조 (2)항 (a)호). 마찬가지로, 본 조(제57조)는 대금과 관련하여 매도인을 이와 유사하게 보호한다.

제57조에 의하면, 매도인의 영업소에서 대금을 지급해야 한다는 기준의 유일한 예외는 제(1)항 (b)호이다. 이러한 예외는 대금이 물품 또는 서류의 인도와의 상환으로 지급되어야 하는 경우에 적용된다. 만약 매도인이 매수인 앞으로 물품을 선적한 후 매수인의 국가에서 물품에 관한 서류를 제시하여 대금을 지급받기로 약정했다면, 이러한 약정은 매도인의 영업소에서 대금을 지급해야 한다

는 제(1)항 (a)호의 일반규정에 우선한다.

선화증권이나 화물운송장과 같은 운송서류가 물품의 처분을 지배하는지 여부는 그 운송서류의 조건 즉 운송인이 매도인이나 매도인이 지시하는 자 또는 매수인 중에서 과연 누구에게 물품을 인도하기로 계약했는가에 달려있다. 마찬가지로, 창고증권이나 또는 기타 제3자에 의한 점유를 입증하는 서류를 통하여 물품을 인도하는 경우에도 유사한 원칙이 적용된다.

계약에서 대금지급장소(혹은 기타 대금지급방식)를 명기하지 않고 있는 경우에는, 보통 매도인이 물품을 선적할 때 매수인에게 보내는 송장을 통하여 매도인의 기대를 알 수 있다. 많은 경우, 매수인의 후속하는 통신이나 행위는 그 송장상의 조건에 대한 동의를 의미할 것이다(제8조 (3)항, 제18조, 제29조).

신용장을 통하여 대금이 지급되는 경우에는, 계약에서 ICC의 신용장통일규칙(Uniform Customs and practice for Documentary Credits: UCP(1993))을 적용하도록 약정할 수 있으며, 대금지급이 은행을 통하여 이루어지는 경우에는 추심에 관한 통일규칙(Uniform Rules for Collections)을 지정할 수 있다.

Article 58. (1) If the buyer is not bound to pay the price at any other specific time, he must pay it when the seller place either the goods or documents controlling their disposition at the buyer's disposal in accordance with the contract and this Convention. The seller may make such payment a condition for handing over the goods or documents.

(2) If the contract involves carriage of the goods, the seller may dispatch the goods on terms whereby the goods, or documents controlling their disposition, will not be handed over to the buyer except against payment of the price.

(3) The buyer is not bound to pay the price until he has had an opportunity to examine the goods, unless the procedures for delivery or payment agreed upon by the parties are inconsistent with his having such an opportunity.

제58조 (대금지급시기) (1) 매수인이 다른 어떤 특정한 시기에 대금을 지급하여야 할 의무가 없는 경우에는, 매수인은 매도인이 계약 및 본 협약에 따라 물품이나 또는 물품의 처분을 지배하는 서류를 매수인의 처분 하에 두는 때에 대금을 지급하여야 한다. 매도인은 이러한 대금지급을 물품 또는 서류의 인도에 대한 조건으로 할 수 있다.

(2) 계약이 물품의 운송을 포함하는 경우에는, 매도인은 대금의 지급과 상환하지 아니하면 물품이나 또는 물품의 처분을 지배하는 서류가 매수인에게 인도되지 아니할 것이라는 조건으로 물품을 발송할 수 있다.

(3) 매수인은 그가 물품을 검사할 기회를 가질 때까지는 대금을 지급하여야 할 의무가 없다. 다만 당사자 간에 합의된 인도절차 또는 지급절차가 매수인이 이러한 기회를 가지는 것과 양립하지 아니하는 경우에는 그러하지 아니하다.

1. 물품과 대금의 교환

제(1)항에서 포인트는 첫째, 매수인은 매도인이 물품을 그(매수인)의 처분 하에 두기 전에는 대금을 지급할 의무가 없다. 둘째, 매도인은 매수인이 대금을 지급하기 전에는 물품을 인도할 의무가 없다. 간단히 말해서 물품은 대금과 동시에 교환되어야 한다.

2. 운송을 포함하는 매매계약

제58조 (2)항은 계약에서 침묵(沈黙)하고 있는 경우에 물품과 대금은 동시에 교환되어야 한다는 원칙(이는 (1)항)을 바탕으로 한다. 계약에서 물품의 운송을 요구하는 경우에, 제(2)항은 매도인이 물품을 운송인에게 인도함에 있어 물품과 그 물품의 처분을 지배하는 서류를 교환할 수 있도록 허용한다. 여기서 서류라 함은 보통 서류의 양도를 통해서만 물품이 인도된다고 규정하는 선화증권을 말한다.

제57조 (1)항에 의하면, 계약에서 달리 약정한 바가 없는 한, 매수인은 (a) 매

도인의 영업소, 또는 (b) 대금이 물품 또는 서류의 인도와의 상환으로 지급되어야 하는 경우에는, 그 인도가 행하여지는 장소에서 대금을 지급해야 한다.

계약서에는 보통 대금과 서류의 교환장소가 명시된다. 계약에서 침묵하고 있는 경우에 해석문제가 발생한다.

매도인은 A국에 있고 매수인은 B국에 있다. 계약에 의하면, 매도인은 특정한 물품을 매수인에게 선적하여 보내야 했다. 그런데 대금지급장소나 대급지급조건에 대해서는 아무런 언급이 없었다. 어디서 그리고 어떠한 조건으로, 매도인은 물품을 인도해야 하고 매수인은 대금을 지급해야 하는가?

첫째, 매도인은 매수인에게 자신(매도인)의 영업소에서 대금을 지급하도록 요구할 수 있다(제57조 (1)항 (a)호).

둘째, 매도인은 매수인이 물품을 수령하기 전에는 매수인에게 대금의 지급을 요구할 수 없다(제58조 (1)항).

셋째, 매수인은 자신이 대금을 지급하기 전에는 물품의 제공을 요구할 수 없다(제58조 (1)항).

넷째, 매도인은 물품을 선적하고, 매수인이 대금을 지급하기까지는, 물품의 인도를 지배하는 선적서류를 보유할 수 있다(제58조 (2)항).

매도인이, 대금을 지급받기 위하여, 매수인이 그의 영업소를 두고 있는 B국에서 서류를 제공하도록 선택할 수 있다는 점은 확실하다. 매수인도 반대하지 않을 것이다. 대금지급시기가 늦추어질 것이고, 자국(매수인의 국가)에서 지급되면 보다 편리하다. 더구나, 매수인은 대금이 지급되기 전에 물품을 검사하기가 더욱 용이할 것이다.

매도인이 타국에서 인도하는 경우에는 거리도 멀고 나아가 고액의 운송이 수반되는 바, 매도인은 실질적인 위험을 부담하게 된다. 만약 매수인이 대금의 지급을 거절한다면, 매도인은 물품을 재처분하기가 어렵다. 이러한 점들을 고려하여, 보통 매수인이 매도인과 가까이 있는 은행을 통하여 신용장이 개설 또는 확인되도록 조치하기 전에는 매도인이 운송인에게 물품을 인도하지 않는다는 조건으로 계약이 체결된다.

위의 사례에서, 매도인은 자신과 가까이 있는 은행이 신용장을 개설 또는 확인하도록 조치해줄 것을 매수인에게 요구할 수 있는가? 그 결과 매도인은 그곳에서 서류가 교환되도록 할 수 있는가? 본 협약에는 신용장의 사용에 대한 직접적인 언급이 없다. 그러나 제57조 (1)항 (a)호는 매수인은 매도인의 영업소에서 대금을 지급해야 한다고 규정하고 있다. 매도인의 지역에서 서류와의 교환으로 대금을 지급하도록 하는 약정은, 매수인이 매도인의 영업소 근처에서 물품과 대금이 교환되도록 하기 때문에, 가장 저렴하고 또한 안전한 방법이 된다(제57조 (1)항 (a)호).

매수인이 대금을 지급하기 전에 물품을 검사하는 것이 중요한 경우에는, 특별한 약정이 필요하다.

3. 대금지급전의 물품검사

(1) 검사장소

제(3)항에서는 매수인은 그가 물품을 검사할 기회를 가질 때까지는 대금을 지급하여야 할 의무가 없다는 일반원칙을 명시하고 있다. 매수인이 직접 와서 물품을 수령해야 한다거나(EXW조건) 혹은 매도인이 직접 자신의 트럭으로 물품을 인도해야 하는 경우에는, 대금이 지급되기 전에도 물품의 검사가 매우 용이하다. 매도인이 운송인을 통하여 물품을 발송하고 그 후 도착지에서 서류와의 교환으로 대금이 지급되도록 약정하고 있는 경우에는, 매도인은 물품이 도착하여 양하될 때까지 서류의 제시를 연기할 수 있다. 또한 운송인에게 지시하여 매수인이 선화증권을 수취하기 전에 물품을 검사하도록 할 수 있다. 그러나 제(2)항에서 설명한 국제거래의 특성상, 매도인으로서는 물품이 매수인에게 도달하기까지 대금지급시기를 연기하는 것이 위험하다.

본 협약은 매도인이 이러한 위험을 감수하도록 요구하지 않는다. 제57조 (1)항 (a)호는 대금지급장소를 규정하면서 매수인은 매도인의 영업소에서 대금을 지급하여야 한다고 명시하고 있다.

매도인과 매수인이 서로 멀리 떨어져 있을 때에는, 그 거리로 인하여 물품과 대금의 교환에 따른 현실적인 문제가 발생한다. 물품이 이미 도착했음에도 불구하고 매수인이 대금을 지급하지 않으면 매도인은 보다 큰 위험에 직면한다. 반면에, 매수인은 물품이 선적되기도 전에 물품을 검사해야 한다면 이에 따른 불편이 증가될 것이다.

제58조 (3)항에서 매수인이 물품을 검사할 기회를 가질 때까지는 대금의 지급을 연기할 수 있도록 허용하고 있는 바, 이러한 규정이 대금지급장소에 관한 제57조 (1)항 (a)호의 기본원칙을 변경한다고 주장할 수도 있다. 그러나 만약 매도인이 하자있는 물품을 선적할 수도 있다고 우려되는 경우에는, 매수인은

보통 전문적인 물품검사업자와 계약하여 그가 자신(매수인)을 대신하여 물품이 운송인에게 인도되기 전에 이를 검사하도록 조치할 수 있다. 이러한 정책은 널리 인정되고 있다. 매수인은 물품이 선적되기 전에, 직접 또는 자신의 대리인을 통하여 물품을 검사할 수 있는 기회를 요구할 수도 있다.

(2) 양립하지 않는 절차의 약정

제58조 (3)항에 따르면, 당사자 간에 합의된 인도절차 또는 지급절차가 매수인이 이러한 기회를 가지는 것과 양립하지 아니하는 경우에는, 매수인은 대금지급전에 물품검사권을 가지지 못한다.

계약에 의하면, 매도인은 6월 1일에 물품을 S.S. North Star호에 선적하여 매수인에게 보내야 했다. 이 선박(S.S. North Star호)은 (양 당사자가 모두 알고 있는 바와 같이) 7월 15일 경에 매수인이 거주하는 도시에 도착할 예정이었다. 나아가, 계약서에는, 6월 10일에 매도인이 대금전액을 요구하는 일람출급환어음을 선화증권과 함께 매수인에게 제시하기로 규정되어 있었다.

위의 사례에서, 합의된 조건은 대금지급전의 물품검사와 양립하지 않는다. 결정적인 의문은 계약서상의 규정이다. 만약 계약서에 대금지급시기에 관한 규정이 없는 경우에는, 물품이 아직 해상에 있는 동안에 매도인이 서류를 제시하여 대금을 지급받고자 한다면 이는 제58조 (3)항에서 부여하는 매수인의 물품검사권과 충돌할 것이다.

(3) 검사규칙

물품검사에 관한 서로 다른 두 개의 규칙을 혼동해서는 안된다. 제38조에서는 물품검사의무를 설정하고 있다. 즉, (1) 매수인은 … 실행가능한 한 짧은 기간 내에 물품을 검사하여야 한다. 매수인이 합리적인 기간내에 매도인에게 통지하지 아니하면 물품의 불일치를 원용할 권리를 상실한다.

제58조 (3)항은 대금지급전에 물품을 검사할 수 있는 특권을 매수인에게 부여하고 있다. 이는 매수인이 (이 권리를) 먼저 행사하더라도 매도인에 대하여 의무의 위반이 되지 않는 하나의 특권이다.

(4) 단계적 이행

전형적인 국제매매에는 신용장에 의한 결제가 개입되는 바, 물품과 대금의 동시적 교환(concurrent exchange)은 이러한 상황에서 가장 잘 설명될 수 있다.

이러한 거래를 체결하고 이행하는 데에는 수많은 단계가 필요하다.

첫째, 예비적인 교신이 있은 후, 매도인이 매수인에게 품명, 수량, 금액 및 선적일자를 기재한 견적송장(proforma invoice)을 발송한다.

둘째, 매수인은, 현지은행(개설은행)을 통하여, 대금지급을 위한 신용장의 개설을 주선하고 나아가 매도인과 가까이 있는 은행(확인은행)에 의한 신용장의 확인을 주선한다.

셋째, 매도인이 매수인 앞으로 물품을 선적하고, 보험증권 및 확인은행이 지시하는 자에게 물품을 인도하도록 요구하는 선화증권을 포함하여, 각종의 서류를 취득한다.

넷째, 매도인이 확인은행에 상업송장, 보험증권 및 선화증권을 포함한 일체의 서류를 제시하고 대금을 수령한다.

이러한 단계들은 별도로 취해지지만 연속성을 지니고 있다.

즉, 물품과 대금의 교환을 위해서는, 일련의 독립된 단계가 필요하며, 동시적 교환은 네 번째 단계에서만 발생한다. 거래에 따라서는, 추가적인 예비단계가 더 필요하다.

Article 59. The buyer must pay the price on the date fixed by or determinable from the contract and this Convention without the need for any request or compliance with any formality on the part of the seller.

제59조 (대금지급의무와 지급요구의 불요성) 매수인은 계약과 본 협약에 의하여 지정되거나 또는 이로부터 결정될 수 있는 기일에 대금을 지급하여야 하며, 이 때 매도인의 입장에서는 어떠한 요구를 하거나 어떠한 의식을 준수할 필요가 없다.

주의사항 제59조의 목적은, 지급일자가 계약이나 본 협약에 의하여 확정되어 있거나 또는 결정이 가능하다면, 불필요한 대금지급절차나 지급의 지연을 없애자는 것이다. 제59조의 이행상의 지체에 대한 책임은 이행일자가 확정되어 있거나 결정 가능할 때에만 발생한다.

매도인이 대금후불조건으로 물품을 인도한 경우에는 제59조가 별다른 어려움이 없이 적용될 수 있다. 이 경우, 대금은 확정된 일자에 지급되어야 하며 따라서 매수인은 그 일자에 대금을 송금해야 한다. 대금지급을 지체하는 경우에, 연체된 금액(sum that is in arrears)에 대한 이자지급의무 이외에는 다른 손해가 발생하지 않는 것이 보통이다.

제58조 (1)항은 매수인은, 매도인이 물품을 매수인의 처분 하에 두는 때에, 대금을 지급해야 한다고 규정하고 있다. 따라서 물품을 매수인의 처분하에 둘 수 있기 전에 매도인은 이미 물품의 취득이나 생산, 포장(제35조 (2)항 (d)호) 및 운송(제32조)과 서류(제58조)의 확보를 포함하는 일련의 업무를 완수해야만 한다. 계약에서는, 보통, 매도인이 약정된 기간 내에 혹은 특정일자 이전에 이러한 업무를 완수하도록 허용한다.

결과적으로, 매도인은 자신이 매수인에게 물품이 준비되었다고 통지하기 전에는 물품을 매수인의 처분 하에(제58조 (1)항) 두었다고 볼 수 없다.

요컨대, 제59조는 두 가지 원칙을 구현하고 있다. 첫째, 공식적 요구와 같은 국내법상의 절차요건은 본 협약이 설정하는 의무와 구제권을 해(害)하지 못한다. 둘째, 지체에 대한 책임은 확정되었거나 또는 결정될 수 있는 이행일자를 준수하지 못한 바를 기초로 해야만 한다.

(2) 인도의 수령

Article 60. The buyer's obligation to take delivery consists:

(a) in doing all the acts which could reasonably be expected of him in order to enable the seller to make delivery; and

(b) in taking over the goods.

제60조 (매수인의 인도수령의무) 매수인의 인도수령의무는 다음과 같다.

(a) 매도인이 인도할 수 있도록 하기 위하여 매수인에게 합리적으로 기대될 수 있는 모든 행위를 하는 것, 및

(b) 물품을 수령하는 것.

1. 물품의 제공과 수령

제60조에서는 매수인은 인도수령의무(obligation to take delivery)가 있다고 규정한다.

매매계약은 대개 물품을 조달 또는 제조하고 나아가 이를 매수인의 처분 하에 둠에 있어 이러한 절차를 매도인이 주도하도록 요구한다.

계약서에서는 매수인으로 하여금 물품을 이용할 수 있도록 하기 위하여 매도인은 과연 무엇을 해야 하는지를 규정하는 것이 보통이다. 만약 계약에서 이를 침묵하고 있다면, 제31조의 세 개의 상세한 규정((a)항-(c)항)이 그 공백을 메운다.

제60조의 간결성은 매도인이 물품을 이용가능한 상태로 두기 전에는 매수인의 물품수령의무가 발생하지 않는다는 사실을 반영하고 있다.

제58조에서는 매도인의 인도의무는 매수인의 인도수령의무와 동시이행적이었다. 그러나 상황이 다르면, 당사자의 계약의무가 발생하는 시간도 달라진다. 즉, 매매계약이 물품의 운송을 포함하는 경우에, 제31조 (a)항은 매도인의 인도의무는 … 물품을 최초운송인에게 인도하는 것이라고 명시하고 있다. 이러한 상황 하에서는, 물품이 목적지에 도착하기 전에는 매수인의 인도수령의무가 발생하지 않는다.

계약에서 운송을 요구하지 않는 경우라면, 매도인의 의무는 특정한 장소에서 물품을 매수인의 처분 하에 두는 것이다(제31조 (b)항). 그러나 약정된 혹은 합리적인 물품수취기간이 경과하기 전에는 매수인은 그의 물품 수령 의무를 이행할 필요가 없다. 마찬가지로, 이러한 경우에는, 매수인이 실제로 물품을 수령하기 전에는 위험이 매수인에게 이전하지 않으며 늦어도, 물품이 매수인의 처분 하에 놓이고 또한 매수인이 인도를 수령하지 아니함으로써 계약위반을 범하게 된 때로부터 위험은 매수인에게 이전한다(제69조 (1)항).

간단히 말해서, 본 협약은 인도라는 추상적 개념을 정의하려고 시도하지 않는다. 그 대신에 매수인이 물품을 수령해야 한다는 그의 계약의무를 위반했는지를 묻고 있다.

2. 매도인과의 협력

본 협약은 국제매매거래에서 서로 연관되어 있는 단계들을 수행함에 있어 당사자의 상호협력의 중요성을 인정하고 있는 바, 제60조 (a)항은 이에 대한 또 다른 예를 규정한 것이다. 매도인이 인도하기 위하여 매수인에게 합리적으로 기대될 수 있는 행위에는 매도인이 물품을 발송해야 할 정확한 목적지를 지정하는 행위, 자신의 종업원으로 하여금 물품을 수령하도록 하는 행위, Incoterms의 FOB조건이나 FCA조건하에서 요구되는 바에 따라 운송을 수배하는 행위, 나아가 너무 세부적인 결과 본 협약에 명시되지 않은 기타의 협력을 제공하는 행위 등이 포함될 수 있다.

매도인이 제60조 (a)항에 규정된 인도가능하게 하는 조치를 이행할 수 있는 합리적인 기간의 추가기간을 지정하는 최고통지(제63조 (1)항)를 매수인에게 보냈던 바 매수인이 이를 준수하지 못한다면, 매도인은 매수인의 인도수령의무의 이러한 측면을 이행하지 못한 바를 이유로 하여 계약을 해제할 수 있다. 제64조 (1)항 (b)호에 따라 계약해제권을 행사하는 경우에는 매도인이 매수인의 계약위반이 본질적이었음을 입증할 필요가 없다는 것이다.[83)]

3. 인도의 수령

매도인의 주된 관심사는 물품대금을 지급받는 것이다(제54조-제59조). 그러나 제60조 (b)항에 명시된 매수인의 인도수령의무도 무시할 수 없다. 매도인이 운송인과 운송계약을 체결하는 경우에(제32조 (2)항), 매도인은 과연 매수인이 운송인으로부터 물품의 점유를 신속하게 이전받을 수 있는지 여부에 관심이 있을 것이다. 왜냐하면 매도인은 운송인에게 추가로 체선료를 지급해야 할 책임이 있을 수도 있기 때문이다.

물품의 수령이 지체되는 동안에 물품이 멸실 또는 손상을 입는 경우에도 중요한 문제가 생길 수 있다. 계약이 운송을 포함하지 않는 경우에, 위험은 원칙적으로 매수인이 물품을 수령할 때 매수인에게 이전한다(제69조). 그러나 위험은 매수인이 인도를 수령하지 아니함으로써 계약위반을 범하게 된 때에 이전할 수도 있다.

---

83) 제54조도 이와 유사하게 매수인의 대금지급의무는 제64조 (1)항 (b)호에 따라 계약을 해제하기 위한 최고통지에 따르는 매도인의 계약해제권을 확대함으로써 지급이 가능하도록 하는" 조치를 포함한다고 규정하고 있다.

본 조(제60조)에 의하면, 매수인이 물품의 수령과 관련하여 그의 의무를 이행하지 않으면 이는 계약위반이 되고, 따라서 물품의 재해(災害)에 대해 매수인이 책임지도록 하는 상기의 규정이 적용가능해지며 나아가 매도인은 이를 이유로 계약을 해제할 수도 있다(제63조 및 제64조). 그러나 매도인은 제85조에 의하여 물품을 보존하기 위한 합리적인 조치를 취해야 한다.

(3) 매수인의 계약위반에 대한 구제

Article 61. (1) If the buyer fails to perform any of his obligations under the contract or this Convention, the seller may:

(a) exercise the rights provided in articles 62 to 65;

(b) claim damages as provided in articles 74 to 77.

(2) The seller is not deprived of any right he may have to claim damages by exercising his right to other remedies.

(3) No period of grace may be granted to the buyer by a court or arbitral tribunal when the seller resorts to a remedy for breach of contract.

제61조 (매도인의 구제권의 총괄) (1) 매수인이 계약 또는 본 협약에 따른 어떠한 의무를 이행하지 아니하는 경우에는, 매도인은

(a) 제62조 내지 제65조에 규정된 권리를 행사할 수 있고,

(b) 제74조 내지 제77조에 규정된 바에 따라 손해배상을 청구할 수 있다.

(2) 매도인은 다른 구제를 구하는 권리를 행사함으로써 손해배상을 청구할 수 있는 권리를 박탈당하지 아니한다.

(3) 매도인이 계약위반에 대한 구제를 구하는 경우에, 법원 또는 중재법정은 매수인에게 어떠한 유예기간도 허락하여서는 아니 된다.

Article 62. The seller may require the buyer to pay the price, take delivery or perform his other obligations, unless the seller has resorted to a remedy which is inconsistent with this requirement.

제62조 (매도인의 이행청구권) 매도인은 매수인에게 대금의 지급, 인도의 수령 또는 기타 그의 의무의 이행을 청구할 수 있다. 다만 매도인이 이러한 청구와 양립하지 아니하는 구제를 구한 경우에는 그러하지 아니하다.

1. 사실적 상황

매수인의 대금지급의무는 제53조 내지 제59조에 규정되어 있다. 물론 이러한 의무는 매수인이 물품을 수령한 이후에 위반될 수도 있지만, 그러나 보다 어려운 문제는 매수인이 아직 물품을 수령하지 않은 상태에서 계속 진행시켜나갈 의무가 없다고 주장하는 경우이다.

제62조는 매도인은 매수인에게 대금의 지급과 인도의 수령을… 청구할 수 있다고 규정한다. 매도인에게 부여되는 이러한 구제권은 제46조하에서 매도인에게 이행을 청구할 수 있는 매수인의 이행청구권과 유사하다.

매수인이 물품을 수령·보유하고 있는 경우에는, 그에게 대금지급의무를 강요하더라도 물품의 인도를 거절하고 있는 자(매도인)에게 물품의 인도를 강요하려 할 때 발생하는 문제와 같은 현실적인 문제는 없다. 매수인이 이미 물품을 인수했다면, 물품대금의 회복(징수)이라는 매도인의 구제는 금전채무자의 재산을 강제집행 함으로써 실행되는 금전채무를 추심하는 소송과 유사하다.

매수인이 물품의 수령을 거절하는 경우에는, 제62조에 따라 매수인에게 대금의 지급과 인도의 수령을 청구하는 매도인의 조치와 매도인에게 물품의 인도를 청구하는 제46조하의 매수인의 조치는 서로 유사하다. 이 양자는 모두 제28조에 규정된 국내법에 대한 양보를 전제로 한, 이행을 청구하는 구제이다.

2. 대금지급의 강제

(1) 국내법상의 제한

매도인이 매수인에게 대금의 지급과 인도의 수령을 청구할 수 있다는 제62조의 규정은 매수인이 매도인에게 이행을 청구할 수 있다는 제46조의 규정에 필적하는 것이다. 이들 구제는 모두 제28조에 따라 국내법에 양보해야 한다.

비록, 본 협약의 규정에 따라, 어느 일방이 상대방에게 그의 의무의 이행을 청구할 수 있는 경우라 하더라도, 이러한 구제(이행청구)에 대한 법정지의 국내법의 제한이 우선한다는 점을 중시해야 한다. 즉, 매수인이 물품의 수령을 원치 않고 있음에도 불구하고 그에게 제62조에 따라 대금의 지급을 청구하는 경우에는, 이러한 구제에 대한 법정지의 국내법의 제한이 결정적이다.

모든 법계에서, 제62조에 따라 매수인에게 대금을 청구하는 소송은 제28조에서 규정한 법정지의 국내법에 대한 양보를 전제로 한다.

(2) 기타의 제한조항

제28조와 제46조를 논하면서 이행의 강제를 제한하는 본 협약상의 다른 조항들을 언급했다. 특히 제85조와 제88조가 관련된다. 제85조에 따르면, 매수인이 물품인도의 수령을 지체하는 경우에(이는 물품의 인수를 거절한 이후의 지체를 포함한다) 물품을 점유중인 매도인은 물품을 보존하기 위하여 그 사정에 합리적인 조치를 취하여야 한다. 이는 제88조 (2)항이라는 중요한 조항과 연결된다. 즉, 그 물품이 급속하게 변질되기 쉽거나 또는 그 보존에 불합리한 비용이 요구되는 경우에, 매도인은 이를 매각하기 위한 합리적인 조치를 취하여야 한다. 변질이 급속하지 않다고 하더라도 보유기간이 길어지는 경우에는 낭비적인 저장비용으로 인한 손실이 불가피할 수 있다.

대금지급의 강요는, 소송절차가 끝나고 결국 매수인이 물품을 인수하고 대금을 지급하도록 강제될 때까지, 물품의 관리를 필요로 한다. 창고비용이 증가하고 또한 물품이 멸실될 또는 쓸모없게 될 위험이 있기 때문에, 이행청구는 위험한 구제방법이다. 단지 이론적으로만 법적인 권리가 실현될 뿐이다.

소송을 통하여 물품의 수령과 대금의 지급을 강요하는 경우에, 소송이 끝났을 때 매도인은 매수인이 파산하고 자신의 수중에는 쓸모없는 물품만 있음을 깨닫게 될 것이다. 대부분의 경우에, 매도인은 물품의 재매각을 통하여 위험에 처한 대금(손해배상액)을 신속히 경감하도록 기대된다(제75조). 물론, 손해가 발생하면 매도인은 손해를 회복할 수 있다(제74조, 제76조, 제78조).

Article 63. (1) The seller may fix an additional period of time of reasonable length for performance by the buyer of his obligations.

(2) Unless the seller has received notice from the buyer that he will not perform within the period so fixed, the seller may not, during that period, resort to any remedy for breach of contract. However, the seller is not deprived thereby of any right he may have to claim damages for delay in performance.

제63조 (이행을 위한 추가기간의 지정) (1) 매도인은 매수인에 의한 의무의 이행을 위한 합리적인 기간의 추가기간을 지정할 수 있다.

(2) 매도인이 매수인으로부터 이렇게 지정된 추가기간 내에 이행하지 아니하겠다는 통지를 수령하지 아니하는 한, 매도인은, 그 기간 중에는, 계약위반에 대한 어떠한 구제도 구할 수 없다. 그러나 매도인은 이로 인하여 이행지체에 대한 손해배상을 청구할 수 있는 권리를 박탈당하지 아니한다.

주의사항 본 조는 제47조가 매수인에게 부여하는 구제수단 즉 합리적인 기간의 추가기간을 지정할 수 있는 권리와 동일한 구제수단을 매도인에게 부여한다. 만약 매수인이 이러한 추가기간 내에 계약을 이행하지 못한다면, 매도인은 매수인의 계약위반이 본질적임을 입증하지 않고서도 계약의 해제를 선언할 수 있다(제64조 (1)항 (b)호).

제47조와 제49조 (1)항 (b)호를 검토하면서, 매수인의 최고통지는 매도인이 물품을 인도하지 못하는 경우에만 해제의 근거가 된다는 점을 살펴보았다. 마찬가지로, 제63조의 매도인의 최고통지는, 매수인이 특정한 기간 내에 그의 대금지급의무나 인도수령의무를 이행하지 못하는 경우에만 해제의 근거가 된다(제64조 (1)항 (b)호).

제54조에서는 매수인의 대금지급의무는 계약에서 요구되는 조치를 가능하게 하는 조치(enabling step)를 포함한다고 규정하고 있다. 따라서 신용장을 개설하

지 못하면 이는 본 조(제54조)상의 최고통지를 행할 수 있는 근거가 된다. 어쨌든, 통지 - 해제라는 구제는 가장 중요한 매수인의 의무에만 적용된다. 물품명세의 확정(제65조)과 같은 기타 부문에서의 불이행도 계약위반에 해당하지만, 매도인은 그 위반이 본질적인 경우에만 계약을 해제 할 수 있다(제25조, 제64조 (1)항 (a)호).

매수인의 최고통지(제47조)를 논하면서, 상대방이 이행을 위한 최종적인 추가기간을 가진다는 점을 명시하는 경우에만 통지가 계약해제의 근거가 된다. 여기서의 통지는, 제27조와는 달리, 도달주의이다.

제(1)항은 매도인은 매수인에 의한 의무의 이행을 위하여 합리적인 기간의 추가기간을 지정할 수 있다고 규정하고 있다. 그러나 제64조 (1)항 (b)호의 통지 - 해제가 적용되지 않는 하자와 관련해서도 통지가 주어질 수 있다. 매도인은 자신이 요청한 이행을 인수해야 할 의무를 지지만, 통지에서 지정한 추가기간 동안의 지연을 포함하여, 지연에 대한 손해배상청구권을 박탈당하지는 않는다.

Article 64. (1) The seller may declare the contract avoided:

(a) if the failure by the buyer to perform any of his obligations under the contract or this Convention amounts to a fundamental breach of contract; or

(b) if the buyer does not, within the additional period of time fixed by the seller in accordance with paragraph (1) of article 63, perform his obligation to pay the price or take delivery of the goods, or if he declares that he will not do so within the period so fixed.

(2) However, in cases where the buyer has paid the price, the seller loses the right to declare the contract avoided unless he does so:

(a) in respect of late performance by the buyer, before the seller has become aware that performance has been rendered; or

(b) in respect of any breach other than late performance by the buyer, within a reasonable time:

(i) after the seller knew or ought to have known of the breach; or

(ii) after the expiration of any additional period of time fixed by the seller in accordance with paragraph (1) of article 63, or after the buyer has declared that he will not perform his obligations within such an additional period.

제64조 (매도인의 계약해제권) (1) 매도인은 다음의 경우에 계약의 해제를 선언할 수 있다.

(a) 계약 또는 본 협약에 따른 매수인의 어떠한 의무의 불이행이 본질적 계약위반에 이르게 되는 경우, 또는

(b) 매수인이, 제63조 (1)항에 따라 매도인이 지정한 추가기간 내에, 대금을 지급하거나 물품의 인도를 수령할 의무를 이행하지 아니하거나, 또는 매수인이 이렇게 지정된 기간 내에 이를 이행하지 아니하겠다고 선언하는 경우.

(2) 그러나, 매수인이 대금을 이미 지급한 경우에는, 매도인은 다음의 시기에 계약의 해제를 선언하지 않는 한 해제를 선언할 권리를 상실한다.

(a) 매수인의 지연된 이행과 관련해서는, 매도인이 이행이 제공된 사실을 알기 전, 또는

(b) 매수인의 지연된 이행 이외의 모든 위반과 관련해서는, 다음의 때로부터 합리적인 기간 내,

(i) 매도인이 그 위반을 알았거나 또는 알았어야 했던 때, 또는

(ii) 제63조 (1)항에 따라 매도인이 지정한 추가기간이 경과한 때, 또는 매수인이 그러한 추가기간 내에 의무를 이행하지 아니하겠다고 선언한 때.

1. 계약해제의 의의

매도인에 의한 계약해제는 주로 매수인이 대금지급을 지체한 바를 근거로 한다. 매도인은 매수인이 대금을 지급하기 전에는 물품의 인도를 보류하는 것이

보통이다(제58조 (1)항, 제71조). 그러나 해제는 매우 광범위한 결과를 낳는다. 즉 계약을 해제한 매도인은 물품을 인도할 필요조차 없다. 제49조는 매수인의 계약해제권을 정의하며 이와 대칭적으로 본 조(제64조)는, 제49조와 대칭적으로 매도인의 계약해제권을 규정한다.[84)]

2. 해제의 방법과 사유

매도인에 의한 계약해제도, 매수인에 의한 해제와 마찬가지로, 선언을 통하여 실현되며, 또한 그 선언은 상대방에 대한 통지로써 행하여진 경우에만 효력이 있다(제26조). 통지가 상황에 적절한 방법으로 발송되었다면, 전달과정에 지연이나 오류가 발생하더라도 유효하다(제27조).

제64조 (1)항도, 제49조 (1)항과 마찬가지로, 두 가지의 선택적인 해제사유를 규정하고 있다. 그 중 하나는 매수인의 본질적 계약위반이며 다른 하나는 제63조 (1)항(최고통지)에 따라 매도인이 지정한 추가기간 내에 매수인이 대금의 지급이나 인도의 수령을 이행하지 않는 경우이다. 최고통지는, 그 통지에서 대금을 지급하거나 물품의 인도를 수령해야 한다는 기본적 의무의 이행을 매수인에게 요구하고 있는 때에만, 계약해제의 근거가 된다. 그러나 매수인의 대금지급의무는 이를 가능하게 하기 위하여 요구되는 조치를 포함한다(제54조). 예를 들어, 통지 - 해제와 같은 구제는 매수인이 신용장 개설의무를 준수하지 못하는 경우에도 사용될 수 있다.

매수인의 최고통지를 근거로 하는 계약해제는, 본질적 계약위반을 이유로 하는 제49조 (1)항 (a)호의 그것과는 대조적으로, 불인도(non-delivery)에 한정된다. 최고통지를 근거로 하는 계약해제는 매도인이 물품의 인도라는 그의 기본적 의무를 이행하지 못한 바에 제한된다. 이는 사소한 이유로 계약이 파괴되는 것을 막기 위함이다.

매도인은 대금을 지급하거나 물품의 인도를 수령하라는 자신의 최고통지를 매수인이 준수하지 못한다는 사유를 근거로 해서만 계약을 해제할 수 있다. 대금을 지급(혹은 대금을 지급하고 인도를 수령)하라는 매도인의 최고통지를 준

---

84) 계약해제의 효과는 제5장 제5절(제81조-제84조)에서 검토된다. 제81조 (1)항에 따르면 계약을 해제한 자는 손해배상청구권(제74조-제76조)을 가지지만 이행청구권(제46조, 제62조)은 상실한다. 계약을 해제한 당사자가 자신이 인도한 물품을 회복할 수 있는지는 제81조 (2)항에서 검토될 것이다.

수하지 못한 바를 근거로 하는 계약해제는 제49조 (1)항 (b)호의 접근방식과 일치한다. 그러나 매수인이 이미 대금을 지급했을 경우에는, 만약 오직 지정된 기간내에 인도를 수령하라는 통지를 준수하지 못한 바를 근거로 해서만 해제가 가능하다면, 조화의 문제가 발생한다.

대금을 지급받은 매도인은 계약을 해제하지 않을 것이다. 왜냐하면, 계약을 해제하는 매도인은 대금을 반환해야 하기 때문이다(제81조 (2)항). 더구나 대금을 지급한 매수인은 매도인에 의하여 지정된 추가기간내에 인도를 수령하기 위하여 모든 노력을 다할 것이다. 그러나 물품가격이 급격히 상승하는 경우에는 매도인이 최고통지를 하면서 매수인이 인도를 수령할 수 있는 기간을 짧게 지정함으로써 계약의무로부터 벗어나고자 시도할 수 있다.

제36조 (1)항은, 제47조 (1)항과 마찬가지로, 최고통지는 합리적인 기간의 추가기간을 지정해야 한다고 요구한다. 최고통지에서 지정되는 기간의 합리성은 실질적이지 못한 사유로 인한 계약의 해제를 방지하고자 하는 본 협약의 일반적인 법정책과 일치하도록 판단되어야 한다. 이미 대금을 수령한 매도인은 매수인이 인도의 수령을 지체한다고 하여 큰 손해를 입을 가능성은 별로 없다. 매수인은 물품보관비용과 같은 매도인의 비용에 대하여 책임을 져야한다., 또한 매도인은 매수인으로부터 합리적인 비용을 상환 받을 때까지는 물품을 보유할 수 있다. 더구나 남용위험(濫用危險)이 있을 경우에는, 매도인이 지정한 기간이 합리적인 기간이어야 한다는 요건이 국제거래에서 신의의 준수를 증진시키도록 해석되어야 한다(제7조 (1)항).

3. 해제기간의 제한

(1) 매수인이 대금을 지급한 경우

제(2)항에서 정하는 기간제한은 매수인이 이미 대금을 지급한 경우에 한하여 매도인의 계약해제에 적용된다. 대금수령은 매도인의 주된 관심사이며, 대금을 지급받은 매도인이 해제를 추구하는 경우는 거의 없다.

본질적 계약위반을 이유로 하는 해제는 아마도 매수인이 정당한 이유도 없이 수입허가를 취득하지 못한다거나 판매점 설립의무를 이행하지 않는다거나 또는 물품판촉계획을 진전시키지 못한 바를 그 해제사유로 할 수 있다. 어쨌든, 대금을 지급받고서도 계약을 해제하고자 하는 매도인은 제(2)항의 엄격한 기간제한을 준수해야 한다.

(2) 매수인이 대금을 지급하지 않는 경우

제64조는 매수인이 대금을 지급하지 않은 경우에 대해서는, 계약해제기간의 제한을 규정하지 않고 있다. 만약 매수인이 아직 물품을 수령하지 않았고 또한 대금이 오직 인도와 교환으로 지급되어야 한다면(제58조 (1)항), 매도인은 매수인이 그의 자금융통문제를 해결할 동안에 계약해제에 관한 결정을 연기할 수 있도록 허용하는 제64조의 기회를 이용할 수도 있다. 반면에, 매도인이 이러한 결정을 연기하고 있는 동안, 매수인은 물론 대금을 지급하고 물품을 수령할 수도 있다.

매도인이 계약해제를 원하지만 매수인의 이행지체가 본질적 계약위반에 해당하는지(제25조, 제64조 (1)항) 여부가 의심되는 경우에는, 매도인은 계약을 해제하기에 앞서 매수인에게 최고통지를 보냄으로써(제63조 (1)항) 상황을 확정할 수 있다(제64조 (1)항 (b)호).

매수인이 물품을 수령하고서도 기한이 되었을 때 대금을 지급하지 않는 경우에는, 매도인은 이례적인 상황 하에서만 계약을 해제하는 것이 좋다. 계약을 해제하면, 매도인의 대금회복권이 소멸한다(제81조 (1)항). 실제로, 제81조 (2)항에서는 매도인은 …매수인에 대하여 그 계약 하에서 자신이 이미 제공 … 한 것에 대한 반환을 청구할 수 있다고 규정하고 있다. 그러나 매수인이 이러한 매도인에게 대금을 지급하지 못하는 경우에, 이미 다른 채권자들이 그 물품에 대하여 강제집행을 청구했을 수도 있다. 제81조 (2)항에 따라 매수인에게 물품의 반환을 청구할 수 있는 매도인의 권리가 제3자에 대하여 유효한지 여부는 국내법에 따라 결정된다.

Article 65. (1) If under the contract the buyer is to specify the form, measurement or other features of the goods and he fails to make such specification either on the date agreed upon or within a reasonable time after receipt of a request from the seller, the seller may, without prejudice to any other rights he may have, make the specification himself in accordance with the requirements of the buyer that may be known to him.
(2) If the seller makes the specification himself, he must inform the buyer

of the details thereof and must fix a reasonable time within which the buyer may make a different specification. If, after receipt of such a communication, the buyer fails to do so within the time so fixed, the specification made by the seller is binding.

제65조 (물품명세의 확정권) (1) 계약상 매수인이 물품의 형태, 용적 또는 기타의 특징을 명세하여야 하는 경우에 만약 매수인이 합의된 기일에 또는 매도인으로부터 요구를 수령한 후 합리적인 기간 내에 그러한 물품명세를 확정하지 아니한 때에는, 매도인은, 자신이 보유하는 다른 어떤 권리를 해함이 없이, 자신에게 알려진 매수인의 요구조건에 따라 스스로 물품명세를 확정할 수 있다.

(2) 매도인이 스스로 물품명세를 확정하는 경우에는, 매도인은 매수인에게 이에 관한 세부사항을 통지하여야 하고 또한 매수인이 상이한 물품명세를 확정할 수 있는 합리적인 기간을 지정하여야 한다. 매수인이, 그러한 통지를 수령한 후, 지정된 기간 내에 상이한 물품명세를 확정하지 아니하는 경우에는, 매도인이 확정한 물품명세가 구속력을 가진다.

주의사항 제65조의 목적은 매수인이 물품명세의 제공을 거절함으로써 자신의 의무로부터 벗어나고자 하는 것을 막기 위함이다. 매도인으로 하여금 제65조에 규정된 절차에 따라 누락된 물품명세를 확정할 수 있도록 한 것은, 곧 매수인이 손해액을 산정(제74조)하기에는 계약이 너무 불분명하다고 주장하지 못하도록 사전에 이를 차단하고, 매도인이 물품을 재매각함으로써(제75조) 손해액을 입증할 수 있도록 허용하는 것이다.

4) 위험의 이전

Article 66. Loss of or damage to the goods after the risk has passed to the buyer does not discharge him from his obligation to pay the price, unless the loss or damage is due to an act or omission of the seller.

제66조 (위험이전의 효과) 위험이 매수인에게 이전된 이후에는 물품이 멸실 또는 손상되더라도 매수인은 대금지급의무를 면하지 못한다. 다만 그 멸실 또는 손상이 매도인의 작위 또는 부작위에 기인한 경우에는 그러하지 아니하다.

1. 물품의 파손과 대금지급의무

위험이 매수인에게 이전된 이후에는 물품에 손상이 발생하더라도 매수인은 대금지급의무를 부담한다. 이러한 경우를 예시를 통하여 살펴본다.

계약에 의하면, 매도인은 1등급의 면화 10포대를 매수인에게 보내야 했다. 계약조건은 FOB Seller's City였다. 매수인은 선적서류와 상환으로 대금을 지급하는데 동의했으며 선적서류는 물품이 도착한 후에 제시될 예정이었다. FOB조건에 의하면, (본 협약 제67조 (1)항에 의하여도 마찬가지다), 운송중의 위험은 매수인이 부담한다. 매도인이 1등급 품질의 10포대를 선적했지만 운송도중에 화재로 인하여 숯덩이가 되었고 그리하여 상품가치를 상실하게 되었다. 매수인은 자신의 권리를 행사하여 대금을 지급하기 전에 물품을 검사했고 결국 대금지급을 거절했다. 거절이유는 물품이 계약에서 정한 1등급이 아니라는 것이었다.

제36조 (1)항은 물품이 1등급이 아니었다는 매수인의 주장에 대답하고 있다. 즉, 위험이 매수인에게 이전하던 당시에 물품은 계약과 일치했다. 또한 제66조에서는 위험이 매수인에게 이전된 이후에 야기된 물품의 손상이나 파손은 매수인의 대금지급의무를 면제하지 않는다.

얼핏 보기에는, 이와 같은 결과가 가혹하게 보일 수도 있다. 그러나 이는 실용주의를 고려한 것이다. 운송중의 멸실 또는 손상은 보험으로 담보될 수 있으며 또한 그렇게 하는 것이 국제거래에서는 하나의 관습이다. 더구나 멸실 또는 손상은 보통 운송이 끝난 이후에나 발견된다. 매수인은 매도인보다는 나은 입장에서 손해액을 산정하고 보험자를 상대로 보상을 청구하며 사용 가능한 물품을 회복할 수 있다.[85] 즉 위험을 부담하는 당사자인 매수인은 보험을 통하여 그 손해를 회복할 수 있다.

2. 매도인의 작위 또는 부작위에 기인한 손해

계약에 의하면 매도인은 1등급 품질의 쌀 5,000파운드를 새 포대에 넣어서 선적해야 한다. 계약조건은 FOB Seller's City였다. FOB조건에 의하면, (본 협약 제67조 (1)항에 의하여도 마찬가지다) 운송중의 위험은 매수인이 부담한다. 매도인이 1등급 품질의 쌀 100포대를 선적했지만 이 중에서 1포대가 낡고 약했기 때문에 운송도중에 파손되었고 그리하여 쌀이 멸실되고 말았다.

제66조의 마지막 절에 의하면, 위험이 매수인에게 이전된 이후에도 매도인은 자신의 작위 또는 부작위로 인한 멸실 또는 손상에 대해서 책임을 져야 한다.

위의 사례에서, 비록 물품의 멸실(또는 손상)위험이 매수인에게 이전했다 하더라도, 제66조는 매도인의 계약위반으로 인한 쌀의 멸실(1포대)에 대해서는 이를 매도인이 책임지도록 한다.

다른 예로서, 매도인은 과일이나 다른 상하기 쉬운 물품을 계약과 일치하게 선적했다. 그러나 선적의 지연으로 인하여 매도인은 계약을 위반하게 되었다. 왜냐하면 지연으로 인하여 물품이 변질되었기 때문이다. 이러한 상황하에서 매도인은 자신의 계약위반으로 인한 운송중의 손해에 대하여 책임을 져야한다.

---

85) 운송인을 상대로 하는 클레임에 대해서도 이와 유사한 원칙이 적용된다. 그러나 해상운송의 경우 Hague Rules(1924) 하에서는 해상운송인의 책임이 제한되어 있으므로 보험이 특히 중요하게 된다.

Article 67. (1) If the contract of sale involves carriage of the goods and the seller is not bound to hand them over at a particular place, the risk passes to the buyer when the goods are handed over to the first carrier for transmission to the buyer in accordance with the contract of sale. If the seller is bound to hand the goods over to a carrier at a particular place, the risk does not pass to the buyer until the goods are handed over to the carrier at that place. The fact that the seller is authorized to retain documents controlling the disposition of the goods does not affect the passage of the risk.

(2) Nevertheless, the risk does not pass to the buyer until the goods are clearly identified to the contract, whether by markings on the goods, by shipping documents, by notice given to the buyer or otherwise.

제67조 (운송조항부계약과 위험의 이전) (1) 매매계약이 물품의 운송을 포함하고 또한 매도인이 특정한 장소에서 이를 인도하여야 할 의무가 없는 경우에는, 위험은 매매계약에 따라 매수인에게 송부되기 위해서 물품이 최초운송인에게 인도되는 때에 매수인에게 이전한다. 만약 매도인이 물품을 특정한 장소에서 운송인에게 인도하여야 하는 경우에는, 물품이 그러한 장소에서 운송인에게 인도되기 까지는 위험은 매수인에게 이전하지 아니한다. 매도인이 물품의 처분을 지배하는 서류를 보유할 권한을 가진다는 사실은 위험의 이전에 영향을 미치지 아니한다.

(2) 그럼에도 불구하고, 위험은 물품이 화인이나 선적서류, 매수인에 대한 통지 또는 기타의 방법에 의하여 계약에 명확히 특정되기 까지는 위험은 매수인에게 이전하지 아니한다.

1. 위험과 계약

최근 몇 십 년 동안에 운송방식은 소위 말하는 컨테이너혁명의 영향을 크게 받았으며 그 결과 복합운송이 발달했다. 복합운송의 경우, 컨테이너는 내륙의 어떤 지점에서 봉인되어 트럭이나 철도, 선박과 같은 서로 다른 운송수단을 통하여 매수인에게 운송된다.

곡물이나 광물 또는 석유와 같은 산화물은 종종 매매당사자 가운데 어느 일방이 용선한 선박에 의하여 항구에서 항구로(from port to port) 운송된다. 국제운송의 전후에는 현지운송(local transport)이 필요하다. 매도인의 창고에서 철도터미널이나 해상운송인의 창고 또는 부두까지의 운반을 위해서, 나아가 물품이 매수인에게 가까운 어떤 지점에 도착했을 때에도 현지운송이 필요한 것이다. 이러한 현지운송은 매도인이나 매수인의 트럭에 의하여 직접 해결되기도 하고 운송대리인(transport agency)에 의하여 취급되기도 한다.

국제매매의 당사자들은 대개 계약을 체결할 때 위험의 이전시기를 약정한다. 이 때, 위험에 관한 명시적 조항을 두기도 하고 Incoterms나 아니면 Incoterms상의 구체적인 거래조건을 직접 언급하기도 한다. 특히 Incoterms상의 FCA는 복합운송을 포함하여 모든 운송형태에 적용이 가능하다. 제6조에서 이미 보았듯이(제6조), 이러한 계약조항과 정형거래조건은 본 협약의 규정보다 우선한다.

2. 본 협약과 운송위험

운송위험(risk in transit)에 관한 본 협약의 일반원칙은 제67조에 규정되어 있다. 간단히 말해서, 위험은 물품이 운송인에게 인도(hand over)될 때 매수인에게 이전한다.

제67조와 제69조는 함께 검토할 필요가 있다. 왜냐하면, 제67조에서 규율되지 않는 상황은 자동적으로 제69조에 따라 규율되기 때문이다. 제67조는 매도인이 운송인에게 물품을 인도(hand over)하는 경우에만 적용된다는 점을 주목할 필요가 있다.

제67조에 해당되지 않는 결과 제69조에 의하여 규율되는 상황은 첫째, 매수인이 물품을 수령하러 오는 경우로서 이 때에는 매도인이 운송인이 아니라 매

수인에게 물품을 인도하기 때문에 제67조 (1)항이 적용되지 않는다. 둘째, 매도인이 물품을 운송인에게 인도하지 않고 자신의 차량으로 직접 매수인에게 운송하거나 또한 매수인이 제3자의 창고에서 물품을 수령하는 경우로서, 역시 제67조 (1)항이 적용되지 않는다. 이들 경우에 위험이 이전하는 시점은 제69조와 관련된다.

전통적인 CIF조건하에서는 비록 매도인이 지정된 목적지까지의 운임을 부담하지만 운송위험은 매수인이 부담한다. 마찬가지로, Incoterms의 CPT 조건[86]하에서도 물품이 최초의 운송인의 관리 하에 놓이게 된 이후에는 매수인이 물품에 대한 모든 위험을 부담한다(A4, B5). 또한 CIP조건은 컨테이너화와 같은 현대적인 운송관습에 부응하며 그리하여 앞으로 CIF를 대신하여 사용될 것으로 기대되는 중요한 거래조건인 바, 여기서도 물품이 최초의 운송인의 관리 하에 놓이게 된 시점부터 매수인이 물품에 대한 모든 위험을 부담한다.

3. 관습에 대한 반응

(1) 본선상의 적재 또는 운송인에게의 인도

FOB, CFR 및 CIF와 같이 역사가 오랜 정형거래조건에서는 물품이 본선에 적재되거나 본선의 난간을 통과하는 시점에 위험이 이전한다. 반면에 현대적인 정형거래조건하에서는 물품이 운송인의 관리 또는 책임하에 놓이게 되는 시점에 위험이 이전한다. 제67조는 물품이 운송인에게 인도되는 시점에 위험이 이전한다고 규정하고 있는 바, 이는 최신의 관습에 따른 것이다. 운송인이 물품을 적재하기 전에 물품의 관리를 인수하는 입장에 있는 경우에는, 목적지에서 손해가 발견되더라도 이것이 적재전에 또는 적재중에 아니면 적재후에 발생했는지 여부를 확정하기가 어렵다. 곡물이나 기타 산화물의 경우와 같이 매도인이 부두에 적재시설을 가지고 있는 경우에는 물품이 창고 내에 적재되는 시점에 가서야 비로소 매도인은 운송인에게 물품을 인도한 것이 된다. 매도인이 항구의 중개인이나 혹은 항만당국에 물품을 인도하는 경우에는, 계약서에 위험이 이전하는 시점을 명시하는 것이 특히 중요하다.

---

86) Carriage Paid To … (named place of destination).

(2) 제67조 (1)항의 적용문제

제67조 (1)항은 매도인이 운송인에게 물품을 인도(hand over)하는 경우에만 위험이 이전되도록 규정하고 있다.

① 매도인 자신의 운송수단의 사용

매매계약에서 매도인이 자신의 트럭 혹은 다른 운송수단을 이용하여 물품을 매수인에게 운송하기로 약정하는 경우에도 제67조 (1)항이 적용되는가? 계약서에서 당사는 귀사에 인도가격(delivered price)을 견적하며 당사의 운송수단에 적재하여 귀사의 영업소까지 물품을 운송하여 인도하기로 약정한다라는 문구를 사용하고 있는 경우, 즉 매도인이 자신의 트럭에 물품을 적재하는 것이 과연 매도인이 물품을 운송인에게 인도하는 것이라고 볼 수는 없다.

인도(hand over)라는 표현이 본 조 및 본 협약의 곳곳에서 의도적으로 사용된 것은 인도가 점유의 이전을 의미한다는 점을 명백히 하기 위함이다. 따라서 매도인이 자신의 운송수단을 이용하는 경우에는 인도 즉 점유의 이전이 있다고 볼 수 없다.

매도인이 곧 운송인인 경우에 위험을 매도인이 부담한다고 주장하는 데에는 실제적인 이유가 있다. 왜냐하면 매수인의 입장에서는 이러한 경우에 발생한 손해에 대해서 이것이 매도인이 상당한 주의를 기울이지 못했기 때문이라는 주장을 할 수 있기 때문이다.

매도인이 자신의 운송시설을 이용하여 물품을 인도하기로 약정하는 경우에는, 보통, 차량과 화물의 보험비용을 포함한 운송비용이 가격에 반영되며, 이는 곧 차량의 운행자가 위험을 가장 효율적으로 부보할 수 있다는 의미이다.

제69조 (1)항의 접근방식은 Incoterms의 접근방식과도 일치한다. 중요한 현대적인 정형거래조건인 CPT조건에서 위험은 물품이 운송인의 관리 하에(into the charge of the carrier) 놓이게 되는 시점에 매수인에게 이전한다. 여기서 운송인이란 운송계약의 당사자로서 운송을 이행하거나 또는 주선하기로 확약하는 자를 말한다. 운송계약(contract of carriage)이라는 강조된 표현은, 물론, 매도인이 소유하는 운송시설에 의한 운송을 배제하는 것이다. Incoterms에는 운송주선인(freight forwarder)을 포함하여 운송장비를 보유하고 있지 않거나 운송장비를 운영하지 않는 기업도 만약 그 기업이 소위 계약운송인으로 운송에 관한 책임을 진다면 운송인의 개념에 포함된다고 규정하고 있다.

요약하자면 매도인이 자신의 운송시설을 이용하여 물품을 인도하기로 약정하는 경우, 운송위험은 여전히 매도인이 부담한다.

② 복합운송인에 의한 운송

(i) 계약에서 지정한 특정한 장소로의 운송

매도인과 매수인 사이의 계약은 다음과 같다. 매도인은 마르세이유에서 물품을 North Star Line에게 인도한다. 매도인과 매수인은 각각 프랑스 내륙도시인 리용과 미국의 뉴욕에 있다. 마르세이유로 운송되던 도중에 물품이 손상을 입었다. (a) 물품의 손상은 매도인 자신의 트럭때문이었다. (b) 물품의 손상은 매도인과 계약한 운송회사의 트럭 때문이었다.

어느 경우이든 매도인은 리용과 마르세이유 사이의 운송중의 물품의 손상에 대해 책임을 져야한다. 제67조 (1)항의 둘째 문장에 의하면, 계약에서 정한 특정한 장소에서 물품이 운송인에게 인도되기까지는 위험이 이전하지 않는다.

실제로 리용에서 컨테이너에 적입되고 봉인(封印)되는 경우에는, 매도인은 컨테이너가 봉인될 때 위험이 매수인에게 이전한다는 취지를 명시하는 계약조항을 제의하는 것이 바람직하다. 이러한 운송관행을 반영하기 위하여 현대적인 정형거래조건인 FCA나 CIP 또는 CPT가 생겨나게 되었다.

(ii) 환적

계약에 의하면 매도인과 매수인 사이에서 물품이 해상으로 운송되어야 했다. 매도인은 사바나(미국 남동해안에 있는 도시)에 있고 매수인은 르하브레(프랑스 북부해안에 있는 도시)에 있다. 계약서에는 위험의 이전시기가 정해져 있지 않았고, 최소한, 항로도 지정되어 있지 않았다. (이는 드문 일이지만 일어날 수도 있는 일이다. 운송계약에 대해서 당사자가 아무런 약정도 하지 않은 경우, 제32조 (2)항에 의하면, 매도인은 사정에 따라 적절한 운송수단에 의하여 … 지정된 장소까지의 운송에 필요한 계약을 체결하여야 한다.) 매도인은 사바나와 르하브레 사이에는 영업중인 운송인이 없음을 알게 되었고, 그리하여 표준적인 관습에 따라서, A운송인이 사바나에서 뉴욕까지 운송해서 그(A운송인)가 뉴욕에서 물품을 B운송인에게 인도하고 나아가 B운송인이 르하브레까지 운송하도록 하는 운송계약을 체결했다. 르하브레에서 물품을 검사한 결과 운송중에 물품이 손상되었음이 밝혀졌다.

이 경우 위험은 … 매수인에게 송부되기 위해서 물품이 최초운송인(A운송인)

에게 인도되었을 때에 매수인에게 이전된다(제67조 (1)항). 이는 예외적으로 제67조 (2)항에 적용되지 않는다. 왜냐하면 매도인에게는 자신이 소재하는 도시인 사바나항이 아닌 기타의 다른 장소에서 물품을 운송인에게 인도해야 할 의무가 없기 때문이다. 본 협약은 복수의 운송인을 필요로 하는 매매계약에서 물품이 제2운송인에게 인도될 때까지는 위험이 이전되지 않는다는 견해를 배격하고 있다. 그 이유는 컨테이너를 이용하는 복합운송에서 만약 운송중에 위험이 이전하게 되면 그 이전시기에 관한 입증이 어렵기 때문이다. 운송위험의 분할은 복합운송에 관한 현대의 관습과 모순된다. 또한 손해가 발생한 장소를 결정해야 하는 현실적인 문제를 유발한다.

③ 사소한 계약위반과 위험

물품이나 또는 운송을 위한 조치가 어떤 사소한 면에서 계약과 불일치하다고 가정해 보자. 이러한 사소한 불일치가 위험의 이전을 부정하는가? 즉 매도인이 여전히 위험을 부담하는가? 그 답은 제70조에 규정되어 있다. 즉, 매도인이 본질적 계약위반을 범한 경우에는 제67조, 제68조 및 제69조의 규정이 그 위반을 이유로 매수인이 원용할 수 있는 구제를 침해하지 아니한다. 간단히 말해서, 위험에 관한 규정이 제25조의 기준을 충족하지 못하는 사소한 불일치에 의하여 전복되지는 않는다. 물론, 매수인은 매도인의 사소한 계약위반으로 인한 손해를 회복할 수 있다.

(4) 물품의 처분을 지배하는 서류의 유보

제67조 (1)항은 중요한 내용으로 끝을 맺고 있다. 즉 매도인이 물품의 처분을 지배하는 서류를 보유할 권한을 가진다는 사실은 위험의 이전에 영향을 미치지 아니한다. 이는 위험에 관한 기본원칙이 변이되는 것을 피하는데 유용하며 또한 상관습과도 일치한다. 당사자들이 서류를 통한 물품의 양도를 약정하는 경우에 그들은 운송중의 멸실 또는 손상(운송위험)보다는 대금의 지급을 염두에 둔 것이다. 더구나 매매계약에서는 물품이 트럭, 기차 또는 본선에 적재되어 운송되고 있을 때에도 서류와 상환으로 대금이 지급되도록 약정할 수도 있다. 많은 경우에 손해발생시점을 확정하는 것은 거의 불가능하다. 따라서 서류가 인도될 때 위험이 이전한다는 규칙을 적용하기는 어렵다.

(5) 물품의 특정(identification)

제67조 (2)항은 물품이 … 계약에 명확히 특정되기 때까지는 위험이 매수인에게 이전하지 않는다고 규정하고 있다. 화인이나 선적서류, 매수인에 대한 통지 또는 기타의 방법에 의하여라는 문구는 특정이 필요한 경우에, 물품을 특정함에 있어 특정을 위한 행위가 어느 한 가지에 한정되지 않으며 다양한 행위로도 충분하다는 점을 시사한다. 운송인이 매도인지시식의 유통가능선화증권을 발행하는 경우에도 물품은 보통 매수인에게 특정되어진다.

특정이라는 요건의 의도는 매도인으로 하여금, 물품에 사고가 발생한 이후에 그것이 매수인이 매입한 물품이었다는 허위의 주장을 하지 못하도록 하기 위함이다.

매수인에 대한 통지나 또는 기타의 방법에 의하여(by notice given to the buyer or otherwise)라는 마지막 문구를 보면 통지는 물품을 계약에 특정하는 하나의 방법임을 알 수 있다.

Article 68. The risk in respect of goods sold in transit passes to the buyer from the time of the conclusion of the contract. However, if the circumstances so indicate, the risk is assumed by the buyer from the time the goods were handed over to the carrier who issued the documents embodying the contract of carriage. Nevertheless, if at the time of the conclusion of the contract of sale the seller knew or ought to have known that the goods had been lost or damaged and did not disclose this to the buyer, the loss or damage is at the risk of the seller.

제68조 (운송중인 물품의 매매와 위험) 운송중에 매각되는 물품에 관한 위험은 계약체결 시로부터 매수인에게 이전한다. 그러나 상황이 그렇게 가리키는 경우에는, 운송계약을 구현하는 서류를 발행한 운송인에게 물품이 인도된 때로부터 매수인이 위험을 부담한다. 그럼에도 불구하고, 매도인이 매매계약의 체결 시에 물품이 이미 멸실 또는 손상되었다는 사

실을 알았거나 또는 알았어야 했고 또한 이를 매수인에게 밝히지 아니한 때에는, 그 멸실 또는 손상은 매도인의 위험에 속한다.

본 조는 다음과 같은 특별한 형태의 거래를 다룬다.

사례 중개상인 매도인은 1등급의 면화 1,000포대를 소유하고 있다. 이 면화는 현재 운송 중에 있으며 6월 1일에 인도에서 선적되어 7월 1일에 영국에 도착할 예정이다. 매도인은 영국에 있다. 6월 15일에, 매도인은 그 면화가 현재 운송 중에 있다는 점을 매수인에게 통지했고 그 후에 매매계약이 체결되었다. 물품이 도착된 즉시 검사해본 결과 물품이 해상운송 중에 해수에 의하여 손상되었음이 밝혀졌다. 누가 위험을 부담하는가?

위의 사례에서, 제67조 (1)항은 적용되지 않는다. 왜냐하면 물품이 매수인에게 송부되기 위해서 운송인에게 인도된 것은 아니기 때문이다.

제68조는 운송인에게 물품이 인도된 때로부터 매수인이 위험을 부담한다는 점을 가리키는 상황(circumstances)이라는 기준을 두고 있다. 사례에서, 당사자들이, 피보험자가 지시하는 자에게(to the order of the assured) 보험금의 지급이 가능하고 또한 중간의 양도인(피보험자를 포함)에 의하여 매수인 앞으로 배서된 보험증권을 포함하여, 선적을 증명하는 일련의 표준적인 서류들을 매수인에게 양도함으로써 매매의 이행을 완결지었다고 가정해보자. 이러한 배서를 통하여 매수인은 보험증권에 따라 보상을 청구할 수 있는 유일한 당사자가 되며 또한 이러한 배서는 항해 중에 발생하는 모든 위험을 매수인에게 이전시키고자 하는 의도를 입증하는 분명한 증거가 된다. 매수인이 매도인의 보험증권을 인수한다는 것은 곧 매수인이 운송위험을 부담했다는 사실을 가리키는 상황이다.

그렇지만, 물론 매수인이 보험증권에 따라 보상을 청구하는 기회를 가진다는 사실이 하자 없는 물품을 수령한다는 사실과 동일하지는 않기 때문에 보험만으로는 불충분한 부분에 대해서는 매수인이 책임을 져야 한다. 만약, 물품이 이미 손상되었다는 사실을 매도인이 알았거나 또는 알았어야 했다면, 그는 이를 매수인에게 통신해 주었어야 했다. 이는 매수인이 이러한 상황을 고려하여 물품의 구매여부를 결정할 수 있도록 하기 위한 것이다. 제68조의 마지막 문장에 의하면, 만약 매도인이 물품의 멸실 또는 손상을 매수인에게 밝히지 아니한 때에는 그 멸실 또는 손상은 매도인의 위험에 속한다.

매도인이 물품의 손상을 알고서도 이를 매수인에게 밝히지 않는 경우에는 매도인의 행위가 사기 또는 이와 유사한 행위가 된다. 매도인이 물품손상의 발생사실을 알았어야 했던 경우에는 매도인의 불고지는 중대한 의무위반이 될 것이다.

본 협약의 구제제도하에서 매도인은, 적어도 위험에 관한 규정과는 별도로, 매수인에게 계약해제권을 부여하는 중대한 계약위반을 범했다. 그 결과 매수인은 자신이 이미 지급한 대금의 일부와의 교환으로 물품(혹은 선화증권)과 보험증권을 반환받을 수 있었다. 실무적으로는, 이와 같은 강력한 구제는 매수인이 매도인과 적절한 분쟁해결을 협상함에 있어 매수인을 돕는 기능을 수행한다.

Article 69. (1) In cases not within articles 67 and 68, the risk passes to the buyer when he takes over the goods or, if he does not do so in due time, from the time when the goods are placed at his disposal and he commits a breach of contract by failing to take delivery.

(2) However, if the buyer is bound to take over the goods at a place other than a place of business of the seller, the risk passes when delivery is due and the buyer is aware of the fact that the goods are placed at his disposal at that place.

(3) If the contract relates to goods not then identified, the goods are considered not to be placed at the disposal of the buyer until they are clearly identified to the contract.

제69조 (기타 경우의 위험) (1) 제67조 및 제68조에 해당되지 아니하는 경우에는, 위험은 매수인이 물품을 수령하는 때 또는, 매수인이 적시에 이를

수령하지 아니한다면, 물품이 매수인의 처분하에 놓이고 또한 매수인이 인도를 수령하지 아니함으로써 계약위반을 범하게 된 때로부터 매수인에게 이전한다.

(2) 그러나, 매수인이 매도인의 영업소 이외의 장소에서 물품을 수령하여야 하는 경우에는, 위험은 인도기일이 도래하고 또한 물품이 그 장소에서 매수인의 처분 하에 놓인 사실을 매수인이 안 때에 이전한다.

(3) 계약이 아직 특정되지 아니한 물품과 관련되어 있는 경우에는, 물품이 계약에 명확히 특정되기 까지는 그 물품이 매수인의 처분 하에 놓이지 아니한 것으로 본다.

주의사항 본 조는 제67조 및 제68조에 해당되지 아니하는 경우를 다룬다. 제69조의 적용영역을 확정함에 있어 접근방식이 이러하다는 점을 볼 때, 제67조는 매도인이 물품을 매수인에게 송부하기 위하여 운송인에게 인도하는 계약을 규율(규율)한다는 점과 제68조는 물품이 운송인에게 이미 인도되어진 계약을 규율한다는 점을 상기(想起)할 필요가 있다. 요컨대, 제69조는 운송인에 의한 물품의 운송과는 무관한 나머지 모든 계약에 적용된다.

제69조 (1)항은, EXW조건에서와 같이, 매매계약에서 매수인으로 하여금 매도인의 영업소에 와서 물품을 수령하도록 요구하는 경우에 적용된다.

제69조 (2)항은 제67조, 제68조 및 제69조 (1)항의 범주에 들지 않는 다른 모든 거래를 규율한다. 다시 말해서, 제69조 (2)항은 계약에서 운송인에 의한 운송을 요구하지 않고 또한 매수인이 매도인의 영업소에서 물품을 수령하지도 않는 경우에 적용된다.

제69조 (2)항이 적용되는 거래의 유형 다음과 같이 설명할 수 있다.

첫째, 계약에서 매도인으로 하여금 매도인 자신의 트럭을 이용하여 물품을 매수인에게 인도하도록 요구하는 경우나 또는 매도인이 기타 다른 운송수단을 이용하더라도 매도인이 물품을 도착지에서 매수인에게 인도해야 할 책임을 지는 경우(예를 들어, 착선인도조건(DES))이다.

둘째, 계약에서 매수인으로 하여금 매도인의 영업소 이외의 장소에서 물품을, 대중인이 이용하는 창고(publication warehouse)에 보관중인 물품을 수령하도록 요구하는 경우이다.

1. 매도인의 영업소에서 물품을 수령하는 경우

제(1)항은 단지 매수인이 매도인의 영업소에서 물품을 수령해야 하는 경우에만 적용된다.

사례 계약에 의하면, 매도인은 물품을 제조하여 포장한 후 5월 1일까지 자신의 영업소에서 매수인을 위하여 보관하고 있어야 한다. 계약에는, 5월중에는 어느 때든지 매수인이 물품을 가져갈 수 있으며 또한 운송은 매수인이 담당한다고 명시되어 있었다. 5월 1일에 매도인은 물품의 포장을 완료하고 인도준비도 끝냈다. 5월 10일에 물품이 매도인의 창고에서 화재로 인하여 멸실되었다.

계약에서 매수인이 5월중에는 어느 때든지 물품을 가져갈 수 있도록 허용하고 있었기 때문에, 매수인이 인도를 수령하지 아니함으로써 계약위반을 범한 것은 아니다. 이러한 경우에는, 제(1)항에 따라, 위험은 매수인이 물품을 수령하는 때에 이전한다. 매도인은 화재가 발생한 당시에 물품을 여전히 점유하고 있었으며 따라서 손해에 대한 위험을 부담해야 한다.

위의 사례에 이어, 단지 매수인이 물품을 5월중으로 수령해가지 않았고 그리하여 화재로 인하여 멸실된 시점이 6월 2일이었던 점만 다르다.

이 경우에는 매수인이 5월중에 물품을 수령하지 못함으로써 계약을 위반했기 때문에 매수인이 위험을 부담한다. 이 예시에서도 매도인은 매수인에게 물품의 인도준비가 완료되었음을 통지했다는 표시가 없다. 그러나 이러한 경우에는 통지가 반드시 필요하지는 않다. 왜냐하면, 계약에서 매도인이 5월 1일 까지 물품을 준비하도록 정하고 있었고 또한 매도인이 그렇게 했기 때문이다. 매수인은 매도인이 계약을 준수하지 않았다고 추정할 아무런 근거도 가지고 있지 않다.

계약에서 단순히 매수인은 물품의 인도준비가 완료된 후 30일 이내에 이를 수거해 가야한다라고만 규정하고 있었다고 가정하면, 매도인이 물품의 인도준비가 완료되었다는 사실을 매수인에게 통지하기 전에는 물품이 매수인의 처분하에 놓이지 않는다.

물품의 멸실 또는 손상위험은 보다 나은 입장에서 물품을 관리하고 또한 보험을 통하여 위험을 담보할 수 있는 자에게 할당되어야 한다는 것이 본 협약의 입장이다. 매수인이 매도인의 영업소에서 물품을 수령하는 경우에는 보험계약의 체결 등과 관련하여 매도인이 보다 유리한 입장에 있다.

첫 번째 사례에서 매도인은, 당사자간의 약정에 따라, 물품을 점유하고 통제했다. 만약 매도인이 자신이 보관하고 있던 동안에 화재로 인하여 소실된 물품에 대하여 그 대금을 지급하도록 매수인에게 요구한다면, 매수인은 그 손해가 매도인이 물품을 관리함에 있어 정당한 주의를 다하지 못함으로써 야기된 결과라고 주장할 것이다. 이러한 클레임을 소송을 통하여 해결하려 하는 경우, 당사자 모두에게 비용이 발생하고 또한 그 결과도 확실하지 않다. 비용 효율적인 보험평가(cost-efficient insurance rating)를 위해서는 보관상태에 관한 정보, 예를 들어, 건물이 철재인지 목재인지 여부 및 자동 소화기구를 갖추고 있는지 여부 등의 정보가 필요하다.

결국 건물 및 내용물에 대하여 부보하는 것이 관습인바, 결국 보험증권은 매매계약에 따른 인도를 기다리는 물품을 담보할 것이다.

2. 매도인의 영업소 이외의 장소에서 물품을 수령하는 경우

제69조 (2)항은 매수인이 매도인의 영업소 이외의 장소에서 물품을 수령하여야 하는 경우에 적용되는 규정이다.

사례 매도인과 매수인이 물품을 매매하는 계약을 체결했다. 물품은 제3자가 운영하는 창고에 보관되어 있었고 매도인과 매수인은 모두 이를 알고 있었다. 이전에 매도인이 이 물품을 창고에 적치하고는 다음과 같이 기재된 창고증권을 수령한 바 있다. 매도인이 발행하는 인도지시서를 소지한 자에게 물품을 출고한다. 계약은 5월 1일에 체결되었고 이날 매도인은 물품을 매수인에게 당일에 인도할 것을 창고업자에게 지시하는 인도지시서를 매수인에게 교부했다. 5월 2일에 물품이 화재로 인하여 소실되고 말았다.

제69조 (2)항에 따르면, 위험은 5월 1일에 매수인에게 이전했다. 왜냐하면 인도기일이 도래했고 또한 매수인은 물품이 그의 처분 하에 놓여 있다는 사실을

알고 있었기 때문이다. 또한 제(2)항은, 매도인 또는 운송인이 운송이 완료된 지점이나 혹은 매수인의 영업소에서 매수인이 물품을 이용할 수 있도록 해주는 경우에도 역시 적용된다. 예를 들어, DES조건에서는 물품이 매수인의 처분 하에 놓여진 때에 위험이 이전한다. 제(2)항 하에서는, 제(1)항과는 달리, 물품이 매도인의 영업소가 아닌 공공창고에 있기 때문에 보험계약 등과 관련하여 매도인이 유리한 입장에 있지 않은 바, 따라서 위험이 매도인에게 남아있을 이유가 없다.

Article 70. If the seller has committed a fundamental breach of contract, articles 67, 68 and 69 do not impair the remedies available to the buyer on account of the breach.

제70조 (매도인의 계약위반과 위험의 이전) 매도인이 본질적 계약위반을 범한 경우에는, 제67조, 제68조 및 제69조의 규정이 그 위반을 이유로 매수인이 이용할 수 있는 구제를 침해하지 아니한다.

주의사항 제70조는 매도인의 계약위반이 (예를 들어, 불일치한 물품을 발송함으로써) 위험이 매수인에게 이전되지 못하도록 방해하는지 여부를 다룬다.

1. 불일치한 물품의 운송 중 위험에 대한 효과

제70조는 매도인이 본질적 계약위반을 범한 경우에만 적용된다. 매도인이 본질적 계약위반을 범한 경우에는 매수인이 계약을 해제할 수 있기 때문에 제67조, 제68조 및 제69조의 규정에도 불구하고 계약해제로 인하여 위험이 매수인에게 이전되지는 않는다. 따라서 위험은 매도인이 부담하게 된다.

사례 매도인과 매수인이 계약을 체결했다. 계약에 의하면, 매도인은 1등급 품질의 콩 1,000포대를 선적해야 하지만 운송중의 위험은 매도인이 부담하지 않았다. (따라서 제67조 (1)항의 일반원칙에 의하면, 위험은 물품이 매수인에게 송부되기 위해서 최초운송인에게 인도되는 때에 매수인에게 이전한다.) 매도인은 콩 1,000포대를 선적했다. 그런데 999포대는 계약과 일치했으나 1포대가 1등급이 아닌 2등급이었다. (이러한 계약위반은 제25조 소정의 본질적 계약위반이 아니라고 가정하자. 그렇다면 매수인은 제49조 (1)항 (a)호를 원용하여 계약을 해제할 수 없다.) 그러나 운송도중에 콩 500포대가 해수에 의하여 손상되고 말았다. 매수인은 도착시에 콩 500포대가 1등급이 아니라는 이유로 손해배상을 (또는 대금의 감액을) 청구할 수 있는가? 콩 500포대가 상품성을 상실하게 되어 본질적 계약위반이 되었다는 이유로 매수인이 물품을 거절할(계약을 해제할) 수 있는가?

이러한 경우에는 제70조가 적용되지 않는다. 왜냐하면, 한 포대에 대한 계약위반은 본질적 계약위반이 아니기 때문이다. 따라서 운송중의 위험에 관한 일반원칙이 적용되며 그리하여 운송위험은 매수인에게 이전했다.

결국 매도인은 운송중의 재해로 인하여 야기된 500포대의 품질저하에 대해서는 책임이 없다. 물론 매도인은 본래 2등급 품질인 포대에 대해서는 책임이 있다. 이러한 사소한 위반은 본질적 계약위반이 아니기 때문에 매수인은 계약을 해제할 수는 없다. 즉 매수인은 선적품을 거절할 수 없다.

(1) 본질적 계약위반과 운송위험

위의 사례에 이어 매도인이 선적한 콩에 심각한 하자가 있었다. 즉 600포대가 가축사료용 이외의 용도로는 전혀 쓸모가 없었다. (이것은 계약의 전부를 해제할 수 있는 본질적 계약위반에 해당한다고 가정하자.) 선적당시에는 계약에 일치했던 400포대 중에서 150포대가 운송도중에 해수에 의하여 심각한 손상을 입었다. 매수인은 이 150포대가 1등급이 아니라는 이유로 손해배상(또는 대금감액)을 청구할 수 있는가? 매수인은 물품이 운송인에게 인도되던 시점에 이미 본질적 계약위반이 있었다는 이유로 물품전부를 거절할 (계약자체를 해제할) 수 있는가? 아니면 계약에 의하여 매수인 자신이 운송위험을 부담했으며 또한 매수인은 선적당시와 실질적으로 동일한 상태로 물품을 반환할 수 없기 때문에, 계약을 해제하지 못하게 되는가?(제82조 ⑵항 ⒜호 참조)

위의 예시에서 600포대의 심각한 불일치는 계약전체에 대한 본질적 계약위반이 된다. 따라서 매수인은 제49조 (1)항 (a)호에 따라 계약을 해제할 수 있다.

협약 제82조는 해제에 대한 추가적인 장벽이 된다. 즉 제82조 (1)항에 따르면, 매수인이 물품을 수령한 상태와 실질적으로 동일한 상태로 물품을 반환할 수 없는 경우에는, 매수인은 계약의 해제를 선언 할 권리를 상실한다. 그러나 위의 예시에서는 물품이 운송 중에 손상되었고 그리하여 매수인은 그 물품을 수령하지 않았다.

물품은 수령한 때와 동일한 상태로 반환되어야 한다는 제82조 (1)항의 요건에도 예외는 있다. 그 중의 하나가 제82조 (2)항 (a)호이다. 즉 물품 상태의 변화가 매수인의 작위, 또는 부작위에 기인하지 아니한 경우가 그것이다. 위의 예시에서 물품 상태의 변화는 매수인의 작위 또는 부작위에 기인한 것이 아니라 운송중의 재해로 인하여 야기된 것이었다.

요약하면, 매도인에 의한 중대한 계약위반을 이유로 매수인이 계약해제권을 가지는 경우에는, 운송도중에 물품의 손해가 발생하더라도 해제권이 소멸되지 않는다.

① 부분적 계약해제

두 번째 사례에서 매수인은 선적품 전체에 대해서 계약을 해제할 필요가 없으며 이는 자신의 선택에 달려있다. 제51조 (1)항에서는 만약 물품의 일부만이 계약과 일치하는 경우에는, … 불일치한 부분과 관련하여 제46조 내지 제50조의 규정을 적용한다고 규정하고 있다. 따라서 매수인은 선적당시에 중대한 하자가 있었던 600포대에 한정하여 계약의 일부만을 해제하고 이와 동시에 할 수도 있고 또한 정상적인 상태로 도착한 250포대와 운송 중에 심각한 손상을 입은 150포대를 수령할 수도 있다.

하지만 매수인을 위해서 조언하자면, 매수인은 계약전체를 해제할 수도 있는 것이 그의 권리라는 점을 매도인에게 통지하되, 보다 온화한 방법을 택하도록 양자가 합의하는 것이 양 당사자 모두에게 이익이 된다할 것이다.

② 운송재해에 기인하는 손해

1,000포대 가운데 600포대는 매도인이 운송인에게 인도될 때 이미 하자가 있었다. 나머지 400포대 가운데 150포대는 운송도중에 손상을 입었고 250포대는 양호한 상태로 도착했다. 만약 매수인 자신은 콩이 필요했고 그리하여 선적품을 모두 인수했으나, 즉시, 물품의 상태가 불량한 점에 대해서 매도인에게 즉시 통지했다고(제39조) 가정해 보자. 그렇다면 매수인은 선적당시에 하자가 있었

던 600포대는 물론이고 나아가 운송 중에 손상을 입은 150포대에 대해서도 손해를 배상받을 수 있는가?

물품을 인수한 매수인은 아마도 선적당시의 불일치에 대해서만 손해를 배상받을 수 있을 것이다. 운송중의 손해에 대해서는 매수인은 운송인이나 보험자를 상대로 배상 또는 보상을 청구해야 한다. 제70조는 단지 비록 매도인이 본질적 계약위반을 범했더라도 그 위반을 이유로 매수인이 원용할 수 있는 구제를 침해하지 아니 한다라고만 규정하고 있다.

제70조는 단지 매도인이 본질적 계약위반을 범했을 때 위험이전에 관한 본 협약의 규정들(제67조, 제68조 및 제69조)이 그 위반을 이유로 매수인이 원용할 수 있는 구제를 침해하지 아니 한다는 점을 의미할 뿐이다. 매수인은 운송손해가 발생하기 이전에 이미 계약해제권을 이미 가지고 있었다. 제70조는 매수인의 계약해제를 존속시킨다. 따라서 매수인은 대금의 전액을 회복할 수 있다.

하지만 제70조가 위험이 매수인에게 이전한 이후에 발생한 손해까지 포함하도록 매수인의 손해배상의 범위를 확대시킨다고 결론내리기는 어렵다.

③ 대체품의 인도요구

매도인은 기계 100대를 매수인에게 선적해주겠다고 계약했다. 앞의 예시들과 마찬가지로, 위험은 매도인이 물품을 운송인에게 인도했을 때 매수인에게 이전했다. 물품이 도착하자마자 이를 검사해본 결과, 선적당시에 이미 모든 기계에서 핵심부품인 X에 하자가 있었음이 밝혀졌다. (이러한 하자는 본질적 계약위반에 해당한다고 가정하자.) 또한 설상가상으로, 30대의 기계는 부품 Y가 해수에 의하여 심하게 손상되었다. 오직 매도인만이 이런 유형의 기계를 생산하는 업자였으며 그리하여 매수인은 제2의 선적으로 인하여 지연이 있게 되더라도 그 기계를 수령할 수 있기를 기대했다. 운송 중에 기계 30대가 손상된 것은 위험이 매수인에게 이전된 이후에 발생한 일이다. 그럼에도 불구하고 매수인은 제46조 ⑵항에 따라 기계 100대 전부에 대한 대체품을 인도해 달라고 매도인에게 요구할 수 있다.

제70조는 매도인이 본질적 계약위반을 범한 경우에는, 위험에 관한 본 협약의 규정들(제67조, 제68조 및 제69조)이 그 위반을 이유로 매수인이 원용할 수 있는 구제를 침해하지 아니한다고 규정하고 있다. 계약이 해제되면 매수인은 매도인에게 물품을 반환해야 한다.

그 결과, 운송중의 손해는 매도인에게 귀속된다. 이는 본질적 계약위반의 경우에 매수인이 제46조 (2)항에 따라 대체품의 인도를 요구하는 권리를 행사하는 경우에도 역시 마찬가지다.

2. 물품인수 이후의 재해

사례 6월 1일에 매도인은 매수인에게 물품을 인도했다. 6월 2일에 매수인이 물품을 검사해 본 결과 물품이 계약과 일치하지 않음이 밝혀졌다. 6월 3일에 매수인의 창고에서 화재가 발생하여 물품이 손상되었다. 매수인은 계약의 해제를 선언하지 않고 인도당시에 있었던 계약위반에 대한 손해와 화재로 인하여 발생한 손해에 대한 배상을 청구했다.

물론 매수인은 인도당시에 존재했던 물품의 불일치에 대한 손해를 회복할 수 있다. 그러나 화재로 인한 손해에 대해서는 배상을 청구할 수 없다. 제69조에 의하여, 위험은 매수인이 물품을 수령했을 때 이미 매수인에게 이전했다. 매수인이 계약을 해제하지 않는 경우에는, 매수인이 물품을 수령할 때 위험이 매수인에게 이전하며 이는 불일치의 정도(심각성)와는 무관하다.

위의 사례에 이어 물품의 불일치가 본질적 계약위반에 이르게 될 만큼 매우 중대하였고 그리하여 6월 4일에 매수인이 계약의 해제를 선언했다.

매수인은, 비록 매도인에게 반환될 물품이 두 가지 형태의 하자, 즉 원래의 중대한 불일치와 화재에 의한 손상이라는 하자를 가지고 있었다 하더라도, 계약을 해제할 수 있다. 제70조는 만약 매도인이 본질적 계약위반을 범한 경우에는, 제67조, 제68조 및 제69조가 그 위반을 이유로 매수인이 원용할 수 있는 구제를 침해하지 아니 한다고 규정하고 있다. 물품에 중대한 하자가 있을 때, 이러한 구제들 가운데 하나가 계약의 해제이다(제25조 및 제49조 (1)항 (a)호). 이러한 결과는 제82조 (2)항 (a)호와도 일치한다.

5) 매도인과 매수인의 의무에 공통되는 규정

(1) 이행기전의 계약위반과 분할이행계약

Article 71. (1) A party may suspend the performance of his obligations if, after the conclusion of the contract, it becomes apparent that the other party will not perform a substantial part of his obligations as a result of:

(a) a serious deficiency in his ability to perform or in his creditworthiness; or

(b) his conduct in preparing to perform or in performing the contract.

(2) If the seller has already dispatched the goods before the grounds described in the preceding paragraph become evident, he may prevent the handing over of the goods to the buyer even though the buyer holds a document which entitles him to obtain them. The present paragraph relates only to the goods as between the buyer and the seller.

(3) A party suspending performance, whether before or after dispatch of the goods, must immediately give notice of the suspension to the other party and must continue with performance if the other party provides adequate assurance of his performance.

제71조 (이행정지) (1) 계약이 체결된 이후에 상대방이 다음과 같은 사유로 인하여 그의 의무의 실질적인 부분을 이행하지 아니할 것이 명백하게 되는 경우에는, 당사자는 자신의 의무의 이행을 정지할 수 있다.

(a) 상대방의 이행능력 또는 신용도의 중대한 결함, 또는

(b) 계약의 이행을 준비하거나 계약을 이행함에 있어 상대방의 행위.

(2) 전항에 기술된 사유가 명백하여지기 전에 매도인이 이미 물품을 발송한 경우에는, 비록 매수인이 물품을 취득할 수 있는 권한을 부여하는 서류를 소지하고 있다고 하더라도, 매도인은 물품이 매수인에게 인도되지 못

하도록 방지할 수 있다. 본 항은 매도인과 매수인 사이에서 물품에 대한 권리에만 적용한다.

(3) 이행을 정지하는 당사자는, 물품이 발송되기 전이냐 또는 후이냐를 불문하고, 상대방에게 즉시 그 정지에 관한 통지를 보내야 하고 또한 상대방이 그의 이행에 대하여 적절한 보장을 제공하는 경우에는 이행을 계속하여야 한다.

1. 이행정지(履行停止)

(1) 이행정지의 사유

제(1)항은 각 당사자에게 물품의 인도(제31조-제34조)나 대금의 지급(제54조-제59조)과 같은 의무의 이행을 정지할 수 있는 권한(이행정지권)을 부여한다.

제71조 (1)항은 폭넓게 적용될 수 있다. 예를 들어, 계약에서는 매도인에게 계약서의 명시된 물품을 취득 또는 제조하도록 요구할 수 있다. 그러나 매수인이 인도를 수령할 능력이 없다거나 혹은 대금을 지급할 능력이 없다고 밝혀지는 경우에는, 매도인은 물품의 취득이나 생산을 정지할 수 있다. 마찬가지로, 매도인이 물품을 인도할 수 없을 것이라고 밝혀지는 경우에는, 매수인도 신용장의 개설과 같은(제54조) 대금지급에 필요한 조치를 정지할 수 있다.

또한 계약의 이행을 완결하기 위한 예비단계로서 요구되는, 예를 들어, 선박의 수배(제32조), 서류의 교부(제34조), 신용장의 개설(제54조) 및 물품명세서의 제공(제65조)과 같은 조치가 필요한 경우가 있다. 비록 예비적인 조치이긴 하지만 이러한 조치를 취하지 못한다면, 이는 계약위반이 된다.

제71조는 매도인이 매수인을 위하여 보관하고 있는 물품을 처분할 수 있도록 허용하지도 않으며 또한 매수인이 다른 구입처에서 물품을 구매함으로써 매도인이 공급한 물품을 대체할 수 있도록 허용하지도 않는다(제75조). 이들은 계약이 해제되는 경우에만 적용되는 구제들이다. 어느 일방이 상대방의 계약불이행이 예상된다는 이유(제72조)로 계약을 해제하려 할 때에는, 제71조의 이행정지에 적용되는 기준에 비해 보다 엄격한 기준이 적용된다.

(2) 이행정지의 기준

제71조 (3)항을 보면, 이행을 정지하는 당사자는 이를 상대방에게 통지해야 하며, 또한 상대방이 그의 이행에 대하여 적절한 보장(adequate assurance)을 제공하는 경우에는 이행을 계속하여야 한다. 따라서 상대방이 이행하지 않으리라는 점을 명백(apparent)하게 해주는 상황이 있다 하더라도 이것이 계약 자체의 불이행이 확실하다는 정도에 까지 이를 필요는 없다. 왜냐하면 처음에는 불이행이 있으리라는 것이 명백해 보였더라도 시간이 흐르면서 상황이 보다 명확해질 수도 있고 혹은 이행을 방해했던 최초의 장벽이 제거됨으로써 처음에는 명백해 보였던 것이 나중에는 바뀔 수도 있기 때문이다.

요컨대, 제71조 (1)항 하에서는 주관적인 기준이 이행정지를 정당화하지는 못할 것이다. 불이행이 있을 수 있다는 실질적인 가능성을 보여주는 객관적인 근거가 있어야 한다.

2. 운송유지

양 당사자가 모두 이용할 수 있는 제(1)항과는 달리, 제(2)항은 주로 매도인만이 관심을 가지는 조항이다. 즉 물품이 발송된 이후에 명백해지는 대금지급의 불안이라는 특별한 문제를 다룬다.

제(2)항은, 특정한 상황 하에서, 매도인은 운송인이 매수인에게 물품을 인도하지 못하도록 방지할 수 있다고 규정한다.

이 권리는 위험이 매수인에게 이전했는지 여부를 불문하고 사용이 가능하다. 왜냐하면 운송위험은 보통 물품이 운송인에게 인도되었을 때 매수인에게 이전하게 되는 바(제67조 (1)항), 그렇다면 본 협약의 위험조항들이 본 협약의 운송유지조항들을 실질적으로 무력화할 것이기 때문이다.

제(2)항은 다음과 같이 이례적인 상황이 결합된 경우에만 유용할 것이다.

첫째, 물품이 발송된 이후에 그러나 그것이 매수인에게 인도되기 이전에 대금지급에 대한 불안이 발견되는 경우와 둘째, 매도인이, 유통성 선화증권의 유보와 같은 방법을 이용하지 않음으로써, 물품에 대한 통제권을 보유하고 있지 않는 경우(제58조 (2)항)가 그것이다.

다른 한편, 제71조 (2)항(마지막 문장)에서는 매수인에 대한 물품의 인도를 정지시킬 수 있는 매도인의 권리가 제3자의 권리를 침해하지 않는다고 규정하고 있다. 제3자가, 물품과 관련하여, 매수인에 대한 물품의 인도를 정지할 수 있는 매도인의 권리보다 우선하는 권리를 이미 취득했는지 여부는 적용가능한 국내법에 따라 다르며, 이는 선의의 제3자의 소유권을 보호하는 국내법의 규정과 유사하다.

운송유지에 관한 제71조 (2)항의 규정이 매도인과 매수인 사이의 권리에만 관련된다는 사실로 인하여 이 규정이 생각만큼 약화되는 것은 아니다. 사실, 본 협약에서는 운송인이 매도인에게 물품을 반드시 인도해야 한다고 규정하고 있지 않다. 선의의 제3자가 물품이나 혹은 물품을 대표하는 서류를 매입함으로써 국내법에 의하여 보호되는 바에 따라 물품에 관한 권리를 취득할 수도 있다. 이때에는 운송인을 보호해 줄 필요가 있다.

한편, 제71조 (2)항에서는 비록 매수인이 물품을 취득할 수 있는 권한을 부여하는 서류를 소지하고 있다고 하더라도, 매도인은 인도를 정지시킬 수 있다고 규정하고 있다. 이러한 문구 하에서는, 비록 매수인이 유통성 선화증권이나 혹은 인도를 통제하는 기타 다른 서류를 소지하고 있다고 하더라도 매도인은 인도를 정지시킬 수 있다. 이러한 경우에, 운송인을 보호하기 위해서, 매도인은 적절한 절차를 거쳐 매수인으로 하여금 서류를 자신이나 운송인에게 인도하도록 요구해야 한다.

물품의 인도를 통제하는 서류를 소지한 제3자 조차도, 국내법 하에서는, 물품에 대한 매도인의 권리를 차단할 수 있는 권리를 가지지 않는다.

인도를 아예 중단할 수 있는 매도인의 권리는 제71조 (2)항의 이행정지에 국한되지 않는다. 물품이 운송중에 있을 때 매수인이 본질적 계약위반을 범한다고 생각해 보자. 매도인은 즉시 계약을 해제하고(제72조 및 제64조) 그리하여 물품을 재청구(reclaim)함으로써 계약에 따라 이미 공급된 물품에 대한 반환청구권(제81조 (2)항)을 행사할 수 있다.

3. 적절한 보장

제71조 (3)항에 의하면, 이행을 정지하는 당사자는 … 상대방이 그의 이행에 대하여 적절한 보장을 제공하는 경우에는 이행을 계속하여야 한다.

(1) 적절한 보장의 예

안심시키는 말만으로는 이행에 대한 적절한 보장(adequate assurance)이 될 수 없다. 제(3)항 하에서, 상대방으로부터 정지를 통지받은 당사자는 자신이 그

(자신)의 의무의 실질적인 부분을 이행하지 아니할 것(제71조 (1)항)이라는 불안을 제거해주는 증거를 제시해야 하 며, 이 때 그 증거는 구체적인 사실이나 행동을 입증할 수 있는 것이라야 한다.

예를 들어, 매수인이 지급기일이 도래한 자신의 대금지급의무를 이미 정지한 바가 있더라도, 상황에 따라서는, 그 이후에 매수인은 자신의 의무를 인정하고 나아가 대금의 지급을 이미 재개했다는 증거를 제시함으로써 적절한 보장을 제공할 수 있다. 또한 상황에 따라서는, 적절한 보장이 되기 위해서는 취소불능신용장의 개설이 필요할 수도 있다. 동맹파업이나 혹은 필수적인 재료의 고갈로 인하여 매도인의 계속적인 이행이 우려되는 경우에는, 동맹파업이 해결되었다거나 또는 새로운 재료원을 확보했다는 점을 입증함으로써 이러한 우려를 제거할 수 있다.

이행정지가 지속된다면 이는 계약해제와 매우 유사한 결과가 된다. 따라서 제71조 (3)항의 보장은, 비록 그것이 실질적이지 않은 이행상의 불일치에 관련된 것이라 하더라도, 적절(adequate)해야 한다. 물론, 계약을 위반한 당사자는 상대방에게 손해를 배상해야 한다(제74조). 손해가 발생할 가능성이 있는 경우에는, 비록 그것이 사소한 손해라 할지라도, 당연히 손해액의 지급에 대한 적절한 보장이 요구된다.

(2) 기간의 연장

어느 일방이, 상대방의 의무불이행이 있으리라는 우려로 인하여 어떤 피해를 입었고, 그리하여 정당하게 이행을 정지했다고 가정해 보자. 그 후, 상대방이 이행에 대한 적절한 보장을 제공했고 그리하여 피해당사자는 이행을 재개해야 할 의무를 지게 되었는데 피해당사자는 계약서에 명시된 원래의 이행기일을 지켜야 하는가에 대한 입장을 협약에서는 다루고 있지 않다. 적어도 몇 몇 상황하에서는, 이행의 연속성을 확보하기 위해서도 이행정지권이 기간의 연장을 수반하는 것으로 생각된다.

6월 1일에 매매계약이 체결되었고 그리하여 매도인은 매수인의 명세서에 따라 물품을 제조하여 이를 9월 1일에 인도해야 한다고 가정해 보자. 7월 1일에, 매도인이 물품을 제조할 수 있는 시간을 가지기도 전에, 매도인은 제71조 (1)항에 따라 이행정지권을 가지게 되었다. 매도인은 자신이 이행을 정지한다고 매수인에게 즉시 통지했다. 그러나 매수인은 8월 15일이 되도록 이행에 대한 적절한 보장을 제공하지 않았다. 물품을 제조하여 완성하는데 한달이 소요되는 경우, 만약 매도인이 원래의 계약대로 9월 1일까지 물품을 인도해야 한다면 매도인의 이행정지권은 사장되고 말 것이다. 이 문제는 새로운 상황에 따른 합리적인 조정을 필요로 한다. 매도인이 항상 정지기간에 상응하는 기간의 연장을 필요로 하는 것은 아니다.

(3) 적절한 보장을 제공하지 못한 경우

A가 B의 의무불이행이 있으리라는 우려로 인하여 어떤 피해를 입었고 그리하여 적절하게 이행을 정지했지만, B가 적절한 보장을 제공하지 못한 경우 A는 이행의 정지를 계속 유지할 수 있다.

B의 이행기간이 계속 경과하고 있지만 B가 여전히 계약을 이행하지 못하고 있는 경우에, 대부분의 경우, A는 계약을 해제하고 불이행에 대한 손해배상을 청구할 수 있다(제25조, 제49조, 제64조 및 제81조). 이 때, A는 계약서에 명시된 이행기간이 만료되기까지 기다릴 필요는 없다. B는 이행을 보장하지 못했으며 따라서 B가 본질적 계약위반을 범하리라는 점이 명백하다.

Article 72. (1) If prior to the date for performance of the contract it is clear that one of the parties will commit a fundamental breach of contract, the other party may declare the contract avoided.

(2) If time allows, the party intending to declare the contract avoided must give reasonable notice to the other party in order to permit him to provide adequate assurance of his performance.

(3) The requirements of the preceding paragraph do not apply if the other party has declared that he will not perform his obligations.

제72조 (이행기전의 계약해제) (1) 계약의 이행기일전에 어느 일방이 본질적 계약위반을 범하리라는 것이 분명한 경우에는, 상대방은 계약의 해제를 선언할 수 있다.

(2) 시간이 허용하는 경우에는, 계약의 해제를 선언하고자 하는 당사자는 상

대방이 그 이행에 대하여 적절한 보장을 제공할 수 있도록 하기 위하여 그에게 합리적인 통지를 주어야 한다.

(3) 전항의 요건은 상대방이 그의 의무를 이행하지 아니하겠다고 선언한 경우에는 적용하지 아니한다.

주의사항 제49조와 제64조는, 상대방(B)의 이행에 하자가 있음으로 인하여 또는 계약에서 요구하는 일자까지 계약을 이행하지 못함으로써 B가 계약을 위반한 경우에, 권리를 침해당한 당사자(A)가 가지게 되는 계약해제권을 규율한다.

이와는 대조적으로, 제71조와 제72조는 이행기일이 도래하기도 전에 B에 의한 계약위반이 나타날 조짐이 있는 경우와 관련되어 있다. 앞의 제71조는 단지 A가 그의 의무의 이행을 정지할 수 있도록 허용할 뿐이다. B가 이미 본질적 계약위반을 범한 경우나(제49조 또는 제64조) 또는 제72조에 따라 B가 본질적 계약위반을 범하리라는 점이 분명한 경우에는, A는 계약을 해제할 수 있다.

1. 계약해제의 근거

이행정지권(제71조)을 검토하면서, 이행정지권의 기준은 제72조상의 계약해제의 기준보다 엄격하지 않음을 보았다. 제72조는, 상대방(B)이 본질적 계약위반을 범하리라는 것이 분명한 경우에 한하여, 권리를 침해당한 당사자(A)가 이행기일 이전(以前)에도 계약을 해제할 수 있도록 허용한다. B가 자신의 의무를 이행하지 아니할 것이라고 선언하지 않는 한(제(3)항), 이행기일이 되기도 전에 계약을 해제하고자 하는 A의 시도는 제72조에서 정하는 한도를 넘어설 수 없다. A의 부당한 계약해제선언은 이행거절이 되며, 그러한 경우 오히려 B가 제72조 (1)항에 따라 계약해제권을 가지게 된다. 당사자가 본질적 계약위반을 범하리라는 점을 분명하게 해주는 상황은 과연 어떤 상황일까?

Schlechtriem 교수는 상대방이 종종 새로운 조건을 요구하기도 하고, 혹은 명확한 근거를 제시하지도 않고서, 계약이 위반되었다고 주장하기도 하지만 이는 그(상대방)가 자신의 의무를 이행하지 않기 위한 구실에 불과한 경우가 많다, 이러한 경우에 이는, 거의 대부분, 계약을 즉시 해제할 수 있는 근거를 제공한다고 지적하고 있다.[87] 만약 A가 B에게 합의의 변경을 위한 협상의 필요성을 통보한다면, B는 계약을 해제할 수 없다고 보아야 한다(제29조).

그러나 예를 들어, 매도인이 매수인에게 인도하기로 계약한 물품을 제3자에게 부당하게 재매각하는 행위나 또는 매도인이 매수인을 위하여 물품을 생산하기로 합의한 제조공장을 매각하는 행위 등은 이행의 거절에 해당한다. 이러한 경우 매수인은 이행기전에 계약해제의 선언을 할 수 있다.

이러한 조기해제에도 이점이 있는가? A의 계약해제가 B의 부당한 이행거절에 대응하기 위한 것이고 따라서 분명히 정당한 것이라면(제72조 (3)항), A의 해제선언은 A로 하여금 원래의 계약에서 요구했던 물품을 재매각할 수 있도록 해준다. A는 혹시 B가 마음을 바꾸어 이행을 제공하지는 않을까 하고 걱정할 필요가 없다. 제75조에 의하여, (비록 이행기일 전이라고 하더라도) 재매각이나 또는 재매입이 신속하고 또한 합리적인 경우에는, 이를 통하여, 이행을 거절한 당사자가 부담해야 할 손해액을 조기에 확정할 수 있다.

2. 조기통지의 요건

제72조 제(2)항에 의하면, 시간이 허용하는 경우에만 해제를 위한 사전통지가 유효하다. 현대의 통신수단을 감안해 본다면, 권리를 침해당한 자의 소송에 관한 자유를 부당하게 침해하지 않고서도 대개는 이러한 사전통지가 가능하다. 어쨌든, 시간이 허용되는 한 사전에 통지하더라도 이는 신의성실이나 통상적인 상관습과 모순되지는 않을 것이다.

Article 73. (1) In the case of a contract for delivery of goods by instalments, if the failure of one party to perform any of his obligations in respect of any instalment constitutes a fundamental breach of contract with respect to that instalment, the other party may declare the contract avoided with respect to that instalment.

(2) If one party's failure to perform any of his obligations in respect of any instalment gives the other party good grounds to conclude that a funda-

87) P. Schlechtriem, *Uniform Sales Law - The UN Convention on Contracts for the International Sale of Goods,* Vienna, Manzsche, 1986. p.863.

mental breach of contract will occur with respect to future instalments, he may declare the contract avoided for the future, provided that he does so within a reasonable time.

(3) A buyer who declares the contract avoided in respect of any delivery may, at the same time, declare it avoided in respect of deliveries already made or of future deliveries if, by reason of their interdependence, those deliveries could not be used for the purpose contemplated by the parties at the time of the conclusion of the contract.

제73조 (분할이행계약의 해제) (1) 물품을 분할인도하는 계약의 경우에 있어, 어느 분할분에 관한 일방의 어떠한 의무의 불이행이 그 분할분과 관련하여 본질적 계약위반이 되는 경우에는, 상대방은 그 분할분과 관련하여 계약의 해제를 선언할 수 있다.

(2) 어느 분할분에 관한 당사자 일방의 어떠한 의무의 불이행이 상대방으로 하여금 장래의 분할분과 관련하여 본질적 계약위반이 있으리라는 결론을 내리게 하는 충분한 근거가 되는 경우에는, 상대방은 장래에 대하여 계약의 해제를 선언할 수 있다. 다만 그는 합리적인 기간내에 이를 선언하여야 한다.

(3) 어느 인도분에 대하여 계약의 해제를 선언하는 매수인은, 이와 동시에, 이미 행하여진 인도분 또는 장래의 인도분에 대해서도 계약의 해제를 선언할 수 있다. 다만 그러한 인도분들이, 상호의존관계로 인하여, 계약체결시에 당사자쌍방이 의도한 목적으로 사용될 수 없는 경우에 한한다.

주의사항 예를 들어, 매매계약에 의하면, 매도인은 1월과 2월 및 3월에 각각 일정 분량을 인도해야 한다고 하자. 제73조는 세 개의 항으로 구성되어 있으며, 각각의 항에서 순차적으로 다음과 같은 세 가지의 문제를 다룬다.

첫째, 1월 인도분에 중대한 하자가 있는 경우, 매수인은 그 인도의 인수를 거절할 수 있는가?

둘째, 첫째와 마찬가지로 1월 인도분에 중대한 하자가 있는 경우, 매수인은 1월 인도분을 거절하고 나아가 2월과 3월에 인도하기로 예정된 인도분 까지도 역시 거절할 수 있는가?

셋째, 매수인이 1월의 인도분을 수령하고 또한 인수했으나 2월의 인도분에는 중대한 하자가 있었다. 매수인은 2월의 인도분을 거절하고 나아가 1월에 수령한 물품을 반송하고 이와 동시에 3월로 예정된 인도분까지 거절할 수 있는가?

제73조의 제(1)항과 (2)항은 매도인과 매수인의 계약위반에 모두 적용된다. 위의 첫째 및 둘째의 예는 분할분에 대한 매수인의 지급불이행이란 표현으로 고쳐 쓸 수 있다.

1. 하자있는 분할분의 거절

제(1)항은 어느 일방이 전체계약의 어느 한 분할분에 대한 자신의 의무를 이행하지 못하는 경우에 제기되는 문제를 다루고 있다.

제(1)항이 설정하는 접근방식은 본질적 계약위반을 이유로 하는 계약해제의 원칙(제26조, 제49조 및 재64조)을 개별 분할분에 적용되도록 하는 것이다. 여기서 핵심적인 기준이 되는 것은 그 분할분이 본질적 계약위반이었는지 여부이다. 만약 그렇다면, 제73조 (1)항은 상대방은 그 분할분과 관련하여 계약의 해제를 선언할 수 있다고 규정하고 있다.

따라서 제73조 (1)항의 접근방식은 매도인이 물품의 일부만을 인도하거나, 또는 인도된 물품의 일부만이 계약과 일치하는 경우에 제51조가 설정하는 접근방식과 유사하다.

매수인이 계약된 물품의 일부만을 수령 거절하는 경우에는 그가 계약전부를 해제하는 것이 아니다. 제51조와 제73조는 분할이 가능한 계약에 있어, 그 일부를 이행하지 못함으로써 초래되는 극단적인 결과를 방지하는 것이다.

2. 장래의 분할분의 거절

제(2)항은 어느 일방이 계약의 어느 일부를 이행함에 있어 중대한 하자가 있는 이행을 제공하는 경우에 권리를 침해당한 상대방은 장래의 이행에 대하여 계약해제권을 가지게 된다고 규정하고 있다. 기준은 원인이 된 계약위반이 상대방으로 하여금 장래의 분할분과 관련하여 본질적 계약위반이 있으리라는 결론을 내리게 하는 충분한 근거 제공하는지의 여부에 달려 있다. 비록 제71조의 이행정지 또는 제72조의 계약해제의 근거에 비해 엄격하지는 않지만, 이는 보다 주관적인 기준이다.

제73조 (2)항의 기준 하에서는, 일련의 계약위반은, 비록 그 중 어느 하나만으로는 해제를 정당화하지 못하더라도 그것들이 합쳐진다면, 계약의 나머지 부분에 대해서는 본질적 계약위반이 있게 될 것이라고 결론내릴 수 있는 충분한 근거가 있어야 한다.

3. 분할분과의 상호의존관계

제(3)항에서 예상되는 상황은 다음과 같이 설명할 수 있다.

사례 매도인은 매수인에게 1월과 2월, 3월에 각각 1대씩, 총 3대의 기계를 인도해야 했다. 이 3대의 기계는 상호 연관되어 있는 일련의 생산공정을 수행하도록 고안된 것이었다. 이들 기계는, 모두, 다른 제조업자가 만든 기계로 대체될 수 없는 것이었다. 1월에 인도된 기계는 계약과 일치했지만 2월에 인도된 기계에는 매도인이 치유할 수 없는 중대한 하자가 있었다. 이 두 번째 기계를 대체하는 것도 불가능했다.

위의 예시에서, 제(1)항에 따라 매수인은 2월에 인도된 기계를 반송(계약을 해제)할 수 있다고 가정해 보자. 또한 제(3)항에 따라, 매수인은 1월에 인도된 기계를 반송하고(1월에 인도된 기계에 대해서 계약을 해제하고) 나아가 3월에 인도될 기계의 수령을 거절할 수 있다. 왜냐하면 그러한 인도분들이 상호의존관계(interdependence)로 인하여, 계약체결 시에 당사자쌍방이 의도한 목적으로 사용될 수 없기 때문이다.

(2) 손해액

Article 74. Damages for breach of contract by one party consist of a sum equal to the loss, including loss of profit, suffered by the other party as a consequence of the breach. Such damages may not exceed the loss which the party in breach foresaw or ought to have foreseen at the time of the conclusion of the contract, in the light of the facts and matters of which he then knew or ought to have known, as a possible consequence of the breach of contract.

제74조 (손해액산정의 일반원칙) 당사자일방의 계약위반으로 인한 손해액은, 이익의 상실을 포함하여, 그 위반의 결과로서 상대방이 입은 손실과 동등한 금액으로 한다. 그러한 손해액은, 위반당사자가 알았거나 또는 알았어야 했던 사실 및 사정에 비추어 보아, 그 위반당사자가 계약체결시에 계약위반의 가능한 결과로서 예견하였거나 또는 예견하였어야 했던 손실을 초과할 수 없다.

주의사항 계약위반이 발생하는 상황은 거의 무한하다. 따라서 어떠한 법률도 이러한 모든 경우를 예상하여 손해액을 산정하는 규칙을 상세하게 규정할 수는 없다. 단지 법률이 할 수 있는 것이란 계약위반에 대한 보상을 규율하는 기본적인 원칙을 명시하는 것이다.

제74조가 정하는 기준은 간결하지만 강력하다. 손해배상액은 이익의 상실을 포함하여, 그 위반의 결과로서 … 입은 손실이다. 이는, 마치 상대방이 계약을 정상적으로 이행한 경우와 같이, 피해당사자를 상대방이 계약을 정상적으로 이행한 바와 동일한 입장에 두기 위한 것이다.[88)]

---

88) G. Treitel, *Remedies for Breach of Contract, A Comparative Account*, Oxford, Clarendon, 1988, p. 82.

1. 타 조항과의 관계

계약의 해제에 있어 손해배상액의 산정은 먼저 제75조 및 제76조가 규정하는 상황과 관련해서 고찰하는 것이 가장 좋다. 이 두 조항은 바로 이 문제를 구체적으로 다루고 있기 때문이다.

손해액의 회복에 관한 제74조의 일반원칙은 제75조 및 제76조에 의하여 규율되는 상황에도 역시 적용될 수 있다. 예를 들어, 어떤 불이행이 있어 계약이 해제되면, 피해당사자의 거래량이 줄게 되고 그리하여 이익의 상실이 초래된다. 이러한 경우에 제75조와 제76조에서 인정되는 손해배상액은 제74조에 의하여 증가될 수 있다. 왜냐하면 제74조는 이익의 상실(loss of profit)을 포함하도록 규정하고 있기 때문이다.

하지만 물품이 인도되어 매수인이 이를 보유하고 있는 경우에는, 매수인에 의한 유일한 계약위반은 보통 대금지급의무의 불이행이다. 이때에는 손해액의 산정이라는 문제가 제기되지 않는다. 제62조에 따라 매도인은 매수인에게 대금지급을 요구하고 나아가 제78조에 따라 지급이 연체된 기간의 이자를 청구할 수 있다.

2. 결과적 손해(간접손해)의 제한

매수인이 계약과 일치하지 않는 물품을 수령하여 사용하는 경우가 있다. 이때, 기계가 제대로 기능하지 못할 수 있으며, 원료의 하자가 매수인의 공장에서 생산의 문제를 유발할 수도 있다. 물품이 전매를 위하여 매매된 경우에 재구매자(sub-purchaser)에 의하여 불평이나 클레임이 제기될 수도 있다. 기계나 원료의 인도가 지체되는 경우에도 유사한 문제가 발생할 수 있다.

하자있는 물품을 사용 혹은 처분하는 매수인이 처하는 상황은 매우 다양하며, 경우에 따라서는, 물품의 불일치로 인한 손해가 극단적이며 또한 예측이 불가능할 수도 있다. 이러한 가능성은 제74조의 둘째 문장에서 그 한계를 정하고 있다. 즉 … 그 위반당사자가 계약체결시에 계약위반의 가능한 결과로서 예견하였거나 또는 예견하였어야 했던 손실을 초과할 수 없다.

예를 들어, 중요치 않은 어떤 품목에 불일치나 혹은 인도의 지연이 있어 매수인의 공장에서 생산차질을 겪게 된다고 가정해 보자. 물론 매도인은 계약을 위반했기 때문에 매수인에 대하여 책임을 져야한다. 그러나 매도인이, 계약체결

시에, 물품의 하자나 인도의 지연으로 인하여 조업중단과 같은 막대한 손해가 유발되리라고는 알지도 못했고 또한 예상할 수도 없었다면 위의 제74조의 규정이 회복가능한 손해배상액을 제한하는 근거가 될 수 있다.

Article 75. If the contract is avoided and if, in a reasonable manner and within a reasonable time after avoidance, the buyer has bought goods in replacement or the seller has resold the goods, the party claiming damages may recover the difference between the contract price and the price in the substitute transaction as well as any further damages recoverable under article 74.

제75조 (대체거래와 손해액) 계약이 해제되고 또한, 계약해제후 합리적인 방법으로 또한 합리적인 기간 내에, 매수인이 대체품을 구매하였거나 또는 매도인이 물품을 재매각한 경우에는, 손해배상을 청구하는 당사자는 계약대금과 대체거래대금과의 차액과 이에 더하여 제74조에 따라 회복이 가능한 기타의 모든 손해액을 회복할 수 있다.

주의사항 제75조와 제76조는 계약을 해제한 매도인이나 매수인이 회복할 수 있는 손해배상액을 산정하는데 적용되는 선택적인 방법을 규정하고 있다.

대표적인 계약해제의 상황은 이러하다. 즉, 첫째, 매도인이 물품을 인도하지 않거나 혹은 중대한 하자가 있는 물품을 인도하는 경우와 둘째, 매수인이 대금을 지급하지 않는 경우가 그것이다.

이러한 경우에 피해당사자는 상대방에게 계약해제를 통지함으로써 자신의 계약상의 의무로부터 벗어날 수 있다(제26조 및 제81조). 이에 따라 권리를 침해당한 매수인은 물품을 인수할 필요가 없고 오히려 이미 수령한 물품을 반환해야 한다. 권리를 침해당한 매도인도 매수인에게 물품을 인도할 필요가 없다.

제75조는 매수인에 의한 재매입(repurchase)과 매도인에 의한 재매각(resale)을 기초로 손해액을 산정하는 반면에, 제76조는 문제의 물품의 시가(current price) 또는 시가(market price)를 기초로 하고 있다.

제75조의 중요한 특징은 권리를 침해당한 매도인이나 매수인에 의한 재매각이나 또는 재매입이 손해액을 결정한다는 점이다. 즉 권리를 침해당한 당사자는 계약대금과 대체거래대금과의 차액을 회복할 수 있으며 이때에는 물품의 시가나 혹은 시가를 입증할 필요가 없다.[89] 대체거래는 물품이 특별히 제조되었거나 혹은, 다른 어떤 이유로, 물품이 너무 특이하여 제76조에 따라 시가를 확정하기 어려운 경우에 특히 중요하다.

만약 권리를 침해당한 당사자가 문제된 형태의 물품의 거래에 끊임없이 참가하고 있는 경우에는 어떤 구매 또는 매각이 제75조상의 대체거래였는지 결정하기 어려울 것이다.

그러나 계약을 해제하기 위해서는 상대방에게 대한 통지를 통한 선언(계약해제선언)이 필요하기 때문에(제26조), 권리를 침해당한 당사자는 계약의 해제를 통지하면서 대체거래에 대한 계획을 같이 밝힘으로써 분쟁을 예방할 수 있다.

대체거래에 대한 계획을 밝힌 바가 없는 경우에는, 권리를 침해당한 당사자에 의한 해제통지후의 대체물품의 최초의 구매 또는 매각을 제75조상의 대체거래라고 보는 것이 본 조의 합리적인 기간이라는 요건이라 생각된다.

Article 76. (1) If the contract is avoided and there is a current price for the goods, the party claiming damages may, if he has not made a purchase or resale under article 75, recover the difference between the price fixed by the contract and the current price at the time of avoidance as well as any further damages recoverable under article 74. If, however, the party claiming damages has avoided the contract after taking over the goods, the current price at the time of such taking over shall be applied instead of the current price at the time of avoidance.

(2) For the purpose of the preceding paragraph, the current price is the price prevailing at the place where delivery of the goods should have been made or, if there is no current price at that place, the price at such other place as serves as a reasonable substitute, making due allowance for dif-

89) 그러나 대체거래가 "합리적인 방법으로" 이행되었는지에 여부에 대하여 다툼이 생기는 경우에 시가가 관계될 수 있다.

ferences in the cost of transporting the goods.

제76조 (시가에 기초한 손해배상액) (1) 계약이 해제되고 또한 물품에 시가가 있는 경우에는, 손해배상을 청구하는 당사자는, 제75조에 따라 구매 또는 재매각을 행하지 아니하였다면, 계약에서 정해진 대금과 계약해제시의 시가와의 차액 및 이에 더하여 제74조에 따라 회복이 가능한 기타의 모든 손해액을 회복할 수 있다. 그러나, 손해배상을 청구하는 당사자가 물품을 수령한 이후에 계약을 해제한 경우에는, 계약해제시의 시가에 대신하여 물품수령시의 시가를 적용한다.

(2) 전항의 적용에 있어, 시가라 함은 물품이 인도되었어야 했던 장소에서 지배적인 가격 또는, 그 장소에서 아무런 시가가 없는 경우에는, 물품운송비용의 차이를 적절히 감안하여 합리적인 대용으로 사용될 수 있는 그러한 다른 장소에서의 그 가격을 말한다.

주의사항 피해당사자가 제75조에 따라 대체거래를 이용하여 손해액을 확정하지 않는 경우에는 시가가 손해배상액의 기초로 사용될 수 있다.

1. 기준시기

물품이 인도될 때 또는 그 전에 피해당사자가 계약을 해제하는 경우에는, 계약해제시의 시가가 손해배상액의 기준이 된다(제76조 (1)항).

이러한 기준시점은 다음의 경우에 적용될 수 있다.

첫째, 계약이 이행기전의 계약위반을 이유로 해제되는 경우(제72조).

둘째, 물품인도시나 또는 그 이전에 매수인이 대금을 지급하지 않거나, 예를 들어, 신용장의 개설 등과 같은 대금의 지급을 위하여 필요한 조치를 취하지 않기 때문에, 매도인이 계약을 해제하는 경우.

셋째, 매수인이 중대한 하자가 있는 물품의 제공을 거절함으로써 계약을 해제하는 경우 등이다.

제76조 (1)항의 둘째 문장에 의하면, 당사자가 물품을 수령한 이후에 계약을 해제한 경우에는, 계약해제시의 시가를 기초로 손해배상액을 정할 수 없다. 이

경우에는 계약이 해제되기 전의 어느 일자 즉, 물품수령시의 시가가 기준이 된다.

(1) 매수인의 계약해제

제76조 (1)항의 둘째 문장에서는 그러나, 손해배상을 청구하는 당사자가 물품을 수령한 이후에 계약을 해제한 경우에는, 물품수령시의 시가를 기초로 손해액을 산정한다고 규정한다. 이는 일방적인 연기에 영향을 받지 않는 확정적인 조기의 어느 시점을 말한다. 물품을 수령한 매수인에 의한 계약해제의 경우에 이 규정은 명료해 보인다.

(2) 매도인의 계약해제

제76조 (1)항의 둘째 문장에 규정된 손해액의 산정에 대한 특별한 시기는 매도인에게는 거의 적용되지 않는다. 물품이 수령된 뒤에는 매도인이 계약을 해제하는 경우가 거의 없기 때문이다. 매도인은 보통 자신이 물품을 점유하고 있는 동안에 매수인이 대금을 지급하지 않거나 혹은 신용장을 개설하지 않는 등 본질적 계약위반을 범한 경우에 계약을 해제한다.

매도인이 인도후 60일후에 대금을 지급한다과 같이 대금후급조건으로 물품을 인도하는 경우에, 만약 매수인이 대금을 지급하지 않는다면 매도인은 계약해제권(제64조 (1)항)과 물품반환청구권(제81조 (2)항)을 가지게 된다. 그러나 이러한 경우에도 제76조 (1)항의 둘째 문장은 적용되지 않는다. 왜냐하면, 물품수령후가 아니라 물품이 수령되기 전에 계약이 해제될 것이기 때문이다. 이 모든 경우에 제76조의 손해배상액은 계약해제시의 시가를 기초로 산정될 것이다.

2. 기준장소

기준장소와 관련하여 제76조 (2)항은 물품이 인도되었어야 했던 장소에서 지배적인 가격을 지정하고 있다. 따라서 본 조는 제31조의 인도에 관한 규정을 같이 검토해야 한다. 대부분의 국제거래에서 인도가 행해져야 했던 장소는 매수인에게 송부되기 위하여 물품이 최초운송인에게 인도되는 장소이다. 또한 이 장소는 매수인의 이행거절이나 계약위반을 이유로 매도인이 선적을 거절하려 하는 경우에 매도인이 시가를 측정하기에 편리한 장소이다.

반면에 물품이 도착되어 검사까지 끝난 이후에 매수인이 물품을 정당하게 거절(계약을 해제)하는 경우에는(제38조, 제58조), 매수인은 매도인국가의 시장수준을 기초로 손해액을 입증하기가 곤란하고 또한 적절하지도 않다. 다행히도 대부분의 경우에 피해당사자는 제75조의 대체구매나 재매각을 통하여 이러한 문제들을 피할 수 있다.

3. 제75조와 제76조 중의 선택

피해당사자가 제75조의 대체거래를 행하지 않는다면 그는 제76조의 시가공식만을 이용할 수 있다. 제76조의 시가공식은 피해당사자가 제75조상의 구매나 재매각을 하지 않는 경우에만 적용될 수 있다.

제75조에서 대체거래는 그것이 계약해제 후 합리적인 방법으로 또한 합리적인 기간 내에 이루어 진 경우에 한하여 손해액을 결정한다. 만약 피해당사자의 대체거래가 이러한 기준을 만족시키지 못하는 경우에는 제76조의 시가공식에 근거할 수 있다.

4. 추가손해액의 회복

제75조와 제76조는 모두 제74조에 따라 회복이 가능한 기타의 모든 손해액, 즉 이익의 상실을 포함하여, 그 위반의 결과로서 상대방이 입은 손실도 역시 회복할 수 있다고 규정하고 있다.

매수인의 이행거절로 인하여 매도인의 생산량이 감소될 수 있으며, 또한 매도인이 부당하게도 필요한 원료를 공급하지 않은 결과 매수인의 생산량이 감소될 수도 있다. 이러한 상황 하에서는 생산수준이 감소됨으로써 제75조 및 제76조가 규정하지 않고 있는 손해가 야기될 수 있다.

충분한 수요가 있어 매도인이 생산을 최대로 유지할 수 있을 때나 또는 매수인이 물품을 다른 구입처에서 물품을 조달받을 수 있을 때에는 이러한 문제가 생기지 않는다. 그러나 상황에 따라서는 가격수준의 변화가 없을 때에도 계약위반이 막대한 손실을 유발할 수 있는 생산량의 손실을 야기할 수도 있다.

상실된 이익의 액수를 결정하기 위해서는 계약의 정당한 이행이 있었더라면 이것이 피해당사자의 전반적인 비용에 기여했을 정도를 확정하기 위한 계산절차가 필요할 수도 있다. 본 협약은 이러한 형태의 손해를 인정하고 있다.

Article 77. A party who relies on a breach of contract must take such measures as are reasonable in the circumstances to mitigate the loss, including loss of profit, resulting from the breach. If he fails to take such measures, the party in breach may claim a reduction in the damages in the amount by which the loss should have been mitigated.

제77조 (손해경감의무) 계약위반을 원용하는 당사자는, 이익의 상실을 포함하여, 계약위반으로 인한 손실을 경감하기 위하여 그 사정에 따라 합리적인 조치를 취하여야 한다. 당사자가 이러한 조치를 취하지 아니하는 경우에는, 위반당사자는 경감되었어야 했던 손실만큼 그 금액을 손해액에서 감액하도록 청구할 수 있다.

1. 계약불이행 이후의 손해경감

X에 의한 계약위반이 A에 의한 계약해제로 이어질 때, 제75조와 제76조는 A의 손해액의 산정시기를 제한한다. A에 의한 재매각이나 또는 재구매는 계약해제 후 합리적인 기간 내에 이루어져야 하며(제75조), 또한 시가는 계약해제 시나 경우에 따라서는 물품수령 시에 확정되어야 한다(제76조). 이러한 제한은 계약을 해제하는 매도인이 해제후의 후속적인 시가하락으로 인한 손실을 매수인에게 전가시키지 못하도록 한다. 마찬가지로 계약을 해제하는 매수인도 해제 후의 가격상승을 매도인에게 전가시킬 수 없다. 따라서 제75조 및 제76조를 근거로 손해배상을 청구하는 경우에는 제77조의 손해경감문제가 별로 부각되지 않는다.

제77조는 손해경감의무를 명시적으로 부과하는 조항으로서, 이는 A의 손해액은 X의 계약위반의 결과로 초래되는 모든 손실을 포함한다는 제74조의 일반원칙을 원용하는 경우에 중요하게 된다. 예를 들어, 매도인 X가 매수인 A의 공장에서 사용될 원료를 인도하지 못했고 또한 A도 시장에서 대체원료를 구입하지 못하여 결과적으로 A의 공장이 생산을 중단되었다고 가정해 보자.

매수인 A의 조업중단은 매도인 X에 의한 계약위반의 결과라기 보다는 오히려 자신(A)의 행위로 인한 결과이다. 따라서 매수인 A가 결과적 손해(간접손해)를 유발하는 하자있는 원료나 기계를 사용한 경우에도 그는 손해경감원칙에 의하여 저항 받게 될 것이다.

2. 이행기일전의 손해경감

X에 의한 이행거절과 같이 이행기일이 도래하기도 전에 어려움이 발생했을 때 제기되는 복잡한 문제들을 살펴본다.

(1) 재매각용으로 구입된 물품

6월 1일에 A(매도인)와 X(매수인)가 계약을 체결했다. 계약에 의하면 A는 포대당 50달러의 가격으로 면화 1,000포대를 8월 1일에 X에게 인도해야 했다. A와 X는 모두 면을 구입하여 전매하는 상인이었다. 6월 1일 이후에 얼마되지도 않아 면화가격이 하락했고, 그 후 7월 1일에 시장가격이 포대당 40달러가 되자 매수인은 계약을 이행거절하고, 시장가격이 더 하락하기 전에 면화를 재매각해 줄 것을 A에게 요청했다. A는 계약에 따라 X가 면화를 수령하고 나아가 대금을 지급해 주기를 바란다고 회답했다. X는 반복하여 이행거절을 주장했다. 약정된 8월 1일이 되자 가격은 30달러로 하락했다. X는 물품의 수령을 거절하고 대금의 지급도 거절했다. 매도인은 계약의 해제를 선언하고 포대당 30달러(30,000달러)의 가격으로 물품을 재매각하고는 A에게 20,000달러(50,000-30,000)의 손해배상을 청구했다. X는 7월 1일에 자신이 계약을 이행거절했던 당시에 A는 포대당 40달러에 면화를 재매각함으로써 손해를 경감했어야 했으며 그렇다면 손해액이 20,000달러에서 10,000달러로 감소했을 것이라고 주장했다.

손해경감을 요구하는 매수인(X)의 주장은 인정될 수 없다. 제72조 (1)항에 따르면, 어느 일방(X)에 의한 이행거절이 있을 때 상대방은 계약의 해제를 선언할 수 있다. 그렇지만, 본 협약 제49조 (2)항과 제64조 (2)항에서는 권리를 침해당한 당사자의 선택권을 보호하고 있다.

과연 제77조의 손해경감원칙이 제72조 (1)항에 명시되어 있는 해제에 관한 선택권과 관련하여 하나의 예외를 만드는가? A가 X의 이행거절을 수락하기를 거절하더라도 이 때 부당하거나 낭비적인 요소는 전혀 없다. 하락하는 시가가 언제 바닥에 이를지는 아무도 모른다. 만약 X가 시가가 계속 하락하리라고 확신했었다면 그는 8월 1일자 인도분을 40달러에 선물시장을 통하여 매각할 수 있었을 것이다.

요컨대, 제77조 하에서, 권리를 침해당한 당사자는 상대방의 이행거절을 수락함으로써 손해경감을 시도해야 할 의무는 없다.

(2) 생산을 위하여 필요한 원료

6월 1일에 A(매수인)와 X(매도인)가 계약을 체결했다. 계약에 의하면 X는 10,000장의 철판을 제작하여 이를 8월 1일에 장당 50달러에 A에게 인도해야 했다. A는 공장생산용으로 이 철판이 필요했다. 7월 1일에 X는 자신의 철판공장에 생산차질이 생겨서 8월 1일 까지 철판을 인도할 수 없게 되었다고 A에게 통지했다. 또한 X는 이러한 생산차질이 8월 1일 이후에도 계속될 수 있으며 그 기간도 알 수 없다고 통지하고 따라서 A가 다른 업자로부터 철판을 구하도록 촉구했다. A는 자신의 지역에서 대체가능한 철판을 구할 수 있었고, 또한 가격변동도 없었으며 여전히 50달러였다. 납득할 수 없는 이유로, A는 다른 업자로부터 철판을 구해보려고 하지도 않았다. 그 결과 A의 생산시설이 8월 한 달 동안 가동되지 못하고 말았다. A는 소송을 제기하여 하루당 10,000달러 즉 300,000달러라는 조업중단에 대한 손해배상금(제74조 이익의 상실)을 청구했다. X는 제77조를 근거로 A는 손해를 경감하기 위하여 그 사정에 따라 합리적인 조치를 취하여야 하는데 그러한 조치를 취하지 아니했고 그 결과 이에 상응하는 손해배상액의 감액이 있어야 한다고 주장했다.

위의 사례에서는 제77조에 따른 손해배상액의 감액을 주장한 매도인 X가 승소해야 한다. 사례1)과는 달리, 이 경우에는 필연적인 손해를 방지하기 위해서는 이용가능한 대체물을 확보하고자 하는 시도가 필요했고 또한 그렇게 하는 것이 합리적이었다.

이러한 상황에서는 매수인 A가 계약을 해제하든 아니면 그렇지 아니하든 그의 선택과는 무관하다. 매도인 X의 통지는 X가 그의 마음을 바꾸어 물품을 인도할 수도 있다는 A의 우려를 줄여줄 것이다.

(3) 손해경감과 이행청구권

권리를 침해당한 당사자(A)도 상대방(X)의 계약위반으로 인한 손해를 감경해야할 의무가 있다는 것도 하나의 원칙(제77조)이며, 권리를 침해당한 당사자(A)는 이행을 청구할 수 있는 권리(이행청구권)(제46조 (1)항 및 제62조)를 가진다는 것도 (비록 제28조의 제한이 있긴 하지만,) 하나의 원칙이다. 이러한 원칙들 사이에는 모순이 발생할 수 있다.

A는 철강제조업자이고 X는 빌딩건축업자이다. 계약에 의하면 A는 보철을 생산하여 X에게 인도해야 했다. 또한 A는 특수한 수치로 보철을 절단해야만 했다. 이 수치는 소유주가 따로 있는 빌딩을 건축하는데 사용하기 위하여 X가 특별히 제시한 것이었다. 보철의 계약가격은 50,000달러였다. 7월 1일에, A가 계약이행행위(보철생산)를 시작하기 전에, 빌딩소유주가 그와 X 사이의 계약(빌딩건축계약)의 이행을 거절했다. X는 즉시 이를 A에게 알렸고 나아가 A에게 보철을 절단하지 말도록 요청했다. 그럼에도 불구하고, A는 이를 무시하고 계약서에 명시된 명세서에 따라 보철을 절단했다. X는 보철의 인수를 거절했다. A는 X가 소재하고 있는 국가(X국)에서 X를 상대로 소송을 제기하여 X가 보철을 인수하고 나아가 약정된 대금을 지급해 줄 것을 요구했다. 그런데 X국은 보통법국가였으며 그리하여, 본 예시와 같은 경우에는, 손해배상과는 대조적으로, 물품의 인수와 대금의 지급을 강제하는 방식으로 이행을 청구할 수는 없다.[90] (제28조 참조)고 판시했다. 법원은 대금을 요구하는 A의 소송을 기각했고 A가 손해를 입증하도록 허용했다. 이에 따라 A는 보철을 재매각했지만 보철이 특별한 길이로 절단되어 있었기 때문에 단지 10,000달러에 매각할 수 있을 뿐이었다. A는 40,000달러(계약금액 50,000달러-재매각대금 10,000달러)의 손해배상을 청구했다. 이에 대한 항변으로 X는 보철이 특별한 길이로 절단됨으로써 훼손된 보철의 가치에 대해서는 그 액수만큼 손해배상액이 감액되어야 한다고 주장했다.

제77조를 적용함에 있어 먼저 이런 질문을 던져보아야 한다. 즉, 7월 1일에 X가 A에게 보철을 절단하지 말아 달라고 요청한 바를 존중하여 손해를 경감하는 것이 그 상황에서 합리적이었는가? 보철을 절단하면 보철의 가치가 심각하게 손상될 것이 분명한 경우에, 대부분의 매도인은 과연 어떻게 했을 것인가? 답은 분명하다. A의 행동은 통상적인 거래행위와 제77조의 명시적 요건과 모순되었다. 실제로, A의 행동은, 소송으로 인한 지연과 위험을 감안해 볼 때, 이는 단시안적인 이기심의 발로에 불과하며 이는 매우 어리석은 행동이었다.

---

90) UCC 제2-709조는 매수인이 물품을 수령했거나 또는 상당한 노력을 기울여도 매도인이 물품을 재매각할 수 없는 경우에 대금의 회복을 허용하고 있으며, SGA 제49조는 매수인에게 소유권이 이전되지 않는 한 매도인의 대금회복을 허용하지 않는다. 대륙법계도 역시 물품수령과 대금지급의 청구를 거절할 수 있다.

위의 사례에서 X국의 법률은 계약의 (특정)이행을 일반적으로 인정하고 있는 경우이다. A는 소송이 진행되는 동안에 보철의 보관비용을 발생시키고 싶지 않았다. 그리하여 A는 보철을 재매각하고 40,000달러(50,000-10,000)의 손해배상을 청구했다. 법원은, 제77조에 따라, 경감되었어야 했던 손실만큼 그 금액을 손해액에서 감액하도록 요구하는 X의 주장을 인용해야 하는지에 대한 여부는 A가 손해를 경감하기 위하여 그 사정에 따라 합리적인 조치를 취했는지 여부에 따라 달라진다. 유일한 차이점은 X국의 국내법이 특정이행청구소송에 대하여 보다 호의적이라는 점이다. 그러나 매도인이 손해배상청구소송을 제기한다면, 제77조에 의하여 손해배상액의 감액이 필요하다.

위의 사례에서 매도인 A가 보철을 창고에 보관했고 나아가, 제62조를 근거로, X가 인도를 수령하고 대금을 지급하도록 하는 이행판결을 내리도록 법원에 요청했을 경우이다. 매수인 X는 손해배상 자체를 반대하지는 않았지만 A가 주장하는 구제방식은 자신(A)이 제77조가 정하는 바를 준수하지 못함으로써 발생한 결과를 X에게 전가시킬 수가 있다는 점을 지적했다. 즉 제77조에 따라 A는 … 손해를 경감하기 위하여 그 사정에 따라 합리적인 조치를 취하여야 … 했다고 주장한 것이다. 혹은 하나의 대안으로서, X는, 만약 법원이 자신(X)에게 보철을 인수하고 대금을 지급하도록 하는 이행판결을 내린다면, 법원은 또한 제77조를 위반한 A의 행위로 인하여 X에게 발생한 손해(40,000달러)에 대한 배상청구권을 자신(X)에게 인정하는 판결도 함께 내려야 한다고 주장했다.

대부분의 경우에는 서로 조화되던 두 가지의 일반원칙도 이례적인 상황 하에서는 서로 충돌하기도 한다. 이에 대한 적절한 대응은 어느 하나의 원칙에 최소로 위배되는 해결책을 선택하는 것이다. 사례5)와 같은 이례적인 상황 하에서 손해경감원칙에 효과를 부여하더라도 이것이 이행청구라는 일반적 원칙에 중대한 침해가 되지는 않는다.

한편, 이러한 경우에 있어 제77조에 효과를 부여하지 않는다면, 손해경감원칙이 적절한 경우임에도 불구하고 이 원칙을 사장시키게 된다. 간단히 말해서, 손해경감원칙은 특정이행청구라는 일반원칙에 대하여 특별규정이다.

(3) 이자

Article 78. If a party fails to pay the price or any other sum that is in arrears, the other party is entitled to interest on it, without prejudice to any claim for damages recoverable under article 74.

제78조 (연체된 금액의 이자) 어느 일방이 대금이나 또는 기타 연체된 금액을 지급하지 아니하는 경우에는, 상대방은, 제74조에 따라 회복이 가능한 손해에 대한 배상청구권을 해함이 없이, 그 금액에 대한 이자를 청구할 수 있다.

주의사항 제78조의 제정을 위한 노력을 경주한 이유중의 하나는 만약 이자에 관한 조항이 없다면 본 협약을 적용함에 있어 뜻하지 않는 곡해가 있을 수도 있다는 우려 때문이었다. 이자에 관한 규정을 두지 않고 단지 손해배상(제74조-제77조)만을 규정한다면 이자의 회복이 금지되는 것으로 해석될 우려가 있다.

1. 이자율

본 협약에서는 이자율을 계산하기 위한 구체적인 공식을 정하지는 아니하였다. 다만 권리를 침해당한 자가 연체된 금액(sums in arrears)에 대하여 이자를 청구할 권리가 있다는 일반원칙만을 설정하였다. 이자율의 계산은 국내법에 의존할 수밖에 없다.

2. 이자를 요구하는 상황

본 협약의 제78조는 보다 넓은 의미의 용어로 표현되어 있으며 따라서 양 당사자 가운데 어느 일방이 연체된 금액을 지급하지 않는 경우에도 역시 적용된다.

제78조의 범위 내에 포함되는 상황과 그렇지 않은 상황을 살펴본다.

첫째, 매수인(X)이 매도인(A)으로부터 수령한 물품에 대한 대금지급을 지체하고 있는 상황(제78조)과 둘째, 매도인(X)이 매수인(A)에 의한 계약의 해제를 정당화할 만큼 중대한 하자가 있는 물품에 대하여 A가 이미 지급한 대금을 상환하는데 지체하고 있는 상황(제84조 (1)항), 두 가지 상황 모두에서 금액이 연체되어 있다.

이와 반대로, 매도인(X)이 6월 1일에 매수인(A)에게 1,000단위의 물품을 합의된 1,000달러의 가격에 인도했지만 그 대금은 A가 7월 1일에 지급하기로 합의했다고 가정해보자. 그 물품은 하자가 있었거나 아니면 단지 800단위에 불과했다. A는 제75조에 따라 신속하게 물품을 800달러에 재매각했으며 그 후 7월 1일에 이 금액을 X에게 지급했다. 여기서 X는 200달러의 한도까지 계약을 위반한 잘못이 있다. 그러나 이로 인하여 A는 자신이 받을 권리가 있는 자금을 박탈당하지는 않았다. 제78조의 문구로 보아 연체된 금액은 없으며 따라서 어떤 이자도 부과될 수 없다.

제78조에 해당하는 가장 명백한 상황 즉, 매수인이 대금을 지급하지 않는 경우에서 예정배상액(liquidated sum)의 효과를 검토한다. 국제거래에서 매우 보편적이라 할 수 있는 대량인도는 종종 소규모 단위에서 수량부족이나 품질의 하자를 유발하기 쉽다. 이러한 경우에는 대금의 조정이 필요하다. 매수인이 지급해야 할 잔액은 합의된 또는 예정된 금액이 아니다. 예정액이라는 요건을 엄격히 적용한다는 것은 곧 판결로써 정확한 조정액이 선고되기 전에는 매수인은 이자도 없이 대금의 지급을 지연할 수 있음을 의미한다.

연체된 금액에 대한 이자의 지급이 주, 월 또는 년과 같은 특정한 주기로 복리로 계산되어 미지급된 이자위에 새로운 이자가 계속 누적되는지 즉, 이자율의 계산이 단리 또는 복리 기준인지 등의 문제도 있다.

이자율과 관련된 불확실성을 제거하기 위해서는 상세한 계약서 표준약관을 마련하는 것이 바람직하다. 예를 들어, 매도인이 강력한 협상력을 가지고 있다면 매도인은 매수인은 대금의 지급이 지연되는 동안에는 연간 00%의 이자를 지급해야 한다. 이외에는 다른 어떤 경우에도 양 당사자는 이자지급의무가 없다는 취지의 계약조항을 두는 것이다

(4) 면책

Article 79. (1) A party is not liable for a failure to perform any of his obligations if he proves that the failure was due to an impediment beyond his control and that he could not reasonably be expected to have taken the impediment into account at the time of the conclusion of the contract or to have avoided or overcome it or its consequences.

(2) If the party's failure is due to the failure by a third person whom he has engaged to perform the whole or a part of the contract, that party is exempt from liability only if:

(a) he is exempt under the preceding paragraph; and

(b) the person whom he has so engaged would be so exempt if the provisions of that paragraph were applied to him.

(3) The exemption provided by this article has effect for the period during which the impediment exists.

(4) The party who fails to perform must give notice to the other party of the impediment and its effects on his ability to perform. If the notice is not received by the other party within a reasonable time after the party who fails to perform knew or ought to have known of the impediment, he is liable for damages resulting from such non-receipt.

(5) Nothing in this article prevents either party from exercising any right other than to claim damages under this Convention.

제79조 (손해배상책임의 면제) (1) 당사자가 그 의무의 불이행이 자신의 통제를 벗어난 장애에 기인하였다는 점과 계약체결시에 그 장애를 고려하거나 또는 그 장애나 그 장애의 결과를 회피하거나 극복하는 것이 합리적으로 기대될 수 없었다는 점을 입증하는 경우에는 그는 자신의 어떠한 의무의 불이행에 대하여 책임이 없다.

(2) 당사자의 불이행이 계약의 전부 또는 일부를 이행하기 위하여 당사자가 사용한 제3자의 불이행에 기인하는 경우에는, 그 당사자는 다음과 같은 경우에 한하여 책임이 면제된다.
(a) 당사자가 전항의 규정에 따라 면책되고, 또한
(b) 당사자가 사용한 제3자가 전항의 규정이 그에게 적용된다면 역시 면책되는 경우.
(3) 본조에 규정된 면책은 장애가 존재하는 기간동안에만 효력을 가진다.
(4) 불이행당사자는 상대방에게 장애 및 그 장애가 그의 이행능력에 미치는 영향을 통지하여야 한다. 불이행당사자가 장애를 알았거나 또는 알았어야 했던 때로부터 합리적인 기간 내에 그 통지가 상대방에게 도달하지 아니하는 경우에, 그는 그러한 불도달에 기인하는 손해에 대하여 책임이 있다.
(5) 본조의 규정은 어느 당사자에 대해서도 본 협약에 따른 손해배상청구권 이외의 모든 권리의 행사를 방해하지 아니한다.

1. 손실할당의 다양성

국내법에서도 예상치 못한 장애가 발생하여 계약의 이행을 가로막는 경우에 발생하는 문제에 대하여 일관된 해결책을 제공하기는 어렵다. 국제거래의 경우 상황은 보다 다양하다. 예를 들어, 전쟁, 수출금지를 포함한 기타 정부의 금지조치, 수에즈운하의 폐쇄와 같은 운송시설의 운행중단, 동맹파업, 공급자의 폐업 또는 파산 등 매우 다양하다. 이들은 그 범위와 심각성이 너무나 다양하다.

여기에 적용될 수 있는 법리는 이행불능(impossibility), 천재지변(Act of God), 계약목적달성불능(frustration), 불가항력(force majeure), 전제된 조건의 불이행(failure of presupposed condition) 등의 명칭으로 분류되고 있다.

비록 면책사유가 너무나 명백하더라도 계약을 이행하지 못한 당사자가 그 이행의 대금을 청구할 수는 없다. 문제는 계약을 불이행한 당사자가 손해에 대한 배상책임이 있느냐 하는 것이다.

제79조는 계약의 이행을 가로막는 예상치 못했던 장애를 누가 부담하는지를 정하는 골치 아픈 문제를 다룬다. 다행히도, 상업적 위험(commercial risk)은 그 유형을 한정할 수 있고 이에 따라 이들 유형에 적용되는 규칙도 또한 전문화되어 있다. 그 결과 제79조는 이러한 규칙의 전문화(혹은 특화)에 의하여 그 적용범위가 한정된다.

(1) 운송중의 손실

운송중의 손실(loss in transit)의 책임에 관한 본 협약의 규정들(제66조 내지 제70조)은 비록 물품이 폭풍이나 전쟁 또는 정부의 나포와 같은 예견이 불가능한 재해로 인하여 멸실되는 경우에도 여전히 적용된다.

제4장(위험의 이전)의 규칙이 운송위험을 매도인에게 할당하고 있고 또한 물품은 폭풍으로 인하여 멸실된다고 가정해 보자.

이러한 재해는 두 가지 형태의 손실을 낳는다. 첫째는 물품의 물리적 손실이며, 둘째는 가격의 상승으로 인한 매수인의 손해 혹은 물품을 수령하지 못함으로써 생산상의 차질을 입은 매수인의 손실이다. 첫 번째 형태의 손실 즉 물품의 물리적 손해는 이를 비록 매도인이 부담한다 하더라도 매도인은 제79조에 의하여 계약위반에 대한 책임을 면하게 된다.

이러한 결과에는 실용적인 이유가 자리 잡고 있다. 운송 중에 발생하는 물품의 물리적 손실은 쉽게 보험으로 담보되며 또한 이렇게 하는 것이 관습이기도 하다. 반면에, 물품의 불착으로 인한 매수인이 입은 손실인 계약손실(contractual loss)에 대해서는, 비록 이것이 보험에서 쉽게 담보되지도 않고 또한 그런 관습도 없다고 하더라도, 매수인이 이에 대처하는 것이 보다 간편하다. 반면에 매도인이 보험이나 혹은 물품의 유보(reserves)를 통하여 이에 대처하기는 어렵다.

(2) 하자있는 물품

물품의 숨은 하자도 역시 손실의 할당이라는 문제를 유발한다. 본 협약 하에서는, 매도인이 이러한 손실에 대한 책임을 져야한다(제35조, 제45조 및 제74조). 매도인에게 과실(過失)이 없는 경우에 조차도 매도인은 매수인이 입은 손해를 부담한다.

예를 들어, 매도인이 어떤 공급자로부터 물품을 취득하였고 또한 그 물품이 봉인된 컨테이너에 적재되어 있었기 때문에 매도인은 이를 검사할 합리적인 기회를 가지지 못하고서 이를 전매한 경우라 하더라도, 물품에 하자가 있다면 (비록 그 하자에 대해서는 공급자에게 책임이 있을지라도) 매도인은 매수인이 입은 손해를 배상해야 한다.

이는 매도인이 공급자에 대한 구상청구를 하는 것이 편리하게 때문이다.

이와 같이 손실할당이 가능한 경우도 있지만, 불행하게도 국제거래에서는 이러한 전문화(특화)된 조항의 적용범위를 벗어나는 (예견이 불가능한) 손실의 유형이 많이 존재한다.

2. 면책조항의 적용

제79조의 범위는 매우 넓다. 즉, 면책은 양 당사자가 모두 주장할 수 있으며 또한 당사자의 의무를 가리지 않고 모든 의무에 적용된다.

제79조 제(1)항은 불이행당사자가 자신은 불이행에 대하여 책임을 지지 아니한다는 점을 주장하기 위해서 입증해야 할 세 가지의 요소를 명시하고 있다.

첫째로, 계약의 불이행이 자신의 통제를 벗어난 장애에 기인하였다는 점 둘째로, 계약체결 시에 자신은 그 장애를 고려 … 하는 것이 합리적으로 기대될 수 없었다는 점

마지막으로, 계약이 체결된 이후에 그 장애나 그 장애의 결과를 회피하거나 극복하는 것이 합리적으로 기대될 수 없었다는 점 등이다.

본 조 제5항의 규정은 어느 당사자에 대해서도 … 손해배상청구권 이외의 모든 권리의 행사를 방해하지 아니하는 것이다. 손해배상에 대해서만 국한하여 면책을 인정하고 있기 때문에 다음과 같은 중요한 결과가 나온다. 즉, 어느 일방이 그의 의무를 이행하지 못할 때 상대방의 계약해제권은 손상되지 않는다.

3. 면책과 계약

본 협약(제6조)은 당사자 간의 합의에 우선적인 효력을 부여한다. 장애가 발생하는 상황은 무한하며 또한 그 어려움의 정도와 예견불가능한 정도도 천차만별이다. 그러므로 이행상의 장애를 다루는 계약조항은 특별한 가치를 가진다.

개별계약에서는 거래형태가 다양함으로 인하여 제기되는 특정한 조건이나 필요를 반영할 수 있다. 가령, 곡물과 같이 시장의 변동에 민감한 상품의 경우에 양 당사자는 이에 대한 보호를 위하여 개별계약에 많이 의존하게 되며, 이 경우 면책사유가 엄격해지고 제한된다. 상당한 기간을 필요로 하는 건축계약이나 특정물제조계약의 경우에는 장애의 가능성과 심각성은 배가 된다. 이러한

경우 계약의 재조정을 통하여 예상치 못한 문제들에 대처할 필요가 있다.

4. 장애의 정도

제79조 (1)항은 불이행에 대한 면책은 어떤 장애가 물품의 생산이나 인도, 대금지급을 위한 자금의 이체와 같은 이행을 방해하는 사정에 국한되어야 함을 규정한 것이다. 또한 제(1)항은 불이행에 대한 면책의 근거가 엄격하다는 점을 강조하고 있다.

따라서 면책을 바라는 당사자는 (1) 그 의무의 불이행이 자신의 통제를 벗어난 장애에 기인하였다는 점과 (2) 계약체결 시에 그 장애를 고려 … 하는 것이 합리적으로 기대될 수 없었다는 점 또는 (3) 계약체결 시에 그 장애나 그 장애의 결과를 회피하거나 극복하는 것이 합리적으로 기대될 수 없었다는 점을 입증해야 한다.

문제의 핵심은 이것이다. 즉, 불이행을 면책시켜주는 사정을 일일이 열거하기는 현실적으로 불가능하다. 오히려 언어를 통하여 어려움(difficulties)과 불가능(impossible)사이에서 어떤 하나의 분기점을 표현하고자 노력해야 한다. 국내법에서 조차도 불가능이라는 용어로써 정도의 문제(question of degree)를 숨기고 있다. 예를 들어, 군사적인 해안봉쇄나 정부의 수출금지는, 비록 그러한 봉쇄선을 통과하거나 혹은 규제 법률을 회피할 수는 있다 하더라도 불가능을 근거로 하는 면책사유가 된다.

치밀한 연구결과를 바탕으로 Tallon 교수는 본 협약이 가장 엄격한 국내법과 가장 느슨한 국내법 사이의 어딘가에 위치하고 있음을 암시하고 있다.[91)]

입법자들과 학자들의 힘겨운 노력에도 불구하고, 제79조는 본 협약의 국제적 통일을 위한 반세기의 작업중에서 가장 성공하지 못한 부분이 될 수도 있다. 따라서 계약당사자는 계약서를 치밀하고 상세하게 작성하여 적절한 해결방안을 마련할 필요가 있다.

계약의 이행에 필요한 원료의 공급량이 예상치 못한 사정으로 급격하게 감소했고 그리하여 가격이 인상되어 단지 소수의 생산자만이 생산을 계속할 수 있다고 가정해 보자. 이러한 상황은 그들의 계약이 원료부족의 시작시점과 겹치는 대부분의 생산자들에 의한 이행을 방해하는 장애가 되며, 이 때 단지 어느 일인(또는 소수)에게 생산을 요구한다면, 일부에게는 부당한 손해가 발생한다.

---

91) C. Bianca & M. Bonnel et al., op. cit., p.592.

반면에 이들의 경쟁자들은 유리하게 된다.

또한 예상치 못했던 극단적인 통화의 혼란으로 인하여 매도인의 생산지속이 불가능해 지거나 혹은 계약에 명시된 통화가치수준에서 매수인의 구매가 불가능해지는 경우에도 불공평한 결과가 초래된다. 극단적인 가격혼란과 통화혼란이 광범위한 경우에는 법규와 행정적 규제의 제정 또는 개정에 이르게 될 수도 있다. 그로 인하여, 계약의 재조정이 필요할 수도 있다.

즉, 예상하지 못한 경제적 어려움에 대하여 제79조를 적용할 때, 본 조에 적용 가능한 일반원칙과 모순되지 않아야 한다. 즉 (1) 면책은 이행(예를 들어, 인도나 지급)에 대한 장벽에만 국한된다. (2) 이행에 대한 장애는 일반적인 경제적 어려움이나 혼란으로부터 발생할 수 있다. 다만 다른 형태의 면책사유에 상당하는 장벽이 되는 경우에 한한다.

5. 제3자에 의한 이행

제79조 (2)항은 당사자가 계약의 이행을 제3자에게 위임했던 바 그 제3자가 계약을 불이행한 경우를 다룬다.

매도인과 매수인은 기계를 매매하는 계약을 체결했다. 기계는 매수인이 제공하는 명세서에 따라 제작되어야 했다. 매도인은 일렉트론사와 계약을 체결하여 기계의 제작을 위임했다. 일렉트론사는 능력과 책임면에서 평판이 좋은 회사였다. 그런데 이 건에 대해서는 생산관리를 잘못하였고 그 결과 기계를 인도할 수 없게 되었다. 일렉트론사의 채무불이행이 있던 그 때에 매도인은 다른 공급자로부터 기계를 구할 수가 없었고 그리하여 매수인에게 기계를 인도할 수 없었다.

제79조 (1)항의 일반 원칙 하에서는, 매도인은 일렉트론사의 불이행이 매도인의 통제를 벗어난 장애가 된다고 주장할 수 있으며, 그 결과 매도인은 매수인에 대한 책임을 면하게 된다. 그렇지만 이와 같은 경우에도 매도인이 계약의 전부 또는 일부를 이행하기 위하여 제3자(일렉트론사)를 사용한 경우에는, 제(2)항이 면책을 제한한다.

제(2)항 (b)호에 의하여 중대한 의문이 제기된다. 즉, 과연 제3자(일렉트론사)는 제(1)항의 규정에 의하여 매도인에 대한 책임을 면할 수 있는가 하는 것이다. 답은 아니오이다. 따라서 매도인은 매수인에 대한 책임을 면할 수 없다. 만약 매도인이 자신의 계약불이행을 이유로 매수인에게 손해를 배상하도록 강제되는 경우, 매도인은 일렉트론사를 상대로 구상권을 행사해야 한다.

반면에, 매도인과 일렉트론사가 계약을 체결했던 바, 일렉트론사는 자신의 특정한 제조공장에서 기계를 생산해야 했으나 인도기일이 되기도 전에 홍수나 혹은 제(1)항의 기준을 만족하는 어떤 다른 장애로 인하여 일렉트론사의 공장이 파괴되었다고 가정해보자. 일렉트론사는 매도인에 대한 책임을 면하게 될 것이기 때문에 이러한 사태는 제(2)항 (a)호의 면책에 대한 걸림돌이 되지 않는다. 따라서 매도인은 제(1)항에 따라 매수인에 대한 책임을 면하게 된다.

만약 매수인의 항구에서 착선인도조건(DES)으로 물품을 인도해야 할 의무가 매도인에게 있고 따라서 운송중 물품의 손상에 대해 매도인이 책임을 지는 경우, 물품이 해수의 유입이나 부적절한 적부 등과 같은 통상적인 사정으로 인하여 운송중에 손상을 입는다면, 매도인은 물품의 물리적 손상에 대한 책임을 져야 할 뿐만 아니라 이로 인한 매수인의 일시적 조업중단과 같은 손해에 대해서도 책임을 지게 되는 수가 있다(제74조).

반면에, 만약 물품이 태풍이나 수출금지 또는 이와 유사한 장애로 인하여 멸실되거나 혹은 심한 손상을 입는 경우에는, 매도인이 물리적 손해에 따른 손실을 부담하지만 일시적 조업중단으로 인한 매수인의 손해에 대해서는 배상책임이 면제될 수 있다.

6. 일시적 장애와 부분적 장애

(1) 일시적 장애

제79조 (3)항은 다음과 같은 상황을 다룬다.

매도인은 6월 1일에 물품을 매수인에게 인도해 주기로 계약했다. 인도기일이 되기도 전에 정부의 수출금지(또는 이와 유사한 기타의 장애)로 인하여 매도인이 계약을 이행할 수 없게 되었다. 6월 30일에 수출금지(또는 기타의 장애)가 해제되었고 그리하여 매도인의 물품인도가 가능해졌다.

제(3)항에 따르면 다음과 같은 결과에 이르게 된다. 첫째, 매도인은 6월 중에는 이행지체에 대한 책임을 면한다. 둘째, 매도인은 장애가 제거되었을 때 물품을 매수인에게 인도해줄 의무가 있다.

보다 흥미로운 질문은 이러하다. 7월 1일에 매수인은 반드시 매도인의 인도를 인수해야 하는가에 대한 대답은 제(5)항에 대한 세심한 배려를 필요로 한다.

즉 본 조의 규정은 어느 당사자에 대해서도 본 협약에 따른 손해배상청구권 이외의 모든 권리의 행사를 방해하지 아니한다.

즉, 매수인의 계약해제권은 제79조의 영향을 받지 않는다. 만약 1개월의 인도지연이 본질적 계약위반이 되는 경우에는(제25조) 매수인은 계약을 해제할 수 있다(제49조).

만약 매수인이 매도인에게 정당하게 해제를 통지하는 경우에는, 매도인은 물품을 인도할 수도 없고 또한 손해배상책임도 지지 않는다. 매수인도 물품을 인수할 의무가 없다. 모든 이행지체(또는 기타의 불일치)가 계약의 해제를 정당화하지는 않는다(제25조 및 49조, 64조).

(2) 이행의 일부를 방해하는 장애

매도인은 1,000단위의 합금을 제조하여 매수인에게 인도해야 한다. 이 합금을 제조하는 데에는 특정량의 희귀한 금속 X가 필요했다. 계약체결 후, 정부규정에 의하여 X의 사용이 제한되고 또한 X의 사용량도 할당되었다. 이는 예기치 못한 일이었다. 매도인은 겨우 600단위를 제조할 수 있는 양의 X만을 취득할 수 있었다. 매도인은 즉시 매수인에게 나머지 400단위는 인도가 불가능할 것이라고 통지했다. 이 경우 다음과 같은 문제가 발생한다. (1) 400단위를 인도하지 못한데 대하여 매도인은 제79조에 의하여 손해배상책임이 면제되는가? (2) 매수인이 이용할 수 있는 선택권은 무엇인가?

① 매도인의 면책

제79조 (3)항은 그 기간이 제한적인 장애를 다루지만 계약의 일부에만 영향을 주는 장애에 대한 규정을 두고 있지는 않다. 그럼에도 불구하고, 매도인은 400단위에 대해 면책 받을 수 있다.

제79조는 계약자체의 무효성(소멸)에 관하여는 아무런 말도 하지 않는다. 단지 당사자가 자신의 어떤(모든) 의무를 불이행한데 대한 면책을 규정하고 있다. 어떤(모든) 의무라는 표현은 장애가 영향을 끼치는 범위까지는 면책을 허용한다는 의미이다.

② 매수인의 선택권

(i) 이행청구

제79조는 매도인을 단지 그의 의무의 일부(손해배상의무)만을 면책시켰기 때문에, 제46조 (1)항에 따라, 매수인은 600단위에 관하여 매도인에게 이행을 청구하거나, 또는 만약 매도인이 인도하지 않는다면 제64조 (1)항 (a)호 및 (b)호에 따라 계약을 해제하고, 매수인이 600단위를 부당하게 인도하지 않은데 대하여 손해배상을 청구할 수 있다(제7조, 제75조 또는 제76조).

(ii) 계약해제

비록 매수인이 600단위의 인도를 청구할 수 있다고 하더라도, 상황에 따라서는, 매수인은 계약을 해제하고 그리하여 600단위의 인수를 거절할 수도 있다. 물론, 매도인은 400단위를 인도하지 못한데 대한 손해배상책임을 지지 않는다.

그러나 매도인이 손해배상책임을 면하게 되었다고 해서 매수인의 계약해제권이 어떤 영향을 받는 것은 아니다(제79조 (5)항). 만약 매도인이 자신이 제조한 600단위의 인도를 거절한다면, 이는 틀림없이 매수인의 계약해제를 정당화할 것이다.

요컨대, 본 협약은 단지 일부의 이행이 제79조상의 장애로 인하여 어떤 방해를 받는 경우에 제기되는 문제를 해결할 수 있는 충분한 방안을 마련하고 있다.

7. 손해배상 이외의 구제

(1) 계약해제

제79조 (5)항은 본 조의 규정은 어느 당사자에 대해서도 이 협약에 따른 손해배상청구권 이외의 모든 권리의 행사를 방해하지 아니 한다고 규정하고 있다. 이는 매우 중요하다. 당사자가 상대방의 불이행에 대하여 손해를 회복할 수 없는 경우에도 여전히 계약을 해제할 수 있으며 나아가 제5절(제81조-제84조)에서 인정하는 계약해제의 효과에 관한 권리를 누린다.

이러한 경우 즉, (i) 매도인이 매수인에게 물품을 인도했지만 외환통제로 인하여 매수인이 대금을 지급할 수 없는 경우, (ii) 둘째, 매수인은 대금을 선급했지만 수출통제로 인하여 매도인이 물품을 인도할 수 없는 경우를 생각해 보자.

각각의 경우에 당사자가 이행을 방해받았기 때문에 그는 손해배상책임을 면한다. 그러나 약정된 대가를 수령하지도 못하고서 자신의 의무만을 이행한 당사자는 이에 대한 보상을 받을 수 있다. 이는 계약해제권을 통하여 가능하다. 즉 계약해제권은 계약에 따라 물품을 제공했거나 또는 대금을 지급한 당사자가 자신이 제공 또는 지급한 모든 것을 반환받을 수 있는 권리(반환청구권)를 수반한다(제81조 (2)항).

(2) 특정이행

손해배상청구권 이외의 모든 권리(any right other than to claim damages)에 대해서는 아무런 영향을 미치지 않는다는 제(5)항의 문구는 손해배상책임을 면한 당사자가 이행청구권을 행사할 수 있다는 의미로 이해된다(제28조 및 제46조, 제62조).

그러나 이러한 결론은, 어떤 장애로 인하여 방해를 받는 경우에, 당사자는 책임이 없다는 기본적 규정과 모순될 수 있다. 많은 경우에, 이행을 청구하는 조치는 어떤 불가능한 것을 요구하는 것이 될 수도 있다. 또한 경우에 따라서는 이행을 강제하는 조치가 적어도 손해배상청구만큼이나 부담이 될 수가 있다.

제(5)항에서 포괄적인 표현이 사용된 이유는 특수한 상황 하에서는, 손해배상청구권 이외의 구제권이 필요할 수도 있다는 가능성 때문이다. 예를 들어, 일시적 장애의 소멸이나 또는 합의된 대금지급방식이 외환통제로 인하여 일시적으로 봉쇄되었을 때 수령한 물품에 대한 대금지급의 불이행과 같은 특수한 상황에서는 손해배상 이외의 구제가 필요할 수도 있다.

즉, 제79조에 의하여 면책이 인정되는 상황임에도 불구하고 특정이행을 인정한다는 것은 많은 국가의 국내법과도 모순된다. 따라서 제28조에 따라, 이러한 국가에서는 이행청구권에 관한 자국의 국내법을 자유롭게 적용할 수 있다.

Article 80. A party may not rely on a failure of the other party to perform, to the extent that such failure was caused by the first party's act or omission.

제80조 (자신의 귀책사유와 상대방의 불이행) 당사자는, 상대방의 불이행이 자신의 작위 또는 부작위에 기인하는 한도 내에서는, 상대방의 불이행을 원용할 수 없다.

주의사항 매도인은 X국에 있는 매수인에게 물품을 인도해야 한다. X국의 법률에 의하면 매도인이 수입승인을 받아내야 한다. 매도인이 수입승인을 적절하게 신청했지만 매수인은 X국의 공무원을 설득하여 그 승인을 거절하도록 했다. 그 결과 매도인은 물품을 인도할 수 없게 되었다. 매수인은, 노골적으로 신경질을 내면서, 매도인을 상대로 불인도에 대한 손해배상청구소송을 제기했다.

정부의 승인거절은 통상 이행의 장애가 되며, 따라서 매도인의 손해배상책임을 면제시킨다(제79조 (5)항). 그러나 매수인이, 제79조(1)항에 따라, 매도인이 장애를 고려했어야 하거나 아니면 그 장애나 그 장애의 결과를 회피하거나 극복했어야 했다는 이유를 들어, 계약위반에 대한 손해배상을 청구한다고 생각해보자. 이러한 상황에서, 매도인은 매수인의 손해배상청구를 막기 위하여 제80조를 원용할 수 있다. 비록 매도인이 장애를 극복하지 못했지만 이는 매수인의 작위 또는 부작위에 기인한 것이다. 따라서 매도인은 제79조에 의하여 손해배상책임을 면한다.

(5) 해제의 효과

Article 81. (1) Avoidance of the contract releases both parties from their obligations under it, subject to any damages which may be due. Avoidance does not affect any provision of the contract for the settlement of disputes or any other provision of the contract governing the rights and obligations of the parties consequent upon the avoidance of the contract.

(2) A party who has performed the contract either wholly or in part may claim restitution from the other party of whatever the first party has supplied or paid under the contract. If both parties are bound to make restitution, they must do so concurrently.

제81조 (의무의 소멸과 반환청구 등) (1) 계약의 해제는, 정당한 손해배상의

무를 제외하고는, 당사자쌍방을 모두 계약상의 의무로부터 해방시킨다. 해제는 분쟁의 해결을 위한 어떠한 계약조항이나 또는 계약의 해제에 따라 발생하는 당사자의 권리와 의무를 규율하는 기타 계약조항에는 영향을 미치지 아니한다.

(2) 계약의 전부 또는 일부를 이행한 당사자는 상대방에 대하여 그 계약 하에서 자신이 이미 제공 또는 지급한 것에 대한 반환을 청구할 수 있다. 당사자쌍방이 모두 반환의무가 있는 경우에는, 이를 동시에 반환하여야 한다.

1. 해제로 인하여 소멸하는 의무

(1) 해제와 계약이행

제81조는 몇 가지 형태의 상황에 적용된다. 그러나 가장 중요한 내용은 다음의 네 가지 예시로써 설명이 가능하다.

첫째, 매도인과 매수인 모두에게 이행기가 도달했지만 어느 누구도 계약을 이행하지 않고 있었다. 이 때, 어느 일방(X)이 상대방(X)과의 계약의 이행을 거절했고, 그리하여 피해당사자(A)는 계약해제권을 가지게 되었다(제72조). A는 계약을 해제했다. A의 계약해제의 법적 결과는 무엇인가?

제81조 (1)항은 계약의 해제는, 정당한 손해배상의무를 제외하고는, 당사자쌍방을 모두 계약상의 의무로부터 해방시킨다고 규정하고 있다. 결국 피해당사자(A)는 자신의 이행의무로부터 해방되며 또한 상대방(X)의 이행을 인수해야 할 의무도 면한다. 그러나 계약위반에 대한 손해는 배상받을 수 있다.

둘째, 당사자의 일방(A)은 계약을 이행했다(예를 들어, 매도인이 물품을 인도했거나 매수인이 대금을 지급했다). 그러나 상대방(X)은 이행을 거절했거나 아니면 해제권을 발생시키는(제49조 및 제64조) 중대한 계약위반을 범했다. A는 계약의 해제를 선언했다. 이에 대한 법적 결과는 무엇인가?

해제의 효과는 사례1)과 동일하다. 다만 한 가지 추가되는 특징이 있다. 즉, X가 A로부터 재산(물품 또는 대금)을 수령했다는 것이다. A는 X가 수령한 것과 나아가 X의 계약위반으로 인한 손해를 회복할 수 있다.

(2) 이행청구 – 대체품과 대금회복

셋째, 매도인(X)이 매수인(A)에게 물품을 인도했으나 물품에 중대한 하자가 있었기 때문에 본질적 계약위반이 되고 말았다. A는 X에게 그 하자있는 물품의 반환을 수락하도록 요구했다. 이에 더하여, A는 X에게 대체품을 제공해 주도록 요구할 수 있는가?

X로 하여금 하자있는 물품의 반환을 수락하라는 A의 요구가 과연 계약의 해제인가? 만약 그렇다면, 계약해제는 당사자 쌍방을 모두 계약상의 의무로부터 해방시킨다는 제81조 (1)항의 규정으로 보아, A는 X에게 대체품의 인도를 청구할 수 없다고 생각할 수도 있다. 그러나 이러한 구체적인 상황은 제46조 (2)항이 규정하는 바이다. 즉, 물품이 불일치하여 본질적 계약위반에 이르게 되면 매수인은 대체품의 인도를 청구할 수 있다.

넷째, 매도인이 계약과 일치하는 물품을 인도했지만 매수인은 대금을 지급하지 않고 오히려 물품을 전매했다. 매도인은 정당하게 계약을 해제했다. 매도인은 제81조 (2)항에 따라 물품의 반환청구권을 가지지만 매수인이 이미 물품을 전매해 버렸기 때문에 반환청구는 불가능하다. 그렇다면 계약해제가 매도인의 권리에 미치는 영향은 무엇인가?

제81조 (2)항에 의하여, 매도인은 … 자신이 제공한 것에 대한 반환을 청구할 수 있다. 그러나 매수인이 이미 물품을 전매해 버렸기 때문에, 이러한 구제가 적용될 수 있는 특정한 재산(물품)이 없다.

이러한 상황에서 손해는 보통 미지급대금과 이자를 합한 금액이 될 것이다(제74조 및 제78조). 만약 법원의 판단으로 매도인이 매수인에게 대금의 지급을 청구할 수 있도록 해주는 제62조의 이행청구권을 원용할 수도 있다고 인정하는 경우에는, 제28조에 의하여 강제이행을 거절하는 국내법이 적용될 수도 있다.

2. 해제시에도 소멸되지 않는 의무

(1) 중재조항

매매계약서에는 계약 하에서 발생하는 분쟁을 중재에 회부하기로 하는 약정이 포함되기도 한다. 일방이 상대방에게 계약해제를 통지하고, 그 후에, 해제의 정당성이나 계약위반으로 인한 손해액에 관하여 분쟁이 발생한다고 가정해 보자. 계약해제는 각 당사자를 중재조항으로부터 해방시키는가? 대부분의 경우에, 대답은 아니오이다. 제81조 (1)항은 해제는 분쟁의 해결을 위한 어떠한 계약조항에 영향을 미치지 아니 한다고 규정하고 있다. 해제(제49조, 제64조)는 계약위반에 근거하는 구제이다. 중재약정의 의도는 그러한 분쟁을 해결하는 방법을 제공하기 위한 것이다.

(2) 기타의 의무

제81조 (1)항에는 해제는 계약의 해제에 따라 발생하는 당사자의 권리와 의무를 규율하는 기타 계약조항에는 영향을 미치지 않는다고 규정되어 있다. 예를 들어, 손해배상액이나 거절된 물품의 관리를 다루는 계약조항이 그것이다.

뿐만 아니라, 제85조 내지 제88조는 물품을 거절한 자에게 그 물품을 보존하는 조치를 취하도록 요구하고 있는 바, 이들 조항들은 해제와는 무관하게 적용된다.

(3) 반환의 의무

계약에 따라 매도인은 6월 1일에 물품을 인도해야 하고 매수인은 7월 1일에 대금을 지급해야 하는데 물품은 예정대로 인도되었지만 매수인은 7월 1일이 지나서도 대금을 지급하지 않았다. 매도인은 본질적 계약위반을 이유로 계약을 해제하고 나아가 물품의 반환을 청구하는 소송을 제기한 경우, 제81조 (2)항에서는, 계약을 해제한 매도인은 … 그 계약 하에서 자신이 이미 제공한 것에 대한 반환을 청구할 수 있다고 규정하고 있다. 이러한 문구는 물품의 회복을 요구하는 것이지 단순히 대금을 청구하는 것이 아니다.

본 협약상의 매도인의 물품회복권은 매수인이 지급불능상태일 때 특히 중요하다. 이러한 상황에서 금전채권자의 권리는, 강제집행상의 압류나 혹은 파산재산수령인(receiver in bankruptcy)이나 파산관재인의 지정으로 인하여, 침해될 가능성이 많다. 본 협약은 국내법이 인정하는 금전채권자, 구매자 및 기타 제3자의 권리를 그대로 인정한다. 제4조에 의하여, 본 협약은 … 매도인과 매수인의 권리만을 규율한다.

본 협약은 반환의무를 위반당사자에게만 한정하지 않는다. 제(2)항에 의하여, 각 당사자가 반환청구권을 가진다. 그러나 만약 양 당사자가 모두 반환해야 하는 경우에는, 이를 동시에 반환하여야 한다.

매매계약에 따라 매수인은 인도후 30일 이내에 대금을 지급해야 하며 만약 약정된 기일 내에 대금을 지급하지 않으면 매도인은 추가적인 통지도 없이 물품의 점유를 회복할 권리를 가진다. 매수인이 대금을 지급하지 않았고 그리하여 매도인은 물품을 회복하기 위하여 매수인의 국가에서 소송을 제기한 경우, 당사자들은 제6조에 따라 자신들의 권리를 행사함으로써 계약위반에 대한 구제권리를 행사할 수 있으나 적용가능한 국내법이 대금불지급 시에 물품의 반환청구를 허용하는 계약조항을 무효화할 수 있는지에 대해서는 현실적으로 불가능할 것이다.

그러나 이미 보았듯이, 본 협약은 매도인과 매수인의 권리에 국한되며 따라서 금전채권자나 구매자와 같은 제3자의 권리에 대해서는 국내법에 의하도록 하고 있기 때문이다.

Article 82. (1) The buyer loses the right to declare the contract avoided or to require the seller to deliver substitute goods if it is impossible for him to make restitution of the goods substantially in the condition in which he received them.

(2) The preceding paragraph does not apply:

(a) if the impossibility of making restitution of the goods or of making restitution of the goods substantially in the condition in which the buyer received them is not due to his act or omission;

(b) if the goods or part of the goods have perished or deteriorated as a result of the examination provided for in article 38; or

(c) if the goods or part of the goods have been sold in the normal course of business or have been consumed or transformed by the buyer in the course of normal use before he discovered or ought to have discovered the lack of conformity.

제82조 (동일한 상태의 물품반환의 불가능) (1) 매수인이 물품을 수령한 상태와 실질적으로 동일한 상태로 물품을 반환할 수 없는 경우에는, 매수인은 계약의 해제를 선언하거나 또는 매도인에게 대체품의 인도를 청구

할 권리를 상실한다.

(2) 전항의 규정은 다음의 경우에는 적용되지 아니한다.

(a) 물품을 반환할 수 없는 이유 또는 매수인이 물품을 수령한 상태와 실질적으로 동일한 상태로 반환할 수 없는 이유가 그의 작위 또는 부작위에 기인하지 아니한 경우,

(b) 제38조에 규정된 검사로 인하여 물품의 전부 또는 일부가 멸실 또는 변질된 경우, 또는

(c) 매수인이 불일치를 발견하였거나 또는 발견하였어야 했던 시점 이전에 물품의 전부 또는 일부가 매수인에 의하여 이미 통상적인 영업과정에서 매각되었거나 또는 통상적인 사용과정에서 소비 또는 변형된 경우.

주의 사항 제82조는 다음과 같은 상황을 다룬다. 즉, 매수인이 물품을 수령했지만 물품에 중대한 하자가 있음을 발견하고는 계약을 해제하거나(제49조 (1)항 (a)호) 혹은 대체품의 인도를 청구(제46조 (2)항)하는 상황을 다룬다. 어느 경우에도 매수인은 자신이 수령한 물품을 반환해야 한다(제81조 (2)항).

그러나 매수인이 계약을 해제하기 전에, 그 물품의 전부 또는 일부가 이미 손상을 입었거나 혹은 분실되었다고 생각해 보자. 제82조 (1)항은, 만약 매수인이 물품을 수령한 상태와 실질적으로 동일한 상태로 물품을 반환할 수 없는 경우에는, 위에 언급한 두 가지 구제수단을 이용할 수 없다고 규정한다.

제82조 (2)항은 이러한 일반원칙의 세 가지 예외를 규정한다.

1. 일반원칙

제82조 (1)항은 국내법에서 일반적으로 받아들여지고 있는 하나의 원칙으로서 거래가 해제되기 위해서는 그 거래 하에서 수취된 자산이 실질적으로 동일한 상태로 반환될 수 있어야 한다는 원칙을 구현한 것이다.[92] 이러한 제한은 권리를 침해당한 매수인에게 심각한 불이익을 주지 않는다.

비록 매수인이 계약을 해제하거나 또는 매도인에게 대체품을 청구할 수 없다

92) UCC§2-608(2).

고 하더라도, 매수인은 계약위반으로 인한 손해를 배상받을 수 있다(제74조-제76조).

2. 일반원칙에 대한 예외

제82조 제(2)항의 의도는 매수인이 중대한 하자를 가진 물품을 수령했다면, 비록 자신이 물품을 실질적으로 동일한 상태로 반환할 수 없다고 하더라도, 이러한 매수인의 구제권을 보호하기 위한 것이다. 만약 물품의 전부 또는 일부가 제38조가 요구하는 검사로 인하여 멸실 또는 변질된 경우에는 제(2)항 (b)호에 의하여 매수인의 구제권이 존속한다.

또한 제(2)항 (c)호는 매수인이 물품을 이미 매각 또는 소비한 경우에도 그의 구제권을 존속시킨다. 이러한 결과는 이상하게 보일 수도 있다. 왜냐하면, 매수인이 이미 물품으로부터 이익을 얻었을 수도 있기 때문이다. 그러나 제84조 (2)항에 의하여, 매수인은 자신이 수취한 이익을 매도인에게 반환해야 한다.

(1) 작위 또는 부작위

작위 또는 부작위(act or omission)란 표현은 제66조와 제80조에도 등장하고 있으며 각각 다음과 같은 문제를 제기한다. 작위 또는 부작위가 불법적인지 여부를 규율하는 기준은 과연 무엇인가인데, 계약과 본 협약이 부여하는 의무를 위반하면 그 위반자는 그 결과에 대한 책임을 져야 한다. 제82조하에서 매수인이 중대한 하자가 있는 물품을 수령하였던 바, 그 물품이 도난당하거나 혹은 화재나 폭풍으로 인하여 손상을 입은 경우에, 작위 또는 부작위 기준이 매도인으로 하여금 항상 책임지도록 하거나 국내의 불법행위법이 적용되어야 한다.

국내법을 적용한다면 제82조에 묵시되어 있는 선택권이 훼손될 수 있다. 예를 들어, 국내의 불법행위법은 물품이 어떤 자의 점유 또는 보관 하에 있는 동안에는 그에게 절대적인 책임을 지운다고 가정해 보자. 상업적인 창고업자나 자동차운행자에게는 이러한 결과가 적절할 수 있다.

그러나 이미 중대한 하자가 있는 물품을 수령한 매수인의 권리에 대한 본 협약의 규정과는 모순될 것이다. 제(2)항 (b)호와 (c)호는 권리를 침해당한 매수인의 구제권은 강력하게 보호되어야 한다는 전제에 기초하고 있다. 제86조 (1)항은 상당한 주의의무를 말하는 것이며 손실에 대한 절대적인 책임을 정하는 기준은 아니다.

(2) 물품의 분실과 계약해제

이례적인 상황에서, 제(2)항은 매수인이 반환되어야 할 물품을 가지고 있지 않은 경우에도 매수인에게 계약의 해제를 허용하고 있다. 계약해제의 주요한 실무적인 정당성은 하자있는 물품을 처분해야 할 부담을 계약위반자에게 전가한다는 점이다.

본 협약은 제81조에 의하여, 계약해제가 매수인을 그의 대금지급의무로부터 해방시키고 나아가 이미 지급한 대금을 회복할 권리를 부여한다. 이는 손해의 범위를 입증해야 하는 매수인의 부담을 경감시켜 준다. 또한 이는 권리를 침해당한 자에 대한 정당한 보호이다.

매수인이 매도인의 비용으로 하는 투기를 극소화하기 위해서는, 제49조 (2)항에서 정한 해제시기의 제한을 충분히 살리는 것이 중요하다.

Article 83. A buyer who has lost the right to declare the contract avoided or to require the seller to deliver substitute goods in accordance with article 82 retains all other remedies under the contract and this Convention.

제83조 (기타 구제권의 존속) 매수인은 그가 제82조하에서 계약의 해제를 선언하는 권리 또는 매도인에게 대체품의 인도를 요구하는 권리를 상실한 경우에도 계약 및 본 협약에 따른 기타의 모든 구제권을 보유한다.

주의사항 제83조는 비록 매수인이 제82조에 의하여 두 가지의 구제권을 상실한다 하더라도 계약 및 본 협약에 따른 기타의 모든 구제권을 보유 한다고 규정하고 있다. 물품수령 후 그 물품의 상태가 변했는지를 불문하고 명백히 존속하는 구제권에는 매수인의 손해배상청구권(제45조 (1)항 (b) 및 제74조-제76조) 및 대금감액권(제50조)이 포함된다. 또한 매도인에 대하여 수리에 의한 불일치의 시정을 청구할 수 있는 매수인의 권리(제46조 (3)항)도, 전매나 소비, 가공 또는 기타 물품 상태의 변화 등으로 인하여 물품의 수리가 모든 사정으로 보아 불합리하지 아니하는 한(제46조 (3)항 1문), 여전히 사용가능하다.

Article 84. (1) If the seller is bound to refund the price, he must also pay interest on it, from the date on which the price was paid.

(2) The buyer must account to the seller for all benefits which he has derived from the goods or part of them:

(a) if he must make restitution of the goods or part of them; or

(b) if it is impossible for him to make restitution of all or part of the goods or to make restitution of all or part of the goods substantially in the condition in which he received them, but he has nevertheless declared the contract avoided or required the seller to deliver substitute goods.

제84조 (이익의 반환) (1) 매도인이 대금을 반환하여야 할 의무가 있는 경우에, 매도인은, 대금이 지급된 날로부터, 그에 대한 이자도 지급하여야 한다.

(2) 매수인은 다음과 같은 경우에는 물품의 전부 또는 일부로부터 취득한 이익을 매도인에게 반환하여야 한다.

(a) 매수인이 물품의 전부 또는 일부를 반환하여야 하는 경우, 또는

(b) 매수인이 물품의 전부 또는 일부를 반환할 수 없거나 또는 그가 물품을 수령한 상태와 실질적으로 동일한 상태로 물품의 전부 또는 일부를 반환할 수 없음에도 불구하고, 매수인이 계약의 해제를 선언하였거나 또는 매도인에게 대체품의 인도를 청구한 경우.

주의사항 제81조 (2)항에 따르면, 당사자가 물품을 제공 또는 대금을 지급했으나 그 후에 계약이 해제된 경우, 그 당사자는 자신이 이미 제공 또는 지급한 것을 회복할 수 있다. 이 때, 계약이 해제됨에 따라 지급된 대금이나 제공된 물품을 회복함에 있어 지연이 있는 경우, 제84조는 이에 대한 보상을 청구할 수 있도록

함으로써 제81조 (2)항을 보충한다.

제84조 제(1)항에서는 매수인으로부터 지급받은 대금을 반환해야 하는 경우에 매도인은 그에 대한 이자도 또한 지급해야 한다고 규정하고 있다.

제(2)항에서는 매수인은 매도인에게서 받은 물품은 물론, 물품으로부터 취득한 이익을 매도인에게 반환하여야 한다고 규정하고 있다.

제84는 다양한 상황을 포용한다. 이들 각 항(제(1)항 및 (2)항)에 따른 의무는 어느 일방이 본질적 계약위반을 범하는 경우에 생길 수 있다. 이 때, 각 항(제84조 (1)항 또는 (2)항)하에서 각 당사자(또는 양 당사자 모두)는 반환의무가 있다.

1. 매도인이 수령한 금액에 대한 이자

계약에 따라 물품이 인도되기 직전에 매수인이 대금을 지급했으나 매도인은 물품을 인도하지 않았다. 매수인은 계약의 해제를 선언하고 나아가 소송을 제기하여 매매대금과 대금이 지급된 날로부터의 이자(제84조 (1)항)를 반환받고자 했다.

매수인에게 지급되어야 할 이자의 계산(매도인의 대금반환의무)은 계약위반으로 인한 결과이므로 매도인이 물품을 아예 인도하지 않거나 혹은 중대한 하자가 있는 물품을 인도하는 경우에, 반환적 접근방식(restitutionary approach)을 기초로 하기보다는 오히려 피해자인 매수인의 손해에 대한 이자를 기초로 하여 매도인의 부당이득을 방지하는 것이 보다 적절할 것이다.

2. 물품으로부터 취득한 이익

매도인은 계약에 따라 물품을 매수인에게 인도했고, 대금은 물품인도후 30일 이내에 지급되어야 했다. 매수인이 대금을 지급하지 않았고 그리하여 매도인은 계약의 해제를 선언했다. 매도인은 소송을 제기하여 물품의 반환을 청구함(제81조 (2)항)과 동시에 나아가 매수인에게 물품 … 으로부터 취득한 이익을 … 반환해줄 것을 요구했다.

제84조 (2)항에 따른, 매수인이 물품으로부터 취득한 이익에 대한 매도인의 청구권은 매수인이 이미 물품을 보다 높은 가격으로 전매한 경우에 매도인에게 도움이 된다. 그러나 매수인이 대금을 지급하지 못한 경우에는 매도인은 여전히 제3자 클레임으로 인하여 심각한 위험에 직면하게 된다.

(6) 물품의 보존

Article 85. If the buyer is in delay in taking delivery of the goods or, where payment of the price and delivery of the goods are to be made concurrently, if he fails to pay the price, and the seller is either in possession of the goods or otherwise able to control their disposition, the seller must take such steps as are reasonable in the circumstances to he discovered or ought to have discovered the lack of conformity.

제85조 (매도인의 물품보존의무) 매수인이 물품의 인도수령을 지체한다면 또는, 대금의 지급과 물품의 인도가 동시에 이행되어야 하는 경우에 매수인이 대금을 지급하지 아니한다면, 또한 이때에 매도인이 물품을 점유하고 있거나 아니면 기타의 방법으로 물품의 처분을 지배할 수 있는 있다면, 매도인은 물품을 보존하기 위하여 그 사정에 따라 합리적인 조치를 취하여야 한다. 매도인은 그의 합리적인 비용을 매수인으로부터 보상받을 때까지 물품을 보유할 권리가 있다.

주의사항 본 조는 매도인이 물품을 그의 점유 또는 통제 하에 두고 있을 때에만 적용된다. 비록 매수인이 인도를 수령하지 않음으로써 계약을 위반한 경우에도, 매도인은 물품을 보존해야 할 의무를 부담한다.

매수인이 매도인의 영업소에서 인도를 수령해야 함에도 불구하고 약정된 일자까지 물품을 수령하러 오지 않는 경우, 본 조가 적용된다.

위험이 매수인에게 이전된 이후에, 매도인이 부패하기 쉬운 물품을 비에 젖도록 방치한다거나 혹은 필요한 냉동시설의 가동을 중단한다고 가정하면, 제85조는 매도인이 물품을 보존하기 위하여 그 사정에 따라 합리적인 조치를 취하지 못한 결과도 그 물품에 발생한 손실에 대한 책임을 매도인에게 부과하고 있다.

Article 86. (1) If the buyer has received the goods and intends to exercise any right under the contract or this Convention to reject them, he must take such steps to preserve them as are reasonable in the circumstances. He is entitled to retain them until he has been reimbursed his reasonable expenses by the seller.

(2) If goods dispatched to the buyer have been placed at his disposal at their destination and he exercises the right to reject them, he must take possession of them on behalf of the seller, provided that this can be done without payment of the price and without unreasonable inconvenience or unreasonable expense. This provision does not apply if the seller or a person authorized to take charge of the goods on his behalf is present at the destination. If the buyer takes possession of the goods under this paragraph, his rights and obligations are governed by the preceding paragraph.

제86조 (매수인의 물품보존의무) (1) 매수인이 물품을 수령한 이후에 그 물품을 거절하기 위하여 계약 또는 본 협약에 따른 어떠한 권리를 행사하고자 할 때에는, 매수인은 물품을 보존하기 위하여 그 사정에 따라 합리적인 조치를 취하여야 한다. 매수인은 그의 합리적인 비용을 매도인으로부터 보상받을 때까지 물품을 보유할 권리가 있다.

(2) 매수인에게 발송된 물품이 목적지에서 그의 처분 하에 놓인 이후에 그가 물품을 거절하는 권리를 행사할 때에는, 매수인은 매도인을 위하여 물품을 점유하여야 한다. 다만 이는 대금의 지급이 없이 또한 불합리한 불편이나 불합리한 비용이 없이 행하여질 수 있는 경우에 한한다. 이 규정은 매도인이나 또는 매도인을 위하여 물품을 관리하도록 수권된 자가 그 목적지에 소재하는 경우에는 적용되지 아니한다. 매수인이 본항의 규정에 따라 물품을 점유하는 경우에, 그의 권리와 의무는 전항의 규정에 의하여 규율된다.

주의사항 매도인은 물품을 선적하고 선화증권을 발급받았다. 선화증권은 물품이 직접 매수인에게 인도되도록 발행되었으며 매도인의 지시인이나 또는 매도인에게 인도되도록 발행되지는 않았다. 따라서 매도인은 유통성 선화증권으로써 물품의 통제권을 보유하지 않았다. 물품이 도착하자 매수인은 이를 거절했다. 거절이유는 물품에 심각한 하자가 있었기 때문이었다. 거절이유는 정당했다.

이러한 경우에 매수인은 보통 검사를 위하여 물품을 수령할 것이다. 비록 물품이 아직은 운송인의 점유(간접점유) 하에 있다고 하더라도, 물품은 매수인 앞으로 탁송되었으며, 매수인이 인도를 수령하기 위해서 선화증권이 필요하지는 않았다. 따라서 제86조 (2)항에 따라, 물품은 목적지에서 매수인의 처분 하에 있었다. 만약 매수인이 거주하는 도시나 혹은 그 근처에 매도인이 그의 대리인을 두고 있지 않다면, 제86조에 의하여, 매수인은 물품을 보존하기 위한 합리적인 조치를 취해야 한다.

도착지에서, 매도인 지시식으로 발행된 선화증권과의 상환으로 대금지급이 이루어 져야 했다. 이 서류(선화증권)는 물품의 처분을 통제하는 서류이다. 매수인은 물품인수를 거절하고 나아가 대금지급도 거절했다.

위의 예시에서도 제86조가 과연 물품보존의무를 매수인에게 부과하는가? 대답은 아니오이다. 매수인이 물품을 수령하지 않았기 때문에 제86조 (1)항이 적용될 수는 없다. 또한 매수인은 오직 대금을 지급함으로써만 점유를 획득할 수 있었기 때문에 제(2)항도 역시 적용될 수 없다.

제86조 (1)항은, 만약 매수인이 물품을 수령한 이후에 이를 거절하고자 할 때에는, 매수인은 물품을 보호해야 한다고 규정한다. 이러한 문구는 매수인이 거절할 의도를 품기 전에는, 예를 들어, 매수인이 월요일에 물품을 수령하여 화요일에는 비에 젖도록 방치해 두었다가 수요일에 이를 거절할 의도를 품는 경우에는, 수요일 이전에는 물품을 보호해야 할 의무가 없는 것으로 이해될 수 있다.

제86조 (1)항에서는 거절하겠다는 결단에 이르기 이전에도 물품이 매수인의 점유 하에 있는 동안에는 물품을 보존하기 위한 합리적인 조치가 요구된다고 보아야 할 것이다. 어쨌든, 제82조 (1)항에 의하여, 만약 매수인이 물품을 수령했던 때와 실질적으로 동일한 상태로 이를 반환할 수 없다면 매수인은 계약해제권이나 대체품인도청구권을 상실한다. 실질적으로 동일한 상태로 물품을 반환할 수 없다면 제82조 (2)항 (c)호에 의해서도 면책되지 않는다. 왜냐하면 물품에 대한 손해가 매수인의 작위 또는 부작위에 기인한 것이기 때문이다.

Article 87. A party who is bound to take steps to preserve the goods may deposit them in a warehouse of a third person at the expense of the other party provided that the expense incurred is not unreasonable.

제87조 (제3자의 창고에의 임치) 물품을 보존하기 위한 조치를 취하여야 할 의무가 있는 당사자는 물품을 상대방의 비용으로 제3자의 창고에 임치할 수 있다. 다만 그 비용은 불합리하지 아니하여야 한다.

주의사항 제85조와 제86조에서는 물품 보존 의무를 설정했다. 제87조와 제88조는 이러한 의무를 이행할 수 있는 두 가지 형태의 조치 즉, 보관과 매각을 허용한다.

임치계약에서 달리 약정한 바가 없는 한, 물품을 임치한 자가 창고업자에 대하여 일차적인 책임을 져야 하지만, 그는 매매계약의 상대방으로부터 보상을 청구할 수 있다. 또한 제88조가 허용하는 바에 따라, 물품을 매각함으로써 보관 비용의 누적을 막을 수 있다.

Article 88. (1) A party who is bound to preserve the goods in accordance with article 85 or 86 may sell them by any appropriate means if there has been an unreasonable delay by the other party in taking possession of the goods or in taking them back or in paying the price or the cost of preservation, provided that reasonable notice of the intention to sell has been given to the other party.

(2) If the goods are subject to rapid deterioration or their preservation would involve unreasonable expense, a party who is bound to preserve the goods in accordance with article 85 or 86 must take reasonable measures to sell them. To the extent possible he must give notice to the other party of his intention to sell.

(3) A party selling the goods has the right to retain out of the proceeds of

sale an amount equal to the reasonable expenses of preserving the goods and of selling them. He must account to the other party for the balance.

제88조 (물품의 매각) (1) 제85조 또는 제86조에 따라 물품을 보존하여야 할 의무가 있는 당사자는, 상대방이 물품을 점유함에 있어 혹은 이를 수거해감에 있어 또는 대금이나 보존비용을 지급함에 있어 불합리한 지체가 있는 경우에는, 적절한 방법으로 물품을 매각할 수 있다. 다만 상대방에게 매각의사를 합리적으로 통지하여야 한다.

(2) 물품이 급속하게 변질되기 쉽거나 또는 그 보존에 불합리한 비용이 요구되는 경우에는, 제85조 또는 제86조에 따라 물품을 보존하여야 할 의무가 있는 당사자는 이를 매각하기 위한 합리적인 조치를 취하여야 한다. 그는 가능한 범위까지는 상대방에게 그 매각의사를 통지하여야 한다.

(3) 물품을 매각하는 당사자는 그 매각대금으로부터 물품의 보존과 매각에 소요된 합리적인 비용에 상당하는 금액을 보유할 권리가 있다. 그러나 그는 상대방에게 잔액을 반환하여야 한다.

주의사항 변질되기 쉬운 물품의 경우에는, 물품을 창고에 두는 것이 물품을 보존하기에 적절한 방법이 아닐 수도 있다. 연장된 기간 동안의 창고비용이 물품대금을 심각하게 잠식할 수 있으며, 경우에 따라서는 이를 초과할 수도 있다. 어떤 경우에는, 임치인(bailor)이 매매계약의 상대방으로부터 이러한 비용을 보상받지 못하는 수도 있다. 따라서 임차인은 물품을 매각함으로써 거래를 청산할 필요가 있다.

제(1)항은 매각권을 인정하는 규정이다. 본 항의 성격이 선택적이라는 점을 볼 때, 이 기준에는 탄력성이 있다. 즉, 적절한 조치를 취함에 있어 상대방에 의한 불합리한 지체가 그것이다. 제(2)항은, 물품이 급속하게 변질되기 쉽거나 또는 그 보존에 불합리한 비용이 요구되는 경우에 매각의무를 부과하는 규정이다.

제(3)항은, 매각당사자에게 매각대금에서 합리적인 비용에 상당하는 금액에 대한 권리를 부여하는 규정이다.

4. 최종규정

Article 89. The Secretary-General of the United Nations is hereby designated as the depositary for this Convention.

제89조 (수탁기관) 본 협약에 의거하여 국제연합 사무총장을 본 협약의 수탁기관으로 임명한다.

Article 90. This Convention does not prevail over any international agreement which has already been or may be entered into and which contains provisions concerning the matters governed by this Convention, provided that the parties have their places of business in States parties to such agreement.

제90조 (타협약과의 관계) 본 협약은 이미 발효되었거나 또는 앞으로 발효될 어떤 국제협약이 본 협약에 의하여 규율되는 사항에 관한 규정을 포함하고 있는 경우에는 이에 우선하지 아니한다. 다만 계약당사자쌍방이 그러한 협약의 당사국에 영업소를 가지고 있어야 한다.

Article 91. (1) This Convention is open for signature at the concluding meeting of the United Nations Conference on Contracts for the International Sale of Goods and will remain open for signature by all States at the Headquarters of the United Nations, New York until 30 September 1981.

(2) This Convention is subject to ratification, acceptance or approval by the signatory States.

(3) This Convention is open for accession by all States which are not signatory States as from the date it is open for signature.

(4) Instruments of ratification, acceptance, approval and accession are to be deposited with the Secretary-General of the United Nations.

제91조 (서명과 비준 및 가입) (1) 본 협약은 국제물품매매계약에 관한 국제연합회의의 최종회의에서 서명을 위하여 개방되며 또한 1981년 9월 30일까지 뉴욕의 국제연합본부에서 모든 국가의 서명을 위하여 개방된다.

(2) 본 협약은 서명국의 비준, 수락 또는 승인을 조건으로 한다.

(3) 본 협약은 서명을 위하여 개방된 날로부터 서명국이 아닌 모든 국가의 가입을 위하여 개방된다.

(4) 비준서, 수락서, 승인서 및 가입서는 국제련합 사무총장에게 기탁되어야 한다.

주의사항 제91조 (1)항은 본 협약이 비엔나회의의 종료일(1980년 4월 11일)로부터 1981년 9월 30일까지 서명을 위하여 개방될 것이라고 규정하였다. 이 18개월이라는 기간 동안 21개국이 서명했다. 1990년 11월까지는, 이들 서명국 가운데 15개국이 비준했으며 14개국의 비서명국이 가입했다(제91조 (3)항). 비준을 하든지 혹은 가입을 하든지 간에 이 두 가지 방식은 효력이 동일하다.

제91조 (2)항에서는 서명이 비준, 수락 또는 승인을 조건으로 한다고 규정한다. 따라서 이러한 두 번째 단계(비준, 수락 또는 승인; 이하 비준이라 한다) 이후에야 비로소 국가는 체약국이 된다.

Article 92. (1) A Contracting State may declare at the time of signature, ratification, acceptance, approval or accession that it will not be bound by Part Ⅱ of this Convention or that it will not be bound by Part Ⅲ of this Convention.

(2) A Contracting State which makes a declaration in accordance with the

preceding paragraph in respect of Part Ⅱ or Part Ⅲ of this Convention is not to be considered a Contracting State within paragraph(1) of article 1 of this Convention in respect of matters governed by the Part to which the declaration applies.

제92조 (제Ⅱ편 또는 제Ⅲ편을 배제하는 유보) (1) 체약국은 서명, 비준, 수락, 승인 또는 가입 시에 그 국가는 본 협약의 제Ⅱ편에 구속되지 않겠다 또는 본 협약의 제Ⅲ편에 구속되지 않겠다고 선언할 수 있다.

(2) 본 협약 제Ⅱ편 또는 제Ⅲ편과 관련하여 전항의 규정에 따라 선언하는 체약국은 그 선언이 적용되는 각 편에 의하여 규율되는 사항과 관련해서는 본 협약 제1조 제(1)항에서 규정하는 체약국으로 보지 아니한다.

주의사항 1964년에 국제물품매매계약의 성립과 당사자의 의무에 관한 두 개의 별도의 협약(ULF 및 ULIS)이 채택되었다. 이러한 모형에 따라 UNCITRAL 실무위원회는 두 개의 독립된 협약초안을 준비했다. 그러나 1978년에 전체위원회에서 두 개의 초안을 단일한 협약초안으로 병합했으며, 이 때, 체약국은 제2편(계약의 성립)이나 또는 제3편(계약당사자의 의무)에 구속받지 않겠다고 선언할 수 있도록 규정했다(제92조).

주로 스칸디나비아제국이 이 선택권에 대한 관심을 보였다. 이들 국가는 계약의 성립에 관한 그들 간의 통일법에 만족하고 있었기 때문이다. 실제로, 덴마크와 핀랜드, 노르웨이 및 스웨덴은 모두 협약에 가입하면서 제92조에 따라 (제2편의 유보를) 선언했으며 그리하여 계약의 성립에 관한 제2편에 구속받지 않게 되었다.

Article 93. (1) If a Contracting State has two or more territorial units in which, according to its constitution, different systems of law are applicable in relation to the matters dealt with in this Convention, it may, at the time of signature, ratification, acceptance, approval or accession, declare that this Convention is to extend to all its territorial units or only to one or more of them, and may amend its declaration by submitting another declaration at any time.

(2) These declarations are to be notified to the depositary and are to state expressly the territorial units to which the Convention extends.

(3) If, by virtue of a declaration under this article, this Convention extends to one or more but not all of the territorial units of a Contracting State, and if the place of business of a party is located in that State, this place of business, for the purposes of this Convention, is considered not to be in a Contracting State, unless it is in a territorial unit to which the Convention extends.

(4) If a Contracting State makes no declaration under paragraph (1) of this article, the Convention is to extend to all territorial units of that State.

제93조 (연방국가의 비준) (1) 체약국이, 그 헌법에 따라, 본 협약에서 다루어지는 사항과 관련하여 상이한 법제가 적용되는 둘 이상의 영역단위를 가지고 있는 경우에는, 체약국은, 서명, 비준, 수락, 승인 또는 가입 시에, 본 협약은 모든 영역단위 또는 단지 하나 또는 그 이상의 영역단위에만 적용된다고 선언할 수 있으며, 또한 언제든지 다른 선언을 제출함으로써 그 선언을 변경할 수 있다.

(2) 전항의 선언은 수탁기관에 통고되어야 하며, 또한 본 협약이 적용되는 영역단위를 명시적으로 명기하여야 한다.

(3) 본조에 따른 선언에 의하여, 본 협약이 체약국의 하나 또는 그 이상의 영역단위에 적용되지만 모든 영역단위에는 적용되지 아니하고, 또한 계약당사자 어느 일방의 영업소가 그 체약국에 있는 때에는, 그 영업소가 본 협약이 적용되는 영역단위에 있지 아니하는 한, 그 영업소는, 본 협약의 적용에 있어, 체약국에 있지 아니한 것으로 본다.

(4) 체약국이 본조 제(1)항에 따른 선언을 하지 아니하는 경우에는, 본 협약은 그 체약국의 모든 영역단위에 적용된다.

Article 94. (1) Two or more Contracting States which have the same or closely related legal rules on matters governed by this Convention may at any time declare that the Convention is not to apply to contracts of sale or to their formation where the parties have their places of business in those States. Such declarations may be made jointly or by reciprocal unilateral declarations.

(2) A Contracting State which has the same or closely related legal rules on matters governed by this Convention as one or more non-Contracting States may at any time declare that the Convention is not to apply to contracts of sale or to their formation where the parties have their places of business in those States.

(3) If a State which is the object of a declaration under the preceding paragraph subsequently becomes a Contracting State, the declaration made will, as from the date on which the Convention enters into force in respect of the new Contracting State, have the effect of a declaration made under paragraph (1), provided that the new Contracting State joins in such declaration or makes a reciprocal unilateral declaration.

제94조 (상호유사한 법을 가진 복수국가의 비준) (1) 본 협약에 의하여 규율되는 사항에 대하여 동일한 또는 밀접하게 관련된 법규를 가지고 있는 둘 또는 그 이상의 체약국들은 언제든지 계약당사자쌍방이 이들 체약국에 영업소를 가지고 있는 경우에는 매매계약 또는 그 성립에 본 협약이 적용되지 아니한다고 선언할 수 있다. 이러한 선언은 체약국이 공동으로 또는 상호적인 일방선언에 의하여 행하여질 수 있다.

(2) 본 협약에 의하여 규율되는 사항에 대하여 하나 또는 그 이상의 비체약국과 동일한 또는 밀접하게 관련된 법규를 가지고 있는 체약국은 언제든지 계약당사자쌍방이 이들 국가에 영업소를 가지고 있는 경우에는 매매계약 또는 그 성립에 이 협약을 적용되지 아니한다고 선언할 수 있다.

(3) 전항에 따른 선언의 대상이 된 국가가 차후에 체약국이 되는 경우에는, 이미 행하여진 그 선언은, 신체약국에 대하여 본 협약이 발효한 날로부터, 제(1)항에 따른 선언으로서의 효력을 가진다. 다만 신체약국이 그러한 선언에 참가하거나 또는 상호적인 일방선언을 행하는 경우에 한한다.

주의사항 북유럽국가들은 물품의 매매나 기타의 많은 법률문제와 관련하여 동일한 또는 유사한 법률을 개발함에 있어 오래되고 성공적인 협력의 역사를 가지고 있다. 제94조는 이러한 국가들로 하여금 본 협약이 이들 국가에 영업소를 가지고 있는 당사자들 간의 계약에는 적용되지 않는다고 선언할 수 있도록 허용한다. 덴마크와 핀란드, 노르웨이 및 스웨덴은, 본 협약을 비준하면서, 제94조가 수권하는 선언을 했다.

Article 95. Any State may declare at the time of the deposit of its instrument of ratification, acceptance, approval or accession that it will not be bound by subparagraph (1) (b) of article 1 of this Convention.

제95조 (제1조 (1)항 (b)호의 배제) 어느 국가든지 비준서나 수락서, 승인서 또는 가입서의 기탁 시에 본 협약 제1조 (1)항 (b)호에 구속되지 아니하겠다고 선언할 수 있다.

주의사항 제95조는 어느 국가든지 자국은 … 본 협약 제1조 (1)항 (b)호에 구속되지 아니 하겠다고 선언할 수 있도록 허용한다. 제1조 (1)항은 본 협약의 적용가능성에 대하여 두 가지의 중첩적 근거(cumulative ground)를 제공하고 있다. 즉, 제(1)항 (a)호 - 당사자들의 영업소가 상이한 체약국에 있는 경우 - 와 (b)호 - 국제사법의 규칙에 따라 어느 체약국의 법률을 적용하게 되는 경우 - 가 그것이다. 1990년 현재, 중국과 미국이 적용가능성에 대한 두 번째 근거 즉, 제(1)항 (b)호의 적용을 배제하는 선언을 했다.

Article 96. A Contracting State whose legislation requires contracts of sale to be concluded in or evidenced by writing may at any time make a declaration in accordance with article 12 that any provision of article 11, article 29, or Part Ⅱ of this Convention, that allows a contract of sale or its modification or termination by agreement or any offer, acceptance, or other indication of intention to be made in any form other than in writing, does not apply where any party has his place of business in that State.

제96조 (국내법상의 형식요건의 고수) 국내법상 매매계약이 서면으로 체결 또는 입증되도록 요구하고 있는 체약국은 언제든지 제12조의 규정에 따라, 매매계약이나 합의에 의한 매매계약의 변경 또는 종료 또는 청약, 승낙 또는 기타의 의사표시가 서면 이외의 어떠한 방식으로 행하여질 수 있도록 허용하는 본 협약 제11조, 제29조 또는 제Ⅱ편의 어떠한 규정이 계약당사자가 그 체약국에 영업소를 가지고 있는 경우에는 적용되지 아니한다고 선언할 수 있다.

주의사항 제96조는 제11조를 배제하는 선언을 허용하고 있다. 제11조는 소위 사기방지법(Statues of Frauds)이라 불리는 국내법상의 형식요건을 부정하는 조항이다. 1990년 현재, 제96조에 따른 선언을 한 국가는 아르헨티나, 중국, 헝가리, 우크라이나 등이다.

Article 97. (1) Declarations made under this Convention at the time of signature are subject to confirmation upon ratification, acceptance or approval.

(2) Declarations and confirmations of declarations are to be in writing and be formally notified to the depositary.

(3) A declaration takes effect simultaneously with the entry into force of this Convention in respect of the State concerned. However, a declaration of which the depositary receives formal notification after such entry into force takes effect on the first day of the month following the expiration of six month after the date of its receipt by the depositary. Reciprocal unilateral declarations under article 94 take effect on the first day of the month following the expiration of six months after the receipt of the latest declaration by the depositary.

(4) Any State which makes a declaration under this Convention may withdraw it at any time by a formal notification in writing addressed to the depositary. Such withdrawal is to take effect on the first day of the month following the expiration of six months after the date of the receipt of the notification by the depositary.

(5) A withdrawal of a declaration made under article 94 renders inoperative, as from the date on which the withdrawal takes effect, any reciprocal declaration made by another State under that article.

제97조 (유보선언의 절차 및 유효일) (1) 본 협약에 따라 서명 시에 행하여진 선언은 비준, 수락 또는 승인과 동시에 확인되어야 한다.

(2) 선언 및 선언의 확인은 이를 서면으로 행하여야 하며, 또한 정식으로 수탁기관에 통고되어야 한다.

(3) 선언은 해당국가에 대하여 본 협약이 효력을 발생학과 동시에 그 효력을 발생한다. 그러나 본 협약이 해당국가에 대하여 효력을 발생한 이후에 수탁기관이 어떤 선언에 관한 정식통고를 수령하는 경우에는, 그 선언은 수탁기관이 이를 수령한 날로부터 6개월이 경과한 달의 바로 다음 달의 초일에 그 효력을 발생한다. 제94조에 따른 상호적인 일방선언은 수탁기관이 최후의 선언을 수령한 날로부터 6개월을 경과한 달의 바로 다음 달의 초일에 그 효력을 발생한다.

(4) 본 협약에 따라 어떤 선언을 행한 국가는 언제든지 수탁기관을 수신인으로 하는 서면에 의한 정식통고에 의하여 그 선언을 철회할 수 있다. 이러한 철회는 수탁기관이 통고를 수령한 날로부터 6개월을 경과한 달의 바로 다음 달의 초일에 그 효력을 발생한다.

(5) 제94조에 따라 행하여진 선언의 철회는 그 철회가 효력을 발생하는 날로부터 동조에 따라 다른 국가의 행한 상호선언의 효력을 상실케 한다.

Article 98. No reservations are permitted except those expressly authorized in this Convention.

제98조 (유보의 금지) 본 협약에서 명시적으로 인정된 경우를 제외하고는 어떠한 유보도 허용되지 아니한다.

Article 99. (1) This Convention enters into force, subject to the provisions of paragraph (6) of this article, on the first day of the month following the expiration of twelve months after the date of deposit of the tenth instrument of ratification, acceptance, approval or accession, including an instrument which contains a declaration made under article 92.

(2) When a State ratifies, accepts, approves or accedes to this Convention after the deposit of the tenth instrument of ratification, acceptance, approval or accession, this Convention, with the exception of the Part excluded, enters into force in respect of that State, subject to the provisions of paragraph (6) of this article, on the first day of the month following expiration of twelve months after the date of the deposit of its instrument of ratification, acceptance, approval or accession.

(3) A State which ratifies, accepts, approves or accedes to this Convention

and is a party to either or both the Convention relating to a Uniform Law on the Formation of Contracts for the International Sale of Goods done at The Hague on 1 July 1964 (1964 Hague Formation Convention) and the Convention of relating to a Uniform Law on the International sale of Goods done at The Hague on 1 July 1964 (1964 Hague Sales Convention) shall at the same time denounce, as the case may be, either or both the 1964 Hague Sales Convention and the 1964 Hague Formation Convention by notifying the Government of the Netherlands to that effect.

(4) A State party to the 1964 Hague Sales Convention which ratifies, accepts, approves or accedes to the present Convention and declares or has declared under article 92 that it will not be bound by Part Ⅱ of this Convention shall at the time of ratification, acceptance, approval or accession denounce the 1964 Hague Sales Convention by notifying the Government of the Netherlands to that effect.

(5) A State party to the 1964 Hague Formation Convention which ratifies, accepts, approves or accedes to the present Convention and declares or has declared under article 92 that it will not be bound by Part Ⅲ of this Convention shall at the time of ratification, acceptance, approval or accession denounce the 1964 Hague Formation Convention by notifying the Government of the Netherlands to that effect.

(6) For the purpose of this article, ratifications, acceptances, approvals and accessions in respect of this Convention by States parties to the 1964 Hague Formation Convention or to the 1964 Hague Sales Conventions shall not be effective until such denunciations as may be required on the part those States in respect of the latter two Conventions have themselves become effective. The depositary of this Convention shall consult with the Government of the Netherlands, as the depositary of the 1964 Conventions, so as to ensure necessary co-ordination in this respect.

제99조 (협약의 발효와 경과규정) (1) 본 협약은, 본조 제6항 소정의 제한 아래서, 제92조하에서 행해진 선언을 담은 문서를 포함하여 제10번째의 비준서, 수락서, 승인서 또는 가입서가 기탁된 날로부터 12개월이 경과한 달의 바로 다음 달의 초일에 그 효력을 발생한다.

(2) 어느 국가가 제10번째의 비준서, 수락서, 승인서 또는 가입서가 기탁된 이후에 본 협약을 비준, 수락, 승인 또는 가입하는 경우에는, 본 협약은, 그 적용이 배제되는 편을 제외하고는, 본조 제6항 소정의 제한 아래서, 그 국가의 비준서, 수락서, 승인서 또는 가입서가 기탁된 날로부터 12개월이 경과한 달의 바로 다음 달의 초일에 그 국가에 대하여 그 효력을 발생한다.

(3) 본 협약을 비준, 수락, 승인 또는 가입하는 국가가 1964년 7월 1일에 헤이그에서 제정된 국제물품매매계약의 성립에 관한 통일법에 관련한 협약(1964년 헤이그 성립협약)과 1964년 7월 1일에 헤이그에서 제정된 국제물품매매에 관한 통일법에 관련한 협약(1964년 헤이그 매매협약)중의 어느 하나 또는 량자 모두의 당사국인 경우에는, 그 국가는 비준, 수락, 승인 또는 가입과 동시에 네덜란드 정부에 폐기의 취지를 통고함으로써, 경우에 따라서, 1964년 헤이그 매매협약과 1964년 헤이그 성립협약중의 어느 하나 또는 량자 모두를 폐기하여야 한다.

(4) 1964년 헤이그 매매협약의 당사국으로서 본 협약을 비준, 수락, 승인 또는 가입하는 국가가 제92조에 따라 본 협약의 제Ⅱ편에 구속되지 아니하겠다고 선언하거나 또는 이미 선언한 경우에는, 그 국가는 본 협약의 비준, 수락, 승인 또는 가입 시에 네덜란드 정부에 그 폐기의 취지를 통고함으로써 1964년 헤이그 매매협약을 폐기하여야 한다.

(5) 1964년 헤이그 성립협약의 당사국으로서 본 협약을 비준, 수락, 승인 또는 가입하는 국가가 제92조에 따라 본 협약의 제Ⅲ편에 구속되지 아니하겠다고 선언하거나 또는 이미 선언한 경우에는, 그 국가는 본 협약의 비준, 수락, 승인 또는 가입 시에 네덜란드 정부에 그 폐기의 취지를 통고함으로써 1964년 헤이그 성립협약을 폐기하여야 한다.

(6) 본조의 적용에 있어, 1964년 헤이그 성립협약 또는 1964년 헤이그 매매

협약의 당사국에 의한 본 협약의 비준, 수락, 승인 또는 가입은 이 두 협약과 관련하여 그 당사국 측에 요구되는 바의 그러한 폐기가 스스로 효력을 발생하기 까지는 그 효력을 발생하지 아니한다. 본 협약의 수탁기관은, 이러한 점에서 필요한 협력을 확보하기 위하여, 1964년 협약들의 수탁기관인 네덜란드 정부와 협의하여야 한다.

Article 100. (1) This Convention applies to the formation of a contract only when the proposal for concluding the contract is made on or after the date when the Convention enters into force in respect of the Contracting States referred to in subparagraph (1) (a) or the Contracting State referred to in subparagraph (1) (b) of article 1.

(2) This Convention applies only to contracts concluded on or after the date when the Convention enters into force in respect of the Contracting States referred to in subparagraph (1) (a) or the Contracting State referred to in subparagraph (1) (b) of article 1.

제100조 제100조 (청약 및 계약에 대한 발효일) (1) 계약체결을 위한 제의가 본 협약이 제1조 (1)항 (a)호 소정의 체약국이나 또는 동조 (1)항 (b)호 소정의 체약국에 대하여 효력을 발생한 날 또는 그 이후에 행하여진 경우에만 본 협약은 계약의 성립에 적용된다.

(2) 본 협약이 제1조 (1)항 (a)호 소정의 체약국이나 또는 동조 (1)항 (b)호 소정의 체약국에 대하여 효력을 발생한 날 또는 그 이후에 체결되는 계약에 대해서만 본 협약이 적용된다.

Article 101. (1) A Contracting State may denounce this Convention, or Part II or Part III of the Convention, by a formal notification in writing addressed to the depositary.

(2) The denunciation takes effect on the first day of the month following the expiration of twelve months after the notification is received by the depositary. Where a longer period for the denunciation to take effect is specified in notification, the denunciation takes effect upon the expiration of such longer period after the notification is received by the depositary.

제101조 (협약의 폐기) (1) 체약국은 수탁기관을 수신인으로 하는 서면에 의한 정식통고에 의하여 본 협약 또는 본 협약 제Ⅱ편 또는 제Ⅲ편을 폐기할 수 있다.

(2) 폐기는 수탁기관이 그 통고를 수령한 날로부터 12개월이 경과한 달의 바로 다음 달의 초일에 그 효력을 발생한다. 그 통고에서 폐기가 효력을 발생하는 보다 장기의 기간이 명시되어 있는 경우에는, 폐기는 수탁기관이 그 통고를 수령한 날로부터 이러한 보다 장기의 기간이 경과한 때에 그 효력을 발생한다.

DONE at Vienna, this day of eleventh day of April one thousand nine hundred and eighty, in a single original, of which the Arabic, Chinese, English, French, Russian and Spanish texts are equally authentic.

IN WITNESS WHEREOF the undersigned plenipotentiaries, being duly authorized by their respective Governments, have signed this Convention.

본 협약은, 금일 1980년 4월 11일에, 비엔나에서, 1부의 정본으로 작성되었으며, 이 중에서 아랍어본, 중국어본, 영어본, 불어본, 러시아어본 및 스페인어본은 동등하게 진정하다.

그 증거로서 아래의 전권대표들은 각각의 정부로부터 정당하게 위임을 받아 본 협약에 서명하였다.

제3장 정형거래조건 해석에 관한 국제규칙

제1절 INCOTERMS의 개요

Ⅰ INCOTERMS의 의의

무역거래에서 흔히 쓰여지는 정형거래조건(trade terms)은 국가에 따라 각기 다른 상관행(trading practice)으로 인하여 그에 대한 해석이 서로 다르다.

"정형거래조건"(trade terms)이라 함은 물품이 매도인으로부터 매수인에게 이르기까지 운송과 수출입수속 등 모든 비용과 위험부담의 당사자를 구분해 주는 국제매매계약의 주요소를 말한다.[1] 그런데 국가나 지역의 상관습과 법체계가 달라 발생하는 정형거래조건에 대한 해석상의 불명확성은 흔히 매매당사자간의 법률관계의 인식에 있어서 오해와 분쟁 및 쟁송을 야기시킬 수 있으므로, 그러한 사례의 발생을 미연에 방지하거나 최소화하기 위하여 국제상업회의소(ICC, International Chamber of Commerce)에 의하여「INCOTERMS」가 제정된 것이다.

「INCOTERMS」는 International Rules for the Interpretation of Trade Terms의 약어로서 무역거래에서 가장 보편적으로 채용되고 있는 여러 가지의 정형거래조건의 해석 즉, 매도인(seller)과 매수인(buyer)간의 권리와 의무의 내용을 국제적으로 통일시킨 국제매매법규 가운데 가장 일반적이고 중요하다 할 것이다.

1) Jan Ramberg, *ICC Guide to Incoterms® 2010*, Publication No. 720E, 2011, p.16.

당사자들이 사용하는 무역거래조건은 국가나 지역에 따라 상관습과 법체계가 달라 그 해석을 둘러싸고 오해와 분쟁이 소지가 발생하는데 착안하여 ICC는 1920년대부터 무역거래조건의 해석에 관한 국제규칙을 제정하는 사업을 추진하였으며, 그 결과 1936년에 "Incoterms"(= International Commercial Terms)라는 국제규칙이 탄생하게 된다. ICC는 2010년부터 이를 상표로 등록하여 "Incoterms® 2010"으로 표기하고 있다.[2)]

현행 Incoterms® 2010 (Pub. No. 715E)은 2010년 9월 10일 ICC 상사법무위원회에 의하여 공포되어 2011년 1월 1일부터 전세계적으로 시행하고 있다.

Ⅱ 국제물품매매계약과 정형거래조건과의 관계

INCOTERMS와 CISG는 국제물품매매에 있어 당사자 간의 권리 또는 의무를 다루고 있다는 점에서 공통적인 역할을 수행하지만, 과연 계약이 성립했는지, 당사자의 권리와 의무의 내용 즉, 가격조건, 인도조건, 품질조건, 선적조건 및 보험조건 등은 과연 어떠한지, 상대방에 의한 의무위반이 있는 경우에 당사자는 과연 어떠한 권리를 행사할 수 있는지 등은 INCOTERMS와 CISG을 모두 고려한 후에야 비로소 알 수 있으며 따라서 INCOTERMS와 CISG은 상호보완적인 관계에 있다고 보아야 한다.

1. 계약내용을 확정함에 있어 INCOTERMS는 CISG에 우선한다.

CISG는 강행법규가 아닌 임의법규이다. 따라서 법률조항과는 다른 당사자의 의사가 있다면 당사자의 의사에 우선적인 효력을 부여한다(제6조). 나아가 CISG은 계약의 내용을 확정함에 있어 관습과 거래관행의 효력을 인정한다(제9조).

INCOTERMS는 원칙적으로 법률이 아니며 관습에 불과하다. 물론 INCOTERMS에는 아직 관습에 이르렀다고 인정되지 않는 급진적인 혹은 진보

2) ICC, *Incoterms® 2010*, Publication No. 715E, 2010, p.125.

적인 내용이 있기 때문에 INCOTERMS를 관습으로 인정하지 않는 견해도 있다. 그러나 INCOTERMS는 계약당사자가 INCOTERMS를 적용한다는 의사가 있는 경우에 적용되는 것이 원칙이고 따라서 INCOTERMS는 최소한 당사자의 의사를 근거로 적용되며, 이때 CISG의 각 조항보다도 우선한다(제6조). 또한 INCOTERMS는 관습으로 인정하더라도 이는 CISG보다도 우선한다.(제9조)

2. 인도조건

INCOTERMS는 매도인과 매수인의 의무를 각각 10개항으로 나누어 분류하고 있다. 그 중에서도 핵심은 물품의 인도를 상세히 규정하여 이(물품의 인도)를 기준으로 위험의 이전과 비용의 분담을 결정한다는 점이다.

물론 CISG에서도 물품인도방법 즉, 물품인도장소(제31조) 및 물품인도시기(제33조)와 위험의 이전(제66조-70조)에 관한 규정을 두고 있지만, 그 내용의 구체성이라는 측면에서 INCOTERMS보다 상세하지 못하다. 따라서 INCOTERMS는 당사자의 계약의 일부 또는 관습으로서 CISG보다 우선하며 계약의 내용을 확정한다.

3. 가격

INCOTERMS상의 정형거래조건은 인도조건이며 동시에 가격조건으로서의 기능을 수행한다. 가격조건으로서의 INCOTERMS는 매도인과 매수인이 각각 어떠한 비용을 담당해야 하는지를 규정하고 있는바, CISG보다 매우 상세하며 정교하다. 반면에 INCOTERMS는 계약의 내용이라는 측면에서는 CISG보다 상세하지 못한 부분이 있다.

예를 들어, INCOTERMS에는 매도인이 계약에 일치한 물품을 인도해야할 의무와 매수인이 대금을 지급할 의무를 규정하고 있지만 이는 일반적으로 규정하고 있을 뿐 어떠한 물품이 계약에 일치하는지, 즉 물품의 계약일치성을 판단하기 위한 기준을 마련하지 않고 있고, 또한 매수인은 언제 어디서 대금을 지급해야 하는지를 구체적으로 정하고 있지 않다. 그러나 CISG에서는 물품의 계약일치성(제35조), 대금지급장소(제57조) 및 대금지급시기(제58조)에서 이를 상세하게 규정하고 있다.

또한 INCOTERMS는 위험의 이전시점을 물품의 인도와 연계시켜 구체적으로 규정하고 있지만 위험이전의 효과에 대해서는 규정하고 있지 않은 바, CISG에서는 위험이전의 효과를 규정하고 있다(제66조). 따라서 위험이전의 시점과 그 효과를 제대로 이해하기 위해서는 INCOTERMS와 CISG을 동시에 살펴보아야 한다.

4. 보험계약 및 운송계약

INCOTERMS는 보험계약이나 운송계약을 체결할 의무가 누구에게 있는지를 밝히고 있지만 CISG에는 이러한 규정이 없다.

5. 계약의 성립

CISG은 국제적인 통일매매법으로서 매매계약의 성립문제 즉, 청약이 무엇인지, 승낙이 무엇인지, 청약이나 승낙을 과연 취소 또는 철회할 수 있는지, 청약과 승낙은 언제 효력을 발생하는지, 계약의 성립시점은 언제인지 등을 상세하게 다루고 있다. 그러나 INCOTERMS는 당사자의 의무를 구체적으로 규정하고 있지만, 계약의 성립에 대해서는 아무런 규정이 없다.

6. 계약위반에 대한 구제

INCOTERMS의 최대단점은 비록 매도인과 매수인의 의무를 규정하고 있지만 당사자가 의무를 위반했을 때 상대방은 어떻게 할 수 있는지를 전혀 규정하고 있지 않다는 점이다. 그러나 CISG에서는 당사자의 구제권을 상세하게 규정하고 있다. 즉, 매수인은 의무이행청구권, 대금감액청구권, 대체품인도청구권, 계약해제권 및 손해배상청구권 등을 행사할 수 있으며, 매도인은 의무이행청구권, 계약해제권 및 손해배상청구권 등을 행사할 수 있다. 또한 손해배상을 청구함으로써 과연 얼마를 청구할 수 있는지 즉, 손해액의 산정문제와 계약을 해제하면 그 효과는 무엇인가? 의 문제에 대해서도 CISG은 규정하고 있다.

Ⅲ INCOTERMS의 목적과 적용범위

1. INCOTERMS의 목적

무역거래는 법률, 제도 및 관습이 서로 다른 국가의 당사자들에 의해 행하여짐으로 항상 매매계약조건의 해석을 둘러싼 분쟁의 가능성을 내포하고 있다. 즉 무역거래에 있어서 계약당사자들은 흔히 거래상대방국가의 법률과 관습을 잘 모르기 때문에 동일한 정형거래조건을 사용하면서 서로 다른 해석을 한다면 이로 인하여 당사자들 간에는 각종의 오해와 분쟁이 야기될 수 있으며 나아가 법원에 소송(litigation)을 제기하는 일도 발생할 수 있다.

따라서 국제무역의 거래조건과 상관습을 통일시켜 무역거래당사자들 사이에 발생할 수 있는 무역분쟁을 예방하고 특정거래조건에 대한 서로 다른 해석으로 인한 불확실성을 제거 내지 최소화시켜 무역확대를 도모해야 할 필요성이 있다.

인코텀즈는 계약당사자들에게 다같이 공통적으로 적용할 수 있도록 중립적이고 합리적인 국제규칙을 제공함으로써, 각국에서 일반적으로 사용하고 있는 무역거래조건에 대한 상이한 해석으로 인한 오해와 마찰, 기타 예견하지 못한 위험요인을 제거 또는 경감하여 궁극적으로는 시간과 금전상의 낭비를 방지해 나가는데 목적을 두고 있다(Incoterms® 2010 전문).

2. INCOTERMS의 적용범위

INCOTERMS는 컴퓨터 소프트웨어와 같은 무형재를 제외하고 유체동산의 인도와 관련한 당사자들의 권리와 의무에 관련된 사안에 한하여 적용된다. INCOTERMS는 물품의 매매계약에 따른 매도인과 매수인간의 관계만을 규정하고 있으며 기타 매매계약에 부수되는 운송, 보험 및 금융계약 등에 대하여는 간접적 불가분의 관계를 갖는 것일 뿐 직접 적용되지는 아니한다. 또, INCOTERMS는 매도인이 물품을 매수인의 임의처분 하에 적치(placing the goods), 교부(handing over the goods) 또는 인도할 의무와 이에 따른 계약당사자들 간의 위험과 비용분담에 관하여 다루고 있으며 나아가 물품의 수출입통관, 포장, 인도의 증거제공, 매도인의 점검, 통지, 매수인의 선적 전 검사, 인도의 수령(taking/accepting delivery) 등의 의무에 관하여 다루고 있다.

즉, 인코텀즈는 당사자 간 물품의 인도시기와 위험 · 비용부담, 수출입수속 등의 의무에 관하여만 규율하고 있으며, 대금의 지급방법, 소유권 이전, 계약위반의 결과 등에 관하여는 전혀 다루지 아니한다. 이러한 문제들은 계약의 명시조건이나 준거법의 선택으로 해결하여야 한다(Incoterms® 2010 서문 제4호).

INCOTERMS는 매매계약에 따른 소유권의 이전, 계약의 위반과 권리구제 또는 의무면제 등에 대하여는 전혀 다루지 아니한다. 즉, INCOTERMS는 어떤 표준거래조건을 삽입함으로써 어느 완전한 매매계약에서 요구되는 계약조건을 모두 대체하고자 의도된 것은 아니다. 이런 문제들은 매매계약서상의 규정과 준거법에 의하여 해결되어야 한다. 따라서 무역계약서를 작성할 때는 당해 거래에서 어느 법률을 적용할 것인가에 관한 준거법(governing law)조항을 명시적으로 합의해두는 것이 중요하다.

인코텀즈는 민간기구(ICC)에 의하여 마련된 무역거래조건에 관한 국제적인 해석규칙이므로, 그 자체가 국제통일법이나 조약과 같은 강행력을 갖지 못한다. 이는 오직 당사자들의 상호 합의가 있을 때에만 적용할 수 있다.

INCOTERMS는 정형거래조건의 표준해석을 위한 국제규칙으로서 그 자체가 국제적인 통일법이나 조약과 같은 수준의 강행력을 갖지 못하고 어디까지나 여러 정형거래조건에 대한 범세계적인 통일된 표준해석기준에 불과한 것이다. 따라서 INCOTERMS는 각 국가에서 공식적으로 채택하거나 각국의 법률에 의해서 확보된 강행법규가 아니라 오직 매매계약당사자들의 상호합의에 의하여 임의적으로 적용될 뿐이다.

따라서 계약당사자들이 특정의 정형거래조건을 사용하여 계약을 체결할 경우라도 그것의 해석기준으로 'INCOTERMS'에 의하여 적용을 받는다는 사실을 명기하지 않는다면 이에 대한 각국의 상이한 해석으로 인하여 예기치 못한 금전과 시간상의 손해를 입을 수 있다는 점에 유의하여야 할 것이다.

따라서 계약당사자들은 무역거래조건으로 계약을 체결할 때 인코텀즈를 적용하고자 원하는 경우에는, 반드시 이 계약이 Incoterms® 2010에 의하여 적용을 받는다는 취지를 명확히 기재하여야 한다(서문 제1호).[3)]

Ⅳ INCOTERMS의 제정과 개정

1. INCOTERMS의 연혁

1) Trade Terms Definition과 INCOTERMS 1936

근대무역이 시작된 이래 20 세기에 들어 세계무역거래의 관계당사자들 사이에서 각국의 법률, 언어, 관습 등의 차이로 인하여 야기되는 무역분쟁을 극소화하고 상관습을 국제적으로 통일하여 세계무역을 확대·발전시켜 나가고자 하는 운동이 활발하게 전개되었다.

마침내 1920년에는 세계 35개국에서 참여한 상공인들의 모임인 국제상업회의소(ICC)가 프랑스파리에서 창설되었으며, 특히 여기서는 세계 각국에서 통용되고 있는 정형거래조건의 해석이나 적용이 서로 달라 무역업자들 사이에 오해나 분쟁이 빈발하고 결국 소송으로까지 번져 무역거래에 혼란과 지장을 초래하는 사례가 많다는 점에 대한 공감대가 형성되어 있었다.

따라서 ICC의 첫 사업은 정형거래조건에 대한 각국의 서로 다른 해석이나 적용에서 야기되는 오해나 분쟁을 예방하고 국제무역을 확대·발전시켜 나가기 위하여 정형거래조건에 대한 해석규칙과 상업신용장의 거래규칙 등을 국제적으로 통일화시키는데 목표를 두었다. 특히 INCOTERMS의 제정사업은 다음과 같은 단계를 거쳐 진행되었다.

첫째, ICC는 창설 원년부터 본부 내에 "정형거래조건위원회"(Trade Terms Committee)를 설치하고 각 국내위원회로 하여금 자국에서 통용되고 있는 정형

3) Trade Terms : Unless otherwise stated, the trade terms under this contract shall be governed and interpreted by the Incoterms® 2010.

거래조건에 관한 실태조사를 요청하고, 이를 1921년 제1회 런던 총회에 보고하도록 한 바 있다.

ICC 정형거래조건위원회는 이때 보고된 12개국의 조사보고서를 바탕으로 1923년에 "정형거래조건정의"(Trade Terms Definition)의 초판을 발간하였으며, 여기에는 ① FOR/FOT, ② FOB, ③ CIF, ④ Free Delivered 등의 네 가지 정형거래조건을 각각 정의하고 계약당사자의 권리와 의무에 관한 국가별 비교대조표가 수록되었다.

둘째, ICC 정형거래조건위원회는 1929년에 다시 20개국의 국내위원회로부터 보고서를 받아 위 네 가지의 정형거래조건에 ⑤ FAS, ⑥ C&F를 추가하여 여섯 가지의 "정형거래조건"(Trade Terms) 제2판을 발간하였다.

셋째, ICC 정형거래조건위원회는 위의 자료들을 바탕으로 1936년 1월에 "정형거래조건의 해석에 관한 국제규칙"(International Rules for the Interpretation of Trade Terms)의 원안을 기초하여, 미국을 비롯한 25개국의 위원들에 의하여 이 위원회의 제정초안으로 채택하였다. 이 초안은 1936년 6월에 ICC 집행위원회를 통과하고 "INCOTERMS 1936"이라는 명칭으로 공표되었다. "INCOTERMS 1936"은 ① 공장도조건(Ex Works), ② 철도도조건(F.O.R. or F.O.T.), ③ [지정선적항]반입도조건(Free), ④ 선측도조건(F.A.S.), ⑤ 본선도조건(F.O.B.), ⑥ 운임포함조건(C. & F.), ⑦ 운임・보험료포함조건(C.I.F.), ⑧ 운송비지급필조건(Freight or Carriage Paid to), ⑨ 착선도조건(Ex Ship), ⑩ [지정항]부두도조건(Ex Quay), ⑪ [지정목적지]반입도조건(Free 또는 Free Delivered)의 11가지의 정형거래조건에 대한 정의와 계약당사자의 의무를 조항별로 규정하였다.

2) INCOTERMS 1953과 Montreal Rules 1967 및 Supplement 1976

제2차 세계 대전 후 국제정세의 변화에 따라 INCOTERMS의 개정이 불가피하게 되었다. 따라서 ICC 정형거래조건위원회는 영국 국내위원회에서 작성한 INCOTERMS 개정초안을 기초로 하고 기타 각 국내위원회의 의견을 수렴하여 1953년에 최종개정안을 확정하고, 이어 ICC 집행위원회의 승인과 동년 제14차 비엔나총회를 거쳐 10월에 이를 "INCOTERMS 1953"으로 공표하였다.

종전의 INCOTERMS에는 11가지의 정형거래조건이 규정되어 있었으나, 이들 거래조건 중에 ① Free … named port of shipment(지정선적항 반입인도)와 ② Free or Free Delivered … named point of destination(지정목적지점 반입인도) 등의 두 조건은 서로 비슷하여 혼동하기 쉽고, 계약당사자의 의무에 대한 각국의 해석이 너무 상이하여 통일된 기준을 설정하기 어려우며, 실제로 무역거래에 거의 이용되지 아니한다는 이유로 이를 삭제하였다. 따라서 개정된 "INCOTERMS 1953"은 모두 9가지의 정형거래조건만을 규정하였다.

1953년 개정 INCOTERMS가 공표된 후에도 유럽에서는 동서진영간의 냉전이 격화됨에 따라 매수인이 수출국내에서 물품의 인도를 수령하거나 매도인이 수입국내의 목적지점까지 물품을 반입인도하는 것이 어렵게 되자 인접국가의 국경에서 약정품을 인도하는 계약방법이 성행하게 되었다. 이것이 바로 "Delivered at Frontier"(국경인도) 조건이다.

또 제2차 세계 대전 후 국제경제의 부흥기가 끝나고 성장기로 넘어갈 무렵부터 유럽에서는 콘테이너나 팔레트에 의하여 단위화된 화물운송이 시작됨으로써, 매도인이 수입통관을 필하고 수입국내의 지정목적지까지 물품을 반입하여 그 곳에서 매수인에게 인도하는 계약방법이 늘어나게 되었다. 이것이 바로 "Delivered Duty Paid"(관세지급필인도) 조건이다.

이에 ICC 정형거래조건위원회는 위의 두 가지 거래조건을 수용한 INCOTERMS의 개정을 검토하였다. 그러나 이들 조건은 모든 국가에서 사용되고 있는 것이 아니기 때문에 INCOTERMS를 전면적으로 개정하지는 아니하고, 다만 1967년 몬크리올에서의 ICC 제2차 총회에서 "Montreal Rules 1967"이라는 표제로 ① "Delivered at Frontier…named place of delivery at frontier"(국경지인도장소 국경인도), ② "Delivered Duty Paid …named place of destination in the country of importation"(수입국내지정목적지 관세지급필인도) 등의 두 가지 거래조건을 INCOTERMS에 추가 · 보완하였다.

그 후 1970년대에는 무역상품의 고급화와 점보제트기의 상용화로 항공화물운송이 본격적으로 진행되자 항공운송에 있어서도 FOB 계통의 정형거래조건의 사용이 점차 증가하게 되었으며, ICC 정형거래조건위원회에서는 이를 커버하기 위한 "FOB Airport … named airport of departure"(지정출발공항 공항인도) 조건을 제정하여 추보한 이른바 “Supplement 1976”을 공표하였다. 따라서 당시의 INCOTERMS상에는 모두 12가지의 정형거래조건이 수록되었다.

3) INCOTERMS 1980

1970년대 이후 국제운송에는 신속·편리하고 안전한 콘테이너를 이용한 이른바 “Door to Door”(문전에서 문전까지)의 육·해·공을 일관하는 복합운송 방식이 등장하게 되었다. 그러나 복합운송체제에는 지금까지의 전통적인 해상운송관습만으로는 해결할 수 없는 많은 문제점이 제기되었으며, 따라서 운송관련의 국제규칙과 협약들이 이를 수용할 수 있도록 대폭 개정되거나 새로 제정되었다.

ICC에서도 이러한 시대적인 변화에 맞추어 기존 INCOTERMS상에서 내륙운송에만 사용하도록 고안되었던 ① “Freight or Carriage Paid to…named point of destination”(DCP : 지정목적지점 운송비지급필인도) 조건을 콘테이너, 트레일러(trailer) 또는 페리(ferry) 등에 의한 “roll on-roll off” 방식의 복합운송에도 확대·적용할 수 있도록 수정하였다.

또 이와 동일한 목적으로 복합운송에 적합한 ② “Free Carrier…named point” (FRC : 지정지점 운송인도)와 ③ “Freight or Carriage and Insurance Paid to… named point of destination”(CIP : 지정목적지점 운송비·보험료지급필인도) 조건을 신설하여 모두 14가지의 거래조건, 즉 EXW, FRC, FOR/FOT, FOA, FAS, FOB, C&F, CIF, DCP, CIP, DAF, EXS, EXQ, DDP 등으로 구성된 “INCOTERMS 1980”을 공표하였다. 이 때부터 컴퓨터 등에 의한 전신망의 사용을 감안하여 14가지의 각 조건마다 3자로 된 전신부호를 지정하였다.

4) INCOTERMS 1990

1980년대 이후 국제적으로 운송기법이 지속적으로 발전함에 따라 INCOTERMS 상의 일부 거래조건을 통합·재조정하여야 하였으며, 또 무역거래에 있어서 EDI(electronic data interchange : 전자자료교환)방식이 새로 도입됨에 따라 이를 수용하고 이용자들의 편의를 위한 고려가 필요하였다.

이에 ICC 상관습위원회(Commercial Practice Commission)는 Hans de Vriesq 박사(네덜란드)의 주관하에 1989년 11월에 INCOTERMS 개정안을 확정하여 13가지의 정형거래조건으로 구성된 "INCOTERMS 1990"을 공표하고, 이를 1990년 7월 1일부터 지금까지 시행해 왔다. 당시 개정의 주된 이유는 다음과 같다.

첫째, 1980년대 이후 EDI의 사용증가에 부응하여 계약당사자간에 선화증권과 같은 유통성 운송서류뿐만 아니라 상업송장, 통관서류 또는 물품인도증거 등을 제공함에 있어서 EDI 통신문으로 대용할 수 있도록 이에 대한 법적효력을 종이서류와 동등하게 인정하고자 한다.

그러나 EDI 방식은 어느 국가에서나 통용되고 있는 것이 아니며, 더욱이 종이서류에 의한 거래방식이 완전히 없어진 것도 아니기 때문에, 당시 INCOTERMS에서는 전통적인 종이서류방식과 함께 새로운 EDI 방식을 추가해 둠으로써 매매계약 당사자들이 합의하여 선택할 수 있도록 하였다.

둘째, 1990년 개정의 또 다른 이유로는 콘테이너 화물, 복합운송 및 단거리 해상운송에서의 RO/RO 운송방식 등으로 운송기법이 변화 · 발전한 데 부응하고자 하였다. 특히 기존의 FRC(운송인인도) 조건은 복합운송 뿐만 아니라 기타 모든 단일운송방식에도 적합하도록 개정하였다.

즉, 해상운송의 콘테이너 화물이나 RO/RO 운송방식에서 현실적으로 "ship's rail"의 통과는 의미가 없다는 점을 감안하여 지정장소에서 운송인(carrier)에게 물품을 인도하도록 1980년 INCOTERMS 개정 때부터 새로 추가된 FRC 조건에 기존의 FOR/FOT와 FOA조건을 흡수 · 통합하여 "Free Carrier … named place"(FCA : 지정장소 운송인인도)로 개칭하였다.

결과적으로 1990년 INCOTERMS상의 주요 개정내용은 다음과 같았다.

① FRC 조건을 FCA로 개칭하고 FOA, FOR/FOT를 흡수 · 통합하였다.

② 일부 조건에 대한 전신부호를 DCP→CPT, EXS→DES, EXQ→DEQ로 변경하였다.

③ 13개 정형거래조건을 각 특징별로 묶어 E군(EXW), F군(FCA · FAS, FOB), C군(CFR · CIF · CPT · CIP) 및 D군(DAF · DES · DEQ · DDU ·

DDP)으로 분류하였다.

④ 각 거래조건별로 매도인과 매수인의 의무조항을 10개항씩 대칭되게 구분 · 규정함으로써 이용자들이 이를 비교 · 검토하기 용이하게 하였다.

⑤ 종래의 DDP 조건을 DDU와 DDP로 세분하여 규정하였다.

⑥ EDI 통신문의 사용증가에 따라 기존의 운송서류와 동등한 EDI 통신문을 수용함으로써 이것도 유효한 문서로 인정하도록 하였다.

⑦ 전체적으로 문장의 표현을 알기 쉽게 재정리하고 또한 각 거래조건별로 이것이 사용될 수 있는 적용범위를 명시하였다.

5) INCOTERMS 2000

1990년 이후 관세자유구역의 확대, 무역거래에서 전자통신문의 사용증가, 운송관습의 시대적인 변화 등에 적용시키고자 인코텀즈를 개정하게 되었다.[4)]

즉, 2000년 인코텀즈는 시의적인 무역관습을 보다 명료하고 정확하게 반영한 인코텀즈의 문언을 구성하고자 하는데 목적이 있었다. 특히 2000년 인코텀즈는 FAS와 DEQ 하에서 통관 및 관세지급의무, FCA 하에서 적재 및 양하의무 등에 관한 실질적인 변화가 있었으며, 전반적인 개정내용은 다음과 같다.

첫째, 2000년 인코텀즈는 모두 13개 조건을 E그룹(EXW), F그룹(FCA, FAS, FOB), C그룹(CFR, CIF, CPT, CIP), D그룹(DAF, DES, DEQ, DDU, DDP)으로 분류하고, 당사자의 의무조항을 10개의 표제로 상호 대칭되게 기술하였다. 또 용어의 일관성을 기하고 국제협약(CISG)과도 일치시키고자 노력하였다.

둘째, 매도인의 인도의무에 초점을 맞추고, 가능한 한 이를 상세히 명시하고자 하였다. 특히 위험과 비용부담의 의무는 원칙적으로 매도인의 인도의무가 완수된 때에 매수인에게 이전하지만, 매수인의 인도수령의 불이행이나 지시불이행이 있는 경우에는, 인도 이전에도 위험과 비용이 이전하도록 하였다.

셋째, 물품의 인도장소가 어느 구역이나 광범한 장소로 명시되어 있을 경우 매수인이 정확한 지점을 지정할 권리와 의무를 갖도록 규정하고 있는데, 매수

---

4) ICC, *Incoterms 2000*, Publication No. 560, 1999, p.4.

인이 의무를 이행하지 아니한 경우에는 이로 인한 위험과 추가비용을 부담하여야 하고, 매도인에게 그 지점을 선택할 권리를 부여하도록 하였다.

넷째, 통관의무에는 “적용가능한 경우”라는 문언을 추가하고, 수출통관은 EXW 이외에 모두 매도인이, 수입통관은 DDP 이외에 모두 매수인이 이행하도록 하였다. 또 선적전검사(PSI)는 매수인을 위한 때에는 매수인이 비용을 부담하게 하고, 수출국가의 당국이 요구한 때에는 매도인이 부담하도록 하였다.

다섯째, 거래조건별로 그것이 전 운송방식에 사용가능한지 또는 해상운송에만 사용가능한지의 여부를 밝혔다. 또 선화증권과 동등한 법적 효력의 전자통신문에 대비한 규정을 두고, 서류업무의 간소화에 대비하여 해상화물운송장, 정기선화물운송장, 화물수령증 등 비유통서류도 사용할 수 있게 하였다.

인코텀즈상의 거래조건들이 제정, 첨삭, 추보 및 개정되어 온 경위를 연차순에 따라 “Trade Terms Definition 1923”→“Trade Terms 1929”(2nd ed.)→“Incoterms 1936”→“Incoterms 1953”→“Montreal Rules 1967”→“Supplement 1976”→“Incoterms 1980”→“Incoterms 1990”→“Incoterms 2000”→“Incoterms® 2010”에 이르기까지를 비교하면 다음과 같다.

Incoterms® 2010	Incoterms 2000	Incoterms 1990	Incoterms 1980	Supplement 1976	Montreal Rules 1967	Incoterms 1953	Incoterms 1936
EXW	EXW	EXW	EXW	⇤	⇤	Ex Works	Ex Works
FCA	FCA	FCA	FRC	⇤			Free ···
		↑	FOR/FOT	FOB Airport	⇤	FOR/FOT	FOR/FOT
		↑	FOA				
FAS	FAS	FAS	FAS	⇤	⇤	FAS	FAS
FOB	FOB	FOB	FOB	⇤	⇤	FOB	FOB
CFR	CFR	CFR	CFR	⇤	⇤	C&F	C&F
CIF	CIF	CIF	CIF	⇤	⇤	CIF	CIF
CPT	CPT	CPT	DCP	⇤	⇤	DCP*	DCP*
CIP	CIP	CIP	CIP				
DAT	DEQ	DEQ	EXQ	⇤	⇤	Ex Quay	Ex Quay
DAP	DES	DES	EXS	⇤	⇤	Ex Ship	Ex Ship
↑	DAF	DAF	DAF	⇤	DAF*		
↑	DDU	DDU					
DDP	DDP	DDP	DDP	⇤	DDP*		Free or Free Delivered

2. INCOTERMS® 2010 주요내용

1) INCOTERMS® 2010의 개정배경과 특징

(1) 개정배경

ICC는 1936년에 인코텀즈를 제정한 이후 국제무역의 발전에 부응하고자 거의 10년을 주기로 개정해 왔다. 이번에도 무역관습의 시대적인 변화와 일부 인코텀즈의 한계, 9.11 테러 등을 겪으면서 물품이동에 따른 보안문제, 운송관습의 변화 등으로 인하여 2000년 인코텀즈의 개정이 불가피하게 되었다. 인코텀즈® 2010의 구체적인 개정배경이 된 상황을 정리하면 다음과 같다.

① 2000년 인코텀즈가 현실적인 사용관습을 명확하게 반영하지 못한다는 비판이 꾸준히 제기되어 왔다.[5] 예컨대 미국에서는 국내법(UCC)의 정의대신 인코텀즈의 사용이 확대되었는데, FOB 등 해상운송규칙상 위험과 비용부담의 분기점은 여전히 본선의 난간(ship's rail)을 견지하고 있다는 점, 세계적으로 관세자유구역의 확대와 컨테이너 운송이 보편화되었는데, 터미널 화물취급경비(THC)의 부담자에 대한 구분이 불명확하다는 점 등이 지적되었다.

② 복합운송규칙과 D그룹 규칙의 활용도가 저조하였다. 예컨대 계약당사자들은 복합운송규칙을 사용할 상황에서도 FOB나 CIF 등 전통적인 해상운송규칙을 관행적으로 사용하였다.[6] 또 D그룹의 경우 냉전이 종식되면서 DAF는 유명무실하게 되었고, DAF · DES · DEQ · DDU 등은 내용상 유사한 점이 많기 때문에, ICC는 이를 직시하고 규칙을 재정비할 필요성을 인식하였다.

③ 무역거래에서 전자통신의 사용증가와 물품이동에 따른 보안문제 등에 대한 대응이 필요하였다. 즉, 구규칙의 전자무역 관련 "EDI 통신문"이라는 문언은 다양한 형태의 전자문서를 포괄하기에는 부족하고, 또 9.11 테러 등을

---

5) Jan Ramberg, *op. cit.*, p.9.

6) 최명국, "인코텀즈 2010 주요내용과 적용상 유의점", 「무역상무연구」 제49권, 2011, pp.4~5.

겪으면서 각국에서 화물이동에 따른 보안확보에 대한 관심이 높아졌다.

ICC는 Fabio Bortolotti(이탈리아)를 의장으로 한 "상사법무위원회"(Commission on Commercial Law and Practice)에 초안그룹을 두어 2009년 2월 20일에 10개의 규칙을 수록한 1차 초안을 준비하였고, 동년 9월 18일에는 11개의 규칙(DEQ 부활)을 수록한 2차 초안을 준비하여 각국의 의견을 요청하였다.

드디어 ICC 상사법무위원회는 2010년 1월 21일에 11개의 규칙(DEQ 삭제, DAP 신설)을 수록한 3차 초안을 준비한 후 각국의 최종의견을 수렴하였다. ICC는 최종적으로 동년 9월 10일에 "Incoterms® 2010"(Pub. No. 715E)을 공표하여 각 국내위원회에 배포하고, 2011년 1월 1일부터 발효하도록 하였다.

(2) 주요특징

① 도착지인도규칙에서 DAT와 DAP 규칙을 신설하여, DAF · DES · DEQ · DDU 규칙을 대체하도록 하였다. 즉, 기존의 DEQ에 대응하여 DAT를, 기존의 DAF · DES · DDU 등에 대응하여 DAP를 신설한 것이다. DAT 하에서는 DEQ 때처럼 도착하는 차량에서 양하한 후 인도가 이루어지고, DAP 하에서는 DES나 DDU 때처럼 양하할 준비를 갖춘 운송수단상에서 인도가 이루어진다.

DAT(터미널인도) 하에서 터미널은 항구일 수 있고, 도착하는 차량은 선박일 수 있으며, 또 DAP(착지인도) 하에서도 목적지는 항구일 수 있기 때문에, DAT와 DAP는 기존의 DEQ와 DES 상황에서도 안전하게 사용할 수 있다.

② 인코텀즈® 2010은 총 11개의 규칙을 운송방식(mode of transport)에 따라 두 그룹으로 분류하고 있다. 즉, "단일이나 복수의 모든 운송방식용 규칙"에 EXW · FCA · CPT · CIP · DAT · DAP · DDP 등 7개, "해상과 내수로 운송 전용규칙"에 FAS · FOB · CFR · CIF 등 4개를 각각 분류하고 있다. 첫째의 그룹은 육상 · 해상 · 항공의 모든 단일운송과 복합운송에 사용할 수 있으며, 둘째의 그룹은 인도장소가 모두 항구인 해상과 내수로 운송에만 사용할 수 있다. 특히 해상운송규칙에서 "선박의 난간"(ship's rail)을

삭제하고 갑판 상에(on board) 적재하도록 개정한 것이 특징이다. 물론 인코텀즈® 2010에서도 기존의 비용중심인 E, F, C 및 D그룹의 분류방법이 존중되고 있다.

③ 인코텀즈® 2010은 국제무역뿐만 아니라, 국내매매(domestic trade)에도 적용가능하도록 개정하였다. 즉, EU 등에서는 국경절차가 별로 중요하지 아니하고, 미국의 경우 순수한 국내매매에서도 통일상법전(UCC) 대신에 인코텀즈 규칙을 보편적으로 사용하고 있기 때문에, 이에 적합하도록 규칙을 보완하였다. 예컨대 수출입절차에서 “적용가능한 경우”임을 명확하게 기재하였다.

④ 인코텀즈® 2010은 전체의 서문(introduction)과 각 규칙에 사용지침, 위험과 비용의 분담 등을 설명한 안내문(guidance note)이 있는데, 이들은 사용자가 정확하고 효율적인 규칙을 선택하도록 도움을 줄 수 있으나, 인코텀즈® 2010 규칙의 일부를 구성하는 것은 아니다. 또 구규칙은 전자무역에 대비하여 EDI 통신문으로 대체할 수 있는 서류를 지정하였는데, 신규칙은 당사자간의 합의나 관습에 따라 모든 서류를 이와 동등한 전자기록(electronic record)이나 처리방법으로 대체할 수 있도록 개방해 두었다(제A1조와 제B1조).

⑤ 인코텀즈® 2010은 물품이동에 따른 생명과 재산상의 보안(security)을 확보하기 위하여 여러 규칙에서 당사자간의 보안관련 수속의무나 이에 관한 협조의무를 추가하였다(제A2조, 제B2조, 제A10조, 제B10조 등). 또 인코텀즈® 2010은 개정된 협회적하약관(ICC)을 반영한 최초본으로서, 당사자 간에 보험담보(insurance cover)에 관한 정보제공의무와 용어를 명확히 하였다.

⑥ 인코텀즈® 2010은 매도인의 운송계약이 요구되는 규칙[7]에서 운송비용에 포함되는 항구나 컨테이너 터미널의 취급경비(THC)를 매수인이 중복하여 부담하지 아니하도록 각 규칙의 비용조항에서 명확하게 분담시키고 있다.

---

7) 인코텀즈® 2010에서 매도인의 운송계약이 요구되는 경우는 선적지인도규칙 중에 CPT, CIP, CFR, CIF 등이 있고, 도착지인도규칙은 DAT, DAP, DDP 등 모두가 해당된다.

⑦ 인코텀즈® 2010은 자가생산품이 아닌 상품매매에서 운송 중에 여러 번 매각되는 "연계매매"(string sales)의 관행을 반영하였다.[8)] 즉, 매도인의 선적의무에 대한 대안으로서 선적된 물품의 조달(procure)을 포함시켰다. 물론 신규칙은 FAS · FOB · CFR · CIF 등 해상운송규칙에만 이를 규정하고 있으나, 기타 모든 운송방식에서도 운송 중인 물품(goods in transit)의 매각은 허용되며, 이 경우 위험은 매매계약 시에 매수인에게 이전한다(CISG 제68조).

⑧ 인코텀즈® 2010의 본문은 자기완결형으로 의도되었으나, 서문에서 이 규칙의 본문상에 언급된 용어 중 운송인(carrier), 통관절차(customs formalities), 인도(delivery), 인도서류(delivery document), 전자기록이나 처리방법(electronic record or procedure), 포장(packaging) 등의 정의를 담고 있다.

2) INCOTERMS® 2010의 체제

인코텀즈® 2010의 11개 규칙은 용도에 따라 두 그룹으로 구성되어 있다.

① 육상 · 해상 · 항공운송의 어느 운송방식이든 관계 없이 "단일이나 복수의 모든 운송방식에 사용할 수 있는 규칙"(rules for any mode or modes of transport)이 있다. 여기에는 EXW(공장인도), FCA(운송인인도), CPT(운송비지급인도), CIP(운송비 · 보험료지급인도), DAT(터미널인도), DAP(착지인도), DDP(관세지급인도) 등 7개의 규칙이 분류되어 있다. 물론 이 규칙들은 해상운송을 포함하거나 이를 전혀 포함하지 아니한 경우에 사용이 가능하다.

② "해상과 내수로운송에만 사용할 수 있는 규칙"(rules for sea and inland waterway transport)이 있다. 여기에는 FAS(선측인도), FOB(본선인도), CFR(운임포함인도), CIF(운임 · 보험료포함인도) 등이 분류되어 있으며, 뒤의 3개는 "선박의 난간"을 포기하고 갑판 상에 적재한 때를 인도시점으로 하였다.

---

8) Carole Murray etc., *Schmitthoff's Export Trade*, Sweet & Maxwell, 2007, p.48.

그렇지만 인코텀즈® 2010은 인도지역에 따라 "선적지인도규칙"과 "도착지인도규칙"으로도 분류하고, 구규칙의 비용중심인 E, F, C 및 D그룹으로 분류하기도 한다. 이러한 분류방법은 당사자들의 의사결정에 중요하기 때문이다.[9)]

① E그룹은 출하지인도(departure) 규칙으로서, 매도인은 자신의 영업장구내에서 매수인에게 물품을 인도하는 것이다. 여기에는 EXW가 있다.

② F그룹은 주운송비미지급인도(main carriage unpaid) 규칙으로서, 매도인은 선적지에서 매수인이 지정한 운송인이나 본선에 물품을 인도하지만, 목적지까지의 주운송비를 지급하지 아니하는 공통점이 있다. 여기에는 FCA · FAS · FOB 등이 있으며, 이중에 FAS와 FOB는 해상운송 전용규칙에 속한다.

③ C그룹은 주운송비지급인도(main carriage paid) 규칙으로서, 매도인은 기본적으로 목적지까지의 운송 또는 보험계약을 체결하고 주운송비를 지급하지만, 선적 후의 위험과 추가비용을 부담하지 아니하는 것이다. 여기에는 CFR · CIF · CPT · CIP 등이 있으며, 이중에 CFR과 CIF는 해상운송 전용규칙에 속한다.

[Incoterms® 2010의 구성체계]

모든 운송방식용 규칙	선적지 인도	EXW	Ex Works(공장인도)
		FCA	Free Carrier(운송인인도)
		CPT	Carriage Paid to(운송비지급인도)
		CIP	Carriage and Insurance Paid to(운송비 · 보험료지급인도)
	도착지 인도	DAT	Delivered at Terminal(터미널인도)
		DAP	Delivered at Place(착지인도)
		DDP	Delivered Duty Paid(관세지급인도)
해상 · 내수로 운송용 규칙	선적지 인도	FAS	Free Alongside Ship(선측인도)
		FOB	Free on Board(본선인도)
		CFR	Cost and Freight(운임포함인도)
		CIF	Cost, Insurance and Freight(운임 · 보험료포함인도)

9) Jan Ramberg, *op. cit.*, pp. 49~62.

④ D그룹은 도착지인도(arrival) 규칙으로서, 매도인은 목적지까지 물품을 운반하는 모든 비용과 위험을 부담하여 매수인에게 인도하는 것이다. 여기에는 DAT · DAP · DDP 등이 있다. 이들은 운송방식에 관계없이 사용할 수 있다.

한편 인코텀즈® 2010의 11개 규칙별로 매도인과 매수인간의 비용부담의 한계를 일반적인 비용항목별로 상호 비교하여 보면 다음과 같다.

[Incoterms® 2010 규칙별 비용한계]

O – 매도인부담 X – 매수인부담		제→ 조 원 가	포→ 장 검 사	적→ 재 비 용	반→ 출 운 송	수→ 출 허 가	수→ 출 통 관	주→ 운 임 가	보→ 험 료 관	수→ 입 허 송	수→ 입 통 용	반→ 입 운	양 하 비
모든 운송 방식용 규칙	EXW	o	o	x	x	x	x	x	x	x	x	x	x
	FCA	o	o	o	o	o	o	x	x	x	x	x	x
	CPT	o	o	o	o	o	o	[o]	x	x	x	x	[o]
	CIP	o	o	o	o	o	o	[o]	[o]	x	x	x	[o]
	DAT	o	o	o	o	o	o	o	o	x	x	x	o
	DAP	o	o	o	o	o	o	o	o	x	x	o	[o]
	DDP	o	o	o	o	o	o	o	o	o	o	o	[o]
해상 · 내수로 운송용 규칙	FAS	o	o	o	o	o	o	x	x	x	x	x	x
	FOB	o	o	o	o	o	o	x	x	x	x	x	x
	CFR	o	o	o	o	o	o	[o]	x	x	x	x	[o]
	CIF	o	o	o	o	o	o	[o]	[o]	x	x	x	[o]

* 위의 [o] 부분은 매도인이 기본운임과 최소담보 보험료만을 부담한다는 의미이다.

또 인코텀즈® 2010은 각 규칙별로 매도인과 매수인의 각 상대방에 대한 의무사항들을 각 10개 조항으로 대칭되게 분류하여 이들을 각각 매도인의 의무와 매수인의 의무 순으로 배열하고 있다.

Incoterms® 2010은 인도지역에 따라 선적지인도규칙과 도착지인도규칙으로도 분류하고, 구규칙의 비용중심인 E, F, C 및 D그룹으로 분류하기도 한다. 이러한 분류방법은 당사자들의 의사결정에 중요하기 때문이다.

[Incoterms® 2010의 의무조항]

A. 매도인의 의무	B. 매수인의 의무
A1 매도인의 일반적 의무	B1 매수인의 일반적 의무
A2 허가, 승인, 보안수속 및 기타 절차	B2 허가, 승인, 보안수속 및 기타 절차
A3 운송 및 보험계약	B3 운송 및 보험계약
A4 인도	B4 인도의 접수
A5 위험의 이전	B5 위험의 이전
A6 비용의 분담	B6 비용의 분담
A7 매수인에 대한 통지	B7 매도인에 대한 통지
A8 인도서류	B8 인도의 증거
A9 점검 · 포장 · 화인	B9 물품의 검사
A10 정보의 협조 및 관련 비용	B10 정보의 협조 및 관련 비용

3) 정형거래조건별 주요내용

(1) Ex Works : EXW

① 개념

"EXW"(Ex Works)라 함은 매도인이 자신의 영업장구내(at the seller's premises)에서 매수인에게 물품을 인도하는 거래규칙을 말한다. 즉, 매도인은 자신의 영업장구내 또는 기타 지정된 장소내의 공장, 작업장, 창고 등에서 물품을 매수인의 임의처분 하에 적치하여야 한다.

그러나 매도인은 물품의 수출수속이나 매수인의 수거용 차량에 적재할 책임이 없으며, 물품이 인도된 이후의 모든 절차는 매수인의 위험과 비용부담으로 이를 행하게 된다. 이러한 거래규칙을 영국에서는 일명 "Loco"(현지인도) 또는 "On spot"(현장인도)라고도 부르며, 미국에서는 "Ex … point of origin"(지정원산지인도), "FOB factory"(공장본선인도) 등으로 부르기도 한다.

EXW는 매도인의 입장에서는 수출적합포장과 제품점검비용을 비롯한 기타 부대비용을 부담하는 것을 제외하면 국내매매와 동일하다고 볼 수 있다. 따라서 이 규칙은 순수한 국내매매(미국 등)나 외국무역에 익숙치 못한 국내의 생산업자가 직접 수출에 참여할 경우, 또는 수입상이 수출국내에 구매대리점이나 출장소를 설치하여 수출지의 사정을 잘 아는 경우에 주로 사용된다.

다만 수출국가의 법령에 따라 외국의 매수인이 수출수속을 이행할 수 없을 때에는 EXW 규칙을 사용할 수 없으며, 이러한 경우에는 FCA 규칙이 더 적합하다. 그러나 FCA 규칙으로 전환할 경우에는, 물품의 차량적재(loading)에 대한 책임은 매도인의 부담에 속한다는 점에 유의하여야 한다.

② 위험 · 비용부담의 분기점

EXW 규칙 하에서 물품에 대한 위험[10]과 비용부담의 분기점은 물품이 합의된 시기에 매도인의 영업장구내에서 매수인의 임의처분 하에 적치된 때이다.

따라서 매도인은 물품의 제조원가와 이윤, 수출포장의 비용, 품질 · 수량점검비용, 기타 자신의 영업장구내에서 물품을 인도할 때까지의 부대비용을 가산한 요소비용만을 부담할 뿐이며, 그 후에 물품을 매수인의 수거용 차량에 적재하고 수입국의 최종목적지까지 운반하는데 따른 일체의 비용과 위험은 매수인이 이를 부담하여야 한다. 다만 출발시에 물품의 차량적재에 대한 책임을 매도인에게 전가시키려면, 그 취지를 매매계약상에 명확히 기재하여야 한다.[11]

결국 EXW 규칙은 Incoterms® 2010 상의 11개 무역거래조건 중에서 매도인에 대하여는 최소한의 의무(minimum obligation)를, 그리고 매수인에 대하여는 최대한의 의무(maximum obligation)를 나타내는 것이다.

③ 매매당사자의 주요의무

EXW 규칙 하에서 매도인은 ① 매매계약에 일치하는 물품을 자신의 영업장구내에서 매수인에게 인도하여야 하고, ② 계약에 일치함을 입증하는 상업송장[12](commercial invoice), 품질 · 수량 등의 검사증명서 또는 이와 동등한 전자기록을 제공하여야 한다. 또 매도인은 ③ 매수인의 요청과 비용 및 위험부담으로 보안관련 정보를 포함하여 원산지증명서, 영사송장 등 수출, 수입 또는 제3

10) Incoterms® 2010 규칙하에서 "위험"이라 함은 물품의 부적합한 포장이나 화인과 같이 당사자의 과실에 의한 물품의 멸실 또는 손상의 위험은 포함되지 아니한다(제A9조).

11) 예컨대 "EXW loaded" 또는 "EXW cleared for export"라는 문언을 추가하여야 한다.

12) 상업송장은 매도인의 입장에서는 수출품 적송명세서와 대금청구서인 반면에, 매수인의 입장에서는 수입품 매입서로서의 기능을 한다.

국의 통과에 필요한 서류를 취득하는데 협조하여야 한다.

반면 EXW 규칙 하에서 매수인은 ① 매도인의 영업장구내에서 물품을 수령하고 이 사실을 입증하는 물품수령증(buyer's receipt)을 제공하여야 하고, ② 자신의 위험과 비용부담으로 물품을 최종목적지까지 운반하기 위한 모든 조치, 예컨대 수출입수속과 선적전검사[13] 및 운송계약 등을 이행하여야 한다.

(2) Free Carrier : FCA

가. 개념

"FCA"(Free Carrier)라 함은 매도인이 물품의 수출수속을 이행하고, 지정된 장소에서 매수인이 지정한 운송인에게 이를 인도하는 거래규칙을 말한다. 따라서 매수인은 물품의 인도지점을 정확히 지정하여야 하며, 그렇지 아니할 경우 매도인은 지정된 장소 내에서 가장 적합한 지점을 선택할 권리가 있다.

여기서 "운송인"(carrier)이라 함은 철도·도로·항공·해상·내수로 또는 복합운송 등에서 화주와 운송계약을 체결하고 직접 운송계약의 이행을 약속하는 본인(principal) 또는 그 이행을 조달하는 운송대리인(shipping agent)을 의미하므로, 매도인은 이러한 자격의 운송인에게 물품을 인도하여야 자신의 인도의무를 다하는 것이다. 다만 매수인이 운송주선인[14](freight forwarder) 등 운송인 이외의 자에게 물품을 인도하도록 지시한 경우에는, 매도인은 이러한 기타의 자에게 물품을 인도하여도 자신의 인도의무를 다한 것으로 본다.

FCA는 매도인이 지정된 장소(named place)에서 지정된 운송인에게 인도하는 것을 제외하면, 이는 선적항의 본선에서 물품을 인도하는 해상전용의 FOB 규칙과 동일하다. 원래 FCA 규칙은 Incoterms 1980에서 정형화된 복합운송전용의 FRC에 종래의 철도운송용 FOR/FOT 및 항공운송용 FOA를 통합하여 Incoterms 1990 때부터 명명된 것으로서, 이는 복합운송뿐만 아니라 철도·도로·해상·항공·내수로운송 등 모든 운송방식에 사용할 수 있다.

---

13) EXW 규칙하에서 매수인은 수출국가 당국이 지정한 검사의 비용도 부담하여야 한다.

14) "운송주선인"이라 함은 자기의 명의로 물품운송의 주선을 업으로 하는 자로서(상법 제114조), forwarding agent, shipping agent, air-freight agent 등을 총칭하는 개념이다.

나. 위험 · 비용부담의 분기점(critical point)

FCA 규칙 하에서 물품에 대한 모든 위험과 비용부담의 분기점은 매도인이 합의된 시기에 지정된 장소에서 지정된 운송인 또는 기타의 자에게 물품을 인도한 때이다. 만약 매수인의 요청이 있거나 상관습에 따라 매도인이 운송계약을 체결하는 경우에는, 이는 매수인의 위험과 비용부담으로 하는 것이다.

현실적으로 "운송인"이라고 하면 철도 · 도로 · 내수로 · 해상 · 항공 또는 복합운송에 따라 다르므로, 운송인에 대한 인도의 완성시점도 운송방식의 사정에 따라 다르게 나타날 수 있다. 그러나 Incoterms® 2010의 FCA 규칙에서는 인도가 매도인의 영업장구내에서 이루어질 경우와 기타 모든 지정장소에서 이루어질 경우의 2가지로만 구별하여 인도의 완성시점을 규정하고 있다.

따라서 물품에 대한 위험과 비용부담의 분기점도 운송방식에 따라 달리 적용될 수 있겠으나, 크게 다음과 같은 2가지의 경우로 나누어진다.

① **매도인 영업장구내인 경우** : 물품이 매도인의 영업장구내에서 매수인에 의하여 제공된 운송수단상에 적재된 때부터 그 물품에 대한 위험과 비용부담의 책임은 매수인에게 이전한다.

② **기타 모든 지정장소인 경우** : 물품이 지정된 장소에서 양하할 준비를 갖춘 매도인의 운송수단상에서 운송인이나 기타 자의 임의처분 하에 적치된 때부터 그 물품에 대한 위험과 비용부담의 책임은 매수인에게 이전한다.

다. 매매당사자의 주요의무

FCA 규칙 하에서 매도인은 ① 매매계약과 일치하는 물품을 지정된 장소에서 매수인이 지정한 운송인에게 인도하고, ② 자신의 비용부담으로 수출수속과 관세, 조세 등의 경비[15]를 지급하고, ③ 계약에 일치함을 입증하는 상업송장과 관습적인 경우 운송인에게 물품을 인도한 통상적인 증거서류를 제공하여야 한다. 이것이 운송서류가 아닐 경우, 매수인의 요청과 위험 및 비용부담으로 운송계약을 체결하고 운송서류를 취득하는데 협조하여야 한다.

---

15) 여기서 "경비"(charges)라 함은 사적인 당사자가 부과하는 보관료 등은 제외하고, 수출입에 의한 필수적인 결과로서 수출입법규에 따라 지급하여야 하는 것만을 의미한다.

여기서 "운송서류"라 함은 해상 · 내수로 · 항공 · 철도 · 도로 또는 복합운송의 운송방식에 따라 다를 수 있다. 예컨대 유통성 선화증권(negotiable bill of lading), 비유통성 해상화물운송장(non-negotiable sea waybill), 내수로 운송서류(inland waterway document), 항공화물운송장(air waybill), 철도화물탁송장(railway consignment note), 도로화물탁송장(road consignment note), 복합운송서류(multimodal transport document) 등이 있으며, 이러한 모든 서류는 당사자간의 합의나 관습에 따라 각각 전자기록으로 대체할 수 있다.

반면 FCA 규칙하에서 매수인은 ① 매도인의 물품인도를 위한 운송인을 지정하고 운송방식과 물품의 인도기일 및 장소의 지점을 통지하여야 하며, ② 매도인에게 특별히 운송계약을 요청하지 아니하는 한 지정장소로부터 물품의 운송을 위한 운송계약을 체결하고 운송비를 지급하여야 한다.

(3) Carriage Paid to : CPT

"CPT"(Carriage Paid to)라 함은 매도인이 지정된 목적지까지 운송계약을 체결하고 물품의 운송비(carriage)를 지급하되, 물품에 대한 모든 위험과 추가적인 비용은 물품이 선적지에서 자신의 운송인(carrier)에게 인도된 때에 매도인으로부터 매수인에게 이전하는 거래규칙을 말한다.

여기서 "운송인"이라 함은 운송계약에 따라 철도 · 도로 · 해상 · 항공 · 내수로 또는 복합운송을 이행하거나 또는 그 이행을 조달할 것을 약정하는 모든 자를 의미한다. 따라서 목적지까지 여러 운송인에 의하여 운송되는 복합운송의 경우에는, 위험은 물품이 최초운송인에게 인도된 때에 이전한다.

CPT는 매도인이 물품의 수출수속을 이행하여야 하며, 이는 복합운송을 포함하여 모든 운송방식에 사용할 수 있다. 또 CPT는 매도인이 목적지까지 운송계약을 체결하고 운송비를 지급한다는 점에서 기본적으로 CFR 규칙과 같지만, 물품을 선박이 아닌 운송인에게 인도한다는 점에서 이와 구분된다.

CPT 규칙하에서 매도인은 CFR 규칙에서와 같은 운송서류를 반드시 제공하여야 하는 것이 아니라, 해당되는 운송방식에서 관습적이거나 매수인의 요청이 있는 경우에만 통상적인 운송서류를 제공하면 된다는 점이 특징적이다.

CPT는 원래 Incoterms 1953에서 내륙운송에 대비한 "Freight or Carriage paid to"라는 명칭으로 처음 도입된 후 Incoterms 1980에서는 복합운송에 적합한 'Freight or Carriage Paid to'(DCP)로 보완되었다가, Incoterms 1990 때부터 모든 운송방식에 사용할 수 있도록 개정된 것이다.

기타 CPT 규칙 하에서 위험과 비용부담의 분기점, 당사자의 주요의무 등에 관한 내용은 보험료(insurance) 항목을 제외하면 뒤의 CIP와 성격이 같다.

(4) Carriage and Insurance Paid to : CIP

가. 개념

"CIP"(Carriage and Insurance Paid to)라 함은 매도인이 지정된 목적지까지 운송·보험계약을 체결하고 물품의 운송비(carriage)와 보험료(insurance premium)를 지급하되, 물품의 모든 위험과 추가적인 비용은 물품이 선적지에서 자신의 운송인(carrier)에게 인도된 때에 이전하는 거래규칙을 말한다.

특히 CIP는 매도인이 단지 런던의 협회적하약관(ICC)이나 이에 준하는 약관의 최소담보조건(C)으로 부보하고 매도인이 물품의 수출수속을 이행하여야 하며, 이 규칙은 복합운송을 포함하여 모든 운송방식에 사용할 수 있다.

CIP는 매도인이 목적지까지 운송 및 보험계약을 체결하고 이에 따른 운송비와 보험료를 지급한다는 점에서 기본적으로 해상전용의 CIF 규칙과 같지만, 물품을 선박이 아닌 운송인에게 인도한다는 점에서 이와 구분된다. 또 이 규칙 하에서 매도인은 CIF 규칙에서와 같은 운송서류를 반드시 제공하여야 하는 것이 아니라, 해당되는 운송방식에서 관습적이거나 매수인의 요청이 있는 경우에 한하여 통상적인 운송서류를 제공하면 된다는 점이 특징적이다.

CIP는 원래 Incoterms 1980에서 복합운송에 대비하여 FRC와 함께 처음 도입된 후 1990년부터 모든 운송방식에 사용할 수 있도록 개정되었다.[16)]

---

16) Carole Murray etc., *op. cit.*, p.55.

나. 위험 · 비용부담의 분기점(Critical point)

CIP는 선적지인도규칙의 하나로서 매도인이 자신의 운송인에게 물품을 인도하면 그 인도의무를 다하도록 규정하고 있지만, 이 규칙 하에서 물품에 대한 모든 위험과 비용부담의 분기점은 일치하지 아니하는 면이 있다.

① CIP 규칙 하에서 매도인은 물품이 운송인에게 인도된 때까지 물품의 멸실과 손상의 모든 위험을 부담하기 때문에, 위험부담의 분기점도 선적지에서 물품이 운송인에게 인도된(delivered to the carrier) 때가 된다.
따라서 물품이 운송인에게 인도된 때부터 물품에 대한 모든 위험은 매수인이 부담하여야 한다. 예컨대 운송인에게 물품의 인도가 완성된 이후 운송 중에 화물이 멸실되었다 하더라도 이는 매수인측의 책임에 속한다.
다만 운송 중인 물품의 연계매매(string sales)에서는 물품에 대한 위험은 매매계약시에 매수인에게 이전한다. 이러한 매매에서도 보험계약의 체결 등 특별한 사정이 있다면, 매도인이 물품의 멸실 또는 손상을 알 수 없는 한, 위험은 물품이 운송인에게 인도된 때에 매수인에게 이전한다(CISG 第68조).

② CIP 규칙 하에서 매도인은 물품이 운송인에게 인도된 때까지의 물품에 관련된 모든 비용에 목적지까지의 운송비와 보험료를 별도로 부담하여야 한다. 반면에 매수인은 목적지까지의 운송비와 보험료를 제외하고, 물품이 운송인에게 인도된 때부터 기타 관련된 모든 추가적인 비용을 부담하여야 한다.
결과적으로 CIP 규칙에 있어서 비용부담의 분기점(critical point)은 장소적인 측면에서 보면 선적지에서 물품이 운송인에게 인도된 때가 되지만, 비용한도의 측면에서 보면 매도인이 FCA 규칙하에서의 모든 비용에 목적지까지의 운송비와 보험료를 합산한 금액을 지급한 때가 된다.
즉, 매도인은 물품을 운송인에게 인도하기까지 일체의 수출비용, 물품의 적재비(loading costs)를 포함하여 목적지까지의 운송계약에 따른 비용(costs)과 운송비(carriage), 그리고 운송계약시에 부과되는 목적지에서의 양하비(unloading costs) 등을 부담하여야 한다. 아울러 매도인은 목적지까지의 적하보험에 부보한 보험료(insurance premium)까지 부담하여야 한다.

다. 매매당사자의 주요의무

CIP 규칙 하에서 매도인은 ① 자신의 비용부담으로 약정품의 운송에 통상적인 경로와 관습적인 방법으로 목적지까지 물품의 운송계약을 체결하고, ② 매매계약에 일치하는 물품을 운송인이나 최초운송인에게 인도하고, ③ 자신의 비용부담으로 물품의 수출수속과 관세, 조세 등의 경비를 지급하여야 한다.

특히 매도인은 ④ 자신의 비용부담으로 평판이 좋은 보험자와 목적지까지의 운송에 수반되는 보험계약을 체결하고 보험료를 지급하여야 한다. 이때 보험계약은 런던 보험시장의 협회적하약관(ICC)이나 이와 유사한 약관의 최소담보조건(C)을 택하여 적어도 물품대금의 110% 한도까지 계약상의 통화단위로 부보하여야 한다. 물론 매수인의 요구가 있을 경우에는 매수인의 비용부담으로 조달가능한 전쟁위험, 동맹파업위험 등의 추가적인 보험에 부보하여야 한다.

또 매도인은 ⑤ 계약에 일치함을 입증하는 상업송장과 관습적인 경우에는 통상적인 운송서류(유통성 선화증권, 해상화물운송장, 내수로 운송서류, 항공화물운송장, 철도화물탁송장, 도로화물탁송장 또는 복합운송서류 등) 및 양도가능한 양식의 보험서류(보험증권, 보험증명서 등)를 제공하여야 하며, 이러한 모든 서류는 당사자간의 합의나 관습에 따라 전자기록으로 대체할 수 있다.

나아가 매도인은 ⑥ 물품의 적재비(loading costs)뿐만 아니라 운송계약의 체결시 운송비에 포함될 수 있는 목적지에서의 양하비(unloading costs)도 지급하여야 한다. 즉, 매도인은 물품의 적재비는 운송비에 포함되어 있든 없든 당연히 지급하여야 하며, 정기운송의 경우와 같이 운송계약시 목적지에서의 양하비가 운송비에 포함되어 있으면 이것도 지급하여야 한다.

반면 CIP 규칙 하에서 매수인은 ① 물품이 운송인에게 인도되고 상업송장, 보험서류 및 관습적인 경우의 운송서류가 자신에게 제시되면 물품이 운송인에게 인도된 때에 이를 접수하고 목적지에서 물품을 수령하여야 하고, ② 목적지에서의 양하비가 운송비에서 누락된 경우에는 양하비를 지급하여야 한다.

또 매수인은 ③ 매도인에 대한 통지불이행으로 인하여 물품의 인도가 지연되어 발생하는 모든 위험과 추가적인 비용을 지급하여야 한다.

(5) Free Alongside Ship : FAS

가. 개념

"FAS"(Free Alongside Ship)라 함은 매도인이 물품의 수출수속을 이행하여 선적항에서 본선의 선측(부두 또는 바지선상)에 인도하는 거래규칙을 말한다. 따라서 물품이 선적항의 본선 선측에서 인도된 때부터 물품에 대한 모든 비용과 멸실 또는 손상의 위험은 매수인이 부담하여야 한다.

여기서 "본선의 선측"(alongside the vessel)이라 함은 본선이 부두에 접안하고 있든 외항에 정박하고 있든 이를 불문하고 본선이 상용하는 양하기(winch), 양하구(tackle), 기타의 선적용구가 도달할 수 있는 장소를 말하므로, 이러한 의미의 선측은 인도의 이행장소가 되고 당사자 간의 책임분기점이 된다.

그러나 물품이 부두 상에 적치되었더라도 본선의 선적용구가 도달하지 못하는 곳에 있거나 또는 본선의 도착 전에 인도된 때에는 매도인은 그 책임을 다하였다고 볼 수 없다. 또 본선이 외항에 정박하고 있을 때에는 매도인은 해안에서 본선이 있는 곳까지의 부선료(lighterage)를 부담하여야 한다.

FAS는 FOB나 CIF 규칙과 함께 해상운송 또는 내수로 운송에만 사용할 수 있다. 이 규칙은 일반화물의 거래시보다는 본선에 적재하는데 비용이 많이 드는 원목, 원면, 곡물 등의 대량화물(bulky cargo)의 거래에 주로 사용된다. 특히 FAS는 매도인이 물품의 수출수속을 이행하여야 하므로, 매수인에 의한 수출수속을 원하는 경우에는 매매계약상에서 이를 명확히 하여야 한다.

나. FAS의 역사적 배경

오늘날 FAS, FOB, CIF 등의 해상매매조건은 영국에서 유래되었으며, 이는 세계 여러 국가의 상관습과 인코텀즈의 발전에 영향을 주었다. 지금도 영국과 미국은 인코텀즈 규칙만큼이나 전통적인 상관습을 중시하고 있다.

① 영국계 FAS는 인코텀즈의 FAS와 본질적으로 같다. 따라서 선적항의 부두사용료(dock dues), 사정에 따라 본선이 외항에 정박하고 있는 경우에

본선의 선측까지 부선료를 지급하는 것은 매도인의 부담에 속한다. 다만 'free on lighter' 조건으로 계약을 체결한 경우에는, 매도인이 부선료를 부담하지 아니한다. 또 선박에 대한 항만세(port rates)는 매수인이 부담하는 것이 원칙이다. 그러나 항만세의 부과는 항구의 관습에 따라 다르기 때문에, 계약시 "FAS London (excluding port rates)"라는 등의 뜻을 분명히 하여야 한다. 반면에 영국계 FAS 하에서 수출수속은 매도인이 이행하여야 한다.[17]

② 미국계 FAS는 개정미국외국무역정의(1990) 제3장과 통일상법전(1952) 제2-319조 2항에 규정되어 있다. 매도인은 항해선박의 선측에서 선박의 선적용구가 도달할 수 있는 범위 내에 물품을 적치하고 이를 입증하는 무고장의 부두수령증(dock receipt)을 제공하여야 한다. 반면에 매수인은 부두에서의 체선료(demurrage)와 창고료(storage), 목적항까지의 운송 및 보험계약을 체결하고 수출수속을 이행하여야 한다. 이러한 관습은 인코텀즈의 FAS와 다르다.

다. 위험 · 비용부담의 분기점(Critical point)

인코텀즈의 FAS 규칙 하에서 물품의 위험과 비용부담의 분기점은 물품이 선적항의 지정된 적재장소에서 본선의 선측(부두나 바지선상)에 적치된 때이다.

매도인은 이때까지의 물품에 대한 모든 위험과 비용을 부담하여야 한다.[18] 즉, 매도인은 물품의 제조원가와 포장 · 제품점검비용을 비롯하여 선적항까지의 반출운송비(pre-carriage), 항만세(port dues), 부두사용료(wharfage), 부두인부임(stevedorage), 창고료(storage), 본선 선측까지의 운반료(porterage), 부선료(lighterage) 등을 부담하고, 특히 매도인은 수출수속을 이행하여야 한다.

반면 매수인은 물품이 본선의 선측에 적치된 이후의 모든 위험과 비용, 예컨대 선적전검사비(PSI), 본선적재비(loading costs), 창내적부 · 정돈비(stowage and trimming charges), 해상의 운임(freight)과 보험료(insurance premium), 목적항에서의 양륙비(unloading costs), 수입통관비 등을 부담하여야 한다.

---

17) Carole Murray etc., *op. cit.*, p.15.

18) M. Bridge ed., *Benjamin's Sale of Goods*, 8th ed., Sweet & Maxwell, 2010, p.1819.

라. 매매당사자의 주요의무

인코텀즈의 FAS 규칙 하에서 매도인은 ① 매매계약에 일치하는 물품을 선적항의 본선 선측에서 인도하여야 하고, ② 계약에 일치함을 입증하는 상업송장, 포장명세서, 검사증명서를 비롯하여 무고장 선측인도를 증명할 수 있는 부두수령증(dock's receipt), 본선수령증(mate's receipt) 또는 이와 동등한 전자기록이나 처리방법을 제공하여야 하고, ③ 자신의 위험과 비용부담으로 수출허가와 기타 공적인 승인을 취득하고 수출통관절차를 이행하여야 한다.

또 매도인은 ④ 매수인의 요청과 비용 및 위험부담으로 영사송장, 원산지증명서 등 수입 또는 제3국으로의 통과에 필요한 통관서류와 유통성 선화증권, 비유통성 해상화물운송장 등의 운송서류를 취득하는데 협조하여야 한다.

반면 FAS 규칙 하에서 매수인은 ① 자신의 위험과 비용부담으로 수입허가, 수입통관 및 기타 공적인 승인을 취득하고 적용가능한 경우 제3국으로의 통과에 요구되는 통관절차를 이행하여야 하고, ② 자신의 비용부담으로 목적항까지 물품의 운송계약을 체결하고 선박명, 적재장소 및 시기를 통지하여야 하고, ③ 매도인에 대한 통지불이행, 선박의 입항지연이나 물품의 수령불이행 등이 있을 경우 합의된 인도기일로부터 모든 위험과 비용을 지급하여야 한다.

(6) Free on Board : FOB

가. 개념

"FOB"(Free on Board)라 함은 매도인이 선적항에서 본선의 갑판 상에(on board the vessel) 물품을 인도하는 거래규칙을 말한다.

즉, FOB는 본질적으로 선적항의 본선 상에서 인도를 이행하는 계약조건이므로, 물품이 선적항에서 본선의 갑판 상에 적치되거나 그렇게 조달된 때부터 물품에 대한 모든 비용과 멸실 또는 손상의 위험은 매수인이 부담하여야 한다.

FOB는 FAS, CFR, CIF 규칙과 함께 해상운송 또는 내수로 운송에만 사용할 수 있다. 이 규칙은 매도인이 물품을 수출통관하여 본선의 갑판 상에서 인도할 것을 요구하고 있으므로, roll on－roll off 운송이나 컨테이너 운송의 경우에는 부적합하다. 이러한 경우 FCA 규칙을 사용하는 것이 바람직하다.

FOB는 Incoterms® 2010의 11개 무역거래조건 중에 CIF와 더불어 가장 고전적이지만, 오늘날 국제무역에서 가장 많이 사용되고 있다. 따라서 FOB의 개념과 본질에 대하여도 각국의 상관습에 따라 많은 논의가 있어 왔다.

나. FOB 규칙의 본질

FOB 규칙은 매도인이 선적항에서 물품을 본선의 갑판 상에 인도하는 것이기 때문에, 본질적으로는 다음 3가지의 특징을 지니고 있다.[19)]

① FOB 규칙에서는 물품의 선적지가 계약당사자간의 물품에 대한 위험과 비용부담의 분기점이 되고, 선적지에서 물품의 인도가 이루어지며, 또 물품의 소유권도 그 곳에서 이전되기 때문에 이는 선적지매매계약에 속한다.

따라서 매수인은 선적지에서 물품의 인도를 수령하여야 하되, 현실적으로 선적지에서의 인도수령이 거의 불가능하므로 운송계약의 체결에 의하여 운송인이 매수인의 수탁자로서 선적지에서 인도를 수령하게 된다. 즉, 운송인은 매도인과의 당사자관계에서 매수인의 이행보조자가 되는 것이다.

② FOB 규칙은 해상운송만을 전제하기 때문에 해상매매계약에 속하며, 특히 매도인이 선적항에서 매수인에 의하여 지정된 본선의 갑판 상에 물품을 적재하여 인도하기 때문에 본선인도계약이라고 한다. FOB 규칙하에서 인도는 매도인이 선적항에서 본선 상에 물품을 적재함으로써 완성되는 것이다.

물론 물품에 대한 위험과 비용부담의 책임은 물품이 본선의 갑판 상에서 매수인에게 이전하게 된다. 본선의 갑판은 법률적으로나 실무적으로 다 같이 중시되는 경계선이다. 즉, 본선의 갑판은 당사자간의 다른 의사가 없는 한 물품의 인도, 소유권의 이전 및 위험의 이전이 이루어지는 분기점이 된다.

③ FOB 규칙은 매도인의 인도대상이 서류가 아닌 물품의 현실적인 인도(actual delivery)이어야 하기 때문에 이는 현물인도매매계약에 속한다.

---

19) *Benjamin's op. cit.*, p. 1695.

즉, 매도인이 매수인이나 운송인에게 물품의 물리적인 점유를 이전하였을 때에 계약상의 인도의무가 완성된다. 물품의 인도와 대금의 지급은 동시이행조건(concurrent condition)이다. 그러나 FOB 거래에서 매도인과 매수인은 국가를 달리하고 멀리 떨어져 있기 때문에 동시이행조건의 실행은 거의 불가능하다.

따라서 매도인은 CIF 계약의 경우처럼 신용장에 의거한 선적서류와 상환으로 대금을 회수하는 '화환특약부 FOB' 계약을 체결하는 것이 일반화되어 있다. 이러한 경우에도 대금지급의 의무는 물품의 인도시에 발생하며, 선화증권이 적법하게 배서되어 매수인에게 송달되었다 하더라도 물품의 현실적인 인도가 완성되지 아니한 경우에는, 물품에 대한 권리는 이전하지 아니한다.

다. FOB 규칙의 종류

역사적으로 FOB 계약은 CIF 관습과 함께 18세기 말부터 19세기 초에 영국에서 발생된 것으로 알려져 있으며, 이는 오늘날 영국에서 '고유의미 FOB'와 이를 보완한 '추가의무부 FOB'로 발전되어오고 있다.[20]

영국에서 ① "고유의미 FOB"(Classical FOB)라 함은 매도인이 매수인에 의하여 지정된 선박에 물품을 적재하면 그 후 모든 비용과 위험은 매수인에게 이전하는 것을 말한다. 다만 1951년 영국 수출협회(Institute of Export)의 발표에 의하면, 고유의미 FOB 규칙 하에서 매도인은 물품을 본선에 적재할 의무만 부담하고 있으며, 그 물품의 수출허가와 통관절차 그리고 목적항까지의 운송 및 보험계약은 모두 매수인의 의무에 속하는 것이 주요 특징이다.

또 영국에서는 외국의 매수인이 직접 수출절차와 운송계약을 체결하기가 어려울 경우에 대비하여 ② "추가의무부 FOB"(FOB with additional duties)가 생겨났다. 이는 고유의미 FOB 규칙 하에서 매수인의 책임인 수출수속, 운송 및 보험계약 등을 매수인 부담으로 매도인이 직접 이행하는 것이 특징이다.

한편 미국에서는 영국의 FOB를 도입하여 해상운송뿐만 아니라 광대한 내륙

---

20) Carole Murray, *op. cit.*, p.18.

운송에도 사용할 수 있도록 이를 다양화하여 1990년 개정미국외국무역정의(Revised American Foreign Trade Definitions)상에 6개를 규정하고 있다.

① "FOB (named inland carrier at named inland point of departure)"(국내지정출발지점에서 국내지정운송인에의 본선인도)는 매도인이 국내출발지에서 지정운송인에게 물품을 인도하는 것으로서, 이는 인코텀즈의 FCA에 대비된다.

② "FOB (named inland carrier at named inland point of departure) Freight prepaid to (named point of exportation)"(지정수출지점까지 운임선지급하여 국내지정출발지점에서 국내지정운송인에의 본선인도)는 매도인이 국내출발지에서 운송인에게 인도하되 수출지까지의 반출운임을 선지급하는 것이다.

③ "FOB (named inland carrier at named inland point of departure) Freight allowed to (named point of exportation)"(지정수출지점까지 운임공제하여 국내지정출발지점에서 국내지정운송인에의 본선인도)는 매도인이 국내출발지에서 운송인에게 인도하되 수출지까지의 반출운임을 공제하는 것이다.

④ "FOB (named inland carrier at named inland point of exportation)"(국내지정수출지점에서 국내지정운송인에의 본선인도)는 매도인이 자신의 비용부담으로 수출지까지 물품을 반출하여 화차내에서 운송인에게 인도하는 것이다.

⑤ "FOB Vessel (named port of shipment)"(지정선적항에서 선박에의 본선인도)은 매도인이 선적항에서 본선 상에 물품을 현실적으로 적재하여 인도하되 수출수속은 매수인의 부담에 속하는 것으로서, 인코텀즈의 FOB에 대비된다.

⑥ "FOB (named inland point in country of importation)"(수입국가의 국내지정지점에의 본선인도)는 매도인이 물품을 수출 및 수입통관하고 수입국내의 지정지점까지 반입하는 모든 비용과 위험을 부담하여 인도하는 것으로서, 이는 오히려 인코텀즈의 DDP에 대비되는 도착지인도규칙에 속한다.

결과적으로 영국계의 고유의미 FOB와 추가의무부 FOB, 그리고 미국계의 6개 FOB 계약관습은 인코텀즈 FOB 규칙의 성립에 기초를 이루었으나, 어느 하나도 인코텀즈의 FOB 규칙과 정확히 일치하는 것은 없으므로 이들 지역으로 FOB 무역계약을 체결할 때에는 항상 유의하여야 할 것이다.

라. 위험 · 비용부담의 분기점(critical point)

인코텀즈의 FOB는 매도인이 선적항에서 본선의 갑판 상에 물품을 적치하거나 그렇게 조달함으로써 인도의무를 다하기 때문에, 이 규칙 하에서 물품에 대한 위험과 비용부담의 분기점은 물품이 본선의 갑판 상에 적치된 때가 된다.

즉, 매도인은 물품이 본선의 양하기(winch), 양하구(tackle) 등의 선적장치에 의하여 본선의 갑판 상에 적치된 때까지 모든 위험과 비용을 부담하여야 한다. 예컨대 매도인은 물품의 수출수속비를 포함한 FAS 경우의 비용 이외에 물품의 선적전검사비(PSI), 본선적재비(loading costs) 등을 부담하여야 한다.

반면 매수인은 물품이 본선의 갑판 상에 적치되거나 조달된 때부터 물품에 대하여 발생하는 모든 위험과 비용을 부담하여야 한다. 예컨대 본선에서 물품의 창내적부 · 정돈비(stowage and trimming charge)를 비롯하여 목적항까지의 해상운임과 보험료, 수입수속 관련의 비용 일체를 부담하여야 한다.

마. 매매당사자의 주요의무

인코텀즈의 FOB 규칙하에서 매도인은 ① 매매계약에 일치하는 물품을 선적항의 본선 갑판 상에서 인도하고, ② 자신의 비용부담으로 물품의 수출수속을 이행하고 이에 따른 경비를 지급하고, ③ 계약에 일치함을 입증하는 상업송장과 본선상에 물품인도를 입증하는 통상적인 무고장 본선수령증(mate's receipt)을 제공하여야 한다. 이것이 운송서류가 아닐 경우, 매도인은 매수인의 요청과 비용부담으로 운송계약을 체결한 후 선화증권, 해상화물운송장, 내수로 운송서류, 복합운송서류 등의 운송서류를 취득하는데 협조를 다하여야 하며, 이러한 모든 서류는 당사자 간의 합의나 관습에 따라 전자기록으로 대체할 수 있다.

또 매도인은 ④ 본선적재비(loading costs)가 운임에 포함되어 있지 아니할 경우에는, 항구의 관습에 따라 이 적재비용을 지급하여야 한다. 이는 주로 부정기선에 의한 용선운송계약에 해당되는 일이며, 기타 정기선에 의한 개품운송계약에서는 대체로 본선적재비와 양륙비 모두가 운임 속에 포함되는 'liner term'을 사용하기 때문에 그 비용은 매수인이 부담하는 것이 보통이다.

반면 FOB 규칙 하에서 매수인은 ① 자신의 비용부담으로 목적항까지 물품의 운송계약을 체결하고 선박명, 적재장소 및 시기를 매도인에게 통지하여야 하고, ② 본선적재비(loading costs)가 운임에 포함되어 있을 경우에는 이 적재비용 그리고 목적항에서의 양륙비(unloading costs)를 지급하여야 한다.

또 매수인은 ③ 매도인에 대한 통지불이행, 지정선박의 입항지연이나 물품의 수령불이행 등으로 인한 모든 위험과 추가적인 비용을 지급하여야 한다.

(7) Cost and Freight : CFR

"CFR"(Cost and Freight)이라 함은 매도인이 목적항까지 물품을 운반하는데 필요한 운임(freight)을 지급하되, 물품에 대한 모든 위험과 추가적인 비용은 물품이 선적항에서 본선의 갑판 상에(on board the vessel) 적치되거나 그렇게 조달된 때에 매도인으로부터 매수인에게 이전하는 거래규칙을 말한다.

CFR은 매도인이 물품의 수출수속을 이행하여야 하며, 또 이는 FAS, FOB, CIF 규칙과 함께 해상운송 또는 내수로 운송에만 사용할 수 있다. 그러나 CFR은 매도인이 물품을 본선의 갑판 상에서 인도할 것을 요구하고 있으므로, 본선의 갑판이 전혀 의미가 없는 roll on-roll off 운송이나 컨테이너 운송의 경우에는 부적합하다. 이러한 경우 CPT 규칙을 사용하는 것이 바람직하다.

CFR은 매수인이 선적항을 지정하지 아니하며, 매도인이 목적항까지 운송계약을 체결하고 운임을 지급한다는 점에서 FOB 규칙과 다르지만, 기타 추가적인 비용과 물품의 멸실 또는 손상의 모든 위험은 물품이 선적항에서 본선의 갑판 상에서 매수인에게 이전한다는 점에서 FOB 규칙과 성격이 같다.

또 CFR은 매도인이 목적항까지의 보험료를 부담하지 아니한다는 점에서 CIF 규칙과 다르지만, 목적항까지의 운임이 포함된 복합가격을 형성하고 또 서류에 의한 상징적 인도규칙이라는 점에서 CIF 규칙과 본질적으로 같다.

기타 CFR 규칙 하에서 위험과 비용부담의 분기점, 당사자의 주요의무 등에 관한 내용은 보험료(insurance) 항목을 제외하면 뒤의 CIF와 성격이 같다.

(8) Cost, Insurance and Freight : CIF

가. 개념

"CIF"(Cost, Insurance and Freight)라 함은 매도인이 목적항까지의 운임(freight)과 보험료(insurance premium)를 지급하되, 물품에 대한 모든 위험과 추가적인 비용은 물품이 선적항에서 본선의 갑판 상에(on board the vessel) 적치되거나 그렇게 조달된 때에 매수인에게 이전하는 거래규칙을 말한다.

특히 CIF는 반대의 명시적인 합의가 없는 한, 매도인이 단지 런던 보험시장의 협회적하약관(ICC)이나 이에 준하는 약관의 최소담보조건(C)으로 부보하고 매도인이 물품의 수출수속을 이행하여야 하며, 또 이 규칙은 FAS, FOB, CFR 규칙과 함께 해상운송 또는 내수로운송에만 사용할 수 있다.

그러나 CIF는 매도인이 물품을 본선의 갑판 상에서 인도하여야 하기 때문에, 본선의 갑판이 전혀 의미가 없는 roll on-roll off 운송이나 컨테이너 운송의 경우에는 부적합하다. 이러한 경우 CIP 규칙을 사용하는 것이 바람직하다.

CIF는 매도인이 지정된 목적항까지 운송계약과 보험계약을 체결하고 운임과 보험료를 지급한다는 점에서 FOB 규칙과 구별되지만, 기타 추가적인 비용과 물품의 멸실 또는 손상의 모든 위험은 물품의 선적시에 매수인에게 이전한다는 점에서는 FOB나 CFR 규칙과 성격이 같다.[21] 또 CIF는 매도인이 목적항까지의 운임 이외에 보험료도 부담한다는 점에서 CFR 규칙과 구별된다.

나. CIF 규칙의 본질

역사적으로 CIF 계약은 19세기 초 영국에서 유래된 것으로 전해지고 있으며, 오늘날 여러 무역거래조건 중에 가장 발전된 것으로 평가된다. 따라서 CIF 규칙은 다음과 같은 여러 가지의 복합적인 특징을 지니고 있다.[22]

① CIF 규칙은 FOB나 CFR 규칙과 함께 해상운송만을 전제하기 때문에 해

21) *Benjamin's op. cit.*, p.1703.

22) David M. Sassoon, *C.I.F. and F.O.B. Contracts*, Sweet & Maxwell, 1995, pp.4~7.

상매매계약에 속한다. 즉, 이 규칙 하에서 매도인은 합의된 시기에 선적항에서 본선에 물품을 선적하고 무고장 선화증권(bill of lading), 매수인을 위한 보험증권(insurance policy) 등을 제공함으로써 그 의무를 다하게 된다.

② CIF 규칙 하에서 매도인은 목적항까지의 운임과 보험료를 지급하지만, 물품에 대한 위험과 추가적인 비용부담은 선적항에서 인도가 완성된 때에 매수인에게 이전하며, 그 후 목적항에서의 도착을 목적으로 하는 것이 아니기 때문에 이는 선적지매매계약에 속한다. 따라서 매도인은 선적후 물품이 멸실되어 목적항에 도착하지 아니하였더라도, 선적항에서 계약에 일치하는 물품의 선적을 입증하는 선적서류를 제공하는 한 대금을 지급받을 수 있다.

③ CIF 규칙 하에서 대금청구를 위한 매도인의 인도방식은 물품의 현실적인 인도(actual delivery)가 아닌 서류에 의한 상징적인 인도(symbolic delivery)의 방식을 취한다는 특징을 지니고 있다. 즉, CIF 규칙 하에서 매도인의 위험부담은 FOB 규칙에서처럼 선적시에 끝나지만, 물품에 대한 권리는 이를 상징하는 서류를 제공함으로써 매수인에게 이전하며 이때부터 매수인은 대금지급의 의무를 진다. 따라서 물품이 정상적으로 인도되었더라도 계약에 불일치한 선적서류를 제공한 경우에는, 매도인은 대금을 지급받을 수 없게 된다.

그렇지만 CIF 규칙은 단순히 서류매매계약이라고 할 수 없으며, 엄격히 말하여 이는 '서류인도로 이행되는 물품매매계약'(contract for the sale of goods to be performed by the delivery of documents)으로 보아야 한다.

④ CIF 규칙은 매도인의 비용구간인 선적시까지의 물품가격에 매수인의 비용구간인 목적항까지의 운임과 보험료가 합산된 복합가격조건이다. 즉, 이는 DDP 등 도착지규칙에서 매도인의 과중한 가격부담과 EXW 등 선적지규칙에서 매수인의 과중한 가격부담을 균등하게 조화시킨 것이라고 할 수 있다.

결과적으로 CIF 규칙을 사용할 경우 매도인은 다음과 같은 이점을 누릴 수 있다. i) 매도인은 선적항에서의 선적과 동시에 약정품에 대한 모든 위험으로부터 면제된다. ii) 매도인은 목적항에 물품이 도착하기 전에 선적서류와 상환으로 미리 물품대금을 회수하여 현금화할 수 있다. iii) 국내에 경쟁력 있는 선박회사나 보험회사가 있을 때 유리한 비용조건으로 운송·보험계약을 체결할 수 있다. iv) 수출국가의 차원에서도 CIF 규칙은 FOB에 비하여 운송·보험계약에 따른 운임과 보험료만큼 외화수입을 가져올 수 있다.

다만 CIF 규칙을 사용하면 매도인은 해상운임과 보험료를 과학적으로 정확히 계산하여야 하고, 당초 예상치 못한 요소비용을 감당하여야 하며, 또 선복의 수배와 복잡한 부보절차를 직접 이행하여야 하는 어려움이 있다.

다. CIF 선적서류의 요건

CIF 규칙이 서류에 의한 상징적 인도이므로, 선적서류(shipping documents)는 격지자간에 의무이행을 확실하게 하여 거래의 안전과 합리화를 꾀할 수 있는 역할을 한다. 주요 선적서류는 상업송장·선화증권·보험증권 등이 있다.

① 상업송장(commercial invoice)

CIF 거래에서 상업송장은 필수적인 제출서류에 속한다. 송장은 매도인의 입장에서는 수출품의 적송장 겸 명세서이고 수출품의 계산서 겸 청구서이며, 또 매수인의 입장에서는 수입품의 매입서로서의 기능을 한다.

상업송장은 외국환은행의 지급, 인수 또는 매입과 수출입통관에 필요하고, 또 운송 중 물품의 멸실이나 손상에 대하여 선박회사에 손해배상을 청구하거나 보험회사에 보험금을 청구할 때에도 제공서류의 하나로서 필요하다.

CIF 거래에서 요구하는 상업송장은 선적품의 명세, 종류, 품질, 등급, 포장과 화인, 개수, 중량, 용적 등과 선적품의 단가, 제비용, 총액 및 다른 서류에 기재되지 아니한 사항 등에 대한 증거가 될 수 있는 서류이어야 한다.

상업송장의 요건에 관하여는 UCP 600에서도 i) 신용장에 별도의 명시가 없는 한, 수익자가 개설의뢰인 앞으로 발행하되 서명을 필요로 하지 아니하고, ii) 신용장상에 허용된 금액(통화)을 초과하지 아니하여야 하며, iii) 송장상의 물품명세는 신용장명세와 일치하여야 함을 규정하고 있다(제18조 a

항~c항).

② 선화증권(bill of lading)

CIF 거래에서 유효한 선화증권은 다음과 같은 요건을 갖추고 있어야 한다.

ⓐ 선화증권은 계약에 합치되는 물품의 명세 · 종류 · 수량 등을 기재하고 있어야 하며, 특히 신용장거래인 경우 신용장조건과도 일치하여야 한다.

ⓑ 선화증권은 물품이 본선적재된 사실을 표시하고 있어야 한다. 선화증권은 원칙적으로 선적선화증권이어야 하고, 수령선화증권인 경우 물품의 본선적재(on board)에 관한 사실을 부기하여 완전한 서류로 제공하여야 한다.

ⓒ 선화증권은 무고장한 것이어야 한다. 무고장 선화증권(clean B/L)은 물품이나 포장[23]의 상태에 대한 결함을 명시한 하자적요조항이 없는 것을 말한다.[24] 그러나 물품의 포장이나 내용에 관하여 운송인면책을 주장하는 부지조항(unknown clause) 등이 있는 경우는 고장부 선화증권으로 보지 아니한다.

ⓓ 선화증권은 유통성 선화증권, 즉 배서나 기타의 방법으로 매수인의 지시인에게 인도한다는 뜻을 명기한 지시식 선화증권(order B/L)이어야 한다.

ⓔ 별도의 약정이 없는 한, 선화증권은 운임선지급(freight prepaid)이 입증되어 있어야 한다. 즉, 운임착불(freight collect)로 선적한다는 뜻의 명시적인 합의가 없는 한, 매도인은 이러한 조건으로 선적하여서는 아니된다. 선화증권상에 'freight prepaid'라는 표시가 있으면 이는 운임선지급의 증거로 보지만, 기타 'freight to be prepaid' 또는 'freight prepayable' 등의 표시는 운임을 지급하였다고 볼 수 없으므로 별도의 영수증을 첨부하여야 한다.

ⓕ 선화증권은 목적항까지의 직항선박을 원칙으로 하고, 운송 중에 환적(transhipment)이 예상되는 경우에는 환적에 관한 특약조항이 있어야 한다.

---

23) 인코텀즈® 2010 규칙하에서 "포장"이라 함은 계약요건의 준수를 위한 포장과 운송에 적합한 포장을 말하며, 컨테이너나 운송수단 안으로의 적부는 제외한다(서문).

24) "A clean transport document is one bearing no clause or notation expressly declaring a defective condition of the goods or their packaging."(UCP 600 Art. 27).

선화증권상에 환적면책조항을 기재하고 있더라도 선화증권이 전항해를 커버하는 한 이는 유효한 것이 되고, 물품이 목적항에 무사히 도착된 후에는 매수인은 이러한 조항만을 이유로 선화증권을 거절할 수 없다(ISBP 제104항).

③ 보험증권(insurance policy)

CIF 거래에서 보험서류는 양도가능한 양식의 보험증권이어야 한다. 매도인이 보험증권 대신에 다른 양식으로 제공할 수 있는지가 문제이다. 물론 보험중개인이 발행한 보험인수증(cover note)은 인정하지 아니하지만, 보험증명서(certificate of insurance)에 대하여는 관습에 따라 달리 해석하고 있다.

영국에서는 보험증명서가 단순히 보험계약이 존재한다는 사실만을 표시하고 있는 경우에는, 매매당사자간에 그것을 인정하는 특약이 없는 한, CIF 계약에 있어서는 이러한 보험증명서를 합법적으로 제공할 수 없다.[25]

반면 미국에서는 보험계약을 체결하였다는 단순한 사실 이상의 양도가능한 양식의 보험증명서는 보험증권과 동등하게 취급하고 있으며(UCC 제2-320조 2항 c호), 기타 'CIF 계약에 관한 와루소-옥스포드규칙'(규칙 제12조 2항), '개정 미국외국무역정의'(CIF 매도인의무 제5항), Incoterms® 2010(CIF 제A3조 b항), UCP 600(제28조 a항) 등에서도 보험증명서의 제공을 정당하게 인정하고 있다.

라. 위험 · 비용부담의 분기점(Critical point)

인코텀즈의 CIF 규칙은 매도인이 선적항에서 물품을 본선의 갑판 상(on board)에 인도하면 그 인도의무를 다하도록 규정하고 있지만, 이 규칙하에서 위험과 비용부담의 분기점은 상호 일치하지 아니하는 면이 있다.

① CIF 규칙 하에서 매도인은 물품이 선적항에서 본선의 갑판 상에 인도한 때까지 물품의 멸실 또는 손상의 모든 위험을 부담하기 때문에, 위험부담의 분기점도 선적항에서 물품이 본선의 갑판 상에 적치된 때가 된다. 따라서 물품이 본선의 갑판 상에 적치된 때부터는 물품에 대한 모든 위험

25) Sassoon, *op. cit.*, p.178.

을 매수인이 부담하여야 한다.[26] 예컨대 물품이 선창의 적부작업과정에서 사고가 발생하더라도, 이는 매도인측의 책임이 아니라 매수인측의 책임에 속한다.

다만 운송 중인 물품의 연계매매(string sales)에서는 물품에 대한 위험은 매매계약시에 매수인에게 이전한다. 이러한 매매에서도 보험계약의 체결 등 특별한 사정[27]이 있다면, 매도인이 물품의 멸실 또는 손상을 알 수 없는 한, 위험은 물품이 본선의 갑판 상에 인도된 때에 매수인에게 이전한다(CISG 제68조).

② CIF 규칙 하에서 매도인은 선적항에서 물품을 본선의 갑판 상에 인도한 때까지의 물품에 관련된 모든 비용과 목적항까지의 운임 및 보험료를 별도로 부담하여야 한다. 반면에 매수인은 목적항까지의 운임과 보험료를 제외하고, 물품이 본선 상에 인도된 때부터 모든 추가적인 비용을 부담하여야 한다.

결과적으로 CIF 규칙 하에서 비용부담의 분기점은 장소적인 측면에서 보면 선적항에서 물품이 본선의 갑판 상에 적치되거나 그렇게 조달된 때가 되지만, 비용한도의 측면에서 보면 매도인이 FOB 규칙 하에서의 모든 비용에 목적항까지의 운임과 보험료를 합산한 금액을 지급한 때가 된다. 즉, 매도인은 물품을 본선에 적재하기까지의 일체의 수출비용(export costs), 본선의 창내적부 · 정돈비(stowage and trimming charge)를 포함하여 선적항으로부터 목적항까지의 운송계약에 따른 비용(costs)과 운임(freight), 정기선운송의 경우 목적항에서의 양륙비(unloading costs)뿐만 아니라, 목적항까지의 해상보험에 부보한 보험료(insurance premium) 등을 부담하여야 한다.

마. 매매당사자의 주요의무

CIF 규칙 하에서 매도인은 ① 자신의 비용부담으로 약정품의 운송에 통상적

---

26) *Benjamin's op. cit.*, p.1580.

27) John O. Honnold, *Uniform Law for International Sales under the 1980 United Nations Convention,* Kluwer Law & Taxation Publishers, 1991, pp. 468～470.

인 조건과 선박 및 항로로 목적항까지 물품의 운송계약을 체결하고, ② 매매계약에 일치하는 물품을 선적항의 본선의 갑판 상에서 인도하고, ③ 자신의 비용부담으로 물품의 수출수속을 이행하고 이에 따른 경비를 지급하여야 한다.

특히 인코텀즈의 CIF 규칙하에서 운송계약은 통상적인 조건으로 체결하여야 하고, 매각되는 물품운송에 일반적으로 사용되는 종류의 선박과 통상적인 항로에 따라야 한다. 예컨대 컨테이너 운송에 부적합한 선박으로 컨테이너 화물에 대한 갑판적 운송계약을 체결하여서는 아니된다. 또 계약물품이 살화물인 경우에, 이는 대체로 컨테이너나 기타 flat, pallets 등의 단위로 용선계약에 의하여 운송되며, 운송인은 해상운송뿐만 아니라 수출국가의 내륙지점에서 수입국가의 내륙지점까지 운송을 책임지고 운송비를 징수하는 것이 보통이다. 이러한 경우에는 CIF 규칙보다 CIP 규칙을 사용하는 것이 바람직하다.

물품이 정기선운송 또는 용선운송 중의 어느 것에 적합한지 불분명한 경우에는 매매계약 시에 이를 지정해 두는 것이 좋으며, 만약 용선운송계약을 선택한다면 기본운임 외에 적재비(loading costs)와 양륙비(unloading costs)의 부담에 관한 문제도 명확히 정하여야 한다. 운송계약관습상 적재비와 양륙비의 부담문제는 다음과 같은 4가지의 계약조건 중에 하나로 결정된다.

i) 'Berth terms'(or liner terms)로 약정한 경우에는 적재비와 양륙비는 모두 선주가 부담하게 되는데, 이는 정기선운송에 많이 이용되고 있다.
ii) 'FI clause'(free in)로 약정한 경우에는 적재비는 선주가 면책되고 기타 양륙비는 선주가 부담하므로, 화주는 적재비를 별도로 지급하여야 한다.
iii) 'FO clause'(free out)로 약정한 경우에는 반대로 양륙비는 선주가 면책되고 기타 적재비는 선주가 부담하므로, 화주는 양륙비를 지급하여야 한다.
iv) 'FIO clause'(free in and out)로 약정한 경우에는 적재비와 양륙비는 모두 선주가 면책되기 때문에, 화주가 이들 비용을 별도로 지급하게 되는데 이는 용선운송에 많이 이용되고 있다. 그러나 용선운송계약을 체결하더라도 적재비와 양륙비를 선주가 부담하는 'berth terms'를 이용하면 편리하다.

또 매도인은 ④ 자신의 비용부담으로 평판이 좋은 보험자와 목적항까지의 운송에 수반되는 보험계약을 체결하고 보험료를 지급하여야 한다. 이때 보험계약은 런던 보험시장의 협회적하약관(ICC)이나 이와 유사한 약관의 최소담보조건(C)을 택하여 적어도 물품대금의 110% 한도까지 계약상의 통화단위로 부보하여야 한다. 물론 매수인의 요구가 있을 경우에는 매수인의 비용부담으로 조달가능한 전쟁위험, 동맹파업위험 등의 추가적인 보험에 부보하여야 한다. 즉, 인코텀즈의 CIF 규칙하에서 요구되는 부보조건을 정리하면 다음과 같다.

i) 매도인은 선박의 좌초, 충돌, 화재 등의 주요위험에 대비한 협회적하약관 중의 최소담보조건(minimum cover)으로 부보하면 충분하다. 즉, 로이즈시장협회(LMA)와 국제보험업협회(IUA)의 합동적하위원회(JCC)가 개정한 2009년 협회적하약관(Institute Cargo Clauses)의 기본약관은 A, B 및 C조건으로 구성되어 있는데, 이중에 C조건이나 이와 유사한 약관이 최소담보조건이다.

ii) 매도인은 평판이 좋은 보험업자나 보험회사와 보험계약을 체결하여야 하며, 또 매수인이나 피보험이익을 갖고 있는 기타 모든 자가 보험자로부터 직접 보험금을 청구할 수 있는 양도가능한 양식의 보험증권(insurance policy) 또는 기타 보험담보의 증명서류를 매수인에게 제공하여야 한다. 왜냐하면 물품이 계약에 따라 선적된 때부터 모든 위험은 매수인에게 이전되기 때문이다.

iii) 매도인은 매수인의 요구 시 자신에게 필요한 모든 정보를 매수인에게 제공한다는 전제하에 매수인의 비용부담으로 협회적하약관의 A 또는 B조건, 협회전쟁약관, 협회동맹파업약관 등과 같은 추가적인 담보를 제공하여야 한다.

iv) 부보금액은 계약에 약정된 통화로 표시하여 최소한 물품대금의 110% 이상이어야 한다. 여기서 10%의 가산금은 정상적인 거래에서 매수인이 누릴 수 있는 물품에 대한 최소한의 희망이익을 보장하여야 한다는 의미이다.

v) 보험담보의 기간은 물품이 지정된 인도지점(갑판 상)으로부터 적어도 지정된 목적항에 도착한 때까지 계속하여 담보되도록 부보하여야 한다.

vi) 기타 매도인은 매수인의 요청 시 매수인의 위험과 비용부담으로 매수인이 다른 추가적인 보험을 조달하는데 필요한 정보를 제공하여야 한다.

또 매도인은 ⑤ 계약에 일치함을 입증하는 상업송장과 목적항까지의 무고장 운송서류(유통성 선화증권, 해상화물운송장, 내수로 운송서류 등)와 양도가능한 보험서류(보험증권, 보험증명서 등)를 지체 없이 제공하여야 하며, 이러한 서류는 당사자 간의 합의나 관습에 따라 전자기록이나 처리방법으로 대체할 수 있다.

나아가 매도인은 ⑥ 물품의 본선적재비(loading costs)뿐만 아니라 운송계약의 체결 시 정기선조건에 의하여 운임에 포함될 수 있는 목적항에서의 양륙비(unloading costs)도 지급하여야 한다. 즉, 매도인은 선적항에서의 본선적재비는 운임에 포함되어 있든 없든 당연히 지급하여야 하며, 정기선운송의 경우 목적항에서의 양륙비가 운임에 포함되어 있으면 이것도 지급하여야 한다.

반면 CIF 규칙 하에서 매수인은 ① 상업송장, 운송서류 및 보험서류가 자신에게 전달되면 물품이 선적항에서 본선의 갑판 상에 인도된 때에 이를 접수하고 목적항에서 운송인으로부터 물품을 수령하여야 하고, ② 목적항에서의 양륙비가 운임에서 누락된 경우에는 양륙비를 지급하여야 하고, ③ 매도인에 대한 통지불이행으로 인한 모든 위험과 추가적인 비용을 지급하여야 한다.

(9) Delivered at Terminal : DAT

가. 개념

"DAT"(Delivered at Terminal)라 함은 매도인이 물품의 수입수속을 하기 전에 목적지의 터미널에서 운송수단으로부터 양하하여 매수인의 임의처분 하에 인도하는 거래규칙을 말한다. 이는 종래의 해상전용 DEQ(부두인도)를 확대하여 목적지의 터미널에서 물품을 양하한 후 인도하는 것이므로, 복합운송을 포함하여 모든 운송방식에 사용할 수 있는 도착지인도규칙에 속한다.

여기서 "터미널"(terminal)이라 함은 목적항의 부두, 창고, 컨테이너 야적장뿐만 아니라 도로, 철도 또는 항공화물 터미널 등의 모든 장소를 포함한다. 따라서 DAT 규칙은 매도인이 물품의 수출수속과 목적지까지 물품을 운반하고 이를 양하하는데 관련된 모든 위험을 부담하도록 하지만, 물품의 수입수속은 매수인이 이를 이행하도록 하고 있다. 이는 각 통관수속의 사정을 잘 아는 현지거주자가 그 의무를 이행하게 하는 것이 보다 적절하기 때문이다.

만약 물품의 수입시에 지급되는 비용을 매도인이 지급하도록 하려면, 매매계약상에서 이를 명확히 하여야 한다. 예컨대 부가가치세(VAT)를 포함시키고자 할 경우에는, "DAT (VAT paid)"라는 문언을 추가로 기재하여야 한다. 또 터미널에서 다른 장소로 물품을 운반하고 취급하는데 따른 위험과 비용을 매도인이 부담하도록 하려면, DAP나 DDP 규칙을 사용하는 것이 적합하다.

나. 위험 · 비용부담의 분기점(critical point)

DAT 규칙은 매도인이 목적지의 지정된 터미널(terminal)에서 물품을 매수인의 임의처분 하에 적치함으로써 그 인도의무를 다하는 것이기 때문에, 이 규칙 하에서 물품에 대한 위험과 비용부담의 분기점(critical point)도 물품이 목적지의 지정된 터미널에서 매수인의 임의처분 하에 적치된 때가 된다.

즉, 매도인은 목적지에 도착한 물품을 터미널에서 매수인의 임의처분 하에 적치할 때까지 물품에 대한 모든 위험과 비용을 부담하고, 지정된 터미널에서 물품이 인도된 때부터의 모든 위험과 비용은 매수인이 부담하여야 한다.

예컨대 매도인은 선적지에서의 수출수속비, 화물적재비와 창내적부 · 정돈비(stowage and trimming charge), 목적지까지의 운임과 보험료는 물론이며, 목적지에서의 양하비(discharging costs)를 부담하여야 한다. 특히 매도인은 운송계약상에 양하비가 포함된 경우에는, 목적지에서 인도하기까지의 항구나 컨테이너 터미널 시설 내에서 물품의 취급경비(THC)도 부담하여야 한다.

반면 매수인은 목적지에서의 수입수속비, 터미널에서 자신의 임의처분 하에 인도된 후 부두사용료(wharfage), 최종목적지까지의 반입운송비(on-carriage), 수입국 당국이 요구하는 선적전검사비(PSI), 기타 물품의 수령불이행이나 매도인에 대한 통지불이행으로 인하여 발생한 비용 등을 부담하여야 한다.

다. 매매당사자의 주요의무

DAT 규칙하에서 매도인은 ① 매매계약에 일치하는 물품을 목적지의 지정된 터미널에서 매수인의 임의처분 하에 인도하여야 하고, ② 자신의 비용부담으로 선적지에서 물품의 수출수속을 이행하여야 하고, ③ 목적지에서 양하기나 양하장비에 의한 양하비(THC 포함)를 지급하여야 한다.

또 매도인은 ④ 계약에 일치함을 입증하는 상업송장과 매수인이 목적지의 터미널에서 물품을 수령하는데 필요한 서류인 인도지시서(delivery order)나 통상적인 운송서류(transport documents)인 유통성 선화증권, 해상화물운송장, 내수로 운송서류, 복합운송서류 등을 제공하여야 한다. 이러한 서류는 당사자간의 합의나 관습에 따라 전자기록이나 처리방법으로 대체할 수 있다.

반면 DAT 규칙하에서 매수인은 ① 목적지의 터미널에서 자신의 임의처분하에 인도된 물품을 수령하여야 하고, ② 목적지에서 물품의 수입수속을 이행하고 이에 따른 비용과 최종목적지까지의 반입운송비를 지급하여야 한다.

(10) Delivered at Place : DAP

가. 개념

"DAP"(Delivered at Place)라 함은 매도인이 지정된 목적지까지 물품을 운반하여 수입수속을 하기 전에 양하준비를 갖추어 도착하는 운송수단상에서(on the means of transport) 매수인의 임의처분 하에 인도하는 거래규칙을 말한다.

DAP는 구규칙의 DAF, DES, DDU 등을 대체하여 목적지에서 양하할 준비를 갖추어 도착하는 운송수단상에서 물품을 인도하는 것이므로, 복합운송을 포함하여 모든 운송방식에 사용할 수 있는 도착지인도규칙에 속한다.

DAP는 현실적으로 매도인이 목적지까지 운송 및 보험계약을 체결하고 운임과 보험료를 부담한다는 점에서 CIP 규칙과 유사하다. 그러나 CIP는 선적지의 서류인도규칙인데 반면에, DAP는 도착지의 현물인도규칙에 속한다. 또 CIP는 매도인이 매수인을 위하여 보험에 부보하는 반면에, DAP는 매도인이 자신의 이익을 위하여 보험에 부보한다는 점이 다르다.

따라서 DAP 규칙은 매도인이 선박회사와 보험회사를 보유하여 목적지까지 유리한 조건으로 물품을 운송할 수 있거나, 또는 매수인이 국내의 정치적 · 경제적인 사정으로 운송화물에 대한 항해 중의 모든 책임을 피하면서 수입지에 도착된 보세구역의 물품을 직접 구매하고자 할 경우에 주로 이용된다.

나. 위험 · 비용부담의 분기점(critical point)

DAP 규칙은 매도인이 목적지의 운송수단상에서 물품을 매수인의 임의처분 하에 적치함으로써 그 인도의무를 다하는 것이므로, 이 규칙 하에서 물품에 대한 위험과 비용부담의 분기점(critical point)도 물품이 지정된 목적지의 운송수단상에서 매수인의 임의처분 하에 적치된 때가 된다.

즉, 매도인은 목적지에 도착한 물품을 운송수단상에서 매수인의 임의처분 하에 적치할 때까지 물품에 대한 모든 위험과 비용을 부담하고, 운송수단상에서 물품이 인도된 때부터 모든 위험과 비용은 매수인이 부담하여야 한다.

예컨대 매도인은 선적지에서의 수출수속비, 화물적재비와 창내적부 · 정돈비는 물론이고 목적지까지의 운임과 보험료를 부담하여야 한다.

반면 매수인은 목적지에서의 수입수속비, 목적지의 운송수단으로부터 양하기나 양하장비에 의한 양하비(discharging costs)와 각종 부두사용료, 컨테이너터미널 취급경비(terminal handling charges : THC), 최종목적지까지의 반입운송비(on-carriage), 수입국 당국이 요구하는 선적전검사비, 기타 물품의 수령불이행 또는 매도인에 대한 통지불이행으로 인한 비용을 부담하여야 한다.

다. 매매당사자의 주요의무

DAP 규칙 하에서 매도인은 ① 매매계약에 일치하는 물품을 지정된 목적지의 운송수단상에서 매수인의 임의처분 하에 인도하고, ② 자신의 비용부담으로 물품의 수출수속과 이에 따른 관세, 조세 등의 경비를 지급하여야 한다.

또 매도인은 ③ 계약에 일치함을 입증하는 상업송장과 매수인이 목적지의 운송수단상에서 물품을 수령하는데 필요한 인도지시서(delivery order)나 통상적인 운송서류(transport documents)인 유통성 선화증권, 해상화물운송장, 내수로 운송서류, 복합운송서류 등을 제공하여야 한다. 이러한 서류는 당사자간의 합의나 관습에 따라 전자기록이나 처리방법으로 대체할 수 있다.

반면 DAP 규칙 하에서 매수인은 ① 지정된 목적지의 운송수단상에서 자신의 임의처분 하에 인도된 물품을 수령하여야 하고, ② 자신의 비용부담으로 물품의 수입허가와 수입통관 등의 수입수속을 이행하고 이에 따른 경비를 지급하여야 하고, ③ 목적지의 운송수단상에서 물품을 수령한 후 양하비를 포함하여 터미널 취급경비(THC), 최종목적지까지의 반입운송비를 지급하여야 한다.

(11) Delivered Duty Paid : DDP

가. 개념

"DDP"(Delivered Duty Paid)라 함은 매도인이 물품의 수입수속을 이행하고, 지정된 목적지까지 운반하여 양하준비를 갖추어 도착하는 운송수단상에서 매수인의 임의처분 하에 인도하는 거래규칙을 말한다.

DDP는 그동안 전통적으로 사용되어 온 'Franco' 또는 개정미국외국무역정의의 'FOB (named inland point in country of importation)' 계통의 거래조건 중에서 매도인이 수입관세를 포함하여 수입국내의 지정장소까지 모든 비용과 위험을 부담하는 조건을 Montreal Rules 1967 때부터 정형화한 것이다.

즉, DDP는 매도인이 수입수속과 이에 따른 관세, 조세 등의 경비를 부담하고 물품을 최종목적지까지 운반하여 매수인에게 인도하여야 한다. 따라서 이 규칙은 매수인에 대한 최소한의 의무(minimum obligation)를 나타내는 반면에, 매도인에 대한 최대한의 의무(maximum obligation)를 나타낸다.

DDP는 수입지에 매도인의 지점이나 수입대리점이 있을 경우에 사용이 적합한 규칙이지만, 매도인이 수입지에서 수입수속을 이행할 수 없는 경우에는 사용할 수 없다. 이러한 경우에는 DAP를 사용하여야 한다. 기타 수입시에 지급되는 부가가치세(VAT) 등을 매도인의 의무에서 제외시키려면, "DDP (VAT unpaid)" 등의 문언으로 매매계약상에 그 취지를 명확히 하여야 한다.

나. 위험 · 비용부담의 분기점(critical point)

DDP 규칙은 매도인이 물품의 수입수속을 이행하고, 물품을 목적지에 도착하는 운송수단상에서 양하하지 아니한 상태로 매수인에게 인도함으로써 그 의무를 다하는 것이므로, 물품에 대한 위험과 비용부담의 분기점도 물품이 지정된 목적지의 운송수단상에서 매수인의 임의처분 하에 적치된 때가 된다.

즉, 매도인은 수입수속의 비용과 위험을 포함하여, 물품을 목적지의 운송수단상에서 매수인에게 인도할 때까지의 모든 위험과 비용을 부담하여야 하며, 물품이 인도된 때부터의 위험과 비용은 매수인이 부담하여야 한다.

예컨대 매도인은 선적지에서의 수출수속비, 적재비와 창내적부・정돈비, 수입지까지의 운송계약에 따른 운송비와 보험료는 물론이며, 수입수속비, 수입국내의 최종목적지까지 반입운송비(on-carriage)를 모두 부담하여야 한다.

반면 매수인은 최종목적지에서 물품이 자신의 임의처분 하에 적치된 후 운송수단으로부터 물품의 양하비(unloading costs), 창고료(storage), 수입국 당국이 요구하는 선적전검사비(PSI), 기타 최종목적지에서 물품의 수령불이행 또는 매도인에 대한 통지불이행으로 인한 비용을 부담하여야 한다.

다. 매매당사자의 주요의무

DDP 규칙 하에서 매도인은 ① 매매계약에 일치하는 물품을 목적지에서 매수인의 임의처분 하에 인도하여야 하고, ② 자신의 비용부담으로 물품의 수출입수속[28](export and import clearance)을 이행하고 이에 따른 경비를 지급하여야 하며, ③ 수입지에서 목적지까지의 반입운송비를 지급하여야 한다.

또 매도인은 ④ 계약에 일치함을 입증하는 상업송장과 매수인이 지정된 목적지에서 물품을 수령하는데 필요한 인도지시서나 통상적인 운송서류인 유통성 선화증권, 해상화물운송장, 내수로 운송서류, 항공화물운송장, 철도화물탁송장, 도로화물탁송장, 복합운송서류 등을 제공하여야 한다. 이러한 서류는 당사자간의 합의나 관습에 따라 전자기록이나 처리방법으로 대체할 수 있다.

반면 DDP 규칙 하에서 매수인은 지정된 최종목적지에서 자신의 임의처분 하에 인도된 물품을 수령하고 운송수단으로부터 이를 양하 하여야 한다.

---

28) "수출입수속"이라 함은 수출과 수입에 필요한 허가(licence)나 승인(authorization), 통관수속(customs clearance), 보안수속(security clearance) 등을 포함하며, 또 Incoterms® 2010 규칙하에서 "통관절차"(customs formalities)라 함은 어떠한 통관규정을 준수하기 위한 당면요건으로서, 서류나 보안, 정보 또는 물리적인 검사의무를 포함한다(서문).

제 2 절 INCOTERMS® 2010의 본문내용

I Introduction(서문)

The Incoterms®[29] rules explain a set of three-letter trade terms reflecting business-to-business practice in contracts for the sale of goods. The Incoterms rules describe mainly the tasks, costs and risks involved in the delivery of goods from sellers to buyers.

인코텀즈® 규칙은 물품매매계약에서 기업 간의 관례를 반영한 세 문자의 무역거래조건 일체를 설명하고 있다. 인코텀즈 규칙은 주로 매도인으로부터 매수인에게 물품의 인도에 관련된 업무, 비용 및 위험을 기술하고 있다.

II How to use the Incoterms® 2010 rules (인코텀즈® 2010 규칙의 사용방법)

1. Incorporate the Incoterms® 2010 rules into your contract of sale (인코텀즈® 2010 규칙을 각 매매계약에 포함시킬 것)

If you want the Incoterms® 2010 rules to apply to your contract, you should make this clear in the contract, through such words as, "[the chosen Incoterms rule including the named place, followed by] Incoterms® 2010".

인코텀즈® 2010 규칙을 각 계약에 적용하고자 원하는 경우에는, 이러한 취지를 계약에서 예컨대 "[선택된 인코텀즈 규칙과 지정된 장소를 삽입하고 이어서] 인코텀즈® 2010"이라는 문언 등으로 명확하게 나타내야 한다.

---

29) "Incoterms" is a registered trademark of the International Chamber of Commerce.("인코텀즈"는 국제상업회의소의 등록상표이다.)

2. Choose the appropriate Incoterms rule (적절한 인코텀즈 규칙을 선택할 것)

The chosen Incoterms rule needs to be appropriate to the goods, to the means of their transport, and above all to whether the parties intend to put additional obligations, for example such as the obligation to organize carriage or insurance, on the seller or on the buyer. The Guidance Note to each Incoterms rule contains information that is particularly helpful when making this choice. Whichever Incoterms rule is chosen, the parties should be aware that the interpretation of their contract may well be influenced by customs particular to the port or place being used.

선택된 인코텀즈 규칙은 물품과 그 운송수단에 적절하여야 하며, 또 무엇보다도 당사자들이 추가적인 의무, 예컨대 운송이나 보험계획의 의무 등을 매도인 또는 매수인 중에 누가 부담하도록 의도하는지에 적절하여야 한다.

3. Specify your place or port as precisely as possible (장소나 항구를 가능한 한 정확하게 명시할 것)

The chosen Incoterms rule can work only if the parties name a place or port, and will work best if the parties specify the place or port as precisely as possible.

A good example of such precision would be :

"FCA 38 Cours Albert 1er, Paris, France Incoterms® 2010".

Under the Incoterms rules Ex Works (EXW), Free Carrier (FCA), Delivered at Terminal (DAT), Delivered at Place (DAP), Delivered Duty Paid (DDP), Free Alongside Ship (FAS), and Free on Board (FOB), the named place is the place where delivery takes place and where risk passes from the seller to the buyer. Under the Incoterms rules Carriage Paid To (CPT), Carriage and

Insurance Paid To (CIP), Cost and Freight (CFR) and Cost, Insurance and Freight (CIF), the named place differs from the place of delivery. Under these four Incoterms rules, the named place is the place of destination to which carriage is paid. Indications as to place or destination can helpfully be further specified by stating a precise point in that place or destination in order to avoid doubt or argument.

선택된 인코텀즈 규칙은 당사자들이 장소나 항구를 지정하는 경우에만 작동할 수 있으며, 또 당사자들이 장소나 항구를 가능한 한 정확하게 명시하는 경우에는 가장 잘 작동할 것이다.

다음과 같은 경우가 그러한 정확성의 좋은 예가 될 것이다.

"FCA 프랑스 파리의 알버트 1가 38번지 인코텀즈® 2010".

공장인도(EXW), 운송인인도(FCA), 터미널인도(DAT), 착지인도(DAP), 관세지급인도(DDP), 선측인도(FAS), 본선인도(FOB) 등의 인코텀즈 규칙 하에서, 지정된 장소는 인도가 일어나는 장소이자 위험이 매도인으로부터 매수인에게 넘어가는 장소가 된다. 운송비지급인도(CPT), 운송비·보험료지급인도(CIP), 운임포함인도(CFR), 운임·보험료포함인도(CIF) 등의 인코텀즈 규칙 하에서, 지정된 장소는 인도장소와 다르다. 이들 네 개의 인코텀즈 규칙 하에서, 지정된 장소는 그곳까지 운임이 지급되는 목적장소가 된다. 장소나 목적지의 표시는 의문이나 논란을 피할 수 있도록 당해 장소나 목적지에서 나아가 정확한 지점을 기재하여 더욱 명확하게 하는 것이 도움이 될 수 있다.

4. Remember that Incoterms rules do not give you a complete contract of sale (인코텀즈 규칙은 완전한 매매계약을 제공하지 아니함을 유념할 것)

Incoterms rules do say which party to the sale contract has the obligation to make carriage or insurance arrangements, when the seller delivers the goods to the buyer, and which costs each party is responsible for. Incoterms rules, however, say nothing about the price to be paid or the method of its payment. Neither do they deal with the transfer of ownership of the goods, or the consequences of a breach of contract. These matters are normally dealt with through express terms in the contract of sale or in the law governing that contract. The parties should be aware that mandatory local law may override any aspect of the sale contract, including the chosen Incoterms rule.

인코텀즈 규칙은 매매계약의 어느 당사자가 운송이나 보험약정을 체결할 의무를 부담하는지, 언제 매도인이 매수인에게 물품을 인도하는지, 그리고 어떠한 비용을 각 당사자가 책임져야 하는지를 말하고 있다. 그러나 인코텀즈 규칙은 지급할 대금이나 그 지급방법에 관하여는 아무것도 말하지 아니한다. 더구나 동 규칙은 물품의 소유권 이전이나 계약위반의 결과를 전혀 다루지 아니한다. 이러한 문제는 일반적으로 매매계약의 명시조건이나 그러한 계약의 준거법을 통하여 다루어진다. 당사자들은 선택된 인코텀즈 규칙을 포함하고 있는 매매계약의 어떠한 측면보다도 강제적인 국내법이 우선할 수 있다는 사실을 인식하여야 한다.

Ⅲ Main features of the Incoterms® 2010 rules (인코텀즈® 2010 규칙의 주요특징)

1. Two new Incoterms rules -DAT and DAP- have replaced the Incoterms 2000 rules DAF, DES, DEQ and DDU (두 개의 새로운 인코텀즈 규칙, 즉 DAT와 DAP가 인코텀즈 2000 규칙인 DAF, DES, DEQ 및 DDU를 대체함)

The number of Incoterms rules has been reduced from 13 to 11. This has been achieved by substituting two new rules that may be used irrespective of the agreed mode of transport-DAT, Delivered at Terminal, and DAP, Delivered at Place-for the Incoterms 2000 rules DAF, DES, DEQ and DDU.

Under both new rules, delivery occurs at a named destination : in DAT, at the buyer's disposal unloaded from the arriving vehicle (as under the former DEQ rule); in DAP, likewise at the buyer's disposal, but ready for unloading (as under the former DAF, DES and DDU rules).

The new rules make the Incoterms 2000 rules DES and DEQ superfluous. The named terminal in DAT may well be in a port, and DAT can therefore safely be used in cases where the Incoterms 2000 rule DEQ once was. Likewise, the arriving "vehicle" under DAP may well be a ship and the named place of destination may well be a port : consequently, DAP can safely be used in cases where the Incoterms 2000 rule DES once was. These new rules, like their predecessors, are "delivered", with the seller bearing all the costs (other than those related to import clearance, where applicable) and risks involved in bringing the goods to the named place of destination.

인코텀즈 규칙의 숫자는 13개에서 11개로 감축되었다. 이는 합의된 운송방식에 관계 없이 사용할 수 있는 두 개의 새로운 규칙, 즉 DAT(터미널인도)와 DAP(착지인도)가 인코텀즈 2000 규칙인 DAF, DES, DEQ 및 DDU를 대체함으로써 성취된 것이다.

새로운 양자의 규칙 하에서, 인도는 지정된 목적지에서 발생한다. 즉, DAT에서는 (기존의 DEQ 규칙 하에서처럼) 도착하는 차량으로부터 양하된 후 매수인의 임의처분 하에서 발생하며, 또 DAP에서는 (기존의 DAF, DES 및 DDU 규칙 하에서처럼) 양하할 준비만 갖추어 마찬가지로 매수인의 임의처분하에서 발생한다.

새로운 규칙은 인코텀즈 2000 규칙인 DES와 DEQ를 불필요하게 만들었다. DAT에서 지정된 터미널은 당연히 항구일 수도 있으며, 따라서 DAT는 인코텀즈 2000 규칙인 DEQ가 한 때 사용되었던 경우에도 안전하게 사용할 수 있다. 마찬가지로 DAP 하에서 도착하는 "차량"(vehicle)은 당연히 선박일 수도 있으며, 또 지정된 목적장소는 당연히 항구일 수도 있다. 즉, 결과적으로 DAP는 인코텀즈 2000 규칙인 DES가 한 때 사용되었던 경우에도 안전하게 사용할 수 있다. 이들 새로운 규칙은 종래의 규칙들처럼 "도착지인도"(delivered)이므로, 매도인은 지정된 목적장소까지 물품을 운반하는데 관련된 모든 비용(적용가능한 경우의 수입수속에 관련된 비용은 제외)과 위험을 부담한다.

2. Classification of the 11 Incoterms® 2010 rules (인코텀즈® 2010 규칙 11개의 분류)

The 11 Incoterms® 2010 rules are presented in two distinct classes :
(인코텀즈® 2010 규칙 11개는 두 개의 구별되는 종류로 제시되어 있다)

RULES FOR ANY MODE OR MODES OF TRANSPORT
(단일이나 복수의 모든 운송방식용 규칙)

EXW EX WORKS(공장인도)
FCA FREE CARRIER(운송인인도)
CPT CARRIAGE PAID TO(운송비지급인도)
CIP CARRIAGE AND INSURANCE PAID TO(운송비 · 보험료지급인도)
DAT DELIVERED AT TERMINAL(터미널인도)
DAP DELIVERED AT PLACE(착지인도)
DDP DELIVERED DUTY PAID(관세지급인도)

RULES FOR SEA AND INLAND WATERWAY TRANSPORT
(해상 및 내수로 운송용 규칙)

FAS FREE ALONGSIDE SHIP(선측인도)
FOB FREE ON BOARD(본선인도)
CFR COST AND FREIGHT(운임포함인도)
CIF COST INSURANCE AND FREIGHT(운임 · 보험료포함인도)

The first class includes the seven Incoterms® 2010 rules that can be used irrespective of the mode of transport selected and irrespective of whether one or more than one mode of transport is employed. EXW, FCA, CPT, CIP, DAT, DAP and DDP belong to this class. They can be used even when there is no maritime transport at all. It is important to remember, however, that these rules can be used in cases where a ship is used for part of the carriage.

첫 번째의 종류는 선정된 운송방식에 관계 없이 그리고 하나 또는 둘 이상의 운송방식이 채용되든지 여부에 관계 없이 사용할 수 있는 일곱 개의 인코텀즈® 2010 규칙을 포함한다. EXW, FCA, CPT, CIP, DAT, DAP 및 DDP가 이 종류에 속한다. 이들은 해상운송이 전혀 존재하지 아니한 때에도 사용할 수 있다. 그러나 이들 규칙은 선박이 운송의 일부로 사용되는 경우에도 사용할 수 있음을 유념하는 것이 중요하다.

In the second class of Incoterms® 2010 rules, the point of delivery and the place to which the goods are carried to the buyer are both ports, hence the label "sea and inland waterway" rules. FAS, FOB, CFR and CIF belong to this class. Under the last three Incoterms rules, all mention of the ship's rail as the point of delivery has been omitted in preference for the goods being delivered when they are "on board" the vessel. This more closely reflects modern commercial reality and avoids the rather dated image of the risk swinging to and fro across an imaginary perpendicular line.

인코텀즈® 2010 규칙의 두 번째 종류에서, 인도지점과 물품이 매수인에게 운송되는 장소는 모두 항구이며, 그러므로 "해상 및 내수로"(sea and inland waterway) 규칙이라는 표지가 붙었다. FAS, FOB, CFR 및 CIF가 이 종류에 속한다. 마지막 세 개의 인코텀즈 규칙 하에서는, 인도지점으로서 선박의 난간에 대한 모든 인용은 삭제되었으며, 오히려 물품이 본선의 "갑판상에"(on board) 적재된 때에 인도되는 것으로 하였다. 이는 현재의 상업적인 현실을 보다 면밀하게 반영하면서, 가상의 수직선을 가로질러 위험이 이리저리 오간다는 아주 구시대의 인상을 탈피하는 것이다.

3. Rules for domestic and international trade (국내와 국제무역거래를 위한 규칙)

Incoterms rules have traditionally been used in international sale contracts where goods pass across national borders. In various areas of the world, however, trade blocs, like the European Union, have made border formalities between different countries less significant. Consequently, the subtitle of the Incoterms® 2010 rules formally recognizes that they are available for application to both international and domestic sale contracts. As a result, the Incoterms® 2010 rules clearly state in a number of places that the obligation to comply with export/import formalities exists only where applicable.

Two developments have persuaded ICC that a movement in this direction is timely. Firstly, traders commonly use Incoterms rules for purely domestic sale contracts. The second reason is the greater willingness in the United States to use Incoterms rules in domestic trade rather than the former Uniform Commercial Code shipment and delivery terms.

인코텀즈 규칙은 전통적으로 물품이 국경을 가로질러 넘어가는 국제 매매계약에 사용되어왔다. 그러나 세계의 여러 지역에서, 유럽연합과 같은 무역 블록의 등장은 상이한 국가 간의 국경절차를 덜 중요하게 만들었다. 결과적으로 인코텀즈® 2010 규칙의 부제에서는 그것이 국제 및 국내매매계약의 양자에 적용가능하다는 것을 공식적으로 인정하고 있다. 결국 인코텀즈® 2010 규칙의 많은 곳에서 수출과 수입절차를 준수할 의무는 적용가능한 경우에만 존재한다는 것을 명확하게 기재하고 있다.

다음 두 가지의 변화는 ICC에게 이러한 방향으로의 선회가 시의적절하다는 것을 설득하게 되었다. 첫째, 무역거래자들은 순수한 국내매매계약에서도 인코텀즈를 보편적으로 사용한다는 것이다. 둘째의 이유는 미국에서 국내무역거래에 기존의 통일상법전(UCC)의 선적 및 인도조건 대신에 인코텀즈 규칙을 사용하고자 하는 의지가 더 크기 때문이다.

4. Guidance Notes(안내문)

Before each Incoterms® 2010 rule you will find a Guidance Note. The Guidance Notes explain the fundamentals of each Incoterms rule, such as when it should be used, when risk passes, and how costs are allocated between seller and buyer. The Guidance Notes are not part of the actual Incoterms® 2010 rules, but are intended to help the user accurately and efficiently steer towards the appropriate Incoterms rule for a particular transaction.

인코텀즈® 2010 각 규칙의 앞에는 안내문을 볼 수 있다. 안내문은 인코텀즈 각 규칙의 근본, 예컨대 언제 이를 사용하여야 하고, 언제 위험이 넘어가며, 또 매도인과 매수인간에 어떻게 비용이 분담되는지 등을 설명하고 있다. 안내문은 실질적인 인코텀즈® 2010 규칙의 일부가 아니며, 단지 사용자로 하여금 특정 거래에서 적절한 인코텀즈 규칙을 향하여 정확하고 효율적으로 접근할 수 있도록 도움을 주고자 의도된 것이다.

5. Electronic communication(전자통신)

Previous versions of Incoterms rules have specified those documents that could be replaced by EDI messages. Articles A1/B1 of the Incoterms® 2010 rules, however, now give electronic means of communication the same effect as paper communication, as long as the parties so agree or where customary. This formulation facilitates the evolution of new electronic procedures throughout the lifetime of the Incoterms® 2010 rules.

인코텀즈 규칙의 구본은 EDI 메시지에 의하여 대체될 수 있는 서류를 명시하였다. 그러나 인코텀즈® 2010 규칙의 제A1조와 제B1조에서는 이에 당사자들이 합의하거나 관습적인 경우의 범위 내에서 전자적 통신수단에 대하여 종이통신과 동등한 효력을 부여하고 있다. 이러한 성문화는 인코텀즈® 2010 규칙의 존속기간 전반에 걸쳐 새로운 전자적 처리방법의 개발을 촉진시킨다.

6. Insurance cover(보험담보)

The Incoterms® 2010 rules are the first version of the Incoterms rules since the revision of the Institute Cargo Clauses and take account of alterations made to those clauses. The Incoterms® 2010 rules place information duties relating to insurance in articles A3/B3, which deal with contracts of carriage and insurance. These provisions have been moved from the more generic articles found in articles A10/B10 of the Incoterms 2000 rules. The language in articles A3/B3 relating to insurance has also been altered with a view to clarifying the parties' obligations in this regard.

인코텀즈® 2010 규칙은 협회적하약관(ICC)의 개정 이래 인코텀즈 규칙의 최초본이며, 또 이들 약관에서 이루어진 변경을 고려하고 있다. 인코텀즈® 2010 규칙은 운송 및 보험계약을 다루는 제A3조와 제B3조에서 보험에 관련한 정보의무를 규정하고 있다. 이들 규정은 인코텀즈 2000 규칙의 제A10조와 제B10조에서 보았던 상당히 포괄적인 조항들로부터 이동된 것이다. 또한 보험에 관련한 제A3조와 제B3조에서의 언어는 이에 관하여 당사자들의 의무를 명쾌하게 할 목적으로 변경되었다.

7. Security-related clearances and information required for such clearances(보안관련 수속과 그러한 수속에 요구되는 정보)

There is heightened concern nowadays about security in the movement of goods, requiring verification that the goods do not pose a threat to life or property for reasons other than their inherent nature. Therefore, the Incoterms® 2010 rules have allocated obligations between the buyer and seller to obtain or to render assistance in obtaining security-related clearances, such as chain-of-custody information, in articles A2/B2 and A10/B10 of various Incoterms rules.

오늘날 물품의 이동에서는 보안에 관한 관심이 증가되고 있으며, 물품이 그 고유의 성격 이외의 이유로는 생명이나 재산에 위협을 주지 아니한다는 확인이 요구되고 있다. 따라서 인코텀즈® 2010 규칙은 여러 인코텀즈 규칙의 제A2조와 제B2조 및 제A10조와 제B10조에서 매수인과 매도인간에 일체의 보관정보 등 보안관련 수속을 취득하거나 또는 그 취득에 협조를 공여할 의무를 분담시키고 있다.

8. Terminal handling charges(터미널 취급경비)

Under Incoterms rules CPT, CIP, CFR, CIF, DAT, DAP, and DDP, the seller must make arrangements for the carriage of the goods to the agreed destination. While the freight is paid by the seller, it is actually paid for by the buyer as freight costs are normally included by the seller in the total selling price. The carriage costs will sometimes include the costs of handling and moving the goods within port or container terminal facilities and the carrier or terminal operator may well charge these costs to the buyer who receives the goods. In these circumstances, the buyer will want to avoid paying for the same service twice : once to the seller as part of the total selling price and once independently to the carrier or the terminal operator. The Incoterms® 2010 rules seek to avoid this happening by clearly allocating such costs in articles A6/B6 of the relevant Incoterms rules.

인코텀즈 규칙 CPT, CIP, CFR, CIF, DAT, DAP 및 DDP 하에서, 매도인은 반드시 합의된 목적지까지 물품의 운송약정을 체결하여야 한다. 운임이 매도인에 의하여 지급되도록 하고 있지만, 운임비용이 통상적으로 매도인에 의하여 총 매각대금에 포함되기 때문에, 이는 현실적으로 매수인에 의하여 지급되는 것이다. 운송비용은 종종 항구나 컨테이너 터미널 시설 내에서 물품의 취급 또는 이동비용을 포함할 때가 있으며, 운송인과 터미널 운영자는 당연히 물품을 수령하는 매수인에게 이들 비용을 부과한다. 이러한 사정에서, 매수인은 동일한 서비스에 대하여 두 번, 즉 총 매각대금의 일부로서 매도인에게 한 번 그리고 이와 별도로 운송인이나 터미널 운영자에게 또 한 번 지급하는 것을 회피하고자 원할 것이다. 인코텀즈® 2010 규칙은 관련된 인코텀즈 규칙의 제A6조와 제B6조에서 그러한 비용을 명확하게 분담시킴으로써 이러한 사태를 회피하고자 모색하고 있다.

9. String sales(연계매매)

In the sale of commodities, as opposed to the sale of manufactured goods, cargo is frequently sold several times during transit “down a string”. When this happens, a seller in the middle of the string does not “ship” the goods because these have already been shipped by the first seller in the string. The seller in the middle of the string therefore performs its obligations towards its buyer not by shipping the goods, but by “procuring” goods that have been shipped. For clarification purposes, Incoterms® 2010 rules include the obligation to “procure goods shipped” as an alternative to the obligation to ship goods in the relevant Incoterms rules.

제조된 물품매매에 반대되는 상품매매에서는, 화물은 흔히 “한 연계선에서” (down a string) 수송 동안에 여러 번 매각된다. 이러한 때에는, 연계선의 중간에 있는 매도인은 물품을 “선적하지”(ship) 아니한다. 왜냐하면 물품은 이미 연계선의 첫째 매도인에 의하여 선적되었기 때문이다. 따라서 연계선의 중간에 있는 매도인은 물품을 선적하는 것이 아니라, 선적된 물품을 “조달함”(procuring)으로써 매수인에 대한 자신의 의무를 이행한다. 이를 명쾌히 할 목적으로, 인코텀즈® 2010 규칙은 관련된 인코텀즈 규칙에서 물품을 선적할 의무의 대안으로서 “선적된 물품을 조달할”(procure goods shipped) 의무를 포함하고 있다.

Ⅳ Variants of Incoterms rules(인코텀즈 규칙의 변형)

Sometimes the parties want to alter an Incoterms rule. The Incoterms® 2010 rules do not prohibit such alteration, but there are dangers in so doing. In order to avoid any unwelcome surprises, the parties would need to make the intended effect of such alterations extremely clear in their contract. Thus, for example, if the allocation of costs in the Incoterms® 2010 rules is altered in the contract, the parties should also clearly state whether they intend to vary the point at which the risk passes from seller to buyer.

당사자들은 종종 인코텀즈 규칙을 변경하고자 원한다. 인코텀즈® 2010은 그러한 변경을 금지하지는 아니하지만, 그렇게 행하는 데에는 위험이 따르게 된다. 어떠한 반갑지 아니한 결과를 회피하기 위하여는, 당사자들은 계약에서 그러한 변경의 의도된 효과를 극히 명확하게 규정할 필요가 있을 것이다. 따라서, 예컨대 인코텀즈® 2010 규칙에서의 비용의 분담이 계약에서 변경되는 경우에는, 당사자들은 위험이 매도인으로부터 매수인에게 넘어가는 지점의 변형을 의도하였는지의 여부 또한 명확하게 기재하여야 한다.

Ⅴ Status of this introduction(이 서문의 지위)

This introduction gives general information on the use and interpretation of the Incoterms® 2010 rules, but does not form part of those rules.

이 서문은 인코텀즈® 2010 규칙의 사용과 해석에 관한 일반적인 정보를 제공하고 있지만, 그러한 규칙의 일부를 구성하지는 아니한다.

Ⅵ Explanation of terms used in the Incoterms® 2010 rules (인코텀즈® 2010 규칙에 사용된 용어의 설명)

As in the Incoterms 2000 rules, the seller's and buyer's obligations are presented in mirror fashion, reflecting under column A the seller's obligations and under column B the buyer's obligations. These obligations can be carried out personally by the seller or the buyer or sometimes, subject to terms in the contract or the applicable law, through intermediaries such as carriers, freight forwarders or other persons nominated by the seller or the buyer for a specific purpose.

The text of the Incoterms® 2010 rules is meant to be self-explanatory. However, in order to assist users the following text sets out guidance as to the sense in which selected terms are used throughout the document.

인코텀즈 2000 규칙에서처럼, 매도인과 매수인의 의무는 대칭적인 모양으로 제시되어 있으며, A 항목 아래에는 매도인의 의무를, 그리고 B 항목 아래에는 매수인의 의무를 반영하고 있다. 이들 의무는 매도인이나 매수인에 의하여 친히 이행되거나, 또는 종종 계약조건이나 준거법에 따라 운송인, 운송주선인 또는 매도인이나 매수인에 의하여 특정목적에 지명된 기타의 자 등의 중간당사자에 의하여 이행될 수 있다.

인코텀즈® 2010 규칙의 본문은 자기 설명형으로 의도되어 있다. 그러나 사용자들에게 도움을 주기 위하여, 다음과 같은 본문에는 선정된 용어가 이 문서의 전반에 걸쳐 사용되는 의미에 관한 안내를 설정하고 있다.

Carrier : For the purposes of the Incoterms® 2010 rules, the carrier is the party with whom carriage is contracted.

Customs formalities : These are requirements to be met in order to comply with any applicable customs regulations and may include documentary, security, information or physical inspection obligations.

Delivery : This concept has multiple meanings in trade law and practice, but in the Incoterms® 2010 rules, it is used to indicate where the risk of loss of or damage to the goods passes from the seller to the buyer.

Delivery document : This phrase is now used as the heading to article A8. It means a document used to prove that delivery has occurred. For many of the Incoterms® 2010 rules, the delivery document is a transport document or corresponding electronic record. However, with EXW, FCA, FAS and FOB, the delivery document may simply be a receipt. A delivery document may also have other functions, for example as part of the mechanism for payment.

Electronic record or procedure : A set of information constituted of one or more electronic messages and, where applicable, being functionally equivalent with the corresponding paper document.

Packaging : This word is used for different purposes :

1. The packaging of the goods to comply with any requirements under the contract of sale.
2. The packaging of the goods so that they are fit for transportation.
3. The stowage of the packaged goods within a container or other means of transport.

In the Incoterms® 2010 rules, packaging means both the first and second of the above. The Incoterms® 2010 rules do not deal with the parties' obligations for stowage within a container and therefore, where relevant, the parties should deal with this in the sale contract.

운송인(carrier) : 인코텀즈® 2010 규칙의 목적상, 운송인이라 함은 운송계약이 체결되어지는 당사자를 말한다.

통관절차(customs formalities) : 이는 어떠한 적용가능한 통관규정을 준수하기 위하여 당면하는 요건이며, 서류나 보안, 정보 또는 물리적인 검사의 의무를 포함할 수 있다.

인도(delivery) : 이 개념은 무역법과 실무에서는 복합적인 의미를 갖고 있지만, 인코텀즈® 2010 규칙에서, 인도라 함은 어디서 물품의 멸실 또는 손상의 위험이 매도인으로부터 매수인에게 넘어가는지를 명시하는데 사용된다.

인도서류(delivery document) : 이 문구는 현재 제A8조의 제목으로서 사용되고 있다. 인도서류라 함은 인도가 발생하였다는 사실을 입증하는데 사용되는 서류를 의미한다. 다수의 인코텀즈® 2010 규칙에서, 인도서류라 함은 운송서류 또는 이에 상응하는 전자기록을 말한다. 그러나 EXW, FCA, FAS 및 FOB에서, 인도서류라 함은 단순히 수령증이 될 수도 있다. 또한 인도서류는 다른 기능, 예컨대 지급체계의 일부로서 기능을 가질 수 있다.

전자기록 또는 처리방법(electronic record or procedure) : 이는 하나 또는 둘 이상의 전자메시지로 구성되어 있고, 적용가능한 경우에는 이에 상응하는 종이서류와 동등한 기능을 하는 일체의 정보를 말한다.

포장(packaging) : 이 문언은 다음과 같이 상이한 목적으로 사용되고 있다.

1. 매매계약의 어떠한 요건을 준수하기 위한 물품의 포장.
2. 물품이 운송에 적합하도록 하기 위한 물품의 포장.
3. 컨테이너나 기타의 운송수단 안으로 포장된 물품의 적부.

인코텀즈® 2010 규칙에서, 포장이라 함은 상기의 첫째와 둘째의 양자를 의미한다. 인코텀즈® 2010 규칙은 컨테이너 안으로 적부할 당사자의 의무는 다루지 아니하며, 따라서 관련이 있는 경우에는 당사자들은 매매계약에서 이를 다루어야 한다.

Ⅶ INCOTERMS® 2010

1. RULES FOR ANY MODE OR MODES OF TRANSPORT (단일이나 복수의 모든 운송방식용 규칙)

1) EXW : EX WORKS(공장인도), insert named place of delivery (지정인도장소 삽입)

(1) GUIDANCE NOTE(안내문)

This rule may be used irrespective of the mode of transport selected and may also be used where more than one mode of transport is employed. It is suitable for domestic trade, while FCA is usually more appropriate for international trade.

"Ex Works" means that the seller delivers when it places the goods at the disposal of the buyer at the seller's premises or at another named place (i.e., works, factory, warehouse, etc.). The seller does not need to load the goods on any collecting vehicle, nor does it need to clear the goods for export, where such clearance is applicable.

The parties are well advised to specify as clearly as possible the point within the named place of delivery, as the costs and risks to that point are for the account of the seller. The buyer bears all costs and risks involved in taking the goods from the agreed point, if any, at the named place of delivery.

이 규칙은 선정된 운송방식에 관계 없이 사용할 수 있으며, 또 둘 이상의 운송방식이 채용되는 경우에도 사용할 수 있다. FCA가 통상적으로 국제무역거래에 더 적절한 반면에, 이는 국내무역거래에 적합한 것이다.

"공장인도"(ex works)라 함은 매도인이 자신의 영업장구내 또는 기타의 지정된 장소(예컨대 공장, 작업장, 창고 등)에서 물품을 매수인의 임의처분 하에 적치한 때에 인도하는 것을 의미한다. 매도인은 어떠한 수거용 차량상에 물품을 적재할 필요가 없으며, 또 물품의 수출수속이 적용가능한 경우에도 이를 행하여야 할 필요가 없다.

당사자들은 지정된 인도장소 내의 지점을 가능한 한 명확하게 명시하는 것이 아주 바람직하다. 왜냐하면 당해 지점까지의 비용과 위험이 매도인의 계산에 속하기 때문이다. 매수인은 지정된 인도장소의 합의된 지점(있는 경우)으로부터 물품을 접수하는데 관련된 모든 비용과 위험을 부담한다.

EXW represents the minimum obligation for the seller. The rule should be used with care as :

a) The seller has no obligation to the buyer to load the goods, even though in practice the seller may be in a better position to do so. If the seller does load the goods, it does so at the buyer's risk and expense. In cases where the seller is in a better position to load the goods, FCA, which obliges the seller to do so at its own risk and expense, is usually more appropriate.

b) A buyer who buys from a seller on an EXW basis for export needs to be aware that the seller has an obligation to provide only such assistance as the buyer may require to effect that export : the seller is not bound to organize the export clearance. Buyers are therefore well advised not to use EXW if they cannot directly or indirectly obtain export clearance.

c) The buyer has limited obligations to provide to the seller any information regarding the export of the goods. However, the seller may need this information for, e.g., taxation or reporting purposes.

EXW는 매도인에게 최소한의 의무를 나타낸다. 이 규칙은 다음과 같은 점에 주의하여 사용하여야 한다.

a) 매도인이 관례적으로 물품을 적재하는데 유리한 위치에 있다 하더라도, 매도인은 매수인에 대하여 이를 적재할 아무런 의무도 부담하지 아니한다. 매도인이 물품을 적재하는 경우에는, 매도인은 매수인의 위험과 비용부담으로 이

를 행하는 것이다. 매도인이 물품을 적재하는데 유리한 위치에 있는 경우에는, 매도인에게 자신의 위험과 비용부담으로 이를 행하도록 의무를 부여하는 FCA가 통상적으로 더 적절하다.

b) 매수인은 EXW에 기초하여 매도인으로부터 수출 매입하는 경우에는, 매도인은 단지 매수인이 동 수출을 진행하는데 요구될 수 있는 협조만을 제공할 의무를 부담한다는 사실을 인식할 필요가 있다. 즉, 매도인은 수출수속을 계획할 의무가 없다. 따라서 매수인은 자신이 직접 또는 간접적으로 수출수속을 취득할 수 없는 경우에는 EXW를 사용하지 아니하는 것이 아주 바람직하다.

c) 매수인은 물품의 수출에 관한 모든 정보를 매도인에게 제공할 의무를 제한하고 있다. 그러나 매도인에게는 예컨대 과세 또는 보고의 목적으로 이러한 정보가 필요할 수 있다.

A. THE SELLER' S OBLIGATIONS(매도인의 의무)

A1. General obligations of the seller.

The seller must provide the goods and the commercial invoice in conformity with the contract of sale and any other evidence of conformity that may be required by the contract.

Any document referred to in A1-A10 may be an equivalent electronic record or procedure if agreed between the parties or customary.

제A1조 매도인의 일반적 의무.

매도인은 반드시 매매계약에 일치하는 물품과 상업송장 및 계약에 의하여 요구될 수 있는 기타 모든 일치의 증명서류를 제공하여야 한다.

제A1조 내지 제A10조에 언급된 모든 서류는 당사자 간에 합의되었거나 관습적인 경우에는 이와 동등한 전자기록 또는 처리방법으로 할 수 있다.

A2. Licences, authorizations, security clearances and other formalities.

Where applicable, the seller must provide the buyer, at the buyer's request, risk and expense, assistance in obtaining any export licence, or other official authorization necessary for the export of the goods.

Where applicable, the seller must provide, at the buyer's request, risk and expense, any information in the possession of the seller that is required for the security clearance of the goods.

제A2조 허가, 승인, 보안수속 및 기타 절차.

적용가능한 경우에는, 매도인은 반드시 매수인의 요청과 위험 및 비용부담으로 모든 수출허가 또는 물품의 수출에 필요한 기타 공적인 승인을 취득하는데 따른 협조를 매수인에게 제공하여야 한다.

적용가능한 경우에는, 매도인은 반드시 매수인의 요청과 위험 및 비용부담으로 물품의 보안수속을 위하여 요구되는 매도인의 점유 하에 있는 모든 정보를 제공하여야 한다.

A3. Contracts of carriage and insurance.

a) Contract of carriage. The seller has no obligation to the buyer to make a contract of carriage.

b) Contract of insurance. The seller has no obligation to the buyer to make a contract of insurance. However, the seller must provide the buyer, at the buyer's request, risk and expense (if any), with information that the buyer needs for obtaining insurance.

제A3조 운송 및 보험계약.

a) 운송계약. 매도인은 매수인에 대하여 운송계약을 체결할 아무런 의무도 부담하지 아니한다.

b) 보험계약. 매도인은 매수인에 대하여 보험계약을 체결할 아무런 의무도 부담하지 아니한다. 그러나 매도인은 반드시 매수인의 요청과 위험 및 비용부담(있는 경우)으로 매수인이 보험을 취득하는데 필요한 정보를 매수인에게 제공하여야 한다.

A4. Delivery.

The seller must deliver the goods by placing them at the disposal of the buyer at the agreed point, if any, at the named place of delivery, not loaded on any collecting vehicle. If no specific point has been agreed within the named place of delivery, and if there are several points available, the seller may select the point that best suits its purpose. The seller must deliver the goods on the agreed date or within the agreed period.

제A4조 인도.

매도인은 반드시 지정된 인도장소의 합의된 지점(있는 경우)에서 어떠한 수거용 차량 상에 적재되지 아니한 상태로 물품을 매수인의 임의처분 하에 적치하는 행위로 이를 인도하여야 한다. 지정된 인도장소 내에서 특정한 지점이 전혀 합의되지 아니한 경우와 여러 개의 이용가능한 지점이 있는 경우에는, 매도인은 자신의 목적에 가장 적합한 지점을 선정할 수 있다. 매도인은 반드시 합의된 일자 또는 합의된 기간내에 물품을 인도하여야 한다.

A5. Transfer of risks.

The seller bears all risks of loss of or damage to the goods until they have been delivered in accordance with A4 with the exception of loss or damage in the circumstances described in B5.

제A5조 위험의 이전.

매도인은 제B5조에 기술된 사정에서의 멸실 또는 손상을 제외하고, 물품이 제A4조에 따라 인도된 때까지 물품의 멸실 또는 손상의 모든 위험을 부담하여야 한다.

A6. Allocation of costs.

The seller must pay all costs relating to the goods until they have been delivered in accordance with A4, other than those payable by the buyer as envisaged in B6.

제A6조 비용의 분담.

매도인은 반드시 제B6조에 적시된 대로 매수인에 의하여 지급되는 비용을 제외하고, 물품이 제A4조에 따라 인도된 때까지 물품에 관련한 모든 비용을 지급하여야 한다.

A7. Notices to the buyer.

The seller must give the buyer any notice needed to enable the buyer to take delivery of the goods.

제A7조 매수인에 대한 통지.

매도인은 반드시 매수인이 물품의 인도를 접수할 수 있도록 매수인에게 필요한 모든 통지를 행하여야 한다.

A8. Delivery document.

The seller has no obligation to the buyer.

제A8조 인도서류.

매도인은 매수인에 대하여 아무런 의무도 부담하지 아니한다.

A9. Checking–packaging–marking.

The seller must pay the costs of those checking operations (such as checking quality, measuring, weighing, counting) that are necessary for the purpose of delivering the goods in accordance with A4.

The seller must, at its own expense, package the goods, unless it is usual for the particular trade to transport the type of goods sold unpackaged. The seller may package the goods in the manner appropriate for their transport, unless the buyer has notified the seller of specific packaging requirements before the contract of sale is concluded. Packaging is to be marked appropriately.

제A9조 점검・포장・화인.

매도인은 반드시 제A4조에 따라 물품을 인도하기 위하여 필요한 물품점검업무(품질, 용적, 중량, 수량점검 등)의 비용을 지급하여야 한다.

특정무역거래에서 매각된 종류의 물품을 무포장으로 운송하는 것이 통상적이지 아니하는 한, 매도인은 반드시 자신의 비용부담으로 물품을 포장하여야 한다. 매수인이 매매계약의 체결 이전에 매도인에게 특정한 포장요건을 통지하지 않은 한, 매도인은 물품운송에 적절한 방법으로 이를 포장할 수 있다. 포장에는 적절한 화인이 있어야 한다.

A10. Assistance with information and related costs.

The seller must, where applicable, in a timely manner, provide to or render assistance in obtaining for the buyer, at the buyer's request, risk and expense, any documents and information, including security-related information, that the buyer needs for the export and/or import of the goods and/or for their transport to the final destination.

제A10조 정보의 협조 및 관련 비용.

매도인은 반드시 적용가능한 경우에는, 매수인의 요청과 위험 및 비용부담으로 매수인이 물품의 수출 및/또는 수입 및/또는 최종목적지까지의 물품운송에 필요한 보안관련 정보를 포함하여 모든 서류와 정보를 취득하는데 따른 협조를 매수인에게 시의적절한 방법으로 제공하거나 공여하여야 한다.

B. THE BUYER' S OBLIGATIONS(매수인의 의무)

B1. General obligations of the buyer. The buyer must pay the price of the goods as provided in the contract of sale.

Any document referred to in B1-B10 may be an equivalent electronic record or procedure if agreed between the parties or customary.

제B1조 매수인의 일반적 의무. 매수인은 반드시 매매계약에 약정된 대로 물품의 대금을 지급하여야 한다.

제B1조 내지 제B10조에 언급된 모든 서류는 당사자 간에 합의되었거나 관습적인 경우에는 이와 동등한 전자기록 또는 처리방법으로 할 수 있다.

B2. Licences, authorizations, security clearances and other formalities.

Where applicable, it is up to the buyer to obtain, at its own risk and expense, any export and import licence or other official authorization and carry out all customs formalities for the export of the goods.

제B2조 허가, 승인, 보안수속 및 기타 절차.

적용가능한 경우에는, 매수인 자신의 위험과 비용부담으로 모든 수출과 수입허가 또는 기타 공적인 승인을 취득하여야 하는 것과 물품의 수출에 필요한 모든 통관절차를 이행하여야 하는 것은 매수인의 책임에 속한다.

B3. Contracts of carriage and insurance.

a) Contract of carriage. The buyer has no obligation to the seller to make a contract of carriage.

b) Contract of insurance. The buyer has no obligation to the seller to make a contract of insurance.

제B3조 운송 및 보험계약.

a) 운송계약. 매수인은 매도인에 대하여 운송계약을 체결할 아무런 의무도 부담하지 아니한다.

b) 보험계약. 매수인은 매도인에 대하여 보험계약을 체결할 아무런 의무도 부담하지 아니한다.

B4. Taking delivery.

The buyer must take delivery of the goods when A4 and A7 have been complied with.

제B4조 인도의 접수.

매수인은 반드시 제A4조 및 제A7조가 준수된 때에 물품의 인도를 접수하여야 한다.

B5. Transfer of risks.

The buyer bears all risks of loss of or damage to the goods from the time they have been delivered as envisaged in A4.

If the buyer fails to give notice in accordance with B7, then the buyer bears all risks of loss of or damage to the goods from the agreed date or the expiry date of the agreed period for delivery, provided that the goods have been clearly identified as the contract goods.

제B5조 위험의 이전.

매수인은 물품이 제A4조에 적시된 대로 인도된 시간부터 물품의 멸실 또는 손상의 모든 위험을 부담하여야 한다.

매수인이 제B7조에 따라 통지를 행하지 아니한 경우에는, 이에 매수인은 인도의 합의된 일자 또는 합의된 기간의 만기일자로부터 물품의 멸실 또는 손상의 모든 위험을 부담하여야 한다. 다만 물품이 계약물품으로서 명확하게 특정되어 있어야 한다.

B6. Allocation of costs. The buyer must :

a) pay all costs relating to the goods from the time they have been delivered as envisaged in A4;

b) pay any additional costs incurred by failing either to take delivery of the goods when they have been placed at its disposal or to give appropriate notice in accordance with B7, provided that the goods have been clearly identified as the contract goods;

c) pay, where applicable, all duties, taxes and other charges, as well as the costs of carrying out customs formalities payable upon export; and

d) reimburse all costs and charges incurred by the seller in providing assistance as envisaged in A2.

제B6조 비용의 분담.

매수인은 반드시 다음과 같이 행하여야 한다.

a) 물품이 제A4조에 적시된 대로 인도된 시간부터 물품에 관련한 모든 비용을 지급하여야 하고,

b) 물품이 자신의 임의처분 하에 적치된 때에 물품의 인도를 접수하지 아니하거나 또는 제B7조에 따라 적절한 통지를 행하지 아니함으로써

발생된 모든 추가적인 비용을 지급하여야 한다. 다만 물품이 계약물품으로서 명확하게 특정되어 있어야 한다.

c) 적용가능한 경우에는, 수출 시에 지급되는 모든 관세, 조세 및 기타 경비뿐만 아니라, 통관절차를 이행하는 비용을 지급하여야 하며, 그리고

d) 제A2조에 적시된 대로 매도인이 협조를 제공하는데 발생된 모든 비용과 경비를 보상하여야 한다.

B7. Notices to the seller.

The buyer must, whenever it is entitled to determine the time within an agreed period and/or the point of taking delivery within the named place, give the seller sufficient notice thereof.

제B7조 매도인에 대한 통지.

매수인은 반드시 합의된 기간 내의 시간 및/또는 지정된 장소내의 인도접수의 지점을 결정할 권한이 주어진 때에는, 항상 이에 관하여 매도인에게 충분한 통지를 행하여야 한다.

B8. Proof of delivery.

The buyer must provide the seller with appropriate evidence of having taken delivery.

제B8조 인도의 증거.

매수인은 반드시 인도를 접수하였다는 적절한 증명서류를 매도인에게 제공하여야 한다.

B9. Inspection of goods.

The buyer must pay the costs of any mandatory pre-shipment inspection, including inspection mandated by the authorities of the country of export.

제B9조 물품의 검사.

매수인은 반드시 수출국가의 당국에 의하여 강제된 검사를 포함하여 모든 강제적인 선적전검사의 비용을 지급하여야 한다.

B10. Assistance with information and related costs.

The buyer must, in a timely manner, advise the seller of any security information requirements so that the seller may comply with A10.

The buyer must reimburse the seller for all costs and charges incurred by the seller in providing or rendering assistance in obtaining documents and information as envisaged in A10.

제B10조 정보의 협조 및 관련 비용.

매수인은 반드시 매도인이 제A10조를 준수할 수 있도록 모든 보안정보요건에 관하여 매도인에게 시의적절한 방법으로 고지하여야 한다.

매수인은 반드시 제A10조에 적시된 대로 서류와 정보를 취득하는데 따른 협조를 제공하거나 공여하면서 매도인에 의하여 발생된 모든 비용과 경비를 매도인에게 보상하여야 한다.

2) FCA : FREE CARRIER(운송인인도), insert named place of delivery(지정인도장소 삽입)

(1) GUIDANCE NOTE(안내문)

This rule may be used irrespective of the mode of transport selected and may also be used where more than one mode of transport is employed.

"Free Carrier" means that the seller delivers the goods to the carrier or another person nominated by the buyer at the seller's premises or another named place. The parties are well advised to specify as clearly as possible the point within the named place of delivery, as the risk passes to the buyer at that point.

If the parties intend to deliver the goods at the seller's premises, they should identify the address of those premises as the named place of delivery. If, on the other hand, the parties intend the goods to be delivered at another place, they must identify a different specific place of delivery.

FCA requires the seller to clear the goods for export, where applicable. However, the seller has no obligation to clear the goods for import, pay any import duty or carry out any import customs formalities.

이 규칙은 선정된 운송방식에 관계 없이 사용할 수 있으며, 또 둘 이상의 운송방식이 채용되는 경우에도 사용할 수 있다.

"운송인인도"(free carrier)라 함은 매도인이 자신의 영업장구내 또는 기타의 지정된 장소에서 매수인에 의하여 지명된 운송인 또는 기타의 자에게 물품을 인도하는 것을 의미한다. 당사자들은 지정된 인도장소 내의 지점을 가능한 한 명확하게 명시하는 것이 아주 바람직하다. 왜냐하면 위험이 당해 지점에서 매수인에게 넘어가기 때문이다.

당사자들은 매도인의 영업장구내에서 물품을 인도하도록 의도하는 경우에는, 그러한 영업장구내의 주소를 지정된 인도장소로서 확인하여야 한다. 다른 한편으로, 당사자들은 기타의 장소에서 물품이 인도되도록 의도하는 경우에는,

반드시 상이한 특정의 인도장소를 확인하여야 한다.

FCA는 적용가능한 경우에는 매도인이 물품의 수출수속을 하도록 요구한다. 그러나 매도인은 물품의 수입수속을 하거나, 어떠한 수입관세를 지급하거나 또는 어떠한 수입통관절차를 이행할 아무런 의무도 부담하지 아니한다.

A. THE SELLER' S OBLIGATIONS(매도인의 의무)

A1. General obligations of the seller.

The seller must provide the goods and the commercial invoice in conformity with the contract of sale and any other evidence of conformity that may be required by the contract.

Any document referred to in A1-A10 may be an equivalent electronic record or procedure if agreed between the parties or customary.

제A1조 매도인의 일반적 의무.

매도인은 반드시 매매계약에 일치하는 물품과 상업송장 및 계약에 의하여 요구될 수 있는 기타 모든 일치의 증명서류를 제공하여야 한다.

제A1조 내지 제A10조에 언급된 모든 서류는 당사자간에 합의되었거나 관습적인 경우에는 이와 동등한 전자기록 또는 처리방법으로 할 수 있다.

A2. Licences, authorizations, security clearances and other formalities.

Where applicable, the seller must obtain, at its own risk and expense, any export licence or other official authorization and carry out all customs formalities necessary for the export of the goods.

제A2조 허가, 승인, 보안수속 및 기타 절차.

적용가능한 경우에는, 매도인은 반드시 자신의 위험과 비용부담으로 모든 수출허가 또는 기타 공적인 승인을 취득하여야 하며, 또 물품의 수출에 필요한 모든 통관절차를 이행하여야 한다.

A3. Contracts of carriage and insurance.

a) Contract of carriage. The seller has no obligation to the buyer to make a contract of carriage. However, if requested by the buyer or if it is commercial practice and the buyer does not give an instruction to the contrary in due time, the seller may contract for carriage on usual terms at the buyer's risk and expense. In either case, the seller may decline to make the contract of carriage and, if it does, shall promptly notify the buyer.

b) Contract of insurance. The seller has no obligation to the buyer to make a contract of insurance. However, the seller must provide the buyer, at the buyer's request, risk, and expense (if any), with information that the buyer needs for obtaining insurance.

제A3조 운송 및 보험계약.

a) 운송계약. 매도인은 매수인에 대하여 운송계약을 체결할 아무런 의무도 부담하지 아니한다. 그러나 매수인이 요청한 경우 또는 상업적인 관례가 있고 매수인이 적기에 그 반대의 지시를 하지 아니한 경우에는, 매도인은 매수인의 위험과 비용부담으로 통상적인 조건의 운송계약을 체결할 수 있다. 이중의 어느 경우에서도, 매도인은 운송계약의 체결을 거절할 수 있으며, 또 그러한 경우에는 매수인에게 즉시 통지하여야 한다.

b) 보험계약. 매도인은 매수인에 대하여 보험계약을 체결할 아무런 의무도 부담하지 아니한다. 그러나 매도인은 반드시 매수인의 요청과 위험 및 비용부담(있는 경우)으로 매수인이 보험을 취득하는데 필요한 정보를 매수인에게 제공하여야 한다.

A4. Delivery.

The seller must deliver the goods to the carrier or another person nominated by the buyer at the agreed point, if any, at the named place on the agreed date or within the agreed period.

Delivery is completed :

a) If the named place is the seller's premises, when the goods have been loaded on the means of transport provided by the buyer.

b) In any other case, when the goods are placed at the disposal of the carrier or another person nominated by the buyer on the seller's means of transport ready for unloading.

If no specific point has been notified by the buyer under B7 d) within the named place of delivery, and if there are several points available, the seller may select the point that best suits its purpose.

Unless the buyer notifies the seller otherwise, the seller may deliver the goods for carriage in such a manner as the quantity and/or nature of the goods may require.

제A4조 인도.

매도인은 반드시 합의된 일자 또는 합의된 기간 내에 지정된 장소의 합의된 지점(있는 경우)에서 매수인에 의하여 지명된 운송인 또는 기타의 자에게 물품을 인도하여야 한다.

인도는 다음과 같은 때에 완성된다.

a) 지정된 장소가 매도인의 영업장구내인 경우에는, 물품이 매수인에 의하여 제공된 운송수단상에 적재된 때.

b) 기타 모든 경우에는, 물품이 양하할 준비를 갖춘 매도인의 운송수단상에서 매수인에 의하여 지명된 운송인 또는 기타 자의 임의처분하에 적치된 때.

지정된 인도장소 내에서 특정한 지점이 제B7조 d항에 따라 매수인에 의하여 전혀 통지되지 아니한 경우와 여러 개의 이용가능한 지점이 있는 경우에는, 매도인은 자신의 목적에 가장 적합한 지점을 선정할 수 있다.

매수인이 매도인에게 별도로 통지하지 않은 한, 매도인은 물품의 수량 및/또는 성질에 따라 요구될 수 있는 그러한 방법으로 운송물품을 인도할 수 있다.

A5. Transfer of risks.

The seller bears all risks of loss of or damage to the goods until they have been delivered in accordance with A4, with the exception of loss or damage in the circumstances described in B5.

제A5조 위험의 이전.

매도인은 제B5조에 기술된 사정에서의 멸실 또는 손상을 제외하고, 물품이 제A4조에 따라 인도된 때까지 물품의 멸실 또는 손상의 모든 위험을 부담하여야 한다.

A6. Allocation of costs. The seller must pay

a) all costs relating to the goods until they have been delivered in accordance with A4, other than those payable by the buyer as envisaged in B6; and

b) where applicable, the costs of customs formalities necessary for export, as well as all duties, taxes, and other charges payable upon export.

제A6조 비용의 분담.

매도인은 반드시 다음과 같은 비용을 지급하여야 한다.

a) 제B6조에 적시된 대로 매수인에 의하여 지급되는 비용을 제외하고, 물품이 제A4조에 따라 인도된 때까지 물품에 관련한 모든 비용, 그리고

b) 적용가능한 경우에는, 수출에 필요한 통관절차의 비용뿐만 아니라, 수출 시에 지급되는 모든 관세, 조세 및 기타 경비.

A7. Notices to the buyer.

The seller must, at the buyer's risk and expense, give the buyer sufficient notice either that the goods have been delivered in accordance with A4 or that the carrier or another person nominated by the buyer has failed to take the goods within the time agreed.

제A7조 매수인에 대한 통지.

매도인은 반드시 매수인의 위험과 비용부담으로 물품이 제A4조에 따라 인도되었다는 사실 또는 매수인에 의하여 지명된 운송인 또는 기타의 자가 합의된 시간 내에 물품을 접수하지 아니하였다는 사실에 관하여 매수인에게 충분한 통지를 행하여야 한다.

A8. Delivery document.

The seller must provide the buyer, at the seller's expense, with the usual proof that the goods have been delivered in accordance with A4.

The seller must provide assistance to the buyer, at the buyer's request, risk and expense, in obtaining a transport document.

제A8조 인도서류.

매도인은 반드시 자신의 비용부담으로 물품이 제A4조에 따라 인도되었다는 통상적인 증거를 매수인에게 제공하여야 한다.

매도인은 반드시 매수인의 요청과 위험 및 비용부담으로 운송서류를 취득하는데 따른 협조를 매수인에게 제공하여야 한다.

A9. Checking–packaging–marking.

The seller must pay the costs of those checking operations (such as checking quality, measuring, weighing, counting) that are necessary for the purpose of delivering the goods in accordance with A4, as well as the costs of any pre-shipment inspection mandated by the authority of the country of export.

The seller must, at its own expense, package the goods, unless it is usual for the particular trade to transport the type of goods sold unpackaged. The seller may package the goods in the manner appropriate for their transport, unless the buyer has notified the seller of specific packaging requirements before the contract of sale is concluded. Packaging is to be marked appropriately.

제A9조 점검 · 포장 · 화인.

매도인은 반드시 제A4조에 따라 물품을 인도하기 위하여 필요한 물품점검업무(품질, 용적, 중량, 수량점검 등)의 비용뿐만 아니라, 수출국가의 당국에 의하여 강제된 모든 선적전검사의 비용을 지급하여야 한다.

특정무역거래에서 매각된 종류의 물품을 무포장으로 운송하는 것이 통상적이지 아니하는 한, 매도인은 반드시 자신의 비용부담으로 물품을 포장하여야 한다. 매수인이 매매계약의 체결 이전에 매도인에게 특정한 포장요건을 통지하지 않은 한, 매도인은 물품운송에 적절한 방법으로 이를 포장할 수 있다. 포장에는 적절한 화인이 있어야 한다.

A10. Assistance with information and related costs.

The seller must, where applicable, in a timely manner, provide to or render assistance in obtaining for the buyer, at the buyer's request, risk and expense, any documents and information, including security-related information, that the buyer needs for the import of the goods and/or for their transport to the final destination.

The seller must reimburse the buyer for all costs and charges incurred by the buyer in providing or rendering assistance in obtaining documents and information as envisaged in B10.

제A10조 정보의 협조 및 관련 비용.

매도인은 반드시 적용가능한 경우에는, 매수인의 요청과 위험 및 비용부담으로 매수인이 물품의 수입 및/또는 최종목적지까지의 물품운송에 필요한 보안관련 정보를 포함하여 모든 서류와 정보를 취득하는데 따른 협조를 매수인에게 시의적절한 방법으로 제공하거나 공여하여야 한다.

매도인은 반드시 제B10조에 적시된 대로 서류와 정보를 취득하는데 따른 협조를 제공하거나 공여하면서 매수인에 의하여 발생된 모든 비용과 경비를 매수인에게 보상하여야 한다.

B. THE BUYER' S OBLIGATIONS(매수인의 의무)

B1. General obligations of the buyer.

The buyer must pay the price of the goods as provided in the contract of sale.

Any document referred to in B1-B10 may be an equivalent electronic record or procedure if agreed between the parties or customary.

제B1조 매수인의 일반적 의무.

매수인은 반드시 매매계약에 약정된 대로 물품의 대금을 지급하여야 한다.

제B1조 내지 제B10조에 언급된 모든 서류는 당사자 간에 합의되었거나 관습적인 경우에는 이와 동등한 전자기록 또는 처리방법으로 할 수 있다.

B2. Licences, authorizations, security clearances and other formalities.

Where applicable, it is up to the buyer to obtain, at its own risk and expense, any import licence or other official authorization and carry out all customs formalities for the import of the goods and for their transport through any country.

제B2조 허가, 승인, 보안수속 및 기타 절차.

적용가능한 경우에는, 매수인 자신의 위험과 비용부담으로 모든 수입허가 또는 기타 공적인 승인을 취득하여야 하는 것과 물품의 수입 및 어떠한 국가를 통과하는 운송을 위한 모든 통관절차를 이행하여야 하는 것은 매수인의 책임에 속한다.

B3. Contracts of carriage and insurance.

a) Contract of carriage. The buyer must contract at its own expense for the carriage of the goods from the named place of delivery, except when the contract of carriage is made by the seller as provided for in A3 a).

b) Contract of insurance. The buyer has no obligation to the seller to make a contract of insurance.

제B3조 운송 및 보험계약.

a) 운송계약. 매수인은 반드시 운송계약이 제A3조 a항에 규정된 대로 매도인에 의하여 체결된 때를 제외하고, 자신의 비용부담으로 지정된 인도장소로부터 물품의 운송계약을 체결하여야 한다.

b) 보험계약. 매수인은 매도인에 대하여 보험계약을 체결할 아무런 의무도 부담하지 아니한다.

B4. Taking delivery. The buyer must take delivery of the goods when they have been delivered as envisaged in A4.

제B4조 인도의 접수. 매수인은 반드시 물품이 제A4조에 적시된 대로 인도된 때에 물품의 인도를 접수하여야 한다.

B5. Transfer of risks.

The buyer bears all risks of loss of or damage to the goods from the time they have been delivered as envisaged in A4.

If a) the buyer fails in accordance with B7 to notify the nomination of a carrier or another person as envisaged in A4 or to give notice; or

b) the carrier or person nominated by the buyer as envisaged in A4 fails to take the goods into its charge,

then, the buyer bears all risks of loss of or damage to the goods :

(i) from the agreed date, or in the absence of an agreed date,

(ii) from the date notified by the seller under A7 within the agreed period; or, if no such date has been notified,

(iii) from the expiry date of any agreed period for delivery,

provided that the goods have been clearly identified as the contract goods.

제B5조 위험의 이전.

매수인은 물품이 제A4조에 적시된 대로 인도된 시간부터 물품의 멸실 또는 손상의 모든 위험을 부담하여야 한다.

a) 매수인이 제B7조에 따라 제A4조에 적시된 대로 운송인 또는 기타 자의 지명을 통지하지 아니하거나 또는 통지를 행하지 아니한 경우, 또는

b) 제A4조에 적시된 대로 운송인 또는 매수인에 의하여 지명된 자가 자신의 관리 하에 물품을 접수하지 아니한 경우에

매수인은 다음과 같은 때부터 물품의 멸실 또는 손상의 모든 위험을 부담하여야 한다.

(i) 합의된 일자로부터, 또는 합의된 일자가 없는 경우,

(ii) 합의된 기간 중 제A7조에 따라 매도인에 의하여 통지된 일자로부터, 또는 그러한 일자가 전혀 통지되지 아니한 경우,

(iii) 인도의 어떠한 합의된 기간의 만기일자로부터.

다만 물품이 계약물품으로서 명확하게 특정되어 있어야 한다.

B6. Allocation of costs. The buyer must pay

a) all costs relating to the goods from the time they have been delivered as envisaged in A4, except, where applicable, the costs of customs formalities necessary for export, as well as all duties, taxes, and other charges payable upon export as referred to in A6 b);

b) any additional costs incurred, either because :

(i) the buyer fails to nominate a carrier or another person as envisaged in A4, or

(ii) the carrier or person nominated by the buyer as envisaged in A4 fails to take the goods into its charge, or

(iii) the buyer has failed to give appropriate notice in accordance with B7,

provided that the goods have been clearly identified as the contract goods; and

c) where applicable, all duties, taxes and other charges as well as the costs of carrying out customs formalities payable upon import of the goods and the costs for their transport through any country.

제B6조 비용의 분담.

매수인은 반드시 다음과 같은 비용을 지급하여야 한다.

a) 물품이 제A4조에 적시된 대로 인도된 시간부터 물품에 관련한 모든 비용. 다만 적용가능한 경우에는, 수출에 필요한 통관절차의 비용뿐만 아니라, 제A6조 b항에 언급된 대로 수출시에 지급되는 모든 관세, 조세 및 기타 경비는 제외한다.

b) 다음과 같은 원인으로 발생된 모든 추가적인 비용.
   (i) 매수인이 제A4조에 적시된 대로 운송인 또는 기타의 자를 지명하지 아니한 경우, 또는
   (ii) 제A4조에 적시된 대로 매수인에 의하여 지명된 운송인 또는 기타의 자가 물품을 자신의 관리하에 접수하지 아니한 경우, 또는
   (iii) 매수인이 제B7조에 따라 적절한 통지를 행하지 아니한 경우. 다만 물품이 계약물품으로서 명확하게 특정되어 있어야 한다. 그리고

c) 적용가능한 경우에는, 물품의 수입시에 지급되는 모든 관세, 조세 및 기타 경비뿐만 아니라, 통관절차를 이행하는 비용 및 어떠한 국가를 통과하는 운송비용.

B7. Notices to the seller.

The buyer must notify the seller of

a) the name of the carrier or another person nominated as envisaged in A4 within sufficient time as to enable the seller to deliver the goods in accordance with that article;

b) where necessary, the selected time within the period agreed for delivery when the carrier or person nominated will take the goods;

c) the mode of transport to be used by the person nominated; and

d) the point of taking delivery within the named place.

제B7조 매도인에 대한 통지.

매수인은 반드시 다음에 관하여 매도인에게 통지하여야 한다.

a) 매도인이 제A4조에 따라 물품을 인도할 수 있도록 충분한 시간내에 제A4조에 적시된 대로 지명된 운송인 또는 기타 자의 명의,

b) 필요한 경우에는, 운송인 또는 지명된 자가 물품을 수령하여야 할 인도의 합의된 기간 내의 선정된 시간,

c) 지명된 자에 의하여 사용되어야 할 운송방식, 그리고

d) 지정된 장소내의 인도접수의 지점.

B8. Proof of delivery.

The buyer must accept the proof of delivery provided as envisaged in A8.

제B8조 인도의 증거.

매수인은 반드시 제A8조에 적시된 대로 제공된 인도의 증거를 인수하여야 한다.

B9. Inspection of goods.

The buyer must pay the costs of any mandatory pre-shipment inspection, except when such inspection is mandated by the authorities of the country of export.

제B9조 물품의 검사.

매수인은 반드시 수출국가의 당국에 의하여 강제된 그러한 검사의 경우를 제외하고, 모든 강제적인 선적전 검사의 비용을 지급하여야 한다.

B10. Assistance with information and related costs.

The buyer must, in a timely manner, advise the seller of any security information requirements so that the seller may comply with A10.

The buyer must reimburse the seller for all costs and charges incurred by the seller in providing or rendering assistance in obtaining documents and information as envisaged in A10.

The buyer must, where applicable, in a timely manner, provide to or render assistance in obtaining for the seller, at the seller's request, risk and expense, any documents and information, including security-related information, that the seller needs for the transport and export of the goods and for their transport through any country.

제B10조 정보의 협조 및 관련 비용.

매수인은 반드시 매도인이 제A10조를 준수할 수 있도록 모든 보안정보 요건에 관하여 매도인에게 시의적절한 방법으로 고지하여야 한다.

매수인은 반드시 제A10조에 적시된 대로 서류와 정보를 취득하는데 따른 협조를 제공하거나 공여하면서 매도인에 의하여 발생된 모든 비용과 경비를 매도인에게 보상하여야 한다.

매수인은 반드시 적용가능한 경우에는, 매도인의 요청과 위험 및 비용부담으로 매도인이 물품의 운송과 수출 및 어떠한 국가를 통과하는 물품운송에 필요한 보안관련 정보를 포함하여 모든 서류와 정보를 취득하는데 따른 협조를 매도인에게 시의적절한 방법으로 제공하거나 공여하여야 한다.

3) CPT : CARRIAGE PAID TO(운송비지급인도), insert named place of destination(지정목적장소 삽입)

(1) GUIDANCE NOTE(안내문)

This rule may be used irrespective of the mode of transport selected and may also be used where more than one mode of transport is employed.

"Carriage Paid To" means that the seller delivers the goods to the carrier or another person nominated by the seller at an agreed place (if any such place is agreed between the parties) and that the seller must contract for and pay the costs of carriage necessary to bring the goods to the named place of destination.

When CPT, CIP, CFR or CIF are used, the seller fulfils its obligation to deliver when it hands the goods over to the carrier and not when the goods reach the place of destination.

이 규칙은 선정된 운송방식에 관계 없이 사용할 수 있으며, 또 둘 이상의 운송방식이 채용되는 경우에도 사용할 수 있다.

"운송비지급인도"(carriage paid to)라 함은 매도인이 (당사자 간에 어떠한 장소가 합의된 경우) 그러한 합의된 장소에서 매도인에 의하여 지명된 운송인 또는 기타의 자에게 물품을 인도하는 것과 매도인이 반드시 지정된 목적장소까지 물품을 운반하는데 필요한 운송계약을 체결하고 그 비용을 지급하여야 하는 것을 의미한다.

CPT, CIP, CFR 또는 CIF가 사용되는 경우에는, 매도인은 자신이 운송인에게 물품을 인계하는 때에 자신의 인도의무를 완수하게 되며, 또 물품이 목적장소에 도달하는 때가 되는 것은 아니다.

This rule has two critical points, because risk passes and costs are transferred at different places. The parties are well advised to identify as precisely as possible in the contract both the place of delivery, where the risk passes to the buyer, and the named place of destination to which the seller must contract for the carriage. If several carriers are used for the carriage to the agreed destination and the parties do not agree on a specific point of delivery, the default position is that risk passes when the goods have been delivered to the first carrier at a point entirely of the seller's choosing and over which the buyer has no control. Should the parties wish the risk to pass at a later stage (e.g., at an ocean port or airport), they need to specify this in their contract of sale.

이 규칙은 상이한 장소에서 위험이 넘어가고 비용이 이전되기 때문에 두 개의 분기점을 갖고 있다. 당사자들은 계약에서 위험이 매수인에게 넘어가는 인도장소와 매도인이 반드시 운송계약을 체결하여야 하는 지정된 목적장소의 양자를 가능한 한 정확하게 확인하는 것이 아주 바람직하다. 합의된 목적지까지의 운송에 복수의 운송인이 사용되고 또 당사자들이 특정한 인도지점을 합의하지 아니한 경우에는, 물품이 전적으로 매도인의 선택하에 있고 매수인의 통제를 벗어난 지점에서 최초의 운송인에게 인도된 때가 위험이 넘어가는 불이행위치가 된다. 당사자들이 이후의 단계에서 (예컨대 해양의 항구 또는 공항에서) 위험이 넘어가도록 원하는 경우에는, 당사자들은 매매계약에서 이를 명시할 필요가 있다.

The parties are also well advised to identify as precisely as possible the point within the agreed place of destination, as the costs to that point are for the account of the seller. The seller is advised to procure contracts of carriage that match this choice precisely. If the seller incurs costs under its contract of carriage related to unloading at the named place of destination, the seller is not entitled to recover such costs from the buyer unless otherwise agreed between the parties.

CPT requires the seller to clear the goods for export, where applicable. However, the seller has no obligation to clear the goods for import, pay any import duty or carry out any import customs formalities.

당사자들은 또한 합의된 목적장소내의 지점을 가능한 한 정확하게 확인하는 것이 아주 바람직하다. 왜냐하면 당해 지점까지의 비용이 매도인의 계산에 속하기 때문이다. 매도인은 이 선택사항에 정확하게 부합하는 운송계약을 조달하는 것이 바람직하다. 매도인이 자신의 운송계약에 따라 지정된 목적장소에서의 양하에 관련된 비용을 부담하는 경우에는, 매도인은 당사자간에 별도의 합의가 없는 한 매수인으로부터 그러한 비용을 회수할 권한이 없다.

CPT는 적용가능한 경우에는 매도인이 물품의 수출수속을 하도록 요구한다. 그러나 매도인은 물품의 수입수속을 하거나, 어떠한 수입관세를 지급하거나 또는 어떠한 수입통관절차를 이행할 아무런 의무도 부담하지 아니한다.

A. THE SELLER' S OBLIGATIONS(매도인의 의무)

A1. General obligations of the seller.

The seller must provide the goods and the commercial invoice in conformity with the contract of sale and any other evidence of conformity that may be required by the contract.

Any document referred to in A1-A10 may be an equivalent electronic record or procedure if agreed between the parties or customary.

제A1조 매도인의 일반적 의무.

매도인은 반드시 매매계약에 일치하는 물품과 상업송장 및 계약에 의하여 요구될 수 있는 기타 모든 일치의 증명서류를 제공하여야 한다.

제A1조 내지 제A10조에 언급된 모든 서류는 당사자 간에 합의되었거나 관습적인 경우에는 이와 동등한 전자기록 또는 처리방법으로 할 수 있다.

A2. Licences, authorizations, security clearances and other formalities.

Where applicable, the seller must obtain, at its own risk and expense, any export licence or other official authorization and carry out all customs formalities necessary for the export of the goods, and for their transport through any country prior to delivery.

제A2조 허가, 승인, 보안수속 및 기타 절차.

적용가능한 경우에는, 매도인은 반드시 자신의 위험과 비용부담으로 모든 수출허가 또는 기타 공적인 승인을 취득하여야 하며, 또 물품의 수출 및 인도하기 이전의 어떠한 국가를 통과하는 운송에 필요한 모든 통관절차를 이행하여야 한다.

A3. Contracts of carriage and insurance.

a) Contract of carriage. The seller must contract or procure a contract for the carriage of the goods from the agreed point of delivery, if any, at the place of delivery to the named place of destination or, if agreed, any point at that place. The contract of carriage must be made on usual terms at the seller's expense and provide for carriage by the usual route and in a customary manner. If a specific point is not agreed or is not determined by practice, the seller may select the point of delivery and the point at the named place of destination that best suit its purpose.

b) Contract of insurance. The seller has no obligation to the buyer to make a contract of insurance. However, the seller must provide the buyer, at the buyer's request, risk, and expense (if any), with information that the buyer needs for obtaining insurance.

제A3조 운송 및 보험계약.

a) 운송계약. 매도인은 반드시 인도장소의 합의된 인도지점(있는 경우)으로부터 지정된 목적장소 또는 당해장소의 어떠한 지점(합의된 경

우)까지 물품의 운송계약을 체결하거나 조달하여야 한다. 운송계약은 반드시 매도인의 비용부담으로 통상적인 조건에 따라 체결되어야 하며, 또 통상적인 경로와 관습적인 방법에 따른 운송을 제공하여야 한다. 특정한 지점이 합의되지 아니하거나 또는 관례에 따라 결정되지 아니한 경우에는, 매도인은 자신의 목적에 가장 적합한 인도장소 및 지정된 목적장소의 지점을 선정할 수 있다.

b) 보험계약. 매도인은 매수인에 대하여 보험계약을 체결할 아무런 의무도 부담하지 아니한다. 그러나 매도인은 반드시 매수인의 요청과 위험 및 비용부담(있는 경우)으로 매수인이 보험을 취득하는데 필요한 정보를 매수인에게 제공하여야 한다.

A4. Delivery.

The seller must deliver the goods by handing them over to the carrier contracted in accordance with A3 on the agreed date or within the agreed period.

제A4조 인도.

매도인은 반드시 합의된 일자 또는 합의된 기간내에 제A3조에 따라 계약된 운송인에게 물품을 인계하는 행위로 이를 인도하여야 한다.

A5. Transfer of risks.

The seller bears all risks of loss of or damage to the goods until they have been delivered in accordance with A4, with the exception of loss or damage in the circumstances described in B5.

제A5조 위험의 이전.

매도인은 제B5조에 기술된 사정에서의 멸실 또는 손상을 제외하고, 물품이 제A4조에 따라 인도된 때까지 물품의 멸실 또는 손상의 모든 위험을 부담하여야 한다.

A6. Allocation of costs.

The seller must pay

a) all costs relating to the goods until they have been delivered in accordance with A4, other than those payable by the buyer as envisaged in B6;

b) the freight and all other costs resulting from A3 a), including the costs of loading the goods and any charges for unloading at the place of destination that were for the seller's account under the contract of carriage; and

c) where applicable, the costs of customs formalities necessary for export, as well as all duties, taxes and other charges payable upon export, and the costs for their transport through any country that were for the seller's account under the contract of carriage.

제A6조 비용의 분담.

매도인은 반드시 다음과 같은 비용을 지급하여야 한다.

a) 제B6조에 적시된 대로 매수인에 의하여 지급되는 비용을 제외하고, 물품이 제A4조에 따라 인도된 때까지 물품에 관련한 모든 비용,

b) 물품의 적재비용 및 운송계약에 따라 매도인의 계산에 속한 목적장소에서의 모든 양하경비를 포함하여, 제A3조 a항의 결과로 발생하는 운임과 기타 모든 비용, 그리고

c) 적용가능한 경우에는, 수출에 필요한 통관절차의 비용뿐만 아니라, 수출 시에 지급되는 모든 관세, 조세 및 기타 경비, 그리고 운송계약에 따라 매도인의 계산에 속한 어떠한 국가를 통과하는 운송비용.

A7. Notices to the buyer.

The seller must notify the buyer that the goods have been delivered in accordance with A4.

The seller must give the buyer any notice needed in order to allow the buyer to take measures that are normally necessary to enable the buyer to take the goods.

A7조 매수인에 대한 통지.

매도인은 반드시 물품이 제A4조에 따라 인도되었다는 사실에 관하여 매수인에게 통지하여야 한다.

매도인은 반드시 매수인이 물품을 접수할 수 있도록 하는데 정상적으로 필요한 조치를 취할 수 있도록 매수인에게 필요한 모든 통지를 행하여야 한다.

A8. Delivery document.

If customary or at the buyer's request, the seller must provide the buyer, at the seller's expense, with the usual transport document[s] for the transport contracted in accordance with A3.

This transport document must cover the contract goods and be dated within the period agreed for shipment. If agreed or customary, the document must also enable the buyer to claim the goods from the carrier at the named place of destination and enable the buyer to sell the goods in transit by the transfer of the document to a subsequent buyer or by notification to the carrier.

When such a transport document is issued in negotiable form and in several originals, a full set of originals must be presented to the buyer.

제A8조 인도서류.

관습적이거나 또는 매수인의 요청이 있는 경우에는, 매도인은 반드시 자신의 비용부담으로 제A3조에 따라 계약을 체결한 운송에 관한 통상적인 운송서류[들]을 매수인에게 제공하여야 한다.

이 운송서류는 반드시 계약물품을 커버하여야 하며, 또 운송을 위하여 합의된 기간내로 일부되어 있어야 한다. 또한 합의되었거나 또는 관습적인 경우에는, 서류는 반드시 매수인이 지정된 목적장소에서 운송인으로부터 물품을 청구할 수 있는 것이어야 하며, 또 매수인이 후속되는 매수인에게 서류의 이전에 의하거나 또는 운송인에 대한 통지에 의하여 수송 중인 물품을 매각할 수 있는 것이어야 한다.

그러한 운송서류가 유통가능한 양식이면서 복수의 원본으로 발행되는 때에는, 반드시 전통의 원본이 매수인에게 제시되어야 한다.

A9. Checking–packaging–marking.

The seller must pay the costs of those checking operations (such as checking quality, measuring, weighing, counting) that are necessary for the purpose of delivering the goods in accordance with A4, as well as the costs of any pre-shipment inspection mandated by the authority of the country of export.

The seller must, at its own expense, package the goods, unless it is usual for the particular trade to transport the type of goods sold unpackaged. The seller may package the goods in the manner appropriate for their transport, unless the buyer has notified the seller of specific packaging requirements before the contract of sale is concluded. Packaging is to be marked appropriately.

제A9조 점검 · 포장 · 화인.

매도인은 반드시 제A4조에 따라 물품을 인도하기 위하여 필요한 물품점검업무(품질, 용적, 중량, 수량점검 등)의 비용뿐만 아니라, 수출국가의 당국에 의하여 강제된 모든 선적전검사의 비용을 지급하여야 한다.

특정무역거래에서 매각된 종류의 물품을 무포장으로 운송하는 것이 통상적이지 아니하는 한, 매도인은 반드시 자신의 비용부담으로 물품을 포장하여야 한다. 매수인이 매매계약의 체결 이전에 매도인에게 특정한 포장요건을 통지하지 않은 한, 매도인은 물품운송에 적절한 방법으로 이를 포장할 수 있다. 포장에는 적절한 화인이 있어야 한다.

A10. Assistance with information and related costs. The seller must, where applicable, in a timely manner, provide to or render assistance in obtaining for the buyer, at the buyer's request, risk and expense, any documents and information, including security-related information, that the buyer needs for the import of the goods and/or for their transport to the final destination.

The seller must reimburse the buyer for all costs and charges incurred by the buyer in providing or rendering assistance in obtaining documents and information as envisaged in B10.

제A10조 정보의 협조 및 관련 비용.

매도인은 반드시 적용가능한 경우에는, 매수인의 요청과 위험 및 비용부담으로 매수인이 물품의 수입 및/또는 최종목적지까지의 물품운송에 필요한 보안관련 정보를 포함하여 모든 서류와 정보를 취득하는데 따른 협조를 매수인에게 시의적절한 방법으로 제공하거나 공여하여야 한다.

매도인은 반드시 제B10조에 적시된 대로 서류와 정보를 취득하는데 따른 협조를 제공하거나 공여하면서 매수인에 의하여 발생된 모든 비용과 경비를 매수인에게 보상하여야 한다.

B. THE BUYER' S OBLIGATIONS(매수인의 의무)

B1. General obligations of the buyer.

The buyer must pay the price of the goods as provided in the contract of sale.

Any document referred to in B1-B10 may be an equivalent electronic record or procedure if agreed between the parties or customary.

제B1조 매수인의 일반적 의무.

매수인은 반드시 매매계약에 약정된 대로 물품의 대금을 지급하여야 한다.

제B1조 내지 제B10조에 언급된 모든 서류는 당사자 간에 합의되었거나 관습적인 경우에는 이와 동등한 전자기록 또는 처리방법으로 할 수 있다.

B2. Licences, authorizations, security clearances and other formalities.

Where applicable, it is up to the buyer to obtain, at its own risk and expense, any import licence or other official authorization and carry out all customs formalities for the import of the goods and for their transport through any country.

제B2조 허가, 승인, 보안수속 및 기타 절차.

적용가능한 경우에는, 매수인 자신의 위험과 비용부담으로 모든 수입허가 또는 기타 공적인 승인을 취득하여야 하는 것과 물품의 수입 및 어떠한 국가를 통과하는 운송을 위한 모든 통관절차를 이행하여야 하는 것은 매수인의 책임에 속한다.

B3. Contracts of carriage and insurance.

a) Contract of carriage. The buyer has no obligation to the seller to make a contract of carriage.

b) Contract of insurance. The buyer has no obligation to the seller to make a contract of insurance. However, the buyer must provide the seller, upon request, with the necessary information for obtaining insurance.

제B3조 운송 및 보험계약.

a) 운송계약. 매수인은 매도인에 대하여 운송계약을 체결할 아무런 의무도 부담하지 아니한다.

b) 보험계약. 매수인은 매도인에 대하여 보험계약을 체결할 아무런 의무도 부담하지 아니한다. 그러나 매수인은 요청 시에는 반드시 보험을 취득하는데 필요한 정보를 매도인에게 제공하여야 한다.

B4. Taking delivery.

The buyer must take delivery of the goods when they have been delivered as envisaged in A4 and receive them from the carrier at the named place of destination.

제B4조 인도의 접수.

매수인은 반드시 물품이 제A4조에 적시된 대로 인도된 때에 물품의 인도를 접수하여야 하며, 또 지정된 목적장소에서 운송인으로부터 이를 수령하여야 한다.

B5. Transfer of risks.

The buyer bears all risks of loss of or damage to the goods from the time they have been delivered as envisaged in A4.

If the buyer fails to give notice in accordance with B7, it must bear all risks of loss of or damage to the goods from the agreed date or the expiry date of the agreed period for delivery, provided that the goods have been clearly identified as the contract goods.

제B5조 위험의 이전.

매수인은 물품이 제A4조에 적시된 대로 인도된 시간부터 물품의 멸실 또는 손상의 모든 위험을 부담하여야 한다.

매수인이 제B7조에 따라 통지를 행하지 아니한 경우에는, 매수인은 반드시 인도의 합의된 일자 또는 합의된 기간의 만기일자로부터 물품의 멸실 또는 손상의 모든 위험을 부담하여야 한다. 다만 물품이 계약물품으로서 명확하게 특정되어 있어야 한다.

B6. Allocation of costs.

The buyer must, subject to the provisions of A3 a), pay

a) all costs relating to the goods from the time they have been delivered as envisaged in A4, except, where applicable, the costs of customs formalities necessary for export, as well as all duties, taxes, and other charges payable upon export as referred to in A6 c);

b) all costs and charges relating to the goods while in transit until their arrival at the agreed place of destination, unless such costs and charges were for the seller's account under the contract of carriage;

c) unloading costs, unless such costs were for the seller's account under the contract of carriage;

d) any additional costs incurred if the buyer fails to give notice in accordance with B7, from the agreed date or the expiry date of the agreed period for dispatch, provided that the goods have been clearly identified as the contract goods; and

e) where applicable, all duties, taxes and other charges, as well as the costs of carrying out customs formalities payable upon import of the goods and the costs for their transport through any country, unless included within the cost of the contract of carriage.

제B6조 비용의 분담.

매수인은 반드시 제A3조 a항에 규정된 경우를 제외하고, 다음과 같은 비용을 지급하여야 한다.

a) 물품이 제A4조에 적시된 대로 인도된 시간부터 물품에 관련한 모든 비용. 다만 적용가능한 경우에는, 수출에 필요한 통관절차의 비용뿐만 아니라, 제A6조 c항에 언급된 대로 수출시에 지급되는 모든 관세, 조세 및 기타 경비는 제외한다.

b) 운송계약에 따라 매도인의 계산에 속한 것이 아닌 한, 합의된 목적장소에 도착할 때까지의 수송 중에 물품에 관련한 모든 비용 및 경비,

c) 운송계약에 따라 매도인의 계산에 속한 것이 아닌 한, 양하비용,

d) 매수인이 제B7조에 따라 통지를 행하지 아니한 경우에는, 발송을 위하여 합의된 일자 또는 합의된 기간의 만기일자로부터 발생된 모든 추가적인 비용. 다만 물품이 계약물품으로서 명확하게 특정되어 있어야 한다. 그리고

e) 적용가능한 경우에는, 물품의 수입시에 지급되는 모든 관세, 조세 및 기타 경비뿐만 아니라, 통관절차를 이행하는 비용 및 운송계약의 비용에 포함되지 않은 한 어떠한 국가를 통과하는 운송비용.

B7. Notices to the seller.

The buyer must, whenever it is entitled to determine the time for dispatching the goods and/or the named place of destination or the point of receiving the goods within that place, give the seller sufficient notice thereof.

제B7조 매도인에 대한 통지.

매수인은 반드시 물품발송의 시간 및/또는 지정된 목적장소 또는 당해 장소내의 물품수령의 지점을 결정할 권한이 주어진 때에는, 항상 이에 관하여 매도인에게 충분한 통지를 행하여야 한다.

B8. Proof of delivery.

The buyer must accept the transport document provided as envisaged in A8 if it is in conformity with the contract.

제B8조 인도의 증거.

매수인은 반드시 운송서류가 계약에 일치하는 경우에는 제A8조에 적시된 대로 제공된 운송서류를 인수하여야 한다.

B9. Inspection of goods.

The buyer must pay the costs of any mandatory pre-shipment inspection, except when such inspection is mandated by the authorities of the country of export.

제B9조 물품의 검사.

매수인은 반드시 수출국가의 당국에 의하여 강제된 그러한 검사의 경우를 제외하고, 모든 강제적인 선적전검사의 비용을 지급하여야 한다.

B10. Assistance with information and related costs.

The buyer must, in a timely manner, advise the seller of any security information requirements so that the seller may comply with A10.

The buyer must reimburse the seller for all costs and charges incurred by the seller in providing or rendering assistance in obtaining documents and information as envisaged in A10.

The buyer must, where applicable, in a timely manner, provide to or render assistance in obtaining for the seller, at the seller's request, risk and expense, any documents and information, including security-related information, that the seller needs for the transport and export of the goods and for their transport through any country.

제B10조 정보의 협조 및 관련 비용.

매수인은 반드시 매도인이 제A10조를 준수할 수 있도록 모든 보안정보 요건에 관하여 매도인에게 시의적절한 방법으로 고지하여야 한다.

매수인은 반드시 제A10조에 적시된 대로 서류와 정보를 취득하는데 따른 협조를 제공하거나 공여하면서 매도인에 의하여 발생된 모든 비용과 경비를 매도인에게 보상하여야 한다.

매수인은 반드시 적용가능한 경우에는, 매도인의 요청과 위험 및 비용부담으로 매도인이 물품의 운송과 수출 및 어떠한 국가를 통과하는 물품운송에 필요한 보안관련 정보를 포함하여 모든 서류와 정보를 취득하는데 따른 협조를 매도인에게 시의적절한 방법으로 제공하거나 공여하여야 한다.

4) CIP : CARRIAGE AND INSURANCE PAID TO(운송비 · 보험료지급인도), insert named place of destination(지정목적장소 삽입)

(1) GUIDANCE NOTE(안내문)

This rule may be used irrespective of the mode of transport selected and may also be used where more than one mode of transport is employed.

"Carriage and Insurance Paid to" means that the seller delivers the goods to the carrier or another person nominated by the seller at an agreed place (if any such place is agreed between the parties) and that the seller must contract for and pay the costs of carriage necessary to bring the goods to the named place of destination.

이 규칙은 선정된 운송방식에 관계 없이 사용할 수 있으며, 또 둘 이상의 운송방식이 채용되는 경우에도 사용할 수 있다.

"운송비 · 보험료지급인도"(carriage and insurance paid to)라 함은 매도인이 (당사자 간에 어떠한 장소가 합의된 경우) 그러한 합의된 장소에서 매도인에 의하여 지명된 운송인 또는 기타의 자에게 물품을 인도하는 것과 매도인이 반드시 지정된 목적장소까지 물품을 운반하는데 필요한 운송계약을 체결하고 그 비용을 지급하여야 하는 것을 의미한다.

The seller also contracts for insurance cover against the buyer's risk of loss of or damage to the goods during the carriage. The buyer should note that under CIP the seller is required to obtain insurance only on minimum cover. Should the buyer wish to have more insurance protection, it will need either to agree as much expressly with the seller or to make its own extra insurance arrangements.

매도인은 또한 운송 동안에 물품의 멸실 또는 손상의 매수인 위험에 대한 보험담보의 계약을 체결한다. 매수인은 CIP 하에서 매도인에게는 단지 최소한의 담보에 관한 보험만 취득하도록 요구된다는 사실에 유의하여야 한다. 매수인이 더 이상의 보험보호를 받고자 원하는 경우에는, 매수인은 매도인과 그만큼 명시적으로 합의하거나 또는 매수인 자신의 특별한 보험약정을 체결할 필요가 있을 것이다.

When CPT, CIP, CFR or CIF are used, the seller fulfils its obligation to deliver when it hands the goods over to the carrier and not when the goods reach the place of destination.

CPT, CIP, CFR 또는 CIF가 사용되는 경우에는, 매도인은 자신이 운송인에게 물품을 인계하는 때에 자신의 인도의무를 완수하게 되며, 또 물품이 목적장소에 도달하는 때가 되는 것은 아니다.

This rule has two critical points, because risk passes and costs are transferred at different places. The parties are well advised to identify as precisely as possible in the contract both the place of delivery, where the risk passes to the buyer, and the named place of destination to which the seller must contract for carriage. If several carriers are used for the carriage to the agreed destination and the parties do not agree on a specific point of delivery, the default position is that risk passes when the goods have been delivered to the first carrier at a point entirely of the seller's choosing and over which the buyer has no control. Should the parties wish the risk to pass at a later stage (e.g., at an ocean port or an airport), they need to specify this in their contract of sale.

이 규칙은 상이한 장소에서 위험이 넘어가고 비용이 이전되기 때문에 두 개의 분기점을 갖고 있다. 당사자들은 계약에서 위험이 매수인에게 넘어가는 인도장소와 매도인이 반드시 운송계약을 체결하여야 하는 지정된 목적장소의 양자를 가능한 한 정확하게 확인하는 것이 아주 바람직하다. 합의된 목적지까지의 운송에 복수의 운송인이 사용되고 또 당사자들이 특정한 인도지점을 합의하지 아니한 경우에는, 물품이 전적으로 매도인의 선택하에 있고 매수인의 통제를 벗어난 지점에서 최초의 운송인에게 인도된 때가 위험이 넘어가는 불이행위치가 된다. 당사자들이 이후의 단계에서 (예컨대 해양의 항구 또는 공항에서) 위험이 넘어가도록 원하는 경우에는, 당사자들은 매매계약에서 이를 명시할 필요가 있다.

The parties are also well advised to identify as precisely as possible the point within the agreed place of destination, as the costs to that point are for the account of the seller. The seller is advised to procure contracts of carriage that match this choice precisely. If the seller incurs costs under its contract of carriage related to unloading at the named place of destination, the seller is not entitled to recover such costs from the buyer unless otherwise agreed between the parties.

CIP requires the seller to clear the goods for export, where applicable. However, the seller has no obligation to clear the goods for import, pay any import duty or carry out any import customs formalities.

당사자들은 또한 합의된 목적장소내의 지점을 가능한 한 정확하게 확인하는 것이 아주 바람직하다. 왜냐하면 당해 지점까지의 비용이 매도인의 계산에 속하기 때문이다. 매도인은 이 선택사항에 정확하게 부합하는 운송계약을 조달하는 것이 바람직하다. 매도인이 자신의 운송계약에 따라 지정된 목적장소에서의 양하에 관련된 비용을 부담하는 경우에는, 매도인은 당사자간에 별도의 합의가 없는 한 매수인으로부터 그러한 비용을 회수할 권한이 없다.

CIP는 적용가능한 경우에는 매도인이 물품의 수출수속을 하도록 요구한다. 그러나 매도인은 물품의 수입수속을 하거나, 어떠한 수입관세를 지급하거나 또는 어떠한 수입통관절차를 이행할 아무런 의무도 부담하지 아니한다.

A. THE SELLER’S OBLIGATIONS(매도인의 의무)

A1. General obligations of the seller.

The seller must provide the goods and the commercial invoice in conformity with the contract of sale and any other evidence of conformity that may be required by the contract.

Any document referred to in A1-A10 may be an equivalent electronic record or procedure if agreed between the parties or customary.

제A1조 매도인의 일반적 의무.

매도인은 반드시 매매계약에 일치하는 물품과 상업송장 및 계약에 의하여 요구될 수 있는 기타 모든 일치의 증명서류를 제공하여야 한다.

제A1조 내지 제A10조에 언급된 모든 서류는 당사자 간에 합의되었거나 관습적인 경우에는 이와 동등한 전자기록 또는 처리방법으로 할 수 있다.

A2. Licences, authorizations, security clearances and other formalities.

Where applicable, the seller must obtain, at its own risk and expense, any export licence or other official authorization and carry out all customs formalities necessary for the export of the goods and for their transport through any country prior to delivery.

제A2조 허가, 승인, 보안수속 및 기타 절차.

적용가능한 경우에는, 매도인은 반드시 자신의 위험과 비용부담으로 모든 수출허가 또는 기타 공적인 승인을 취득하여야 하며, 또 물품의 수출 및 인도하기 이전의 어떠한 국가를 통과하는 운송에 필요한 모든 통관절차를 이행하여야 한다.

A3. Contracts of carriage and insurance.

a) Contract of carriage. The seller must contract or procure a contract for the carriage of the goods from the agreed point of delivery, if any, at the place of delivery to the named place of destination or, if agreed, any point at that place. The contract of carriage must be made on usual terms at the seller's expense and provide for carriage by the usual route and in a customary manner. If a specific point is not agreed or is not determined by practice, the seller may select the point of delivery and the point at the named place of destination that best suit its purpose.

b) Contract of insurance. The seller must obtain at its own expense cargo insurance complying at least with the minimum cover as provided by Clauses (C) of the Institute Cargo Clauses (LMA/IUA) or any similar clauses. The insurance shall be contracted with underwriters or an insurance company of good repute and entitle the buyer, or any other person having an insurable interest in the goods, to claim directly from the insurer.

제A3조 운송 및 보험계약.

a) 운송계약. 매도인은 반드시 인도장소의 합의된 인도지점(있는 경우)으로부터 지정된 목적장소 또는 당해장소의 어떠한 지점(합의된 경우)까지 물품의 운송계약을 체결하거나 조달하여야 한다. 운송계약은 반드시 매도인의 비용부담으로 통상적인 조건에 따라 체결되어야 하며, 또 통상적인 경로와 관습적인 방법에 따른 운송을 제공하여야 한다. 특정한 지점이 합의되지 아니하거나 또는 관례에 따라 결정되지 아니한 경우에는, 매도인은 자신의 목적에 가장 적합한 인도장소 및 지정된 목적장소의 지점을 선정할 수 있다.

b) 보험계약. 매도인은 반드시 자신의 비용부담으로 적어도 협회적하약관(LMA/IUA)의 (C) 조건 또는 이와 유사한 어떠한 약관에 의하여 규정된 최소한의 담보에 일치하는 적하보험을 취득하여야 한다. 보험계약은 평판이 좋은 보험업자 또는 보험회사와 체결하여야 하며, 또 매수인 또는 물품에 관한 피보험이익을 갖고 있는 기타 모든 자에게 보험자로부터 직접 보험금을 청구할 수 있는 권한을 부여하고 있어야 한다.

When required by the buyer, the seller shall, subject to the buyer providing any necessary information requested by the seller, provide at the buyer's expense any additional cover, if procurable, such as cover as provided by

Clauses (A) or (B) of the Institute Cargo Clauses (LMA/IUA) or any similar clauses, and/or cover complying with the Institute War Clauses and/or Institute Strikes Clauses (LMA/IUA) or any similar clauses.

The insurance shall cover, at a minimum, the price provided in the contract plus 10% (i.e., 110%) and shall be in the currency of the contract.

The insurance shall cover the goods from the point of delivery set out in A4 and A5 to at least the named place of destination.

The seller must provide the buyer with the insurance policy or other evidence of insurance cover.

Moreover, the seller must provide the buyer, at the buyer's request, risk, and expense (if any), with information that the buyer needs to procure any additional insurance.

매수인이 요구한 때에는, 매도인은 매도인에게 요청되는 모든 필요한 정보를 매수인에게 제공한다는 전제하에 매수인의 비용부담으로 조달가능한 모든 추가적인 담보, 예컨대 협회적하약관(LMA/IUA)의 (A) 또는 (B) 조건 또는 이와 유사한 어떠한 약관에 의하여 규정된 담보, 및/또는 협회전쟁약관 및/또는 협회동맹파업약관(LMA/IUA) 또는 이와 유사한 어떠한 약관에 일치하는 담보 등을 제공하여야 한다.

보험은 최소한 계약에 약정된 대금에 10%를 가산한 금액(즉, 110%)을 담보하여야 하며, 또 계약상의 통화로 되어 있어야 한다.

보험은 제A4조 및 제A5조에 설정된 인도지점으로부터 적어도 지정된 목적장소까지 물품을 담보하여야 한다.

매도인은 반드시 매수인에게 보험증권 또는 기타 보험담보의 증명서류를 제공하여야 한다.

나아가 매도인은 반드시 매수인의 요청과 위험 및 비용부담(있는 경우)으로 매수인이 어떠한 추가적인 보험을 조달하는데 필요한 정보를 매수인에게 제공하여야 한다.

A4. Delivery.

The seller must deliver the goods by handing them over to the carrier contracted in accordance with A3 on the agreed date or within the agreed period.

제A4조 인도.

매도인은 반드시 합의된 일자 또는 합의된 기간 내에 제A3조에 따라 계약된 운송인에게 물품을 인계하는 행위로 이를 인도하여야 한다.

A5. Transfer of risks.

The seller bears all risks of loss of or damage to the goods until they have been delivered in accordance with A4, with the exception of loss or damage in the circumstances described in B5.

제A5조 위험의 이전.

매도인은 제B5조에 기술된 사정에서의 멸실 또는 손상을 제외하고, 물품이 제A4조에 따라 인도된 때까지 물품의 멸실 또는 손상의 모든 위험을 부담하여야 한다.

A6. Allocation of costs.

The seller must pay

a) all costs relating to the goods until they have been delivered in accordance with A4, other than those payable by the buyer as envisaged in B6;

b) the freight and all other costs resulting from A3 a), including the costs of loading the goods and any charges for unloading at the place of destination that were for the seller's account under the contract of carriage;

c) the costs of insurance resulting from A3 b); and

d) where applicable, the costs of customs formalities necessary for export, as well as all duties, taxes and other charges payable upon export, and the costs for their transport through any country that were for the seller's account under the contract of carriage.

제A6조 비용의 분담.

매도인은 반드시 다음과 같은 비용을 지급하여야 한다.

a) 제B6조에 적시된 대로 매수인에 의하여 지급되는 비용을 제외하고, 물품이 제A4조에 따라 인도된 때까지 물품에 관련한 모든 비용,

b) 물품의 적재비용 및 운송계약에 따라 매도인의 계산에 속한 목적장소에서의 모든 양하경비를 포함하여, 제A3조 a항의 결과로 발생하는 운임과 기타 모든 비용,

c) 제A3조 b항의 결과로 발생하는 보험비용, 그리고

d) 적용가능한 경우에는, 수출에 필요한 통관절차의 비용뿐만 아니라, 수출 시에 지급되는 모든 관세, 조세 및 기타 경비, 그리고 운송계약에 따라 매도인의 계산에 속한 어떠한 국가를 통과하는 운송비용.

A7. Notices to the buyer.

The seller must notify the buyer that the goods have been delivered in accordance with A4.

The seller must give the buyer any notice needed in order to allow the buyer to take measures that are normally necessary to enable the buyer to take the goods.

제A7조 매수인에 대한 통지.

매도인은 반드시 물품이 제A4조에 따라 인도되었다는 사실에 관하여 매수인에게 통지하여야 한다.

매도인은 반드시 매수인이 물품을 접수할 수 있도록 하는데 정상적으로 필요한 조치를 취할 수 있도록 매수인에게 필요한 모든 통지를 행하여야 한다.

A8. Delivery document.

If customary or at the buyer's request, the seller must provide the buyer, at the seller's expense, with the usual transport document[s] for the transport contracted in accordance with A3.

This transport document must cover the contract goods and be dated within the period agreed for shipment. If agreed or customary, the document must also enable the buyer to claim the goods from the carrier at the named place of destination and enable the buyer to sell the goods in transit by the transfer of the document to a subsequent buyer or by notification to the carrier.

When such a transport document is issued in negotiable form and in several originals, a full set of originals must be presented to the buyer.

제A8조 인도서류.

관습적이거나 또는 매수인의 요청이 있는 경우에는, 매도인은 반드시 자신의 비용부담으로 제A3조에 따라 계약을 체결한 운송에 관한 통상적인 운송서류[들]을 매수인에게 제공하여야 한다.

이 운송서류는 반드시 계약물품을 커버하여야 하며, 또 선적을 위하여 합의된 기간 내로 일부되어 있어야 한다. 또한 합의되었거나 또는 관습적인 경우에는, 서류는 반드시 매수인이 지정된 목적장소에서 운송인으로부터 물품을 청구할 수 있는 것이어야 하며, 또 매수인이 후속되는 매수인에게 서류의 이전에 의하거나 또는 운송인에 대한 통지에 의하여 수송 중인 물품을 매각할 수 있는 것이어야 한다.

그러한 운송서류가 유통가능한 양식이면서 복수의 원본으로 발행되는 때에는, 반드시 전통의 원본이 매수인에게 제시되어야 한다.

A9. Checking–packaging–marking.

The seller must pay the costs of those checking operations (such as checking quality, measuring, weighing, counting) that are necessary for the purpose of delivering the goods in accordance with A4 as well as the costs of any pre-shipment inspection mandated by the authority of the country of export.

The seller must, at its own expense, package the goods, unless it is usual for the particular trade to transport the type of goods sold unpackaged. The seller may package the goods in the manner appropriate for their transport, unless the buyer has notified the seller of specific packaging requirements before the contract of sale is concluded. Packaging is to be marked appropriately.

제A9조 점검 · 포장 · 화인.

매도인은 반드시 제A4조에 따라 물품을 인도하기 위하여 필요한 물품점검업무(품질, 용적, 중량, 수량점검 등)의 비용뿐만 아니라, 수출국가의 당국에 의하여 강제된 모든 선적전검사의 비용을 지급하여야 한다.

특정무역거래에서 매각된 종류의 물품을 무포장으로 운송하는 것이 통상적이지 아니하는 한, 매도인은 반드시 자신의 비용부담으로 물품을 포장하여야 한다. 매수인이 매매계약의 체결 이전에 매도인에게 특정한 포장요건을 통지하지 않은 한, 매도인은 물품운송에 적절한 방법으로 이를 포장할 수 있다. 포장에는 적절한 화인이 있어야 한다.

A10. Assistance with information and related costs.

The seller must, where applicable, in a timely manner, provide to or render assistance in obtaining for the buyer, at the buyer's request, risk and expense, any documents and information, including security-related information, that the buyer needs for the import of the goods and/or for their transport to the final destination.

The seller must reimburse the buyer for all costs and charges incurred by the buyer in providing or rendering assistance in obtaining documents and information as envisaged in B10.

제A10조 정보의 협조 및 관련 비용.

매도인은 반드시 적용가능한 경우에는, 매수인의 요청과 위험 및 비용부담으로 매수인이 물품의 수입 및/또는 최종목적지까지의 물품운송에 필요한 보안관련 정보를 포함하여 모든 서류와 정보를 취득하는데 따른 협조를 매수인에게 시의적절한 방법으로 제공하거나 공여하여야 한다.

매도인은 반드시 제B10조에 적시된 대로 서류와 정보를 취득하는데 따른 협조를 제공하거나 공여하면서 매수인에 의하여 발생된 모든 비용과 경비를 매수인에게 보상하여야 한다.

B. THE BUYER' S OBLIGATIONS(매수인의 의무)

B1. General obligations of the buyer.

The buyer must pay the price of the goods as provided in the contract of sale.

Any document referred to in B1-B10 may be an equivalent electronic record or procedure if agreed between the parties or customary.

제B1조 매수인의 일반적 의무.

매수인은 반드시 매매계약에 약정된 대로 물품의 대금을 지급하여야 한다. 제B1조 내지 제B10조에 언급된 모든 서류는 당사자 간에 합의되었거나 관습적인 경우에는 이와 동등한 전자기록 또는 처리방법으로 할 수 있다.

B2. Licences, authorizations, security clearances and other formalities.

Where applicable, it is up to the buyer to obtain, at its own risk and expense, any import licence or other official authorization and carry out all customs formalities for the import of the goods and for their transport through any country.

제B2조 허가, 승인, 보안수속 및 기타 절차.

적용가능한 경우에는, 매수인 자신의 위험과 비용부담으로 모든 수입허가 또는 기타 공적인 승인을 취득하여야 하는 것과 물품의 수입 및 어떠한 국가를 통과하는 운송을 위한 모든 통관절차를 이행하여야 하는 것은 매수인의 책임에 속한다.

B3. Contracts of carriage and insurance.

a) Contract of carriage. The buyer has no obligation to the seller to make a contract of carriage.

b) Contract of insurance. The buyer has no obligation to the seller to make a contract of insurance. However, the buyer must provide the seller, upon request, with any information necessary for the seller to procure any additional insurance requested by the buyer as envisaged in A3 b).

제B3조 운송 및 보험계약.

a) 운송계약. 매수인은 매도인에 대하여 운송계약을 체결할 아무런 의무도 부담하지 아니한다.

b) 보험계약. 매수인은 매도인에 대하여 보험계약을 체결할 아무런 의무도 부담하지 아니한다. 그러나 매수인은 요청 시에는 반드시 매도인이 제A3조 b항에 적시된 대로 매수인에 의하여 요청되는 어떠한 추가적인 보험을 조달하는데 필요한 모든 정보를 매도인에게 제공하여야 한다.

B4. Taking delivery.

The buyer must take delivery of the goods when they have been delivered as envisaged in A4 and receive them from the carrier at the named place of destination.

제B4조 인도의 접수.

매수인은 반드시 물품이 제A4조에 적시된 대로 인도된 때에 물품의 인도를 접수하여야 하며, 또 지정된 목적장소에서 운송인으로부터 이를 수령하여야 한다.

B5. Transfer of risks.

The buyer bears all risks of loss of or damage to the goods from the time they have been delivered as envisaged in A4.

If the buyer fails to give notice in accordance with B7, it must bear all risks of loss of or damage to the goods from the agreed date or the expiry date of the agreed period for delivery, provided that the goods have been clearly identified as the contract goods.

제B5조 위험의 이전.

매수인은 물품이 제A4조에 적시된 대로 인도된 시간부터 물품의 멸실 또는 손상의 모든 위험을 부담하여야 한다.

매수인이 제B7조에 따라 통지를 행하지 아니한 경우에는, 매수인은 반드시 인도의 합의된 일자 또는 합의된 기간의 만기일자로부터 물품의 멸실 또는 손상의 모든 위험을 부담하여야 한다. 다만 물품이 계약물품으로서 명확하게 특정되어 있어야 한다.

B6. Allocation of costs.

The buyer must, subject to the provisions of A3 a), pay

a) all costs relating to the goods from the time they have been delivered as envisaged in A4, except, where applicable, the costs of customs formalities necessary for export, as well as all duties, taxes and other charges payable upon export as referred to in A6 d);

b) all costs and charges relating to the goods while in transit until their arrival at the agreed place of destination, unless such costs and charges were for the seller's account under the contract of carriage;

c) unloading costs, unless such costs were for the seller's account under the contract of carriage;

d) any additional costs incurred if it fails to give notice in accordance with B7, from the agreed date or the expiry date of the agreed period for dispatch, provided that the goods have been clearly identified as the contract goods;

e) where applicable, all duties, taxes and other charges as well as the costs of carrying out customs formalities payable upon import of the goods and the costs for their transport through any country, unless included within the cost of the contract of carriage; and

f) the costs of any additional insurance procured at the buyer's request under A3 and B3.

제B6조 비용의 분담.

매수인은 반드시 제A3조 a항에 규정된 경우를 제외하고, 다음과 같은 비용을 지급하여야 한다.

a) 물품이 제A4조에 적시된 대로 인도된 시간부터 물품에 관련한 모든 비용. 다만 적용가능한 경우에는, 수출에 필요한 통관절차의 비용뿐만 아니라, 제A6조 d항에 언급된 대로 수출시에 지급되는 모든 관세, 조세 및 기타 경비는 제외한다.

b) 운송계약에 따라 매도인의 계산에 속한 것이 아닌 한, 합의된 목적장소에 도착할 때까지의 수송 중에 물품에 관련한 모든 비용 및 경비,

c) 운송계약에 따라 매도인의 계산에 속한 것이 아닌 한, 양하비용,

d) 매수인이 제B7조에 따라 통지를 행하지 아니한 경우에는, 발송을 위하여 합의된 일자 또는 합의된 기간의 만기일자로부터 발생된 모든 추가적인 비용. 다만 물품이 계약물품으로서 명확하게 특정되어 있어야 한다.

e) 적용가능한 경우에는, 물품의 수입시에 지급되는 모든 관세, 조세 및 기타 경비뿐만 아니라, 통관절차를 이행하는 비용 및 운송계약의 비용에 포함되지 않은 한 어떠한 국가를 통과하는 운송비용, 그리고

f) 제A3조 및 제B3조에 따라 매수인의 요청으로 조달되는 모든 추가적인 보험비용.

B7. Notices to the seller.

The buyer must, whenever it is entitled to determine the time for dispatching the goods and/or the named place of destination or the point of receiving the goods within that place, give the seller sufficient notice thereof.

제B7조 매도인에 대한 통지.

매수인은 반드시 물품발송의 시간 및/또는 지정된 목적장소 또는 당해 장소내의 물품수령의 지점을 결정할 권한이 주어진 때에는, 항상 이에 관하여 매도인에게 충분한 통지를 행하여야 한다.

B8. Proof of delivery.

The buyer must accept the transport document provided as envisaged in A8 if it is in conformity with the contract.

제B8조 인도의 증거.

매수인은 반드시 운송서류가 계약에 일치하는 경우에는 제A8조에 적시된 대로 제공된 운송서류를 인수하여야 한다.

B9. Inspection of goods.

The buyer must pay the costs of any mandatory pre-shipment inspection, except when such inspection is mandated by the authorities of the country of export.

제B9조 물품의 검사.

매수인은 반드시 수출국가의 당국에 의하여 강제된 그러한 검사의 경우를 제외하고, 모든 강제적인 선적전검사의 비용을 지급하여야 한다.

B10. Assistance with information and related costs.

The buyer must, in a timely manner, advise the seller of any security information requirements so that the seller may comply with A10.

The buyer must reimburse the seller for all costs and charges incurred by the seller in providing or rendering assistance in obtaining documents and information as envisaged in A10.

The buyer must, where applicable, in a timely manner, provide to or render assistance in obtaining for the seller, at the seller's request, risk and expense, any documents and information, including security-related information, that the seller needs for the transport and export of the goods and for their transport through any country.

제B10조 정보의 협조 및 관련 비용.

매수인은 반드시 매도인이 제A10조를 준수할 수 있도록 모든 보안정보 요건에 관하여 매도인에게 시의적절한 방법으로 고지하여야 한다.

매수인은 반드시 제A10조에 적시된 대로 서류와 정보를 취득하는데 따른 협조를 제공하거나 공여하면서 매도인에 의하여 발생된 모든 비용과 경비를 매도인에게 보상하여야 한다.

매수인은 반드시 적용가능한 경우에는, 매도인의 요청과 위험 및 비용부담으로 매도인이 물품의 운송과 수출 및 어떠한 국가를 통과하는 물품운송에 필요한 보안관련 정보를 포함하여 모든 서류와 정보를 취득하는데 따른 협조를 매도인에게 시의적절한 방법으로 제공하거나 공여하여야 한다.

5) DAT : DELIVERED AT TERMINAL(터미널인도), insert named terminal at port or place of destination(목적항구나 장소의 지정터미널 삽입)

(1) GUIDANCE NOTE(안내문)

This rule may be used irrespective of the mode of transport selected and may also be used where more than one mode of transport is employed.

"Delivered at Terminal" means that the seller delivers when the goods, once unloaded from the arriving means of transport, are placed at the disposal of the buyer at a named terminal at the named port or place of destination. "Terminal" includes any place, whether covered or not, such as a quay, warehouse, container yard or road, rail or air cargo terminal. The seller bears all risks involved in bringing the goods to and unloading them at the terminal at the named port or place of destination.

이 규칙은 선정된 운송방식에 관계 없이 사용할 수 있으며, 또 둘 이상의 운송방식이 채용되는 경우에도 사용할 수 있다.

"터미널인도"(delivered at terminal)라 함은 물품이 도착하는 운송수단으로부터 일단 양하되어 지정된 목적항구 또는 장소의 지정된 터미널에서 매수인의 임의처분 하에 적치된 때에 매도인이 인도하는 것을 의미한다. "터미널"(terminal)이라 함은 담보된 여부를 불문하고 부두, 창고, 컨테이너 야적장 또는 도로, 철도 또는 항공화물 터미널 등의 모든 장소를 포함한다. 매도인은 지정된 목적항구 또는 장소의 터미널까지 물품을 운반하고 이를 양하하는데 관련된 모든 위험을 부담한다.

The parties are well advised to specify as clearly as possible the terminal and, if possible, a specific point within the terminal at the agreed port or place of destination, as the risks to that point are for the account of the seller. The seller is advised to procure a contract of carriage that matches this choice precisely.

Moreover, if the parties intend the seller to bear the risks and costs involved in transporting and handling the goods from the terminal to another place, then the DAP or DDP rules should be used.

DAT requires the seller to clear the goods for export, where applicable. However, the seller has no obligation to clear the goods for import, pay any import duty or carry out any import customs formalities.

당사자들은 터미널과 가능한 경우에는 합의된 목적항구 또는 장소의 터미널 내의 특정한 지점을 가능한 한 명확하게 명시하는 것이 아주 바람직하다. 왜냐하면 당해 지점까지의 위험이 매도인의 계산에 속하기 때문이다. 매도인은 이 선택사항에 정확하게 부합하는 운송계약을 조달하는 것이 바람직하다.

더구나 당사자들이 터미널로부터 기타의 장소까지 물품을 운송하고 취급하는데 관련된 위험과 비용을 매도인이 부담하도록 의도하는 경우에는, 이에 DAP 또는 DDP 규칙을 사용하여야 한다.

DAT는 적용가능한 경우에는 매도인이 물품의 수출수속을 하도록 요구한다. 그러나 매도인은 물품의 수입수속을 하거나, 어떠한 수입관세를 지급하거나 또는 어떠한 수입통관절차를 이행할 아무런 의무도 부담하지 아니한다.

A. THE SELLER'S OBLIGATIONS(매도인의 의무)

A1. General obligations of the seller.

The seller must provide the goods and the commercial invoice in conformity with the contract of sale and any other evidence of conformity that may be required by the contract.

Any document referred to in A1-A10 may be an equivalent electronic record or procedure if agreed between the parties or customary.

제A1조 매도인의 일반적 의무.

매도인은 반드시 매매계약에 일치하는 물품과 상업송장 및 계약에 의하여 요구될 수 있는 기타 모든 일치의 증명서류를 제공하여야 한다.

제A1조 내지 제A10조에 언급된 모든 서류는 당사자간에 합의되었거나 관습적인 경우에는 이와 동등한 전자기록 또는 처리방법으로 할 수 있다.

A2. Licences, authorizations, security clearances and other formalities.

Where applicable, the seller must obtain, at its own risk and expense, any export licence and other official authorization and carry out all customs formalities necessary for the export of the goods and for their transport through any country prior to delivery.

제A2조 허가, 승인, 보안수속 및 기타 절차.

적용가능한 경우에는, 매도인은 반드시 자신의 위험과 비용부담으로 모든 수출허가와 기타 공적인 승인을 취득하여야 하며, 또 물품의 수출 및 인도하기 이전의 어떠한 국가를 통과하는 운송에 필요한 모든 통관절차를 이행하여야 한다.

A3. Contracts of carriage and insurance.

a) Contract of carriage. The seller must contract at its own expense for the carriage of the goods to the named terminal at the agreed port or place of destination. If a specific terminal is not agreed or is not determined by practice, the seller may select the terminal at the agreed port or place of destination that best suits its purpose.

b) Contract of insurance. The seller has no obligation to the buyer to make a contract of insurance. However, the seller must provide the buyer, at the buyer's request, risk, and expense (if any), with information that the buyer needs for obtaining insurance.

제A3조 운송 및 보험계약.

a) 운송계약. 매도인은 반드시 자신의 비용부담으로 합의된 목적항구 또는 장소의 지정된 터미널까지 물품의 운송계약을 체결하여야 한다. 특정한 터미널이 합의되지 아니하거나 또는 관례에 따라 결정되지 아니한 경우에는, 매도인은 자신의 목적에 가장 적합한 합의된 목적항구 또는 장소의 터미널을 선정할 수 있다.

b) 보험계약. 매도인은 매수인에 대하여 보험계약을 체결할 아무런 의무도 부담하지 아니한다. 그러나 매도인은 반드시 매수인의 요청과 위험 및 비용부담(있는 경우)으로 매수인이 보험을 취득하는데 필요한 정보를 매수인에게 제공하여야 한다.

A4. Delivery.

The seller must unload the goods from the arriving means of transport and must then deliver them by placing them at the disposal of the buyer at the named terminal referred to in A3 a) at the port or place of destination on the agreed date or within the agreed period.

제A4조 인도.

매도인은 반드시 도착하는 운송수단으로부터 물품을 양하하여야 하며, 이에 반드시 합의된 일자 또는 합의된 기간 내에 목적항구 또는 장소의 제A3조 a항에 언급된 지정된 터미널에서 물품을 매수인의 임의처분 하에 적치하는 행위로 이를 인도하여야 한다.

A5. Transfer of risks.

The seller bears all risks of loss of or damage to the goods until they have been delivered in accordance with A4 with the exception of loss or damage in the circumstances described in B5.

제A5조 위험의 이전.

매도인은 제B5조에 기술된 사정에서의 멸실 또는 손상을 제외하고, 물품이 제A4조에 따라 인도된 때까지 물품의 멸실 또는 손상의 모든 위험을 부담하여야 한다.

A6. Allocation of costs.

The seller must pay

a) in addition to costs resulting from A3 a), all costs relating to the goods until they have been delivered in accordance with A4, other than those payable by the buyer as envisaged in B6; and

b) where applicable, the costs of customs formalities necessary for export as well as all duties, taxes and other charges payable upon export and the costs for their transport through any country, prior to delivery in accordance with A4.

제A6조 비용의 분담.

매도인은 반드시 다음과 같은 비용을 지급하여야 한다.

a) 제B6조에 적시된 대로 매수인에 의하여 지급되는 비용을 제외하고, 제A3조 a항의 결과로 발생하는 비용에 추가하여, 물품이 제A4조에 따라 인도된 때까지 물품에 관련한 모든 비용, 그리고

b) 적용가능한 경우에는, 수출에 필요한 통관절차의 비용뿐만 아니라, 수출시에 지급되는 모든 관세, 조세 및 기타 경비, 그리고 제A4조에 따라 인도하기 이전의 어떠한 국가를 통과하는 운송비용.

A7. Notices to the buyer.

The seller must give the buyer any notice needed in order to allow the buyer to take measures that are normally necessary to enable the buyer to take delivery of the goods.

제A7조 매수인에 대한 통지.

매도인은 반드시 매수인이 물품의 인도를 접수할 수 있도록 하는데 정상적으로 필요한 조치를 취할 수 있도록 매수인에게 필요한 모든 통지를 행하여야 한다.

A8. Delivery document.

The seller must provide the buyer, at the seller's expense, with a document enabling the buyer to take delivery of the goods as envisaged in A4/B4.

제A8조 인도서류.

매도인은 반드시 자신의 비용부담으로 제A4조와 제B4조에 적시된 대로 매수인이 물품의 인도를 접수할 수 있는 서류를 매수인에게 제공하여야 한다.

A9. Checking–packaging–marking.

The seller must pay the costs of those checking operations (such as checking quality, measuring, weighing, counting) that are necessary for the purpose of delivering the goods in accordance with A4, as well as the costs of any pre-shipment inspection mandated by the authority of the country of export.

The seller must, at its own expense, package the goods, unless it is usual for the particular trade to transport the type of goods sold unpackaged. The seller may package the goods in the manner appropriate for their transport, unless the buyer has notified the seller of specific packaging requirements before the contract of sale is concluded. Packaging is to be marked appropriately.

제A9조 점검 · 포장 · 화인.

매도인은 반드시 제A4조에 따라 물품을 인도하기 위하여 필요한 물품점검업무(품질, 용적, 중량, 수량점검 등)의 비용뿐만 아니라, 수출국가의 당국에 의하여 강제된 모든 선적전검사의 비용을 지급하여야 한다.

특정무역거래에서 매각된 종류의 물품을 무포장으로 운송하는 것이 통상적이지 아니하는 한, 매도인은 반드시 자신의 비용부담으로 물품을 포장하여야 한다. 매수인이 매매계약의 체결 이전에 매도인에게 특정한 포장요건을 통지하지 않은 한, 매도인은 물품운송에 적절한 방법으로 이를 포장할 수 있다. 포장에는 적절한 화인이 있어야 한다.

A10. Assistance with information and related costs.

The seller must, where applicable, in a timely manner, provide to or render assistance in obtaining for the buyer, at the buyer's request, risk and expense, any documents and information, including security-related information, that the buyer needs for the import of the goods and/or for their transport to the final destination.

The seller must reimburse the buyer for all costs and charges incurred by the buyer in providing or rendering assistance in obtaining documents and information as envisaged in B10.

제A10조 정보의 협조 및 관련 비용.

매도인은 반드시 적용가능한 경우에는, 매수인의 요청과 위험 및 비용부담으로 매수인이 물품의 수입 및/또는 최종목적지까지의 물품운송에 필요한 보안관련 정보를 포함하여 모든 서류와 정보를 취득하는데 따른 협조를 매수인에게 시의적절한 방법으로 제공하거나 공여하여야 한다.

매도인은 반드시 제B10조에 적시된 대로 서류와 정보를 취득하는데 따른 협조를 제공하거나 공여하면서 매수인에 의하여 발생된 모든 비용과 경비를 매수인에게 보상하여야 한다.

B. THE BUYER' S OBLIGATIONS(매수인의 의무)

B1. General obligations of the buyer.

The buyer must pay the price of the goods as provided in the contract of sale.

Any document referred to in B1-B10 may be an equivalent electronic record or procedure if agreed between the parties or customary.

제B1조 매수인의 일반적 의무.

매수인은 반드시 매매계약에 약정된 대로 물품의 대금을 지급하여야 한다. 제B1조 내지 제B10조에 언급된 모든 서류는 당사자간에 합의되었거나 관습적인 경우에는 이와 동등한 전자기록 또는 처리방법으로 할 수 있다.

B2. Licences, authorizations, security clearances and other formalities.

Where applicable, the buyer must obtain, at its own risk and expense, any import licence or other official authorization and carry out all customs formalities for the import of the goods.

제B2조 허가, 승인, 보안수속 및 기타 절차.

적용가능한 경우에는, 매수인은 반드시 자신의 위험과 비용부담으로 모든 수입허가 또는 기타 공적인 승인을 취득하여야 하며, 또 물품의 수입을 위한 모든 통관절차를 이행하여야 한다.

B3. Contracts of carriage and insurance.

a) Contract of carriage. The buyer has no obligation to the seller to make a contract of carriage.

b) Contract of insurance. The buyer has no obligation to the seller to make a contract of insurance. However, the buyer must provide the seller, upon request, with the necessary information for obtaining insurance.

제B3조 운송 및 보험계약.

a) 운송계약. 매수인은 매도인에 대하여 운송계약을 체결할 아무런 의무도 부담하지 아니한다.

b) 보험계약. 매수인은 매도인에 대하여 보험계약을 체결할 아무런 의무도 부담하지 아니한다. 그러나 매수인은 요청 시에는 반드시 보험을 취득하는데 필요한 정보를 매도인에게 제공하여야 한다.

B4. Taking delivery.

The buyer must take delivery of the goods when they have been delivered as envisaged in A4.

제B4조 인도의 접수.

매수인은 반드시 물품이 제A4조에 적시된 대로 인도된 때에 물품의 인도를 접수하여야 한다.

B5. Transfer of risks.

The buyer bears all risks of loss of or damage to the goods from the time they have been delivered as envisaged in A4.

If a) the buyer fails to fulfil its obligations in accordance with B2, then it bears all resulting risks of loss of or damage to the goods; or

b) the buyer fails to give notice in accordance with B7, then it bears all risks of loss of or damage to the goods from the agreed date or the expiry date of the agreed period for delivery,

provided that the goods have been clearly identified as the contract goods.

제B5조 위험의 이전.

매수인은 물품이 제A4조에 적시된 대로 인도된 시간부터 물품의 멸실 또는 손상의 모든 위험을 부담하여야 한다.

a) 매수인이 제B2조에 따라 자신의 의무를 완수하지 아니한 경우에는, 이에 매수인은 물품의 멸실 또는 손상의 모든 결과적인 위험을 부담하여야 하며, 또는

b) 매수인이 제B7조에 따라 통지를 행하지 아니한 경우에는, 이에 매수인은 인도의 합의된 일자 또는 합의된 기간의 만기일자로부터 물품의 멸실 또는 손상의 모든 위험을 부담하여야 한다.

다만 물품이 계약물품으로서 명확하게 특정되어 있어야 한다.

B6. Allocation of costs. The buyer must pay

a) all costs relating to the goods from the time they have been delivered as envisaged in A4;

b) any additional costs incurred by the seller if the buyer fails to fulfil its obligations in accordance with B2, or to give notice in accordance with B7, provided that the goods have been clearly identified as the contract goods; and

c) where applicable, the costs of customs formalities as well as all duties, taxes and other charges payable upon import of the goods.

제B6조 비용의 분담.

매수인은 반드시 다음과 같은 비용을 지급하여야 한다.

a) 물품이 제A4조에 적시된 대로 인도된 시간부터 물품에 관련한 모든 비용,

b) 매수인이 제B2조에 따라 자신의 의무를 완수하지 아니하거나 또는 제B7조에 따라 통지를 행하지 아니한 경우에 매도인에 의하여 발생된 모든 추가적인 비용. 다만 물품이 계약물품으로서 명확하게 특정되어 있어야 한다. 그리고

c) 적용가능한 경우에는, 물품의 수입시에 지급되는 통관절차의 비용뿐만 아니라, 모든 관세, 조세 및 기타 경비.

B7. Notices to the seller.

The buyer must, whenever it is entitled to determine the time within an agreed period and/or the point of taking delivery at the named terminal, give the seller sufficient notice thereof.

제B7조 매도인에 대한 통지.

매수인은 반드시 합의된 기간 내의 시간 및/또는 지정된 터미널에서의 인도접수의 지점을 결정할 권한이 주어진 때에는, 항상 이에 관하여 매도인에게 충분한 통지를 행하여야 한다.

B8. Proof of delivery.

The buyer must accept the delivery document provided as envisaged in A8.

제B8조 인도의 증거.

매수인은 반드시 제A8조에 적시된 대로 제공된 인도서류를 인수하여야 한다.

B9. Inspection of goods.

The buyer must pay the costs of any mandatory pre-shipment inspection, except when such inspection is mandated by the authorities of the country of export.

제B9조 물품의 검사.

매수인은 반드시 수출국가의 당국에 의하여 강제된 그러한 검사의 경우를 제외하고, 모든 강제적인 선적전검사의 비용을 지급하여야 한다.

B10. Assistance with information and related costs.

The buyer must, in a timely manner, advise the seller of any security information requirements so that the seller may comply with A10.

The buyer must reimburse the seller for all costs and charges incurred by the seller in providing or rendering assistance in obtaining documents and information as envisaged in A10.

The buyer must, where applicable, in a timely manner, provide to or render assistance in obtaining for the seller, at the seller's request, risk and expense, any documents and information, including security-related information, that the seller needs for the transport and export of the goods and for their transport through any country.

제B10조 정보의 협조 및 관련 비용.

매수인은 반드시 매도인이 제A10조를 준수할 수 있도록 모든 보안정보 요건에 관하여 매도인에게 시의적절한 방법으로 고지하여야 한다.

매수인은 반드시 제A10조에 적시된 대로 서류와 정보를 취득하는데 따른 협조를 제공하거나 공여하면서 매도인에 의하여 발생된 모든 비용과 경비를 매도인에게 보상하여야 한다.

매수인은 반드시 적용가능한 경우에는, 매도인의 요청과 위험 및 비용부담으로 매도인이 물품의 운송과 수출 및 어떠한 국가를 통과하는 물품운송에 필요한 보안관련 정보를 포함하여 모든 서류와 정보를 취득하는데 따른 협조를 매도인에게 시의적절한 방법으로 제공하거나 공여하여야 한다.

6) DAP : DELIVERED AT PLACE(착지인도), insert named place of destination(지정목적장소 삽입)

(1) GUIDANCE NOTE(안내문)

This rule may be used irrespective of the mode of transport selected and may also be used where more than one mode of transport is employed.

"Delivered at Place" means that the seller delivers when the goods are placed at the disposal of the buyer on the arriving means of transport ready for unloading at the named place of destination. The seller bears all risks involved in bringing the goods to the named place.

이 규칙은 선정된 운송방식에 관계 없이 사용할 수 있으며, 또 둘 이상의 운송방식이 채용되는 경우에도 사용할 수 있다.

"착지인도"(delivered at place)라 함은 물품이 지정된 목적장소에서 양하할 준비를 갖추어 도착하는 운송수단 상에서 매수인의 임의처분 하에 적치된 때에 매도인이 인도하는 것을 의미한다. 매도인은 지정된 장소까지 물품을 운반하는데 관련된 모든 위험을 부담한다.

The parties are well advised to specify as clearly as possible the point within the agreed place of destination, as the risks to that point are for the account of the seller. The seller is advised to procure contracts of carriage that match this choice precisely. If the seller incurs costs under its contract of carriage related to unloading at the place of destination, the seller is not entitled to recover such costs from the buyer unless otherwise agreed between the parties.

DAP requires the seller to clear the goods for export, where applicable. However, the seller has no obligation to clear the goods for import, pay any import duty or carry out any import customs formalities. If the parties wish the seller to clear the goods for import, pay any import duty and carry out any import customs formalities, the DDP term should be used.

당사자들은 합의된 목적장소내의 지점을 가능한 한 명확하게 명시하는 것이 아주 바람직하다. 왜냐하면 당해 지점까지의 위험이 매도인의 계산에 속하기 때문이다. 매도인은 이 선택사항에 정확하게 부합하는 운송계약을 조달하는 것이 바람직하다. 매도인이 자신의 운송계약에 따라 목적장소에서의 양하에 관련된 비용을 부담하는 경우에는, 매도인은 당사자 간에 별도의 합의가 없는 한 매수인으로부터 그러한 비용을 회수할 권한이 없다.

DAP는 적용가능한 경우에는 매도인이 물품의 수출수속을 하도록 요구한다. 그러나 매도인은 물품의 수입수속을 하거나, 어떠한 수입관세를 지급하거나 또는 어떠한 수입통관절차를 이행할 아무런 의무도 부담하지 아니한다. 당사자들이 물품의 수입수속을 하고, 어떠한 수입관세를 지급하며, 또 어떠한 수입통관절차를 이행하는 것을 매도인이 하도록 원하는 경우에는, DDP 조건을 사용하여야 한다.

A. THE SELLER'S OBLIGATIONS(매도인의 의무)

A1. General obligations of the seller.

The seller must provide the goods and the commercial invoice in conformity with the contract of sale and any other evidence of conformity that may be required by the contract.

Any document referred to in A1-A10 may be an equivalent electronic record or procedure if agreed between the parties or customary.

제A1조 매도인의 일반적 의무.

매도인은 반드시 매매계약에 일치하는 물품과 상업송장 및 계약에 의하여 요구될 수 있는 기타 모든 일치의 증명서류를 제공하여야 한다.

제A1조 내지 제A10조에 언급된 모든 서류는 당사자간에 합의되었거나 관습적인 경우에는 이와 동등한 전자기록 또는 처리방법으로 할 수 있다.

A2. Licences, authorizations, security clearances and other formalities.

Where applicable, the seller must obtain, at its own risk and expense, any export licence and other official authorization and carry out all customs formalities necessary for the export of the goods and for their transport through any country prior to delivery.

제A2조 허가, 승인, 보안수속 및 기타 절차.

적용가능한 경우에는, 매도인은 반드시 자신의 위험과 비용부담으로 모든 수출허가와 기타 공적인 승인을 취득하여야 하며, 또 물품의 수출 및 인도하기 이전의 어떠한 국가를 통과하는 운송에 필요한 모든 통관절차를 이행하여야 한다.

A3. Contracts of carriage and insurance.

a) Contract of carriage. The seller must contract at its own expense for the carriage of the goods to the named place of destination or to the agreed point, if any, at the named place of destination. If a specific point is not agreed or is not determined by practice, the seller may select the point at the named place of destination that best suits its purpose.

b) Contract of insurance. The seller has no obligation to the buyer to make a contract of insurance. However, the seller must provide the buyer, at the buyer's request, risk, and expense (if any), with information that the buyer needs for obtaining insurance.

제A3조 운송 및 보험계약.

a) 운송계약. 매도인은 반드시 자신의 비용부담으로 지정된 목적장소까지 또는 지정된 목적장소의 합의된 지점까지 물품의 운송계약을 체결하여야 한다. 특정한 지점이 합의되지 아니하거나 또는 관례에 따라 결정되지 아니한 경우에는, 매도인은 자신의 목적에 가장 적합한 지정된 목적장소의 지점을 선정할 수 있다.

b) 보험계약. 매도인은 매수인에 대하여 보험계약을 체결할 아무런 의무도 부담하지 아니한다. 그러나 매도인은 반드시 매수인의 요청과 위험 및 비용부담(있는 경우)으로 매수인이 보험을 취득하는데 필요한 정보를 매수인에게 제공하여야 한다.

A4. Delivery.

The seller must deliver the goods by placing them at the disposal of the buyer on the arriving means of transport ready for unloading at the agreed point, if any, at the named place of destination on the agreed date or within the agreed period.

제A4조 인도.

매도인은 반드시 합의된 일자 또는 합의된 기간 내에 지정된 목적장소의 합의된 지점(있는 경우)에서 양하할 준비를 갖추어 도착하는 운송수단 상에서 물품을 매수인의 임의처분 하에 적치하는 행위로 이를 인도하여야 한다.

A5. Transfer of risks.

The seller bears all risks of loss of or damage to the goods until they have been delivered in accordance with A4, with the exception of loss or damage in the circumstances described in B5.

제A5조 위험의 이전.

매도인은 제B5조에 기술된 사정에서의 멸실 또는 손상을 제외하고, 물품이 제A4조에 따라 인도된 때까지 물품의 멸실 또는 손상의 모든 위험을 부담하여야 한다.

A6. Allocation of costs.

The seller must pay

a) in addition to costs resulting from A3 a), all costs relating to the goods until they have been delivered in accordance with A4, other than those payable by the buyer as envisaged in B6;

b) any charges for unloading at the place of destination that were for the seller's account under the contract of carriage; and

c) where applicable, the costs of customs formalities necessary for export as well as all duties, taxes and other charges payable upon export and the costs for their transport through any country, prior to delivery in accordance with A4.

제A6조 비용의 분담.

매도인은 반드시 다음과 같은 비용을 지급하여야 한다.

a) 제B6조에 적시된 대로 매수인에 의하여 지급되는 비용을 제외하고, 제A3조 a항의 결과로 발생하는 비용에 추가하여, 물품이 제A4조에 따라 인도된 때까지 물품에 관련한 모든 비용,

b) 운송계약에 따라 매도인의 계산에 속한 목적장소에서의 모든 양하경비, 그리고

c) 적용가능한 경우에는, 수출에 필요한 통관절차의 비용뿐만 아니라, 수출 시에 지급되는 모든 관세, 조세 및 기타 경비, 그리고 제A4조에 따라 인도하기 이전의 어떠한 국가를 통과하는 운송비용.

A7. Notices to the buyer.

The seller must give the buyer any notice needed in order to allow the buyer to take measures that are normally necessary to enable the buyer to take delivery of the goods.

제A7조 매수인에 대한 통지.

매도인은 반드시 매수인이 물품의 인도를 접수할 수 있도록 하는데 정상적으로 필요한 조치를 취할 수 있도록 매수인에게 필요한 모든 통지를 행하여야 한다.

A8. Delivery document.

The seller must provide the buyer, at the seller's expense, with a document enabling the buyer to take delivery of the goods as envisaged in A4/B4.

제A8조 인도서류.

매도인은 반드시 자신의 비용부담으로 제A4조와 제B4조에 적시된 대로 매수인이 물품의 인도를 접수할 수 있는 서류를 매수인에게 제공하여야 한다.

A9. Checking–packaging–marking.

The seller must pay the costs of those checking operations (such as checking quality, measuring, weighing, counting) that are necessary for the purpose of delivering the goods in accordance with A4, as well as the costs of any pre-shipment inspection mandated by the authority of the country of export.

The seller must, at its own expense, package the goods, unless it is usual for the particular trade to transport the type of goods sold unpackaged. The seller may package the goods in the manner appropriate for their transport, unless the buyer has notified the seller of specific packaging requirements before the contract of sale is concluded. Packaging is to be marked appropriately.

제A9조 점검 · 포장 · 화인.

매도인은 반드시 제A4조에 따라 물품을 인도하기 위하여 필요한 물품점검업무(품질, 용적, 중량, 수량점검 등)의 비용뿐만 아니라, 수출국가의 당국에 의하여 강제된 모든 선적전검사의 비용을 지급하여야 한다.

특정무역거래에서 매각된 종류의 물품을 무포장으로 운송하는 것이 통상적이지 아니하는 한, 매도인은 반드시 자신의 비용부담으로 물품을 포장하여야 한다. 매수인이 매매계약의 체결 이전에 매도인에게 특정한 포장요건을 통지하지 않은 한, 매도인은 물품운송에 적절한 방법으로 이를 포장할 수 있다. 포장에는 적절한 화인이 있어야 한다.

A10. Assistance with information and related costs.

The seller must, where applicable, in a timely manner, provide to or render assistance in obtaining for the buyer, at the buyer's request, risk and expense, any documents and information, including security-related information, that the buyer needs for the import of the goods and/or for their transport to the final destination.

The seller must reimburse the buyer for all costs and charges incurred by the buyer in providing or rendering assistance in obtaining documents and information as envisaged in B10.

제A10조 정보의 협조 및 관련 비용.

매도인은 반드시 적용가능한 경우에는, 매수인의 요청과 위험 및 비용부담으로 매수인이 물품의 수입 및/또는 최종목적지까지의 물품운송에 필요한 보안관련 정보를 포함하여 모든 서류와 정보를 취득하는데 따른 협조를 매수인에게 시의적절한 방법으로 제공하거나 공여하여야 한다.

매도인은 반드시 제B10조에 적시된 대로 서류와 정보를 취득하는데 따른 협조를 제공하거나 공여하면서 매수인에 의하여 발생된 모든 비용과 경비를 매수인에게 보상하여야 한다.

B. THE BUYER' S OBLIGATIONS(매수인의 의무)

B1. General obligations of the buyer.

The buyer must pay the price of the goods as provided in the contract of sale.

Any document referred to in B1-B10 may be an equivalent electronic record or procedure if agreed between the parties or customary.

제B1조 매수인의 일반적 의무.

매수인은 반드시 매매계약에 약정된 대로 물품의 대금을 지급하여야 한다.
제B1조 내지 제B10조에 언급된 모든 서류는 당사자간에 합의되었거나 관습적인 경우에는 이와 동등한 전자기록 또는 처리방법으로 할 수 있다.

B2. Licences, authorizations, security clearances and other formalities.

Where applicable, the buyer must obtain, at its own risk and expense, any import licence or other official authorization and carry out all customs formalities for the import of the goods.

제B2조 허가, 승인, 보안수속 및 기타 절차.

적용가능한 경우에는, 매수인은 반드시 자신의 위험과 비용부담으로 모든 수입허가 또는 기타 공적인 승인을 취득하여야 하며, 또 물품의 수입을 위한 모든 통관절차를 이행하여야 한다.

B3. Contracts of carriage and insurance.

a) Contract of carriage. The buyer has no obligation to the seller to make a contract of carriage.

b) Contract of insurance. The buyer has no obligation to the seller to make a contract of insurance. However, the buyer must provide the seller, upon request, with the necessary information for obtaining insurance.

제B3조 운송 및 보험계약.

a) 운송계약. 매수인은 매도인에 대하여 운송계약을 체결할 아무런 의무도 부담하지 아니한다.

b) 보험계약. 매수인은 매도인에 대하여 보험계약을 체결할 아무런 의무도 부담하지 아니한다. 그러나 매수인은 요청 시에는 반드시 보험을 취득하는데 필요한 정보를 매도인에게 제공하여야 한다.

B4. Taking delivery.

The buyer must take delivery of the goods when they have been delivered as envisaged in A4.

제B4조 인도의 접수.

매수인은 반드시 물품이 제A4조에 적시된 대로 인도된 때에 물품의 인도를 접수하여야 한다.

B5. Transfer of risks.

The buyer bears all risks of loss of or damage to the goods from the time they have been delivered as envisaged in A4.

If a) the buyer fails to fulfil its obligations in accordance with B2, then it bears all resulting risks of loss of or damage to the goods; or

b) the buyer fails to give notice in accordance with B7, then it bears all risks of loss of or damage to the goods from the agreed date or the expiry date of the agreed period for delivery,

provided that the goods have been clearly identified as the contract goods.

제B5조 위험의 이전.

매수인은 물품이 제A4조에 적시된 대로 인도된 시간부터 물품의 멸실 또는 손상의 모든 위험을 부담하여야 한다.

a) 매수인이 제B2조에 따라 자신의 의무를 완수하지 아니한 경우에는, 이에 매수인은 물품의 멸실 또는 손상의 모든 결과적인 위험을 부담하여야 하며, 또는

b) 매수인이 제B7조에 따라 통지를 행하지 아니한 경우에는, 이에 매수인은 인도의 합의된 일자 또는 합의된 기간의 만기일자로부터 물품의 멸실 또는 손상의 모든 위험을 부담하여야 한다.

다만 물품이 계약물품으로서 명확하게 특정되어 있어야 한다.

B6. Allocation of costs.

The buyer must pay

a) all costs relating to the goods from the time they have been delivered as envisaged in A4;

b) all costs of unloading necessary to take delivery of the goods from the arriving means of transport at the named place of destination, unless such costs were for the seller's account under the contract of carriage;

c) any additional costs incurred by the seller if the buyer fails to fulfil its obligations in accordance with B2 or to give notice in accordance with B7, provided that the goods have been clearly identified as the contract goods; and

d) where applicable, the costs of customs formalities, as well as all duties, taxes and other charges payable upon import of the goods.

제B6조 비용의 분담.

매수인은 반드시 다음과 같은 비용을 지급하여야 한다.

a) 물품이 제A4조에 적시된 대로 인도된 시간부터 물품에 관련한 모든 비용,

b) 운송계약에 따라 매도인의 계산에 속한 것이 아닌 한, 지정된 목적장소에 도착하는 운송수단으로부터 물품의 인도를 접수하는데 필요한 모든 양하비용,

c) 매수인이 제B2조에 따라 자신의 의무를 완수하지 아니하거나 또는 제B7조에 따라 통지를 행하지 아니한 경우에 매도인에 의하여 발생된 모든 추가적인 비용. 다만 물품이 계약물품으로서 명확하게 특정되어 있어야 한다. 그리고

d) 적용가능한 경우에는, 물품의 수입시에 지급되는 통관절차의 비용뿐만 아니라, 모든 관세, 조세 및 기타 경비.

B7. Notices to the seller.

The buyer must, whenever it is entitled to determine the time within an agreed period and/or the point of taking delivery within the named place of destination, give the seller sufficient notice thereof.

제B7조 매도인에 대한 통지.

매수인은 반드시 합의된 기간 내의 시간 및/또는 지정된 목적장소내의 인도접수의 지점을 결정할 권한이 주어진 때에는, 항상 이에 관하여 매도인에게 충분한 통지를 행하여야 한다.

B8. Proof of delivery.

The buyer must accept the delivery document provided as envisaged in A8.

제B8조 인도의 증거.

매수인은 반드시 제A8조에 적시된 대로 제공된 인도서류를 인수하여야 한다.

B9. Inspection of goods.

The buyer must pay the costs of any mandatory pre-shipment inspection, except when such inspection is mandated by the authorities of the country of export.

제B9조 물품의 검사.

매수인은 반드시 수출국가의 당국에 의하여 강제된 그러한 검사의 경우를 제외하고, 모든 강제적인 선적전검사의 비용을 지급하여야 한다.

B10. Assistance with information and related costs.

The buyer must, in a timely manner, advise the seller of any security information requirements so that the seller may comply with A10.

The buyer must reimburse the seller for all costs and charges incurred by the seller in providing or rendering assistance in obtaining documents and information as envisaged in A10.

The buyer must, where applicable, in a timely manner, provide to or render assistance in obtaining for the seller, at the seller's request, risk and expense, any documents and information, including security-related information, that the seller needs for the transport and export of the goods and for their transport through any country.

제B10조 정보의 협조 및 관련 비용.

매수인은 반드시 매도인이 제A10조를 준수할 수 있도록 모든 보안정보 요건에 관하여 매도인에게 시의적절한 방법으로 고지하여야 한다.

매수인은 반드시 제A10조에 적시된 대로 서류와 정보를 취득하는데 따른 협조를 제공하거나 공여하면서 매도인에 의하여 발생된 모든 비용과 경비를 매도인에게 보상하여야 한다.

매수인은 반드시 적용가능한 경우에는, 매도인의 요청과 위험 및 비용부담으로 매도인이 물품의 운송과 수출 및 어떠한 국가를 통과하는 물품운송에 필요한 보안관련 정보를 포함하여 모든 서류와 정보를 취득하는데 따른 협조를 매도인에게 시의적절한 방법으로 제공하거나 공여하여야 한다.

7) DDP : DELIVERED DUTY PAID(관세지급인도), insert named place of destination(지정목적장소 삽입)

(1) GUIDANCE NOTE(안내문)

This rule may be used irrespective of the mode of transport selected and may also be used where more than one mode of transport is employed.

"Delivered Duty Paid" means that the seller delivers the goods when the goods are placed at the disposal of the buyer, cleared for import on the arriving means of transport ready for unloading at the named place of destination. The seller bears all the costs and risks involved in bringing the goods to the place of destination and has an obligation to clear the goods not only for export but also for import, to pay any duty for both export and import and to carry out all customs formalities.

이 규칙은 선정된 운송방식에 관계 없이 사용할 수 있으며, 또 둘 이상의 운송방식이 채용되는 경우에도 사용할 수 있다.

"관세지급인도"(delivered duty paid)라 함은 물품이 지정된 목적장소에서 양하할 준비를 갖추어 도착하는 운송수단 상에서 수입수속된 상태로 매수인의 임의처분 하에 적치된 때에 매도인이 인도하는 것을 의미한다. 매도인은 목적장소까지 물품을 운반하는데 관련된 모든 비용과 위험을 부담하며, 또 물품의 수출뿐만 아니라 수입수속을 하고, 수출과 수입 양자의 어떠한 관세를 지급하며, 또 모든 통관절차를 이행할 어떠한 의무를 부담한다.

DDP represents the maximum obligation for the seller.

The parties are well advised to specify as clearly as possible the point within the agreed place of destination, as the costs and risks to that point are for the account of the seller. The seller is advised to procure contracts of carriage that match this choice precisely. If the seller incurs costs under its contract of carriage related to unloading at the place of destination, the seller is not entitled to recover such costs from the buyer unless otherwise agreed between the parties.

The parties are well advised not to use DDP if the seller is unable directly or indirectly to obtain import clearance.

If the parties wish the buyer to bear all risks and costs of import clearance, the DAP rule should be used.

Any VAT or other taxes payable upon import are for the seller's account unless expressly agreed otherwise in the sales contract.

DDP는 매도인에게 최대한의 의무를 나타낸다.

당사자들은 합의된 목적장소내의 지점을 가능한 한 명확하게 명시하는 것이 아주 바람직하다. 왜냐하면 당해 지점까지의 비용과 위험이 매도인의 계산에 속하기 때문이다. 매도인은 이 선택사항에 정확하게 부합하는 운송계약을 조달하는 것이 바람직하다. 매도인이 자신의 운송계약에 따라 목적장소에서의 양하에 관련된 비용을 부담하는 경우에는, 매도인은 당사자 간에 별도의 합의가 없는 한 매수인으로부터 그러한 비용을 회수할 권한이 없다.

당사자들은 매도인이 직접 또는 간접적으로 수입수속을 취득할 수 없는 경우에는 DDP를 사용하지 아니하는 것이 아주 바람직하다.

당사자들이 수입수속의 모든 위험과 비용을 매수인이 부담하도록 원하는 경우에는, DAP 규칙을 사용하여야 한다.

매매계약에서 별도의 명시적인 합의가 없는 한, 수입 시에 지급되는 어떠한 VAT(부가가치세) 또는 기타 조세는 매도인의 계산에 속한다.

A. THE SELLER'S OBLIGATIONS(매도인의 의무)

A1. General obligations of the seller.

The seller must provide the goods and the commercial invoice in conformity with the contract of sale and any other evidence of conformity that may be required by the contract.

Any document referred to in A1-A10 may be an equivalent electronic record or procedure if agreed between the parties or customary.

제A1조 매도인의 일반적 의무.

매도인은 반드시 매매계약에 일치하는 물품과 상업송장 및 계약에 의하여 요구될 수 있는 기타 모든 일치의 증명서류를 제공하여야 한다.

제A1조 내지 제A10조에 언급된 모든 서류는 당사자간에 합의되었거나 관습적인 경우에는 이와 동등한 전자기록 또는 처리방법으로 할 수 있다.

A2. Licences, authorizations, security clearances and other formalities.

Where applicable, the seller must obtain, at its own risk and expense, any export and import licence and other official authorization and carry out all customs formalities necessary for the export of the goods, for their transport through any country and for their import.

제A2조 허가, 승인, 보안수속 및 기타 절차.

적용가능한 경우에는, 매도인은 반드시 자신의 위험과 비용부담으로 모든 수출과 수입허가 및 기타 공적인 승인을 취득하여야 하며, 또 물품의 수출, 어떠한 국가를 통과하는 운송 및 수입에 필요한 모든 통관절차를 이행하여야 한다.

A3. Contracts of carriage and insurance.

a) Contract of carriage. The seller must contract at its own expense for the carriage of the goods to the named place of destination or to the agreed point, if any, at the named place of destination. If a specific point is not agreed or is not determined by practice, the seller may select the point at the named place of destination that best suits its purpose.

b) Contract of insurance. The seller has no obligation to the buyer to make a contract of insurance. However, the seller must provide the buyer, at the buyer's request, risk, and expense (if any), with information that the buyer needs for obtaining insurance.

제A3조 운송 및 보험계약.

a) 운송계약. 매도인은 반드시 자신의 비용부담으로 지정된 목적장소까지 또는 지정된 목적장소의 합의된 지점까지 물품의 운송계약을 체결하여야 한다. 특정한 지점이 합의되지 아니하거나 또는 관례에 따라 결정되지 아니한 경우에는, 매도인은 자신의 목적에 가장 적합한 지정된 목적장소의 지점을 선정할 수 있다.

b) 보험계약. 매도인은 매수인에 대하여 보험계약을 체결할 아무런 의무도 부담하지 아니한다. 그러나 매도인은 반드시 매수인의 요청과 위험 및 비용부담(있는 경우)으로 매수인이 보험을 취득하는데 필요한 정보를 매수인에게 제공하여야 한다.

A4. Delivery.

The seller must deliver the goods by placing them at the disposal of the buyer on the arriving means of transport ready for unloading at the agreed point, if any, at the named place of destination on the agreed date or within the agreed period.

제A4조 인도.

매도인은 반드시 합의된 일자 또는 합의된 기간 내에 지정된 목적장소의 합의된 지점(있는 경우)에서 양하할 준비를 갖추어 도착하는 운송수단 상에서 물품을 매수인의 임의처분 하에 적치하는 행위로 이를 인도하여야 한다.

A5. Transfer of risks.

The seller bears all risks of loss of or damage to the goods until they have been delivered in accordance with A4, with the exception of loss or damage in the circumstances described in B5.

제A5조 위험의 이전.

매도인은 제B5조에 기술된 사정에서의 멸실 또는 손상을 제외하고, 물품이 제A4조에 따라 인도된 때까지 물품의 멸실 또는 손상의 모든 위험을 부담하여야 한다.

A6. Allocation of costs.

The seller must pay

a) in addition to costs resulting from A3 a), all costs relating to the goods until they have been delivered in accordance with A4, other than those payable by the buyer as envisaged in B6;

b) any charges for unloading at the place of destination that were for the seller's account under the contract of carriage; and

c) where applicable, the costs of customs formalities necessary for export and import as well as all duties, taxes and other charges payable upon export and import of the goods, and the costs for their transport through any country prior to delivery in accordance with A4.

제A6조 비용의 분담.

매도인은 반드시 다음과 같은 비용을 지급하여야 한다.

a) 제B6조에 적시된 대로 매수인에 의하여 지급되는 비용을 제외하고, 제A3조 a항의 결과로 발생하는 비용에 추가하여, 물품이 제A4조에 따라 인도된 때까지 물품에 관련한 모든 비용,

b) 운송계약에 따라 매도인의 계산에 속한 목적장소에서의 모든 양하경비, 그리고

c) 적용가능한 경우에는, 수출과 수입에 필요한 통관절차의 비용뿐만 아니라, 물품의 수출과 수입시에 지급되는 모든 관세, 조세 및 기타 경비, 그리고 제A4조에 따라 인도하기 이전의 어떠한 국가를 통과하는 운송비용.

A7. Notices to the buyer.

The seller must give the buyer any notice needed in order to allow the buyer to take measures that are normally necessary to enable the buyer to take delivery of the goods.

제A7조 매수인에 대한 통지.

매도인은 반드시 매수인이 물품의 인도를 접수할 수 있도록 하는데 정상적으로 필요한 조치를 취할 수 있도록 매수인에게 필요한 모든 통지를 행하여야 한다.

A8. Delivery document.

The seller must provide the buyer, at the seller's expense, with a document enabling the buyer to take delivery of the goods as envisaged in A4/B4.

제A8조 인도서류.

매도인은 반드시 자신의 비용부담으로 제A4조와 제B4조에 적시된 대로 매수인이 물품의 인도를 접수할 수 있는 서류를 매수인에게 제공하여야 한다.

A9. Checking–packaging–marking.

The seller must pay the costs of those checking operations (such as checking quality, measuring, weighing, counting) that are necessary for the purpose of delivering the goods in accordance with A4, as well as the costs of any pre-shipment inspection mandated by the authority of the country of export or of import.

The seller must, at its own expense, package the goods, unless it is usual for the particular trade to transport the type of goods sold unpackaged. The seller may package the goods in the manner appropriate for their transport, unless the buyer has notified the seller of specific packaging requirements before the contract of sale is concluded. Packaging is to be marked appropriately.

제A9조 점검 · 포장 · 화인.

매도인은 반드시 제A4조에 따라 물품을 인도하기 위하여 필요한 물품점검업무(품질, 용적, 중량, 수량점검 등)의 비용뿐만 아니라, 수출 또는 수입국가의 당국에 의하여 강제된 모든 선적전검사의 비용을 지급하여야 한다.

특정무역거래에서 매각된 종류의 물품을 무포장으로 운송하는 것이 통상적이지 아니하는 한, 매도인은 반드시 자신의 비용부담으로 물품을 포장하여야 한다. 매수인이 매매계약의 체결 이전에 매도인에게 특정한 포장요건을 통지하지 않은 한, 매도인은 물품운송에 적절한 방법으로 이를 포장할 수 있다. 포장에는 적절한 화인이 있어야 한다.

A10. Assistance with information and related costs.

The seller must, where applicable, in a timely manner, provide to or render assistance in obtaining for the buyer, at the buyer's request, risk and expense, any documents and information, including security-related information, that the buyer needs for the transport of the goods to the final destination, where applicable, from the named place of destination.

The seller must reimburse the buyer for all costs and charges incurred by the buyer in providing or rendering assistance in obtaining documents and information as envisaged in B10.

제A10조 정보의 협조 및 관련 비용.

매도인은 반드시 적용가능한 경우에는, 매수인의 요청과 위험 및 비용부담으로 매수인이 지정된 목적장소로부터 적용가능한 경우에 최종목적지까지의 물품운송에 필요한 보안관련 정보를 포함하여 모든 서류와 정보를 취득하는데 따른 협조를 매수인에게 시의적절한 방법으로 제공하거나 공여하여야 한다.

매도인은 반드시 제B10조에 적시된 대로 서류와 정보를 취득하는데 따른 협조를 제공하거나 공여하면서 매수인에 의하여 발생된 모든 비용과 경비를 매수인에게 보상하여야 한다.

B. THE BUYER' S OBLIGATIONS(매수인의 의무)

B1. General obligations of the buyer.

The buyer must pay the price of the goods as provided in the contract of sale.

Any document referred to in B1-B10 may be an equivalent electronic record or procedure if agreed between the parties or customary.

제B1조 매수인의 일반적 의무.

매수인은 반드시 매매계약에 약정된 대로 물품의 대금을 지급하여야 한다.

제B1조 내지 제B10조에 언급된 모든 서류는 당사자 간에 합의되었거나 관습적인 경우에는 이와 동등한 전자기록 또는 처리방법으로 할 수 있다.

B2. Licences, authorizations, security clearances and other formalities.

Where applicable, the buyer must provide assistance to the seller, at the seller's request, risk and expense, in obtaining any import licence or other official authorization for the import of the goods.

제B2조 허가, 승인, 보안수속 및 기타 절차.

적용가능한 경우에는, 매수인은 반드시 매도인의 요청과 위험 및 비용부담으로 모든 수입허가 또는 물품의 수입을 위한 기타 공적인 승인을 취득하는데 따른 협조를 매도인에게 제공하여야 한다.

B3. Contracts of carriage and insurance.

a) Contract of carriage. The buyer has no obligation to the seller to make a contract of carriage.

b) Contract of insurance. The buyer has no obligation to the seller to make a contract of insurance. However, the buyer must provide the seller, upon request, with the necessary information for obtaining insurance.

제B3조 운송 및 보험계약.

a) 운송계약. 매수인은 매도인에 대하여 운송계약을 체결할 아무런 의무도 부담하지 아니한다.

b) 보험계약. 매수인은 매도인에 대하여 보험계약을 체결할 아무런 의무도 부담하지 아니한다. 그러나 매수인은 요청 시에는 반드시 보험을 취득하는데 필요한 정보를 매도인에게 제공하여야 한다.

B4. Taking delivery.

The buyer must take delivery of the goods when they have been delivered as envisaged in A4.

제B4조 인도의 접수.

매수인은 반드시 물품이 제A4조에 적시된 대로 인도된 때에 물품의 인도를 접수하여야 한다.

B5. Transfer of risks.

The buyer bears all risks of loss of or damage to the goods from the time they have been delivered as envisaged in A4.

If a) the buyer fails to fulfil its obligations in accordance with B2, then it bears all resulting risks of loss of or damage to the goods; or

b) the buyer fails to give notice in accordance with B7, then it bears all risks of loss of or damage to the goods from the agreed date or the expiry date of the agreed period for delivery,

provided that the goods have been clearly identified as the contract goods.

제B5조 위험의 이전.

매수인은 물품이 제A4조에 적시된 대로 인도된 시간부터 물품의 멸실 또는 손상의 모든 위험을 부담하여야 한다.

a) 매수인이 제B2조에 따라 자신의 의무를 완수하지 아니한 경우에는, 이에 매수인은 물품의 멸실 또는 손상의 모든 결과적인 위험을 부담하여야 하며, 또는

b) 매수인이 제B7조에 따라 통지를 행하지 아니한 경우에는, 이에 매수인은 인도의 합의된 일자 또는 합의된 기간의 만기일자로부터 물품의 멸실 또는 손상의 모든 위험을 부담하여야 한다.

다만 물품이 계약물품으로서 명확하게 특정되어 있어야 한다.

B6. Allocation of costs.

The buyer must pay

a) all costs relating to the goods from the time they have been delivered as envisaged in A4;
b) all costs of unloading necessary to take delivery of the goods from the arriving means of transport at the named place of destination, unless such costs were for the seller's account under the contract of carriage; and
c) any additional costs incurred if it fails to fulfil its obligations in accordance with B2 or to give notice in accordance with B7, provided that the goods have been clearly identified as the contract goods.

제B6조 비용의 분담.

매수인은 반드시 다음과 같은 비용을 지급하여야 한다.

a) 물품이 제A4조에 적시된 대로 인도된 시간부터 물품에 관련한 모든 비용,
b) 운송계약에 따라 매도인의 계산에 속한 것이 아닌 한, 지정된 목적장소에 도착하는 운송수단으로부터 물품의 인도를 접수하는데 필요한 모든 양하비용, 그리고
c) 매수인이 제B2조에 따라 자신의 의무를 완수하지 아니하거나 또는 제B7조에 따라 통지를 행하지 아니한 경우에 발생된 모든 추가적인 비용. 다만 물품이 계약물품으로서 명확하게 특정되어 있어야 한다.

B7. Notices to the seller.

The buyer must, whenever it is entitled to determine the time within an agreed period and/or the point of taking delivery within the named place of destination, give the seller sufficient notice thereof.

제B7조 매도인에 대한 통지.

매수인은 반드시 합의된 기간 내의 시간 및/또는 지정된 목적장소내의 인도접수의 지점을 결정할 권한이 주어진 때에는, 항상 이에 관하여 매도인에게 충분한 통지를 행하여야 한다.

B8. Proof of delivery.

The buyer must accept the proof of delivery provided as envisaged in A8.

제B8조 인도의 증거.

매수인은 반드시 제A8조에 적시된 대로 제공된 인도서류를 인수하여야 한다.

B9. Inspection of goods.

The buyer has no obligation to the seller to pay the costs of any mandatory pre-shipment inspection mandated by the authority of the country of export or of import.

제B9조 물품의 검사.

매수인은 매도인에 대하여 수출 또는 수입국가의 당국에 의하여 강제된 모든 강제적인 선적전검사의 비용을 지급할 아무런 의무도 부담하지 아니한다.

B10. Assistance with information and related costs.

The buyer must, in a timely manner, advise the seller of any security information requirements so that the seller may comply with A10.

The buyer must reimburse the seller for all costs and charges incurred by the seller in providing or rendering assistance in obtaining documents and information as envisaged in A10.

The buyer must, where applicable, in a timely manner, provide to or render assistance in obtaining for the seller, at the seller's request, risk and expense, any documents and information, including security-related information, that the seller needs for the transport, export and import of the goods and for their transport through any country.

제B10조 정보의 협조 및 관련 비용.

매수인은 반드시 매도인이 제A10조를 준수할 수 있도록 모든 보안정보 요건에 관하여 매도인에게 시의적절한 방법으로 고지하여야 한다.

매수인은 반드시 제A10조에 적시된 대로 서류와 정보를 취득하는데 따른 협조를 제공하거나 공여하면서 매도인에 의하여 발생된 모든 비용과 경비를 매도인에게 보상하여야 한다.

매수인은 반드시 적용가능한 경우에는, 매도인의 요청과 위험 및 비용부담으로 매도인이 물품의 운송, 수출과 수입 및 어떠한 국가를 통과하는 물품운송에 필요한 보안관련 정보를 포함하여 모든 서류와 정보를 취득하는데 따른 협조를 매도인에게 시의적절한 방법으로 제공하거나 공여하여야 한다.

2. RULES FOR SEA AND INLAND WATERWAY TRANSPORT (해상과 내수로 운송용 규칙)

1) FAS : FREE ALONGSIDE SHIP(선측인도), insert named port of shipment(지정선적항구 삽입)

(1) GUIDANCE NOTE(안내문)

This rule is to be used only for sea or inland waterway transport.

"Free Alongside Ship" means that the seller delivers when the goods are placed alongside the vessel (e.g., on a quay or a barge) nominated by the buyer at the named port of shipment. The risk of loss of or damage to the goods passes when the goods are alongside the ship, and the buyer bears all costs from that moment onwards.

이 규칙은 해상 또는 내수로 운송에만 사용하여야 한다.

"선측인도"(free alongside ship)라 함은 물품이 지정된 선적항구에서 매수인에 의하여 지명된 본선의 선측(예컨대 부두 또는 바지선상)에 적치된 때에 매도인이 인도하는 것을 말한다. 물품의 멸실 또는 손상의 위험은 물품이 선박의 선측에 적치된 때에 넘어가며, 또 매수인은 당해 순간부터 이후의 모든 비용을 부담한다.

The parties are well advised to specify as clearly as possible the loading point at the named port of shipment, as the costs and risks to that point are for the account of the seller and these costs and associated handling charges may vary according to the practice of the port.

The seller is required either to deliver the goods alongside the ship or to procure goods already so delivered for shipment. The reference to "procure" here caters for multiple sales down a chain ('string sales'), particularly common in the commodity trades.

당사자들은 지정된 선적항구의 적재지점을 가능한 한 명확하게 명시하는 것이 아주 바람직하다. 왜냐하면 당해 지점까지의 비용과 위험이 매도인의 계산에 속하며, 또 이들 비용 및 부수된 취급경비가 항구의 관례에 따라 변경될 수 있기 때문이다.

매도인은 선박의 선측에 물품을 인도하거나 또는 이미 선적을 위하여 그렇게 인도된 물품을 조달하는 것이 요구된다. 여기서 "조달"(procure)이란 언급은 특히 상품무역에서 보편적인 일련의 다중매매('연계매매')를 대비한 것이다.

Where the goods are in containers, it is typical for the seller to hand the goods over to the carrier at a terminal and not alongside the vessel. In such situations, the FAS rule would be inappropriate, and the FCA rule should be used.

FAS requires the seller to clear the goods for export, where applicable. However, the seller has no obligation to clear the goods for import, pay any import duty or carry out any import customs formalities.

물품이 컨테이너에 적재된 경우에는, 본선의 선측이 아닌 터미널에서 매도인이 운송인에게 물품을 인계하는 것이 전형적이다. 그러한 경우에는, FAS 규칙은 부적절할 것이며, 또 FCA 규칙을 사용하여야 한다.

FAS는 적용가능한 경우에는 매도인이 물품의 수출수속을 하도록 요구한다. 그러나 매도인은 물품의 수입수속을 하거나, 어떠한 수입관세를 지급하거나 또는 어떠한 수입통관절차를 이행할 아무런 의무도 부담하지 아니한다.

A. THE SELLER'S OBLIGATIONS(매도인의 의무)

A1. General obligations of the seller.

The seller must provide the goods and the commercial invoice in conformity with the contract of sale and any other evidence of conformity that may be required by the contract.

Any document referred to in A1-A10 may be an equivalent electronic record or procedure if agreed between the parties or customary.

제A1조 매도인의 일반적 의무.

매도인은 반드시 매매계약에 일치하는 물품과 상업송장 및 계약에 의하여 요구될 수 있는 기타 모든 일치의 증명서류를 제공하여야 한다.

제A1조 내지 제A10조에 언급된 모든 서류는 당사자간에 합의되었거나 관습적인 경우에는 이와 동등한 전자기록 또는 처리방법으로 할 수 있다.

A2. Licences, authorizations, security clearances and other formalities.

Where applicable, the seller must obtain, at its own risk and expense, any export licence or other official authorization and carry out all customs formalities necessary for the export of the goods.

제A2조 허가, 승인, 보안수속 및 기타 절차.

적용가능한 경우에는, 매도인은 반드시 자신의 위험과 비용부담으로 모든 수출허가 또는 기타 공적인 승인을 취득하여야 하며, 또 물품의 수출에 필요한 모든 통관절차를 이행하여야 한다.

A3. Contracts of carriage and insurance.

a) Contract of carriage. The seller has no obligation to the buyer to make a contract of carriage. However, if requested by the buyer or if it is commercial practice and the buyer does not give an instruction to the contrary in due time, the seller may contract for carriage on usual terms at the buyer's risk and expense. In either case, the seller may decline to make the contract of carriage and, if it does, shall promptly notify the buyer.

b) Contract of insurance. The seller has no obligation to the buyer to make a contract of insurance. However, the seller must provide the buyer, at the buyer's request, risk, and expense (if any), with information that the buyer needs for obtaining insurance.

제A3조 운송 및 보험계약.

a) 운송계약. 매도인은 매수인에 대하여 운송계약을 체결할 아무런 의무도 부담하지 아니한다. 그러나 매수인이 요청한 경우 또는 상업적인 관례가 있고 매수인이 적기에 그 반대의 지시를 하지 아니한 경우에는, 매도인은 매수인의 위험과 비용부담으로 통상적인 조건의 운송계약을 체결할 수 있다. 이중의 어느 경우에서도, 매도인은 운송계약의 체결을 거절할 수 있으며, 또 그러한 경우에는 매수인에게 즉시 통지하여야 한다.

b) 보험계약. 매도인은 매수인에 대하여 보험계약을 체결할 아무런 의무도 부담하지 아니한다. 그러나 매도인은 반드시 매수인의 요청과 위험 및 비용부담(있는 경우)으로 매수인이 보험을 취득하는데 필요한 정보를 매수인에게 제공하여야 한다.

A4. Delivery.

The seller must deliver the goods either by placing them alongside the ship nominated by the buyer at the loading point, if any, indicated by the buyer at the named port of shipment or by procuring the goods so delivered. In either case, the seller must deliver the goods on the agreed date or within the agreed period and in the manner customary at the port.

If no specific loading point has been indicated by the buyer, the seller may select the point within the named port of shipment that best suits its purpose. If the parties have agreed that delivery should take place within a period, the buyer has the option to choose the date within that period.

제A4조 인도.

매도인은 반드시 지정된 선적항구 중 매수인에 의하여 명시된 적재지점(있는 경우)에서 매수인에 의하여 지명된 선박의 선측에 물품을 적치하는 행위 또는 그렇게 인도된 물품을 조달하는 행위로 이를 인도하여야 한다. 이중의 어느 경우에도, 매도인은 반드시 합의된 일자 또는 합의된 기간내에 항구의 관습적인 방법에 따라 물품을 인도하여야 한다.

특정한 적재지점이 매수인에 의하여 전혀 명시되지 아니한 경우에는, 매도인은 지정된 선적항내에서 자신의 목적에 가장 적합한 지점을 선정할 수 있다. 당사자 간에 인도가 어느 기간 내에 이루어져야 하는 것으로 합의된 경우에는, 당해기간내의 일자를 정하는 선택권은 매수인이 갖는다.

A5. Transfer of risks.

The seller bears all risks of loss of or damage to the goods until they have been delivered in accordance with A4 with the exception of loss or damage in the circumstances described in B5.

제A5조 위험의 이전.

매도인은 제B5조에 기술된 사정에서의 멸실 또는 손상을 제외하고, 물품이 제A4조에 따라 인도된 때까지 물품의 멸실 또는 손상의 모든 위험을 부담하여야 한다.

A6. Allocation of costs.

The seller must pay

a) all costs relating to the goods until they have been delivered in accordance with A4, other than those payable by the buyer as envisaged in B6; and

b) where applicable, the costs of customs formalities necessary for export as well as all duties, taxes and other charges payable upon export.

제A6조 비용의 분담.

매도인은 반드시 다음과 같은 비용을 지급하여야 한다.

a) 제B6조에 적시된 대로 매수인에 의하여 지급되는 비용을 제외하고, 물품이 제A4조에 따라 인도된 때까지 물품에 관련한 모든 비용, 그리고

b) 적용가능한 경우에는, 수출에 필요한 통관절차의 비용뿐만 아니라, 수출 에 지급되는 모든 관세, 조세 및 기타 경비.

A7. Notices to the buyer.

The seller must, at the buyer's risk and expense, give the buyer sufficient notice either that the goods have been delivered in accordance with A4 or that the vessel has failed to take the goods within the time agreed.

제A7조 매수인에 대한 통지.

매도인은 반드시 매수인의 위험과 비용부담으로 물품이 제A4조에 따라 인도되었다는 사실 또는 본선이 합의된 기간내에 물품을 접수하지 아니하였다는 사실에 관하여 매수인에게 충분한 통지를 행하여야 한다.

A8. Delivery document.

The seller must provide the buyer, at the seller's expense, with the usual proof that the goods have been delivered in accordance with A4.

Unless such proof is a transport document, the seller must provide assistance to the buyer, at the buyer's request, risk and expense, in obtaining a transport document.

제A8조 인도서류.

매도인은 반드시 자신의 비용부담으로 물품이 제A4조에 따라 인도되었다는 통상적인 증거를 매수인에게 제공하여야 한다.

그러한 증거가 운송서류가 아닌 한, 매도인은 반드시 매수인의 요청과 위험 및 비용부담으로 운송서류를 취득하는데 따른 협조를 매수인에게 제공하여야 한다.

A9. Checking-packaging-marking.

The seller must pay the costs of those checking operations (such as checking quality, measuring, weighing, counting) that are necessary for the purpose of delivering the goods in accordance with A4, as well as the costs of any pre-shipment inspection mandated by the authority of the country of export.

The seller must, at its own expense, package the goods, unless it is usual for the particular trade to transport the type of goods sold unpackaged. The seller may package the goods in the manner appropriate for their transport, unless the buyer has notified the seller of specific packaging requirements before the contract of sale is concluded. Packaging is to be marked appropriately.

제A9조 점검・포장・화인.

매도인은 반드시 제A4조에 따라 물품을 인도하기 위하여 필요한 물품점검업무(품질, 용적, 중량, 수량점검 등)의 비용뿐만 아니라, 수출국가의 당국에 의하여 강제된 모든 선적전검사의 비용을 지급하여야 한다.

특정무역거래에서 매각된 종류의 물품을 무포장으로 운송하는 것이 통상적이지 아니하는 한, 매도인은 반드시 자신의 비용부담으로 물품을 포장하여야 한다. 매수인이 매매계약의 체결 이전에 매도인에게 특정한 포장요건을 통지하지 않은 한, 매도인은 물품운송에 적절한 방법으로 이를 포장할 수 있다. 포장에는 적절한 화인이 있어야 한다.

A10. Assistance with information and related costs.

The seller must, where applicable, in a timely manner, provide to or render assistance in obtaining for the buyer, at the buyer's request, risk and expense, any documents and information, including security-related information, that the buyer needs for the import of the goods and/or for their transport to the final destination.

The seller must reimburse the buyer for all costs and charges incurred by the buyer in providing or rendering assistance in obtaining documents and information as envisaged in B10.

제A10조 정보의 협조 및 관련 비용.

매도인은 반드시 적용가능한 경우에는, 매수인의 요청과 위험 및 비용부담으로 매수인이 물품의 수입 및/또는 최종목적지까지의 물품운송에 필요한 보안관련 정보를 포함하여 모든 서류와 정보를 취득하는데 따른 협조를 매수인에게 시의적절한 방법으로 제공하거나 공여하여야 한다.

매도인은 반드시 제B10조에 적시된 대로 서류와 정보를 취득하는데 따른 협조를 제공하거나 공여하면서 매수인에 의하여 발생된 모든 비용과 경비를 매수인에게 보상하여야 한다.

B. THE BUYER' S OBLIGATIONS(매수인의 의무)

B1. General obligations of the buyer.

The buyer must pay the price of the goods as provided in the contract of sale.

Any document referred to in B1-B10 may be an equivalent electronic record or procedure if agreed between the parties or customary.

제B1조 매수인의 일반적 의무.

매수인은 반드시 매매계약에 약정된 대로 물품의 대금을 지급하여야 한다.

제B1조 내지 제B10조에 언급된 모든 서류는 당사자 간에 합의되었거나 관습적인 경우에는 이와 동등한 전자기록 또는 처리방법으로 할 수 있다.

B2. Licences, authorizations, security clearances and other formalities.

Where applicable, it is up to the buyer to obtain, at its own risk and expense, any import licence or other official authorization and carry out all customs formalities for the import of the goods and for their transport through any country.

제B2조 허가, 승인, 보안수속 및 기타 절차.

적용가능한 경우에는, 매수인 자신의 위험과 비용부담으로 모든 수입허가 또는 기타 공적인 승인을 취득하여야 하는 것과 물품의 수입 및 어떠한 국가를 통과하는 운송을 위한 모든 통관절차를 이행하여야 하는 것은 매수인의 책임에 속한다.

B3. Contracts of carriage and insurance.

a) Contract of carriage. The buyer must contract, at its own expense for the carriage of the goods from the named port of shipment, except where the contract of carriage is made by the seller as provided for in A3 a).

b) Contract of insurance. The buyer has no obligation to the seller to make a contract of insurance.

제B3조 운송 및 보험계약.

a) 운송계약. 매수인은 반드시 운송계약이 제A3조 a항에 규정된 대로 매도인에 의하여 체결된 경우를 제외하고, 자신의 비용부담으로 지정된 선적항으로부터 물품의 운송계약을 체결하여야 한다.

b) 보험계약. 매수인은 매도인에 대하여 보험계약을 체결할 아무런 의무도 부담하지 아니한다.

B4. Taking delivery.

The buyer must take delivery of the goods when they have been delivered as envisaged in A4.

제B4조 인도의 접수.

매수인은 반드시 물품이 제A4조에 적시된 대로 인도된 때에 물품의 인도를 접수하여야 한다.

B5. Transfer of risks.

The buyer bears all risks of loss of or damage to the goods from the time they have been delivered as envisaged in A4.

If a) the buyer fails to give notice in accordance with B7; or

b) the vessel nominated by the buyer fails to arrive on time, or fails to take the goods or closes for cargo earlier than the time notified in accordance with B7;

then the buyer bears all risks of loss of or damage to the goods from the agreed date or the expiry date of the agreed period for delivery, provided that the goods have been clearly identified as the contract goods.

제B5조 위험의 이전.

매수인은 물품이 제A4조에 적시된 대로 인도된 시간부터 물품의 멸실 또는 손상의 모든 위험을 부담하여야 한다.

a) 매수인이 제B7조에 따라 통지를 행하지 아니한 경우, 또는

b) 매수인에 의하여 지명된 본선이 적기에 도착하지 아니하거나 또는 물품을 접수하지 아니한 경우, 또는 제B7조에 따라 통지된 시간보다 조기에 화물을 마감한 경우에는,

이에 매수인은 인도의 합의된 일자 또는 합의된 기간의 만기일자로부터 물품의 멸실 또는 손상의 모든 위험을 부담하여야 한다. 다만 물품이 계약물품으로서 명확하게 특정되어 있어야 한다.

B6. Allocation of costs.

The buyer must pay

a) all costs relating to the goods from the time they have been delivered as envisaged in A4, except, where applicable, the costs of customs formalities necessary for export as well as all duties, taxes, and other charges payable upon export as referred to in A6 b);

b) any additional costs incurred, either because :

(i) the buyer has failed to give appropriate notice in accordance with B7, or

(ii) the vessel nominated by the buyer fails to arrive on time, is unable to take the goods, or closes for cargo earlier than the time notified in accordance with B7,

provided that the goods have been clearly identified as the contract goods; and

c) where applicable, all duties, taxes and other charges, as well as the costs of carrying out customs formalities payable upon import of the goods and the costs for their transport through any country.

제B6조 비용의 분담.

매수인은 반드시 다음과 같은 비용을 지급하여야 한다.

a) 물품이 제A4조에 적시된 대로 인도된 시간부터 물품에 관련한 모든 비용. 다만 적용가능한 경우에는, 수출에 필요한 통관절차의 비용뿐만 아니라, 제A6조 b항에 언급된 대로 수출시에 지급되는 모든 관세, 조세 및 기타 경비는 제외한다.

b) 다음과 같은 원인으로 발생된 모든 추가적인 비용.

(i) 매수인이 제B7조에 따라 적절한 통지를 행하지 아니한 경우, 또는

(ii) 매수인에 의하여 지명된 본선이 적기에 도착하지 아니하거나, 물품을 접수할 수 없거나, 또는 제B7조에 따라 통지된 시간보다 조기에 화물을 마감한 경우,

다만 물품이 계약물품으로서 명확하게 특정되어 있어야 한다. 그리고

c) 적용가능한 경우에는, 물품의 수입시에 지급되는 모든 관세, 조세 및 기타 경비뿐만 아니라, 통관절차를 이행하는 비용 및 어떠한 국가를 통과하는 운송비용.

B7. Notices to the seller.

The buyer must give the seller sufficient notice of the vessel name, loading point and, where necessary, the selected delivery time within the agreed period.

제B7조 매도인에 대한 통지.

매수인은 반드시 본선의 명칭, 적재지점 및 필요한 경우에는 합의된 기간 내의 선정된 인도시간에 관하여 매도인에게 충분한 통지를 행하여야 한다.

B8. Proof of delivery.

The buyer must accept the proof of delivery provided as envisaged in A8.

제B8조 인도의 증거.

매수인은 반드시 제A8조에 적시된 대로 제공된 인도의 증거를 인수하여야 한다.

B9. Inspection of goods.

The buyer must pay the costs of any mandatory pre-shipment inspection, except when such inspection is mandated by the authorities of the country of export.

제B9조 물품의 검사.

매수인은 반드시 수출국가의 당국에 의하여 강제된 그러한 검사의 경우를 제외하고, 모든 강제적인 선적전검사의 비용을 지급하여야 한다.

B10. Assistance with information and related costs.

The buyer must, in a timely manner, advise the seller of any security information requirements so that the seller may comply with A10.

The buyer must reimburse the seller for all costs and charges incurred by the seller in providing or rendering assistance in obtaining documents and information as envisaged in A10.

The buyer must, where applicable, in a timely manner, provide to or render assistance in obtaining for the seller, at the seller's request, risk and expense, any documents and information, including security-related information, that the seller needs for the transport and export of the goods and for their transport through any country.

제B10조 정보의 협조 및 관련 비용.

매수인은 반드시 매도인이 제A10조를 준수할 수 있도록 모든 보안정보 요건에 관하여 매도인에게 시의적절한 방법으로 고지하여야 한다.

매수인은 반드시 제A10조에 적시된 대로 서류와 정보를 취득하는데 따른 협조를 제공하거나 공여하면서 매도인에 의하여 발생된 모든 비용과 경비를 매도인에게 보상하여야 한다.

매수인은 반드시 적용가능한 경우에는, 매도인의 요청과 위험 및 비용부담으로 매도인이 물품의 운송과 수출 및 어떠한 국가를 통과하는 물품운송에 필요한 보안관련 정보를 포함하여 모든 서류와 정보를 취득하는데 따른 협조를 매도인에게 시의적절한 방법으로 제공하거나 공여하여야 한다.

2) FOB : FREE ON BOARD(본선인도), insert named port of shipment(지정선적항구 삽입)

(1) GUIDANCE NOTE(안내문)

This rule is to be used only for sea or inland waterway transport.

"Free on Board" means that the seller delivers the goods on board the vessel nominated by the buyer at the named port of shipment or procures the goods already so delivered. The risk of loss of or damage to the goods passes when the goods are on board the vessel, and the buyer bears all costs from that moment onwards.

이 규칙은 해상 또는 내수로 운송에만 사용하여야 한다.

"본선인도"(free on board)라 함은 매도인이 지정된 선적항구에서 매수인에 의하여 지명된 본선의 갑판상에 물품을 인도하거나 또는 이미 그렇게 인도된 물품을 조달하는 것을 의미한다. 물품의 멸실 또는 손상의 위험은 물품이 본선의 갑판상에 적재된 때에 넘어가며, 또 매수인은 당해 순간부터 이후의 모든 비용을 부담한다.

The seller is required either to deliver the goods on board the vessel or to procure goods already so delivered for shipment. The reference to "procure" here caters for multiple sales down a chain ('string sales'), particularly common in the commodity trades.

FOB may not be appropriate where goods are handed over to the carrier before they are on board the vessel, for example goods in containers, which are typically delivered at a terminal. In such situations, the FCA rule should be used.

FOB requires the seller to clear the goods for export, where applicable. However, the seller has no obligation to clear the goods for import, pay any import duty or carry out any import customs formalities.

매도인은 본선의 갑판상에 물품을 인도하거나 또는 이미 선적을 위하여 그렇게 인도된 물품을 조달하는 것이 요구된다. 여기서 "조달"(procure)이란 언급은 특히 상품무역에서 보편적인 일련의 다중매매('연계매매')를 대비한 것이다.

FOB는 물품이 본선의 갑판상에 적재되기 이전에 운송인에게 인계되는 경우, 예컨대 전형적으로 터미널에서 인도되는 컨테이너 물품에는 적절하지 아니할 수 있다. 그러한 경우에는, FCA 규칙을 사용하여야 한다.

FOB는 적용가능한 경우에는 매도인이 물품의 수출수속을 하도록 요구한다.

그러나 매도인은 물품의 수입수속을 하거나, 어떠한 수입관세를 지급하거나 또는 어떠한 수입통관절차를 이행할 아무런 의무도 부담하지 아니한다.

A. THE SELLER'S OBLIGATIONS(매도인의 의무)

A1. General obligations of the seller.

The seller must provide the goods and the commercial invoice in conformity with the contract of sale and any other evidence of conformity that may be required by the contract.

Any document referred to in A1-A10 may be an equivalent electronic record or procedure if agreed between the parties or customary.

제A1조 매도인의 일반적 의무.

매도인은 반드시 매매계약에 일치하는 물품과 상업송장 및 계약에 의하여 요구될 수 있는 기타 모든 일치의 증명서류를 제공하여야 한다.

제A1조 내지 제A10조에 언급된 모든 서류는 당사자간에 합의되었거나 관습적인 경우에는 이와 동등한 전자기록 또는 처리방법으로 할 수 있다.

A2. Licences, authorizations, security clearances and other formalities.

Where applicable, the seller must obtain, at its own risk and expense, any export licence or other official authorization and carry out all customs formalities necessary for the export of the goods.

제A2조 허가, 승인, 보안수속 및 기타 절차.

적용가능한 경우에는, 매도인은 반드시 자신의 위험과 비용부담으로 모든 수출허가 또는 기타 공적인 승인을 취득하여야 하며, 또 물품의 수출에 필요한 모든 통관절차를 이행하여야 한다.

A3. Contracts of carriage and insurance.

a) Contract of carriage. The seller has no obligation to the buyer to make a contract of carriage. However, if requested by the buyer or if it is commercial practice and the buyer does not give an instruction to the contrary in due time, the seller may contract for carriage on usual terms at the buyer's risk and expense. In either case, the seller may decline to make the contract of carriage and, if it does, shall promptly notify the buyer.

b) Contract of insurance. The seller has no obligation to the buyer to make a contract of insurance. However, the seller must provide the buyer, at the buyer's request, risk, and expense (if any), with information that the buyer needs for obtaining insurance.

제A3조 운송 및 보험계약.

a) 운송계약. 매도인은 매수인에 대하여 운송계약을 체결할 아무런 의무도 부담하지 아니한다. 그러나 매수인이 요청한 경우 또는 상업적인 관례가 있고 매수인이 적기에 그 반대의 지시를 하지 아니한 경우에는, 매도인은 매수인의 위험과 비용부담으로 통상적인 조건의 운송계약을 체결할 수 있다. 이중의 어느 경우에서도, 매도인은 운송계약의 체결을 거절할 수 있으며, 또 그러한 경우에는 매수인에게 즉시 통지하여야 한다.

b) 보험계약. 매도인은 매수인에 대하여 보험계약을 체결할 아무런 의무도 부담하지 아니한다. 그러나 매도인은 반드시 매수인의 요청과 위험 및 비용부담(있는 경우)으로 매수인이 보험을 취득하는데 필요한 정보를 매수인에게 제공하여야 한다.

A4. Delivery.

The seller must deliver the goods either by placing them on board the vessel nominated by the buyer at the loading point, if any, indicated by the buyer at the named port of shipment or by procuring the goods so delivered. In either case, the seller must deliver the goods on the agreed date or within the agreed period and in the manner customary at the port.

If no specific loading point has been indicated by the buyer, the seller may select the point within the named port of shipment that best suits its purpose.

제A4조 인도.

매도인은 반드시 지정된 선적항구 중 매수인에 의하여 명시된 적재지점(있는 경우)에서 매수인에 의하여 지명된 본선의 갑판 상에 물품을 적치하는 행위 또는 그렇게 인도된 물품을 조달하는 행위로 이를 인도하여야 한다. 이중의 어느 경우에도, 매도인은 반드시 합의된 일자 또는 합의된 기간 내에 항구의 관습적인 방법에 따라 물품을 인도하여야 한다.

특정한 적재지점이 매수인에 의하여 전혀 명시되지 아니한 경우에는, 매도인은 지정된 선적항내에서 자신의 목적에 가장 적합한 지점을 선정할 수 있다.

A5. Transfer of risks.

The seller bears all risks of loss of or damage to the goods until they have been delivered in accordance with A4 with the exception of loss or damage in the circumstances described in B5.

제A5조 위험의 이전.

매도인은 제B5조에 기술된 사정에서의 멸실 또는 손상을 제외하고, 물품이 제A4조에 따라 인도된 때까지 물품의 멸실 또는 손상의 모든 위험을 부담하여야 한다.

A6. Allocation of costs.

The seller must pay

a) all costs relating to the goods until they have been delivered in accordance with A4, other than those payable by the buyer as envisaged in B6; and

b) where applicable, the costs of customs formalities necessary for export, as well as all duties, taxes and other charges payable upon export.

제A6조 비용의 분담.

매도인은 반드시 다음과 같은 비용을 지급하여야 한다.

a) 제B6조에 적시된 대로 매수인에 의하여 지급되는 비용을 제외하고, 물품이 제A4조에 따라 인도된 때까지 물품에 관련한 모든 비용, 그리고

b) 적용가능한 경우에는, 수출에 필요한 통관절차의 비용뿐만 아니라, 수출 시에 지급되는 모든 관세, 조세 및 기타 경비.

A7. Notices to the buyer.

The seller must, at the buyer's risk and expense, give the buyer sufficient notice either that the goods have been delivered in accordance with A4 or that the vessel has failed to take the goods within the time agreed.

제A7조 매수인에 대한 통지.

매도인은 반드시 매수인의 위험과 비용부담으로 물품이 제A4조에 따라 인도되었다는 사실 또는 본선이 합의된 시간내에 물품을 접수하지 아니하였다는 사실에 관하여 매수인에게 충분한 통지를 행하여야 한다.

A8. Delivery document.

The seller must provide the buyer, at the seller's expense, with the usual proof that the goods have been delivered in accordance with A4.

Unless such proof is a transport document, the seller must provide assistance to the buyer, at the buyer's request, risk and expense, in obtaining a transport document.

제A8조 인도서류.

매도인은 반드시 자신의 비용부담으로 물품이 제A4조에 따라 인도되었다는 통상적인 증거를 매수인에게 제공하여야 한다.

그러한 증거가 운송서류가 아닌 한, 매도인은 반드시 매수인의 요청과 위험 및 비용부담으로 운송서류를 취득하는데 따른 협조를 매수인에게 제공하여야 한다.

A9. Checking–packaging–marking.

The seller must pay the costs of those checking operations (such as checking quality, measuring, weighing, counting) that are necessary for the purpose of delivering the goods in accordance with A4, as well as the costs of any pre-shipment inspection mandated by the authority of the country of export.

The seller must, at its own expense, package the goods, unless it is usual for the particular trade to transport the type of goods sold unpackaged. The seller may package the goods in the manner appropriate for their transport, unless the buyer has notified the seller of specific packaging requirements before the contract of sale is concluded. Packaging is to be marked appropriately.

제A9조 점검 · 포장 · 화인.

매도인은 반드시 제A4조에 따라 물품을 인도하기 위하여 필요한 물품점검업무(품질, 용적, 중량, 수량점검 등)의 비용뿐만 아니라, 수출국가의 당국에 의하여 강제된 모든 선적전검사의 비용을 지급하여야 한다.

특정무역거래에서 매각된 종류의 물품을 무포장으로 운송하는 것이 통상적이지 아니하는 한, 매도인은 반드시 자신의 비용부담으로 물품을 포장하여야 한다. 매수인이 매매계약의 체결 이전에 매도인에게 특정한 포장요건을 통지하지 않은 한, 매도인은 물품운송에 적절한 방법으로 이를 포장할 수 있다. 포장에는 적절한 화인이 있어야 한다.

A10. Assistance with information and related costs.

The seller must, where applicable, in a timely manner, provide to or render assistance in obtaining for the buyer, at the buyer's request, risk and expense, any documents and information, including security-related information, that the buyer needs for the import of the goods and/or for their transport to the final destination.

The seller must reimburse the buyer for all costs and charges incurred by the buyer in providing or rendering assistance in obtaining documents and information as envisaged in B10.

제A10조 정보의 협조 및 관련 비용.

매도인은 반드시 적용가능한 경우에는, 매수인의 요청과 위험 및 비용부담으로 매수인이 물품의 수입 및/또는 최종목적지까지의 물품운송에 필요한 보안관련 정보를 포함하여 모든 서류와 정보를 취득하는데 따른 협조를 매수인에게 시의적절한 방법으로 제공하거나 공여하여야 한다.

매도인은 반드시 제B10조에 적시된 대로 서류와 정보를 취득하는데 따른 협조를 제공하거나 공여하면서 매수인에 의하여 발생된 모든 비용과 경비를 매수인에게 보상하여야 한다.

B. THE BUYER' S OBLIGATIONS(매수인의 의무)

B1. General obligations of the buyer.

The buyer must pay the price of the goods as provided in the contract of sale.

Any document referred to in B1-B10 may be an equivalent electronic record or procedure if agreed between the parties or customary.

제B1조 매수인의 일반적 의무.

매수인은 반드시 매매계약에 약정된 대로 물품의 대금을 지급하여야 한다.

제B1조 내지 제B10조에 언급된 모든 서류는 당사자간에 합의되었거나 관습적인 경우에는 이와 동등한 전자기록 또는 처리방법으로 할 수 있다.

B2. Licences, authorizations, security clearances and other formalities.

Where applicable, it is up to the buyer to obtain, at its own risk and expense, any import licence or other official authorization and carry out all customs formalities for the import of the goods and for their transport through any country.

제B2조 허가, 승인, 보안수속 및 기타 절차.

적용가능한 경우에는, 매수인 자신의 위험과 비용부담으로 모든 수입허가 또는 기타 공적인 승인을 취득하여야 하는 것과 물품의 수입 및 어떠한 국가를 통과하는 운송을 위한 모든 통관절차를 이행하여야 하는 것은 매수인의 책임에 속한다.

B3. Contracts of carriage and insurance.

a) Contract of carriage. The buyer must contract, at its own expense for the carriage of the goods from the named port of shipment, except where the contract of carriage is made by the seller as provided for in A3 a).

b) Contract of insurance. The buyer has no obligation to the seller to make a contract of insurance.

제B3조 운송 및 보험계약.

a) 운송계약. 매수인은 반드시 운송계약이 제A3조 a항에 규정된 대로 매도인에 의하여 체결된 경우를 제외하고, 자신의 비용부담으로 지정된 선적항으로부터 물품의 운송계약을 체결하여야 한다.

b) 보험계약. 매수인은 매도인에 대하여 보험계약을 체결할 아무런 의무도 부담하지 아니한다.

B4. Taking delivery.

The buyer must take delivery of the goods when they have been delivered as envisaged in A4.

제B4조 인도의 접수.

매수인은 반드시 물품이 제A4조에 적시된 대로 인도된 때에 물품의 인도를 접수하여야 한다.

B5. Transfer of risks.

The buyer bears all risks of loss of or damage to the goods from the time they have been delivered as envisaged in A4.

If a) the buyer fails to notify the nomination of a vessel in accordance with B7; or

b) the vessel nominated by the buyer fails to arrive on time to enable the seller to comply with A4, is unable to take the goods, or closes for cargo earlier than the time notified in accordance with B7;

then, the buyer bears all risks of loss of or damage to the goods :

(i) from the agreed date, or in the absence of an agreed date,

(ii) from the date notified by the seller under A7 within the agreed period, or, if no such date has been notified,

(iii) from the expiry date of any agreed period for delivery,

provided that the goods have been clearly identified as the contract goods.

제B5조 위험의 이전.

매수인은 물품이 제A4조에 적시된 대로 인도된 시간부터 물품의 멸실 또는 손상의 모든 위험을 부담하여야 한다.

a) 매수인이 제B7조에 따라 본선의 지명을 통지하지 아니한 경우, 또는

b) 매수인에 의하여 지명된 본선이 매도인으로 하여금 제A4조를 준수할 수 있도록 적기에 도착하지 아니하거나, 물품을 수령할 수 없거나, 또는 제B7조에 따라 통지된 시간보다 조기에 화물을 마감한 경우에는,

이에 매수인은 다음과 같은 때부터 물품의 멸실 또는 손상의 모든 위험을 부담하여야 한다.

(i) 합의된 일자로부터, 또는 합의된 일자가 없는 경우,

(ii) 합의된 기간 중 제A7조에 따라 매도인에 의하여 통지된 일자로부터, 또는 그러한 일자가 전혀 통지되지 아니한 경우,

(iii) 인도의 어떠한 합의된 기간의 만기일자로부터.

다만 물품이 계약물품으로서 명확하게 특정되어 있어야 한다.

B6. Allocation of costs.

The buyer must pay

a) all costs relating to the goods from the time they have been delivered as envisaged in A4, except, where applicable, the costs of customs formalities necessary for export, as well as all duties, taxes and other charges payable upon export as referred to in A6 b);

b) any additional costs incurred, either because :

(i) the buyer has failed to give appropriate notice in accordance with B7, or

(ii) the vessel nominated by the buyer fails to arrive on time, is unable to take the goods, or closes for cargo earlier than the time notified in accordance with B7,

provided that the goods have been clearly identified as the contract goods; and

c) where applicable, all duties, taxes and other charges, as well as the costs of carrying out customs formalities payable upon import of the goods and the costs for their transport through any country.

제B6조 비용의 분담.

매수인은 반드시 다음과 같은 비용을 지급하여야 한다.

a) 물품이 제A4조에 적시된 대로 인도된 시간부터 물품에 관련한 모든 비용. 다만 적용가능한 경우에는, 수출에 필요한 통관절차의 비용뿐만 아니라, 제A6조 b항에 언급된 대로 수출시에 지급되는 모든 관세, 조세 및 기타 경비는 제외한다.

b) 다음과 같은 원인으로 발생된 모든 추가적인 비용.

(i) 매수인이 제B7조에 따라 적절한 통지를 행하지 아니한 경우, 또는

(ii) 매수인에 의하여 지명된 본선이 적기에 도착하지 아니하거나, 물품을 접수할 수 없거나, 또는 제B7조에 따라 통지된 시간보다 조기에 화물을 마감한 경우,

다만 물품이 계약물품으로서 명확하게 특정되어 있어야 한다. 그리고

c) 적용가능한 경우에는, 물품의 수입 시에 지급되는 모든 관세, 조세 및 기타 경비뿐만 아니라, 통관절차를 이행하는 비용 및 어떠한 국가를 통과하는 운송비용.

B7. Notices to the seller.

The buyer must give the seller sufficient notice of the vessel name, loading point and, where necessary, the selected delivery time within the agreed period.

제B7조 매도인에 대한 통지.

매수인은 반드시 본선의 명칭, 적재지점 및 필요한 경우에는 합의된 기간 내의 선정된 인도시간에 관하여 매도인에게 충분한 통지를 행하여야 한다.

B8. Proof of delivery.

The buyer must accept the proof of delivery provided as envisaged in A8.

제B8조 인도의 증거.

매수인은 반드시 제A8조에 적시된 대로 제공된 인도의 증거를 인수하여야 한다.

B9. Inspection of goods.

The buyer must pay the costs of any mandatory pre-shipment inspection, except when such inspection is mandated by the authorities of the country of export.

제B9조 물품의 검사.

매수인은 반드시 수출국가의 당국에 의하여 강제된 그러한 검사의 경우를 제외하고, 모든 강제적인 선적전검사의 비용을 지급하여야 한다.

B10. Assistance with information and related costs.

The buyer must, in a timely manner, advise the seller of any security information requirements so that the seller may comply with A10.

The buyer must reimburse the seller for all costs and charges incurred by the seller in providing or rendering assistance in obtaining documents and information as envisaged in A10.

The buyer must, where applicable, in a timely manner, provide to or render assistance in obtaining for the seller, at the seller's request, risk and expense, any documents and information, including security-related information, that the seller needs for the transport and export of the goods and for their transport through any country.

제B10조 정보의 협조 및 관련 비용.

매수인은 반드시 매도인이 제A10조를 준수할 수 있도록 모든 보안정보 요건에 관하여 매도인에게 시의적절한 방법으로 고지하여야 한다.

매수인은 반드시 제A10조에 적시된 대로 서류와 정보를 취득하는데 따른 협조를 제공하거나 공여하면서 매도인에 의하여 발생된 모든 비용과 경비를 매도인에게 보상하여야 한다.

매수인은 반드시 적용가능한 경우에는, 매도인의 요청과 위험 및 비용부담으로 매도인이 물품의 운송과 수출 및 어떠한 국가를 통과하는 물품운송에 필요한 보안관련 정보를 포함하여 모든 서류와 정보를 취득하는데 따른 협조를 매도인에게 시의적절한 방법으로 제공하거나 공여하여야 한다.

3) CFR : COST AND FREIGHT(운임포함인도), insert named port of destination(지정목적항구 삽입)

(1) GUIDANCE NOTE(안내문)

This rule is to be used only for sea or inland waterway transport.

"Cost and Freight" means that the seller delivers the goods on board the vessel or procures the goods already so delivered. The risk of loss of or damage to the goods passes when the goods are on board the vessel. The seller must contract for and pay the costs and freight necessary to bring the goods to the named port of destination.

When CPT, CIP, CFR or CIF are used, the seller fulfils its obligation to deliver when it hands the goods over to the carrier in the manner specified in the chosen rule and not when the goods reach the place of destination.

이 규칙은 해상 또는 내수로 운송에만 사용하여야 한다.

"운임포함인도"(cost and freight)라 함은 매도인이 본선의 갑판상에 물품을 인도하거나 또는 이미 그렇게 인도된 물품을 조달하는 것을 의미한다. 물품의 멸실 또는 손상의 위험은 물품이 본선의 갑판상에 적재된 때에 넘어간다. 매도인은 반드시 지정된 목적항구까지 물품을 운반하는데 필요한 운송계약을 체결하고 그 비용과 운임을 지급하여야 한다.

CPT, CIP, CFR 또는 CIF가 사용되는 경우에는, 매도인은 자신이 선택된 규칙에 명시된 방법으로 운송인에게 물품을 인계하는 때에 자신의 인도의무를 완수하게 되며, 또 물품이 목적장소에 도달하는 때가 되는 것은 아니다.

This rule has two critical points, because risk passes and costs are transferred at different places. While the contract will always specify a destination port, it might not specify the port of shipment, which is where risk passes to the buyer. If the shipment port is of particular interest to the buyer, the parties are well advised to identify it as precisely as possible in the contract.

The parties are well advised to identify as precisely as possible the point at the agreed port of destination, as the costs to that point are for the account of the seller. The seller is advised to procure contracts of carriage that match this choice precisely. If the seller incurs costs under its contract of carriage related to unloading at the specified point at the port of destination, the seller is not entitled to recover such costs from the buyer unless otherwise agreed between the parties.

이 규칙은 상이한 장소에서 위험이 넘어가고 비용이 이전되기 때문에 두 개의 분기점을 갖고 있다. 계약은 항상 목적항구를 명시하는 반면에, 위험이 매수인에게 넘어가는 장소가 되는 선적항구를 명시하지 아니할 수 있다. 선적항구가 매수인에게 특별한 이해관계에 있는 경우에는, 당사자들은 계약에서 이를 가능한 한 정확하게 확인하는 것이 아주 바람직하다.

당사자들은 합의된 목적항구의 지점을 가능한 한 정확하게 확인하는 것이 아주 바람직하다. 왜냐하면 당해 지점까지의 비용이 매도인의 계산에 속하기 때문이다. 매도인은 이 선택사항에 정확하게 부합하는 운송계약을 조달하는 것이 바람직하다. 매도인이 자신의 운송계약에 따라 목적항구의 명시된 지점에서의 양하에 관련된 비용을 부담하는 경우에는, 매도인은 당사자 간에 별도의 합의가 없는 한 매수인으로부터 그러한 비용을 회수할 권한이 없다.

The seller is required either to deliver the goods on board the vessel or to procure goods already so delivered for shipment to the destination. In addition, the seller is required either to make a contract of carriage or to procure such a contract. The reference to "procure" here caters for multiple sales down a chain ('string sales'), particularly common in the commodity trades.

CFR may not be appropriate where goods are handed over to the carrier before they are on board the vessel, for example goods in containers, which are typically delivered at a terminal. In such circumstances, the CPT rule should be used.

CFR requires the seller to clear the goods for export, where applicable. However, the seller has no obligation to clear the goods for import, pay any import duty or carry out any import customs formalities.

매도인은 본선의 갑판상에 물품을 인도하거나 또는 이미 목적지까지 선적을 위하여 그렇게 인도된 물품을 조달하는 것이 요구된다. 추가적으로 매도인은 운송계약을 체결하거나 또는 그러한 계약을 조달하는 것이 요구된다. 여기서 "조달"(procure)이란 언급은 특히 상품무역에서 보편적인 일련의 다중매매('연계매매')를 대비한 것이다.

CFR은 물품이 본선의 갑판상에 적재되기 이전에 운송인에게 인계되는 경우, 예컨대 전형적으로 터미널에서 인도되는 컨테이너 물품에는 적절하지 아니할 수 있다. 그러한 사정에는, CPT 규칙을 사용하여야 한다.

CFR은 적용가능한 경우에는 매도인이 물품의 수출수속을 하도록 요구한다. 그러나 매도인은 물품의 수입수속을 하거나, 어떠한 수입관세를 지급하거나 또는 어떠한 수입통관절차를 이행할 아무런 의무도 부담하지 아니한다.

A. THE SELLER'S OBLIGATIONS(매도인의 의무)

A1. General obligations of the seller.

The seller must provide the goods and the commercial invoice in conformity with the contract of sale and any other evidence of conformity that may be required by the contract.

Any document referred to in A1-A10 may be an equivalent electronic record or procedure if agreed between the parties or customary.

제A1조 매도인의 일반적 의무.

매도인은 반드시 매매계약에 일치하는 물품과 상업송장 및 계약에 의하여 요구될 수 있는 기타 모든 일치의 증명서류를 제공하여야 한다.

제A1조 내지 제A10조에 언급된 모든 서류는 당사자 간에 합의되었거나 관습적인 경우에는 이와 동등한 전자기록 또는 처리방법으로 할 수 있다.

A2. Licences, authorizations, security clearances and other formalities.

Where applicable, the seller must obtain, at its own risk and expense, any export licence or other official authorization and carry out all customs formalities necessary for the export of the goods.

제A2조 허가, 승인, 보안수속 및 기타 절차.

적용가능한 경우에는, 매도인은 반드시 자신의 위험과 비용부담으로 모든 수출허가 또는 기타 공적인 승인을 취득하여야 하며, 또 물품의 수출에 필요한 모든 통관절차를 이행하여야 한다.

A3. Contracts of carriage and insurance.

a) Contract of carriage. The seller must contract or procure a contract for the carriage of the goods from the agreed point of delivery, if any, at the place of delivery to the named port of destination or, if agreed, any point at that port. The contract of carriage must be made on usual terms at the seller's expense and provide for carriage by the usual route in a vessel of the type normally used for the transport of the type of goods sold.

b) Contract of insurance. The seller has no obligation to the buyer to make a contract of insurance. However, the seller must provide the buyer, at the buyer's request, risk, and expense (if any), with information that the buyer needs for obtaining insurance.

제A3조 운송 및 보험계약.

a) 운송계약. 매도인은 반드시 인도장소의 합의된 인도지점(있는 경우)으로부터 지정된 목적항구 또는 당해항구의 어떠한 지점(합의된 경우)까지 물품의 운송계약을 체결하거나 조달하여야 한다. 운송계약은

반드시 매도인의 비용부담으로 통상적인 조건에 따라 체결되어야 하며, 또 매각되는 물품종류의 운송에 일반적으로 사용되는 종류의 선박으로 통상적인 경로에 따른 운송을 제공하여야 한다.

b) 보험계약. 매도인은 매수인에 대하여 보험계약을 체결할 아무런 의무도 부담하지 아니한다. 그러나 매도인은 반드시 매수인의 요청과 위험 및 비용부담(있는 경우)으로 매수인이 보험을 취득하는데 필요한 정보를 매수인에게 제공하여야 한다.

A4. Delivery.

The seller must deliver the goods either by placing them on board the vessel or by procuring the goods so delivered. In either case, the seller must deliver the goods on the agreed date or within the agreed period and in the manner customary at the port.

제A4조 인도.

매도인은 반드시 본선의 갑판상에 물품을 적치하는 행위 또는 그렇게 인도된 물품을 조달하는 행위로 이를 인도하여야 한다. 이중의 어느 경우에도, 매도인은 반드시 합의된 일자 또는 합의된 기간내에 항구의 관습적인 방법에 따라 물품을 인도하여야 한다.

A5. Transfer of risks.

The seller bears all risks of loss of or damage to the goods until they have been delivered in accordance with A4, with the exception of loss or damage in the circumstances described in B5.

제A5조 위험의 이전.

매도인은 제B5조에 기술된 사정에서의 멸실 또는 손상을 제외하고, 물품이 제A4조에 따라 인도된 때까지 물품의 멸실 또는 손상의 모든 위험을 부담하여야 한다.

A6. Allocation of costs.

The seller must pay

a) all costs relating to the goods until they have been delivered in accordance with A4, other than those payable by the buyer as envisaged in B6;

b) the freight and all other costs resulting from A3 a), including the costs of loading the goods on board and any charges for unloading at the agreed port of discharge that were for the seller's account under the contract of carriage; and

c) where applicable, the costs of customs formalities necessary for export as well as all duties, taxes and other charges payable upon export, and the costs for their transport through any country that were for the seller's account under the contract of carriage.

제A6조 비용의 분담.

매도인은 반드시 다음과 같은 비용을 지급하여야 한다.

a) 제B6조에 적시된 대로 매수인에 의하여 지급되는 비용을 제외하고, 물품이 제A4조에 따라 인도된 때까지 물품에 관련한 모든 비용,

b) 갑판상에 물품의 적재비용 및 운송계약에 따라 매도인의 계산에 속한 합의된 양륙항구에서의 모든 양륙경비를 포함하여, 제A3조 a항의 결과로 발생하는 운임과 기타 모든 비용, 그리고

c) 적용가능한 경우에는, 수출에 필요한 통관절차의 비용뿐만 아니라, 수출 시에 지급되는 모든 관세, 조세 및 기타 경비, 그리고 운송계약에 따라 매도인의 계산에 속한 어떠한 국가를 통과하는 운송비용.

A7. Notices to the buyer.

The seller must give the buyer any notice needed in order to allow the buyer to take measures that are normally necessary to enable the buyer to take the goods.

제A7조 매수인에 대한 통지.

매도인은 반드시 매수인이 물품을 접수할 수 있도록 하는데 정상적으로 필요한 조치를 취할 수 있도록 매수인에게 필요한 모든 통지를 행하여야 한다.

A8. Delivery document.

The seller must, at its own expense, provide the buyer without delay with the usual transport document for the agreed port of destination.

This transport document must cover the contract goods, be dated within the period agreed for shipment, enable the buyer to claim the goods from the carrier at the port of destination and, unless otherwise agreed, enable the buyer to sell the goods in transit by the transfer of the document to a subsequent buyer or by notification to the carrier.

When such a transport document is issued in negotiable form and in several originals, a full set of originals must be presented to the buyer.

제A8조 인도서류.

매도인은 반드시 자신의 비용부담으로 합의된 목적항구까지의 통상적인 운송서류를 지체 없이 매수인에게 제공하여야 한다.

이 운송서류는 반드시 계약물품을 커버하여야 하고, 선적을 위하여 합의된 기간 내로 일부되어 있어야 하고, 매수인이 목적항구에서 운송인으로부터 물품을 청구할 수 있는 것이어야 하며, 또 별도의 합의가 없는 한 매수인이 후속되는 매수인에게 서류의 이전에 의하거나 또는 운송인에 대한 통지에 의하여 수송 중인 물품을 매각할 수 있는 것이어야 한다.

그러한 운송서류가 유통가능한 양식이면서 복수의 원본으로 발행되는 때에는, 반드시 전통의 원본이 매수인에게 제시되어야 한다.

A9. Checking–packaging–marking.

The seller must pay the costs of those checking operations (such as checking quality, measuring, weighing, counting) that are necessary for the purpose of delivering the goods in accordance with A4, as well as the costs of any pre-shipment inspection mandated by the authority of the country of export.

The seller must, at its own expense, package the goods, unless it is usual for the particular trade to transport the type of goods sold unpackaged. The seller may package the goods in the manner appropriate for their transport, unless the buyer has notified the seller of specific packaging requirements before the contract of sale is concluded. Packaging is to be marked appropriately.

제A9조 점검 · 포장 · 화인.

매도인은 반드시 제A4조에 따라 물품을 인도하기 위하여 필요한 물품점검업무(품질, 용적, 중량, 수량점검 등)의 비용뿐만 아니라, 수출국가의 당국에 의하여 강제된 모든 선적전검사의 비용을 지급하여야 한다.

특정무역거래에서 매각된 종류의 물품을 무포장으로 운송하는 것이 통상적이지 아니하는 한, 매도인은 반드시 자신의 비용부담으로 물품을 포장하여야 한다. 매수인이 매매계약의 체결 이전에 매도인에게 특정한 포장요건을 통지하지 않은 한, 매도인은 물품운송에 적절한 방법으로 이를 포장할 수 있다. 포장에는 적절한 화인이 있어야 한다.

A10. Assistance with information and related costs.

The seller must, where applicable, in a timely manner, provide to or render assistance in obtaining for the buyer, at the buyer's request, risk and expense, any documents and information, including security-related information, that the buyer needs for the import of the goods and/or for their transport to the final destination.

The seller must reimburse the buyer for all costs and charges incurred by the buyer in providing or rendering assistance in obtaining documents and information as envisaged in B10.

제A10조 정보의 협조 및 관련 비용.

매도인은 반드시 적용가능한 경우에는, 매수인의 요청과 위험 및 비용부담으로 매수인이 물품의 수입 및/또는 최종목적지까지의 물품운송에 필요한 보안관련 정보를 포함하여 모든 서류와 정보를 취득하는데 따른 협조를 매수인에게 시의적절한 방법으로 제공하거나 공여하여야 한다.

매도인은 반드시 제B10조에 적시된 대로 서류와 정보를 취득하는데 따른 협조를 제공하거나 공여하면서 매수인에 의하여 발생된 모든 비용과 경비를 매수인에게 보상하여야 한다.

B. THE BUYER' S OBLIGATIONS(매수인의 의무)

B1. General obligations of the buyer.

The buyer must pay the price of the goods as provided in the contract of sale.

Any document referred to in B1-B10 may be an equivalent electronic record or procedure if agreed between the parties or customary.

제B1조 매수인의 일반적 의무.

매수인은 반드시 매매계약에 약정된 대로 물품의 대금을 지급하여야 한다.

제B1조 내지 제B10조에 언급된 모든 서류는 당사자 간에 합의되었거나 관습적인 경우에는 이와 동등한 전자기록 또는 처리방법으로 할 수 있다.

B2. Licences, authorizations, security clearances and other formalities.

Where applicable, it is up to the buyer to obtain, at its own risk and expense, any import licence or other official authorization and carry out all customs formalities for the import of the goods and for their transport through any country.

제B2조 허가, 승인, 보안수속 및 기타 절차.

적용가능한 경우에는, 매수인 자신의 위험과 비용부담으로 모든 수입허가 또는 기타 공적인 승인을 취득하여야 하는 것과 물품의 수입 및 어떠한 국가를 통과하는 운송을 위한 모든 통관절차를 이행하여야 하는 것은 매수인의 책임에 속한다.

B3. Contracts of carriage and insurance.

a) Contract of carriage. The buyer has no obligation to the seller to make a contract of carriage.

b) Contract of insurance. The buyer has no obligation to the seller to make a contract of insurance. However, the buyer must provide the seller, upon request, with the necessary information for obtaining insurance.

제B3조 운송 및 보험계약.

a) 운송계약. 매수인은 매도인에 대하여 운송계약을 체결할 아무런 의무도 부담하지 아니한다.

b) 보험계약. 매수인은 매도인에 대하여 보험계약을 체결할 아무런 의무도 부담하지 아니한다. 그러나 매수인은 요청 시에는 반드시 보험을 취득하는데 필요한 정보를 매도인에게 제공하여야 한다.

B4. Taking delivery.

The buyer must take delivery of the goods when they have been delivered as envisaged in A4 and receive them from the carrier at the named port of destination.

제B4조 인도의 접수.

매수인은 반드시 물품이 제A4조에 적시된 대로 인도된 때에 물품의 인도를 접수하여야 하며, 또 지정된 목적항에서 운송인으로부터 이를 수령하여야 한다.

B5. Transfer of risks.

The buyer bears all risks of loss of or damage to the goods from the time they have been delivered as envisaged in A4.

If the buyer fails to give notice in accordance with B7, then it bears all risks of loss of or damage to the goods from the agreed date or the expiry date of the agreed period for shipment, provided that the goods have been clearly identified as the contract goods.

제B5조 위험의 이전.

매수인은 물품이 제A4조에 적시된 대로 인도된 시간부터 물품의 멸실 또는 손상의 모든 위험을 부담하여야 한다.

매수인이 제B7조에 따라 통지를 행하지 아니한 경우에는, 이에 매수인은 선적의 합의된 일자 또는 합의된 기간의 만기일자로부터 물품의 멸실 또는 손상의 모든 위험을 부담하여야 한다. 다만 물품이 계약물품으로서 명확하게 특정되어 있어야 한다.

B6. Allocation of costs.

The buyer must, subject to the provisions of A3 a), pay

a) all costs relating to the goods from the time they have been delivered as envisaged in A4, except, where applicable, the costs of customs formalities necessary for export as well as all duties, taxes, and other charges payable upon export as referred to in A6 c);

b) all costs and charges relating to the goods while in transit until their arrival at the port of destination, unless such costs and charges were for the seller's account under the contract of carriage;

c) unloading costs including lighterage and wharfage charges, unless such costs and charges were for the seller's account under the contract of carriage;

d) any additional costs incurred if it fails to give notice in accordance with B7, from the agreed date or the expiry date of the agreed period for shipment, provided that the goods have been clearly identified as the contract goods; and

e) where applicable, all duties, taxes and other charges, as well as the costs of carrying out customs formalities payable upon import of the goods and the costs for their transport through any country unless included within the cost of the contract of carriage.

제B6조 비용의 분담.

매수인은 반드시 제A3조 a항에 규정된 경우를 제외하고, 다음과 같은 비용을 지급하여야 한다.

a) 물품이 제A4조에 적시된 대로 인도된 시간부터 물품에 관련한 모든 비용. 다만 적용가능한 경우에는, 수출에 필요한 통관절차의 비용뿐만 아니라, 제A6조 c항에 언급된 대로 수출시에 지급되는 모든 관세, 조세 및 기타 경비는 제외한다.
b) 운송계약에 따라 매도인의 계산에 속한 것이 아닌 한, 목적항구에 도착할 때까지의 수송 중에 물품에 관련한 모든 비용 및 경비,
c) 운송계약에 따라 매도인의 계산에 속한 것이 아닌 한, 부선료와 부두사용료를 포함한 양륙비용,
d) 매수인이 제B7조에 따라 통지를 행하지 아니한 경우에는, 선적을 위하여 합의된 일자 또는 합의된 기간의 만기일자로부터 발생된 모든 추가적인 비용. 다만 물품이 계약물품으로서 명확하게 특정되어 있어야 한다. 그리고
e) 적용가능한 경우에는, 물품의 수입시에 지급되는 모든 관세, 조세 및 기타 경비뿐만 아니라, 통관절차를 이행하는 비용 및 운송계약의 비용에 포함되지 않은 한 어떠한 국가를 통과하는 운송비용.

B7. Notices to the seller.

The buyer must, whenever it is entitled to determine the time for shipping the goods and/or the point of receiving the goods within the named port of destination, give the seller sufficient notice thereof.

제B7조 매도인에 대한 통지.

매수인은 반드시 물품선적의 시간 및/또는 지정된 목적항구내의 물품수령의 지점을 결정할 권한이 주어진 때에는, 항상 이에 관하여 매도인에게 충분한 통지를 행하여야 한다.

B8. Proof of delivery.

The buyer must accept the transport document provided as envisaged in A8 if it is in conformity with the contract.

제B8조 인도의 증거.

매수인은 반드시 운송서류가 계약에 일치하는 경우에는 제A8조에 적시된 대로 제공된 운송서류를 인수하여야 한다.

B9. Inspection of goods.

The buyer must pay the costs of any mandatory pre-shipment inspection, except when such inspection is mandated by the authorities of the country of export.

제B9조 물품의 검사.

매수인은 반드시 수출국가의 당국에 의하여 강제된 그러한 검사의 경우를 제외하고, 모든 강제적인 선적전검사의 비용을 지급하여야 한다.

B10. Assistance with information and related costs.

The buyer must, in a timely manner, advise the seller of any security information requirements so that the seller may comply with A10.

The buyer must reimburse the seller for all costs and charges incurred by the seller in providing or rendering assistance in obtaining documents and information as envisaged in A10.

The buyer must, where applicable, in a timely manner, provide to or render assistance in obtaining for the seller, at the seller's request, risk and expense, any documents and information, including security-related in formation, that the seller needs for the transport and export of the goods and for their transport through any country.

제B10조 정보의 협조 및 관련 비용.

매수인은 반드시 매도인이 제A10조를 준수할 수 있도록 모든 보안정보 요건에 관하여 매도인에게 시의적절한 방법으로 고지하여야 한다.

매수인은 반드시 제A10조에 적시된 대로 서류와 정보를 취득하는데 따른 협조를 제공하거나 공여하면서 매도인에 의하여 발생된 모든 비용과 경비를 매도인에게 보상하여야 한다.

매수인은 반드시 적용가능한 경우에는, 매도인의 요청과 위험 및 비용부담으로 매도인이 물품의 운송과 수출 및 어떠한 국가를 통과하는 물품운송에 필요한 보안관련 정보를 포함하여 모든 서류와 정보를 취득하는데 따른 협조를 매도인에게 시의적절한 방법으로 제공하거나 공여하여야 한다.

4) CIF : COST INSURANCE AND FREIGHT(운임 · 보험료포함인도), insert named port of destination(지정목적항구 삽입)

(1) GUIDANCE NOTE(안내문)

This rule is to be used only for sea or inland waterway transport.

“Cost, Insurance and Freight” means that the seller delivers the goods on board the vessel or procures the goods already so delivered. The risk of loss of or damage to the goods passes when the goods are on board the vessel. The seller must contract for and pay the costs and freight necessary to bring the goods to the named port of destination.

The seller also contracts for insurance cover against the buyer’s risk of loss of or damage to the goods during the carriage. The buyer should note that under CIF the seller is required to obtain insurance only on minimum cover.

Should the buyer wish to have more insurance protection, it will need either to agree as much expressly with the seller or to make its own extra insurance arrangements.

이 규칙은 해상 또는 내수로 운송에만 사용하여야 한다.

"운임·보험료포함인도"(cost, insurance and freight)라 함은 매도인이 본선의 갑판상에 물품을 인도하거나 또는 이미 그렇게 인도된 물품을 조달하는 것을 의미한다. 물품의 멸실 또는 손상의 위험은 물품이 본선의 갑판상에 적재된 때에 넘어간다. 매도인은 반드시 지정된 목적항구까지 물품을 운반하는데 필요한 운송계약을 체결하고 그 비용과 운임을 지급하여야 한다.

매도인은 또한 운송 동안에 물품의 멸실 또는 손상의 매수인 위험에 대한 보험담보의 계약을 체결한다. 매수인은 CIF 하에서 매도인에게는 단지 최소한의 담보에 관한 보험만 취득하도록 요구된다는 사실에 유의하여야 한다. 매수인이 더 이상의 보험보호를 받고자 원하는 경우에는, 매수인은 매도인과 그만큼 명시적으로 합의하거나 또는 매수인 자신의 특별한 보험약정을 체결할 필요가 있을 것이다.

When CPT, CIP, CFR, or CIF are used, the seller fulfils its obligation to deliver when it hands the goods over to the carrier in the manner specified in the chosen rule and not when the goods reach the place of destination.

This rule has two critical points, because risk passes and costs are transferred at different places. While the contract will always specify a destination port, it might not specify the port of shipment, which is where risk passes to the buyer. If the shipment port is of particular interest to the buyer, the parties are well advised to identify it as precisely as possible in the contract.

The parties are well advised to identify as precisely as possible the point at the agreed port of destination, as the costs to that point are for the account of the seller. The seller is advised to procure contracts of carriage that match this choice precisely. If the seller incurs costs under its contract of carriage related to unloading at the specified point at the port of destination, the seller is not entitled to recover such costs from the buyer unless otherwise agreed between the parties.

CPT, CIP, CFR 또는 CIF가 사용되는 경우에는, 매도인은 자신이 선택된 규칙에 명시된 방법으로 운송인에게 물품을 인계하는 때에 자신의 인도의무를 완수하게 되며, 또 물품이 목적장소에 도달하는 때가 되는 것은 아니다.

이 규칙은 상이한 장소에서 위험이 넘어가고 비용이 이전되기 때문에 두 개의 분기점을 갖고 있다. 계약은 항상 목적항구를 명시하는 반면에, 위험이 매수인에게 넘어가는 장소가 되는 선적항구를 명시하지 아니할 수 있다. 선적항구가 매수인에게 특별한 이해관계에 있는 경우에는, 당사자들은 계약에서 이를 가능한 한 정확하게 확인하는 것이 아주 바람직하다.

당사자들은 합의된 목적항구의 지점을 가능한 한 정확하게 확인하는 것이 아주 바람직하다. 왜냐하면 당해 지점까지의 비용이 매도인의 계산에 속하기 때문이다. 매도인은 이 선택사항에 정확하게 부합하는 운송계약을 조달하는 것이 바람직하다. 매도인이 자신의 운송계약에 따라 목적항구의 명시된 지점에서의 양하에 관련된 비용을 부담하는 경우에는, 매도인은 당사자간에 별도의 합의가 없는 한 매수인으로부터 그러한 비용을 회수할 권한이 없다.

The seller is required either to deliver the goods on board the vessel or to procure goods already so delivered for shipment to the destination. In addition the seller is required either to make a contract of carriage or to procure such a contract. The reference to “procure” here caters for multiple sales down a chain (‘string sales’), particularly common in the commodity trades.

CIF may not be appropriate where goods are handed over to the carrier before they are on board the vessel, for example goods in containers, which are typically delivered at a terminal. In such circumstances, the CIP rule should be used.

CIF requires the seller to clear the goods for export, where applicable.

However, the seller has no obligation to clear the goods for import, pay any import duty or carry out any import customs formalities.

매도인은 본선의 갑판상에 물품을 인도하거나 또는 이미 목적지까지 선적을 위하여 그렇게 인도된 물품을 조달하는 것이 요구된다. 추가적으로 매도인은 운송계약을 체결하거나 또는 그러한 계약을 조달하는 것이 요구된다. 여기서 "조달"(procure)이란 언급은 특히 상품무역에서 보편적인 일련의 다중매매('연계매매')를 대비한 것이다.

CIF는 물품이 본선의 갑판상에 적재되기 이전에 운송인에게 인계되는 경우, 예컨대 전형적으로 터미널에서 인도되는 컨테이너 물품에는 적절하지 아니할 수 있다. 그러한 사정에는, CIP 규칙을 사용하여야 한다.

CIF는 적용가능한 경우에는 매도인이 물품의 수출수속을 하도록 요구한다. 그러나 매도인은 물품의 수입수속을 하거나, 어떠한 수입관세를 지급하거나 또는 어떠한 수입통관절차를 이행할 아무런 의무도 부담하지 아니한다.

A. THE SELLER'S OBLIGATIONS(매도인의 의무)

A1. General obligations of the seller.

The seller must provide the goods and the commercial invoice in conformity with the contract of sale and any other evidence of conformity that may be required by the contract.

Any document referred to in A1-A10 may be an equivalent electronic record or procedure if agreed between the parties or customary.

제A1조 매도인의 일반적 의무.

매도인은 반드시 매매계약에 일치하는 물품과 상업송장 및 계약에 의하여 요구될 수 있는 기타 모든 일치의 증명서류를 제공하여야 한다.

제A1조 내지 제A10조에 언급된 모든 서류는 당사자간에 합의되었거나 관습적인 경우에는 이와 동등한 전자기록 또는 처리방법으로 할 수 있다.

A2. Licences, authorizations, security clearances and other formalities.

Where applicable, the seller must obtain, at its own risk and expense, any export licence or other official authorization and carry out all customs formalities necessary for the export of the goods.

제A2조 허가, 승인, 보안수속 및 기타 절차.

적용가능한 경우에는, 매도인은 반드시 자신의 위험과 비용부담으로 모든 수출허가 또는 기타 공적인 승인을 취득하여야 하며, 또 물품의 수출에 필요한 모든 통관절차를 이행하여야 한다.

A3. Contracts of carriage and insurance.

a) Contract of carriage. The seller must contract or procure a contract for the carriage of the goods from the agreed point of delivery, if any, at the place of delivery to the named port of destination or, if agreed, any point at that port. The contract of carriage must be made on usual terms at the seller's expense and provide for carriage by the usual route in a vessel of the type normally used for the transport of the type of goods sold.

b) Contract of insurance. The seller must obtain, at its own expense, cargo insurance complying at least with the minimum cover provided by Clauses (C) of the Institute Cargo Clauses (LMA/IUA) or any similar clauses. The insurance shall be contracted with underwriters or an insurance company of good repute and entitle the buyer, or any other person having an insurable interest in the goods, to claim directly from the insurer.

When required by the buyer, the seller shall, subject to the buyer providing any necessary information requested by the seller, provide at the buyer's expense any additional cover, if procurable, such as cover as provided by Clauses (A) or (B) of the Institute Cargo Clauses (LMA/IUA) or any similar clauses and/or cover complying with the Institute War Clauses and/or Institute Strikes Clauses (LMA/IUA) or any similar clauses.

The insurance shall cover, at a minimum, the price provided in the contract plus 10% (i.e., 110%) and shall be in the currency of the contract.

The insurance shall cover the goods from the point of delivery set out in A4 and A5 to at least the named port of destination.

The seller must provide the buyer with the insurance policy or other evidence of insurance cover.

Moreover, the seller must provide the buyer, at the buyer's request, risk, and expense (if any), with information that the buyer needs to procure any additional insurance.

제A3조 운송 및 보험계약.

a) 운송계약. 매도인은 반드시 인도장소의 합의된 인도지점(있는 경우)으로부터 지정된 목적항구 또는 당해항구의 어떠한 지점(합의된 경우)까지 물품의 운송계약을 체결하거나 조달하여야 한다. 운송계약은 반드시 매도인의 비용부담으로 통상적인 조건에 따라 체결되어야 하며, 또 매각되는 물품종류의 운송에 일반적으로 사용되는 종류의 선박으로 통상적인 경로에 따른 운송을 제공하여야 한다.

b) 보험계약. 매도인은 반드시 자신의 비용부담으로 적어도 협회적하약관(LMA/IUA)의 (C) 조건 또는 이와 유사한 어떠한 약관에 의하여 규정된 최소한의 담보에 일치하는 적하보험을 취득하여야 한다. 보험계약은 평판이 좋은 보험업자 또는 보험회사와 체결하여야 하며, 또 매수인 또는 물품에 관한 피보험이익을 갖고 있는 기타 모든 자에게 보험자로부터 직접 보험금을 청구할 수 있는 권한을 부여하고 있어야 한다.

매수인이 요구한 때에는, 매도인은 매도인에게 요청되는 모든 필요한 정보를 매수인에게 제공한다는 전제하에 매수인의 비용부담으로 조달가능한 모든 추가적인 담보, 예컨대 협회적하약관(LMA/IUA)의 (A) 또는 (B) 조건 또는 이와 유사한 어떠한 약관에 의하여 규정된 담보, 및/또는 협회전쟁약관 및/또는 협회동맹파업약관(LMA/IUA) 또는 이와 유사한 어떠한 약관에 일치하는 담보 등을 제공하여야 한다.

보험은 최소한 계약에 약정된 대금에 10%를 가산한 금액(즉, 110%)을 담보하여야 하며, 또 계약상의 통화로 되어 있어야 한다.

보험은 제A4조 및 제A5조에 설정된 인도지점으로부터 적어도 지정된 목적항까지 물품을 담보하여야 한다.

매도인은 반드시 매수인에게 보험증권 또는 기타 보험담보의 증명서류를 제공하여야 한다.

나아가 매도인은 반드시 매수인의 요청과 위험 및 비용부담(있는 경우)으로 매수인이 어떠한 추가적인 보험을 조달하는데 필요한 정보를 매수인에게 제공하여야 한다.

A4. Delivery.

The seller must deliver the goods either by placing them on board the vessel or by procuring the goods so delivered. In either case, the seller must deliver the goods on the agreed date or within the agreed period and in the manner customary at the port.

제A4조 인도.

매도인은 반드시 본선의 갑판상에 물품을 적치하는 행위 또는 그렇게 인도된 물품을 조달하는 행위로 이를 인도하여야 한다. 이중의 어느 경우에도, 매도인은 반드시 합의된 일자 또는 합의된 기간 내에 항구의 관습적인 방법에 따라 물품을 인도하여야 한다.

A5. Transfer of risks.

The seller bears all risks of loss of or damage to the goods until they have been delivered in accordance with A4, with the exception of loss or damage in the circumstances described in B5.

제A5조 위험의 이전.

매도인은 제B5조에 기술된 사정에서의 멸실 또는 손상을 제외하고, 물품이 제A4조에 따라 인도된 때까지 물품의 멸실 또는 손상의 모든 위험을 부담하여야 한다.

A6. Allocation of costs.

The seller must pay

a) all costs relating to the goods until they have been delivered in accordance with A4, other than those payable by the buyer as envisaged in B6;

b) the freight and all other costs resulting from A3 a), including the costs of loading the goods on board and any charges for unloading at the agreed port of discharge that were for the seller's account under the contract of carriage;

c) the costs of insurance resulting from A3 b); and

d) where applicable, the costs of customs formalities necessary for export, as well as all duties, taxes and other charges payable upon export, and the costs for their transport through any country that were for the seller's account under the contract of carriage.

제A6조 비용의 분담.

매도인은 반드시 다음과 같은 비용을 지급하여야 한다.

a) 제B6조에 적시된 대로 매수인에 의하여 지급되는 비용을 제외하고, 물품이 제A4조에 따라 인도된 때까지 물품에 관련한 모든 비용,
b) 갑판상에 물품의 적재비용 및 운송계약에 따라 매도인의 계산에 속한 합의된 양륙항구에서의 모든 양륙경비를 포함하여, 제A3조 a항의 결과로 발생하는 운임과 기타 모든 비용,
c) 제A3조 a항의 결과로 발생하는 보험비용, 그리고
d) 적용가능한 경우에는, 수출에 필요한 통관절차의 비용뿐만 아니라, 수출 시에 지급되는 모든 관세, 조세 및 기타 경비, 그리고 운송계약에 따라 매도인의 계산에 속한 어떠한 국가를 통과하는 운송비용.

A7. Notices to the buyer.

The seller must give the buyer any notice needed in order to allow the buyer to take measures that are normally necessary to enable the buyer to take the goods.

제A7조 매수인에 대한 통지.

매도인은 반드시 매수인이 물품을 접수할 수 있도록 하는데 정상적으로 필요한 조치를 취할 수 있도록 매수인에게 필요한 모든 통지를 행하여야 한다.

A8. Delivery document.

The seller must, at its own expense provide the buyer without delay with the usual transport document for the agreed port of destination.

This transport document must cover the contract goods, be dated within the period agreed for shipment, enable the buyer to claim the goods from the carrier at the port of destination and, unless otherwise agreed, enable the buyer to sell the goods in transit by the transfer of the document to a subsequent buyer or by notification to the carrier.

When such a transport document is issued in negotiable form and in several originals, a full set of originals must be presented to the buyer.

제A8조 인도서류.

매도인은 반드시 자신의 비용부담으로 합의된 목적항구까지의 통상적인 운송서류를 지체 없이 매수인에게 제공하여야 한다.

이 운송서류는 반드시 계약물품을 커버하여야 하고, 선적을 위하여 합의된 기간내로 일부되어 있어야 하고, 매수인이 목적항구에서 운송인으로부터 물품을 청구할 수 있는 것이어야 하며, 또 별도의 합의가 없는 한 매수인이 후속되는 매수인에게 서류의 이전에 의하거나 또는 운송인에 대한 통지에 의하여 수송 중인 물품을 매각할 수 있는 것이어야 한다.

그러한 운송서류가 유통가능한 양식이면서 복수의 원본으로 발행되는 때에는, 반드시 전통의 원본이 매수인에게 제시되어야 한다.

A9. Checking–packaging–marking.

The seller must pay the costs of those checking operations (such as checking quality, measuring, weighing, counting) that are necessary for the purpose of delivering the goods in accordance with A4, as well as the costs of any pre-shipment inspection mandated by the authority of the country of export.

The seller must, at its own expense, package the goods, unless it is usual for the particular trade to transport the type of goods sold unpackaged. The seller may package the goods in the manner appropriate for their transport, unless the buyer has notified the seller of specific packaging requirements before the contract of sale is concluded. Packaging is to be marked appropriately.

제A9조 점검 · 포장 · 화인.

매도인은 반드시 제A4조에 따라 물품을 인도하기 위하여 필요한 물품점검업무(품질, 용적, 중량, 수량점검 등)의 비용뿐만 아니라, 수출국가의 당국에 의하여 강제된 모든 선적전검사의 비용을 지급하여야 한다.

특정무역거래에서 매각된 종류의 물품을 무포장으로 운송하는 것이 통상적이지 아니하는 한, 매도인은 반드시 자신의 비용부담으로 물품을 포장하여야 한다. 매수인이 매매계약의 체결 이전에 매도인에게 특정한 포장요건을 통지하지 않은 한, 매도인은 물품운송에 적절한 방법으로 이를 포장할 수 있다. 포장에는 적절한 화인이 있어야 한다.

A10. Assistance with information and related costs.

The seller must, where applicable, in a timely manner, provide to or render assistance in obtaining for the buyer, at the buyer's request, risk and expense, any documents and information, including security-related information, that the buyer needs for the import of the goods and/or for their transport to the final destination.

The seller must reimburse the buyer for all costs and charges incurred by the buyer in providing or rendering assistance in obtaining documents and information as envisaged in B10.

제A10조 정보의 협조 및 관련 비용.

매도인은 반드시 적용가능한 경우에는, 매수인의 요청과 위험 및 비용부담으로 매수인이 물품의 수입 및/또는 최종목적지까지의 물품운송에 필요한 보안관련 정보를 포함하여 모든 서류와 정보를 취득하는데 따른 협조를 매수인에게 시의적절한 방법으로 제공하거나 공여하여야 한다.

매도인은 반드시 제B10조에 적시된 대로 서류와 정보를 취득하는데 따른 협조를 제공하거나 공여하면서 매수인에 의하여 발생된 모든 비용과 경비를 매수인에게 보상하여야 한다.

B. THE BUYER'S OBLIGATIONS(매수인의 의무)

B1. General obligations of the buyer.

The buyer must pay the price of the goods as provided in the contract of sale.

Any document referred to in B1-B10 may be an equivalent electronic record or procedure if agreed between the parties or customary.

제B1조 매수인의 일반적 의무.

매수인은 반드시 매매계약에 약정된 대로 물품의 대금을 지급하여야 한다.

제B1조 내지 제B10조에 언급된 모든 서류는 당사자 간에 합의되었거나 관습적인 경우에는 이와 동등한 전자기록 또는 처리방법으로 할 수 있다.

B2. Licences, authorizations, security clearances and formalities.

Where applicable, it is up to the buyer to obtain, at its own risk and expense, any import licence or other official authorization and carry out all customs formalities for the import of the goods and for their transport through any country.

제B2조 허가, 승인, 보안수속 및 기타 절차.

적용가능한 경우에는, 매수인 자신의 위험과 비용부담으로 모든 수입허가 또는 기타 공적인 승인을 취득하여야 하는 것과 물품의 수입 및 어떠한 국가를 통과하는 운송을 위한 모든 통관절차를 이행하여야 하는 것은 매수인의 책임에 속한다.

B3. Contracts of carriage and insurance.

a) Contract of carriage. The buyer has no obligation to the seller to make a contract of carriage.

b) Contract of insurance. The buyer has no obligation to the seller to make a contract of insurance. However, the buyer must provide the seller, upon request, with any information necessary for the seller to procure any additional insurance requested by the buyer as envisaged in A3 b).

제B3조 운송 및 보험계약.

a) 운송계약. 매수인은 매도인에 대하여 운송계약을 체결할 아무런 의무도 부담하지 아니한다.

b) 보험계약. 매수인은 매도인에 대하여 보험계약을 체결할 아무런 의무도 부담하지 아니한다. 그러나 매수인은 요청 시에는 반드시 매도인이 제A3조 b항에 적시된 대로 매수인에 의하여 요청되는 어떠한 추가적인 보험을 조달하는데 필요한 모든 정보를 매도인에게 제공하여야 한다.

B4. Taking delivery.

The buyer must take delivery of the goods when they have been delivered as envisaged in A4 and receive them from the carrier at the named port of destination.

제B4조 인도의 접수.

매수인은 반드시 물품이 제A4조에 적시된 대로 인도된 때에 물품의 인도를 접수하여야 하며, 또 지정된 목적항에서 운송인으로부터 이를 수령하여야 한다.

B5. Transfer of risks.

The buyer bears all risks of loss of or damage to the goods from the time they have been delivered as envisaged in A4.

If the buyer fails to give notice in accordance with B7, then it bears all risks of loss of or damage to the goods from the agreed date or the expiry date of the agreed period for shipment, provided that the goods have been clearly identified as the contract goods.

제B5조 위험의 이전.

매수인은 물품이 제A4조에 적시된 대로 인도된 시간부터 물품의 멸실 또는 손상의 모든 위험을 부담하여야 한다.

매수인이 제B7조에 따라 통지를 행하지 아니한 경우에는, 이에 매수인은 선적의 합의된 일자 또는 합의된 기간의 만기일자로부터 물품의 멸실 또는 손상의 모든 위험을 부담하여야 한다. 다만 물품이 계약물품으로서 명확하게 특정되어 있어야 한다.

B6. Allocation of costs.

The buyer must, subject to the provisions of A3 a), pay

a) all costs relating to the goods from the time they have been delivered as envisaged in A4, except, where applicable, the costs of customs formalities necessary for export, as well as all duties, taxes and other charges payable upon export as referred to in A6 d);

b) all costs and charges relating to the goods while in transit until their arrival at the port of destination, unless such costs and charges were for the seller's account under the contract of carriage;

c) unloading costs including lighterage and wharfage charges, unless such costs and charges were for the seller's account under the contract of carriage;

d) any additional costs incurred if it fails to give notice in accordance with B7, from the agreed date or the expiry date of the agreed period for shipment, provided that the goods have been clearly identified as the contract goods;

e) where applicable, all duties, taxes and other charges, as well as the costs of carrying out customs formalities payable upon import of the goods and the costs for their transport through any country, unless included within the cost of the contract of carriage; and

f) the costs of any additional insurance procured at the buyer's request under A3 b) and B3 b).

제B6조 비용의 분담.

매수인은 반드시 제A3조 a항에 규정된 경우를 제외하고, 다음과 같은 비용을 지급하여야 한다.

a) 물품이 제A4조에 적시된 대로 인도된 시간부터 물품에 관련한 모든 비용. 다만 적용가능한 경우에는, 수출에 필요한 통관절차의 비용뿐만 아니라, 제A6조 d항에 언급된 대로 수출시에 지급되는 모든 관세, 조세 및 기타 경비는 제외한다.

b) 운송계약에 따라 매도인의 계산에 속한 것이 아닌 한, 목적항구에 도착할 때까지의 수송 중에 물품에 관련한 모든 비용 및 경비,

c) 운송계약에 따라 매도인의 계산에 속한 것이 아닌 한, 부선료와 부두사용료를 포함한 양륙비용,

d) 매수인이 제B7조에 따라 통지를 행하지 아니한 경우에는, 선적을 위하여 합의된 일자 또는 합의된 기간의 만기일자로부터 발생된 모든 추가적인 비용. 다만 물품이 계약물품으로서 명확하게 특정되어 있어야 한다.

e) 적용가능한 경우에는, 물품의 수입시에 지급되는 모든 관세, 조세 및 기타 경비뿐만 아니라, 통관절차를 이행하는 비용 및 운송계약의 비용에 포함되지 않은 한 어떠한 국가를 통과하는 운송비용, 그리고

f) 제A3조 b항 및 제B3조 b항에 따라 매수인의 요청으로 조달되는 모든 추가적인 보험비용.

B7. Notices to the seller.

The buyer must, whenever it is entitled to determine the time for shipping the goods and/or the point of receiving the goods within the named port of destination, give the seller sufficient notice thereof.

제B7조 매도인에 대한 통지.

매수인은 반드시 물품선적의 시간 및/또는 지정된 목적항구내의 물품수령의 지점을 결정할 권한이 주어진 때에는, 항상 이에 관하여 매도인에게 충분한 통지를 행하여야 한다.

B8. Proof of delivery.

The buyer must accept the transport document provided as envisaged in A8 if it is in conformity with the contract.

제B8조 인도의 증거.

매수인은 반드시 운송서류가 계약에 일치하는 경우에는 제A8조에 적시된 대로 제공된 운송서류를 인수하여야 한다.

B9. Inspection of goods.

The buyer must pay the costs of any mandatory pre-shipment inspection, except when such inspection is mandated by the authorities of the country of export.

제B9조 물품의 검사.

매수인은 반드시 수출국가의 당국에 의하여 강제된 그러한 검사의 경우를 제외하고, 모든 강제적인 선적전검사의 비용을 지급하여야 한다.

B10. Assistance with information and related costs.

The buyer must, in a timely manner, advise the seller of any security information requirements so that the seller may comply with A10.

The buyer must reimburse the seller for all costs and charges incurred by the seller in providing or rendering assistance in obtaining documents and information as envisaged in A10.

The buyer must, where applicable, in a timely manner, provide to or render assistance in obtaining for the seller, at the seller's request, risk and expense, any documents and information, including security-related information, that the seller needs for the transport and export of the goods and for their transport through any country.

제B10조 정보의 협조 및 관련 비용.

매수인은 반드시 매도인이 제A10조를 준수할 수 있도록 모든 보안정보 요건에 관하여 매도인에게 시의적절한 방법으로 고지하여야 한다.

매수인은 반드시 제A10조에 적시된 대로 서류와 정보를 취득하는데 따른 협조를 제공하거나 공여하면서 매도인에 의하여 발생된 모든 비용과 경비를 매도인에게 보상하여야 한다.

매수인은 반드시 적용가능한 경우에는, 매도인의 요청과 위험 및 비용부담으로 매도인이 물품의 운송과 수출 및 어떠한 국가를 통과하는 물품운송에 필요한 보안관련 정보를 포함하여 모든 서류와 정보를 취득하는데 따른 협조를 매도인에게 시의적절한 방법으로 제공하거나 공여하여야 한다.

제4장 신용장통일규칙 2007

(Uniform Customs and Practice for Documentary Credit, ICC Publication No.600)

제 1 절 신용장통일규칙의 연혁과 특징

1. 신용장통일규칙의 제정과 연혁

신용장의 기원은 18C 서구사회를 중심으로 은행이 발행한 여행자신용장[1])이라고 볼 수 있다. “Letter of Credit”이라는 용어는 은행이 해외의 본 · 지점이나 환거래은행을 수신인(Addressee)으로 하여 그들에게 “Credit”을 공여하면서 발행한 “Letter”를 여행자에게 교부하면서 유래되었다. 오늘날의 화환신용장은 1840년대 런던의 은행 간에 국제물품교역의 대금결제수단으로 발행되기 시작하였다.

19C말, 국가 간 무역거래가 급증하면서 영국의 파운드화 신용장이 활성화되자 영국의 은행들은 영국의 판례법을 중심으로 상업신용장의 성질, 관계당사자 간의 권리와 의무 등을 규정하여 적용하기 시작하였는데, 20C 세계대전당시

1) 여행자신용장은 해외여행자의 현금휴대의 위험과 불편을 제거하여 주고 여행자가 여행지에서 필요한 금액을 쓸 수 있도록 하기 위하여 여행자의 의뢰에 의하여, 개설은행이 국외의 본·지점 또는 환거래은행에 대하여 그 여행자가 발행하는 일람지급어음의 매입을 의뢰하는 신용장이다. 여행자 신용장은 신용장발행의뢰시 신용장금액을 전액 납입하여야 한다. 상업신용장과 다른 점은 상업신용장의 경우에는 수입업자가 개설의뢰인, 수출업자가 수익자가 되지만, 여행자신용장의 경우에는 여행자 자신이 개설의뢰인과 수익자가 된다. 개설은행은 여행자에게 신용장 외에도 서명감(Letter of indication)을 함께 교부하여 준다. 최근에는 여행자수표(Traveller's Check; T/C)의 형태로 사용되고 있다. ; 강원진, 『신용장론』, 박영사, 2004, p.103.

미국의 유럽에 대한 수출증가로 인하여 실무의 관행, 상관습 등의 차이[2] 때문에 신용장거래에 대한 법률상의 분쟁이 급격히 증가하게 된다.

신용장은 일국 내에서 사용되는 것이 아니고 국가 대 국가의 거래에 사용되는 것이므로 국가마다 규칙이 다르면 원활한 거래가 이루어질 수가 없다. 따라서 동 시기에 교역당사자들은 분쟁이 일어날 때마다 큰 불편을 발생되어 미국 및 서구에서 신용장의 효력에 대한 국제적인 통일운동이 시작되었다.

이에 따라 국제상업회의소는 1926년부터 신용장거래에서 용어해석기준의 국제적 통일을 위하여 노력한 결과 1933년 5월 오스트리아 빈의 ICC 제7차 회의에 상정되고 동년 6월 안건이 정식으로 채택되어 "상업화환신용장에 관한 통일 관습 및 관행(Uniform Customs and Practice for Commercial Documentary Credits, ICC Brochure No.82.)"을 제정하게 되었다. 이 통일관행은 미국과 영국의 관행이 제대로 수용되지 않았기 때문에 독일이나 프랑스 등의 10여개 유럽국가들을 제외하고는 채택을 거부하거나 자국의 신용장 관습을 참조하는 조건으로 채택하여, 실질적으로는 통일관행의 기능을 다하지 못했다.

세계대전 이후 무역거래의 증대와 신용장 기능의 발전에 따른 새로운 관행을 반영하기 위하여 1949년 2월 파리에서 개최된 ICC회의에서 통일관행의 개정이 제안되었고, 이러한 제안에 따라 ICC의 은행기술실무위원회는 3년에 걸친 개정과정을 거쳐 1951년 리스본 제13차 ICC총회에서 개정안을 채택하고, 1952년 1월 1일부터 ICC Brochure No.151로 적용하도록 권고하게 되었다. 동 관행은 변화된 신용장 관습을 구범화하고 유럽과 미국의 관행을 조화시킨 것과, 다수의 국가(28개국, 44개국 일부은행, 공산권 5개 국가 일부은행의 묵시적인 채택)들로부터 채택되게 되어 국제적인 통일기준으로 인정받게된 것에 의

---

2) 1920년, 뉴욕의 은행들은 뉴욕은행상업신용장회의를 개최하여 "수출상업신용장에 관한 규칙 (Regulations Affecting Export Commercial Credit)"을 제정하고, 1922년, American Acceptance Council은 "상업신용장양식(Commercial Credit Conference Form)"을 제정하였으며, 1926년, 미국은행들은 "Regulations Affecting Export Commercial Credit"을 개정하여 "뉴욕은행상업신용장회의가 채택한 규정(Provision Adopted by the New York Banker's Commercial Credit Conference)"을 제정하였다. 동 시기에 독일, 프랑스, 이태리, 스웨덴, 오스트리아 등 유럽의 각 열강들은 자국의 실정에 유리하게 각각의 규칙을 만들어 사용하였다.

의가 있다.3)

이 후, 변화하는 환경에 대응하기 위하여 그간 거의 10년 주기로 개정4)을 충실히 덕분에 대다수의 국가들로부터 채택되어, ICC가 제정한 무역에 관한 가장 성공한 사적 규칙으로 널리 사용되어오고 있다.

1993년 신용장통일관행(UCP 500)이 개정된 이후 13년이 경과한 현재 비로소 제6차 개정 신용장통일규칙(UCP 600)의 최종 초안이 작성되고, 2006년 10월 25일 91대 0의 만장일치의 표결에 의하여 ICC 은행위원회의 승인을 받았다. UCP 600은 2007년 7월 1일자로 실시되었다.

그간 무역업계의 학자, 실무가, 은행업계를 비롯한 많은 관계 당사자들의 주목을 받아 온 UCP 600은 현행의 UCP 500과 비교해 볼 때 구조상으로 많은 변화를 보이고 있다. UCP 500이 49개 조항이었던 것을 UCP 600에서는 39개 조항으로 10개 조항이 대폭 축소되었다. 또한 내용 면에서도 서류심사기간을 제7은행영업일에서 제5은행영업일로 단축하고, 연지급 신용장의 할인을 공식적으로 허용하며, 불명확한 용어를 제거하는 등 많은 변화가 있었다.

2. UCP 600의 개정배경

신용장통일규칙은 1933년에 최초로 공표된 이후 그간 개정을 거듭하여 왔다. 개정의 주된 이유를 살펴보면, 1970년대에는 컨테이너화와 NVOCC의 출현을 포함한 운송업에서의 변화를 실무 관행에 적합화하기 위해서 개정이 이루어졌다. 1980년대와 1990년대에는 SWIFT의 시작 및 일반적인 컴퓨터 화와 더불어 기술적인 변화를 반영하기 위함이었다.5)

UCP 500이 1994년에 시행된 이후 운송 및 전자상거래 분야에서의 새로운 발전이 UCP 600 개정의 주요한 원인이었다.6)

---

3) 전순환, 『신용장통일규칙』, 한올출판사, 2007,p.4.

4) 신용장 통일 규칙의 개정연혁 ① 제정 : 1933년, ② 제1차 개정 : 1951년, ③ 제2차 개정 : 1962년, ④ 제3차 개정 : 1974년, ⑤ 제4차 개정 : 1983년, ⑥ 제5차 개정 : 1994년.

5) L.A.J. Bacon, "*Who speaks for the exporter?*", DCINSIGHT, ICC, Vol.12, No.3, 2006. 7/9, p.6.

2003년 5월 국제상업회의소는 ICC 은행기술 및 실무위원회(은행위원회)에게 현행의 신용장 통일규칙인 UCP 500의 개정에 착수하도록 수권하였다. 다른 개정에서와 마찬가지로 일반적인 목표는 은행업, 운송업 및 보험업에서의 발전을 수용하기 위함이었다. 부가적으로 일관성이 없는 적용과 해석을 이끌 수 있는 애매한 표현을 제거하기 위하여 UCP에서 사용되고 있는 표현 및 스타일을 조사할 필요성이 있었다. 개정작업이 시작되었을 때 한 세계적인 조사[7]에 의하면 신용장하에서 제시된 서류들 중 대략 70%가 첫 번째 제시 시 불일치 때문에 거절되고 있음을 발표하였다. 이러한 현상은 명백하게 지급 수단으로서 간주되고 있는 신용장에 관하여 부정적인 효과를 가지게 될 것이며, 만일 이러한 현상을 저지하지 않는다면 국제무역거래에서 주요한 결제 수단으로서 인정되고 있는 신용장의 시장점유율의 유지 또는 증대에 심각한 타격을 받을 수 있다.[8]

운송업, 보험업, 은행업 및 전자상거래 분야에서의 새로운 발전을 수용하고, 애매한 표현의 제거를 통한 불일치 건수를 감소시킴으로써 결제수단으로서의 신용장의 신뢰성을 회복하고자 한 것이 이번 개정의 주된 배경이라고 할 수 있다.[9]

3. UCP 600의 특징

1) UCP 600에서 폐지된 조항들

다음의 조항들은 UCP 500에서 존재하였으나 신 규칙인 UCP 600에서는 제외되었다.

---

6) Anonymous, "*Revised ICC rules on documentary credits make progress*", http://www.iccwbo.org/icceide/index.html, 2005. 10. 26.

7) R. J. Mann, "*Ronald J. Mann wonders why, in view of high discrepancy rates, business continues to use letters of credit*", Documentary Credits Insight, ICC, Vol.7, No.1, Winter 2001, p.3.

8) ICC, *The final draft of UCP 600*, 2006. 11의 Introduction 참조.

9) 박석재, '제6차 개정신용장통일규칙(UCP600)의 주용내용에 관한 연구', 「무역상무연구」 제33권, 2007, p.65.

(1) 신용장의 개설/변경 지시(UCP 500 제5조)

「a. 신용장 개설의 지시, 신용장 그 자체, 이에 대한 변경의 지시 및 변경 그 자체는 완전하고 정확하여야 한다. 혼란과 오해를 방지하기 위하여, 은행은 다음과 같은 여하한 시도도 이를 제지하여야 한다:

i. 신용장 또는 이에 대한 모든 변경에 있어서 과도한 명세를 포함하려는 것;

ii. 이전에 개설된 신용장에 어떠한 변경이 이루어졌는가의 여부에 상관없이 그 이전에 개설된 신용장을 참조하는 방법으로 신용장(유사 신용장)을 개설, 통지 또는 확인하도록 지시하려는 것.

b. 신용장 개설의 모든 지시와 신용장 그 자체, 그리고 적용가능한 경우에는 이에 대한 변경의 모든 지시와 변경 그 자체는 이와 상환으로 지급, 인수 또는 매입을 행할 서류를 정확히 명시하여야 한다.」

동 조항은 신용장의 개설 및 변경 지시에 관하여 은행원의 주의를 환기시키기 위한 규정이다. UCP 500이 시행된 1994년 1월 1일부터 동 조항은 은행원들의 업무 지침으로서 활용되어 10년 이상이 경과한 현재는 이러한 지침이 은행 내에서 이미 확립이 되었다고 생각된다. 따라서 동 규정을 UCP 600에 추가하는 것은 실무상 큰 의미가 없다고 판단되어 동 규정이 UCP 600에서 제외된 것으로 보인다.

(2) 취소가능한(UCP 500 제6조의 내용 중 일부)

「a. 신용장은

i. 취소가능한 것이거나, 또는

ii. 취소불능한 것일 수 있다.

b. 따라서 신용장은 그것이 취소가능한 것인지 또는 취소불능한 것인지를 명백히 표시하여야 한다.

c. 그러한 명시가 없는 경우에는 신용장은 취소불능한 것으로 보아야 한다.」[10)]

10) 동 조항에서의 표현을 제거하고 UCP 600 제3조 해석 조항에서 “A credit is irrevocable even if there is no indication to that effect”를 추가하였다.

신용장통일규칙의 제5차 개정인 UCP 500에서 취소불능 신용장을 원칙으로 규정한 이후 실무계에서는 취소가능 신용장이 거의 사용되지 않고 있다. 따라서 신용장의 취소가능성에 관하여 규정하는 것은 실무상 전혀 의의가 없기 때문에 UCP 600에서는 취소가능 신용장에 관하여 규정하는 동 조항의 일부 내용을 삭제하기로 결정하였다. 그리고 UCP 600 제2조의 정의 부분에서 "신용장이란 그 명칭과 상관없이 개설은행이 일치하는 제시에 대하여 최종 지급(honour)하겠다는 확약으로서 취소가 불가능한 모든 약정을 의미한다."라고 규정함으로써 신용장의 취소불능성을 명확히 하고 있다.

(3) 취소(UCP 500 제8조)

「a. 취소가능 신용장은 수익자에게 사전의 통고 없이 언제라도 개설은행에 의하여 변경 또는 취소될 수 있다.

b. 그러나, 개설은행은 반드시 다음과 같은 의무를 진다:

i. 취소가능 신용장에 의하여 일람출급, 인수 또는 매입을 행하도록 수권된 타 은행에게는, 그러한 은행이 변경 또는 취소의 통고를 수령하기 이전에 신용장의 제조건과 문면상 일치하게 표시된 서류와 상환으로 행한 모든 지급, 인수 또는 매입에 대하여 이를 보상하여야 하고;

ii. 취소가능 신용장에 의하여 연지급을 행하도록 수권된 타 은행에게는, 그러한 은행이 변경 또는 취소의 통고를 수령하기 이전에 신용장의 제조건과 문면상 일치하게 표시된 서류를 수리하였다면 이를 보상하여야 한다.」

동 조항은 UCP 500 제6조의 폐지 이유와 동일하다. 즉, 신용장통일규칙의 제5차 개정인 UCP 500에서 취소불능 신용장을 원칙으로 규정한 이후 실무계에서는 취소가능 신용장이 거의 사용되지 않고 있다. 따라서 신용장의 취소가능성에 관하여 규정하는 것은 실무상 전혀 의의가 없기 때문에 이러한 취지를 고려하여 UCP 600에서는 취소가능 신용장에 관하여 규정하는 동 조항을 삭제하기로 결정하였다.[11] 또한 UCP 600 제2조 정의 부분에서 "신용장이란 그 명

---

11) 飯田勝人, "動き出した信用状統一規則の改訂作業と改訂の方向性", "金融法務事情",

칭과 상관없이 개설은행이 일치하는 제시에 대하여 최종 지급(honour)하겠다는 확약으로서 취소가 불가능한 모든 약정을 의미한다."라고 규정함으로써 신용장의 취소불능성을 명확히 하고 있으므로, 취소가능 신용장에 관한 본 규정은 삭제가 불가피하였다.

(4) 불완전 또는 불명료한 지시(UCP 500 제12조)

「신용장을 통지, 확인 또는 변경하는 데 있어서 불완전 또는 불명료한 지시가 접수된 경우에는, 그러한 지시에 따라 행동하도록 요청받은 은행은 아무런 책임없이 단순한 정보로서 수익자에게 예비적 통고를 제공할 수 있다. 이러한 예비적 통고에는 통지은행이 아무런 책임없이 단순한 정보로서 제공한다는 것을 명백히 표시하여야 한다. 여하한 경우에도, 통지은행은 개설은행에 대하여 그가 취한 행위를 반드시 통보하고 또 필요한 정보를 제공해 줄 것을 요청하여야 한다.

개설은행은 지체없이 필요한 정보를 반드시 제공하여야 한다. 신용장은 완전하고 명료한 지시가 접수되고 이에 통지은행이 그 지시에 따라 행동할 용의가 있는 경우에만 통지, 확인 또는 변경되어진다.」

동 규정은 불완전 또는 불명료한 지시에 관하여 은행의 주의를 환기시키기 위한 규정이다. UCP 500이 시행된 이후부터 동 조항은 개설은행, 통지은행의 업무 지침으로서 활용되어 10년 이상이 경과한 현재는 이러한 지침이 은행 내에서 이미 확립이 되었다고 생각된다. 따라서 동 규정을 UCP 600에 추가하는 것은 실무상 큰 의미가 없다고 판단되어 동 규정이 UCP 600에서 제외된 것으로 보인다. 또한 동 규정의 일부 내용은 UCP 600 제9조 신용장 및 조건변경의 통지 속에 반영되어 있다.

(5) 다른 서류들(UCP 500 제38조)

「해상운송 이외의 운송에 있어서 신용장이 중량인증 또는 중량증명을 요구한 경우에는, 은행은 신용장에서 중량인증 또는 중량증명이 별도의 서류에 의

No.1693, 2003. 12. 15, p.4.

하여야 한다고 특별히 규정하고 있지 아니하는 한, 운송서류상에 운송인이나 그 대리인에 의하여 부기된 것으로 표시된 중량타인 또는 중량신고를 수리하여야 한다.」

일반적으로 신용장에서 물품의 중량인증 또는 중량증명이 요구될 때, 해상운송의 경우에는 선화증권이나 해상운송장 상에 직접 운송품의 중량이 틀림없이 표기되기 때문에 이는 충분한 중량증명으로 인정되며 별도로 중량증명서가 첨부되지 않는다. 또한 해상운송이 아닌 운송의 경우에도 신용장이 물품의 중량증명 또는 중량인증을 요구할 때 별도의 중량증명서를 첨부하도록 하지 않는 한, 은행은 운송서류상에 화물의 중량이 부기되어 있는 경우에는 이를 중량증명으로 수리하여야 한다."[12] 따라서 동 규정은 실무상 확립이 되어 있으므로 굳이 UCP 600에 추가할 필요가 없다고 판단되어 UCP 600에서 제외된 것으로 보인다.

(6) 기타

UCP 500 제2조 신용장의 정의, 제6조 취소가능 또는 취소불능 신용장, 제9조 개설은행과 확인은행의 의무, 제10조 신용장의 제 유형, 제20조 서류 발행인에 관한 불명확성, 제21조 서류발행인 또는 내용의 불확정, 제22조 서류 발행일과 신용장 개설일, 제30조 운송주선인 발행 운송서류, 제31조 갑판적/부지조항/수탁인명, 제33조 운임선지급 운송서류, 제35조 보험담보의 형태, 제36조 전위험보험의 담보, 제46조 선적일에 관한 일반표현 및 제47조 선적기간에 관한 용어의 내용이 UCP 600 원문 내에 포함 또는 통합되어 있다.

2) UCP 600에서 신설된 조항들

(1) 정의(UCP 600 제2조)

동 조항은 UCP 600에 새로이 도입되었다.[13] UCP 600은 가급적 간결하고

12) 양영환 · 오원석 · 서정두, 『신용장론』, 삼영사, 2002, p.571.

13) 이 간행물이 왜 어떤 조항이 그러한 방식으로 표현되었는지 또는 본 규칙 속으로의

정확한 표현의 사용 방식을 채택하였다. 이러한 연유로 은행들이 맡은 역할의 정의 및 특수한 용어와 사건의 의미를 규정함에 있어서 UCP 600은 원문을 반복적으로 사용하지 않기로 결정하였다. 따라서 동 조항은 UCP 500의 여러 조항들에서 분산, 반복하여 언급되던 것을 한 곳으로 통합하여 정의를 내리고 있다. 이러한 정의 방식은 UCP 500의 49개 조항을 UCP 600의 39개 조항으로 줄이고, 간결한 표현방식으로 변경하는 데 큰 역할을 하였다.

이 중 주목할 점은 결제(honour)이라는 용어를 UCP 600에서 처음으로 사용하여 일람출급 신용장의 경우 일람출급, 연지급 신용장의 경우 연지급 확약 이후 만기일에 지급, 인수 신용장의 경우 환어음을 인수한 후 만기일에 지급하는 것을 포괄하는 개념으로 정의하고 있다는 점이다.

(2) 해석(UCP 600 제3조)

동 조항은 UCP 600 제2조와 함께 새로이 도입되었다. 도입 배경은 UCP 600 제2조에서의 상황과 유사하다. 즉, 동 조항은 신용장에서 나타나는 애매한 또는 불명확한 표현으로부터 모호함을 제거하고, UCP 또는 신용장의 다른 특성에 대한 명확한 설명을 제공하는 것을 목표로 하였다. 이를 위하여 각 조문마다 반복되어 사용되는 표현을 동 조항에 집중하고 반복을 회피하는 방식을 취하였다. 여기에서 언급되는 내용은 대부분 새로운 내용이 아니라 UCP 500의 여러 조항들에서 분산, 반복하여 언급되던 것을 한 곳으로 통합하여 해석을 하고 있다. 이러한 방식은 UCP 500의 49개 조항을 UCP 600의 39개 조항으로 줄이고 간결한 표현방식으로 변경하는 데 큰 역할을 하였다.

상술하면 용어의 단수 및 복수에 대한 해석이나 은행에 대한 해석 기준은 UCP 600에 신설하고 있으나, 나머지는 UCP 500의 E장 잡칙(Miscellaneous Provisions) 관련 규정의 제46조 선적일자에 관한 일반적 표현 및 제47조 선적기간에 관한 일자용어 등에 규정된 내용들을 동 조항에 일괄적으로 구성하여

삽입이 의도하는 것이 무엇인지에 관한 설명을 제공하는 것은 적절하지 않다. UCP 600 조항들의 이론적 근거 및 해석을 이해하는데 관심이 있는 사람들을 위하여, 이러한 정보는 초안작성그룹의 견해를 나타내는 ICC 간행물 번호 601번인 본 규칙에 관한 주석(Commentary)에서 발견될 것이다.

설명하고 있는 것이다.[14)]

(3) 신용장의 통지 및 변경(UCP 600 제9조)

동 조항은 UCP 500 제7조 통지은행의 의무 부분을 일부 수정하여 작성하였으며 신용장 외에 조건변경을 추가하여 규정한 것이 특징이라 할 수 있다. 동 조항을 UCP 500의 조항과 비교하여 보면 확인은행이 아닌 통지은행은 인수, 지급 또는 매입확약 없이 신용장 및 모든 조건변경을 통지하도록 하는 내용을 반영한 점(a항), 통지은행은 수익자에게 신용장 및 모든 조건변경을 통지함에 있어서 다른 은행, 즉 제2통지은행(second advising bank)[15)]의 서비스를 이용할 수 있도록 하여 제2 통지은행에 관한 새로운 개념의 도입과 제2 통지은행도 통지은행과 같이 외관상의 진정성 점검의무, 불확신 사항의 통지의무 등을 부담한다는 것(c항) 등이 주요한 개정내용이라 할 수 있다.[16)]

(4) 지정(UCP 600 제12조)

동 조항은 UCP 500 제10조 c항 신용장의 제유형 부분의 내용을 일부 수정하거나 내용을 추가하여 지정은행의 면책 및 개설은행의 의무를 강조하고 있다. 특히 동 조항은 확인은행이 아닌 지정은행의 지급 또는 매입에 대한 수권의 효력에 대한 조항을 신설하고 있는 점이 주요한 개정 내용이다.

(5) 일치하는 제시(UCP 600 제15조)

동 조항은 UCP 500 제9조 개설은행과 확인은행의 의무 부분을 요약하여 다시 작성한 것이다. 특히 은행의 의무 부분에서 결제(honour)라는 새로운 개념을 도입하고 있는 점에 주목하여야 한다.

---

14) 강원진, "국제상업회의소의 UCP 600 완성초안에서 제시된 주요내용의 검토", "국제상학" 제21권 제2호, 한국국제상학회, 2006. 6, p.8.

15) 이와 같은 제2 통지은행은 현재 신용장 통지 관행에서 필요에 따라 사용되고 있는 현실을 감안하여 이번 개정에서 새로 반영된 것이다.

16) 강원진, 전게논문, pp.9~10.

(6) 원본서류 및 사본(UCP 600 제17조)

UCP 500 제20조 b항과 c항에서 서류의 원본과 서명방법에 대해서 규정하고 있었으나 서류에 원본의 표시가 있어야 하는지, 또한 모든 서류에 서명이 있어야 하는지에 대해서 많은 분쟁이 발생하였고 의문이 제기되어 왔다. 이러한 문제를 해결하기 위하여 UCP 600에서는 ICC 은행위원회의 결정사항[17]을 반영하여 동 조항을 신설하였다.[18]

UCP 600에서는 서류가 한 통을 요구한 경우 반드시 원본을 제시하여야 함을 신설하고, 서류 작성자가 자신의 미리 인쇄된 원본 용지 위에 기재된 것도 원본으로 간주된다는 점, 신용장에서 서류의 사본 제시를 요구하는 경우에도 원본을 제시할 수 있음을 규정하여 UCP 500 및 ISBP에서의 원본, 사본 서류의 제시와 인정범위를 구체화하여 보완하고 있는 점에 주목하여야 한다.

3) 내용상의 변화

(1) 서류심사기간의 단축

UCP 500에서는 서류심사기간을 "서류를 수령한 다음 날로부터 제7은행영업일을 초과하지 않는 범위 내에서 상당한 기간을 갖는다."라고 규정하였지만,[19] UCP 600 제14조 b항에서는 "지정에 따라 행동하는 지정은행, 확인은행이 존재하는 경우 확인은행 그리고 개설은행에게는 제시가 일치하는지 여부를 결정하기 위하여 제시일의 다음 날로부터 기산하여 최장 제5은행영업일이 각각 주어진다. 이 기간은 제시일에 또는 그 후에 유효기간이나 제시기간의 최종일이 도래한다는 이유로 단축되거나 달리 영향을 받지 아니한다."라고 규정하

---

17) ICC Commission on Banking Technique and Practice, "The determination of an 'Original' document in the context of UCP 500 sub-Article 20(b)", Banking Commission Decisions, 1999. 7. 2 참조.

18) 김종칠, "UCP 600의 주요내용과 문제점에 관한 연구", 『국제상학』 제21권 제2호, 한국국제상학회, 2006. 6, p.34.

19) UCP 500 제13조 b항. "… shall each have a reasonable time, not to exceed seven banking days…".

고 있다.[20]

동 조항의 개정 배경은 UCP 500에서의 "reasonable time"을 제7은행영업일이라 해석하여 불필요하게 서류심사과정을 지체함으로써 신용장의 처리 과정에 많은 시간이 소요되는 문제가 발생하였기 때문이다. 따라서 "reasonable time"이란 자동적으로 제7은행영업일을 의미하지 않고 상황에 따라 제7일은 "최대기간"이며, 서류의 수령 익일부터 제1일과 제7일 사이의 어느 기간이 reasonable이라고 고려될 수 있음을 확정적으로 확립하기 위하여 몇 몇 법정의 사건들을 취하였다.[21] 국제상업회의소 37개 국내위원회 중 36개국이 상당한 기간이라는 용어를 UCP 600의 본문에서 제거하는 데 찬성표를 던졌다. 대부분의 국가들은 새로운 최대 기간으로서 5일에 찬성표를 던졌다. 이것이 UCP 600에 반영되어 있다.[22]

UCP 600에서 서류의 심사를 위한 "reasonable time, not to exceed seven banking days"의 제거 및 제5은행영업일에 의한 대체는 서류 심사 과정을 빠르게 할 것이며, 신용장을 시장에서 보다 매력적으로 만들어줄 것으로 기대된다.[23]

(2) 연지급 신용장의 할인 허용

현재까지 인수 및 연지급에 의하여 발행된 신용장들 간에 차이가 있어 왔다. 이러한 차이는 영국에서의 유명한 Banco Santander SA v. Banque Paribas 사건[24]에 의하여 확인되었는데, 동 사건에서 서류들이 적절하다고 발견되었지만 연지급 신용장의 만료일 이전에 사기가 발견되었다. 동 사건에서 법정은 만일 확인은행이 자기 자신의 연지급 확약을 할인한다면 동행은 자기 자신의 위험으로 그렇게 행한 것이며, 만일 사기가 만료일 이전에 입증된다면 개설은행은

---

20) UCP 600 제14조 b항.

21) P. Taneja, "UCP 600 : 'A document restoring the credibility of L/Cs'", DCINSIGHT, ICC, Vol.12, No.4, 2006. 10/12, p.3.

22) ICC, The first complete draft of UCP 600, 2005. 11의 comments to draft articles 참조.

23) 박석재, 전게논문, p.80.

24) 동 사건의 상세에 관해서는 K.T. Fung, Leading Court Cases on Letters of Credit, ICC Publication No.658, 2004, pp.38～44 참조.

확인은행에게 상환할 의무가 없다고 판결하였다.

이 판결은 한국, 중동을 비롯한 여러 나라의 은행업자들을 깜짝 놀라게 하였는데, 동 국가들은 연지급 신용장을 기한부 환어음 대신 연지급 확약서가 사용되는 유사한 유형의 신용장으로 간주하여 연지급 신용장을 인수 또는 매입하는 것을 관행으로 하였다.[25] 게다가, 현재 지정이란 또한 그 지정된 은행에 의하여 인수된 환어음 또는 그 지정된 은행에 의하여 초래된 연지급 확약을 선지급 또는 매입하기 위한 수권을 의미한다. 따라서 현재 중동 및 다른 지역에 있는 많은 은행업자들이 안도의 한 숨을 쉴 것이며, 이제는 그들의 인수 또는 연지급 확약을 선지급하는 데 주저하지 않을 것으로 확신한다. 이것은 동시에 수출업자들에게도 큰 이익이 될 것이다.

UCP 600은 연지급 신용장이 인수신용장과 유사한 효력을 가지는 것을 명확히 하고 있다. 즉, 동 규칙 제7조 c항에서 "… 인수신용장 또는 연지급 신용장의 경우 일치하는 제시에 대응하는 대금의 상환은 지정은행이 만기 이전에 대금을 먼저 지급하였는지 혹은 매입하였는지의 여부와 관계없이 만기에 이루어져야 한다. …"[26]라고 규정하여 연지급 확약의 할인(선지급 또는 매입) 가능성을 수용하고 있다. 이에 대해 각 국내위원회는 37개국중 27개국이 연지급 확약의 할인을 허용하는 조항에 찬성표를 던졌다.

한편 Laurence씨는 동 조항이 수입업자들에게는 대단히 불리할 것이라고 지적하고 있다. "수입업자들의 관점에서 보면 연지급 신용장은 지급이 단지 만료일에 행해져야 한다는 점에서, 그들에게 그 사이에 사기에 대하여 조사할 기회를 주며, 만일 필요하다면 만료일에 지급 이전에 법적인 조치를 추구할 기회를 준다는 점에 있어서 사기에 대하여 어느 정도의 편안함을 주는 유일한 유형의 신용장이었다. 그렇지만 UCP 600은 그 보호를 제거할 것이며, 따라서 은행업자들은 법적인 배상의 두려움 없이 이러한 돈벌이 되는 관행을 계속할 수 있다."라고 그는 지적하고 있다.[27]

---

25) 채동헌, 국제거래와 법, 청림출판, 2004, pp.37~111 참조.

26) UCP 600 제7조.

27) L.A.J. Bacon, op. cit., pp.7-8.

(3) 불명확한 용어의 제거

UCP 600의 두드러진 업적 중 하나는 불명확한 용어들을 제거했다는 것이다. UCP 600 초안 작성자들은 UCP 500에서 사용된 지나치게 전문적이며 이해하기 어려운 표현을 이해하기 쉬운 용어들을 포함하여 이해하기 쉽고 단순하며 정확하고 간결한 표현으로 변경하였다. 예를 들면 “reasonable care”, “reasonable time” 및 “on its face”(한 조항에서를 제외하고)와 같은 표현의 제거이다. 이것은 “reasonable” 또는 “on its face”가 무엇을 의미하는가를 증명 또는 반론하기 위하여 무역업계 및 은행계가 변호사 등에게 지급하여야 하는 비싼 보수를 줄여줄 수 있으며, 또한 많은 비용과 장시간을 요하는 소송 건수를 줄이는 데도 큰 도움이 될 것이다.

문면상(On its Face)이라는 용어를 UCP 600의 본문에서 제거하는 안건에 관하여 12개국이 반대표를 던지고, 25개국이 찬성표를 던졌다. 초안작성그룹은 제14조 서류의 심사 표준(Standard for Examination of Documents)의 한 조항을 제외하고는 모든 부분에서 문면상에 대한 언급을 삭제하였다. 이는 서류심사 과정에서 문면상이라는 표현이 오랫동안 혼란의 원인이 되어 왔기 때문이다. 예를 들면 문면상이라는 의미가 서류 뒷면에 반대되는 서류의 전면을 의미하는 것으로 취급될 수 있기 때문에 삭제하기로 한 것이다.[28] 또한 상당한 주의(reasonable care)는 구체적으로 어느 수준을 의미하는가에 관하여 그 해석상의 어려움이 있기 때문에 이 표현도 제거되었다. 마지막으로 상당한 기간(reasonable time)은 제7은행영업일로 오해될 소지가 있기 때문에 보다 명확히 하기 위하여 동 표현을 제거하고 제5은행영업일이란 표현으로 대체한 것이다.

(4) 기타

UCP 600 제14조 d항에서 “신용장, 서류 그 자체 그리고 국제표준은행관행의 문맥에 따라 읽을 때의 서류상의 정보(data)는 그 서류나 다른 적시된 서류 또는 신용장상의 정보와 반드시 일치될 필요는 없으나, 그들과 저촉되어서는

---

28) R. Kreitman, *UCP 600: The end in sight?*, http://www.mantissa.co.uk/support/ nextucp2.htm.

안 된다."라고 명시함으로써 그 정보에서의 불일치 문제의 해결은 분명히 서류 심사 과정에서 불일치의 감소를 이끌 것이다.

UCP 600 제14조 g항에서 "제시되었으나 신용장에서 요구되지 아니한 서류는 무시될 것이고 제시자에게 반환될 수 있다."라는 규정은 과거의 UCP 500과 비교해 보면, 만일 수익자들이 UCP 500에 따라 개설은행에게 그러한 서류들을 전달하여야 한다고 주장할 경우 서류 심사자들이 일치 요구조건을 충족시키기 위한 의무 때문에 달리 소비되었을 시간과 노력을 많은 서류 심사자들로부터 덜어줄 것이다.

UCP 600 제14조 j항에서 "수익자와 개설의뢰인의 주소가 어떤 요구조건에 나타날 때, 그것은 신용장 또는 다른 요구서류상에 기재된 것과 동일할 필요는 없으나 신용장에 기재된 각각의 주소와 동일한 국가 내에 있어야 한다."라는 규정은 아무런 관련이 없는 차이에 입각한 많은 신용장 분쟁을 근절할 것이다.[29]

제 2 절 신용장통일규칙 2007의 내용

1. 총칙 : 제1조~제5조

Article 1. Application of UCP

The Uniform Customs and Practice for Documentary Credits, 2007 Revision, ICC Publication no. 600("UCP") are rules that apply to any documentary credit("credit")(including, to the extent to which they may be appliCable, any standby letter of credit) when the text of the credit expressly indicates that it is subject to these rules. They are binding on all parties thereto unless expressly modified or excluded by the credit.

29) P. Taneja, op. cit., p.4.

제1조 신용장통일규칙의 적용

제6차 개정 신용장통일규칙(2007년도 개정, 국제상업회의소 간행물 번호 제600호, "신용장통일규칙")은 신용장의 본문에서 위 규칙이 적용한다는 것을 명시적으로 표시하는 경우 모든 화환신용장(위 규칙들이 적용될 수 있는 한도까지 모든 보증신용장을 포함한다. 이하 "신용장"이라 한다)에 적용되는 규칙이다. 이 규칙은 신용장에서 명시적으로 수정되거나 그 적용이 배제되지 않는 한 모든 당사자를 구속한다.

1. UCP 600은 "The Uniform Customs and Practice for Documentary Credits"을 "Rules"이라고 명시하고 있다. 즉, "화환신용장에 대한 통일관습 및 관행"에서 당사자간의 합의에 의하여 그 적용, 변경 또는 배재가 가능하게 되는 규칙으로 위상을 정립하고 있다. 당사자간의 합의에 의하여 신용장통일규칙의 일부를 배제하거나 이와 다른 내용을 신용장상에 특약으로 규정한다면 그러한 내용이 신용장통일규칙 보다 우선 적용된다.[30]
2. UCP 600이 적용되기 위하여는 동 규칙이 적용됨을 명시하여야 한다.

※ "UCP LATEST VERSION" 또는,

"THE DOCUMENTARY CREDIT IS SUBJECT TO THE VERSION OF THE ICC UNIFORM CUSTOMS AND PRACTICE DOCUMENTARY CREDITS, INTERNATIONAL CHAMBER OF COMMERCE, PARIS, FRANCE, WHICH IS EFFECT ON THE DATE OF ISSUE" 또는,

"THE DOCUMENTARY CREDIT IS SUBJECT TO THE VERSION OF THE ICC UNIFORM CUSTOMS AND PRACTICE DOCUMENTARY CREDITS, 2007 REVISION, ICC PUBLICATION NO. 600" 또는,

"SUBJECT TO UNIFORM CUSTOMS AND PRACTICE DOCUMENTARY CREDITS, 2007 REVISION, ICC PUBLICATION NO. 600"의 표현을 사용한다.

30) 신용장통일규칙의 규정이 매매당사자국의 국내법(강행규정)이나 신용장상의 내용과 상충되는 경우 신용장해석과 관련된 규정적용의 우선순위는 매매계약의 일반원칙인 "계약자유의 원칙", "사적자치의 원칙"에 따라 ① 매매당사자 국가의 국내강행법규(어음법, 섭외사법 등), ② 당사자간의 특약, ③ 신용장통일규칙의 순서에 따라 해석된다.

3. 신용장통일규칙이 적용되는 대상은 화환신용장이며, 적용가능한 모든 범위 내에서 보증신용장에서도 적용된다. 보증신용장에 적용되는 국제규칙에는 본 규칙 외에도 '보증신용장통일규칙 ICC Pub. No. 590'(약칭 'ISP 98')이 가장 일반적으로 사용된다. UCP 600은 단순한 보증신용장에는 적용될 수 있으나 복잡한 보증신용장조건의 경우[31]는 더 구체적인 규칙이 필요하므로 ISP 98을 적용하는 것이 바람직하다.

Article 2. Definitions

For the purpose of these rules:

Advising bank means the bank that advises the credit at the request of the issuing bank.

Applicant means the party on whose request the credit is issued.

Banking day means a day on which a bank is regularly open at the place at which an act subject to these rules is to be performed.

Beneficiary means the party in whose favour a credit is issued.

Complying presentation means a presentation that is in accordance with the terms and conditions of the credit, the applicable provisions of these rules and international standard banking practice.

Confirmation means a definite undertaking of the confirming bank, in addition to that of the issuing bank, to honour or negotiate a complying presentation.

Confirming bank means the bank that adds its confirmation to a credit upon the issuing bank's authorization or request.

Credit means any arrangement, however named or described, that is irrevocable and thereby constitutes a definite undertaking of the issuing bank to honour a complying presentation.

31) 예를 들어, 장기간 또는 자동연장조건이나, 법률의 적용에 의한 양도 등의 경우

Honour means:

a. to pay at sight if the credit is available by sight payment.

b. to incur a deferred payment undertaking and pay at maturity if the credit is available by deferred payment.

c. to accept a bill of exchange("draft") drawn by the beneficiary and pay at maturity if the credit is available by acceptance.

Issuing bank means the bank that issues a credit at the request of an applicant or on its own behalf.

Negotiation means the purchase by the nominated bank of drafts(drawn on a bank other than the nominated bank) and/or documents under a complying presentation, by advancing or agreeing to advance funds to the beneficiary on or before the banking day on which reimbursement is due to the nominated bank.

Nominated bank means the bank with which the credit is available or any bank in the case of a credit available with any bank.

Presentation means either the delivery of documents under a credit to the issuing bank or nominated bank or the documents so delivered.

Presenter means a beneficiary, bank or other party that makes a presentation.

제2조 정의

본 규칙의 목적상 다음과 같이 정의한다 :

통지은행이란 개설은행의 요청으로 신용장을 통지하는 은행을 의미한다.

개설의뢰인은 신용장 개설을 신청한 당사자를 의미한다.

은행영업일은 규칙이 적용되는 행위가 이루어지는 장소에서 은행이 통상적으로 영업하는 날을 의미한다.

수익자란 신용장개설을 통하여 이익을 받는 당사자를 의미한다.

일치하는 제시란 신용장의 조건 및 적용가능한 범위 내에서의 이 규칙의 규정, 그리고 국제표준은행관행에 따른 제시를 의미한다.

확인이란 일치하는 제시에 대하여 결제(Honour) 또는 매입하겠다는 개설은행의 확약에 추가하여 확인은행이 하는 확약을 의미한다.

확인은행이란 개설은행의 수권이나 요청에 따라 신용장에 확인을 한 은행을 의미한다.

신용장이란, 그 명칭이나 과 상관없이 개설은행이 일치하는 제시에 대하여 결제(Honour)하게다는 확약으로서 취소가 불가능한 모든 약정을 의미한다.

결제(Honour)란

a. 신용장이 일람지급으로 사용가능한 경우 일람으로 지급하는 것

b. 신용장이 연지급으로 사용가능한 경우 연지급을 확약하고 만기에 지급하는 것

c. 신용장이 인수로 사용가능한 경우 수익자가 발행한 환어음을 인수하고 만기에 지급하는 것

개설은행이란 개설의뢰인의 신청 또는 자신을 위하여 신용장을 개설한 은행을 의미한다.

매입이란 일치하는 제시를 받은 지정은행이 지정은행에 상환하여야 하는 은행영업일 또는 그 이전에 자금을 선급하거나 선급하기로 동의함으로서 환어음 및/또는 서류를 매수(purchase)하는 것을 의미한다.

지정은행이란 신용장이 이용가능한 은행을 의미하고, 어느 은행에서나 이용가능한 경우에는 모든 은행을 의미한다.

제시란 신용장에 의하여 이루어지는 개설은행 또는 지정은행에 대한 서류의 인도 또는 그렇게 인도된 그 서류 자체를 의미한다.

제시인이란 제시를 하는 수익자, 은행 또는 기타 당사자를 의미한다.

주의사항 본 조문은 UCP의 여러 조항에서 반복적으로 사용되는 것을 통합정리함으로써 이러한 용어들이 일관성 있게 사용되고, 여타조항의 문장을 간결하게 하기 위하여 신설된 규정이다.

1. 일반적으로 통지은행은 개설은행의 해외지점이나 환거래은행(correspondent

bank)으로서, 개설은행의 위탁을 받아 수익자에게 신용장의 발행사실과 그 내용을 단순히 통지해주는 은행을 말한다.[32)] 통지은행이 수익자에게 통지하는 신용장은 외형상의 진정성을 만족하였다는 의미이다.

2. 은행영업일은 동 규칙에 따라 업무가 이행되는 장소에서 은행이 정상적으로 영업하는 일자를 의미한다. 은행영업일은 은행휴일이 아니라 은행이 정상적으로 영업 중이어야 하고, 동 규칙에서 요구되는 신용장개설, 조건변경, 지급, 매입 등의 기능을 수행할 수 있는 상태를 의미한다.[33)]

3. 일치하는 제시란 신용장조건과 동 규칙에 적용이 가능한 국제표준은행관행에 따른 제시를 의미한다. UCP 600에서는 국제표준은행관행을 'international standard banking practice'라고 소문자로 표현하여 구체적인 ISBP 간행물을 특정하지 않았다. 따라서 국제표준은행관행은 ISBP 645 또는 ISBP 681을 통칭하는 개념이다.

   한편, 국제상업회의소 산하 은행위원회에서 제시하는 공식의견서인 'Official Opinion'도 국제표준은행관행으로 볼 수 있다.

4. 신용장은 그 명칭이나 기술에 관계없이, 취소불능(irrevocable)의 약정으로 개설은행이 일치하는 제시에 대하여 결제(honour)하겠다는 확약이므로, 취소가 불가능한 모든 약정을 확약하는 증서를 의미한다. 신용장은 취소불능신용장과 동의어로 규정되고 있다.[34)]

5. 결제(Honour)라는 용어는 기존의 UCP에는 없었으나 UCP 600에서 새로이 도입하여 사용하는 개념이다. 매입(negotiation)을 제외한 지급(payment), 연지급(deffered payment), 인수(acceptance)를 포괄하는 개념이다.

6. 제시란 개설은행 또는 지정은행에 서류를 인도하는 행위 또는 그렇게 인도된 서류를 의미한다. 인도하는 행위는 서류를 개설은행이나 지정은행에 대한 발송기준이 아니라 접수기준이므로 서류의 검토를 시작하지 않았더라도 인도된 서류가 있다면 제시로 정의된다.

---

32) UCP 600 제9조. 개설은행의 요청을 받은 통지은행은 수익자에게 직접통지하지 않고 다른 은행(제2통지은행)을 경유할 수 있다.

33) '정상적인 영업(regularly open)'과 '이 규칙에 따라(subject to these rule)' 영업을 하는 것은 구분하여야 한다. 일부국가에서는 토요일에 정상적으로 은행영업을 하지만 동 규칙에 따른 신용장업무는 수행하지 않는 경우가 있다.

34) UCP 600 제3조. 최근 들어 취소가능신용장이 실제 사용되지 않는다는 관행을 반영하여 취소가능신용장을 인정하지 않고, 취소가능여부의 언급과 상관없이 취소불능신용장으로 간주하게 되었다.

Article 3. Interpretations

For the purpose of these rules:

Where applicable, words in the singular include the plural and in the plural include the singular.

A credit is irrevocable even if there is no indication to that effect.

A document may be signed by handwriting, facsimile signature, perforated signature, stamp, symbol or any other mechanical or electronic method of authentication.

A requirement for a document to be legalized, visaed, certified or similar will be satisfied by any signature, mark, stamp or label on the document which appears to satisfy that requirement.

Branches of a bank in different countries are considered to be separate banks.

Terms such as "first class", "well known", "qualified", "independent", "official", "competent" or "local" used to describe the issuer of a document allow any issuer except the beneficiary to issue that document.

Unless required to be used in a document, words such as "prompt", "immediately" or "as soon as possible" will be disregarded.

The expression "on or about" or similar will be interpreted as a stipulation that an event is to occur during a period of five calendar days before until five calendar days after the specified date, both start and end dates included.

The words "to", "until", "till", "from" and "between" when used to determine a period of shipment include the date or dates mentioned, and the words "before" and "after" exclude the date mentioned.

The words "from" and "after" when used to determine a maturity date exclude the date mentioned.

The terms "first half" and "second half" of a month shall be construed respectively as the 1st to the 15th and the 16th to the last day of the month, all dates inclusive.

The terms "beginning", "middle" and "end" of a month shall be construed respectively as the 1st to the 10th, the 11th to the 20th and the 21st to the last day of the month, all dates inclusive.

제3조 해석

이 규칙의 목적상 다음과 같이 해석한다 :

적용이 가능한 경우, 단수의 용어는 복수를 포함하고 복수의 용어는 단수를 포함한다.

신용장은 취소불능이라는 표시가 없어도 취소불능이다.

서류는 수기, 팩스서명, 천공서명, 스탬프, 상징물 또는 모든 기타의 기계식 또는 전자식 인증수단으로 서명될 수 있다.

공인, 사증, 증명 등이 되어야 한다는 요구는 그러한 요구를 충족하는 것으로 보이는 서류상의 모든 서명, 마크, 스탬프 또는 라벨로서 충족된다.

다른 국가에 소재하는 어느 은행의 지점들은 별개의 은행들로 간주된다.

서류의 발행인을 지칭하면서 사용된 "first class(일류의)", "well known(유명한)", "qualified(자격있는)", "independent(독립된)", "official(공적인)", "competent(유능한)" 또는 "local(현지의)"와 같은 용어들은 수익자를 제외한 모든 발행인을 허용한다.

서류에서 사용되도록 요구하지 않는 한, "immediately(즉시)", "prompt(빨리)", "as soon as possible(가급적 빨리)"의 용어들은 무시된다.

"on or about(그시경)" 또는 유사한 표현은 어떠한 일이 시기와 종기를 포함하여 특정 일자의 전 5일부터 후 5일까지의 기간 중에 발생해야 하는 것으로 해석된다.

선적기간을 결정하기 위하여 사용된 "to(까지)", "until(까지)", "till(까지)", "from(부터)", "between(사이)"의 용어들은 언급된 일자를 포함하고 "before(전)", "after(후)"의 용어들에서는 명시된 일자를 제외한다.

만기일을 결정하기 위하여 사용된 "from(부터)" 및 "after(후)"의 용어들은 명시된 일자를 제외한다.

어느 달의 "first half(전반기)" 및 "second half(후반기)"라는 용어는 각각 그 달의 1일에서 15일 및 16일에서 해당 월의 마지막 날까지로 해석되며, 그 기간 중의 모든 날짜를 포함한다.

어느 달의 "beginning(초순)", "middle(중순)" 및 "end(하순)"라는 용어는 각각 그 달의 1일에서 10일, 11일에서 20일 및 21일에서 해당월의 마지막 날까지로 해석되며, 그 기간 중의 모든 날짜를 포함한다.

주의사항

1. 러시아, 오만, 볼리비아의 경우, 신용장의 취소가능성에 대한 언급이 없으면 취소가능신용장으로 간주하고 있다. 따라서 이에 대한 분쟁이 발생하여 소송이 이루어진다면 신용장통일규칙 보다 현지 법률이 우선하므로 주의해야 한다.
2. 신용장에서 수기를 명시적으로 요구하지 않는 이상, 서명은 자필, 팩시밀리서명, 천공서명, 스템프, 상징 또는 그 밖의 기계식이나 전자식 확인방법(인증수단)으로 서명할 수 있다. 팩시밀리서명은 수기서명을 스캔하여 저장한 뒤 전자적으로 출력한 것 또는 인쇄기에 의해 미리 인쇄된 서명을 의미하고, 천공서명은 일정한 형태의 구멍을 뚫어 행하는 서명을 말하며, 상징은 아시아 국가에서 사용되고 있는 관인(chop marks) 등을 의미한다. 전자식 확인방법이란 어떤 메시지가 발신자로부터 온 것임을 그 메시지의 수신자에게 확신시키게 하는 물리적, 전자적, 기타의 방법에 의하여 메시지에 표시하는 것을 의미한다.

Article 4. Credits v. Contracts

a. A credit by its nature is a separate transaction from the sale or other contract on which it may be based. Banks are in no way concerned with or bound by such contract, even if any reference whatsoever to it is included in the credit. Consequently, the undertaking of a bank to honour, to negotiate or to fulfil any other obligation under the credit is not subject to claims or defences by the applicant resulting from its relationships with the issuing bank or the beneficiary.

A beneficiary can in no case avail itself of the contractual relationships existing between banks or between the applicant and the issuing bank.

b. An issuing bank should discourage any attempt by the applicant to include, as an integral part of the credit, copies of the underlying contract, proforma invoice and the like.

제4조 신용장과 계약

a. 신용장은 본질적으로 그것이 근거를 두고 있을 수 있는 매매 또는 기타의 계약과는 별개의 거래이다. 신용장에 그러한 계약에 대한 언급이 있더라도 은행은 그 계약과 아무런 관련이 없고, 또한 그 계약 내용에 구속되지 않는다. 따라서 신용장에서의 결제(Honour), 매입 또는 모든 기타 의무를 이행하기 위한 은행의 확약은 개설은행 또는 수익자와 자신의 관계를 근거로 하는 개설의뢰인의 주장이나 항변에 따르지 않는다. 수익자는 은행들 간에 또는 개설의뢰인과 개설은행 간에 존재하는 계약관계를 원용할 수 없다.

b. 개설은행은 개설의뢰인이 원인계약이나 견적송장 등의 부본을 신용장의 일부분으로 포함시키려는 어떠한 시도도 하지 못하게 하여야 한다.

주의사항

1. 본 조는 신용장의 독립성에 대한 관한 내용으로서, 신용장거래가 매매계약이나 다른 계약을 근거로 성립되지만, 신용장 거래 자체는 그 계약에 의하여 제약을 받지 않는다는 것이다. 이는 신용장에 의한 은행의 확약은 매매계약 또는 기타계약과 독립된 것이므로 매매계약을 참조하여 해석하여서

는 안되고, 수익자 입장에서도 은행상호간에 존재하는 계약이나 개설의뢰인과 개설은행간의 신용장개설에 관한 계약을 원용할 수 없도록 하여 신용장거래에서 요구되는 서류가 신용장조건에 일치하였을 경우에는 은행은 매매계약에 관계없이 대금을 지급하도록 하고 있다.

2. 이러한 맥락에서 신용장거래와 관련된 근거계약의 사본, 견적송장 등의 서류를 근거로, 신용장상에 과도한 문구의 삽입하려는 개설의뢰인의 의도를 제한하고 있다. 즉, 개설의뢰인이 신용장과 일치하는 서류를 입수하더라도 주문과 일치한 물품을 입수할 수 있다는 보장이 없기 때문에, 또는 수익자의 조건이행을 어렵게 하거나, 서류의 불일치에 의한 지급거절의 근거자료를 만들기 위하여 과도한 명세를 삽입하게 되면 신용장의 기능이 훼손되므로 이를 방지하고자 신설한 조항이다.

Article 5. Documents v. Goods, Services or Performance

Banks deal with documents and not with goods, services or performance to which the documents may relate.

제5조 서류와 물품/서비스/이행

은행들 서류로 거래하는 것이며 그 서류가 관계된 물품, 서비스 도는 의무이행으로 거래하는 것은 아니다.

Article 6. Availability, Expiry Date and Place for Presentation

a. A credit must state the bank with which it is available or whether it is available with any bank. A credit available with a nominated bank is also available with the issuing bank.
b. A credit must state whether it is available by sight payment, deferred payment, acceptance or negotiation.
c. A credit must not be issued available by a draft drawn on the applicant.
d. ⅰ. A credit must state an expiry date for presentation. An expiry date

stated for honour or negotiation will be deemed to be an expiry date for presentation.

ii. The place of the bank with which the credit is available is the place for presentation. The place for presentation under a credit available with any bank is that of any bank. A place for presentation other than that of the issuing bank is in addition to the place of the issuing bank.

e. Except as provided in sub-article 29(a), a presentation by or on behalf of the beneficiary must be made on or before the expiry date.

제6조 이용가능성, 유효기일 그리고 제시장소

a. 신용장은 사용가능한 은행 또는 모든 은행에서 사용가능한지 여부를 명기하여야 한다. 어느 지정은행에서 사용가능한 신용장은 개설은행에서도 사용가능하다.

b. 신용장은 일람지급, 연지급, 인수 또는 매입 중에서 어느 방법으로 사용이 가능한 지 명기하여야 한다.

c. 신용장은 개설의뢰인을 지급인으로 하는 환어음에 의하여 이용가능하도록 개설되어서는 안된다.

d. i. 신용장은 제시를 위한 유효기일을 명기하여야 한다. 결제(Honour) 또는 매입을 위하여 명기된 유효기일은 제시를 위한 유효기일로 간주된다.

ii. 신용장을 사용할 수 있는 은행의 장소는 제시를 위한 장소이다. 모든 은행에서 사용이 가능한 신용장의 제시장소는 모든 은행의 소재지가 된다. 개설은행이 소재지가 아닌 제시장소는 개설은행의 소재지에 그 장소를 추가한 것이다.

e. 제29조 a항에서의 경우를 제외하고, 수익자 또는 수익자를 위한 제시는 유효기일 또는 그 이전에 이행되어야 한다.

주의 사항

1. 신용장에는 이용 가능한 지정은행 또는 지정되지 않은 은행에서 자유롭게

사용될 수 있는지를 명시하여야 한다. 전자의 지정은행은 지급, 연지급, 인수, 매입은행을 의미하는 것이고, 후자의 지정되지 않은 은행은 올바른 형식과 내용의 서류를 받았다면 지급, 인수, 연지급, 매입으로 신용장을 이용할 수 있다.

2. 신용장개설은행의 지급확약의 이행의무는 1차적이고 최종적이기 때문에 개설의뢰인을 지급인으로 하는 환어음이 사용되도록 하는 신용장개설을 금지하고 있다. 즉, 개설의뢰인을 지급인으로 하는 어음이 개설의뢰인으로부터 지급, 인수 등을 받지 못한 경우에 2차적으로 개설은행이 책임을 부담하므로 개설은행의 최종적인 지급의 대상으로 되지 않기 때문에 개설되어서는 안된다.
3. 신용장에 명시된 결제 또는 매입을 위한 유효기일은, 은행이 수익자로부터 그것을 하기 위하여 서류를 제시받기 위한 유효기일이다. 즉, 은행이 결제 또는 매입을 위하여 제시된 서류를 심사하는 기간까지 포함하는 것이 아니고, 단지 그것을 하기 위하여 필요한 서류를 최종적으로 제출해야 되는 기간이다.
4. ISBP 681 제20조는 "운송서류의 부본은 UCP 600 제14조 c항 목적의 운송서류가 아니다. UCP 600 운송조항은 원본 운송서류가 서류되는 경우에만 적용된다."라고 명시하고 있다. 즉, 운송서류의 원본제시가 요구되지 않았다면 수익자가 운송서류의 원본을 신용장개설은행에게 직송하는 것으로 볼 수 있으므로 선적일 후 일정기간 이내에 서류를 은행에 제시될 것이 요구되지 않는다.

Article 7. Issuing Bank Undertaking

a. Provided that the stipulated documents are presented to the nominated bank or to the issuing bank and that they constitute a complying presentation, the issuing bank must honour if the credit is available by:

i. sight payment, deferred payment or acceptance with the issuing bank;

ii. sight payment with a nominated bank and that nominated bank does not pay;

iii. deferred payment with a nominated bank and that nominated bank does not incur its deferred payment undertaking or, having incurred its deferred payment undertaking, does not pay at maturity;

iv. acceptance with a nominated bank and that nominated bank does not accept a draft drawn on it or, having accepted a draft drawn on it, does not pay at maturity;

v. negotiation with a nominated bank and that nominated bank does not negotiate.

b. An issuing bank is irrevocably bound to honour as of the time it issues the credit.

c. An issuing bank undertakes to reimburse a nominated bank that has honoured or negotiated a complying presentation and forwarded the documents to the issuing bank. Reimbursement for the amount of a complying presentation under a credit available by acceptance or deferred payment is due at maturity, whether or not the nominated bank prepaid or purchased before maturity. An issuing bank's undertaking to reimburse a nominated bank is independent of the issuing bank's undertaking to the beneficiary.

제7조 개설은행의 확약

a. 신용장에서 규정된 서류들이 지정은행이나 개설은행에 제시되고 그것이 일치하는 제시를 구성하는 한, 개설은행은 결제(Honour)의 의무를 부담하여야 한다.

i. 신용장이 개설은행에서 일람지급, 연지급 또는 인수로 이용될 수 있는 경우,

ii. 신용장이 지정은행에서 일람지급으로 사용가능하지만 그 은행이 지급하지 않는 경우,

iii. 신용장이 지정은행에서 연지급에 의하여 이용될 수 있는데, 지정은행이 연지급의 의무를 부담하지 않는 경우, 또는 그와 같은 연지급의 의무를 부담하였으나 만기에 대금을 지급하지 않은 경우

iv. 신용장이 지정은행에서 인수로 사용가능하지만 그 은행이 자기 앞으로 발행된 환어음을 인수하지 않거나, 이를 인수하였더라도 만기일에 지급하지 않는 경우,

v. 신용장이 지정은행에서 매입으로 사용가능하지만 그 은행이 매입하지 않는 경우.

b. 개설은행은 신용장의 개설시점부터 취소불능으로 결제(Honour)할 의무가 있다.

c. 개설은행은 일치하는 제시를 결제(Honour) 또는 매입하고 서류를 개설은행으로 송부한 지정은행에 대하여 신용장 대금을 상환하기로 확약한다. 인수 또는 연지급으로 사용가능한 신용장에서 일치하는 제시의 금액에 대한 상환금은 그 지정은행이 만기일 전의 선급 또는 구매 여부에 상관없이 만기일에 지급된다. 개설은행의 지정은행에 대한 상환의무는 개설은행의 수익자에 대한 의무로부터 독립적이다.

1. 신용장개설은행은 수익자가 일치하는 제시를 동 은행에 할 경우 일람지급, 연지급약정 또는 환어음을 인수할 수 있고, 지정은행에 할 경우 일람지급, 연지급약정 및 연지급약정 후 만기일 지급, 환어음의 인수 및 환어음의 인수 후 만기일 지급, 매입 등의 대금을 상환할 의무가 있으며, 만일 지정은행이 이를 이행하지 않았다면 개설은행은 지급이행할 의무가 있다.
2. 연지급신용장은 통상적으로 연지급은행이 개설은행의 예치환거래은행일 때 사용되고, 무어음신용장에서만 사용되는 특징이 있다. 인수신용장과 다른 점은 환어음이 발행되지 않기 때문에 이를 할인받아 즉시 수출대금을 할인받을 수 없다. 그러나 은행이 연지급약정서(deferred payment undertakings)를 담보로 신용장대금을 선지급 할 수도 있다.
3. 매입신용장은 신용장에서 개설은행 이외의 은행이 추심 전 매입할 수 있다고 규정한 신용장으로 개설은행은 수익자가 서류나 환어음을 제시하면 수익자 또는 선의의 소지인에게 상환청구권을 행사하지 않는다는 조건으로 지급해야 한다.

어음이나 서류에 대하여 개설은행이 지급을 확약하고 있으므로 어음없이 서류의 매입도 가능하다. 극단적인 경우 보증신용장에 따라 제세된 채무불이행을 주장하는 수익자의 확약서로도 매입이 가능하다.

여기서 상환청구권이 없다는 것은 개설은행은 최종 지급의무자이기 때문에 자신이 지급한 것에 대하여 상환청구권을 행사할 수 없다는 것을 의미한다. 즉, 개설은행이 지급하였으나 개설의뢰인이 지급을 거절할 경우 이미 수익자에게 지급한 신용장대금은 반환청구가 불가능하다. 한편, 확인은행이 아닌 단순한 매입은행은 상환청구권을 행사할 수 있다. 매입은행은 매입한 환어음이 부도 반환된 경우 매입의뢰인, 환어음발행인 등에게 지급한 매입대금을 반환청구 할 수 있다. 확인은행은 개설은행과 같은 입장이므로 매입은행이나 수익자에게 상환청구권을 행사할 수 없다.

Article 8. Confirming Bank Undertaking

a. Provided that the stipulated documents are presented to the confirming bank or to any other nominated bank and that they constitute a complying presentation, the confirming bank must:

i. honour, if the credit is available by

a) sight payment, deferred payment or acceptance with the confirming bank;

b) sight payment with another nominated bank and that nominated bank does not pay;

c) deferred payment with another nominated bank and that nominated bank does not incur its deferred payment undertaking or, having incurred its deferred payment undertaking, does not pay at maturity;

d) acceptance with another nominated bank and that nominated bank does not accept a draft drawn on it or, having accepted a draft drawn on it, does not pay at maturity;

e) negotiation with another nominated bank and that nominated bank does not negotiate.

ii. negotiate, without recourse, if the credit is available by negotiation with the confirming bank.

b. A confirming bank is irrevocably bound to honour or negotiate as of the time it adds its confirmation to the credit.

c. A confirming bank undertakes to reimburse another nominated bank that has honoured or negotiated a complying presentation and forwarded the documents to the confirming bank. Reimbursement for the amount of a complying presentation under a credit available by acceptance or deferred payment is due at maturity, whether or not another nominated bank prepaid or purchased before maturity. A confirming bank's undertaking to reimburse another nominated bank is independent of the confirming bank's undertaking to the beneficiary.

d. If a bank is authorized or requested by the issuing bank to confirm a credit but is not prepared to do so, it must inform the issuing bank without delay and may advise the credit without confirmation.

제8조 확인은행의 확약

a. 신용장에서 규정된 서류들이 확인은행이나 지정은행에 제시되고, 그것이 신용장 조건에 일치하는 제시인 경우

i. 확인은행은 다음과 같은 경우 결제(Honour)하여야 한다.

a) 신용장이 확인은행에서 일람지급, 연지급 또는 인수로 사용가능한 경우,

b) 신용장이 다른 지정은행에서 일람지급으로 사용가능하지만 그 은행이 대금을 지급하지 않는 경우,

c) 신용장이 다른 지정은행에서 연지급으로 사용가능하지만 그 은행이 연지급의 의무를 부담하지 않은 경우나, 연지급 의무를 부담하였으나 만기일에 대금을 지급하지 않는 경우,

d) 신용장이 다른 지정은행에서 인수로 사용가능하지만 그 은행이 자기 앞으로 발행된 환어음을 인수하지 않거나, 이를 인수하였다가 만기일에 대금을 지급하지 않는 경우,

e) 신용장이 다른 지정은행에서 매입으로 사용가능하지만 그 은행이 매입하지 않는 경우.

ii. 신용장이 확인은행에서 매입으로 사용가능한 경우 무소구의 조건(without recourse)으로 매입하여야 한다.

b. 확인은행은 신용장에 확인을 추가하는 시점부터 취소불능으로 결제(Honour) 또는 매입할 의무가 있다.

c. 확인은행은 일치하는 제시를 결제(Honour) 또는 매입하고 서류를 확인은행으로 송부한 다른 지정은행에게 상환하는 의무를 부담한다. 인수 또는 연지급으로 사용가능한 신용장에서 일치하는 제시의 금액에 대한 상환금은 그 다른 지정은행이 만기 전에 선급 또는 구매여부에 상관없이 만기일에 지급된다. 다른 지정은행에게 상환하기로 하는 확인은행의 확약은 수익자에 대한 확인은행의 의무와는 독립적이다.

d. 개설은행으로부터 신용장을 확인하도록 요청이나 수권을 받은 은행이 그렇게 할 준비가 안 된 경우, 개설은행에 그 사실을 알리고 신용장에 대한 확인없이 통지할 수 있다.

주의 사항

1. 확인은행은 신용장에 확인을 추가한 때로부터 지급, 연지급, 인수 또는 매입할 취소불능의 의무를 가진다. 개설은행으로부터 확인을 요청받은 은행이 확인을 실행하면 신용장대금에 대한 독립적인 채무를 지게 되는 것이므로 확인은행이 개설은행에 대하여 여신을 제공하는 것과 동일한 효과를 나타낸다. 그러므로 확인은행은 요청받은 신용장에 대한 여신여부를 검토한 후 확인에 임하여야 한다.
2. 확인은행은 개설은행과 달리 일치된 서류에 대한 일람지급, 연지급, 인수뿐만 아니라 상환청구권이 없이 매입할 의무가 있고, 지정은행에서 불이행한 일람지급, 연지급, 인수, 매입에 대하여 상환할 의무가 있다.

Article 9. Advising of Credits and Amendments

a. A credit and any amendment may be advised to a beneficiary through an advising bank. An advising bank that is not a confirming bank advises the credit and any amendment without any undertaking to honour or negotiate.

b. By advising the credit or amendment, the advising bank signifies that it has satisfied itself as to the apparent authenticity of the credit or amendment and that the advice accurately reflects the terms and conditions of the credit or amendment received.

c. An advising bank may utilize the services of another bank("second advising bank") to advise the credit and any amendment to the beneficiary. By advising the credit or amendment, the second advising bank signifies that it has satisfied itself as to the apparent authenticity of the advice it has received and that the advice accurately reflects the terms and conditions of the credit or amendment received.

d. A bank utilizing the services of an advising bank or second advising bank to advise a credit must use the same bank to advise any amendment thereto.

e. If a bank is requested to advise a credit or amendment but elects not to do so, it must so inform, without delay, the bank from which the credit, amendment or advice has been received.

f. If a bank is requested to advise a credit or amendment but cannot satisfy itself as to the apparent authenticity of the credit, the amendment or the advice, it must so inform, without delay, the bank from which the instructions appear to have been received. If the advising bank or second advising bank elects nonetheless to advise the credit or amendment, it must inform the beneficiary or second advising bank that it has not been able to satisfy itself as to the apparent authenticity of the credit, the amendment or the advice.

제9조 신용장과 조건변경의 통지

a. 신용장과 모든 조건변경은 통지은행을 경유하여 통지될 수 있다. 확인은행이 아닌 통지은행은 결제(Honour) 또는 매입에 대한 의무의 부담없이 신용장과 이에 대한 조건변경 통지할 수 있다.

b. 통지은행은 신용장이나 조건변경을 통지함으로서, 자신이 통지한 신용장이나 조건변경에 대한 외형상 진정성이 충족된다는 점과 그 통지는 접수한 조건을 정확하게 반영하고 있다는 점을 표명한다.

c. 통지은행은 신용장과 모든 조건변경을 통지하기 위하여 다른 은행(제2통지은행)을 이용할 수 있다. 제2통지은행은 신용장이나 조건변경을 통지함으로서, 자신이 통지한 신용장이나 조건변경에 대한 외형상 진정성이 충족된다는 점과 그 통지는 접수한 조건을 정확하게 반영하고 있다는 점을 표명한다.

d. 신용장의 통지에 통지은행 또는 제2통지은행의 편의를 이용하는 은행은 그 신용장의 모든 조건변경통지에도 동일한 은행을 이용하여야 한다.

e. 신용장이나 조건변경의 통지를 요청받은 은행이 통지를 하지 않기로 결정했으면 그러한 사실을 신용장이나 조건변경을 보내 온 은행에게 지체없이 알려야 한다.

f. 신용장이나 조건변경의 통지를 요청받았지만 그 신용장이나 조건변경 또는 통지서의 진정성에 대한 요건을 충족하지 못한다고 판단한 경우, 그러한 사실을 그것들을 보내 온 것으로 보이는 은행에게 지체없이 알려야 한다. 그럼에도 불구하고, 통지은행 또는 제2통지은행이 그 신용장이나 조건변경을 통지하기로 결정한다면, 그 은행은 수익자 또는 제2통지은행에게 그 신용장, 조건변경 또는 통지서의 외형상 진정성에 대한 요건을 충족하지 못한다는 점을 알려야 한다.

주의사항

1. 통지은행은 신용장의 외견상 진정성을 확인할 의무가 있다. 외견상의 진정성을 확인하는 기준은 "satisfied itself"이다. 실무적으로 은행이 외견상의

진정성을 확인하는 방법은 우편신용장의 경우 개설은행이 배포한 CD 또는 책자의 서명감(Specimen Signature Booklet)을 대조하거나 개설은행에게 전신으로 신용장개설여부 및 진위여부를 확인하기도 하고, 전신신용장의 경우는 은행간 상호교환 암호숫자의 해독(BKE) 또는 전신암호(Test key)를 통하며, SWIFT신용장은 인증키(Authenticity key)를 활용한다.

2. 신용장통지 및 조건변경은 통지은행으로부터 제2통지은행을 경유하여 수익자에게 통지될 수 있다. 만일, 진정성이 충족되지 않은 신용장 또는 조건변경이 제2통지은행을 경유하여 통지되었을 경우, 그 책임은 이러한 통지를 행한 제2통지은행이 부담한다.

Article 10. Amendments

a. Except as otherwise provided by article 38, a credit can neither be amended nor cancelled without the agreement of the issuing bank, the confirming bank, if any, and the beneficiary.

b. An issuing bank is irrevocably bound by an amendment as of the time it issues the amendment. A confirming bank may extend its confirmation to an amendment and will be irrevocably bound as of the time it advises the amendment. A confirming bank may, however, choose to advise an amendment without extending its confirmation and, if so, it must inform the issuing bank without delay and inform the beneficiary in its advice.

c. The terms and conditions of the original credit(or a credit incorporating previously accepted amendments) will remain in force for the beneficiary until the beneficiary communicates its acceptance of the amendment to the bank that advised such amendment. The beneficiary should give notification of acceptance or rejection of an amendment. If the beneficiary fails to give such notification, a presentation that complies with the credit and to any not yet accepted amendment will be deemed to be notification of acceptance by the beneficiary of such amendment. As of that moment the credit will be amended.

d. A bank that advises an amendment should inform the bank from which it received the amendment of any notification of acceptance or rejection.

e. Partial acceptance of an amendment is not allowed and will be deemed to be notification of rejection of the amendment.

f. A provision in an amendment to the effect that the amendment shall enter into force unless rejected by the beneficiary within a certain time shall be disregarded.

제10조 조건변경

a. 제38조에 규정된 경우를 제외하고, 신용장은 개설은행, 확인은행이 있는 경우 확인은행 및 수익자의 동의가 없으면 조건변경이나 취소가 될 수 없다.

b. 개설은행은 조건변경을 발행하는 순간부터 조건변경이 취소불가능하게 구속된다. 확인은행은 조건변경에 대한 확인을 연장할 수 있으며 그 조건변경을 통지하는 시점으로부터 취소불가능하게 그 내용에 구속된다. 그러나 확인은행은 자신의 확인을 연장하지 않고 통지만을 할 수 있는데 그러한 경우 그러한 사실을 지체없이 개설은행에 알리고 수익자에게도 그 사실을 알려야 한다.

c. 원신용장(또는 이전에 수락된 조건변경이 포함된 신용장)의 조건은 수익자가 그 조건변경을 통지한 은행에게 그 조건변경의 수락을 통보할 때 까지 계속해서 수익자에게 유효하다. 수익자는 조건변경의 수락 또는 거절의 통보를 하여야 한다. 수익자가 그러한 통보를 하지 아니한 경우, 신용장 및 아직 수락되지 아니한 조건변경에 일치하는 제시는 수익자에 의한 그 조건변경의 수락통보로 간주된다. 이 경우 그 순간부터 그 신용장은 조건변경이 된다.

d. 조건변경을 통지하는 은행은 그 조건변경을 보내 온 은행에게 수락이나 거절의 모든 통보를 알려야 한다.

e. 조건변경에 대하여 일부만을 수락하는 것은 허용되지 않으며, 이는 그 조건변경의 거절통지로 간주된다.

f. 수익자가 특정기간 이내에 조건변경을 거절하지 않으면 효력을 발생한다는 규정이 조건변경 내용이 있는 경우 이 조항은 무시된다.

1. 신용장조건변경에 대한 관계당사자는 개설은행, 수익자, 확인신용장의 경우 확인은행이다. 개설의뢰인은 신용장조건변경을 개설은행에게 요청할 뿐이지 수익자에게 대금지급의 확약을 하는 대외적인 채무자가 아니므로 제외된다.
2. 조건변경에 대한 효력발생시기는 수익자에게 통지되었을 경우에 이를 발급한 시점부터 이지만, 수익자가 이에 대한 수락의사를 밝히지 않을 경우에는 원신용장 조건이 유지된다. 그러나 수익자가 제시한 서류가 조건변경에 따른 서류일 경우에는 그 시점부터 신용장건변경에 동의한 것으로 간주한다.
3. 조건변경을 통지하면서 특정 기간 내에 거절의 의사표시가 없으면 조건변경을 수락한 것으로 간주한다는 묵시적인 동의문언[35)]이 삽입되어 있어도 무시되며 아무런 효력이 없다.

Article 11. Teletransmitted and Pre-Advised Credits and Amendments

a. An authenticated teletransmission of a credit or amendment will be deemed to be the operative credit or amendment, and any subsequent mail confirmation shall be disregarded.

If a teletransmission states "full details to follow"(or words of similar effect), or states that the mail confirmation is to be the operative credit or amendment, then the teletransmission will not be deemed to be the operative credit or amendment. The issuing bank must then issue the operative credit or amendment without delay in terms not inconsistent with the teletransmission.

b. A preliminary advice of the issuance of a credit or amendment ("pre-advice") shall only be sent if the issuing bank is prepared to issue the operative

35) 묵시적 동의 문언 : "If we do not receive your rejection of this amendment within 15 days, we shall consider our amendment accepted."

credit or amendment. An issuing bank that sends a pre-advice is irrevocably committed to issue the operative credit or amendment, without delay, in terms not inconsistent with the pre-advice.

제11조 전신통지신용장 및 사전통지신용장과 조건변경

a. 진정성이 확인된 신용장이나 조건변경의 전신은 유효한 신용장 또는 조건변경으로 간주되며, 모든 후속우편확인서는 무시된다. 만일 "상세한 세부사항이 후속됨."(또는 유사한 효력의 문언)이라고 명기하거나, 우편확인서를 유효한 신용증서 또는 조건변경으로 한다고 명기하는 경우, 그 전신은 유효한 신용증서 또는 조건변경으로 간주되지 아니한다. 그 경우 개설은행은 그 전신과 불일치하지 않는 조건의 유효한 신용장 또는 조건변경을 하여야 한다.

b. 신용장이나 조건변경의 발행에 대한 예고적인 통지(사전통지)는 개설은행이 유효한 신용장이나 조건변경을 개설할 준비가 된 경우에만 송부되어질 수 있다. 사전통지를 보내는 개설은행은 그 사전통지와 불일치하지 않은 조건으로 지체없이 취소불가능하고 유효한 신용장을 개설하거나 조건변경을 하여야 한다.

Article 12. Nomination

a. Unless a nominated bank is the confirming bank, an authorization to honour or negotiate does not impose any obligation on that nominated bank to honour or negotiate, except when expressly agreed to by that nominated bank and so communicated to the beneficiary.

b. By nominating a bank to accept a draft or incur a deferred payment undertaking, an issuing bank authorizes that nominated bank to prepay or purchase a draft accepted or a deferred payment undertaking incurred by that nominated bank.

c. Receipt or examination and forwarding of documents by a nominated bank that is not a confirming bank does not make that nominated bank liable to honour or negotiate, nor does it constitute honour or negotiation.

제12조 지정

a. 지정은행이 확인은행이 아닌 한, 결제(Honour) 또는 매입을 위한 수권은, 지정은행이 결제(Honour) 또는 매입에 대하여 명시적으로 동의하고 수익자에게 그렇게 전달한 경우를 제외하고, 지정은행에게 결제(Honour) 또는 매입하도록 의무를 부과하지 않는다.

b. 어느 은행에게 환어음을 인수 또는 연지급의 의무를 부담하도록 지정함으로서, 개설은행은 지정은행이 대금을 먼저 지급하거나 또는 인수된 환어음을 매수(purchase)하거나, 또는 지정은행이 연지급의 의무를 부담하도록 권한을 부여한다.

c. 확인은행이 아닌 지정은행에 의한 서류의 접수 또는 심사 및 송부는, 그 지정은행에게 결제(Honour) 또는 매입의 의무를 지우는 것도 아니고 결제(Honour) 또는 매입을 성립시키는 것도 아니다.

주의사항

1. 개설은행이 지정은행으로 수권한 확인은행이 아닌 한, 지정은행은 지정의 승낙여부를 명시적으로 합의하고 이를 수익자에게 통보한 경우(확인에 따른 조건변경의 통지)에만 결제 또는 매입할 의무를 부담한다. 지정은행이 서류를 수취하거나 또는 서류심사 후 서류를 개설은행에게 송부했다는 것으로 결제 또는 매입할 의무를 부담하지 않는다.
2. 개설은행이 환어음의 인수은행 또는 연지급확약은행을 지정하였다는 것은 지정은행에게 연지급신용장 또는 인수신용장의 구매 또는 선지급 할 권한을 부여한 것을 의미한다. 이에 따라, 인수신용장과 연지급신용장의 경우에도 할인(선지급 또는 구매)가 가능하다.

Article 13. Bank-to-Bank Reimbursement Arrangements

a. If a credit states that reimbursement is to be obtained by a nominated bank("claiming bank") claiming on another party("reimbursing bank"), the credit must state if the reimbursement is subject to the ICC rules for bank-to-bank reimbursements in effect on the date of issuance of the credit.

b. If a credit does not state that reimbursement is subject to the ICC rules for bank-to-bank reimbursements, the following apply:

 i. An issuing bank must provide a reimbursing bank with a reimbursement authorization that conforms with the availability stated in the credit. The reimbursement authorization should not be subject to an expiry date.

 ii. A claiming bank shall not be required to supply a reimbursing bank with a certificate of compliance with the terms and conditions of the credit.

 iii. An issuing bank will be responsible for any loss of interest, together with any expenses incurred, if reimbursement is not provided on first demand by a reimbursing bank in accordance with the terms and conditions of the credit.

 iv. A reimbursing bank's charges are for the account of the issuing bank. However, if the charges are for the account of the beneficiary, it is the responsibility of an issuing bank to so indicate in the credit and in the reimbursement authorization. If a reimbursing bank's charges are for the account of the beneficiary, they shall be deducted from the amount due to a claiming bank when reimbursement is made. If no reimbursement is made, the reimbursing bank's charges remain the obligation of the issuing bank.

c. An issuing bank is not relieved of any of its obligations to provide reimbursement if reimbursement is not made by a reimbursing bank on first demand.

제13조 은행 간 상환약정

a. 신용장에서 상환은 제3자(상환은행)에게 청구하는 지정은행(청구은행)에 의하여 취득된다고 명기하는 경우, 그 신용장은 상환이 신용장의 개설일자에 유효한 은행 간 상환에 관한 국제상업회의소규칙을 적용받는지 여부를 명기해야 한다.

b. 신용장에서 상환이 은행 간 상환에 관한 국제상업의소규칙을 적용받는다고 명기하지 않는 경우, 다음의 내용이 적용된다.

i. 개설은행은 신용장에서 명기된 사용가능성과 부합하는 상환권한을 상환은행에 수여하여야 한다. 상환권한은 유효기일을 적용을 받지 않는다.

ii. 청구은행은 신용장의 조건에 일치한다는 증명서를 상환은행에 제공하도록 요청되지 않아야 한다.

iii. 상환이 신용장조건에 따라 최초의 지급청구에 이행되지 않은 경우, 개설은행은 그로 인하여 발생한 모든 수수료와 함께 이자손실을 책임진다.

iv. 상환은행의 수수료는 개설은행의 부담이다. 그러나 그 수수료가 수익자의 부담인 경우, 이를 신용장 및 상환수권서에 표시하는 것은 개설은행의 책임이다. 만일 상환은행의 수수료가 수익자의 부담인 경우, 그 수수료는 상환이 이행될 때 청구은행에게 지급되는 대금에서 차감된다. 상환이 이행되지 않는 경우, 상환은행의 수수료는 개설은행이 부담하여야 한다.

c. 상환이 최초의 지급청구에 대하여 이행되지 않는 경우, 상환을 제공할 개설은행은 어떠한 의무로부터도 면제되지 아니한다.

주의 사항

1. 개설은행이 다른 은행으로 하여금 결제 또는 매입은행에게 신용장대금을 상환하도록 하는 상환신용장의 경우는, 신용장발행 시 "은행 간 상환에 관한 ICC 규칙(ICC rules for bank-to-bank reimbursements)"(URR, 현재

URR 525)을 적용하고 있음을 표시하여야 한다.

2. 동시에, 개설은행은 상환신용장 발행 시 상환은행에게 상환수권을 하여야 한다. 상환수권이 없으면 수출지의 매입은행은 상환청구를 하더라도 상환이 거부된다. 이 때 매입은행은 개설은행에게 통지하여 상환은행에게 상환수권을 하도록 하여 실제 상환청구를 한 날로부터 대금을 지연하여 받게 되는데, 해당 지연이자는 개설은행의 과실로 인하여 발생된 것이므로 개설은행이 부담하도록 한다.
3. 매입은행이 상환신용장의 유효기일에 근접하여 매입한 후 상환청구를 할 경우, 상환수권서 유효기일의 경과로 대금상환불능에 빠질 위험이 있기 때문에 상환수권은 유효기일에 지배를 받지 않는다. URR 525 제7조는 "상환은행은 신용장의 유효기일에 대해 책임을 지지 아니하며 만일 그러한 기일이 상환수권서에 주어진 경우 이는 무시된다"고 하고 있어 본 조 a항이 충족될 경우 b항 I호의 규정은 적용되지 않는다.
4. 수익자 등의 제3자로부터 상환은행이 상환비용을 징수할 수 있는 경우는 신용장이 사용되었을 때이며, 신용장이 사용되지 않을 경우에는 제3자로부터 상환은행이 상환비용을 징수할 수 없으므로 개설은행이 지급할 책임을 부담한다. 상환비용은 상환청구가 있을 때 징수하였으나 상환업무가 전선화되어 상환청구가 없을 때에도 상환준비를 위한 전산비용 등이 필요하므로 이를 규정한 것이다.

Article 14. Standard for Examination of Documents

a. A nominated bank acting on its nomination, a confirming bank, if any, and the issuing bank must examine a presentation to determine, on the basis of the documents alone, whether or not the documents appear on their face to constitute a complying presentation.
b. A nominated bank acting on its nomination, a confirming bank, if any, and the issuing bank shall each have a maximum of five banking days following the day of presentation to determine if a presentation is complying. This period is not curtailed or otherwise affected by the oc-

currence on or after the date of presentation of any expiry date or last day for presentation.

c. A presentation including one or more original transport documents subject to articles 19, 20, 21, 22, 23, 24 or 25 must be made by or on behalf of the beneficiary not later than 21 calendar days after the date of shipment as described in these rules, but in any event not later than the expiry date of the credit.

d. Data in a document, when read in context with the credit, the document itself and international standard banking practice, need not be identical to, but must not conflict with, data in that document, any other stipulated document or the credit.

e. In documents other than the commercial invoice, the description of the goods, services or performance, if stated, may be in general terms not conflicting with their description in the credit.

f. If a credit requires presentation of a document other than a transport document, insurance document or commercial invoice, without stipulating by whom the document is to be issued or its data content, banks will accept the document as presented if its content appears to fulfil the function of the required document and otherwise complies with sub-article 14(d).

g. A document presented but not required by the credit will be disregarded and may be returned to the presenter.

h. If a credit contains a condition without stipulating the document to indicate compliance with the condition, banks will deem such condition as not stated and will disregard it.

i. A document may be dated prior to the issuance date of the credit, but must not be dated later than its date of presentation.

j. When the addresses of the beneficiary and the applicant appear in any stipulated document, they need not be the same as those stated in the credit or in any other stipulated document, but must be within the same country as the respective addresses mentioned in the credit. Contact details(telefax, telephone, email and the like) stated as part of the beneficiary's and the applicant's address will be disregarded. However, when the address and contact details of the applicant appear as part of the consignee or notify party details on a transport document subject to articles 19, 20, 21, 22, 23, 24 or 25, they must be as stated in the credit.

k. The shipper or consignor of the goods indicated on any document need not be the beneficiary of the credit.

l. A transport document may be issued by any party other than a carrier, owner, master or charterer provided that the transport document meets the requirements of articles 19, 20, 21, 22, 23 or 24 of these rules.

제14조 서류심사의 기준

a. 지정을 받고 행동하는 지정은행, 확인은행이 있는 경우 및 개설은행은 서류들에 대하여 문면상 일치하는 제시를 구성하는 것으로 보이는지 아닌지 여부를 결정하기 위하여 서류만을 근거로 심사하여야 한다.

b. 자신의 지정에 따라 행동하는 지정은행, 확인은행이 있는 경우 및 개설은행은 제시가 일치하는지 여부를 결정하기 위하여 제시된 다음날부터 기산하여 최대 5은행영업일이 각자 주어진다. 이 기간은 모든 유효기일 또는 제시를 위한 최종일자나 그 이후에 발생하였다는 이유로 단축되거나 어떠한 영향도 받지 아니한다.

c. 제19~25조에 적용되는 하나 이상의 원본운송서류를 포함하는 제시는, 이 규칙에서 기술된 선적일자 후 21일보다 늦지않게 수익자 또는 그를 대리하여 제시되어야 하고, 어떠한 경우에도 신용장의 유효기일보다 늦지 않아야 한다.

d. 서류 그 자체나 국제표준은행관행에 따라 문맥을 읽는 신용장의 데이터는 그 서류나 다른 적시된 서류 또는 신용장상의 정보와 반드시 일치될

필요는 없지만, 그들과 상충되지 않아야 한다.

e. 상업송장이 아닌 서류들에 물품, 서비스 또는 이행의 명세가 기재되어 있다면 그 명세는 신용장의 명세와 상충되지 않는 일반적인 용어로 기재될 수 있다.

f. 신용장에서 누가 서류를 발행하여야 하는지 여부 또는 그 정보의 내용을 명시함이 없이 운송서류, 보험서류 또는 상업송장 이외의 다른 어떠한 서류의 제시를 요구한다면, 그 서류의 내용이 요구되는 서류의 기능을 충족하는 것으로 보이고 또한 그밖에 제14조(d)항에 부합하는 한 은행은 제시된 대로 그 서류를 수리한다.

g. 제시되었지만 신용장에서 요구하지 않는 서류는 무시되고 반송될 수 있다.

h. 신용장이 어떠한 조건을 포함하고 있으면서 그 조건의 일치를 표시하는 서류를 요구하지 않는 경우, 은행은 그러한 조건을 기재하지 아니한 것으로 간주하고 그것을 무시할 것이다.

i. 서류는 신용장개설일자 이전에 작성될 수 있지만 제시일자보다 늦지 않아야 한다.

j. 수익자와 개설의뢰인의 주소가 모든 요구서류상에 보이는 경우, 신용장이나 다른 요구서류상에 기재된 그것과 같아야 할 필요는 없지만, 신용장에 언급된 해당 주소들과 같은 국가 이내이어야 한다. 수익자 및 개설의뢰인의 주소의 일부로서 기재된(팩스, 전화, 이메일 및 이와 유사한 것) 연락처 명세는 무시된다. 그러나 개설의뢰인의 주소나 연락처 가 제19~25조를 적용하는 운송서류상에 수하인이나 통지처 일부로서 나타날 때에는 신용장에 명시된 것과 같아야 한다.

k. 모든 서류상에 표시된 물품의 선적인이나 송하인은 신용장의 수익자와 같아야 할 필요가 없다.

l. 운송서류가 제19~24조의 요구사항을 충족하는 한, 그 운송서류는 운송인, 선주, 선장 또는 용선자 외에 어느 누구도 발행할 수 있다.

1. UCP 500까지의 서류심사기준은 엄격일치의 원칙과 상당일치의 원칙, 그리고 이를 바탕으로 ISBP 645를 서류심사기준으로 규정하였으나, 본 규칙에서는 서류들이 문면상[36] 일치하는 제시를 구성하는 것으로 보이는지 아닌지 여부를 결정하기 위하여 서류만을 근거로 심사하여야 한다고 규정하고 있다. 일치하는 제시란 본 규칙 제2조에서 정의한 바에 따라 신용장의 조건 및 적용가능한 범위 내에서의 이 규칙의 규정, 그리고 국제표준은행관행에 따른 제시를 의미하는 것이다. 한편, 상업송장이 아닌 서류들에 물품, 서비스 또는 이행의 명세가 기재되어 있다면 그 명세는 신용장의 명세와 상충(not conflict with)[37]되지 않는 일반적인 용어로 기재될 수 있다.
2. 본 조항에 따라 은행의 서류검토기간은 서류제시일 다음날부터 제5은행영업일이다. 그렇다고 은행들이 항상 최장의 서류검토기간을 사용하라는 것은 아니고 본 규칙 제15조에 따라서 개설은행은 제시서류가 신용장조건과 일치하면 즉시 결제 또는 지정은행에게 대금을 지급하여야 한다.
3. 신용장에서 운송서류, 보험서류, 상업송장과 같은 기본서류이외에 다른 서류를 요구하고 있었으나 이들 서류의 발행인 또는 자료내용을 명시하지 않은 경우, 그 서류의 명세와 내용이 신용장과 상충되지 않는다면 제시된 대로 수리하여야 한다. 그러나 신용장에서 요구된 서류가 아닌 경우에는 무시하고 되돌려 줄 수 있다.
4. 비서류조건(Non-documentary Condition)[38]은 신용장에서 제시되어야 하는 서류를 명시하지 않고 어떠한 행위를 하도록 요구하는 신용장조건을 의미하는데, 그러한 신용장조건은 기재하지 아니한 것으로 간주하고 무시

---

36) 문면상(on their face)이라는 용어는 매매계약이나 선화증권 등의 전문가가 아닌 은행원이 서류를 본다는 것"을 의미한다고 해석할 수 있다. ; Charles del Busto, *Documentary Credit, UCP 500 & 400 Compared*, ICC Publication No. 511, ICC Publishing S.A., 1993, p.39.

37) 기존의 UCP에서는 "모순되지 않는(not inconsistent with)"이라는 표현을 사용하였었다.

38) 비서류조건의 예로서 ① 수익자가 입수할 수 없는 서류를 요구하고 있는 조건, ② 개설은행이 알 수 없는 조건을 포함하는 서류를 요구하고 있는 조건, ③ 서류의 문면으로부터 그 조건이 충족되었는지 확인 할 수 없는 조건, ④ 기타의 서류로부터 판단할 수 있는 유효기일, 선적기일, 서류의 제시 기일 이외의 시간적 조건을 포함한 조건이 있다. ; *Standard Documentary Credit*, ICC Publication No. 416, ICC Publishing S.A.

하여야 한다. 예를 들어, 수익자가 입수할 수 없는 수입지의 검사증명서 요구나, 원산지증명서를 요구하지 않으면서 한국산일 것을 요구하는 경우이다.

5. 제시되는 서류는 신용장의 유효기일(본 규칙 제6조 d항)과 서류제시일(본조 c항)이 명시되어 있을 경우에는 그 기일 내에, 서류제시일이 명시되어 있지 않았을 경우에는 선적일로부터 21일 이내에, 그 이전에 발행된 서류를 제시하여야 한다. 한편, 나이지리아에서는 신용장개설일자 이전에 발행된 제시서류를 하지로 간주하고 있다.
6. 신용장 및 신용장과 관련된 서류상에 기재되어 있는 수익자와 발행의뢰인의 주소는 동일할 필요는 없지만 같은 국가 내에 있어야 하고, 서류상의 팩스번호, 전화, 전자우편 등(기타연락처)은 명시되어있어도 무시된다. 단, 서류상의 개설의뢰인 주소와 기타 연락처가 운송서류상[39]의 수하인 또는 통지처일 경우에는 반드시 신용장과 일치시켜야 한다.
7. 제시된 모든 서류상의 선적인 또는 송하인(그 해당 란)이 신용장의 수익자와 동일할 필요는 없다. 예를 들어, 운송주선인이나 제3자 운송서류[40]의 송하인의 경우가 그러하다. 한편, 운송서류의 발행인에 대한 조건이 본 규칙에는 없으므로 모든 당사자가 발행인으로서 서명되어질 수 있다.

Article 15. Complying Presentation

a. When an issuing bank determines that a presentation is complying, it must honour.
b. When a confirming bank determines that a presentation is complying, it must honour or negotiate and forward the documents to the issuing bank.
c. When a nominated bank determines that a presentation is complying and

39) 본 규칙 제19조 복합운송서류, 제20조 선화증권, 제21조 비유통성 해상화물운송장, 제22조 용선계약부선화증권, 제22조 항공운송서류, 제24조 도로, 철도 또는 내수로운송서류, 제25조 특송배달영수증, 우편영수증 또는 우편증명서.

40) 중계무역에 주로 이용되는 운송서류이다. 즉, 매매계약 당사자는 신용장 상에 언급되어 있으나 중계무역의 선적인은 제3국에 있는 자이므로 신용장상의 수익자와 운송서류의 선적인이 다르게 된다.

honours or negotiates, it must forward the documents to the confirming bank or issuing bank.

제15조 일치하는 제시

a. 개설은행은 제시가 적격하다고 결정하는 경우, 결제(Honour)하여야 한다.

b. 확인은행은 제시가 적격하다고 결정하는 경우, 결제(Honour) 또는 매입하고 그 서류를 개설은행으로 송부하여야 한다.

c. 지정은행은 제시가 적격하다고 결정하고 결제(Honour) 또는 매입하는 경우, 그 서류를 확인은행이나 개설은행으로 송부하여야 한다.

주의사항

1. 일치하는 제시가 송부되고 개설은행이 그 제시를 일치하는 것으로 결정한 경우에, 개설은행은 지급이행할 의무가 있다. 즉, 개설은행은 그 자신이 개설한 신용장에 의하여 타은행에게 일치하는 제시와 상환으로 지급, 연지급, 환어음의 인수, 매입을 수권한 경우 이들 지정은행이 수권된 대로 이행하고 일치하는 제시를 개설은행에게 송부하고 개설은행이 그 제시를 일치하는 것으로 결정하였다면 개설은행은 그 수권은행에게 지급이행 할 의무가 있다.
2. 은행에 제시된 서류가 신용장조건에 일치한다는 판단이 서면 개설은행은 결제를 하여야하고, 확인은행은 결제를 하거나 매입을 하고 서류를 개설은행에게 송부할 의무가 발생하며, 지정은행도 결제를 하거나 매입 후 개설은행 또는 확인은행에게 서류를 송부할 의무가 생긴다.

Article 16. Discrepant Documents, Waiver and Notice

a. When a nominated bank acting on its nomination, a confirming bank, if any, or the issuing bank determines that a presentation does not comply, it may refuse to honour or negotiate.

b. When an issuing bank determines that a presentation does not comply, it may in its sole judgement approach the applicant for a waiver of the discrepancies. This does not, however, extend the period mentioned in sub-article 14(b).

c. When a nominated bank acting on its nomination, a confirming bank, if any, or the issuing bank decides to refuse to honour or negotiate, it must give a single notice to that effect to the presenter.

The notice must state:

i. that the bank is refusing to honour or negotiate; and

ii. each discrepancy in respect of which the bank refuses to honour or negotiate; and

iii. a) that the bank is holding the documents pending further instructions from the presenter; or

b) that the issuing bank is holding the documents until it receives a waiver from the applicant and agrees to accept it, or receives further instructions from the presenter prior to agreeing to accept a waiver; or

c) that the bank is returning the documents; or

d) that the bank is acting in accordance with instructions previously received from the presenter.

d. The notice required in sub-article 16(c) must be given by telecommunication or, if that is not possible, by other expeditious means no later than the close of the fifth banking day following the day of presentation.

e. A nominated bank acting on its nomination, a confirming bank, if any, or the issuing bank may, after providing notice required by sub-article 16(c)(iii)(a) or(b), return the documents to the presenter at any time.

f. If an issuing bank or a confirming bank fails to act in accordance with the provisions of this article, it shall be precluded from claiming that the documents do not constitute a complying presentation.

f. If an issuing bank or a confirming bank fails to act in accordance with the provisions of this article, it shall be precluded from claiming that the documents do not constitute a complying presentation.

g. When an issuing bank refuses to honour or a confirming bank refuses to honour or negotiate and has given notice to that effect in accordance with this article, it shall then be entitled to claim a refund, with interest, of any reimbursement made.

제16조 하자있는 서류, 권리포기 및 통보

a. 자신의 지정에 따라 행동하는 지정은행, 있는 경우 확인은행 또는 개설은행이 제시가 부적격하다고 결정하는 경우 결제(Honour) 또는 매입을 거절할 수 있다.

b. 개설은행은 제시가 부적격하다고 결정하는 경우, 자신의 판단으로 그 하자에 대한 권리포기(waiver)를 위하여 개설의뢰인에게 교섭할 수 있다. 그러나 이러한 교섭이 제14조 b항에서 언급된 기간을 연장시키지는 않는다.

c. 자신의 지정에 따라 행동하는 지정은행, 있는 경우 확인은행 또는 개설은행이 결제(Honour) 또는 매입을 거절하는 경우, 그러한 결과를 제시인에게 한번에 통지하여야 한다.

그 통지에는 다음사항을 기재해야 한다.

i. 은행은 결제(Honour) 또는 매입을 거절함, 그리고

ii. 은행이 결제(Honour) 또는 매입을 거절하는 것과 관련된 각각의 하자, 그리고

iii. a) 제시인으로 부터 추가지시가 있을 때까지 서류를 보관하고 있음, 또는

b) 개설은행은 개설의뢰인으로부터 권리포기를 받고 그것을 수락하기로 동의하거나, 또는 권리포기를 수락하기로 동의하기 전, 제시인으로 부터 추가지시를 받을 때까지 서류를 보관할 것이라는 사실, 또는

c) 은행은 서류를 반송할 것이라는 것, 또는

d) 은행은 제시자로부터 받은 지시에 따라 행동할 것이라는 것.

d. 제16조 c항에서 요구되는 통지는 접수일 후 5은행영업일 이내에 전신 또는 그것이 불가능할 경우에는 기타 신속한 방법으로 이루어져야 한다.

e. 자신의 지정에 따라 행동하는 지정은행, 확인은행이 있는 경우 또는 개설은행은 제16조 c항 iii-a호 또는 iii-b호에서 요구되는 통지를 한 후라도 제시자에게 언제든지 서류를 반송할 수 있다.

f. 개설은행이나 확인은행이 본 조의 규정에 따라 행동하지 못하는 경우, 서류가 일치하는 제시가 아니라는 주장을 할 수 없다.

g. 개설은행이 결제(Honour)를 거절하거나 또는 확인은행이 결제(Honour) 또는 매입을 거절하고 본 조항에 따른 그 결과의 통지를 하였다면, 이미 지급된 모든 상환대금을 이자와 함께 반환 청구할 권리를 갖는다.

1. 은행에 제시된 서류만을 기초로 하여 신용장조건과 일치하지 않는다는 판단을 하게 되면 결제 또는 매입을 거절[41]할 수 있다. 거절의 통지는 서류제시일 다음날로부터 제5영업일 이내에 최대한 신속한 수단을 통하여 한 차례만 하여야 한다. 거절통지를 태만히 한 개설은행과 확인은행은 제시된 서류가 신용장과 일치하지 않는다는 취지의 항변을 할 수 없다. 그러나 확인은행이 아닌 단순한 지정은행은 수익자에 대하여 결제 또는 매입할 의무를 부담하지 않기 때문에 거절통지를 태만히 했다하더라도 제시된 서류가 신용장과 일치하지 않는다는 취지의 항변을 할 수 있다.
2. 개설은행 또는 확인은행이 신용장대금을 이미 상환했을 경우(상환은행을 통하여), 상환한 후에 서류의 불일치를 발견하게 되는데, 불일치서류에 대하여 상환이 행하여진 것은 은행이 법률상 원인없이 대금을 지급한 것이

41) 거절통지 문언 : “We have contracted the applicant and are are holding the documents until we receive a waver from them and agree to accept it unless we receive further instructions. we are returning the documents. we are acting in accordance with instructions included in your cover schedule and accordingly will only release the documents to the applicant on full settlement of the value of documents presented.”

기 때문에 불일치서류에 대한 거절을 근거로 이미 지급이행된 상환원금 뿐만 아니라 상환실행일로부터 반환일까지의 이자도 추가하여 반환을 청구할 권리가 있다.

Article 17. Original Documents and Copies

a. At least one original of each document stipulated in the credit must be presented.

b. A bank shall treat as an original any document bearing an apparently original signature, mark, stamp, or label of the issuer of the document, unless the document itself indicates that it is not an original.

c. Unless a document indicates otherwise, a bank will also accept a document as original if it:

i. appears to be written, typed, perforated or stamped by the document issuer's hand; or

ii. appears to be on the document issuer's original stationery; or

iii. states that it is original, unless the statement appears not to apply to the document presented.

d. If a credit requires presentation of copies of documents, presentation of either originals or copies is permitted.

e. If a credit requires presentation of multiple documents by using terms such as "in duplicate", "in two fold" or "in two copies", this will be satisfied by the presentation of at least one original and the remaining number in copies, except when the document itself indicates otherwise.

제17조 원본서류와 부본

a. 신용장에서 요구하고 있는 각 서류는 적어도 하나의 원본이 제시되어야 한다.

b. 은행은, 서류 자체에 이 서류는 원본이 아니라는 표시가 없는 한, 서류발

행자의 외형상 실서명, 부호, 스탬프, 또는 라벨을 갖고 있는 모든 서류를 원본으로 취급한다.

c. 서류에 달리 표시가 없는 한, 은행은 다음 경우의 서류를 원본으로서 수락한다.

 i. 서류발행자의 손으로 작성, 타자, 천공 또는 스탬프가 찍힌 것으로 보이는 것, 또는

 ii. 서류발행자의 원본 서류용지 위에 작성된 것으로 보이는 것, 또는

 iii. 원본이라는 표시가 제시된 서류에는 적용되지 않는 것으로 보이지 않는 한, 이것은 원본이라고 표시하고 있는 서류.

d. 신용장이 서류의 부본을 요구하는 경우, 원본 또는 부본의 제시가 모두 허용된다.

e. 신용장이 "in duplicate(두 통으로)", "in two fold(두 겹으로)" 또는 "in two copies(두 부로)"와 같은 용어를 사용하여 복수의 서류를 제시하도록 요구하는 경우, 그 서류 자체에 달리 표시하고 있지 않는 한, 적어도 한 통의 원본과 나머지 부수의 부본을 제시하면 이를 충족한다.

1. 원본서류의 범위는 서류발행자의 서명(자필서명 뿐만 아니라 다양한 서명방법이 인정된다)이 있는 경우나 복사서류라도 발행자의 서명이 있는 경우, 서류 발행자의 상호가 미리 인쇄된 용지를 이용한 서류, 그리고 사본서류에 원본(Original)[42]이라는 표시가 있는 서류이다.
2. 사본서류의 범위는 팩스로 송부된 서류나 발행자의 서명이 없는 일반용지 복사서류[43], 그리고 사본이나 원본이 한부만 발행된 원본이 아닌 서류이다.

---

42) ISBP 681 제28조에서는 한 통 이상의 원본으로 발행된 서류에는 "Original", "Duplicate", "Triplicate", "First Original", "Second Original", "Third Original" 등으로 표시할 수 있고, 이러한 표시들이 원본 서류로서의 자격을 무효화하지 않는다고 명시하고 있다.

43) 1989년 국제상업회의소에서 발행한 'Case Studies on Documentary Credit, Case 68'을 보면 "carbon copy"로 서류를 요구하는 경우에 "photocopy"된 서류로는 수리가 불가능하다는 견해를 밝혔었다.

3. ISBP 681 제30조에서는 신용장 문언이 원본을 요구하는지 부본을 요구하는지, 그리고 그 요구사항이 원본으로 충족되는지 부본으로 충족되는지 결정하기 어려운 경우에 대한 예를 들고 있다. ① "Invoice", "One Invoice" 또는 "Invoice in 1 copy"를 요구하는 경우, 원본 송장 한통의 요구로 해석된다. ② "Invoice in 4 copies"를 요구하는 경우, 적어도 송장의 원본 한통과 나머지 수의 사본이 제시되면 충족된다. ③ "One copy of Invoice"를 요구하는 경우, 송장의 사본 또는 원본 한통이 제시되면 충족된다.
4. 신용장에서 복수의 서류제시를 요구할 때는 원본서류 한부와 사본의 잔여서류를 제시하도록 하고 있다. 여기서 "in duplicate", "in two fold" or "in two copies"의 의미는 2통, 2부, 2통을 의미하는 것이고, "Original", "Duplicate", "Triplicate"와 "First Original", "Second Original", "Third Original"은 원본과 제2본, 제3본을 의미하는 것으로 해석한다.

Article 18. Commercial Invoice

a. A commercial invoice:
  i. must appear to have been issued by the beneficiary(except as provided in article 38);
  ii. must be made out in the name of the applicant(except as provided in sub-article 38(g));
  iii. must be made out in the same currency as the credit; and
  iv. need not be signed.

b. A nominated bank acting on its nomination, a confirming bank, if any, or the issuing bank may accept a commercial invoice issued for an amount in excess of the amount permitted by the credit, and its decision will be binding upon all parties, provided the bank in question has not honoured or negotiated for an amount in excess of that permitted by the credit.

c. The description of the goods, services or performance in a commercial invoice must correspond with that appearing in the credit.

제18조 상업송장

a. 상업송장은

i.(제38조에서 규정하는 경우를 제외하고) 수익자가 발행한 것으로 보여야 하며,

ii.(제38조 g항에서 규정하는 경우를 제외하고) 개설의뢰인 앞으로 발행되어야 하며,

iii. 신용장과 동일한 통화로 작성되어야 하며, 그리고

iv. 서명되어야 할 필요가 없다.

b. 자신의 지정에 따라 행동하는 지정은행, 확인은행이 있는 경우 또는 개설은행은 신용장에서 허용된 금액을 초과하는 금액으로 발행된 상업송장을 수리할 수 있으며, 해당 은행이 신용장에서 허용하는 금액을 초과하는 그 금액을 결제(Honour) 또는 매입하지 않는다면, 모든 당사자들을 구속한다.

c. 상업송장상의 물품, 서비스 또는 의무이행의 명세는 신용장에 보이는 그것과 일치하여야 한다.

주의사항

1. 본 조는 지정은행의 결제 또는 매입의 권한을 확대하여 주고 있다. 즉, 지정은행은 신용장에서 허용하는 금액이상을 결제하거나 매입하지 않는 한 그러한 상업송장을 수리할 수 있다. 일반적으로 신용장금액을 초과한 금액의 상업송장은 발행되지 않는다. 왜냐하면 환어음금액은 신용장의 금액이 되므로 상업송장의 금액과 일치되지 않는다면 환어음금액과 상업송장의 금액이 일치되지 않아 불일치가 되기 때문이다.[44] 이 경우, 서류 불일치 뿐만 아니라 신용장금액을 초과하는 금액의 상업송장이 일부 개도국의 외국환 관련 법률에 의하여 인정받지 못할 수 도 있고, 수입승인관련 물품이라면 수입통관 시 제출되는 상업송장의 금액과 수입승인서의 금액이 불일치하여 통관에 차질을 가져오게 된다.[45]

44) 예를 들면, 신용장상에 "…draft(s) at sight drawn on ABC Bank for full invoice cost…"와 같이 명시하여 상업송장금액의 전액에 대하여 발행되도록 요구된다.

45) 이때는 ISBP 681 제60조에서 명시하고 있는 바와 같이 "송장상에 신용장에서 명시하

2. 수익자가 개설의뢰인 앞으로 상업송장을 발행하는데 별도의 서명이 필요하지 않으나 수익자의 명칭이 기명된 명판을 송장상에 표시하던지 수익자의 영문명칭이 서류의 상단에 'full name'으로 표시되어 있으면 수익자가 발행한 서류로 인정된다. 한편 개설의뢰인은 상업송장이라고 해서 'Buyer'로 표기하지 말고 'Applicant'로 표기해야 한다. 신용장상의 개설의뢰인이 개설은행이 되고 수입상이 운송서류상의 통지처(Notify Party)가 되는 경우에 대비해서이다.
3. 양도가능신용장의 경우에는 수익자와 개설의뢰인이 신용장이 개설될 때와 일치되지 않게 되므로 본 조의 예외가 된다. 양도가능신용장에서는 제1수익자의 명의가 개설의뢰인의 명의로 대체될 경우 제1수익자가 상업송장의 상대방이 된다. 즉, 제1수익자는 신용장을 제2수익자에게 양도할 때, 개설의뢰인의 명의를 자신의 명의로 대체한 후, 제2수익자가 송장을 발행해오면 제1수익자는 제2수익자가 발행한 송장을 자신이 원신용장개설의뢰인 앞으로 작성한 송장으로 대체하게 된다. 따라서 원신용장의 수익자와 양도된 신용장의 수익자가 불일치되므로 예외로 하고 있다.

Article 19. Transport Document Covering at Least Two Different Modes of Transport

a. A transport document covering at least two different modes of transport(multimodal or combined transport document), however named, must appear to:

i. indicate the name of the carrier and be signed by:
- the carrier or a named agent for or on behalf of the carrier, or
- the master or a named agent for or on behalf of the master.

Any signature by the carrier, master or agent must be identified as that of the carrier, master or agent.

Any signature by an agent must indicate whether the agent has signed for or on behalf of the carrier or for or on behalf of the master.

고 있지 않은 선지급, 할인을 대상으로 하는 공제명세를 표시"하도록 한다.

ii. indicate that the goods have been dispatched, taken in charge or shipped on board at the place stated in the credit, by:
   - pre-printed wording, or
   - a stamp or notation indicating the date on which the goods have been dispatched, taken in charge or shipped on board.

   The date of issuance of the transport document will be deemed to be the date of dispatch, taking in charge or shipped on board, and the date of shipment. However, if the transport document indicates, by stamp or notation, a date of dispatch, taking in charge or shipped on board, this date will be deemed to be the date of shipment.

iii. indicate the place of dispatch, taking in charge or shipment and the place of final destination stated in the credit, even if:
   a) the transport document states, in addition, a different place of dispatch, taking in charge or shipment or place of final destination, or
   b) the transport document contains the indication "intended" or similar qualification in relation to the vessel, port of loading or port of discharge.

iv. be the sole original transport document or, if issued in more than one original, be the full set as indicated on the transport document.

v. contain terms and conditions of carriage or make reference to another source containing the terms and conditions of carriage(short form or blank back transport document). Contents of terms and conditions of carriage will not be examined.

vi. contain no indication that it is subject to a charter party.

b. For the purpose of this article, transhipment means unloading from one means of conveyance and reloading to another means of conveyance(whether or not in different modes of transport) during the carriage from the place of dispatch, taking in charge or shipment to the place of final destination stated in the credit.

c. i. A transport document may indicate that the goods will or may be transhipped provided that the entire carriage is covered by one and the same transport document.

ii. A transport document indicating that transhipment will or may take place is acceptable, even if the credit prohibits transhipment.

제19조 적어도 두 개 이상의 다른 운송방법을 포괄하는 운송서류

a. 적어도 두 개 이상의 다른 운송방법을 포괄하는 운송서류(복합운송서류)는 그 명칭에 불문하고 다음과 같이 보여야 한다.

i. 운송인의 명의를 표시하고 다음의 자들이 서명한 것.

- 운송인 또는 그 운송인을 대리하는 기명대리인
- 선장 또는 그 선장을 대리하는 기명대리인

운송인, 선장 또는 대리인의 모든 서명은 그 운송인, 선장 또는 대리인의 서명으로서 밝혀져야 한다.

대리인의 모든 서명은 그 대리인이 그 운송인을 대리하여 또는 그 선장을 대리하여 서명했는지 여부를 표시하여야 한다.

ii. 물품이 신용장에 명기된 장소에서 발송, 수탁 또는 선적되었음을 다음의 방법으로 표시한 것.

- 기 인쇄된 문언, 또는
- 물품이 발송, 수취 또는 선적된 일자를 표시하는 스탬프 또는 부기.

운송서류의 발행일자는 발송일자, 수취일자 또는 적재일자 그리고 선적일자로 간주된다.

그러나 그 운송서류가 스탬프나 부기로 발송, 수취 또는 적재일자를 표시하고 있다면, 이 일자가 선적일자로 간주된다.

iii. 다음과 같을지라도, 신용장에 명기된 발송, 수취 또는 선적장소와 최종목적지를 표시한 것.

a) 그 운송서류가 추가로 다른 발송, 수취 또는 선적지 또는 최종목적지를 표시하고 있을지라도, 또는

b) 그 운송서류가 선박, 선적항 또는 하역항과 관련하여 "예정된" 등을 의미하는 표시를 갖고 있을지라도

iv. 한 통의 원본 운송서류 또는 한 통 이상의 원본이 발급되었으면 그 운송서류에 표시된 전통.

v. 운송조건을 포함 또는 운송조건의 출처에 대한 참조(약식 또는 백지이면 운송서류)를 포함한 것. 운송조건의 내용은 심사되지 않는다.

vi. 용선계약을 적용한다는 표시가 없는 것.

b. 본 조의 목적상, 환적이란 신용장에 명기된 발송, 수취 또는 선적장소로부터 최종목적지까지의 운송도중에 한 운송개체에서 양하되어 다른 운송개체로 재적재되는 것을 의미한다.

c. i. 운송서류에는, 전체 운송이 하나의 동일한 운송서류에 나타나는 한, 화물이 환적될 것 또는 될 수 있다고 표시될 수 있다.

ii. 신용장이 환적을 금지하고 있어도 환적이 될 것 또는 될 수도 있다고 표시하고 있는 운송서류는 수리된다.

주의 사항

1. 적어도 두 개 이상의 다른 운송방법을 포괄하는 운송서류(복합운송)의 명칭으로 "Multimodal transport document", "Combined transport document", "Intermodal transport document", "Multimodal transport bill of lading", "Combined transport bill of lading", "Intermodal transport bill of lading"이 사용되지만, 'Ocean B/L', 'Marine B/L' 등이 제시되더라도 실제 서로 다른 두 개 이상의 방법으로 운송이 되었다면 복합운송서류로 수리될 수 있다.[46)]

2. 복합운송서류에서는 신용장에서 명시된 선적항과 다른 수탁장소 또는 도착항과 다른 최종도착지가 운송서류에 표시되어 있는 것을 수리하도록 하

46) ISBP 681 제68조, 제69조 참조.

고 있다. 한편, 복합운송서류의 발행일자는 발송일, 수탁일 또는 본선적재일과 선적일로 간주된다.[47)]

3. 복합운송의 경우에는 운송서류에 “the goods will be transported” 또는 “the goods may be transported”라고 표시될 수 있으며, 신용장에서 환적이 금지되었더라도 운송서류상에 “transhipment will take place”, “transhipment may take place”라고 명시된 복합운송서류를 수리할 수 있다. 즉, 복합운송서류에서는 환적이 필연적이기 때문에 은행은 신용장에 명시된 환적금지조건을 무시한다. 그러나 신용장에 “Transhipment is not allowed at Republic of Korea”라는 문구가 있으면, 우리나라에서는 환적이 되어서는 안된다.

UCP 600 제19조	UCP 500. 제26조
서로 다른 두 개 이상의 방법으로 이루어지는 운송방법을 커버하는 운송서류	복합운송서류
운송인의 명칭을 표시하여야 함	운송인 또는 목합운송인의명칭을 표시하여야 함
운송인, 선장 또는 기명대리인이 서명	운송인, 복합운송인, 선장 또는 기명대리인이 서명하거나 달리 확인함
대리인이 서명하는 경우 누구를 위하여 서명하는 것인지 명확히 하여야 함. 선장의 이름은 표시하지 않아도 됨	선장의 성명을 표시하여야 함
다음의 경우라 할지라도 신용장에 명시된 발송지, 수탁지 선적지 및 최종목적지를 복합운송서류에 표시하여야 함 - 운송서류가 추가적으로 여타 발송지, 수탁지, 선적지 또는 최종목적지를 표시하는 경우 - 운송서류가 선박, 선적항, 하역항과 관련하여 “예정” 또는 이와 유사한 표현을 사용한 경우	
용선계약이 적용된다는 표시를 하여서는 안됨	용선계약에 따른다거나 운송선적이 돛에 의해서만 추진된다고 표시하지 않아야 함
전체운송이 하나의 동일한 운송서류로 커버된다면 운송서류는 물품이 환적될 가능성이 있다는 표시를 할 수 있음	

47) ISBP 681 제73조, 제74조 참조.

Article 20. Bill of Lading

a. A bill of lading, however named, must appear to:

i. indicate the name of the carrier and be signed by:

- the carrier or a named agent for or on behalf of the carrier, or
- the master or a named agent for or on behalf of the master.

Any signature by the carrier, master or agent must be identified as that of the carrier, master or agent.

Any signature by an agent must indicate whether the agent has signed for or on behalf of the carrier or for or on behalf of the master.

ii. indicate that the goods have been shipped on board a named vessel at the port of loading stated in the credit by:

- pre-printed wording, or
- an on board notation indicating the date on which the goods have been shipped on board.

The date of issuance of the bill of lading will be deemed to be the date of shipment unless the bill of lading contains an on board notation indicating the date of shipment, in which case the date stated in the on board notation will be deemed to be the date of shipment.

If the bill of lading contains the indication "intended vessel" or similar qualification in relation to the name of the vessel, an on board notation indicating the date of shipment and the name of the actual vessel is required.

iii. indicate shipment from the port of loading to the port of discharge stated in the credit.

If the bill of lading does not indicate the port of loading stated in the credit as the port of loading, or if it contains the indication "intended" or similar qualification in relation to the port of loading, an on board notation indicating the port of loading as stated in the credit, the date of shipment and the name of the vessel is required. This provision applies even when loading on board or shipment on a named vessel is indicated by pre-printed wording on the bill of lading.

ⅳ. be the sole original bill of lading or, if issued in more than one original, be the full set as indicated on the bill of lading.

ⅴ. contain terms and conditions of carriage or make reference to another source containing the terms and conditions of carriage(short form or blank back bill of lading). Contents of terms and conditions of carriage will not be examined.

ⅵ. contain no indication that it is subject to a charter party.

b. For the purpose of this article, transhipment means unloading from one vessel and reloading to another vessel during the carriage from the port of loading to the port of discharge stated in the credit.

c. i. A bill of lading may indicate that the goods will or may be transhipped provided that the entire carriage is covered by one and the same bill of lading.

ⅱ. A bill of lading indicating that transhipment will or may take place is acceptable, even if the credit prohibits transhipment, if the goods have been shipped in a container, trailer or LASH barge as evidenced by the bill of lading.

d. Clauses in a bill of lading stating that the carrier reserves the right to tranship will be disregarded.

제20조 선화증권

a. 선화증권은 그 명칭에 불문하고 다음과 같이 보여야 한다.

i. 운송인의 명칭을 표시하고 다음의 자들이 서명한 것.

- 운송인 또는 그 운송인을 대리하는 기명대리인
- 선장 또는 그 선장을 대리하는 기명대리인

운송인, 선장 또는 대리인의 모든 서명은 그 운송인, 선장 또는 대리인의 서명으로 밝혀져야 한다.

대리인의 모든 서명은 그 대리인이 그 운송인 또는 선장을 대리하여 서명했는지 여부를 표시하여야 한다.

ii. 물품이 신용장에 명기된 장소에서 기명 선박에 선적되었음을 다음의 방법으로 표시하는 것.

- 기 인쇄된 문언, 또는
- 화물이 선적된 일자를 표시하고 있는 본선적재표기.

선화증권이 선적일자를 표시하는 본선적재표기를 포함하지 않는 경우에는 선화증권 발행일을 선적일로 본다. 선화증권에 본선적재표기가 된 경우에는 본선적재표기에 기재된 일자를 선적일로 본다.

만일 선화증권이 선박명과 관련하여 "예정선박" 등의 의미표시를 포함하고 있으면, 선적일자와 실제 선박명을 표시하는 본선적재표기가 요구된다.

iii. 신용장에 명기된 선적항과 하역항을 표시하는 것.

만일 선화증권이 신용장에 명기된 선적항을 표시하지 않거나, 또는 선적항과 관련하여 "예정" 등의 의미표시를 포함하고 있으면, 신용장에 명기된 선적항, 선적일자 및 선박명을 표시하는 본선적재표시가 요구된다. 이 규정은 기명선박에의 적재 또는 선적이 그 선화증권에 기 인쇄문언으로 표시되어 있는 경우에도 적용된다.

iv. 유일의 원본 선화증권 또는 한 통 이상의 원본이 발급되었으면 그 선화증권에 표시된 전통일 것.

v. 운송조건을 포함 또는 운송조건의 출처에 대한 참조(약식 또는 백지이면 선화증권)를 포함하고 있는 것.

운송조건의 내용은 심사되지 않는다.

vi. 용선계약을 적용한다는 표시가 없는 것.

b. 본 조의 목적상, 환적이란 신용장에 명기된 선적항으로부터 하역항까지의 운송 중에 하나의 선박에서 양하되어 다른 운송수단으로 재적재되는 것을 의미한다.

c. i. 선화증권에는, 전 운송과정이 하나의 동일 선화증권으로 취급되는 한, 화물이 환적될 것 또는 될 수 있다고 표시될 수 있다.

ii. 선화증권에서 화물이 컨테이너, 트레일러 또는 래시바지선에 선적된 것으로 증빙된다면, 신용장에서 환적을 금지하여도 환적이 발생될 것 또는 발생될 수도 있다고 표시하고 있는 선화증권은 수리된다.

d. 운송인은 환적의 권리를 유보한다고 명기하고 있는 선화증권의 문구는 무시된다.

1. 선화증권의 명칭은 "그 명칭에 상관없이(however named)"라는 UCP 600 제20조의 본문내용과 같이 제시된 서류의 표제 보다는 서류의 내용에 근거하여 본조의 충족여부에 따라 수리된다. 즉, "본선적재선화증권(On board Bill of Lading)"을 신용장에서 요구하였는데, "복합운송선화증권(Combined Transport Bill of Lading)"이라는 표제의 서류가 제시되더라도 본조의 규정이 적용되어 수리가 된다는 것이다.
2. 신용장에서 요구되는 선화증권은 화물을 본선에 선적한 후에 발행된 선적선화증권(Shipped Bill of Lading)이어야 한다.[48] 선적선화증권의 경우에는 지정선박에 적재되었음을 표시하는 조항을 사전 인쇄된 문언으로 표시할 수 있으며, 이 경우 선화증권의 발행일은 선적일로 본다. 수취선화증권에 본선적재표기가 되어 선적선화증권으로 간주되는 경우에는 선화증권의 발행일자와 상관없이 본선적재표기상의 명기된 일자가 선적일이 된다.
3. 선화증권의 선적항과 하역항 표기와 관련하여서 ISBP 681의 제98조~제100조의 내용을 참조하여야 한다.
4. 선화증권 뒷면이 백지인 약식선화증권(Short form B/L) 또는 백지선화증권(Blank back B/L)에 대하여 운송조건이 포함된 다른 출처를 참조하라는 표시가 되어있으면 은행은 운송조건의 심사없이 수리가 가능하다.
5. 전 운송구간을 하나의 동일한 운송서류에 의하여 커버되었다면, 신용장에 환적이 금지되었더라도 수리될 수 있다. 즉, "the goods will be transhipped", "the

---

48) 헤이그규칙 제3조 제7항, 함부르크규칙 제15조 제2항, 상법 제813조 제2항 참조.

goods may be transhipped", "transhipment will take place", "transhipment may take place"라는 표현이 있어도 환적금지부신용장에서 수리가 가능하다. 본 조항은 컨테이너, 트레일러, 래쉬바지[49]에 의하여 운송되는 운송업계의 관행을 반영한 조항이라 할 것이다.

Article 21. Non-Negotiable Sea Waybill

a. A non-negotiable sea waybill, however named, must appear to:

i. indicate the name of the carrier and be signed by:

- the carrier or a named agent for or on behalf of the carrier, or
- the master or a named agent for or on behalf of the master.

Any signature by the carrier, master or agent must be identified as that of the carrier, master or agent.

Any signature by an agent must indicate whether the agent has signed for or on behalf of the carrier or for or on behalf of the master.

ii. indicate that the goods have been shipped on board a named vessel at the port of loading stated in the credit by:

- pre-printed wording, or
- an on board notation indicating the date on which the goods have been shipped on board.

The date of issuance of the non-negotiable sea waybill will be deemed to be the date of shipment unless the non-negotiable sea waybill contains an on board notation indicating the date of shipment, in which case the date stated in the on board notation will be deemed to be the date of shipment.

If the non-negotiable sea waybill contains the indication "intended vessel"

49) Lash barge는 Lash는 "Light Aboard Ship"을 의미하고 Barge는 바닥이 평평한 근거리 항해용 짐배를 의미한다. 주로 내륙운하가 발달된 유럽이나 큰 하천을 가진 국가, 혹은 컨테이너 전용부두에 접안할 수 없을 때 사용된다.

or similar qualification in relation to the name of the vessel, an on board notation indicating the date of shipment and the name of the actual vessel is required.

iii. indicate shipment from the port of loading to the port of discharge stated in the credit.

If the non-negotiable sea waybill does not indicate the port of loading stated in the credit as the port of loading, or if it contains the indication "intended" or similar qualification in relation to the port of loading, an on board notation indicating the port of loading as stated in the credit, the date of shipment and the name of the vessel is required. This provision applies even when loading on board or shipment on a named vessel is indicated by pre-printed wording on the non-negotiable sea waybill.

iv. be the sole original non-negotiable sea waybill or, if issued in more than one original, be the full set as indicated on the non-negotiable sea waybill.

v. contain terms and conditions of carriage or make reference to another source containing the terms and conditions of carriage(short form or blank back non-negotiable sea waybill). Contents of terms and conditions of carriage will not be examined.

vi. contain no indication that it is subject to a charter party.

b. For the purpose of this article, transhipment means unloading from one vessel and reloading to another vessel during the carriage from the port of loading to the port of discharge stated in the credit.

c. i. A non-negotiable sea waybill may indicate that the goods will or may be transhipped provided that the entire carriage is covered by one and the same non-negotiable sea waybill.

ii. A non-negotiable sea waybill indicating that transhipment will or may take place is acceptable, even if the credit prohibits transhipment, if the goods have been shipped in a container, trailer or LASH barge as evidenced by the non-negotiable sea waybill.

d. Clauses in a non-negotiable sea waybill stating that the carrier reserves the right to tranship will be disregarded.

제21조 비유통성해상화물운송장

a. 선화증권은 그 명칭에 불문하고 다음과 같이 보여야 한다.

i. 운송인의 명의를 표시하고 다음의 자들이 서명한 것.

- 운송인 또는 그 운송인을 대리하는 기명대리인
- 선장 또는 그 선장을 대리하는 기명대리인

운송인, 선장 또는 대리인의 모든 서명은 그 운송인, 선장 또는 대리인의 서명으로 밝혀져야 한다.

대리인의 모든 서명은 그 대리인이 그 운송인 또는 선장을 대리하여 서명했는지 여부를 표시하여야 한다.

ii. 물품이 신용장에서 명기된 장소에서 기명 선박에 선적되었음을 다음의 방법으로 표시한 것.

- 기 인쇄된 문언, 또는
- 화물이 선적된 일자를 표시하고 있는 본선적재표시.

비유통성해상화물운송장의 발행일자는 선적일자로 간주된다.

그러나 비유통성해상화물운송장이 선적일자를 표시하고 있는 본선적재표시를 포함하고 있으면, 그 본선적재표시에 명기된 일자가 선적일자로 간주된다.

만일 비유통성해상화물운송장이 선박명과 관련하여 "예정선박" 등의 의미표시를 포함하고 있으면, 선적일자와 실제선박명을 표시하는 본선적재표시가 요구된다.

iii. 신용장에서 명기된 선적항과 하역항을 표시한 것.

만일 비유통성해상화물운송장이 신용장에 명기된 선적항을 표시하지 않거나, 또는 선적항과 관련하여 "예정" 등의 의미표시를 포함하고 있으면, 신용장에 명기된 선적항, 선적일자 및 선박명을 표시하는 본선적재 표시가 요구된다.

이 규정은 기명선박에의 적재 또는 선적이 그 비유통성해상화물운송장에 기 인쇄문언으로 표시되어 있는 경우에도 적용된다.

iv. 유일의 원본 비유통성해상화물운송장 또는 한 통 이상의 원본이 발급되었으면 그 비유통성해상화물운송장에 표시된 전통일 것.

v. 운송조건을 포함 또는 운송조건의 출처에 대한 참조(약식 또는 백지이면 비유통성해상화물운송장)를 포함하고 있는 것.

운송조건의 내용은 심사되지 않는다.

vi. 용선계약을 적용한다는 표시가 없는 것.

b. 본 조의 목적상, 환적이란 신용장에 명기된 선적항으로부터 하역항까지의 운송 중에 하나의 선박에서 양하되어 다른 운송수단으로 재적재되는 것을 의미한다.

c. i. 비유통성해상화물운송장에는, 전 운송과정이 하나의 동일 비유통성해상화물운송장으로 취급되는 한, 화물이 환적될 것 또는 될 수 있다고 표시할 수 있다.

ii. 비유통성해상화물운송장에서 화물이 컨테이너, 트레일러 또는 래시 바지선에 선적된 것으로 증빙된다면, 신용장에서 환적을 금지하여도 환적이 될 것 또는 될 수도 있다고 표시하고 있는 비유통성해상화물운송장은 수리된다.

d. 운송인은 환적의 권리를 유보한다고 명기하고 있는 비유통성해상화물운송장의 문구는 무시된다.

1. 해상화물운송장은 해상운송을 포함한 복합운송에 사용되는 비유통성선화증권으로 기명식으로 발행된다. 본 서류는 수하인이 목적지의 선박회사대리점에서 자기의 신분만 입증하면 화물을 인도받는 항공화물운송장처럼 화물수취증의 기능을 한다. 따라서 신용장에서 수리될 수 있는 비유통성

해상화물운송장은 수하인을 기명식으로 명기하여야 한다.

2. 선적선화증권을 요구하는 신용장조건에서 비유통성해상화물운송장을 제시할 수 없다. 선적선화증권은 유가증권이지만 비유통성해상화물운송장은 단순한 수취증이기 때문이다.
3. 본 조항은 본 규칙 제20조의 내용과 거의 동일하다. "선화증권"과 "비유통성해상화물운송장"의 단어만 다를 뿐이니, 제20조를 준용하면 된다.

Article 22. Charter Party Bill of Lading

a. A bill of lading, however named, containing an indication that it is subject to a charter party(charter party bill of lading), must appear to:

i. be signed by:

- the master or a named agent for or on behalf of the master, or
- the owner or a named agent for or on behalf of the owner, or
- the charterer or a named agent for or on behalf of the charterer.

Any signature by the master, owner, charterer or agent must be identified as that of the master, owner, charterer or agent.

Any signature by an agent must indicate whether the agent has signed for or on behalf of the master, owner or charterer.

An agent signing for or on behalf of the owner or charterer must indicate the name of the owner or charterer.

ii. indicate that the goods have been shipped on board a named vessel at the port of loading stated in the credit by:

- pre-printed wording, or
- an on board notation indicating the date on which the goods have been shipped on board.

The date of issuance of the charter party bill of lading will be deemed to be the date of shipment unless the charter party bill of lading contains an on board notation indicating the date of shipment, in which case the date stated in the on board notation will be deemed to be the date of shipment.

iii. indicate shipment from the port of loading to the port of discharge stated in the credit. The port of discharge may also be shown as a range of ports or a geographical area, as stated in the credit.

iv. be the sole original charter party bill of lading or, if issued in more than one original, be the full set as indicated on the charter party bill of lading.

b. A bank will not examine charter party contracts, even if they are required to be presented by the terms of the credit.

제22조 용선계약부선화증권

a. 용선계약을 적용한다는 표시를 포함하고 있는 선화증권(용선계약부선화증권)은 그 명칭에 불문하고 다음과 같이 보여야 한다.

i . 다음의 자들이 서명한 것.

- 선장 또는 그 선장을 대리하는 기명대리인
- 선주 또는 그 선주를 대리하는 기명대리인
- 용선인 또는 그 용선인을 대리하는 기명대리인

선장, 선주, 용선인 또는 대리인의 모든 서명은 그 선장, 선주, 용선인 또는 대리인의 서명으로 밝혀져야 한다.

대리인의 모든 서명은 그 대리인이 그 선장, 선주 또는 용선인을 대리하여 서명했는지 여부를 표시하여야 한다.

선주 또는 용선인을 대리하여 서명하는 대리인은 선주 또는 용선인의 명의를 표시하여야 한다.

ii. 물품이 신용장에 명기된 선적항에서 기명 선박에 선적되었음을 다음의 방법으로 표시한 것.

- 기 인쇄된 문언, 또는
- 물품이 본선적재된 일자를 표시하고 있는 본선적재표시.

그러나 용선계약부선화증권이 선적일자를 표시하고 있는 본선적재표기를 하고 있지 않은 경우, 그 용선계약부선화증권의 발행일자가 선적일자로 간주된다. 용선계약부선화증권에 본선적재표기가 된 경우에는 본선적재표기에 기재된 일자를 선적일로 본다.

iii. 신용장에서 명기된 선적항으로부터 하역항까지의 선적을 표시하여야 한다. 하역항은 또한 신용장에 기재된 바에 따라 일정범위의 항구들 또는 지리적으로 표시될 수 있다.

iv. 유일의 원본 용선계약부선화증권 또는 한 통 이상의 원본이 발급되었으면 그 용선계약부선화증권에 표시된 전통이어야 한다.

b. 신용장의 조건으로서 이를 제시하도록 요구하여도, 은행은 용선계약서를 심사하지 않는다.

1. 용선계약부선화증권은 용선계약에 의하여 발행된 선화증권으로서 용선계약부서하증권에는 “pursuant and subject to all terms and conditions, liberties and exceptions as per voyage charterer party indicated hereunder”, “the charter party dated Octaber, 31. 2007 are herewith incorporated”등을 기재한 선화증권에 용선계약서를 첨부하여 제시하면, 용선계약부선화증권을 요구하거나 허용한 신용장에서는 수리된다. 즉, 용선계약부선화증권 뿐만아니라 일반선적선화증권도 서류상에 용선계약에 따른다는 내용이 있으면 신용장의 용선계약부선화증권 수리조건을 만족시킨다.
2. 은행에서 수리 가능한 선적선화증권에는 신용장상에 기재되어 있는 선적항으로부터 하역항까지의 선적을 표시하여야 되지만, 용선계약부선화증권상의 하역항은 특정항구를 기재하지 않고 신용장에 명시된 일정 범위의 항구 또는 지리적 지역으로 표시할 수 있다. 한편, “예정된”이라는 단어의 삽입에 대한 내용을 본 조항에서는 찾을 수 없는데, 이는 용선계약에 따라 지정된 특정선박에 적재해야 선적선화증권이 발급되기 때문이다.

Article 23. Air Transport Document

a. An air transport document, however named, must appear to:

i. indicate the name of the carrier and be signed by:

- the carrier, or
- a named agent for or on behalf of the carrier.

Any signature by the carrier or agent must be identified as that of the carrier or agent.

Any signature by an agent must indicate that the agent has signed for or on behalf of the carrier.

ii. indicate that the goods have been accepted for carriage.

iii. indicate the date of issuance. This date will be deemed to be the date of shipment unless the air transport document contains a specific notation of the actual date of shipment, in which case the date stated in the notation will be deemed to be the date of shipment.

Any other information appearing on the air transport document relative to the flight number and date will not be considered in determining the date of shipment.

iv. indicate the airport of departure and the airport of destination stated in the credit.

v. be the original for consignor or shipper, even if the credit stipulates a full set of originals.

vi. contain terms and conditions of carriage or make reference to another source containing the terms and conditions of carriage. Contents of terms and conditions of carriage will not be examined.

b. For the purpose of this article, transhipment means unloading from one aircraft and reloading to another aircraft during the carriage from the airport of departure to the airport of destination stated in the credit.

c. i. An air transport document may indicate that the goods will or may be transhipped, provided that the entire carriage is covered by one and the same air transport document.

ii. An air transport document indicating that transhipment will or may take place is acceptable, even if the credit prohibits transhipment.

제23조 항공운송서류

a. 항공운송서류는 그 명칭에 불문하고 다음과 같이 보여야 한다.

i. 운송인의 명칭을 표기하고 다음의 자들이 서명한 것이어야 한다.

- 운송인, 또는
- 그 운송인을 대리하는 기명대리인.

운송인 또는 대리인의 모든 서명은 그 운송인 또는 대리인의 서명으로 특정되어야 한다.

대리인의 모든 서명은 그 대리인이 그 운송인을 위하여 또는 운송인을 대리하여 서명한 것인지를 표시하여야 한다.

ii. 물품이 운송을 위하여 인수되었음을 표시하는 것이어야 한다.

iii. 발행일자를 표시하여야 한다. 항공운송서류가 실제 선적일에 대한 특정한 부기를 포함하지 않은 경우에는 이 일자를 선적일로 본다. 항공운송서류가 실제 선적일에 대한 특정한 부기를 포함하고 있는 경우에는 부기에 기재된 일자를 선적일로 본다.

항공편번호 및 일자와 관련되어 항공운송서류에 보이는 모든 기타 정보사항은 선적일자의 결정에 고려되지 아니한다.

iv. 신용장에 기재된 출발공항과 도착공항을 표시하여야 한다.

v. 신용장에서 원본 전통을 요구하고 있어도, 송하인 또는 선적인용 원본이어야 한다.

vi. 운송조건을 포함하거나 또는 운송조건을 포함하는 다른 출처를 안급하여야 한다. 운송조건의 내용은 심사되지 않는다.

b. 본 조의 목적상, 환적이란 신용장에 기재된 출발공항으로부터 도착공항까지의 운송 중에 하나의 항공기에서 양하되어 다른 항공기로로 재적재

되는 것을 의미한다.

c. i. 항공운송서류에는, 전 운송과정이 하나의 동일 항공운송서류에 의하여 포괄된다면 물품이 환적될 것 또는 될 수 있다고 표시될 수 있다.

ii. 환적이 될 것 또는 될 수도 있다고 표시하고 있는 항공운송서류는 비록 신용장에서 환적을 금지하여도 수리될 수 있다.

1. 신용장에서 항공화물운송장을 요구하는 경우, 수리가능한 서류는 표제와 상관없이 본 조항에서 규정하는 조건을 만족하는 항공운송장이면 된다. 항공화물운송장을 요구하는 신용장에서 House Air Waybill 또한 운송주선업자가 운송인 또는 운송인의 대리인으로 서명하였다면 수리가 된다.[50)]
2. 항공화물운송장은 일반적으로 수취식으로 발행된다. 항공화물은 적재사실을 명확하기 표시될 수 없어 신용장에서 이를 요구하는 경우, 적하목록의 사본이나 항공화물운송장에 운항일자와 운항번호가 기재된 것을 제시하는 것이 합리적이지만 적재사실을 명확하게 표시한 것으로 볼 수 없으므로 항공화물운송장에 화물을 수탁하였다는 사실을 표기하거나 탑재증명서가 필요하다는 특별조건을 명기하도록 한다.[51)]
3. 항공운송장상의 일자표기는 발행일자, 선적부기(on board date), 항공회사 예약을 위해 표시하는 "freight date"로 이루어져 있다. 원칙적으로는 발행일자가 선적이로 간주되지만 실제 선적일에 관한 특정표기가 있는 경우에는 그 일자가 선적일이 됨을 유의하도록 한다. 위에서 언급했던 운항일자와 운항번호는 선적일의 결정에 고려되지 않는다.
4. 항공화물운송장에서는 신용장상의 명기된 그 지역이나 범위내의 실제 출발공항과 도착공항을 표시하여야 수리가능하다. 이 때 공항명은 IATA 코드를 사용하여도 된다.[52)]

50) 단, "House Air Waybill not acceptable"이라는 문구를 삽입하게 되면, 수리가 불가능해진다.

51) 항공화물운송장상에 "the goods have been accepted for carriage"를 표기하거나, "Certificate of Shipment on Board the Aircraft"를 첨부하도록 한다.

52) ISBP 681 제141조, 제142조 참조.

5. 항공화물운송장은 운송인용 제1원본(녹색), 수화인용 제2원본(적색), 송화인용 제3원본(청색)과 6통의 백색 사본이 관행적으로 발행되는데 수출업자가 은행에 네고하기 위하여 은행에 제출하는 서류는 제3원본이므로 신용장에서 항공화물운송장 원본의 전부를 요구하더라도 송화인용 원본 1통만 제시하면 전통을 제시한 것으로 간주된다.

Article 24. Road, Rail or Inland Waterway Transport Documents

a. A road, rail or inland waterway transport document, however named, must appear to:

i. indicate the name of the carrier and:

- be signed by the carrier or a named agent for or on behalf of the carrier, or
- indicate receipt of the goods by signature, stamp or notation by the carrier or a named agent for or on behalf of the carrier.

Any signature, stamp or notation of receipt of the goods by the carrier or agent must be identified as that of the carrier or agent.

Any signature, stamp or notation of receipt of the goods by the agent must indicate that the agent has signed or acted for or on behalf of the carrier.

If a rail transport document does not identify the carrier, any signature or stamp of the railway company will be accepted as evidence of the document being signed by the carrier.

ii. indicate the date of shipment or the date the goods have been received for shipment, dispatch or carriage at the place stated in the credit. Unless the transport document contains a dated reception stamp, an indication of the date of receipt or a date of shipment, the date of issuance of the transport document will be deemed to be the date of shipment.

iii. indicate the place of shipment and the place of destination stated in the credit.

b. i. A road transport document must appear to be the original for consignor or shipper or bear no marking indicating for whom the document has been prepared.

ii. A rail transport document marked "duplicate" will be accepted as an original.

iii. A rail or inland waterway transport document will be accepted as an original whether marked as an original or not.

c. In the absence of an indication on the transport document as to the number of originals issued, the number presented will be deemed to constitute a full set.

d. For the purpose of this article, transhipment means unloading from one means of conveyance and reloading to another means of conveyance, within the same mode of transport, during the carriage from the place of shipment, dispatch or carriage to the place of destination stated in the credit.

e. i. A road, rail or inland waterway transport document may indicate that the goods will or may be transhipped provided that the entire carriage is covered by one and the same transport document.

ii. A road, rail or inland waterway transport document indicating that transhipment will or may take place is acceptable, even if the credit prohibits transhipment.

제24조 도로, 철도 또는 내수로운송서류

a. 도로, 철도 또는 내수로운송서류는 그 명칭에 불문하고 다음과 같이 보여야 한다.

i. 운송인의 명칭을 표시하고,

• 운송인 또는 그 운송인을 대리하는 기명대리인이 서명한 것, 또는

• 운송인 또는 그 운송인을 대리하는 기명대리인이 서명, 스탬프 또는 부기로서 물품의 수령을 표시하여야 한다.

운송인 또는 대리인에 의한 모든 서명, 스탬프 또는 물품수령의 부기는 그 운송인 또는 대리인의 서명으로 특정되어야 한다.

대리인에 의한 모든 서명, 스탬프 또는 물품수령의 부기는 그 대리인이 그 운송인을 대리하여 서명했거나 행위한 것을 표시하여야 한다.

만일 철도운송서류가 운송인을 특정하지 않았다면, 철도회사의 서명이나 스탬프는 그 서류가 운송인에 의하여 서명된 증거로서 승인된다.

ii. 신용장에 기재된 장소에서 서적일 또는 물품이 선적, 발송, 운송을 위하여 수령된 일자를 표시하여야 한다. 운송서류에 일자가 표시된 수령스탬프, 수령일 또는 선적일의 표시가 없다면 운송서류의 발행일을 선적일로 본다.

iii. 신용장에 기재된 선적지 및 목적지를 표시하고 있어야 한다.

b. i. 도로운송서류는 송하인이나 선적인용 원본으로 보이거나 또는 그 서류가 누구를 위하여 작성되었는지에 대한 표시가 없어야 한다.

ii. "duplicate(제2본)"라고 표시된 철도운송서류는 원본으로서 수리된다.

iii. 철도 또는 내수로운송서류는 원본이라는 표시의 유무에 불문하고 원본으로서 수리된다.

c. 운송서류에 발행된 원본통수의 표시가 없는 경우, 제시된 부수가 전통을 구성하는 것으로 간주된다.

d. 본 조의 목적상, 환적이란 신용장에 기재된 선적, 발송 또는 운송지로부터 목적지까지의 운송 중에, 동일한 운송방법 내에서, 어떤 하나의 운송수단으로부터 양하되어 다른 운송수단으로 재적재되는 것을 의미한다.

e. i. 도로, 철도 또는 내수로운송서류는, 전 운송과정이 하나의 동일 운송서류에 의하여 포괄된다면, 물품이 환적될 것이라거나 환적될 수 있다고 표시할 수 있다.

ii. 신용장에서 환적을 금지하더라도 환적이 될 것 또는 될 수도 있다고 표시하고 있는 도로, 철도 또는 내수로운송서류는 수리된다.

Article 25. Courier Receipt, Post Receipt or Certificate of Posting

a. A courier receipt, however named, evidencing receipt of goods for transport, must appear to:

i. indicate the name of the courier service and be stamped or signed by the named courier service at the place from which the credit states the goods are to be shipped; and

ii. indicate a date of pick-up or of receipt or wording to this effect. This date will be deemed to be the date of shipment.

b. A requirement that courier charges are to be paid or prepaid may be satisfied by a transport document issued by a courier service evidencing that courier charges are for the account of a party other than the consignee.

c. A post receipt or certificate of posting, however named, evidencing receipt of goods for transport, must appear to be stamped or signed and dated at the place from which the credit states the goods are to be shipped. This date will be deemed to be the date of shipment.

제25조 특송배달영수증, 우편영수증 또는 우편증명서

a. 운송을 위한 물품의 접수를 증빙하는 특송배달영수증은 그 명칭에 불문하고 다음과 같이 보여야 한다.

i. 특송배달업체의 명의를 표시하고 신용장에 명기된 물품의 선적장소에서 기명된 특송배달업체가 스탬프를 찍거나 서명한 것.

ii. 집하 또는 수령일자 또는 이러한 취지의 문구를 표시하여야 한다. 이 일자를 선적일자로 본다.

b. 특송배달료가 지급 또는 선급되어야 한다는 요구사항은 특송배달료가 수하인이 아닌 자의 부담임을 증빙하는 특송업체가 발행한 운송서류로서 충족된다.

c. 운송을 위한 물품의 접수를 증빙하는 우편영수증 또는 우편증명서는 그 명칭에 불문하고 신용장에 명기된 물품의 선적장소에서 스탬프가 찍히거

나 또는 서명되고 일자가 기재된 것으로 보여야 한다. 이 일자가 선적 일자로 간주된다.

1. 특송배달영수증은 물품의 특송배달에 대한 영수증으로서, 집하인이 수출업자로부터 집하하거나 특송업체가 수출업자로부터 수령하는 일자가 선적일로 간주되고, 요금은 지급되거나 선지급되어야[53] 은행에서 수리가 가능하다.
2. 우편영수증은 신용장에서 물품이 선적되어야 한다고 명기하고 있는 장소에서 스템프 또는 서명되고 일자가 기재되면 수리가능하게 된다. 일부 국가에서는 발송인이 우편증명서를 발행하고 이를 우체국이 인증하는 경우가 있는데, 이러한 서류도 하자가 되지 않는다.

Article 26. "On Deck", "Shipper's Load and Count", "Said by Shipper to Contain" and Charges Additional to Freight

a. A transport document must not indicate that the goods are or will be loaded on deck. A clause on a transport document stating that the goods may be loaded on deck is acceptable.

b. A transport document bearing a clause such as "shipper's load and count" and "said by shipper to contain" is acceptable.

c. A transport document may bear a reference, by stamp or otherwise, to charges additional to the freight.

제26조 갑판적, 부지약관 및 운임추가수수료

a. 운송서류는 물품이 갑판에 적재되거나 또는 될 것이라고 표시를 하여서는 안 된다. 물품이 갑판에 적재될 수도 있다고 기술하는 운송서류는 수

53) 요금은 수하인 이외의 당사자가 부담한다고 명기되면 된다. 특송요금은 송하인이 월별로 정산하는 것이 일반적이기 때문이다.

리될 수 있다.

b. “선적인이 적재하고 검수하였음”(shipper's load and count) 그리고 “선적인의 내용신고에 따름”(said by shipper to contain)과 같은 문구가 있는 운송서류는 수리된다.

c. 운송서류는 스탬프 또는 다른 방법으로 운임에 추가되는 요금을 언급할 수 있다.

1. 운송서류상에 갑판에 적재될 것이거나 적재되었다고 표시한 문언이 있는 경우, 은행에서는 수리거절되지만, 갑판에 적재 될 수도 있다는 표시의 문언이 명기된 서류는 수리가능하다.[54)]
2. 신용장에서 운임에 추가된 비용에 대한 참조를 금지하지 않는다면 운임에 추가되는 비용을 운송서류에 표시하더라도 은행에서 수리가 가능하다. 그러나 추가운송비용 중에서 신용장에서 금지하더라도 허용되는 경우가 있는데, 물품의 양하지연에 기인[55)]하거나 또는 물품이 양하된 이후[56)]에 부과될 수 있는 비용(Costs which may be levied as a result of a delay in unloading the goods or after the goods have been unloaded), 컨테이너 반환 지연비용(Costs covering the late return of container), 적재비면책(FI), 양하비면책(FO), 적재비와 양하비면책(FIO), 적재비와 적입양하비면책(FIOS) 비용이 해당된다.[57)]

---

54) 컨테이너 선화증권의 표면약관에는 “운송인은 선창적(under deck) 또는 갑판적(on deck)으로 운송할 권리를 가진다”는 규정이 있는데 이를 반영한 것이다. 재래선화물인 경우에는 해당되지 않는다.

55) 체선료(Vessel demurrage charge) ; 선적 또는 하역일수가 약정된 정박기간을 초과하는 경우 용선자에게 비출하는 비용.

56) 체화료(Cargo demurrage charge) ; 화주가 허용된 시간을 초과하여 컨테이너를 CY에서 반출해가지 않을 경우 선박회사에 지불해야 하는 비용.

57) ISBP 981. 제113조.

Article 27. Clean Transport Document

A bank will only accept a clean transport document. A clean transport document is one bearing no clause or notation expressly declaring a defective condition of the goods or their packaging. The word "clean" need not appear on a transport document, even if a credit has a requirement for that transport document to be "clean on board".

제27조 무고장 운송서류

은행은 무고장 운송서류만 수리한다. 무고장 운송서류란 물품 또는 포장에 관한 결함상태를 명시적으로 표시하는 조항이나 부기가 없는 서류이다. 신용장이 "무고장"(clean)이라는 단어는 비록 신용장이 운송서류가 "무고장 본선적재"(clean on board)일 것 이라는 요건을 포함하더라도 운송서류상에 나타날 필요는 없다.

1. 무고장(clean) 운송서류는 고장부 운송서류를 나타내는 부가조건이 없으면 무고장 운송서류로 간주한다. 즉 신용장상에 무고장 본선적재(clean on board)를 요구하더라도 그와 같은 표현이 될 필요는 없다.
2. 운송서류가 고장부(foul)로 간주되는 표현은 "Goods chafed/torn/deformed", "Goods damaged/scratched", "Contents leaking", "Packaging contaminated", "Packaging soiled by contents", "Packaging damage-contents exposed", "Insufficient packaging", "Packaging broken/holed/torn/damage/badly dented", "Packaging is not sufficient for the sea journey" 등의 표현이 비고(Remarks)란에 기재되어 있는 경우이고, "repair/mended/renewed/re-packed/coopered", "unprotected/unboxed/partly protected", "Second-hand packaging materials used", "Old packaging materials used", "Reconditioned packaging materials", "Packaging may not be sufficient for the sea journey"의 표현이 사용된 경우는 고장부로 보지 않는다.
3. 만일 "clean"이라는 단어가 선화증권에 표시되었다가 삭제된 경우, 선화증

권이 물품 또는 포장에 결함이 있다고 표시하는 문구나 부기를 특별히 포함하고 있지 않으면 그 선화증권은 유보(clause) 또는 고장부(foul)로 간주되지 않는다.[58)]

4. 파손화물보상장(Letter of Indemnity)은 선적시에 물품에 하자가 발견되었으나 이를 대체하거나 재포장할 여유가 없을 때 송하인이 운송인에게 이를 제공하고 무고장선화증권을 발행받는 관행이 있다. 이는 해당 하자로 기인하여 운송인이 수하인에게 변상하였을 경우 송하인이 책임지고 운송인에게 배상액을 보상하겠다는 것을 약정하는 내용이다.

Article 28. Insurance Document and Coverage

a. An insurance document, such as an insurance policy, an insurance certificate or a declaration under an open cover, must appear to be issued and signed by an insurance company, an underwriter or their agents or their proxies.

   Any signature by an agent or proxy must indicate whether the agent or proxy has signed for or on behalf of the insurance company or underwriter.

b. When the insurance document indicates that it has been issued in more than one original, all originals must be presented.

c. Cover notes will not be accepted.

d. An insurance policy is acceptable in lieu of an insurance certificate or a declaration under an open cover.

e. The date of the insurance document must be no later than the date of shipment, unless it appears from the insurance document that the cover is effective from a date not later than the date of shipment.

f. i. The insurance document must indicate the amount of insurance coverage and be in the same currency as the credit.

58) ISBP 681 제107조.

ii. A requirement in the credit for insurance coverage to be for a percentage of the value of the goods, of the invoice value or similar is deemed to be the minimum amount of coverage required.
If there is no indication in the credit of the insurance coverage required, the amount of insurance coverage must be at least 110% of the CIF or CIP value of the goods.
When the CIF or CIP value cannot be determined from the documents, the amount of insurance coverage must be calculated on the basis of the amount for which honour or negotiation is requested or the gross value of the goods as shown on the invoice, whichever is greater.
iii. The insurance document must indicate that risks are covered at least between the place of taking in charge or shipment and the place of discharge or final destination as stated in the credit.

g. A credit should state the type of insurance required and, if any, the additional risks to be covered. An insurance document will be accepted without regard to any risks that are not covered if the credit uses imprecise terms such as "usual risks" or "customary risks".

h. When a credit requires insurance against "all risks" and an insurance document is presented containing any "all risks" notation or clause, whether or not bearing the heading "all risks", the insurance document will be accepted without regard to any risks stated to be excluded.

I. An insurance document may contain reference to any exclusion clause.

j. An insurance document may indicate that the cover is subject to a franchise or excess(deductible).

제28조 보험서류 및 부보

a. 보험증권, 보험증서 또는 포괄보험에서의 확인서와 같은 보험서류는 보험회사, 보험인수인 또는 그들의 대리인이나 수임자(proxy)[59]들이

발행하고 서명한 것으로 보여야 한다. 대리인 또는 수탁인의 서명은 보험회사 또는 보험중개인을 대리하여 서명했는지 여부를 표시하여야 한다.

b. 보험서류에 한 통 이상의 원본으로 발행되었다고 표시되어 있는 경우, 모든 원본이 제시되어야 한다.

c. 보험인수증(cover note)은 수리되지 않는다.

d. 보험증권은 보험증서나 포괄보험의 확인서를 대신하여 수리가 가능하다.

e. 보험서류상의 일자는 선적일보다 늦어서는 안된다. 다만 보험서류에서 부보가 최소한 선적일자 이전에 효력이 발생함을 나타내고 있는 경우에는 그러하지 아니하다.

f. i. 보험서류는 부보금액을 표시하고 신용장과 같은 통화이어야 한다.

ii. 신용장에 부보금액이 물품의 가액, 송장가액 또는 그와 유사한 가액에 대한 백분율로 표시되어야 한다는 요구가 있는 경우, 이는 요구되는 부보금액의 최소한으로 본다. 신용장에 부보금액에 대한 표시가 없는 경우, 부보금액은 적어도 CIF 또는 CIP 물품가격의 110%이어야 한다. 서류상으로 CIF 또는 CIP가격을 결정할 수 없는 경우, 부보금액은 결제(Honour) 또는 매입금액 또는 상업송장에 표시된 총 물품가격 중에서 보다 큰 것을 근거로 계산하여야 한다.

iii. 보험서류는 최소한 신용장에 명시된 수탁지 또는 선적지로부터 하역지 또는 최종 목적지 사이에 발생하는 위험에 대하여 부보가 되는 것 이어야 한다.

g. 신용장은 요구되는 보험의 종류를 명시하여야 하고, 부보되어야 할 추가위험이 있다면 그것도 명시하여야 한다. 만일 신용장이 "통상의 위험" 또는 "관습적인 위험"과 같이 부정확한 용어를 사용하는 경우 보험서류는 특정위험을 부보하지 않는지 여부와 관계없이 수리된다.

h. 신용장이 전위험(all risks)에 대한 보험을 요구하고, 전위험(all risks)라는 표시 또는 문구를 포함하는 보험서류가 제시되는 때에는, 표제에 전위험

59) 수임자(proxy)는 대리인과 비슷한 개념으로 변호사와 같이 특정사항에 대하여만 대리인으로서의 역할을 하는 자를 말한다.

(all risks)가 포함되는가에 관계없이, 또한 어떤 위험들은 제외된다고 기재하는 것에 상관없이 수리된다.

I. 보험서류는 어떠한 면책조항(exclusion clause)에 대한 언급을 포함할 수 있다.

j. 보험서류는 소손해면책 또는 초과공제면책에 적용받고 있음을 표시하여도 무방하다.

1. 보험서류는 보험회사 또는 보험업자 또는 그들의 대리인이나 수임자(proxy)들에 의하여 발행되고 서명된 것으로 보여야 한다. 만일 보험서류 또는 신용장 조건에서 원본이 요구되면, 전통의 서류에 원본의 확인과 정당한 서명이 있어야 한다.[60)]
2. 보험중개인이 발행한 보험인수증은 수리되지 않는다. 보험인수증은 보험중개인이 피보험자로부터 보험료를 징수하는 경우 보험료를 받았다는 사실을 증명하고 보험자와 보험계약을 체결하겠다는 각서로서 발급하는 서류이므로 보험계약이 체결된 시점을 입증하지 못할 뿐만 아니라 보험중개인이 보험자와 보험계약을 체결하기 이전에 보험사고가 발생되면 피보험자는 손해보상을 받을 수가 없는 문제가 발생될 수 있다. 한편, 보험서류가 보험중개인의 표제가 인쇄된 용지(stationary)에 발행되는 경우에 그 보험서류가 보험회사 또는 그 대리인(or proxy), 또는 보험업자 또는 그 대리인(or proxy)에 의하여 서명되었다면 수리될 수 있다. 보험중개인은 지정된 보험회사 또는 지정된 보험인수업자의 대리인으로서 서명할 수 있다.[61)]
3. 신용장에서 보험증서 또는 포괄보험확인서를 요구한 경우에는 보험증권으로 수리될 수 있으나, 보험증권을 요구한 경우에는 보험증서나 보험확인서로 대체될 수 없다.
4. 포괄예정보험[62)]의 보험증서나 확인서에 보험서류상에 선적일자 이전까지

60) ISBP 681 제171조 참조.

61) ISBP 681 제172조 참조.

62) 포괄예정보험은 하나의 보험증권(Open Policy)이 발급된 후 추후 보험목적물과 송장

소급적용된다는 문구가 있으면 보험서류 발행일자가 선적일자보다 늦을 수 있다.

5. 보험서류는 반드시 신용장의 통화단위와 최소한의 신용장에 의하여 요구된 금액으로 발행되어야 하고, 최종송장금액은(예를 들어, 할인, 선지급 등으로 인하여, 또는 물품가액의 일부가 나중에 지급되기 때문에) 단지 그 물품 총액의 일부를 나타내고 있다는 것이 신용장이나 서류로 보아 명백하다면, 보험담보의 계산은 그 물품의 완전한 총액을 기준으로 한다.[63]
6. 신용장이 면책비율적용을 금지하고 있다면, 보험서류는 결코 보험담보가 소손해면책율 또는 초과공제면책율[64]에 따른다고 기재하는 문구를 포함하여서는 안된다.[65]

Article 29. Extension of Expiry Date or Last Day for Presentation

a. If the expiry date of a credit or the last day for presentation falls on a day when the bank to which presentation is to be made is closed for reasons other than those referred to in article 36, the expiry date or the last day for presentation, as the case may be, will be extended to the first following banking day.

가액 등이 확정되면 이를 보험계약자가 보험자에게 통지함으로써 계약 내용이 구체적으로 확정되는 보험으로, 정기적으로 화물을 수출하거나 수입하는 경우 화물에 대해 포괄보험을 체결함으로써 확정통지의 의도적인 지연이나 누락이 아닌 이상 보험의 보호를 받을 수 있고 보험료도 5% 할인받는다. 전년도 1년(1월 1일부터 12월 31일까지)간 적하보험 수입보험료가 2천만원 이상이 되는 보험계약자에 대하여 포괄보험계약을 체결할 수 있도록 하고 있다.

63) ISBP 681 제176조, 제178조 참조.

64) 소손해면책율(franchise)은 일정비율 미만의 소손해는 면책되지만 이를 초과하면 전체 손해를 담보하는 조건을 말하고, 초과공제면책율(excess deductible)은 일정비율 미만의 소손해뿐만 아니라 이를 초과하여도 면책비율만큼 공제하고 초과손해만을 담보하는 조건을 말한다. 예를 들어 면책비율 5% 품목에서 7%의 손해가 나면 면책에 속하는 5%를 공제하지 않고 7%를 전체를 보상해주는 것이 소손해면책율의 적용이고, 초과공제면책율에서는 면책에 속하는 5%를 공제하고 2%만 보상해준다. 신협회적하약관에서는 면책율 조항이 없어졌다. ICC(WA)조건이 ICC(B)조건으로 변경되면서 ICC(WA)에 원칙적으로 적용되었던 소손해면책율이 필요없게 되었다.

65) ISBP 681 제177조.

b. If presentation is made on the first following banking day, a nominated bank must provide the issuing bank or confirming bank with a statement on its covering schedule that the presentation was made within the time limits extended in accordance with sub-article 29(a).

c. The latest date for shipment will not be extended as a result of sub-article 29(a).

제29조 유효기일 또는 제시를 위한 최종일의 연장

a. 신용장의 유효기일 또는 제시를 위한 최종일이 제36조에서 언급하는 사유 이외의 사유로 영업을 하지 않는 날인 경우, 각 경우에 따라 유효기일 또는 최종제시일은 그 다음 최초 은행영업일까지 연장된다.

b. 제시가 그 최초 은행영업일에 이행된다면, 지정은행은 개설은행 또는 확인은행에게 그 제시가 제29조 a항에 따라 연장된 기한 내에 이행되었음을 기재한 표지서류를 제공해야 한다.

c. 최종선적일은 제29조 a항에 의하여 연장되지 않는다.

주의사항

1. 신용장의 유효기일(expiry date of a credit)은 신용장에 명기된 서류가 결제 또는 매입을 위하여 제시되어야 하는 최종일을 말하고, 서류제시기일(date for presentation of document)은 운송서류를 요구하는 신용장에서 무품이 선적된 후 신용장에 명시된 서류가 은행에 제시되어야 하는 최종일을 말하며, 선적기일(date for shipment)은 수출업자가 물품을 선적하여야 하는 최종일을 말한다.
2. 신용장의 유효기일 또는 서류의 제시기일이 지정은행의 휴업일에 해당하는 경우에는 해당은행의 최초 다음 영업일까지 자동 연장된다. 은행의 휴업일은 동 규칙 제36조에서 언급하고 있는 불가항력적인 사유 이외의 공휴일과 통상적인 휴일을 의미한다.
3. 은행의 휴업일로 인해 신용장의 유효기일 또는 서류의 제시기일이 자동 연장되었다면, 그러한 연장된 기일의 적용을 받은 서류를 개설은행에게

발송할 때, 제시된 서류가 본 조의 a항에 따라 연장된 기간내에 제시되었다[66]는 설명을 "Covering Letter"에 기재하여야 한다.

4. 선적을 위한 최종기일이 은행휴업일에 해당되는 경우에는 자동 연장되지 않는다. 운송인은 공휴일이나 국경일에도 관행적으로 하역업무를 이행하고 있다.

Article 30. Tolerance in Credit Amount, Quantity and Unit Prices

a. The words "about" or "approximately" used in connection with the amount of the credit or the quantity or the unit price stated in the credit are to be construed as allowing a tolerance not to exceed 10% more or 10% less than the amount, the quantity or the unit price to which they refer.

b. A tolerance not to exceed 5% more or 5% less than the quantity of the goods is allowed, provided the credit does not state the quantity in terms of a stipulated number of packing units or individual items and the total amount of the drawings does not exceed the amount of the credit.

c. Even when partial shipments are not allowed, a tolerance not to exceed 5% less than the amount of the credit is allowed, provided that the quantity of the goods, if stated in the credit, is shipped in full and a unit price, if stated in the credit, is not reduced or that sub-article 30(b) is not applicable. This tolerance does not apply when the credit stipulates a specific tolerance or uses the expressions referred to in sub-article 30(a).

제30조 제30조] 신용장금액, 수량 및 단가의 편차

a. 신용장에 명기된 신용장금액, 수량 또는 단가와 관련하여 사용된 "about

66) 자동연장을 설명하는 문언 ; "We certify that the documents were presented within the limits extended in accordance with sub-Article 29(a) of the Uniform Customs and Practice for Documentary Credits, 2007 Revision, ICC Publication No.600."

(약)” 또는 “approximately(개략)”이라는 용어들은 그것들이 관련되는 금액, 수량 또는 단가에서 10% 이내의 초과 또는 부족한 편차를 허용하는 것으로 해석한다.

b. 신용장에서 수량을 포장단위 또는 개별단위의 특정수량으로 기재하지 않고 청구금액총액이 신용장금액을 초과하지 않는 경우에는, 물품의 수량에서 5%를 초과하지 않는 범위내에서 많거나 부족한 편차가 허용된다.

c. 신용장에 명기되어 있는 경우, 물품의 수량이 전부 선적되고 단가가 감액되지 않은 때, 제30조 b항이 적용되지 않은 때, 분할선적이 허용되지 않더라도 신용장금액보다 5% 이내의 편차는 허용된다. 이러한 편차는 신용장이 특정편차를 명시하거나 또는 제30조 a항에서 언급된 표현들을 사용하는 때에는 적용되지 않는다.

1. “about”, “approximately” 등의 표현은 뒤에 이어 나오는 항목에만 적용되는 것이다.
2. 곡물이나 원유, 석탄의 경우에는 표시된 수량(중량, 용적, 길이단위에만 적용)을 정확하게 인도하기가 용이하지 않으므로 상관행상 일정한 범위내에서 편차를 인정하고 있다. 이때에 유의할 점은 환어음의 발행금액 또는 청구금액이 신용장 금액을 초과해서는 안된다.
3. 신용장이 분할선적을 금지한 경우에도 신용장상의 물품의 수량과 선적된 물품의 수량이 일치하고 신용장상의 물품의 단가와 선적된 물품의 가격이 일치하는 경우, 본 조의 b항이 적용될 수 없는 경우, 신용장이 특정 과부족을 명시하지 않은 경우에는 환어음금액을 신용장금액 보다 5% 범위 내에서 부족하게 발행할 수 있다. 이는 운임, 보험료 등이 확정되지 않은 상태에서 매매계약을 체결하고 신용장이 발행된 경우 선적 후 운임, 보험료가 예상보다 적게 들어서 신용장 금액과 송장금액이 불일치되는 문제를 해소하기 위하여 도입되었다.

Article 31. Partial Drawings or Shipments

a. Partial drawings or shipments are allowed.

b. A presentation consisting of more than one set of transport documents evidencing shipment commencing on the same means of conveyance and for the same journey, provided they indicate the same destination, will not be regarded as covering a partial shipment, even if they indicate different dates of shipment or different ports of loading, places of taking in charge or dispatch. If the presentation consists of more than one set of transport documents, the latest date of shipment as evidenced on any of the sets of transport documents will be regarded as the date of shipment.

A presentation consisting of one or more sets of transport documents evidencing shipment on more than one means of conveyance within the same mode of transport will be regarded as covering a partial shipment, even if the means of conveyance leave on the same day for the same destination.

c. A presentation consisting of more than one courier receipt, post receipt or certificate of posting will not be regarded as a partial shipment if the courier receipts, post receipts or certificates of posting appear to have been stamped or signed by the same courier or postal service at the same place and date and for the same destination.

제31조 분할청구 또는 분할선적

a. 분할청구 또는 분할선적은 허용된다.

b. 같은 운송수단에서 개시되고 같은 운송구간을 위한 선적을 증명하는 두 세트 이상의 운송서류로 이루어진 제시는, 그 운송서류가 같은 목적지를 표시하고 있는 한 비록 다른 선적일자 또는 다른 선적항, 수탁지 또는 발송지를 표시하더라도 분할선적으로 보지 않는다. 제시가 두세트 이상의 운송서류로 구성된 경우, 모든 운송서류 중 가장 늦은 선적일을 선적일자

로 본다. 동일한 운송형태 내에서 하나 또는 둘 이상의 운송수단의 선적을 증빙하는 하나 또는 그 이상의 운송서류로 구성된 제시는, 비록 운송수단들이 동일목적지를 향하여 동일일자에 출발하여도 분할선적이 일어난 것으로 간주된다.

c. 하나 이상의 특송배달영수증, 우편영수증 또는 우편증명서로 이루어진 제시는 만일 특송배달영수증, 우편영수증 또는 우송확인서가 같은 특송배달 또는 우편서비스에 의하여 같은 장소, 같은 날짜 그리고 같은 목적지로 스탬프가 찍히거나 서명된 것으로 보이는 경우에는 분할선적으로 보지 않는다.

1. 동일한 항로상의 동일한 목적지를 행하는 동일한 운송수단으로의 선적임이 확이된 복수의 선적서류가 제시된 경우 선적일, 선적항, 수탁지 및 발송지가 상이하더라도 분할선적으로 간주되지 않는다. 하나 이상의 선박에 의한 선적은 그 선박들이 동일일자에 동일한 목적지를 향하여 출항하였더라도 분할선적이다.
2. 서로 상이한 선적일이 표시된 복수의 선적서류가 제시된 경우 이들 선적일자들 중 마지막 일자를 선적일자로 간주하고, 최종일자는 신용장에서 규정하고 있는 선적기일 이전이어야 한다.[67)]

Article 32. Instalment Drawings or Shipments

If a drawing or shipment by instalments within given periods is stipulated in the credit and any instalment is not drawn or shipped within the period allowed for that instalment, the credit ceases to be available for that and any subsequent instalment.

제32조 할부청구 또는 할부선적

67) ISBP 681 제105조 참조.

신용장에서 할부청구 또는 할부선적이 일정한 기간동안 이루어지도록 명시된 경우 동 할부거래를 위하여 기간내에 할부청구나 할부선적이 이루어지지 않으면 동 신용장은 해당 할부분과 향후 할부분에 대하여 더 이상 이용될 수 없다.

Article 33. Hours of Presentation

A bank has no obligation to accept a presentation outside of its banking hours.

제33조 제시시간

은행은 영업시간 이외의 제시를 수리할 의무가 없다.

Article 34. Disclaimer on Effectiveness of Documents

A bank assumes no liability or responsibility for the form, sufficiency, accuracy, genuineness, falsification or legal effect of any document, or for the general or particular conditions stipulated in a document or superimposed thereon; nor does it assume any liability or responsibility for the description, quantity, weight, quality, condition, packing, delivery, value or existence of the goods, services or other performance represented by any document, or for the good faith or acts or omissions, solvency, performance or standing of the consignor, the carrier, the forwarder, the consignee or the insurer of the goods or any other person.

제34조 서류의 유효성에 관한 면책

은행은 모든 서류의 형식, 충분성, 정확성, 진정성[68], 위조[69] 또는 법적인 효력[70]에 대하여, 또는 그 서류에 기술된 일반 또는 특정조건이나 부기사항에 대하여 의무나 책임을 지지 않으며, 또한 모든 서류에 표시되어 있는 명세, 수량, 중량, 품질, 상태, 포장, 인도, 가치 또는 실존의 여부에 대하여 의무나 책임을 지지 않으며, 또는 물품의 송화인, 운송인, 운송주선인, 수하인 또는 보험자 또는 기타 모든 당사자의 성실성 또는 작위 또는 부작위, 지불능력, 의무이행 또는 신용상태(standing)에 관하여 어떠한 책임도 부담하지 아니한다.

1. 신용장에서 서류의 형식에 대하여 특별히 요구하지 않는 한, 은행은 제시된 서류의 형식을 상세하게 심사할 의무가 없다.
2. 신용장이 구체적으로 요구하지 않는 한, 제공된 서류의 종류, 통수 및 서류의 기재사항이상거래상 불충분하더라도 은행은 면책된다.
3. 서류의 기재내용이 사실관계를 정확하게 표현하는가, 계산을 정확하게 하고 있는가에 대하여 은행은 책임지지 않는다.
4. 은행은 제시된 서류상에 인쇄된 일반적 조건 및 약정과 부전 등에 의해서 부가(삽입)되어진 일반적 조건 또는 특수조건에 대하여 어떠한 책임도 지지 않는다. 선화증권을 포함한 운송서류 또는 보험서류에 인쇄된 보통약관 및 따로 부가된 특수약관의 내용에 대하여도, 전문지식의 습득이 용이하지 않은 점과 업무흐름을 원활히 하기 위하여 은행의 면책을 규정하고 있다.
5. 은행은 서류에 기재된 물품에 대한 정확한 표시, 수량이나 중량 및 품질상태, 물품의 현상과 포장실태, 물품이 현실적으로 존재하거나 가치가 해당되는지에 대한 책임을 지지 않는다.
6. 은행은 물품의 거래와 관련되어 있지 않으므로 물품거래관계의 당사자인

---

68) 진정성이란 서류의 내용에 허위기재가 없이 진실한 상태를 기재하고 있어 서류가 있는 그대로 표기하고 있다는 것을 의미한다.

69) 위조(변조)란 정당한 권한 없는 자가 서류를 작성하거나 유효한 것으로 외관을 가장하여 서류를 작성하는 행위를 말한다.

70) 법적 효력이란 제시된 환어음 및 서류가 각각의 관계법규에서 요구하고 있는 형식을 완전히 갖추고 있으며 그 내용도 유효하다는 것을 의미한다.

송하인, 운송인, 보험자의 성실성이나 지급능력, 이행능력, 평판, 작위 또는 부작위에 대하여 어떠한 의무나 책임을 부담하지 않는다.

7. 그렇다고 전혀 책임이 없는 것은 아니고, 환어음, 선화증권, 보험증권 등에 대해서는 법정기재사항을 외관상 충족되는가 정도는 은행에서 심사해야 될 서류의 형식 요건이다. 즉, 일반적으로 은행원이 갖고 있는 지식과 경험으로 판별할 수 있는 정도까지는 외견상의 형식을 조사하여야 한다. 조사를 하였음에도 불구하고 서류가 법정형식을 갖추지 못하여 무효가 되었다면 은행은 면책된다.

Article 35. Disclaimer on Transmission and Translation

A bank assumes no liability or responsibility for the consequences arising out of delay, loss in transit, mutilation or other errors arising in the transmission of any messages or delivery of letters or documents, when such messages, letters or documents are transmitted or sent according to the requirements stated in the credit, or when the bank may have taken the initiative in the choice of the delivery service in the absence of such instructions in the credit.

If a nominated bank determines that a presentation is complying and forwards the documents to the issuing bank or confirming bank, whether or not the nominated bank has honoured or negotiated, an issuing bank or confirming bank must honour or negotiate, or reimburse that nominated bank, even when the documents have been lost in transit between the nominated bank and the issuing bank or confirming bank, or between the confirming bank and the issuing bank.

A bank assumes no liability or responsibility for errors in translation or interpretation of technical terms and may transmit credit terms without translating them.

제35조 송달 및 번역에 관한 면책

신용장에 기재된 방법에 따라서 고지, 서신 또는 서류가 전송 또는 송부되는 때, 또는 신용장에 송달서비스 선택에 대한 지시사항이 없어서 은행이 자신의 판단 하에 송부방법을 선정한 경우, 고지의 전송 또는 서신이나 서류의 송부과정에서 일어나는 지연, 전달도중의 분실, 훼손 또는 다른 실수로 발생하는 결과에 대하여 은행은 어떠한 책임도 지지 않는다.

지정은행이 제시가 신용장 조건에 일치한다고 판단한 후 개설은행 또는 확인은행에 송부한 경우, 지정은행의 결제(Honour) 또는 매입여부에 불문하고, 비록 서류가 지정은행과 개설은행 또는 확인은행 사이 또는 확인은행과 개설은행 사이의 송부도중 분실된 경우에도 개설은행 또는 확인은행은 결제(Honour) 또는 매입을 하거나, 그 지정은행에게 상환하여야 한다.

은행은 기술적인 용어의 번역 또는 해석에서의 오류에 대하여 의무나 책임을 지지 않으며 그러한 용어를 번역하지 않고 신용장의 조건을 전송할 수 있다.

Article 36. Force Majeure

A bank assumes no liability or responsibility for the consequences arising out of the interruption of its business by Acts of God, riots, civil commotions, insurrections, wars, acts of terrorism, or by any strikes or lockouts or any other causes beyond its control.

A bank will not, upon resumption of its business, honour or negotiate under a credit that expired during such interruption of its business.

제36조 불가항력

은행은 천재지변, 폭동, 소요, 내란, 전쟁, 테러행위, 또는 모든 파업이나 직장폐쇄 또는 모든 불가항력적인 원인에 의한 영업의 중단으로부터 발생하는 결과에 대해서 어떠한 책임도 지지 않는다. 은행은 이러한 업무중단기간 중에 유효기일이 만료된 신용장에 대하여는 결제(Honour) 또는 매입을 하지 않는다.

Article 37. Disclaimer for Acts of an Instructed Party

a. A bank utilizing the services of another bank for the purpose of giving effect to the instructions of the applicant does so for the account and at the risk of the applicant.

b. An issuing bank or advising bank assumes no liability or responsibility should the instructions it transmits to another bank not be carried out, even if it has taken the initiative in the choice of that other bank.

c. A bank instructing another bank to perform services is liable for any commissions, fees, costs or expenses("charges") incurred by that bank in connection with its instructions.

If a credit states that charges are for the account of the beneficiary and charges cannot be collected or deducted from proceeds, the issuing bank remains liable for payment of charges.

A credit or amendment should not stipulate that the advising to a beneficiary is conditional upon the receipt by the advising bank or second advising bank of its charges.

d. The applicant shall be bound by and liable to indemnify a bank against all obligations and responsibilities imposed by foreign laws and usages.

제37조 피지시인의 행위에 대한 면책

a. 개설의뢰인의 지시를 이행할 목적으로 다른 은행의 서비스를 이용하는 은행은 개설의뢰인의 비용과 위험부담으로 그렇게 이용한다.

b. 개설은행 또는 통지은행은, 비록 자신이 주도적으로 그 다른 은행을 선정했을지라도, 다른 은행에게 전달한 지시가 수행되지 않는 경우 의무나 책임을 지지 않는다.

c. 서비스를 수행하도록 다른 은행에게 지시하는 은행은 자신의 지시와 관련하여 그 은행에서 발생한 모든 수수료, 보수, 비용이나 지출금("요금") 에 대한 책임을 진다. 만일 신용장에서 요금은 수익자의 부담이라고 기술하고 있는데 요금이 대금에서 징수되거나 공제될 수 없다면, 개설은행은 수수료의 지급에 대한 책임을 진다. 신용장이나 조건변경은 수익자에게의 통지가 통지은행 또는 제2통지은행이 자신의 수수료를 수령하는 것을 조건으로 하여서는 안된다.

d. 개설의뢰인은 외국의 법률 및 관행에 의하여 부과되는 모든 의무와 책임에 대하여 은행에 보상할 의무와 책임이 있다.

Article 38. Transferable Credits

a. A bank is under no obligation to transfer a credit except to the extent and in the manner expressly consented to by that bank.

b. For the purpose of this article:

Transferable credit means a credit that specifically states it is "transferable". A transferable credit may be made available in whole or in part to another beneficiary("second beneficiary") at the request of the beneficiary("first beneficiary").

Transferring bank means a nominated bank that transfers the credit or, in a credit available with any bank, a bank that is specifically authorized by the issuing bank to transfer and that transfers the credit. An issuing bank may be a transferring bank.

Transferred credit means a credit that has been made available by the transferring bank to a second beneficiary.

c. Unless otherwise agreed at the time of transfer, all charges(such as commissions, fees, costs or expenses) incurred in respect of a transfer must be paid by the first beneficiary.

d. A credit may be transferred in part to more than one second beneficiary provided partial drawings or shipments are allowed.

A transferred credit cannot be transferred at the request of a second beneficiary to any subsequent beneficiary. The first beneficiary is not considered to be a subsequent beneficiary.

e. Any request for transfer must indicate if and under what conditions amendments may be advised to the second beneficiary. The transferred credit must clearly indicate those conditions.

f. If a credit is transferred to more than one second beneficiary, rejection of an amendment by one or more second beneficiary does not invalidate the acceptance by any other second beneficiary, with respect to which the transferred credit will be amended accordingly. For any second beneficiary that rejected the amendment, the transferred credit will remain unamended.

g. The transferred credit must accurately reflect the terms and conditions of the credit, including confirmation, if any, with the exception of:

- the amount of the credit,
- any unit price stated therein,
- the expiry date,
- the period for presentation, or
- the latest shipment date or given period for shipment,

any or all of which may be reduced or curtailed.

The percentage for which insurance cover must be effected may be increased to provide the amount of cover stipulated in the credit or these articles.

The name of the first beneficiary may be substituted for that of the applicant in the credit.

If the name of the applicant is specifically required by the credit to appear in any document other than the invoice, such requirement must be reflected in the transferred credit.

h. The first beneficiary has the right to substitute its own invoice and draft, if any, for those of a second beneficiary for an amount not in excess of that stipulated in the credit, and upon such substitution the first beneficiary can draw under the credit for the difference, if any, between its invoice and the invoice of a second beneficiary.

I. If the first beneficiary is to present its own invoice and draft, if any, but fails to do so on first demand, or if the invoices presented by the first beneficiary create discrepancies that did not exist in the presentation made by the second beneficiary and the first beneficiary fails to correct them on first demand, the transferring bank has the right to present the documents as received from the second beneficiary to the issuing bank, without further responsibility to the first beneficiary.

j. The first beneficiary may, in its request for transfer, indicate that honour or negotiation is to be effected to a second beneficiary at the place to which the credit has been transferred, up to and including the expiry date of the credit. This is without prejudice to the right of the first beneficiary in accordance with sub-article 38(h).

k. Presentation of documents by or on behalf of a second beneficiary must be made to the transferring bank.

제38조 양도가능신용장

a. 은행은 그 은행이 명시적으로 승낙하는 범위와 방법에 의한 경우를 제외하고는 신용장을 양도할 의무가 없다.

b. 이 조항에서는 다음과 같이 해석한다. ; 양도가능신용장이란 특별히 "transferable(양도가능)"이라고 특정하여 기재하고 있는 신용장을 의미한다. 양도가능신용장은 수익자("제1수익자")의 요청으로 전부 또는 일부를

부분적으로 다른 수익자("제2수익자")가 이용하도록 할 수 있다. 양도은행이란 신용장을 양도하는 지정은행 또는, 모든 은행에서 사용가능한 신용장의 경우 개설은행으로부터 양도하도록 특별히 수권되어 신용장을 양도하는 은행이다. 개설은행도 양도은행이 될 수 있다. 양도된신용장이란 양도은행에 의하여 제2수익자가 사용할 수 있도록 한 신용장을 의미한다.

c. 양도시에 달리 합의하지 않는 한, 양도와 관련하여 발생하는(수수료, 보수, 비용이나 지출금 같은) 모든 요금은 제1수익자가 지급해야 한다.

d. 분할청구 또는 분할선적이 허용되는 경우 두사람 이상의 제2수익자에게 분할양도될 수 있다. 양도된 신용장은 제2수익자의 요청으로 그다음 수익자에게 양도될 수 없다. 제1수익자는 그다음 수익자로 간주되지 않는다.

e. 모든 양도 요청은 제2수익자에게 조건변경을 통지하여야 하는지 여부와 그리고 어떠한 조건 하에서 조건변경을 통지하여야 하는지 여부를 표시하여야 한다. 양도된 신용장은 그러한 조건을 명확하게 표시하여야 한다.

f. 신용장이 두 사람 이상의 제2수익자에게 양도된 경우, 하나 또는 그 이상의 수익자가 조건변경을 거부하더라도 다른 제2수익자의수락은 무효가 되지 않으며, 양도된 신용장은 그에 따라 변경된다. 조건변경을 거부한 제2수익자에 대하여는 양도된 신용장은 변경되지 않은 상태로 남는다.

g. 양도된신용장은 다음과 같은 것들을 제외하고, 만일 있는 경우 확인을 포함하여 신용장조건을 정확하게 반영하여야 한다.

- 신용장금액
- 신용장에 명기된 모든 단가
- 유효기일
- 제시기간 또는
- 최종선적일자 또는 부여된 선적기간

위의 내용은 일부 또는 전부가 감액 또는 단축될 수 있다.

부보되어야 하는 담보율은 신용장 또는 본 조항들에 명기된 담보금액을 제공하기 위하여 높일 수 있다.

제1수익자의 명의는 신용장에 있는 개설의뢰인의 명의와 대체될 수 있다.

개설의뢰인의 명의가 송장 이외의 어떠한 서류에 보이도록 신용장에서 특별히 요구된 경우, 그러한 요건은 양도된신용장에도 반영되어야 한다.

h. 제1수익자는 신용장에서 명시한 금액을 초과하지 않는 한, 자신의 송장과 환어음을 제2수익자의 그것과 대체할 권리를 가지고, 그러한 대체를 하는 경우 제1수익자는 만일 있다면 자신의 송장과 제2수익자의 송장의 차액에 대하여 신용장상에서 청구할 수 있다.

i. 제1수익자가 자신의 송장과 환어음을 제시하기로 예정되어 있었지만, 첫 요구에 제시하지 못한 경우, 또는 제1수익자가 제시한 송장들이 제2수익자의 제시에는 없었던 하자를 만들고 제1수익자가 첫 요구에 그것들을 정정하지 못한다면, 양도은행은 제1수익자에 대한 추가적인 책임을 지지 않고 제2수익자에게서 받은 서류들을 개설은행에 제시할 권리를 보유한다.

j. 제1수익자는 자신의 양도요청에서 결제(Honour) 또는 매입이 신용장이 양도된 장소에서 신용장의 유효기일 이전에 제2수익자에게 이행되어야 한다고 표시할 수 있다. 이는 제38조 h항에 의거한 제1수익자의 권리를 침해하지 아니한다.

k. 제2수익자에 의한 또는 그를 위한 제시는 양도은행에 대하여 이행되어야 한다.

1. 양도가능신용장이라 하더라도 반드시 제1수익자가 제2수익자에게 양도를 해야되는 것은 아니다. 양도은행으로 지정된 은행도 양도를 거부할 수 있다. 양도은행이 양도를 취급하기로 동의하였다면 양도은행은 양도의 범위와 방법 등을 결정할 수 있는 권한을 갖는다.
2. 양도가능신용장 하에서는 부보비율의 조정이 가능하다. 매매계약서에서 계약당사자가 부보비율에 대한 약정을 하지 않았다면 본 규칙과 INCOTERMS에서는 물품가격의 110%를 부보하도록 하고 있다. 그런데 신용장이 양도되면서 신용장금액이 줄어들면 부보율이 110%를 상회하게 되므로 부보비율을 증가할 수 있도록 허용한 것이다.[71)]
3. 제1수익자는 원신용장 금액을 초과하지 않는 범위 내에서 제2수익자의 상

업송장과 환어음을 본인이 작성한 것으로 대체할 권리를 갖는다. 이는 제1수익자의 거래처 정보를 보호하기 위함이다. 이 권한은 제1수익자가 거부하거나, 제2수익자에게 매입을 지시하거나 혹은 기일의 경과로 소멸되어 제2수익자의 것으로 대체될 수 있다.

Article 39. Assignment of Proceeds

The fact that a credit is not stated to be transferable shall not affect the right of the beneficiary to assign any proceeds to which it may be or may become entitled under the credit, in accordance with the provisions of applicable law. This article relates only to the assignment of proceeds and not to the assignment of the right to perform under the credit.

제39조 대금의 양도

신용장이 양도될 수 있다고 기재되어있지 않다는 사실은, 수익자가 신용장 하에서 받거나 받을 수 있는 어떤 대금을 준거법의 규정에 따라 양도할 수 있는 권리에 영향을 미치지 않는다. 이 조항은 오직 대금의 양도에 관한 것이고 신용장 하에서 이행할 수 있는 권리를 양도하는 것에 관한 것은 아니다.

주의사항

1. 수익자는 신용장상 대금을 받을 권리를 제3자에게 양도할 수 있다. 신용장에 양도가능의문구가 없더라도 가능하다. 제3자에게 신용장 대금을 양도하는 방법은 그 대금을 포피팅(forfeiting)하거나 Back-to-back L/C개설시 담보로 은행에 양도하는 것이다.
2. 신용장상 대금청구권을 양도하였다고 신용장 자체의 양도를 한 것은 아니다. 신용장의 서류작성 및 제시의 의무는 제1수익자에게 그대로 남아있게 된다.

---

71) 보험계약 체결 시 통상 송장가액의 110%를 보험금액으로 하는 경우가 많으나 송장가액의 150%까지 보험에 가입할 수 있다.

참고문헌

〈동양문헌〉

1. 강원진, 신용장론, 박영사, 2004.
2. 김순자, 박성철, 무역실무강의, 2007.
3. 김성훈, 신용장 종류별 분석, 두남, 2001.
4. ______, 신용장 네고서류 작성요령, 두남, 2001.
5. 남풍우, 무역결제론, 두남, 2006.
6. 대한상공회의소, ICC Korea 금융위원회, 전국은행연합회, UCP 600 공식번역 및 해설서, 대한상공회의소, 2007.
7. ____________, 제5차 개정 화환신용장 통일규칙 및 관례, 1993.
8. 서정두, 국제무역계약, 삼영사, 2001& 2005.
9. 서헌재, 국제거래법, 법문사, 2003.
10. 신군재, 신용장과 대금결제, 대진, 2006.
11. 신동수, 강용찬, 국제무역규범, 두남, 2006.
12. 양영환, 오원석, 최신무역상무론, 법문사, 2005.
13. ______, 서정두, 국제무역법규, 삼영사, 2003.
14. ______, 오원석, 서정두, 신용장론, 삼영사, 2002.
15. ____________________, ISBP 국제표준은행관습, 삼영사, 2005.
16. 오원석, 무역계약과 결제, 삼영사, 2002.
17. ______, UN통일매매법, 삼영사, 2005.
18. ______, 하강헌, 국제물품매매법, 박영사, 2004.
19. 유중원, 신용장__법과 관습, 청림출판, 2007.
20. 이기수 · 신창섭, 국제거래법, 세창출판사, 2005.
21. 이대우, 양의동, 신용장론, 두남, 2006.
22. 이시환, 최신무역실무강의, 신양사, 2007.
23. 임홍근 · 이태희, 국제물품매매계약에 관한 UN협약상의 제문제, 삼지원, 1991.
24. 전순환, 신용장통일규칙, 한올출판사, 2007.
25. 채동헌, 국제거래와 법, 청림출판, 2004.
26. 채　훈 외 3인, 국제무역결제, 두남, 2004.

27. 최준선, 국제거래법, 삼영사, 2005.
28. ______, 상법총칙, 삼영사, 2005.
29. 최흥섭, 국제물품매매계약에 관한 유엔협약 해설, 법무부, 2005.
30. 경희대학교 국제법무대학원, 국제법무학 개론, 동림사, 2000.
31. 한국무역협회무역아카데미, 대금결제실무, 2005.
32. 한국외환은행, 무역어음 할인 등 업무방법, 2001.
33. 홍종덕, 신용장실무 매뉴얼, 두남, 1998.

1. 강원진, "국제상업회의소의 UCP 600 완성초안에서 제시된 주요내용의 검토", 「국제상학」 제21권 제2호, 2006.
2. 김백영, "신용장관련거래에서 선적서류의 제시와 검사에 관한 연구", 「상사판례연구」 제19권 제1호, 2006.
3. 김기선, "개정 미 통일상법전 신용장편(제5조) 분석", 「상사법연구」 제23권 제4호, 2005.
4. ______, 김영훈, "신용장 양도에 관한 고찰", 「지역발전연구」 제5권 제1호, 2005.
5. 김종칠, "UCP 600의 주요내용과 문제점에 관한 연구", 『국제상학』 제21권 제2호, 2006.
6. 동택영, "신용장거래의 특성과 사기의 예방책에 관한 연구", 「창업정보학회지」 제6권 제1호, 2003.
7. 박석재 , "신용장통일규칙상 운송서류의 수리요건에 관한 연구", 「한국해법학회지」 제25권 제1호, 2003.
8. 서백현, "신용장통일규칙 양도조항의 해석과 운용에 관한 연구", 「무역학회지」 제29권 제6호, 2004.
9. 오원석, "국제상사중재에서 준거법의 결정", 「무역상무연구」 제29권, 2006.
10. 이종원, "신용장의 독립성의 원칙의 예외로서의 사기원칙에 관한 고찰", 「무역상무연구」 제34권, 2007.
11. 사동천, "국제물품매매법(CISG)상 구제수단간의 우열 — PICC, PECL, 기타 몇몇 국내법과의 비교를 겸하여", 국제거래법연구 제13집, 2004.
12. 서정두, "UCP 600 서류심사기준의 문제점과 실무상 유의점", 「무역상무연구」 제33권, 2007.
13. 이천수, "화환신용장거래하의 은행간 대금상환통일규칙에 관한 고찰", 「산업경제연구」 제19권 제3호, 2006.
14. 전순환, "신용장통일규칙상의 양도조항에 관한 고찰", 「창업정보학회지」 제7권 제2호, 2004.
15. 채동헌, "연지급신용장 대금의 만기전 지급과 매입의 법률관계", 「국제거래법연구」

제12권, 2004.
16. 최명국, "인코텀즈 2010 주요내용과 적용상 유의점", 「무역상무연구」 제49권, 2011.
17. 최준호, "신용장 결제서류 전자화의 활용성과에 관한 연구", 「관세학회지」 제6권 제1호, 2005.
18. 한주섭, "신용장거래에서의 은행간 상환에 관한 연구", 「중재」 제 289 호, 대한상사중재원, 1998.

1. 新堀 聰, "信用状と詐欺", 貿易と關稅, 日本關稅協會, 第54券 第8號, 2006.
2. 飯田勝人, "動き出した信用状統一規則の改訂作業と改訂の方向性", 金融法務事情, No.1693, 2003.
3. 東京銀行, 貿易と信用狀, 實業之日本社, 1996.
4. 小峯 登, 1974年信用狀統一規則(上卷), 外國爲替貿易硏究會, 1974.
5. 伊澤孝平, 商業信用狀論, 有斐閣, 1986.
6. 朝岡良平, 實務家のための信用狀統一規則, 金融財政事情硏究會, 1985.
7. 高安昭之助,, "ICC銀行間補償統一規則の概要", 金融法務事情 No.1452, 金融財政事情硏究會, 1996.
8. 橋本喜一, "信用狀における償還請求の諸問題(下)", 手形硏究 No.494, 1994. 6.
9. ________, 譯, 荷爲替信用狀の法理槪論, 九州大學出版會, 1994.
10. 東京銀行システム部 東銀リサ＿チインタ＿ナショナル編, 貿易と信用狀, 實業之日本社, 1996.
11. 黑瀨雄三, "銀行間補償に關する統一規則の意義と採擇に至る經緯", 銀行法務21 No.523, 1996. 8.
12. _______, "ICC銀行間補償統一規則の意義と採擇に至る經緯", 金融法務事情 No. 1452, 金融財政事情硏究會, 1996. 6. 5.
13. 甲斐道太郎, 石田喜久夫, 田中英司 편, 国際統一売買法(I), 法律文化社, 2000.

〈서양문헌〉

1. Anderson Ronald A. & Walter A. Kumpf, *Business Law*, 6th ed., South_Western Publishing Co., 1961.
2. Bacon L. A. J., "Who speaks for the exporter?", DCINSIGHT, ICC, Vol.12, No.3, 2006.
3. Bennett, Howard N., "Bank_to_bank reimbursements under documentary credits : the Uniform Rules", *LLOYD'S MARITIME AND COMMERCIAL LAW*

QUARTERLY, 1998.

4. Bianca C. & M. Bonnel et al., *Commentary on the International Sales Law: The 1980 Vienna Sales Convention,* Milan: Gúiffré, 1987.
5. Bridge Michael, *The International Sale of Goods*, Oxford Univ. Press, 1999.
6. Busto Charles del, *Documentary Credit, UCP 500 & 400 Compared,* ICC Publication No. 511, ICC Publishing S.A., 1993.
7. Byrne J. E. & Dan Taylor, *ICC Guide to the eUCP*, ICC Publishing S.A. No. 639, 2002.
8. Collyer Gray & Ron Katz, ICC Banking Commission Collected Opinions 1995 2001, ICC Publishing S.A. No. 632, 2002.
9. David M. Sassoon, *C.I.F. and F.O.B. Contracts*, Sweet & Maxwell, 1995.
10. D'Arcy L., C. Murray & B. Cleave, *Schmitthoff's Export Trade, The Law and Practice of International Trade*, Sweet & Maxwell, 2000 & 2007.
11. Dolan, John F., *The Law of Letters of Credit _ Commercial and Standby Credits*, Rev. ed., A.S.Pratt & Sons, 2005.
12. Enderlein F. and D. Maskow, *International Sales Law*, Oceana Pub., 1992.
13. F. Enderlein and D. Maskow, *International Sales Law*, Oceana Pub., 1992.
14. FCI, *Guide to the Establishment of a Factoring Operation*, 2004.
15. Folsom R. H. & M. W. Gordon, & J. A. Spanogle, *International Business Transaction*, West Pub., 1995.
16. Fung K. T., Leading Court Cases on Letters of Credit, ICC Publication No.658, 2004.
17. Houtte H. V., *The Law of International Trade*, London, Sweet & Maxwell, 1995.
18. Honnold J.O., *Documentary History of the Uniform Law for International Sales,* Deventer/Boston ; kluwer, 1989.
19. ___________, *Uniform Law for International Sales*, Kluwer, 1990.
20. ___________, *Uniform Law for International Sales under the 1980 United Nations Convention*, Kluwer Law & Taxation Publishers, 1991.
21. ICC Commission on Banking Technique and Practice, “The determination of an ‘Original’ document in the context of UCP 500 sub__Article 20(b)”, Banking Commission Decisions, 1999.
22. ICC, *The final draft of UCP 600*, 2006.
23. ____, *The first complete draft of UCP 600*, 2005.
24. ____, *Incoterms® 2010*, Publication No. 715E, 2010.
25. Jan Ramberg, *International Commercial Transactions*, Kluwer Law International,

2000.

26. Julian D.M. Lew, *Applicable Law in International Commercial Arbitration*, Aspen Publishers Inc, 1998.
27. Kouladis Nicholas, *Principle of International Trade & Payments*, Blackwell, 1998.
28. Kreitman R., "UCP 600: The end in sight?", http://www.mantissa.co.uk/support/nex-tucp2.htm, 2005.
29. Laryea E. T., *Paperless Trade Opportunities Challenges & Solutions*, Kluwer Law, 2002.
30. M. Bridge ed., *Benjamin's Sale of Goods*, 8th ed., Sweet & Maxwell, 2010.
31. Mann R. J., "Ronald J. Mann wonders why, in view of high discrepancy rates, business continues to use letters of credit", Documentary Credits Insight, ICC, Vol.7, No.1, Winter 2001.
32. Phelps Clyde W., "The Role of Factoring in Modern Business Finance", *Studies in Commercial Financing,* No 1, Commercial Credit Company, 1956.
33. Ramberg Jan, *International Commercial Transactions*, ICC Publication N。 624, Kluwer Law International, Norstedik AB, 2000.
34. ___________, *ICC Guide to Incoterms® 2010*, Publication No. 720E, 2011.
35. Salinger, F. R., *F. R, Factoring : the law and practice of invoice finance*, 3rd ed., London, Sweet & Maxwell, 1999.
36. Schlechtriem P., *Uniform Sales Law __ The UN Convention on Contracts for the International Sale of Goods*, Vienna, Manzsche, 1986.
37. Shaw Martin, "Three bankers judge the document on standard banking practices", *DCINSIGHT*, Vol.9, No.1, 2003.
38. Taneja P., "UCP 600 : 'A document restoring the credibility of L/Cs'", DCINSIGHT, ICC, Vol.12, No.4, 2006.
39. Treitel G., Remedies for Breach of Contract, A Comparative Account, Oxford, Clarendon, 1988.
40. Turner P. S., *Law of Payment Systems & EFT*, Aspen Law & Business, 2002.
41. White J. J. & R. S. Summers, *Uniform Commercial Code Volume 3*, West Pub, 1995.
42. Anonymous, "Revised ICC rules on documentary credits make progress", http://www.iccwbo.org/icceide/index.html(2005. 10. visited)

찾아보기

S

T

U

V

ㅂ

ㅅ

ㅇ

ㅈ

저자약력

✤ 강호경

중앙대학교 정경대학 졸업 (정치학사)
연세대학교 행정대학원 수료 (행정학 석사)
성균관대학교 무역대학원 수료 (경제학 석사)
중앙대학교 대학원 수료 (경영학 박사)
University of Hawaii PAMI 수료
Oklahoma City University 객원교수
중앙대학교 경영대학 강사
경원대학교 경상대학 교학과장

(현) 가천대학교 사회과학대학 글로벌경제학과 교수
한국국제상학회 상임이사

(저서) 무역세미나(박영사, 1985)
무역법강의(대왕사, 1988)
대외무역법(대왕사, 1991)
무역학연습(국제무역연구소, 1991)
국제무역실무연습(공저, 두남, 1996)
국제통상연습(공저, 두남, 1996)
최신무역영어(두남, 1997)
무역신용장(두남, 1997)
국제무역법규(두남, 1998)
최신무역결제론(두남, 2007)

✤ 임목삼

성균관대학교 대학원 졸업(경영학 박사)
성균관대학교 경영학부 강사
배화여자대학 국제무역과 전임겸임교수
성균관대학교 경영연구소 연구원
한국금융소비자학회 편집위원
한국무역보험학회 편집국장

(현) 국제원산지정보원 연구개발팀장
대한상공회의소 무역영어시험 자문위원
한중FTA, RCEP연구지원단 상품분야 원산지 전문가
한국무역상무학회 이사
한국무역학회 이사

(저서) 최신무역결제론(두남, 2007)
수출입통관의 이해(두남, 2008)
신 국제무역법규(두남, 2008)
무역실무영어(두남, 2010)
관세법의 이해와 활용(두남, 2010)

● **신국제무역법규 – 개정판**

초 판 1쇄 인쇄 —— 2014년 2월 21일
초 판 1쇄 발행 —— 2014년 2월 27일
지은이 —— 강 호 경 · 임 목 삼
펴낸이 —— 전 두 표
펴낸곳 —— 도서출판 **두남**
서울시 강동구 성내로6길 34-16 두남빌딩
신 고 : 제25100-1988-9호
TEL : 02) 478-2065, 2066, 2067, 2311
FAX : 02) 478-2068
E-mail : dunam1@unitel.co.kr
http://www.dunam.co.kr

● **정가 35,000원**

ISBN 978-89-6414-482-4 93320